KB193815

# 1

# 미시경제학의 목적과 방법

1.1 희소한 자원의 배분
1.2 경제 모형
1.3 효율성과 시장실패
1.4 분석방법
1.5 책의 구성

## 1.1 희소한 자원의 배분

우리는 매일 많은 선택의 문제에 직면한다. 오늘 점심으로 어디서 무엇을 먹을지, 주말을 어떻게 보낼지, 보수가 좋은 다른 직장으로 이직할지 고민한다. 마찬가지로 우리의 사회도 많은 문제에 직면하는데, 그것은 다음의 세 가지로 요약될 수 있다. 첫째, 자원으로 무엇을 만들 것인가(what?)의 문제이다. 서울 외곽의 토지에 주택단지를 조성할 수도 있고 공장을 지을 수도 있다. 생산설비를 이용하여 아이스크림을 만들 수도 있고 자동차를 만들 수도 있다. 둘째는 어떻게 생산할 것인가(how?)의 문제이다. 자동차 생산을 위해서 더 많은 사람을 고용할 수도 있고 자동화 기계에 투자할 수도 있다. 셋째는 생산물을 누가 가질 것인가, 즉, 누구를 위해서(for whom?) 생산할 것인가 하는 분배의 문제이다. 이러한 여러 문제들을 통칭하여 자원배분(resource allocation)의 문제라 부른다. 자원배분의 문제는 자원이 희소하다는 사실에 기인한다. 모든 대안을 다 실현시킬 수는 없는 일이며, 어느 하나를 선택하면 다른 것은 포기해야 한다. 미시경제학은 희소한 자원의 배분이 이루어지는지 과정을 이해하려는 학문이라 할 수 있다.

특히, 미시경제학은 시장경제에 주목하여 시장에서 자원배분이 일어나는 과정과 그 결과를 연구한다.[1] 시장은 하나의 자원배분 매카니즘이다. 여기서는 각자 자신이 어디에서 일할지, 무엇을 소비할지 스스로 결정한다. 즉, 의사결정이 각 개인에게 주어지는 분권화(decentralized)된 사회이고, 이 점에서 결정이 정부에 의해서 결정되고 강제되는 중앙집권적 경제와 구별된다. 시장경제에서 각 개인의 의사결정은 다른 개인에게 영향을 주기 마련이며 그런 점에서 다양한 방식으로 각 개인은 다른 개인들과 상호작용한다. 가령, 자신이 가진 것을 팔고 필요한 것을 구입한다.

---

[1] 미시경제학의 논의가 시장에 국한되는 것은 아니다. 시장 이외에 다양한 자원배분 방식이 있을 수 있다. 중고등학생의 학교 배정, 신장이식 대기자들에 대한 장기 배분 등, 한정된 자원을 배분하는 다양한 문제에 대한 연구에도 미시경제학의 여러 방법론과 논리가 활용된다.

## 1.2 경제 모형

경제학은 현실 경제에서 나타나는 현상을 이해하고 설명하려는 노력이다. 만일 문제점이 있는 경우에 그것을 제거하거나 또는 그 피해를 최소화하는 적절한 조치를 도출한다. 경제논리를 설명함에 있어서 모형(model)을 이용한다. 모형은 주어진 문제에 대한 논리적 해답을 찾기 위한 가상적 상황이라 할 수 있다. 현상을 설명하려면 그 현상이 발생한 현실 상황을 두고 해답을 찾아야 할 것이다. 하지만 현실은 너무 복잡하기 때문에 주어진 문제와 관련이 깊은 요소들만 남기고 나머지는 과감하게 제거하여 단순화한 모형을 설정한다. 그것은 마치 지도를 작성하는 일과 유사하다. 목적에 따라 어떤 지역의 상황을 단순화한다. 교통상황을 파악하는 것이 주된 목적이라면 주요 지점과 도로가 연결된 상황만 보여주면 된다. 토지의 이용 가능성을 파악하려 한다면 산, 평야 등 지형에 관한 정보로 충분하다.

경제 모형은 연구자가 자신의 주장을 효과적이고 논리적으로 설명하고자 하는 하나의 소통 방법이다. 통상 수식이나 그림을 많이 이용하며, 전달하고자 하는 주장의 핵심을 간단하고 명쾌하게 전달할 수 있도록 모형을 고안해야 한다. 즉, 모형을 만드는 것 자체가 목적이 아니며 모형은 분석을 위한 수단 내지 도구에 불과하다. 복잡하거나 고도의 수학을 이용한다고 해서 훌륭한 모형이 되는 것은 아니다. "쉽게 설명할 수 없다면 제대로 이해하는 것이 아니다.(If you can't explain it simply, you don't understand it well enough.)"라는 아인슈타인의 명언을 새길 필요가 있다.

모든 이론을 아우르는 하나의 모형은 없다. 주장하는 바를 효과적으로 잘 전달하도록 모형을 디자인해야 한다. 즉, 분석 대상에 따라 이용하는 모형이 다를 수 있으며, 같은 이슈를 분석함에 있어서도 다른 모형을 이용할 수 있다. 한 연구자가 중요하지 않다고 판단하여 제거한 요인을 모형에 포함시켜서 전혀 다른 주장과 이론을 만들어 낼 수도 있다.

모형은 가상의 세계이다. 그 안에서 여러 주체들이 나름의 의사결정을 하며, 그 결과 사회의 자원배분이 결정된다. 주어진 모형에서 결과될 개연성이 가장 높은 상태를 균형(equilibrium)이라 한다. 즉, 균형이 무엇이냐는 질문은 무슨 일이 벌어질 것이냐는 질문과 같다. 미시경제학의 분석과정은 대부분 균형을 찾는 일이 될 것이다.

경제적 질문은 대개 어느 한 변수가 변할 때 다른 변수가 어떻게 변하느냐는 형태를 띤다. 가령, 정부가 최저임금을 높이면 고용과 생산이 어떻게 변하는가, 주택 거래에 매기는 세금을 높이면 주택가격이 높아질 것인가, 새로운 디지털기술이 등장하면 경쟁의 양상이 어떻게 변하는가 하는 등이다. 이러한 질문에 대한 답을 얻기 위하여 모형을 만들면, 거기에는 우리가 관심을 갖는 여러 요소들이 변수로 표현된다. 변수들은 두 가지 종류로 나뉜다. 하나는 모형 내에서 그 값이 결정되는 내생변수(endogenous variables)이고 다른 하나는 모형 밖에서 결정되는 외생변수(exogenous variables)이다. 대부분의 경제적 질문은 외생변수가 변할 때 내생변수가 어떻게 변하느냐는 것이다.

최저임금의 모형에서 고용과 생산은 내생변수가 되며, 최저임금은 정부가 결정하는 외생변수가 된다. 모형에서 외생변수에 대해 구체적인 값을 부여하기보다 변수로 다룬다. 그리고 각 주체들의 의사결정과 균형을 도출한다. 그렇다면 그 균형에서 나타나는 내생변수는 외생변수의 함수 형태를 띨 것이다. 그 도출한 함수에 대해 외생변수의 여러 값들을 대입하여 내생변수가 어떤 값을 갖는지를 구할 수 있다. 이와 같이 외생변수의 변화에 따른 내생변수의 값의 변화를 알아보는 과정을 비교정학분석(comparative static analysis)이라 한다. 위의 예에서 고용과 생산이 결정되는 모형에서 균형을 도출하면 최저임금의 함수로서 고용과 생산이 도출되는데, 최저임금이 증가할 때 고용과 생산이 증가하는지 또는 감소하는지를 그 함수를 통해서 알 수 있다. 그 결과 최저임금과 같은 방향으로 움직인다면 우리는 최저임금이 증가할 때 고용이나 생산이 증가한다고 할 수 있고 반대방향으로 움직인다면 감소한다고 결론지을 수 있다.

시장에서 거래가 이루어지면서 가격이 결정된다. 가격은 상품의 교환가치라 할 수 있는데 사용가치와는 다르다. 물은 우리에게 꼭 필요한 것이고 다이아몬드는 실제 이용 가치가 작지만 물은 가격이 낮고 다이아몬드의 가격은 매우 높다. 가격은 상품간 상대적인 가치를 결정한다. 가령, 아이스크림 가격이 1,000원이고 캔커피가 2,000원이라면 캔커피 하나의 가치는 아이스크림 두 개의 가치와 같다. 상품의 상대적 가치는 무엇에 의해서 결정될 것인가? 하나의 답은 상품을 만들기 위해 투입되는 자원이다. 한 단위 더 생산하기 위해서 필요한 노동이나 재료가 많을수록 비용이 더 많이 들 것이므로 가격이 충분히 높지 않으면 팔고자 하지 않을 것이기 때문이다. 하지만 가격은 구매자가 얼마나 원하느냐에 의해서도 영향을 받는다. 구매자들이 그 상품을 얻는 대신 다른 상품을 포기할 의향이 강할수록 그 상품의 가격은 높을 것이다. 즉, 가격은 판매자의 비용과 구매자의 지불의향이 모두 작용한다.

공급은 판매자들이 팔고자 하는 욕구를 나타내며 수요는 구매자들이 사고자 하는 욕구를 반영한다. 따라서 가격은 공급과 수요, 모두에 의해서 결정된다. 마치 가위의 두 날 중에 어느 것이 종이를 자른다고 할 수 없듯이 공급과 수요 둘 중 어느 하나가 가격을 결정하는 것이 아니라 두 힘이 같이 작용하는 것이다. 물의 가격이 낮은 것은 그것을 쉽게 얻을 수 있기 때문에 비용이 낮으면서, 추가적 단위에 대한 소비자의 지불의향도 낮기 때문이다. 다이아몬드는 발굴하기 극히 어려우므로 한계비용이 높으면서, 소비자는 높은 가격을 지불할 용의가 크기 때문에 가격이 높다.

이러한 시장모형에서 대표적인 내생변수는 가격과 거래량이다. 그리고 그것은 수요와 공급에 의해 결정되므로 수요와 공급에 영향을 미치는 여러 요인들이 외생변수가 된다. 거래량은 이 재화가 얼마나 생산 소비되는가를 나타내는 것이므로 이것을 위해서 얼마나 많은 자원이 이 재화의 생산에 투입되는지가 결정된다. 즉, 자원배분이 결정되는 것이다. 소비자의 소득, 다른 재화의 가격 등은 수요에 영향을 주며, 기업의 기술, 원자재 가격의 변동은 공급에 영향을 준다.

이러한 시장모형은 하나의 재화에 국한되어 있다는 점에서 부분균형분석(partial equilibrium analysis)이다. 한 재화의 시장에서 일어나는 일은 다른 재화의 시장에 영향을 미치기 마련이다. 가령, 사료가격의 상승은 우유가격의 상승을 야기할 것이다. 그러면 소비자는 대개의 경우 우유의 소비를 줄이는 대신 주스를 구입하려 하고 따라서 쥬스 가격이 상승한다. 이것은 다시 또 다른 시장에 영향을 미치고 그 영향은 경제 전체로 파급되어 가고 다시 원래의 우유시장에도 영향을 준다. 사료가격의 인상의 영향을 논하고자 한다면 이러한 파생적 영향도 모두 고려해야 한다. 일반균형분석(general equilibrium analysis)은 이러한 시도라 할 수 있다. 논리적으로 일반균형분석이 더 엄밀한 분석이라 할 수 있겠으나 많은 시장을 동시에 다루기 때문에 모형이 과도하게 복잡해져서 연구자가 말하고자 하는 핵심적 주장이 제대로 전달되지 못할 수도 있다. 서로 다른 재화 간 상호의존성이 약하다면 부분균형분석으로도 충분할 수도 있다.

## 1.3 효율성과 시장실패

경제 분석은 실증적(positive) 분석과 규범적(normative) 분석으로 구별된다. 실증적 분석은 어떤 일이 벌어질 것인가 하는 질문에 대한 답을 찾는 과정인 반면, 규범적 분석은 어떤 일이 벌어지는 것이 바람직한가 하는 질문에 대한 답을 찾는다. 즉, 실증적 연구에서는 어떤 상황에서 주체들이 어떻게 의사결정을 하며 그 결과 자원 배분이 어떻게 일어나느냐는 것을 그 결과의 좋고 나쁨을 떠나 객관적이고 제3자적인 입장에서 분석한다. 이것은 과학적 분석과정이며 가치중립적이라 할 수 있다. 경제학은 사회과학이다. '과학'이라 부르는 이유는 이러한 실증적 분석 과정을 따르기 때문이다. 가령, 최저임금은 인상해야 하느냐는 것이 사회적으로 중요한 이슈로 등장했다고 하면, 우선 경제학자는 최저임금을 인상했을 때 벌어지는 일을 객관적 입장에서 분석한다. 그 결과 우리가 중요하게 고려하는 주요 변수들, 가령, 생산, 고용 등에 어떤 변화가 일어날 것인지를 파악한다. 만일 그 결과 고용이 낮아지고 생산이 감소한다는 결과를 얻었다면 그것이 곧 그 경제학자가 최저임금을 높이면 안 된다고 주장하는 것이 아니다. 최저임금이 인상되었을 때 벌어지는 일이 그렇지 않은 경우보다 사회적으로 더 못한지 또는 더 나은지의 판단은 규범적 분석의 영역에 속한다. 이론적으로, 실증적 분석의 과정은 대체로 균형을 찾는 과정이라 할 수 있다. 앞서 설명한 모형을 이용한 비교정학분석이 여기에 속하며, 이를 통하여 어떤 현상이 발생하는 원인과 과정을 설명할 수 있다.

다른 한편, 경제학은 자연과학이 아니라 '사회'과학이다. 따라서 사회적 관점에서 가치 판단을 하는 것도 중요한 경제학의 역할이다. 가령, 기후변화 문제 대처를 위해서 신재생에너지 개발에 정부가 지원하는 것이 바람직한지, 그렇다면 얼마나 어떻게 지원해야 하는 것이 사회적으로 바람직한지에 대한 판단을 제시할 수 있어야 한다. 규범적 판단은 결국 여러 배분 상태 중에 어느 것이 사회적으로 가장 바람직할 것인지에 대한 판단을 내리는 것이다. 하지만, 이러한 규범적 문제에 대한 확실한 해답을 도출하는 것은 쉽지 않다. 그 이유는 이해의 차이에 기인한다. 신재생에너지 지원은 그것을 생산하는 기업에게는 유리하지만 기존 에너지를 생산하는 기업에게는 불리하다. 즉, 여러 배분들에 대해서 경제 내 주체 간에 어느 배분이 더 좋은지에 대한 견해가 다르다. 가령, 두 배분 $A$ 와 $B$가 달성 가능한데 한 사람은 $A$를 더 좋아하고 다른 사람은 $B$를 더 좋아한 다면 두 사람으로 구성된 사회의 관점에서는 어느 것을 선택해야 하는가? $A$를 선택한다면 그것을 좋아하는 사람의 입장을 반영한 것이고 다른 한 사람은 무시 한 것이라 할 수 있다. 이와 같이 배분들에 대한 입장의 차이는 규범적 판단을 어렵게 만든다.

배분들간의 비교를 위해서는 그것들을 비교할 수 있는 척도 또는 기준이 필요 하다. 경제학은 일차적으로 효율성(efficiency)을 척도로 하여 규범적인 분석을 수행한다. 대략적으로 말하자면, 효율성은 자원을 낭비하는 일이 없는 상태를 말하며 낭비가 있다면 비효율이 발생한 것이다. 자원의 낭비가 있는 경우만 비 효율적인 것은 아니다. 가령 한 사람은 아이스크림을 가지고 있고, 다른 한 사 람은 주스를 가지고 있는데 둘 다 자신이 가진 것보다 상대방이 가진 것을 더 좋 아하고 있다면 각자 자신이 가진 것을 소비하지 않고 서로 교환하여 소비한다면 둘 다 더 행복해진다. 따라서 각자 자기가 가진 것을 소비자하는 배분은 비효율 적이다. 사회의 구성원 모두를 현재의 상태보다 더 행복하게 하는 것이 가능하 다면 현재의 상태는 비효율적이다.

효율성은 사회적으로 가장 바람직한 상태가 되기 위한 필요조건이라 할 수 있 다. 즉, 최선의 선택은 효율성을 충족해야 한다. 그렇지 않다면, 즉 비효율적인 배분이라면 모두를 더 행복하게 만들 수 있는 다른 배분이 가능하기 때문에 사 회적으로 최선이라 말할 수 없을 것이다. 효율성은 유용한 개념이지만 문제는 완벽한 척도가 되지 못한다는 사실이다. 일반적으로 효율적인 배분 상태가 많을 수 있고 그들간에 어느 것이 사회적으로 더 나은지에 대해서 효율성이라는 척도 로는 비교할 수 없기 때문이다. 한 사회의 소수의 사람들이 대부분의 자원을 소 유하고 소비하는 상태는 불공평하기 때문에 우리는 바람직하지 못한 상태라고 판단하지만 그럼에도 효율적일 수는 있다. 더 공평하게 만든다면 다른 대다수의 사람들은 행복해지지만 그 소수의 사람들은 불행해지기 때문이다.

효율적인 배분들 간의 비교를 위해서는 효율성 이외의 다른 척도가 필요하다. 그것은 공평, 정의, 윤리 등이 될 수 있는데 이들 기준이 정확하게 무엇을 의미 하는지, 배분간의 비교에 대해 어떻게 적용될 수 있는지, 그리고 여러 기준 내 지 사회적 가치가 충돌되는 경우 어느 것이 우선되어야 하는지 등에 대해서는 확실하게 답하기 어려우며, 이런 문제는 경제학을 넘어 철학 또는 정치학의 영역에 속한다고도 할 수 있다. 어디까지가 경제학의 영역인지에 대해서는 학자마다 의견이 다르다. 일반적으로 미시경제학의 규범적 분석은 효율성을 적용하여 판단하는 지점에서 그친다고 할 수 있다.[2] 하지만 미시경제학자들이 규범적 판단에 있어서 효율성이 유일하거나 가장 우월한 기준이라고 주장하는 것은 아니다. 다만 규범적 차원에서 효율성 관점의 논의를 분배의 형평성과 같은 다른 사회적 가치 관점에서의 논의를 구분하며, 사회적 차원의 대안을 선택함에 있어서는 효율성을 달성하는 대안들을 제시한다.

아담 스미스는 사회의 모든 구성원들이 각자 자신의 개인적인 목적을 추구하면서 이기적으로 행동한다면, 사회는 혼란과 낭비의 상태로 추락하는 것이 아니라 그 반대로 사회는 가장 이상적인 상태를 달성하게 될 것이라고 주장하였다. 그것이 가능한 이유는 시장기구의 가격 기능에 있다. 즉, 누가 어떤 일을 하고 무엇을 소비하는지의 의사결정에 있어서 가격이라는 '보이지 않는 손'이 작동하여 각 주체들이 바람직한 선택을 하도록 유도한다. 분권화된 시장기구가 사회적으로 최선의 결과를 달성한다는 주장이고, 이것이 많은 경제학자들이 시장의 기능과 역할을 지지하는 근거가 된다. 아담 스미스 이후의 후대 경제학자들은 그의 주장이 얼마나 논리적으로 타당한지를 연구해 왔으며, 그 결과 얻은 것이 소위 '후생경제학의 제1정리'로 요약된다. 이것은 완전경쟁시장에서는 효율성이 달성된다는 것이다.

후생경제학 제1정리가 말하는 것은 시장경제가 항상 사회적으로 최선의 결과를 낳는다고 주장하는 것이 아니다. 첫째, 사회적으로 최선의 결과인지를 판단하는 기준이 효율성이다. 효율성 이외의 형평성이나 윤리 등의 관점에서 판단하는 것이 아니다. 둘째, 완전경쟁시장이라는 특수한 상황에서 효율성이 달성된다. 완전경쟁시장은 치열한 경쟁이 벌어지는 등 몇 가지 조건이 충족되는 시장인데, 이 조건이 충족되지 않으면 시장균형이 효율성을 달성한다고 단언할 수 없으며 비효율이 발생할 수 있다. 이 경우 시장실패(market failure)가 발생한다고 표현한다. 시장실패가 발생한다면 모든 구성원들을 더 행복하게 만들 수 있는 다른 실현가능한 배분이 있다는 것을 의미한다. 따라서 이 경우 비효율성을 제거 또는 축소하려는 목적의 정부의 개입은 타당성을 가질 수 있다.

후생경제학의 제1정리는 완전경쟁시장이 아니라고 해서 반드시 비효율이 발

---

**2** 12장에서 효율성 이외의 사회적 가치 판단 개념들을 소개한다.

생한다는 것을 의미하지는 않는다. 비효율성이 발생할 수도 아닐 수도 있다. 경제학자들은 시장 균형이 비효율적이 되도록 만드는 요인들이 무엇인지, 그 경우 비효율성은 어떤 특성을 가지며 그것을 어떠한 정책적 개입으로 제거 또는 축소할 수 있는지를 연구해 왔다. 대표적인 시장실패 요인으로는 독과점, 외부성, 공공재, 불완전정보 등이며 본 책의 후반부에서 자세히 다룰 것이다.

만일 시장기구가 바람직한 자원배분 메커니즘이냐고 묻는다면 이에 대한 미시경제학의 답은 그럴 수도 있고 아닐 수도 있다는 것이다. 경쟁이 치열하게 작동하는 등 몇 가지 조건이 충족된다면 적어도 효율성 차원에서 시장기구는 사회적으로 바람직한 결과를 달성할 것이며 정부의 개입이 불필요하다고 주장할 수 있다. 그러한 조건이 충족되지 않는 경우에는 효율성 차원에서 시장은 문제가 있으며 정부의 올바른 개입으로 개선될 수 있다.

형평성, 윤리 등 다른 가치 기준의 관점에서 시장기구가 어떠한지에 대해서는 이론적, 실증적으로 확실한 답을 내리기는 어렵다. 가령, 시장기구가 소득불평등을 증가시키는지 또는 감소시키는지에 대해서 확실한 논리적인 관계가 있다고 할 수는 없다.

## 1.4  분석방법

앞서 설명한 바와 같이 모형을 설정하고 무슨 일이 벌어질 것인지를 예측하려면 모형 내의 각 주체들이 어떻게 의사결정을 하는지를 설명할 수 있어야 한다. 전통적인 미시경제학에서는 각 주체들이 나름의 목적으로 추구하며 자신에게 선택 가능한 대안들 중에서 그 목적을 최대로 달성하는 대안을 선택한다고 전제한다. 이런 점에서 각 주체들은 합리적이라 할 수 있다. 직관이나 감정에 의해서가 아니라 치밀하게 따져서 최선의 답을 찾는다는 것이다. 목적, 대안, 그리고 그 관계 등을 수학적으로 표현할 수 있다면 실증적 분석과정에 수학적 방법론을 분석도구로서 활용할 수 있으며, 따라서 수학과 같이 논리적으로 엄밀한 이론과 주장을 펼칠 수 있다. 소비자이론과 기업이론에서 각 주체들의 선택과정을 수리적인 최적화(optimization) 과정으로 설명할 것이다. 소비자가 자신의 행복을 극대화하도록 소비할 상품을 선택하는 문제일 수도 있고 기업이 비용을 가장 낮게 하는 생산방법을 선택하는 문제일 수도 있다.

합리적 주체를 전제로 한다는 점에서 미시경제학은 현실적이지 못하다는 비판을 많이 받아 왔다. 현실의 우리가 미시경제학에 등장하는 의사결정자들처럼 합리적이고 엄밀한지는 의문이다. 마트에서 무엇을 구입할지를 고민할 때 순간순간의 느낌에 의존하는 경우도 많다. 경제학은 결국은 우리의 현실 사회에서 벌어지는 현상을 설명하려는 노력이므로 이론에서의 주체들이 현실의 인간과 너무도 다르다면, 그런 모형에서 도출된 주장을 받아들일 수 있느냐 하고 문제를 제기할 수 있다. 하지만 경제학은 현실의 인간들이 모형에 등장하는 주체들처럼 극도로 합리적이라고 주장하는 것은 아니다. 우리 인간은 선택의 오류를 범한다는 것을 인정한다. 전통 경제학은, 현실의 인간이 최선의 선택과는 다른 대안을 선택할 수 있겠지만, 그러한 오류가 체계적인 오류(systemic error)는 아니라고 주장한다. 즉, 그 오류는 어떤 방향으로든 일어날 수 있으며, 현실 인간의 선택은 평균적으로는 합리적 주체의 선택과 일치할 것이라고 본다. 따라서 합리적 인간을 상정하고 도출한 경제학의 주장은 현실에 대해서도 여전히 타당하다는 것이다.

수학적 최적화 방법론 외에도 미시경제학이 활용하는 분석도구는 지속적으로 확장, 발전해 왔다. 우리는 불확실성에 직면해서 살고 있고 그 사실도 잘 알고 여러 결정에 이를 반영한다. 어떤 직업을 가져야 하는지, 어떤 주식을 사야 하는지, 자신의 재산을 어디에 투자해야 하는지, 어떤 대안을 선택해도 그 결과가 어떨지 불확실하다. 미래에 어떻게 될지를 모두 알고서 대안을 선택할 수는 없는 일이다. 불확실성이 있다면 어떻게 최선의 선택을 하는지, 위험에 대한 우려가 그 선택에 어떻게 영향을 주는지, 새로운 정보가 있을 때 그것을 어떻게 자신의 기대와 예상에 반영하는지 등의 문제에 적용하는 분석도구들이 개발되었다. 정보가 완벽한 경우를 상정한 이론이 설명하지 못하는 현실의 많은 현상을 설명할 수 있게 되어 미시경제학의 지평을 넓혔다.

경제학은 많은 사람들이 모여 있는 사회를 대상으로 한다. 그리고 각 주체들의 선택문제는 다른 주체들의 문제와 서로 영향을 주고받는다는 점에서 상호의존적이다. 우리는 다른 사람이 어떻게 행동할 것인지, 나의 선택에 대해 그들이 어떻게 반응할 것인지를 고려하여 의사결정을 한다. 즉, 전략적 선택을 하는 것이다. 일단의 수학자들은 다수의 주체들이 선택하는 상황을 다루는 분석 도구로서 게임이론을 개발하였고 경제학자들이 이를 받아들여 게임이론 자체를 더욱 발전시킴과 동시에 많은 경제이슈의 분석에 활용해 왔다. 이것은 전략적 상황에서의 최적화 과정으로서 미시경제학의 여러 주제에 활용되고 있다.

앞서 전통적 미시경제학자들은 현실 인간의 선택은 합리적 주체의 선택과 평균적으로 다르지 않을 것이라는 입장을 가진다는 점을 언급하였다. 최근 등장하는 행동경제학자들은 이에 대해 비판을 제기하였다. 현실의 인간은 선택의 오류를 갖기 마련이며, 그러한 오류는 평균적으로 서로 상쇄되는 것이 아니라 특정한 방향으로 치우치는 편향성(bias)을 가진다는 것이다. 따라서 합리적 인간을 전제로 도출된 전통적 경제학의 주장이나 처방이 현실 적용에 맞지 않을 수 있다고 주장한다. 이들은 심리학의 영향을 많이 받아서 실험을 통하여 현실의 인간이 가지고 있는 편향들을 찾아내고 그것이 시장이 기능이나 정책의 효과에 대해 주는 시사점을 도출하는 연구를 하고 있다. 이와 같이 미시경제학은 다양한 분석툴이나 기법을 활용하여 지속적으로 발전하고 있다.

## 1.5 책의 구성

본 책의 구성은 다음과 같다. 전반부에서는 완정경쟁시장 모형을 설명한다. 수요, 공급, 시장이론의 순서로 설명한다. 수요는 개별 소비자의 소비선택 문제에서 얻어지며(2~4장), 공급은 기업의 이윤극대화 문제에서 도출됨(6~7장)을 설명한다. 시장이론에서는 수요와 공급의 힘이 시장에서 어떻게 균형을 이루는지 설명한다. 소비자의 수요를 도출하기 위하여 소비자가 자신의 소득을 어떤 재화를 소비하는데 쓸 것인가하는 간단한 문제를 분석하지만, 5장에서는 노동공급, 저축, 보험 등의 다양한 문제에 적용될 수 있음을 볼 것이다. 9장은 시장수요와 공급이 어떻게 균형을 이루게 되는지를 설명하고 그 균형의 의미와 특성을 살펴본다. 이것은 한 재화의 시장을 다룬다는 점에서 부분균형분석이며 12장의 일반균형분석으로 이어진다. 또한, 12장에서는 완전경쟁균형에 대한 규범적 분석으로서 효율성의 개념을 소개하고 완전경쟁균형이 어떻게 효율성을 달성하는지를 설명할 것이다.

8장은 전략적 상황에서의 선택문제를 분석하는 도구로서 게임이론을 배운다. 이 이론은 다수의 의사결정자가 전략적으로 행동하는 상황에 대한 추상적 분석도구이기 때문에 완전경쟁시장 이외의 다양한 시장 상황에서의 균형을 도출하는데 유용하게 이용된다. 특히 11장의 과점시장을 분석하는데 유용하다는 것을 배울 것이다. 다음으로 비효율성을 유발하는 시장실패 요인들을 배운다. 10장, 11장에서는 독과점시장에서 기업의 행태와 비효율성이 발생함을 설명한다. 13장에서 외부효과와 공공재의 경우를 다루는데, 비효율이 발생하고 정부의 적절한 개입으로 개선될 수 있음을 설명할 것이다. 14장에서는 비대칭정보가 야기하는 문제와 그것을 극복할 수 있는 다양한 방안을 소개한다. 마지막으로 비합리성이 기존의 이론과는 다른 결과를 낳을 수 있는 경우들을 다루는 행동경제학은 15장에서 소개한다.

# 소비자 선택과 수요

제2장 소비집합과 예산집합

제3장 선호와 효용함수

제4장 소비자의 최적 선택과 수요

제5장 소비자 선택의 응용

Part II에서는 소비자들의 합리적 선택에 대하여 학습한다. 합리적 소비자들은 주어진 제약 하에서 자신의 만족도를 극대화하는 선택을 한다. 이러한 행동을 이해하기 위하여 개인의 예산제약, 선호체계와 효용함수에 대하여 학습한다. 이후 소비자의 효용극대화 문제의 분석을 통하여 합리적 선택의 결과인 수요함수를 배우며 이와 관련된 여러 이론들도 학습한다. 마지막으로 소비자의 최적 선택 이론을 여가-노동의 선택, 다기간 소비 선택, 불확실성 하에서의 선택 문제에 응용한다.

소비자들은 일상에서 재화(goods)나 서비스 (services)를 소비하며 생활한다. 재화나 서비스의 소비를 통해 생존하고 만족감도 느낀다. 소비자가 소비하는 재화와 서비스는 매우 다양하지만 앞으로는 이들을 모두 합쳐 '상품'(commodities)이라고 부른다. 소비자들은 모든 상품을 자신이 원하는 만큼 항상 소비할 수는 없다. 상품의 물리적 특성이나 경제적 이유로 소비할 수 있는 상품의 종류나 양은 한정되어 있는 것이 일반적이다. 본 장에서는 소비자들이 물리적 또는 경제적 제약 하에서 '선택할 수 있는' 또는 '소비할 수 있는' 상품들의 집합에 대해서 살펴본다.

# 2

# 소비집합과 예산집합

2.1 소비집합과 예산집합
2.2 예산집합의 변화
연습문제

## 2.1 소비집합과 예산집합

### 1 소비집합

소비자들은 여러 종류의 상품을 소비한다. 오늘 하루에만 소비하고 있는 상품을 생각해 봐도 입고 있는 의류, 먹는 음식, 교통수단 등등 매우 다양하다. 하지만 소비의 대상이 되는 상품들의 명칭을 모두 나열하기는 어렵기 때문에 편의상 상품 1, 상품 2, 상품 3과 같이 단순화하여 설명하기로 하자. 또한 소비의 대상이 되는 상품의 종류는 유한하다고 가정하자. 즉, 상품의 종류는 $M$가지가 있으며 소비대상이 되는 상품의 집합을 $\{1, 2, \cdots, M\}$이라고 하자. 이때 각각의 상품의 소비량을 순서대로 나열한 목록을 '상품묶음'(commodity bundle) 또는 '상품벡터'(commodity vector)라고 한다. 예를 들어 5종류의 상품이 있고 상품 1을 3단위, 상품 2를 8단위, 상품 3은 0단위, 상품 4는 2단위, 상품 5는 7단위를 소비하는 상품묶음은 (3, 8, 0, 2, 7)로 나타낼 수 있다.

소비자는 각 상품을 0단위, 1단위, 2단위, … 등과 같이 자연수의 단위로 소비할 수 있을 뿐만 아니라 0.3단위, 2.5단위와 같이 실수(real number) 단위로 소비하는 것도 가능하다고 가정한다. 이렇게 상품을 실수 단위로 소비할 수 있다는 가정을 '상품의 완전가분성'(perfect divisibility of commodity)이라고 부른다.[3]

상품 1의 소비량을 $x_1$, 상품 2의 소비량은 $x_2$와 같이 표기한다면 각 상품의 소비량을 나열한 상품묶음은 $x=(x_1, x_2, \cdots, x_M)$과 같이 표현할 수 있다. 일반적으로 소비자는 상품을 음(−)의 단위는 소비할 수 없으므로 상품묶음을 구성하는 각 상품의 소비 단위는 0보다 크거나 같은 실수, 즉, $x_m \geq 0$, $m=1, \cdots, M$이 된다.

---

3 상품을 0.5단위 소비한다는 것은 무슨 의미일까? 소비하는 상품이 사과와 같이 나눌 수 있는 것이라면 이해하기 쉽다. 즉 사과를 0.5단위 소비한다는 것은 사과를 반개만 먹는다는 의미이기 때문이다. 하지만 상품이 핸드폰이라면 0.5단위 소비는 어떤 의미일까? 핸드폰이 제공하는 통화, 무선인터넷 사용 등과 같은 서비스를 하루 동안 100% 사용하면 핸드폰을 1단위 소비하는 것이라 해석하면 핸드폰 0.5단위 소비의 의미를 쉽게 이해할 수 있다.

$\mathbb{R}$, $\mathbb{R}_+$, $\mathbb{R}_{++}$

❶ 실수(real number)의 집합은 $\mathbb{R}$로 표기하며, 0보다 크거나 같은 실수의 집합은 $\mathbb{R}_+$로 0보다 큰 실수의 집합은 $\mathbb{R}_{++}$로 표기한다.

$\mathbb{R} = \{x \mid x$는 실수$\}$

$\mathbb{R}_+ = \{x \mid x \geq 0$인 실수$\}$

$\mathbb{R}_{++} = \{x \mid x > 0$인 실수$\}$

❷ $n$개의 실수를 늘어놓은 $(x_1, x_2, \cdots, x_n)$을 $n$중쌍(ordered $n$-tuple) 또는 $n$차원 벡터($n$ dimensional vector)라고 한다. 특히 $n=2$인 경우는 '순서쌍'(ordered pair)라고 부르며, $n$이 3 이상인 경우는 3중쌍, 4중쌍 등과 같이 부른다.

❸ 각각의 좌표(coordinate)들이 모두 실수인 $n$중쌍들을 모아 놓은 집합을 $\mathbb{R}^n$으로 표기한다. 즉 $\mathbb{R}^n = \{(x_1, x_2, \cdots, x_n) \mid$ 모든 $I = 1, 2, \cdots, n$에 대하여 $x_i$는 실수$\}$이다. 한편 $\mathbb{R}^n_+$, $\mathbb{R}^n_{++}$는 각각 다음과 같다.

$\mathbb{R}^n_+ = \{(x_1, \cdots, x_n) \mid$ 모든 $I = 1, 2, \cdots, n$에 대하여 $x_i$는 실수이고 $x_i \geq 0\}$

$\mathbb{R}^n_{++} = \{(x_1, \cdots, x_n) \mid$ 모든 $I = 1, 2, \cdots, n$에 대하여 $x_i$는 실수이고 $x_i > 0\}$

물리적으로 소비자가 소비하는 것이 가능한 상품묶음의 집합을 '소비집합'(consumption set)이라고 한다. 예를 들어 소비의 대상이 되는 상품이 빵과 옷이라고 가정해 보자. $x_1$을 빵의 소비량, $x_2$를 옷의 소비량이라 하면 상품묶음은 $x = (x_1, x_2)$로 표현할 수 있다. 빵과 옷은 음$(-)$의 단위는 소비할 수 없으므로 소비 가능한 상품묶음을 모아 놓은 상품집합은 [그림 2-1]의 (a)와 같이 $\mathbb{R}^2_+$라 할 수 있다. 다음으로 종민에게는 철수, 영희 두 명의 친구가 있으며 두 명의 친구를 따로따로 만나며, 이를 위해 하루 중 사용할 수 있는 시간은 4시간이라고 가정해보자. $x_1$을 철수를 만나는 시간, $x_2$를 영희를 만나는 시간이라 하면 종민이의 상품집합은 [그림 2-1]의 (b)와 같다. 이번에는 소비의 대상이 되는 상품이 여가시간(leisure)과 빵이라고 가정해 보자. 여가시간은 하루 24시간을 초과할 수 없으므로 $x_1$을 여가시간, $x_2$를 빵의 소비량이라 하면 상품집합은 [그림 2-1]의 (c)와 같다. 만약 생존을 위해서는 하루에 최소한 8시간의 휴식과 3단위 이상 빵을 소비해야 한다면 상품집합은 [그림 2-1]의 (d)와 같다. 이와 같이 상품집합은 항상 동일하게 주어져 있는 것이 아니라 상품의 특성이나 소비

**그림 2-1**   상품집합의 예

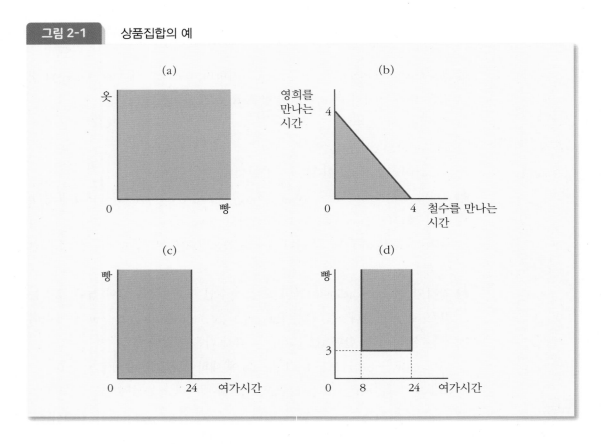

자가 처한 상황에 따라 서로 다르게 나타난다. 이하에서는 논의를 단순화하기 위하여 특별한 서술이 없는 한 상품집합은 $M$가지 종류의 상품이 존재할 경우 $\mathbb{R}^M_+$라고 가정한다.

## 2  예산집합

　모든 소비자들은 상품을 소비할 때 경제적 제약에 직면하게 된다. 상품을 소비하기 위해서는 일반적으로 그 상품의 가격을 지불하고 구매한 후 소비를 하여야 한다. 한편 소비자는 일정 기간 지출할 수 있는 '소득'을 보유하고 있다. 소비자가 보유하고 있는 지출가능한 소득을 $I$라고 하자. 상품 $m$의 한 단위 가격을 $p_m$이라 하고, 소비자가 상품묶음 $x = (x_1, x_2, \cdots, x_M)$을 소비하기 위해서는 다음과 같은 '총지불액'을 지출하여야 한다.

$$총지불액 = p_1 x_1 + p_2 x_2 + \cdots + p_M x_M = \sum_{k=1}^{M} p_k x_k$$

총지불액이 소득보다 작거나 같다면 소비자는 이 상품묶음을 구매하여 소비할 수 있다. 하지만 총지불액이 자신의 소득보다 크다면 이 상품묶음의 소비는 불가능하다. 즉, 소비자는 다음의 조건을 충족하는 상품묶음 $x=(x_{1,2},\cdots,x_M)$을 소비할 수 있다.

$$p_1x_1+p_2x_2+\cdots+p_Mx_M\leq I \tag{2-1}$$

한편, 식 (2-1)이 등식으로 성립하는 경우, 즉, 총지불액이 소득과 정확히 일치하는 경우, 이 등식을 '예산제약'(budget constraint)이라고 한다.

주어진 가격과 소득을 고려할 때 소비가능한 모든 상품묶음들을 모아 놓은 집합을 '예산집합'(budget set)이라 하며 다음과 같다.

$$B(p,\ I)=\left\{(x_1,\ x_2,\cdots,x_M)\in\mathbb{R}^M_+\ \Big|\ \sum_{m=1}^{M}p_mx_m\leq I\right\} \tag{2-2}$$

여기서 $p=(p_1,\ p_2,\cdots,p_M)$은 각 상품의 가격을 나열한 $M$중쌍의 가격벡터이다.[4]

예산집합을 그림으로 표현하기 위해 소비 대상이 되는 상품의 종류가 두 가지, 즉, $M=2$라고 가정하자. 상품묶음 $x=(x_1,\ x_2)$이 소비 가능하기 위해서는 $p_1x_1+p_2x_2\leq I$를 만족해야 한다. 따라서 예산집합은 [그림 2-2]의 삼각형 영역이 된다.

그림에서 삼각형 안쪽에 있는 $x$는 소비 가능하면서 소득을 모두 지출하지는 않는 상품묶음이며, $x'$은 소비 가능하면서 소득을 모두 지출해야 하는 상품묶음을 나타낸다. 한편, $x''$은 소비가 불가능한 상품묶음이다.

예산집합을 나타내는 삼각형의 빗변은 예산제약의 그래프이며 예산선(budget line)이라 한다. 즉, 상품묶음을 구매하기 위해 지불한 총지출액이 소득과 정확히 일치하는 상품묶음들을 모두 모아 놓은 것이다. 따라서 예산선에서 다음의 등식이 성립한다.

---

**4** 일반적으로 모든 상품의 가격은 양수이므로 가격벡터 $p$는 $\mathbb{R}^M_{++}$의 원소가 된다. 물론 소비자가 소비하는 상품 중에는 소셜 네트워크 서비스(SNS), 이메일 서비스 등과 같이 가격이 0인 상품도 존재한다. 이러한 상품을 '자유재'(free good) 또는 '공짜상품'이라고 한다. 하지만 가격이 0인 상품을 분석하는 특별한 경우를 제외하고는 모든 상품의 가격은 양수라고 가정한다.

**그림 2-2** 예산집합

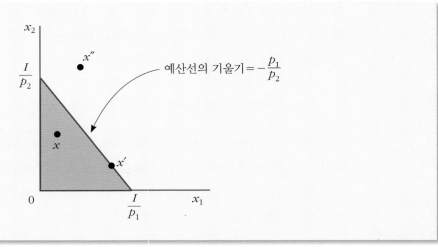

$$x_2 = \frac{I}{p_2} - \frac{p_1}{p_2} x_1 \tag{2-3}$$

예산선의 가로축 절편과 세로축 절편은 각각 $\frac{I}{p_1}$, $\frac{I}{p_2}$로써 모든 소득을 상품 1이나 상품 2의 소비에만 지출했을 때 소비할 수 있는 소비량을 나타낸다. 예산선의 기울기인 $-\left(\frac{p_1}{p_2}\right)$는 두 상품 사이의 '객관적 교환비율'을 나타낸다. 상품 1의 가격을 2원, 상품 2의 가격을 1원이라고 상정해 보자. 만약 소비자가 상품 1의 소비를 한 단위 감소시키면 상품 2를 2단위 더 구매하여 소비할 수 있다. 이

**그림 2-3** 예산선의 기울기와 기회비용

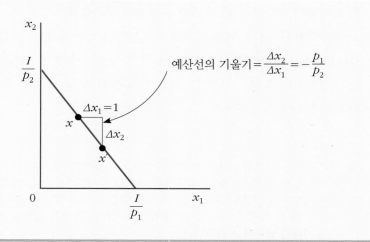

는 소비자가 상품 1과 상품 2를 1:2의 비율로 교환할 수 있음을 의미한다. 따라서 예산선의 기울기가 $-\left(\frac{p_1}{p_2}\right)$이라는 것은 상품 1의 한 단위와 상품 2의 $\left(\frac{p_1}{p_2}\right)$ 단위가 서로 교환된다는 것을 의미한다.

두 상품 사이의 객관적 교환비율은 달리 표현하면 '기회비용'(opportunity cost)이라고 할 수 있다. 기회비용이란 어떤 대안을 선택함으로써 포기해야 하는 다른 대상들 중에서 최선인 대안의 가치로 정의된다. [그림 2-3]에서와 같이 소비자가 상품 1을 한 단위 더 소비하려면 상품 2의 소비를 $\left(\frac{p_1}{p_2}\right)$ 단위 포기하여야 한다. 따라서 상품 1 한 단위의 기회비용은 상품 2의 $\left(\frac{p_1}{p_2}\right)$ 단위가 되는 것이다. 동일한 논리로 상품 2 한 단위의 기회비용은 상품 1의 $\left(\frac{p_2}{p_1}\right)$ 단위가 된다. 이처럼 예산선의 기울기의 절대값인 $\left(\frac{p_1}{p_2}\right)$는 상품 2로 표현한 상품 1의 기회비용이다. 기회비용에 대한 이해를 위해서 2장의 끝에 참고를 제시하였다.

## 3 예산집합의 몇 가지 예

현실에서 소비의 대상이 되는 상품의 종류는 매우 많지만, 대개의 경우 상품이 두개만 존재한다고 가정하고 논의를 전개할 것이다. 이러한 가정은 다음과 같이 이해할 수 있다. 우리가 관심을 갖는 상품을 하나 선택하고 나머지 모든 상품들을 마치 하나의 상품인 것처럼 상정하며, 그 상품을 '복합재'(composite good)라고 부른다. 복합재의 가격은 1원으로 가정한다. 그러면 복합재의 소비량과 지출액이 같아진다. 따라서 예산제약은 $p_1 x_1 + x_2 = I$가 된다. 이와 같은 아이디어를 바탕으로 몇 가지 예산집합을 살펴보자.

### 예 할인(discount)

두 종류의 상품이 존재한다. 상품 1은 렌터카이고 상품 2는 복합재이다. 렌터카의 대여료는 시간 당 1만원이고 복합재의 가격도 단위 당 1만원이다. 주어진 소득은 30만원이다. 단위를 만원으로 하고 예산집합을 그려보시오.
그런데 오늘부터 한 달 동안 렌터카 회사에서 대여료를 다음과 같이 할인해 주는 행사를 진행한다. 렌터카를 10시간 초과, 20시간 미만으로 대여할 경우에는 초과 시간에 대해서 대여료를 20% 할인해 주고, 20시간 초과 대여할 경우에는 초과 시간에 대해서 50% 할인을 해 준다. 이때 예산집합을 그림으로 그려보면 어떻게 되는가?

그림 2-5　대여료를 할인할 경우 예산집합

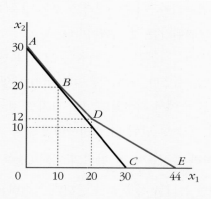

대여료를 할인하기 전의 예산선은 [그림 2–5]의 검은 선 $\overline{ABC}$이다. 대여료 할인 행사 후의 예산선은 빨간 선 $\overline{ABDE}$이다.

### 예 현물보조와 가격보조

두 종류의 상품이 존재한다. 상품 1은 라면이고 상품 2는 복합재이다. 라면은 개당 1,000원이고 복합재의 가격은 단위 당 1,000원이다. 소득은 100,000원이다. 그런데 정부가 라면 30개를 현물로 보조하였다. 이때 예산집합은? 만약 정부가 현물보조 대신 라면 한 개당 200원의 보조금을 지급하기로 정책을 변경한다면 예산집합은 어떻게 변하는가?

그림 2-6　현물보조와 가격보조를 할 경우 예산집합

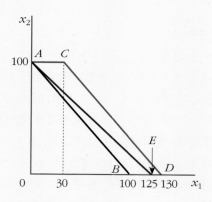

현물보조나 가격보조가 없는 경우 예산선은 [그림 2-6]의 검은 선 $\overline{AB}$이다. (그림에서 상품 1의 단위는 개, 상품 2의 단위는 천원)라면을 현물로 보조할 경우 예산선은 빨간 선 $\overline{ACD}$이며, 가격보조를 할 경우 예산선은 파란 선 $\overline{AE}$이다.

> **예제 2-1**
>
> **(i) 기본료, 사용료로 구성된 2부요금제(two-part tariff)**
>
> 두 종류의 상품이 존재한다. 상품 1은 전화서비스이고 상품 2는 복합재이다. 전화서비스를 사용하기 위해서는 기본료 20,000원을 지불하여야 한다. 한편 사용시간 1분 당 400원의 사용료를 지불하여야 한다. 복합재의 가격은 단위 당 1,000원이다. 소득은 100,000원이다. 이때 예산집합은?
>
> **(ii) 기본료, 기본제공량, 사용료로 구성된 3부요금제(three-part tariff)**
>
> 두 종류의 상품이 존재한다. 상품 1은 전화서비스이고 상품 2는 복합재이다. 전화서비스를 사용하기 위해서는 기본료 20,000원을 지불하여야 한다. 기본료를 지불하면 100분은 추가 요금 없이 사용할 수 있다. 사용시간이 100분을 초과하면 초과 사용시간에 대해서는 분당 500원을 지불하여야 한다. 복합재의 가격은 단위 당 1,000원이다. 소득은 100,000원이다. 이때 예산집합은?

> **예제 2-2**
>
> **여가와 소비**
>
> 두 종류의 상품이 존재한다. 상품 1은 여가시간이고 상품 2는 복합재이다. 소비자는 하루 24시간을 여가(leisure) 또는 일을 하면서 보낸다. 시간 당 임금은 10,000원이다. 복합재의 가격은 단위 당 1원이다. 이때 예산집합은? 만약 정부가 50,000원을 기본소득으로 지급하는 정책을 시행하면 예산선은 어떻게 변하는가?

이상의 예에서 살펴본 바와 같이 할인, 보조, 기본소득의 지급 등은 소비자의 예산집합을 증가시킨다. 예산집합이 증가하면 소비자는 더 많은 상품묶음들 중에서 선택을 할 수 있기 때문에 만족도가 이전보다 증가할 가능성이 높다.

## 2.2  예산집합의 변화

주어진 상품의 가격 $p = (p_1, \cdots, p_M)$과 소득 $I$에서 소비 가능한 상품묶음들의 집합을 예산집합 $B(p, I)$이라고 하였다. 상품묶음의 소비가능성은 상품들의 가격과 소득에 의해 결정된다. 따라서 상품가격과 소득이 변하면 예산집합도 변하게 된다. 본 절에서는 상품가격과 소득의 변화에 따라 예산집합이 어떻게 변하는지를 살펴본다.

### 1  소득의 변화

두 상품, 1과 2가 존재하고 가격은 각각 $p_1$, $p_2$, 소득은 $I$이다. 상품의 가격은 변하지 않고 소득만 $I'$으로 증가하거나 또는 $I''$로 감소한다면 예산집합은 어떻게 변할까? 예산선의 기울기는 전과 동일하게 $-\left(\dfrac{p_1}{p_2}\right)$이지만, 예산선의 절편은 각각 $\dfrac{I}{p_1}$, $\dfrac{I}{p_2}$에서 $\dfrac{I'}{p_1}$, $\dfrac{I'}{p_2}$로 변한다. 따라서 소득이 $I'$으로 증가하면 예산선은 [그림 2–7]의 (a)와 같이 오른쪽 위의 방향으로 평행이동한다. 반면에, 소득이 $I''$로 감소하면 예산선은 (b)와 같이 왼쪽 아래 방향으로 평행이동한다.

**그림 2-7**  소득 변화에 따른 예산집합의 변화

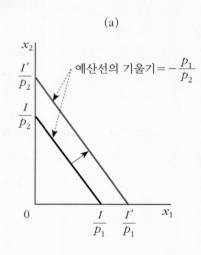
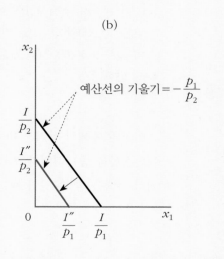

## 2 가격의 변화

위와 동일하게 두 가지 상품이 존재하고 가격은 각각 $p_1$, $p_2$, 소득은 $I$이다. 상품 2의 가격과 소득은 변하지 않고, 상품 1의 가격만 $p_1'$으로 상승하거나, 또는, $p_1''$으로 하락한다면 예산집합은 어떻게 변할까?

다른 변수들은 변화가 없고 상품 1의 가격만 $p_1'$으로 상승한다면 세로축 절편인 $\frac{I}{p_2}$는 전과 동일하지만, 가로축 절편인 $\frac{I}{p_1}$는 $\frac{I}{p_1'}$으로 감소하고 예산선의 기울기도 $-\left(\frac{p_1}{p_2}\right)$에서 $-\left(\frac{p_1'}{p_2}\right)$으로 감소한다. 즉, 예산선은 이전보다 더 가파르게 변한다. 따라서 예산선은 [그림 2-8]의 (a)와 같이 세로축 절편을 중점으로 시계방향으로 회전이동하게 된다. 그 결과 소비자의 예산집합은 작아져서 선택 가능한 상품묶음이 줄어든다. 반면에, 상품 1의 가격이 $p_1''$으로 하락하면 예산선은 [그림 2-8]의 (b)와 같이 세로축 절편을 중점으로 시계 반대 방향으로 회전이동하게 된다. 그 결과 소비자의 예산집합은 넓어져서 선택 가능한 상품묶음이 늘어난다. 상품 2의 가격만 변하는 경우는 상품 1의 가격만 변하는 경우와 유사하므로 자세한 서술은 생략한다.

만약 상품 1과 2의 가격이 동일한 비율로 변화하면 예산집합은 어떻게 변할까? 예를 들면, $p_1$과 $p_2$가 모두 10%씩 상승하고 소득은 전과 동일한 경우가 이에 해당한다. 이 경우, 예산선 식은 $(1+0.1)p_1x_1+(1+0.1)p_2x_2=I$가 된다. 이

**그림 2-8** 가격 변화에 따른 예산집합의 변화

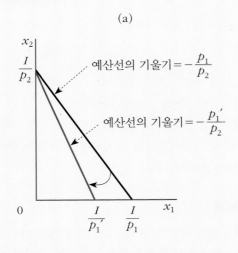
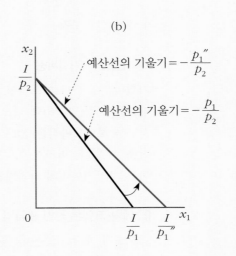

식은 $p_1x_1+p_2x_2=I/(1+0.1)$와 동일하므로 이는 가격은 변하지 않고 소득만 10% 감소한 것과 같다. 그러므로 가격이 동일한 비율로 상승하면 예산집합이 감소하기 때문에 소비자가 선택할 수 있는 상품묶음이 감소하게 되어 소비자의 만족도가 전보다 감소할 가능성이 높아진다. 만약 가격과 소득이 모두 일정 비율로 변하면 예산집합은 변하지 않고 이전과 동일하게 된다.

## 참고　기회비용

기회비용은 "어떤 대안을 선택함으로써 포기해야 하는 다른 대안들 중에서 최선인 대상의 가치"를 말한다. 소비자가 선택할 수 있는 대안이 $a$, $b$, $c$ 세 가지가 있다고 하자. 소비자가 느끼는 대안 $a$의 가치는 10, $b$는 5, $c$는 1이라고 상정해 보자. 세 가지 대안 중 하나만 선택할 수 있다면 만족도를 극대화하기 위해 소비자는 대상 $a$를 선택할 것이다. 이와 같이 선택을 통해 만족도를 극대화하고자 하는 소비자의 행위는 선택의 기회비용을 극소화하고자 하는 행동으로도 설명이 가능하다. 만약 소비자가 대상 $a$를 선택하면 기회비용은 포기한 대상인 $b$와 $c$ 중에서 최선의 대상인 $b$의 가치가 되므로 5이다. 동일한 논리로 소비자가 대상 $b$나 대상 $c$를 선택하면 기회비용은 10이 된다. 따라서 기회비용을 최소화하기 위해 소비자는 대상 $a$를 선택한다. 이처럼 기회비용은 소비자가 최선의 선택을 하기 위해 필요한 중요한 정보 중의 하나라 할 수 있다. 하지만 실생활에서 발생하는 특정 선택의 기회비용을 산출하는 것은 그리 용이하지는 않다. 다음의 예를 살펴보자.

### 예 사냥꾼의 기회비용

기회비용에 관한 대표적인 예는 아담 스미스의 국부론(The Wealth of Nations, 제1권 제6장, 1776)에 나오는 사냥꾼의 예이다. 어떤 사냥꾼이 하루 종일 사슴 사냥을 하면 2마리를 잡을 수 있다. 반면 하루 종일 비버 사냥을 하면 1마리를 잡을 수 있다. 따라서 이 사냥꾼에게 사슴 1마리의 기회비용은 비버 0.5마리가 되고, 비버 1마리의 기회비용은 사슴 2마리가 된다.

### 예 에릭 크렙톤 공연 관람의 기회비용

당신에게 에릭 크렙톤 공연의 입장권이 무료로 생겼다. 이 입장권은 다른 사람에게 팔 수는 없다. 공교롭게도 에릭 크렙톤의 공연시간과 동일한 시간에 밥 딜런도 공연을 하며, 밥 딜런의 공연은 당신에게는 에릭 크렙톤 공연 다음으로 가장 좋아하는 공연이다. 밥 딜런 공연의 입장권 가격은 $40이다. 당신은 밥 딜런 공연을 관람하기 위해 $50까지 지불할 용의가 있다. 밥 딜런의 공연을 관람하기 위한 추가적 비용은 발생하지 않는다고 가정하자. 이때 당신이 에릭 크렙톤의 공연을 관람하는 기회비용은 얼마인가? 에릭 크렙톤 공연 관람의 기회비용은 $10이다.

### 예 중간재 판매의 기회비용

기업 $A$와 기업 $B$가 존재한다. 기업 $A$는 밀을 가공하여 밀가루를 생산한다. 기업 $A$는 자신이 생산한 밀가루를 식빵을 제조하기 위한 중간재로 사용하거나 또는 기업 $B$에게 최종재로 판매한다. 기업 $B$는 식빵만 생산하며 원재료인 밀가루를 기업 $A$로부터 구매한다. 기업 $A$의 밀가루 1단위 생산비용은 $C_u^A$, 식빵 1단위 생산비용(밀가루 비용 제외)은 $C_d^A$이다. 기업 $B$는 밀가루 1단위를 기업 $A$로부터 $W$의 가격에 구매하며, 식빵 1단위 생산비용(밀가루 비용 제외)은 $C_d^B$이다. 밀가루 1단위를 투입하여 식빵 1단위를 생산한다고 할 때, 기업 $A$가 식빵 1단위를 생산할 때의 기회비용은 얼마인가? 기회비용은 $W + C_d^A$이다. 참고로 기업 $A$가 식빵 1단위를 생산할 때의 회계비용(accounting cost)은 $C_u^A + C_d^A$이다.

## 연습문제

**2-1** 두 종류의 상품이 존재한다. 다음 각각의 경우에 대하여 예산선을 그리시오. 가로축, 세로축의 절편, 예산선의 기울기도 구하시오.

(a) $p_1=5$, $p_2=2$, $I=100$

(b) $p_1=2.5$, $p_2=2$, $I=100$

(c) $p_1=5$, $p_2=1$, $I=100$

(d) $p_1=2.5$, $p_2=1$, $I=100$

(e) $p_1=5$, $p_2=2$, $I=200$

(f) $p_1=10$, $p_2=4$, $I=100$

(g) $p_1=5$, $p_2=2$, $I=50$

**2-2** 두 종류의 상품이 존재한다. $p_1=5$원, $p_2=4$원, $I=300$원이다. 다음 각각의 경우에 대하여 예산선을 그리시오. 가로축, 세로축의 절편, 예산선의 기울기도 구하시오.

(a) (종량세, quantity tax) 상품 1을 한 단위 소비할 때마다 3원의 세금을 지불하여야 한다면 예산선이 어떻게 변하는지 그리시오.

(b) (종가세, ad valorem tax) 상품 1을 한 단위 소비할 때마다 20%의 세금을 지불하여야 한다면 예산선이 어떻게 변하는지 그리시오.

(c) (정액세, lump-sum tax) 소득에 대하여 10%의 세금을 부과한다면 예산선이 어떻게 변하는지 그리시오.

(d) (종량보조금, quantity subsidy) 상품 1을 한 단위 소비할 때마다 1원의 보조금을 지원하여 준다면 예산선이 어떻게 변하는지 그리시오.

(b) (종가보조금, ad valorem subsidy) 상품 1을 한 단위 소비할 때마다 20%의 보조금을 지불하여야 한다면 예산선이 어떻게 변하는지 그리시오.

(c) (정액보조금, lump-sum subsidy) 100원을 기본소득으로 보조하여 준다면 예산선이 어떻게 변하는지 그리시오.

**2-3** (할당, rationing) 두 종류의 상품이 존재한다. $p_1=5$원, $p_2=4$원, $I=500$원이다. 상품 1의 소비량은 50개 이하로 한정되어 있을 경우 예산집합을 그리시오.

**2-4** 두 종류의 상품이 존재한다. 상품 1은 여가 시간이고 상품 2는 복합재이다. 하루 24시간은 여가 시간으로 사용하거나 일을 하는데 사용한다. 시간당 임금은 20,000원이고 복합재의 단위당 가격은 10,000원이다. 소비자가 8시간을 초과하여 일을 하면 초과 시간당 50%의 추가 임금을 받는다. 총 임금소득이 280,000원을 초과하면 초과소득에 대해서 50%의 근로소득세를 지불하여야 한다. 예산선을 그리시오. 가로축, 세로축의 절편, 예산선의 기울기도 구하시오.

**2-5** 전화회사가 전화서비스의 기본료는 인상하고 1분당 통화료는 인하하였다. 그 결과 매월 500분 통화를 하는 소비자에게는 전화료에 변동이 없었다. $x_1$을 전화사용량, $x_2$를 복합재의 소비량이라 할 때 예산집합이 어떻게 변하는지를 그림을 그려 설명하시오.

제3장의 개요

합리적인 소비자들은 자신이 선택할 수 있는 대상 (alternatives)들 중에서 가장 좋아하는 것을 선택한다. 경제학에서는 소비자들이 좋아하거나 싫어하는 것을 선호라고 부른다. 본 장에서는 소비자 선택의 중요한 역할을 하는 선호의 개념과 선호의 순서를 정의하는 선호관계에 대하여 학습한다. 또한 선호관계를 보다 쉽게 파악할 수 있는 효용함수에 대하여 살펴본다.

# 3

# 선호와 효용함수

3.1 선호관계
3.2 효용함수
    연습문제

## 3.1  선호관계

### 1 선호관계

소비자가 선택 가능한 대상들의 집합을 $A = \{x, y, z, w, \cdots\}$라고 하자. 예를 들어, 집합 $A$는 오늘 점심에 먹을 수 있는 메뉴들을 모아놓은 집합일 수도 있고, 또는 이번 학기에 수강할 수 있는 과목들의 집합일 수도 있다. 또한, 소비 가능한 상품묶음의 집합일 수도 있다. 소비자가 선택 가능한 대상의 집합에서 가장 좋아하는 것을 선택하기 위해서는 어떤 한 대상을 '좋아한다' 또는 '싫어한다'는 사실보다는 서로 다른 두 대상 중에서 어떤 것을 다른 것보다 '더 좋아한다' 또는 '똑같이 좋아한다'와 같이 서로를 비교하는 것이 필요하다. 이와 같이 두 대상 사이의 선호를 비교하는 것을 **'선호관계'**(preference relation)라 한다.[5] $x, y$를 집합 $A$에 속하는 임의의 두 원소, 즉, 선택의 대상이라고 하자. 선호관계를 다음과 같이 세 가지로 구분하여 정의한다.

#### (1) 강선호 관계(strict preference relation): > 또는 P

"소비자가 $x$를 $y$보다 **더 좋아한다.**"(또는 **더 선호한다**)와 같이 '더 좋아하다'는 선호관계를 강선호 관계라고 하며, $x > y$ 또는 $xPy$라고 쓴다.

#### (2) 무차별 관계(indifference relation): ~ 또는 $I$

"소비자가 $x$와 $y$를 똑같이 좋아한다."(또는 똑같이 선호한다.)와 같이 '똑같이 좋아하다'는 선호관계를 무차별 관계라고 하며, $x \sim y$ 또는 $xIy$라고 쓴다.

#### (3) 약선호 관계(weak preference relation): ≳ 또는 R

"소비자가 $x$를 $y$보다 더 좋아하거나, 또는 똑같이 좋아한다."(또는 $x$를 최소한 $y$만큼 좋아한다.)와 같이 '더 좋아하거나, 또는 똑같이 좋아한다'는 선호관계를 약선호 관계 또는 약선호라고 하며, $x \gtrsim y$ 또는 $xRy$라고 쓴다.

---

**5** 선호관계는 두 선택 대상 간의 관계(relation)를 나타낸다. 이처럼 두 대상 간의 관계를 나타내는 것을 **'이항관계'**(binary relation)라고 부른다. 실수의 대소 관계를 나타내는 ≥, 집합의 포함 관계를 나타내는 ⊃ 등이 이항관계의 대표적 예이다.

약선호 관계로부터 다음과 같이 강선호 관계와 무차별 관계를 정의할 수도 있다.

$$x > y \Leftrightarrow x \succsim y, \; y \not\succsim x^6$$
$$x \sim y \Leftrightarrow x \succsim y, \; y \succsim x$$

따라서, 앞으로는 약선호 관계를 중심으로 여러 가지 가정들과 이론들을 설명한다.

## 2 선호관계에 관한 몇 가지 가정들

소비자들의 궁극적 목표는 선택 가능한 대상들 중에서 자신이 가장 좋아하는 것을 선택하는 것이다. 이를 위해서는 선택 가능한 대상들을 자신이 좋아하는 정도에 따라 순서대로 나열할 수 있어야 한다. 예를 들어, 선택 가능한 대상들의 집합을 $A = \{x, y, z, w\}$라고 하자. 어떤 소비자가 $x$를 $y$보다 강선호하고, $y$와 $z$는 무차별하며, $z$를 $w$보다 약선호한다고 하자. 그렇다면 선호하는 순서에 따라 대상들을 나열하면, $x$가 1위, $y$와 $z$는 공동 2위, $w$는 3위가 된다. 따라서 소비자는 자신이 가장 좋아하는 $x$를 선택할 것이다. 이와 같이, 선택의 대상들을 선호도에 따라 나열할 수 있다면 소비자 선택의 문제는 쉽게 해결할 수 있다. 어떠한 소비집합이 주어져도 가장 선호하는 것을 선택할 수 있기 위해서는 선호관계가 다음과 같은 몇 가지 가정을 만족해야 한다. 첫 번째 가정은 '**완비성**'이다.

---

**가정 1. 완비성(completeness)**

어떠한 두 대상 $x$와 $y$에 대해서도 선호관계가 잘 정의되어 있다. 즉, 어떠한 두 대상 $x$와 $y$에 대해서도, $x \succsim y$, 또는 $y \succsim x$, 또는 둘 다 성립한다.

---

완비성 가정은 소비자가 어떤 두 대안에 대해서도 어느 것을 더 선호하는지를 항상 잘 알고 있다는 가정이다. 따라서, 소비자는 "두 선택 대상 중에서 어느 것

---

6 $y \not\succsim x$는 $y$가 $x$보다 약선호 되지는 않는다는 표현이다. 즉 $y$가 $x$보다 강선호되지도 않고, 무차별하지도 않다는 표현이다.

을 더 선호하는가?"라는 질문에 대해 '모른다'라는 답을 하지 않고 어느 것을 더 선호하는지, 또는 둘을 똑같이 선호하는지를 항상 답할 수 있다. 물론 현실에서는 소비자가 둘 중 어느 것을 더 좋아하는지 여러 가지 이유로 모르는 경우도 있을 수 있다. 만약 그런 경우가 발생하면 소비자가 무엇을 선택할지 판단할 수 없기 때문에 더 이상의 분석을 진행할 수 없게 된다. 완비성 가정은 이와 같은 경우를 배제하는 가정이라 이해할 수 있다.

두 번째 가정은 '**이행성**'이다.

---

**가정 2. 이행성(transitivity)**

어떠한 세 개의 대안 $x$, $y$, $z$에 대하여, $x$가 $y$보다 약선호되고, $y$가 $z$보다 약선호되면, $x$는 $z$보다 약선호된다. 즉, $x \gtrsim y$, $y \gtrsim z$이면 $x \gtrsim z$이다.

---

이행성의 가정은 어찌 보면 당연히 성립하는 가정이라 생각할 수 있다. 가령, 세 개의 실수 $x$, $y$, $z$ 사이에 $x$가 $y$보다 크고, $y$가 $z$보다 크면, 당연히 $x$가 $z$보다 큰 것처럼 자연스럽게 성립하는 것이라 간주할 수 있다. 하지만 다음의 경우를 고려해 보자. 어떤 소비자에게 짜장면과 라면 중에서 어떤 것을 더 좋아하는지 질문을 하였더니 짜장면을 더 좋아한다고 대답하였다. 또, 이 소비자에게 라면과 스파게티 중에서 어떤 것을 더 좋아하는지 질문을 하였더니 라면을 더 좋아한다고 대답하였다. 마지막으로 이 소비자에게 짜장면과 스파게티 중 어떤 것을 더 좋아하는지 질문을 하였더니 스파게티를 더 좋아한다고 대답하였다. 이러한 사례는 충분히 실제 발생할 수 있는 경우이다. 하지만 이 소비자의 선호체계는 이행성의 가정을 충족하지 못한다. 만약 이 소비자의 선호체계가 이행성을 충족한다면, 소비자는 마지막 질문에 반드시 짜장면을 스파게티보다 더 좋아한다고 답해야만 한다.

이처럼 이행성은 그 정의만 보면 당연히 성립할 것 같은 가정이지만 현실에서는 성립할 수도 있고 하지 않을 수도 있다. 만약 소비자의 선호체계가 이행성을 충족하지 않으면 어떤 일이 발생하는가? 소비자는 $x$를 $y$보다 강선호하고, $y$를 $z$보다 강선호하며, $z$를 $x$보다 강선호하면 이 소비자의 선호체계는 이행성을 만족하지 않는다. 이 경우 선호관계의 순환고리가 형성된다고 할 수 있다. 따라서 대안들 중에 소비자가 가장 선호하는 것이 무엇인지를 판단할 수 없게 된다.

이행성 가정은 이와 같이 선호관계의 순환고리가 형성되는 상황을 배제하는 역할을 한다.

　가정2에서 이행성은 약한 선호관계에 대한 가정이다. 하지만 선호관계가 이행성을 충족하면 강한 선호관계와 무차별 관계에 대하여 다음의 네 가지 성질도 충족된다.

(1) $x > y$, $y > z$이면 $x > z$이다.
(2) $x > y$, $y \sim z$이면 $x > z$이다.
(3) $x \sim y$, $y > z$이면 $x > z$이다.
(4) $x \sim y$, $y \sim z$이면 $x \sim z$이다.

　이하에서는 앞으로의 논의를 위하여 선호관계에 대한 몇 가지 가정들을 더 소개한다. 앞서 소개한 완비성, 이행성 가정에 이어 세 번째 소개할 가정은 '단조성'(monotonicity)이다. $x$와 $y$를 임의의 두 상품묶음이라 하자. 즉, 소비 가능한 상품이 $M$ 종류 존재하면 $x = (x_1, \cdots, x_M)$, $y = (y_1, \cdots, y_M)$이 된다. 단조성이란, 만약 모든 상품에 대해 $x$에서의 양이 $y$에서의 양보다 작지 않으면서 최소한 하나의 상품에 대해서는 더 크다면, $x$를 $y$보다 강선호해야 한다는 가정이다. 즉 더 많이 소비하는 상품묶음일수록 더 선호한다는 가정이다. 일반적으로 많이 소비할수록 만족도가 증가하는 상품을 재화(good)라 하고, 공해물질과 같이 많이 소비할수록 만족도가 감소하는 상품을 비재화(bad)라 한다. 단조성의 가정은 비재화의 경우를 배제한다는 것을 의미한다.

　단조성을 엄밀하게 정의하기 위해 상품묶음 $x = (x_1, \cdots, x_M)$, $y = (y_1, \cdots, y_M)$ 간의 대소 관계를 다음과 같이 정의하자.

(1) $x \gg y$: 만약 모든 $i = 1, \cdots, M$에 대하여 $x_i > y_i$이면, $x \gg y$이다.
(2) $x > y$: 만약 모든 $i = 1, \cdots, M$에 대하여 $x_i \geq y_i$이고, 적어도 하나의 $j$에 대하여 $x_j > y_j$이면, $x > y$이다.
(3) $x \geq y$: 만약 모든 $i = 1, \cdots, M$에 대하여 $x_i \geq y_i$이면, $x \geq y$이다.

　두 상품만 존재하는 경우를 예로 들면, 상품묶음 $y$가 주어져 있을 때 각각 $x \gg y$, $x > y$, $x \geq y$를 충족하는 상품묶음 $x$의 집합을 2차원 평면에 그림으로 표현하면 [그림 3-1]과 같다. $x \gg y$는 $x$의 각 상품 소비량이 $y$의 소비량보다 크다

**그림 3-1**      상품묶음 $x$, $y$ 간의 대소 관계

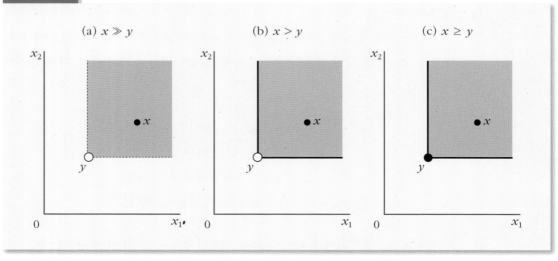

는 것을 의미한다. 따라서 $x \gg y$ 상품묶음 $x$들의 집합은 [그림 3–1]의 (a)에서 색칠한 영역과 같이 $y$를 원점으로 하는 평면의 1사분면이 된다. $x > y$를 만족하는 상품묶음 집합은 (b)와 같이 $y$를 원점으로 하는 평면의 1사분면에 가로축과 세로축을 포함한 영역이 되며, $x \geq y$를 만족하는 상품묶음 $x$들의 집합은 (c)와 같이 $y$를 원점으로 하는 평면의 1사분면에 가로축, 세로축과 점 $y$를 포함한 영역이 된다.

　상품묶음 간의 대소 관계를 이와 같이 정의하면 더 많이 소비하는 상품묶음일수록 더 선호한다는 단조성 가정은 다음과 같이 두 가지로 표현할 수 있다.[7] 앞으로 별도의 언급이 없이 단조성이라 함은 약단조성을 의미하는 것으로 한다.

---

**가정 3-1. 강단조성(strong monotonicity)**

　두 상품묶음 $x$, $y$에 대하여, $x > y$이면 $x > y$이다.

---

**가정 3-2. 단조성 또는 약단조성(monotonicity or weak monotonicity)**

　두 상품묶음 $x$, $y$에 대하여, $x \gg y$이면 $x > y$이다.

---

**7** 　강단조성과 약단조성의 정의에서 $x > y$, $x \gg y$는 상품묶음 간의 대소 관계를 나타내는 부호이며, $x > y$는 상품묶음 간의 선호관계를 나타내는 부호임에 주의하자.

선호가 강단조성을 충족한다면, [그림 3-1]의 (b)에 해당하는 영역의 모든 상품묶음은 $y$보다 강선호되어야 한다. 반면에, 약단조성은 (a)에 해당하는 영역의 모든 상품묶음이 $y$보다 강선호될 것을 요구한다. 따라서 강단조성과 약단조성은 (b)에서 굵은 선에 위치한 상품묶음이 $y$ 보다 강선호되는지의 여부에서 차이가 난다. 강단조성의 경우 $y$보다 강선호되어야 하지만, 약단조성의 경우 $y$와 무차별하는 것도 허용된다. 그러므로, 선호가 강단조성을 충족하면 약단조성도 충족하지만, 그 역은 성립하지 않는다.

선호관계에 대한 네 번째 가정은 '볼록성'(convexity)이다. 이 가정은 한 종류의 상품보다 다양한 상품을 소비하는 것을 더 좋아하는 선호의 성질을 표현한다. 예를 들어, 짜장면 한 그릇이나 짬뽕 한 그릇을 먹는 것보다는 짜장면과 짬뽕이 반반씩 나오는 짬짜면 한 그릇을 먹는 것을 더 선호한다는 가정이다. 볼록성의 경우에도 강볼록성과 약볼록성으로 나누어 정의할 수 있다. 상품묶음 $x$와 $y$의 중간적인 성격을 갖는 상품묶음은 $0.5x + 0.5y$로 표현할 수 있다. 가령, 두 상품만 존재하는 경우 $x = (1, 2)$, $y = (2, 1)$라 하자. 즉, $x$는 상품2를 더 많이, $y$는 상품 1을 더 많이 소비하는 묶음이다. 두 묶음의 중간적인 묶음은 $z = (1.5, 1.5)$가 될 것인데, 이것은 각 상품에 대해서 $x$에서의 값과 $y$에서의 값에 대해 0.5와 0.5의 가중치로 적용한 가중평균이다. 일반적으로 두 묶음을 $t$와 $1-t$의 가중치를 적용한 묶음이 $tx + (1-t)y$가 된다. 아래의 정의는 $x$와 $y$가 무차별한 경우, 이와 같은 두 묶음의 가중평균인 묶음이 이들과 어떠한 선호관계를 갖는지에 관한 것이다.

---

**가정 4-1. 강볼록성(strict convexity)**

임의의 상품묶음 $x$, $y$에 대하여 $x \sim y$이면, 모든 실수 $t \in (0, 1)$에 대하여 $tx + (1-t)y > x$이다.

---

**가정 4-2. 약볼록성(weak convexity)**

임의의 상품묶음 $x$, $y$에 대하여 $x \sim y$이면, 모든 실수 $t \in [0, 1]$에 대하여

$$tx + (1-t)y \gtrsim x$$

두 상품이 존재하는 경우 $tx+(1-t)y$는 $x$와 $y$를 잇는 직선 상의 점이 된다. $t$가 0에 가까울수록 그 점은 $y$에 가깝고, $t$가 1에 가까울수록 $x$에 가까운 점이 된다. 강볼록성은 무차별한 두 묶음 $x$와 $y$의 가중평균 묶음($tx+(1-t)y$, $0<t<1$)이 $x$보다 강선호된다는 것이다. 반면에 약볼록성은 그러한 가중평균 묶음이 $x$보다 약선호될 것을 요구한다. 따라서 가중평균 묶음이 $x$와 무차별한 경우를 허용한다. 선호가 강볼록성을 충족하면 약볼록성도 충족한다. 하지만 그 역은 성립하지 않는다. 앞으로 별도의 언급이 없이 볼록성이라 함은 약볼록성을 의미하는 것으로 한다.

선호관계에 대한 마지막 가정은 '연속성'(continuity) 가정이다. 연속성 가정은 소비자의 선호관계에 급격한 변화나 반전이 있어서는 안 된다는 가정이다. 다음과 같은 예를 살펴보자.

**예 사전식 선호관계**

소비 가능한 $M$종류의 상품이 있다. 소비자는 상품 1의 소비를 상품 2의 소비보다 중요하다고 생각하며, 상품 2의 소비를 상품 3의 소비보다 중요하다고 생각하며, 마찬가지로 상품 $M-1$의 소비를 상품 $M$의 소비보다 중요하다고 생각한다. 즉, 상품 1의 소비량이 소비자의 만족도를 우선적으로 결정하며, 만약 상품 1의 소비량이 동일하면 그 다음으로는 상품 2의 소비량이, 상품 2의 소비량이 동일하면 그 다음으로는 상품 3의 소비량이, … 소비자의 만족도를 결정한다. 이러한 선호관계를 '사전식 선호관계'(lexicographic preference relation)라고 부르며 정확한 정의는 다음과 같다.

모든 $x \neq y$인 상품묶음에 대하여,

$$\left.\begin{cases} \text{(i) } x_1 > y_1 \text{이거나,} \\ \text{(ii) } x_1 = y_1,\ x_2 > y_2 \text{이거나,} \\ \qquad\qquad \vdots \\ \text{(iii) } x_1 = y_1,\ x_2 = y_2,\ \cdots,\ x_{M-2} = x_{M-1},\ x_{M-1} > x_M \end{cases}\right\} \text{이면, } x > y \text{ 이다.}$$

두 개의 상품이 있고, 임의의 자연수 $n$에 대하여, $x^n = (3+1/n,\ 1)$, $y^n = (3-1/n,\ 2)$라고 정의하자. 그러면 사전편찬식 선호체계를 가지고 있는 소비자는 모든 자연수 $n$에 대하여 상품묶음 $x^n$을 $y^n$보다 강선호한다. 한편 $n$이 무한히 커지면 상품묶음 $x^n$, $y^n$은 각각 $x = (3, 1)$, $y = (3, 2)$로 수렴하며, 소비자는 $y$를 $x$보다 강선호하게 된다. 따라서 이 예에서 $n \rightarrow \infty$이면 선호관계에 갑자기 역전이 생기게 된다. $n$이 매우 큰 수이면 상품묶음 $x^n$과 $x$의 차이, $y^n$과 $y$의 차이는 매우 미미하게 된다. 하지만 두 상품묶음에 아주 미미한 변화가 생겼음에도 불구하고 $x^n > y^n$이던 선호관계가 갑자기 $y > x$로 변하였다. 연속성은 이와 같은 선호관계의 급격한 변화를 배제하는 가정이다. 즉, 비교 대상인 상품묶음에 아주 미미한 변화가 생겼다면 원래의 선호관계가 그대로 유지되어야 한다는 것이다. 연속성을 정확하게 정의하면 다음과 같다.

> **가정 5. 연속성(continuity)**
>
> 모든 자연수 $n$에 대하여 상품묶음 $x^n$이 $y^n$보다 약선호되고, $x^n \rightarrow x$, $y^n \rightarrow y$이면, $x$가 $y$보다 약선호된다.

## 3 무차별곡선

선호관계가 완비성을 충족하면 상품묶음 $x$와 비교하여 더 선호되는 상품묶음, 무차별한 상품묶음, 그리고 덜 선호되는 상품묶음으로 구분할 수 있다. 따라서 상품묶음 $x = (x_1, \cdots, x_M)$에 대해서, 소비집합 $A$를 다음과 같이 세 개의 부분집합 $U(x)$, $I(x)$, $L(x)$로 구분할 수 있다.

(1) $U(x) = \{y \in A \mid y \succsim x\}$

(2) $I(x) = \{y \in A \mid y \sim x\}$

(3) $L(x) = \{y \in A \mid x \succsim y\}$

이 중에서 상품묶음 $x$와 무차별한 상품묶음들을 모아 놓은 집합 $I(x)$를 특별히 상품묶음 $x$의 '무차별집합'(indifference set) 또는 '무차별곡선'(indifference curve)라고 부른다. 상품이 두 종류 있으며, 상품묶음 $x$가 $x = (x_1, x_2)$로 주어져 있을 때 무차별곡선의 예는 [그림 3-2]와 같다. [그림 3-2] (a)에서 상품묶음 $x$와 무차별한 상품묶음들은 파란 곡선 위에 있는 상품묶음들이다. 예를 들어 상품묶음 $y$와 $z$는 각각 $x$와 무차별한 상품묶음들을 나타낸다. (b)에서 상품묶음 $x$와 무차별한 상품묶음들은 회색 띠(band)에 속하는 상품묶음들이다.

그림 3-2    무차별곡선의 예

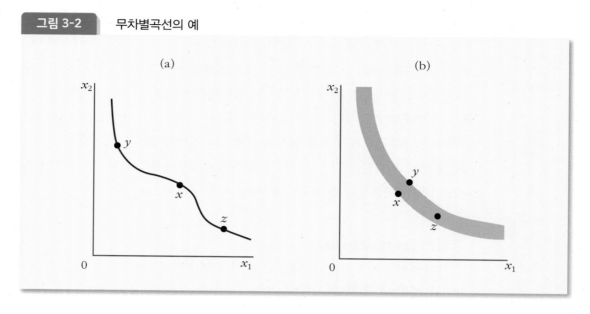

선호관계가 앞서 서술한 가정들을 만족하면 무차별곡선은 다음과 같은 몇 가지 특성을 나타낸다.

**특성 1.** 선호관계가 이행성을 만족하면 서로 다른 만족도를 나타내는 무차별곡선은 교차하지 않는다.

[그림 3-3]의 (a)에서 상품묶음 $y$와 $z$는 무차별하지 않은 상품묶음이라 가정하자. 편의상 $y > z$라고 가정하자. 따라서 검은색 무차별곡선이 빨간색 무차별곡선보다 더 높은 만족도를 나타내는 무차별곡선이다. 상품묶음 $y$와 $x$는 모두 검은색 무차별곡선 위에 있으므로 $y \sim x$가 성립한다. 또한, $x$와 $z$는 모두 빨간색 무차별곡선 위에 있으므로 $x \sim z$가 성립한다. 선호관계가 이행성을 만족하므로 $y \sim z$가 성립한다. 하지만 이는 가정 $y > z$과 양립할 수 없다. 즉, 모순이 발생한다. 이와 같은 모순이 발생한 이유는 애초에 서로 다른 만족도를 나타내는 무차별곡선을 교차하게 그렸기 때문에 발생한 것이다. 따라서 특성 1과 같이 서로 다른 만족도를 나타내는 무차별곡선은 교차해서는 안 된다.

[그림 3-3]의 (b)와 같이 동일한 소비자의 서로 다른 만족도를 나타내며 교차하지 않게 그린 무차별곡선들의 모음을 '무차별지도'(indifference map)라 부른다.

**그림 3-3**     이행성과 무차별곡선의 특성

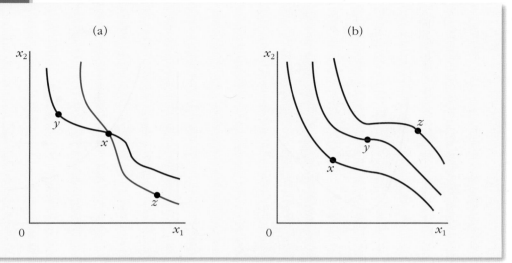

특성 2. 선호관계가 단조성을 만족하면 무차별곡선은 선이 된다.

    특성 2는 선호관계가 단조성을 만족하면 무차별곡선이 [그림 3-2]의 (b)와 같이 굵은 띠가 될 수 없으며 항상 (a)와 같이 가는 선이 된다는 것이다. 그 이유는 간단하다. 만약 상품묶음 $x$의 무차별곡선이 아니라 [그림 3-2]의 (b)와 같이 굵은 띠라면 $x$와 $y$는 동일한 무차별곡선 상에 있으므로 무차별하다. 하지만 $y$는 상품 1과 상품 2의 소비량이 모두 $x$보다 큰 상품묶음이므로 선호관계가 단조성을 만족하면 $y$는 $x$보다 강선호되어야 한다. 따라서 모순이 발생한다. 그러므로 선호관계가 단조성을 만족하면 무차별곡선은 굵은 띠가 될 수 없으며 선이 되어야 한다.

특성 3. 선호관계가 단조성을 만족하면 무차별곡선은 양의 기울기를 가질 수 없다. 선호관계가 강단조성을 만족하면 무차별곡선은 음의 기울기를 갖는다.

    선호관계가 단조성을 만족하면 [그림 3-4]의 (a)에서와 같이 무차별곡선이 양의 기울기를 갖는 부분이 존재할 수 없다. 만약 무차별곡선이 양의 기울기를 갖는다면, 상품묶음 $x$와 $y$는 동일한 무차별곡선 상에 있으므로 무차별하다. 하

**그림 3-4**  단조성과 무차별곡선의 특성

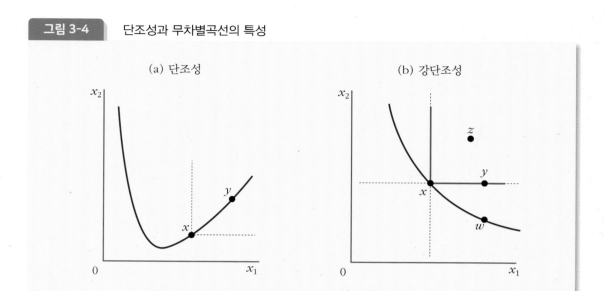

지만 $y$는 상품 1과 상품 2의 소비량이 모두 $x$보다 큰 상품묶음이므로 선호관계가 단조성을 만족하면 $y$는 $x$보다 강선호되어야 하고, 따라서 모순이 발생한다. 그러므로 선호관계가 단조성을 만족하면 무차별곡선은 양의 기울기를 가질 수 없다. 하지만 수평선(기울기 0)이나 수직선(기울기 ∞)은 무차별곡선에 포함되어도 무방하다.

반면 선호관계가 강단조성을 만족하면 무차별곡선에 수평선이나 수직선도 포함될 수 없으며 반드시 음의 기울기를 가져야만 한다. 무차별곡선은 [그림 3-4]의 (b)의 검은 선과 같이 반드시 우하향, 즉, 오른쪽으로 내려가도록 그려야 한다. 왜냐하면 선호관계가 강단조성을 만족하면 상품묶음 $x$와 무차별한 상품묶음은 $x$를 원점으로 하는 가로축, 세로축, 1사분면, 그리고 3사분면에는 존재할 수 없으며 반드시 2사분면이나 4사분면에 존재하기 때문이다.

> **특성 4.** 선호관계가 단조성을 만족하면 원점에서 멀리 떨어진 무차별곡선일수록 더 선호되는 (즉, 더 큰 만족도를 나타내는) 무차별곡선이다.

이는 [그림 3-4]의 (b)에서 상품묶음 $z$의 무차별곡선이 원점에서 가장 멀리 떨어져 있고, 그 다음으로 $y$의 무차별곡선, $x$의 무차별곡선이므로 $z$의 무차별곡선이 $y$의 무차별곡선이나 $x$의 무차별곡선보다 더 큰 만족도를 주며, $y$의 무차별곡선이 $x$의 무차별곡선보다 더 큰 만족도를 준다는 것을 의미한다. 왜냐하면 세 상품묶음 간에는 $z \gg y \gg x$의 대소 관계가 성립하므로 단조성 가정에 따르면 $z > y > x$가 성립하기 때문이다.

> **특성 5.** 선호관계가 단조성을 만족한다고 하자. 이때 선호관계가 볼록성을 만족하면 무차별곡선은 원점에서 대하여 볼록하게 그려진다. 또한 선호관계가 강볼록성을 만족하면 무차별곡선은 원점에 대해 강볼록하게 그려진다.

단조성을 충족하는 소비자의 선호관계가 볼록성을 충족하면, 즉, 두 상품묶음을 적당히 섞어 사용하는 것을 소비자가 약선호한다면, 무차별곡선은 원점에 대하여 볼록하게 그려진다. 여기서 무차별곡선이 원점에 대하여 볼록하다는 것은 [그림 3-5]의 (a)에서 파란 화살표와 같이 무차별곡선을 원점에서 바라보았을 때 오목하게 들어간 부분이 존재하지 않는다는 의미이다. 그림과 같이 오목하게 들어간 부분이 있으면 무차별한 두 상품묶음 $x$와 $y$를 선택하고, 0과 1 사이의 임의의 실수 $t$로 상품묶음 $x$와 $y$를 가중평균한 상품묶음 $tx+(1-t)y$는 $x$와 $y$를 직선으로 연결한 붉은 색 점선 위의 한 점으로 표현된다. 선호관계가 볼록성을 만족하면 상품묶음 $tx+(1-t)y$는 $x$보다 약선호되어야 한다. 하지만 $tx+(1-t)y$는 $x$를 지나는 무차별곡선보다 아래쪽에 있으므로 무차별곡선 특성 4에

**그림 3-5** 볼록성과 무차별곡선의 특성

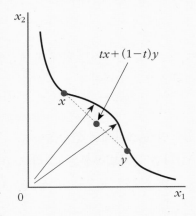

(a) 볼록성을 만족하지 않는 경우

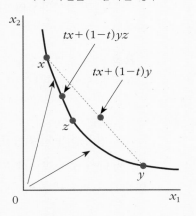

(b) 직선을 포함하는 경우

**그림 3-6** 강볼록성과 무차별곡선의 특성

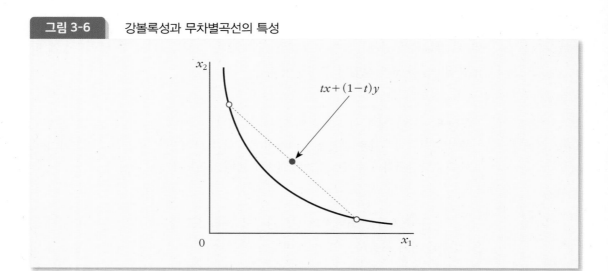

따르면 $x$ 보다 덜 선호되는 상품묶음이 되고, 따라서 볼록성을 위배하게 된다.

[그림 3-5]의 (b)처럼 무차별곡선이 직선을 포함하고 있어도 볼록성의 가정은 충족된다. 직선 구간에 속하는 임의의 두 상품묶음 $x$ 와 $z$ 를 선택하면, $tx+(1-t)z$ 는 $x$ 를 지나는 무차별곡선 상에 있으므로 $x$ 와 무차별하다. 따라서 볼록성을 충족한다. 하지만 이 경우 강볼록성은 위배한다. 선호관계가 강볼록성을 충족하면, 무차별곡선은 원점에 대하여 강볼록하게 그려진다. 무차별곡선이 원점에 대하여 강볼록하다는 것은 원점에서 무차별곡선을 바라보았을 때 [그림 3-5] (a)처럼 오목하게 들어간 부분도 존재하지 않고, (b)처럼 직선으로 이루어진 구간도 존재하지 않아서 [그림 3-6]과 같이 완벽하게 볼록한 렌즈의 한쪽과 같은 모양을 띠고 있다는 의미이다.

다음은 무차별곡선의 마지막 특성이다.

> **특성 6.** 선호관계가 단조성을 만족한다고 하자. 이때 선호관계가 연속성을 만족하면 무차별곡선은 끊김 없는 연속적인 선으로 그려진다.

무차별곡선의 일부 구간이 끊어져 있으면 선호관계는 연속성을 충족할 수 없다. 따라서 선호관계가 연속성을 충족한다면 무차별곡선은 [그림 3-6]과 같이 연속적인 선으로 그려진다.

## 3.2 효용함수

### 1 효용함수

지금까지는 소비자의 선호관계와 몇 가지 가정, 그리고 무차별곡선의 특성에 대해 살펴보았다. 또한 소비집합과 선호관계가 주어져 있을 때 소비자들이 만족도를 극대화하기 위해 어떤 과정을 통해 가장 선호하는 상품묶음을 선택하는지도 살펴보았다. 선호관계를 활용하여 소비자 선택의 문제를 해결하기 위해서는 소비집합에 속하는 상품묶음들을 서로 비교하여 선호도에 따라 일렬로 나열하는 과정을 거쳐야 한다. 이러한 과정은 선택 가능한 대상이 몇 개 정도이면 어렵지 않지만, 상당 수이면 사실상 불가능한 과정이다.

이러한 어려움을 해결하고 소비자 선택의 문제를 좀 더 쉽게 다루기 위한 일환으로 선호관계를 함수를 이용하여 표현하게 되었다. 소비자는 상품묶음을 사용하여 만족도를 얻으며 만족도가 더 높은 상품을 선호한다. 소비자가 상품묶음을 소비하여 얻는 상대적 만족도를 '효용'(utility)이라 부른다. 만약 각각의 상품묶음에 효용에 준하는 숫자를 대응시켜 주되, 더 선호하는 상품묶음에는 보다 큰 숫자를 대응시켜 주는 함수를 정의할 수 있다면 이 함수를 통해 주어진 선호관계를 표현할 수 있게 된다. 이와 같이 주어진 선호관계를 표현하여 주는 함수가 존재하면 이 함수를 '효용함수'(utility function)라고 부른다.

[정의 3-1]  **효용함수(utility function)**
$A$를 선택 가능한 대상들의 집합이라 하자. 함수 $u : A \rightarrow \mathbb{R}$가 다음의 조건을 만족하면 그 함수를 주어진 선호관계 $\gtrsim$를 표현하는 (representing) 효용함수라고 한다.

$$\text{모든 } x, y \in A \text{에 대하여, } x \gtrsim y \Leftrightarrow u(x) \geq u(y).$$

다음의 예를 살펴보자.

**예** 소비집합이 $A = \{x, y, z, w\}$로 주어져 있다. 선호체계는 $x > y \sim z > w$라고 하자. 이 때 아래 표와 같은 네 가지 함수가 주어져 있다.

| 구분 | $u^1$ | $u^2$ | $u^3$ | $u^4$ |
|---|---|---|---|---|
| **표 3-1** 선호체계와 효용함수 | | | | |
| $x$ | 10 | 4 | 100 | -1 |
| $y$ | 11 | 3 | 1 | -3 |
| $z$ | 7 | 3 | 1 | -3 |
| $w$ | 3 | 1 | 0.01 | -17 |

〈표 3-1〉은 다음과 같이 해석된다. 함수 $u^1$은 상품묶음 $x$에는 효용 10을 대응시켜 준다. 즉 $u^1(x)=10$. 또한 $y$, $z$, $w$에는 각각 11, 7, 3을 대응시켜 준다. 그렇다면 함수 $u^1$이 주어진 선호관계 $x > y \sim z > w$를 표현해주는 효용함수인가? 그렇지 않다. 소비자는 상품묶음 $x$를 $y$보다 강선호한다. 하지만 함수 $u^1$은 상품묶음 $x$에는 10을 대응시켜 주고 $y$에는 10보다 더 큰 11을 대응시켜 주고 있다. 즉 $u^1(x)=10<11=u^1(y)$이므로 정의 3-1에 의하면 $y > x$이다. 따라서 함수 $u^1$은 주어진 선호관계를 표현하지 못한다.

함수 $u^2$는 가장 선호되는 상품묶음 $x$에 가장 큰 수 4를 대응시켜 주고, 그 다음으로 선호되며 서로 무차별한 $y$와 $z$에는 4보다 작은 3을 각각 대응시켜 주었다. 한편 가장 덜 선호되는 $w$에는 가장 작은 수 1을 대응시켜줌으로써 정의 3-1의 조건을 충족하고 있다. 따라서 함수 $u^2$는 주어진 선호를 표현하는 효용함수이다.

함수 $u^3$와 $u^4$는 각각의 상품묶음에 $u^2$와는 다른 실수를 각각 대응시켜 주고 있지만 순서(order)는 동일하게 유지하고 있다. 즉, 상품묶음 $x$에 가장 큰 수, $y$와 $z$에는 그 다음으로 큰 수, $w$에는 가장 작은 수를 대응시켜주고 있다. 따라서 함수 $u^3$와 $u^4$도 주어진 선호를 표현하는 효용함수이다.

이와 같이 주어진 선호를 표현함에 있어 함수가 각 상품묶음에 대응시켜 주는 숫자의 절대적 크기는 중요하지 않다. 중요한 정보는 함수가 대응시켜 주는 숫자의 상대적 크기, 즉, 순서이다. 위의 예에서 함수 $u^2$, $u^3$, $u^4$가 상품묶음에 대응시켜 주는 숫자들의 절대적 크기는 비록 서로 다르지만 그 순서는 동일하다. 소비자의 선택문제에서는 한 상품묶음이 다른 상품묶음보다 더 선호되는지 덜 선호되는지와 같이 선호도의 순서가 중요한 정보이지, 각각의 상품묶음의 만족도의 절대적 크기 자체는 중요한 정보가 아니다. 이러한 측면에서 효용함수가 각각의 상품묶음에 대응시켜 주는 숫자의 절대적 크기에는 의미를 부여하지 않고, 상대적 크기인 순서에만 의미를 부여한다. 이러한 효용함수를 서수적 효용함수(ordinal utility function)라고 한다.

위의 예에서 살펴본 바와 같이 주어진 선호관계를 표현하는 효용함수는 단 하나만 존재하는 것이 아니라 매우 많이 존재한다는 것을 알 수 있다. 임의의 함수 $u$의 강증가변환(strictly increasing transformation)을 다음과 같이 정의해 보자.

**[정의 3-2]** **강증가변환** 또는 **단조변환(monotonic transformation):**
함수 $u$와 $f$가 각각 $u : A \rightarrow \mathbb{R}$, $f : \mathbb{R} \rightarrow \mathbb{R}$로 주어져 있다. 만약 모든 $x, y \in A$에 대하여, $u(x) > u(y) \Rightarrow (f \circ u)(x) > (f \circ u)(y)$가 성립한다면 $f \circ u$를 함수 $u$의 **강증가변환** 또는 **단조변환**이라고 한다.

주어진 선호관계를 표현하는 효용함수 $u$를 강증가변환시켜 새로운 함수 $v = f \circ u$를 만들 경우, 함수 $u$와 $v$가 상품묶음에 대응시켜 주는 숫자의 순서는 동일하다. 따라서, 함수 $v$도 주어진 선호관계를 표현하는 효용함수가 된다. 주어진 함수의 강증가변환은 무수히 많이 존재하므로 주어진 선호를 표현하는 효용함수는 무수히 많이 존재하게 된다. 가령, 임의의 실수 $z$에 대해서 $f(z) = 2z$라고 하자. 그러면 $v(x) = f(u(x)) = 2u(x)$이며, $v$는 $u$의 강증가변환이다. 임의의 두 상품묶음에 대해서, 함수 $u$가 더 높은 값을 부여하는 묶음에 함수 $v$도 더 높은 값을 부여하기 때문이다.

주어진 선호관계를 표현하는 효용함수가 존재하면 소비자의 선택문제는 선호관계를 이용하여 해결하는 것보다 한결 쉬워진다. 소비집합 $A$가 주어져 있으면 이 소비집합에 속하는 상품묶음들을 효용함수에 대입하여 숫자들을 구하고 이 숫자들 중에서 가장 큰 숫자에 대응되는 상품묶음을 선택하면 된다.

그렇다면 모든 선호관계를 효용함수로 표현할 수 있을까? 그렇지는 않다. 즉, 어떤 선호관계는 효용함수로 표현될 수 없다는 것이다. 다음의 예를 살펴보자.

例 소비집합이 $A = \{x, y, z\}$로 주어져 있다. 선호관계는 $x > y$, $y > z$, $x \sim z$로 주어져 있다. 이 선호관계는 효용함수로 표현될 수 있을까?

이 선호관계가 효용함수로 표현되기 위해서는 $u(x) > u(y)$, $u(y) > u(z)$, $u(x) = u(z)$의 세 가지 조건을 충족하는 3개의 실수가 존재하여야 한다. 하지만 $u(x) > u(y)$, $u(y) > u(z)$가 성립하면 $u(x) > u(z)$가 되어야 하기 때문에 위의 세 가지 조건을 동시에 충족하는 실수는 존재하지 않는다. 따라서 예 3-4의 선호관계는 효용함수로 표현할 수 없다.

이러한 문제가 발생하는 이유는 예 3-4의 선호관계가 이행성을 충족하지 않기 때문이다. 그렇다면 선호관계들이 어떤 조건을 충족하면 효용함수로 표현 가능할까? 이에 대한 답은 다음의 정리 3-1과 정리 3-2에서 제시하고 있다.

**[정리 3-1]** 소비집합 $A$는 **유한집합**(finite set)[8]이며, $A$ 위에 정의된 선호관계가 주어져 있다. 만약 선호관계 $\succsim$가 **완비성**과 **이행성**을 만족한다면 이 선호관계를 표현하는 효용함수가 존재한다.

**[정리 3-2]** 소비집합 $A$는 **무한집합**(infinite set)이며, $A$ 위에 정의된 선호관계가 주어져 있다. 만약 선호관계 $\succsim$가 **완비성**, **이행성**, **연속성**을 만족한다면 이 선호관계를 표현하는 효용함수가 존재한다.

이처럼 소비자가 선택할 수 있는 대상이 유한개인 경우에는 선호관계가 완비성과 이행성의 두 가지 가정을 만족하면 효용함수로 표현이 가능하며, 선택할 수 있는 대상이 무한개인 경우에는 선호관계가 완비성, 이행성, 연속성의 세 가지 가정을 만족하면 효용함수로 표현이 가능하는 것이 두 정리의 내용이다. 제2장에서 살펴본 소비집합은 선택 가능한 상품묶음이 무한개인 경우가 대부분이기 때문에 소비집합 상에서 정의된 선호관계를 효용함수로 표현할 수 있기 위해서는 선호관계가 완비성, 이행성, 연속성의 세 가지 가정을 만족하여야 한다. 따라서 향후에는 특별한 언급이 없는 한 소비자의 선호관계는 이 세 가지 가정을 만족한다고 상정한다.

## ② 효용함수와 무차별곡선

효용함수는 각각의 상품묶음에 대하여 하나의 실수를 대응시켜 주는 함수이며, 이 실수는 상품묶음의 소비로부터 얻는 상대적 효용 수준이라 해석할 수 있다. 소비 가능한 상품이 2종류라고 상정하자. 소비집합은 $\mathbb{R}^2_+$이고 $x = (x_1, x_2) \in \mathbb{R}^2_+$는 임의의 상품묶음을 나타낸다. 이때 효용함수는 다음과 같이 표현된다.

---

**8**  집합 $A$에 속하는 원소의 개수가 유한개이면 집합 $A$를 유한집합이라 한다.

$$u = u(x_1, x_2) \tag{3-1}$$

예를 들어, $u = x_1 x_2$라고 하면 상품묶음 $x = (x_1, x_2)$를 소비할 때 얻는 효용이 두 상품의 소비량의 곱으로 나타난다. 만약 $x = (2, 3)$을 소비하면 효용 6을 얻고, $y = (3, 1)$을 소비하면 효용 3을 얻는다. 따라서 소비자는 상품묶음 $x$를 $y$보다 더 선호한다.

식 (3-1)의 효용함수는 [그림 3-7]의 (a)에서와 같은 3차원 공간에 그래프로 나타낼 수 있다. 바닥의 한 축은 상품 1의 소비량인 $x_1$을 나타내고, 다른 축은 상품 2의 소비량인 $x_2$를 나타낸다. 따라서 상품묶음 $x = (x_1, x_2)$는 (a)와 같이 두 축으로 구성된 평면인 바닥의 한 점으로 표현된다. 상품묶음 $x = (x_1, x_2)$을 소비할 때 얻는 효용은 수직축을 따라 높이로 표현된다. 그러므로 언덕과 같이 그려진 그래프가 효용함수의 $u = u(x_1, x_2)$의 그래프이다.

[그림 3-7]의 (b)는 효용함수 $u = x_1 x_2$의 그래프를 컴퓨터 그래픽으로 그린 것이다. 이처럼 상품이 2종류인 경우만 하여도 효용함수의 그래프가 3차원이 되기 때문에 이를 활용하여 소비자의 선택 문제를 분석하기가 용이하지 않다.

**그림 3-7** 효용함수와 무차별곡선

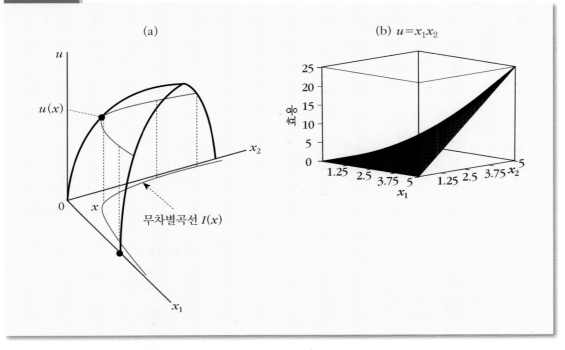

**그림 3-8**  등고선

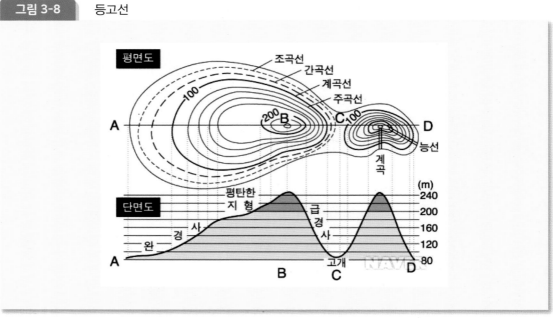

자료: 네이버 사전

그런데 이를 보다 간단한 2차원의 그래프로 나타내는 방법이 있다. 이는 [그림 3-8]과 같이 3차원 입체인 산을 2차원 평면인 지도 상에 동일한 높이의 지점들을 선으로 연결한 등고선을 이용하여 표현하는 방법이다. [그림 3-7]의 (a)와 같이 효용함수의 3차원 그래프를 높이가 $u(x)$이고 바닥면과 평행이 되도록 자른 후 그래프의 외곽선인 빨간 선을 바닥면에 그대로 투사(projection)하여 그리는 것이다. 그러면 바닥에 투사된 등고선은 상품묶음 $x$와 무차별한 상품묶음들의 집합인 무차별곡선이 된다.

바닥으로부터의 높이를 달리하면서 동일한 작업을 하면 효용 수준이 서로 다른 무차별곡선을 얻을 수 있으며, 이들 무차별곡선을 모아 놓으면 무차별지도가 된다. 지도에서 등고선을 통해 산의 모양을 유추하듯이 무차별지도를 통해 효용함수의 모양을 유추할 수 있으며, 무차별곡선은 효용함수보다는 다루기가 훨씬 쉽기 때문에 경제학에서 많이 사용한다.

**예제 3-1**  효용함수가 $u = x_1 x_2$일 때 무차별지도를 그리시오.

**그림 3-9**   효용함수 $u = x_1 x_2$의 무차별지도

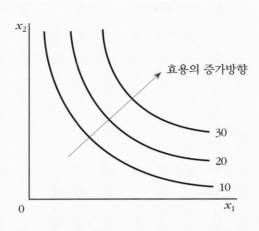

무차별지도를 그릴 때에는 [그림 3-9]에서와 같이 효용의 증가 방향을 화살표로 그려 줄 수 있다. 효용의 증가방향은 소비하는 상품의 특성에 따라 달라진다. 예를 들어 모든 상품들이 소비를 하면 만족도가 증가하는 상품인 경우에는 [그림 3-10]의 (a)와 같이 효용의 증가방향은 우상향하는 화살표 방향이 된다. 이 경우 무차별곡선이 원점에서 멀어질수록 효용이 증가한다. 선호관계가 볼록성을 충족하면 무차별곡선은 효용의 증가 방향에 대해 볼록하게 그려진다.

만약 상품 1은 소비를 하면 만족도가 증가하지만 상품 2는 소비를 하면 오히

**그림 3-10**   상품의 특성과 무차별지도

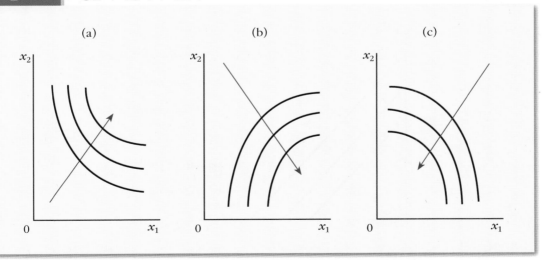

려 만족도가 감소하는 상품이라면 효용의 증가방향은 [그림 3-10]의 (b)와 같이 우하향하는 화살표방향이 되며, 선호관계가 볼록성을 만족하면 무차별곡선이 화살표 방향에 대해 볼록해진다. 이와 동일한 논리로 두 상품 모두 소비를 하면 만족도가 감소하면서 볼록성을 만족하면 효용의 증가방향과 무차별지도는 (c)와 같다.

## 3 특수한 효용함수

선호관계를 나타내는 효용함수는 매우 다양하게 존재하지만 이들 중에서 자주 사용되는 효용함수가 몇 가지 있다. 완전대체적 효용함수, 완전보완적 효용함수, 준선형 효용함수, 콥-더글라스(Cobb-Douglas) 효용함수, CES(constant elasticity of substitution) 효용함수 등이 그 예이다. 이들 효용함수의 형태와 무차별지도를 설명한다.

### (1) 완전대체적 효용함수

'완전대체적 효용함수'란 한 상품을 다른 상품으로 일정한 비율로 대체하여 소비하면 효용에 변화가 없는 효용함수이다. 예를 들어 상품 1과 상품 2를 1:1의 비율로 대체하여 소비하면, 즉, 상품 1의 소비를 1단위 증가시키고 상품 2의 소비를 1단위 감소시키면 전과 동일한 효용을 얻는 효용함수이다. 완전대체적

**그림 3-11** 완전대체적 효용함수의 무차별지도

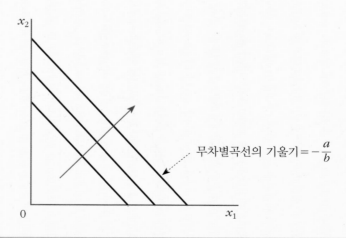

무차별곡선의 기울기 $= -\dfrac{a}{b}$

효용함수의 일반적 형태는 다음과 같다.

$$u(x_1, x_2) = ax_1 + bx_2 \quad (a, b는 양의 실수) \tag{3-2}$$

식 (3-2)의 완전대체적 효용함수는 상품 1과 상품 2를 $b{:}a$의 비율로 대체하여 소비하면 효용에 변화가 없게 된다. 한편 완전대체적 효용함수는 $x_1$과 $x_2$에 대한 일차함수의 형태이기 때문에 '선형 효용함수'(linear utility function)라고도 한다. 완전대체적 효용함수의 무차별곡선은 $ax_1 + bx_2 = k$의 그래프가 된다. 즉 $x_2 = \dfrac{k}{b} - \left(\dfrac{a}{b}\right)x_1$의 그래프가 무차별곡선이 되므로 [그림 3-11]과 같이 기울기가 $-\left(\dfrac{a}{b}\right)$인 직선이 된다.

## (2) 완전보완적 효용함수

'완전보완적 효용함수'란 두 상품을 항상 고정된 비율로 소비하여야 효용을 얻을 수 있는 효용함수이다. 예를 들어, 상품 1과 상품 2를 1:1의 비율로 함께 소비하여야, 즉, 상품 1의 1단위와 상품 2의 1단위를 함께 소비하여야 효용을 얻을 수 있는 경우이다. 만약 상품 1의 1단위와 상품 2의 2단위를 함께 소비하면 상품 1의 1단위와 상품 2의 1단위를 함께 소비하여 얻는 효용과 동일한 효용을 얻게 된다. 즉 상품 2의 2번째 단위는 효용에 아무런 영향을 주지 못한다. 만약 상품 1이 왼쪽 장갑이고, 상품 2가 오른쪽 장갑이라면 두 상품의 소비에 대한 효용함수가 완전보완적 효용함수가 된다. 완전보완적 효용함수의 일반적 형태는 다음과 같다.

$$u(x_1, x_2) = \min\{ax_1,\ bx_2\} \quad (a, b는 양의 실수) \tag{3-3}$$

식 (3-3)의 완전보완적 효용함수는 상품 1과 상품 2를 $b{:}a$의 비율로 소비를 증가(감소)시켜야 효용이 증가(감소)하게 된다. 완전보완적 효용함수의 무차별곡선은 $\min\{ax_1,\ bx_2\} = k$의 그래프가 된다. 이 방정식은 다음과 같이 두 가지 경우로 구분하여 푼다.

$$\begin{cases} \text{(i) } ax_1 \geq bx_2\text{인 경우, } \min\{ax_1,\ bx_2\} = bx_2\text{이므로 } bx_2 = k \\ \text{(ii) } ax_1 < bx_2\text{인 경우, } \min\{ax_1,\ bx_2\} = ax_1\text{이므로 } ax_1 = k \end{cases}$$

**그림 3-12** 완전보완적 효용함수의 무차별지도

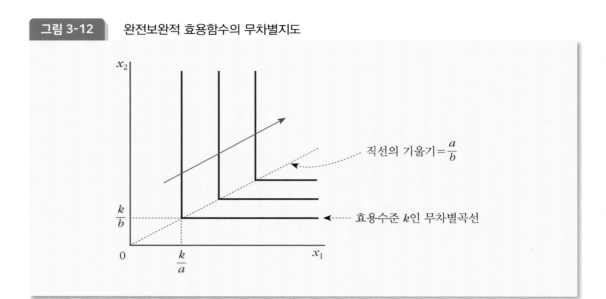

따라서 무차별곡선은 [그림 3-12]와 같이 $L$자 모형이 되며, 완전보완적 효용함수를 '레온티에프 효용함수'(Leontief utility function)라고도 부른다.

### (3) 준선형 효용함수

다음과 같은 형태의 효용함수를 '준선형 효용함수'(quasi-linear utility function)라고 한다.

$$u(x_1, x_2) = av(x_1) + bx_2 \quad (a, b는\ 양의\ 실수,\ v는\ x_1의\ 증가함수)\ (3\text{-}4)$$

준선형 효용함수는 식 (3-4)와 같이 효용이 상품 2의 소비에 대해서는 선형관계(즉 $x_2$의 일차식)이고, 상품 1의 소비에 대해서 반드시 선형관계는 아닌 함수형태를 띠고 있다. 따라서 선형에 '준하는' 또는 선형과 '유사한'이라는 의미로 준선형 효용함수라고 부른다. 준선형 효용함수의 무차별곡선은 $av(x_1) + bx_2 = k$의 그래프가 된다. 즉 $x_2 = k/b - (a/b)v(x_1)$의 그래프가 무차별곡선이 되므로 [그림 3-13]과 같다.

$x_2 = \dfrac{k}{b} - \left(\dfrac{a}{b}\right)v(x_1)$이 무차별곡선의 식이므로 효용수준이 $k$에서 $k'$으로 증가하면 무차별곡선의 세로축 절편만 $\dfrac{k}{b}$에서 $\dfrac{k'}{b}$으로 증가하게 된다. 따라서 효용수준이 $k$인 무차별곡선을 위로 평행 이동시키면 효용수준이 $k'$인 무차별곡선이

**그림 3-13** 준선형 효용함수의 무차별지도

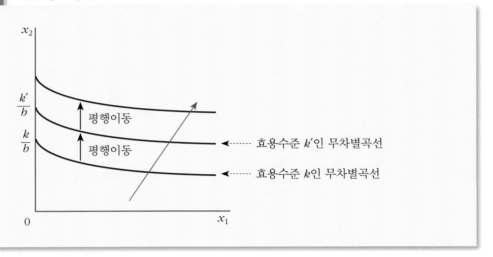

된다. 그러므로 준선형 효용함수의 무차별지도는 무차별곡선 하나를 상하로 평행 이동시켜 구할 수 있다.

### (4) 콥–더글라스 효용함수

다음과 같은 형태의 효용함수를 '콥-더글라스 효용함수'(Cobb-Douglas utility function)라고 한다.

$$u(x_1, x_2) = x_1^a x_2^b \quad (a,\ b는\ 양의\ 실수) \tag{3-5}$$

콥-더글라스 효용함수의 무차별곡선은 $x_1^a x_2^b = k$의 그래프가 된다. 즉 $x_2 = k\left(\dfrac{1}{x_1}\right)^{\frac{a}{b}}$의 그래프가 무차별곡선이 된다. 이 함수의 그래프는 파라미터 $a$와 $b$의 값에 따라 [그림 3–14]와 같이 다양한 형태의 무차별곡선을 나타낼 수 있기 때문에 경제학에서 많이 사용하는 효용함수이다. [그림 3–14]의 (b)와 같이 파라미터 $a$의 크기가 $b$보다 클수록 상품 1의 소비가 효용에 미치는 영향이 상품 2의 소비가 효용에 미치는 영향보다 커지므로 소비자는 상품 1을 상품 2보다 중요한 상품이라고 생각하게 된다. 따라서 무차별곡선이 검은색 선처럼 가파르게 된다. 반면 파라미터 $b$의 크기가 $a$보다 크면 반대의 현상이 나타나 무차별곡선이 검은색 선처럼 완만하게 된다.

주어진 선호관계를 표현하는 효용함수를 강증가변환하여 새로운 함수를 도

**그림 3-14**    콥–더글라스 효용함수의 무차별지도

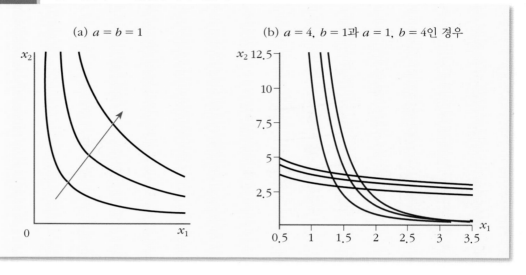

출하여도 동일한 선호관계를 표현하는 효용함수가 된다고 하였다. 따라서 콥-더글라스 효용함수 $u$를 강증가함수인 $f(z) = z^{\frac{1}{(a+b)}}$와 합성하여 새로운 함수 $v = f \circ u$를 도출하면 $v$도 콥-더글라스 효용함수 $u$와 동일한 선호를 표현하는 효용함수가 된다. 즉,

$$v(x_1,\ x_2) = f(u(x_1,\ x_2)) = x_1^{\frac{a}{a+b}} x_2^{\frac{b}{a+b}}$$

$c = \dfrac{a}{(a+b)}$라고 하면 $0 < c < 1$이 성립하며, 위의 식은 $v(x_1,\ x_2) = x_1^c x_2^{(1-c)}$가 된다. 이처럼 콥-더글라스 효용함수는 하나의 파라미터만을 이용해서 표현할 수도 있다.

### (5) CES 효용함수

다음과 같은 형태의 효용함수를 'CES 효용함수'(constant elasticity of substitution utility function)라고 한다.[9]

$$u(x_1,\ x_2) = (\alpha x_1^{-\rho} + (1-\alpha) x_2^{-\rho})^{-\frac{1}{\rho}} \quad (0 < \alpha < 1,\ \rho \geq -1) \tag{3-6}$$

---

**9**  elasticity of substitution은 '대체탄력성'이란 용어로 상품 1과 상품 2의 상대가격이 1% 상승할 경우 상품 1과 상품 2의 소비량의 비율이 몇 % 변하는지를 측정한 값이다.

**그림 3-15** CES 효용함수의 무차별곡선

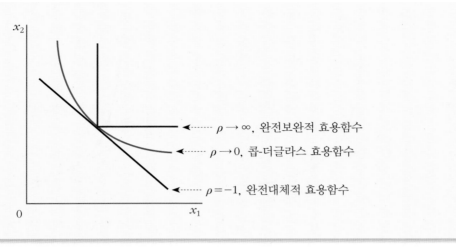

CES 효용함수는 파라미터 $\rho$의 값에 따라 다양한 함수형태로 변한다. 식 (3-5)에 $\rho=-1$을 대입하면 $u(x_1, x_2)=\alpha x_1+(1-\alpha)x_2$인 완전대체적 효용함수가 된다. 만약 파라미터 $\rho$가 0에 무한히 가까워지면, 즉 $\rho \to 0$이면 $u(x_1, x_2)=x_1^\alpha x_2^{(1-\alpha)}$인 콥-더글라스 효용함수가 된다. 한편 파라미터 $\rho$가 무한히 커지면, 즉 $\rho \to \infty$이면 $u(x_1, x_2)=\min\{x_1, x_2\}$인 완전보완적 효용함수가 된다.

## 4 한계대체율과 한계효용

### (1) 한계대체율

무차별곡선은 동일한 만족도를 주는 상품묶음들의 집합이다. 따라서 [그림 3-16]의 (a)에서 상품묶음 $x$와 $y$는 동일한 무차별곡선 상에 있으므로 동일한 만족도를 준다. 상품묶음 $x$에서 상품묶음 $y$로 소비를 바꿀 경우, 소비자는 상품 1의 소비를 1단위 감소($\Delta x_1=-1$)시키는 대신 상품 2의 소비를 3단위 증가($\Delta x_2=3$)함으로써 상품묶음 $x$를 소비할 때 얻는 만족도와 동일한 만족도를 얻을 수 있다. 즉, 동일한 만족도를 유지하면서 상품묶음 $x$에서 $y$로 이동하기 위해서 소비자가 상품 1을 상품 2로 대체하는 비율은 $\frac{\Delta x_2}{\Delta x_1}=-3$이며, 이는 $x$와 $y$를 잇는 직선의 기울기와 동일하다.

그림 (a)에서 상품묶음 $x$에서 $y$로의 이동은 상품 1을 1단위 감소시킨다. 만약 상품묶음 $x$에서 상품 1의 소비량을 아주 소량 감소시키면서 상품묶음 $x$와

그림 3-16  무차별곡선과 상품묶음 간의 대체

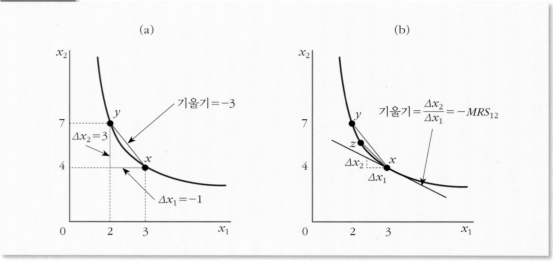

동일한 만족도를 누리려면 상품 2의 소비를 얼마나 증가시켜야 할까? 이에 대한 해답은 [그림 3-16]의 (b)에서 얻을 수 있다. 그림 (b)와 같이 상품묶음 $y$를 무차별곡선을 따라 상품묶음 $x$에 가깝게 접근시킨 새로운 상품묶음 $z$와 $x$를 잇는 직선의 기울기를 구한다. 이와 유사하게 $z$보다 $x$에 더 가깝게 접근시킨 상품묶음을 $w$라 하고 $w$와 $x$를 잇는 직선의 기울기를 구한다. 이런 작업을 반복함으로써 빨간 색 선의 기울기로 구성된 수열(sequence)를 얻을 수 있다. 그리고 이 수열의 수렴하는 극한(limit)을 구하면 그 값이 바로 문제의 해답이 된다. 수열의 극한은 그림 (b)에서와 같이 상품묶음 $x$에서 무차별곡선에 접하는 검은 선의 기울기가 되는 것이다.

이와 같이 주어진 하나의 상품묶음 $x$에서 상품 1의 소비량을 아주 조금 감소(증가)시켰을 때 이전과 동일한 만족도를 유지하기 위해서 증가(감소)시켜야 하는 상품 2의 소비량의 비율을 '상품묶음 $x$에서 상품 1에 대한 상품 2의 한계대체율'(the marginal rate of substitution)이라 하고 $MRS_{12}(x)$라고 쓴다.

선호관계가 단조성을 만족하면 상품 1의 소비량을 감소(증가)시켰을 때 이전과 동일한 만족도를 유지하기 위해서 상품 2의 소비량을 증가(감소)시켜야 한다. 한계대체율을 정의할 때는 일반적으로 $(-)$부호를 붙여서 단조성이 성립되는 경우 양$(+)$의 값을 갖도록 한다. 한계대체율을 수식으로 표현하면 다음과 같다.

**그림 3-17** 한계대체율의 특성

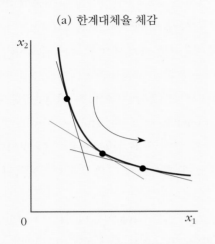

(a) 한계대체율 체감

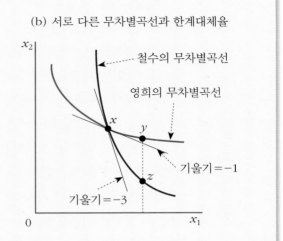

(b) 서로 다른 무차별곡선과 한계대체율

$$MRS_{12}(x) = \lim_{\Delta x_1 \to 0}\left(-\frac{\Delta x_2}{\Delta x_1}\right) \tag{3-7}$$

한계대체율에서 동일한 만족도를 유지하기 위한 상품 1과 상품 2 사이의 '대체율'은 $\left(-\frac{\Delta x_2}{\Delta x_1}\right)$에 해당하며, 상품 1의 소비량의 미소한 변화를 의미하는 '한계'는 극한의 개념인 $\lim_{\Delta x_1 \to 0}$ 에 해당한다.

이상에서 정의한 바와 같이 한계대체율은 상품 1을 극소량으로 변화시킬 때 동일한 만족도를 유지하기 위한 상품 2의 대체율을 계산한 것이지만, 한계대체율이 3이라는 것은 통상 상품 1의 소비량을 1단위 감소(증가)시켰을 때 이전과 동일한 만족도를 유지하기 위해서는 상품 2의 소비를 3단위 증가(감소)시켜야 한다는 의미로 해석한다.

한계대체율은 어떤 상품묶음에서 계산하는지에 따라 [그림 3-17]의 (a)와 같이 그 값이 달라진다. 따라서 한계대체율을 상품묶음 $x$의 함수형태인 $MRS_{12}(x)$로 표기한다.

또한 (a)에서와 같이 선호관계가 강볼록성을 만족하여 무자별곡선이 원점에 대해 강볼록하게 그려지면 무차별곡선을 따라 상품묶음이 $x$에서 $y$, $z$로 이동함에 따라 한계대체율이 점차 감소하게 된다. 이러한 성질에 대해서는 다음과 같이 직관적으로 설명할 수 있다. 상품묶음 $x$에서 $y$, $z$로 이동함에 따라 상품 1의 소비량은 증가하고 상품 2의 소비량은 감소하여 상품 2의 희소성이 점차 증가하게 된다. 강볼록성을 만족하는 선호관계를 가지고 있는 소비자는 다양한 상품을 소비하는 것을 한 종류의 상품만 소비하는 것보다 강선호하기 때문에 희소한 상품 2의 가치를 상품 1보다 상대적으로 높게 평가하게 된다. 그러므로 동일한 만족도를 유지하면서 상품 1의 소비량 1단위를 증가시키기 위해 감소시키고자 하는 상품 2의 소비량은 줄어들게 된다. 그 결과 상품묶음 $x$에서 $y$, $z$로 이동함에 따라 한계대체율은 점점 더 감소하게 되는 것이다. 이러한 현상을 '한계대체율 체감의 법칙'(law of diminishing marginal rate of substitution)이라고 한다.

(b)는 서로 다른 두 소비자인 철수와 영희의 무차별곡선을 그린 것이다. 철수의 무차별곡선은 영희의 무차별곡선보다 가파르게 그려져 있다. 이처럼 무차별곡선이 상대적으로 더 가파르다는 것은 어떤 의미가 있을까? 각각의 상품의 소비량이 동일한 상품묶음 $x$를 살펴보자. 그림 (b)에 따르면 철수의 $MRS_{12}(x)$는 3이고 영희는 1이다. 즉, 철수는 상품묶음 $x$에서 상품 1을 1단위 더 소비하기 위해 상품 2를 3단위 감소시키면 이전과 동일한 만족도를 유지하고, 영희는 상품 2를 1단위 감소시키면 동일한 만족도를 유지한다. 이는 상품묶음 $x$에서 철수보다 영희의 경우, 상품 1에 대비하여 상품 2를 소중하게 여기는 정도가 더 크다고 해석할 수 있다.

이상에서 살펴본 바와 같이 한계대체율은 상품 1의 소비를 1단위 증가시켰을 때 이전과 동일한 만족도를 누리기 위해 포기해야 하는 상품 2의 소비량이다. 따라서 한계대체율은 상품 2로 측정한 상품 1의 기회비용이다. 한계대체율은 소비자마다 다르기 때문에 한계대체율을 '주관적 기회비용'(subjective opportunity cost) 또는, '주관적 교환비율'(subjective exchange rate)이라고 해석할 수 있다. 이는 앞서 예산선의 기울기인 상대가격을 '객관적 기회비용' 또는, '객관적 교환비율'로 해석한 것과 대비된다.

주관적 교환비율인 한계대체율과 객관적 교환비율인 상대가격은 소비자의 선택문제에 대해 중요한 시사점을 준다. 예를 들어, [그림 3-18]에서 상품묶음 $z$를 살펴보자. $z$에서 한계대체율은 1/2이므로 상품 1의 소비량을 1단위 감소시켰을 때 이전과 동일한 만족도를 유지하기 위해서 상품 2를 1/2단위만 증가시키면 된다. 하지만 $z$는 기울기의 절대값이 2인 예산선 상에 있기 때문에 소비자가 상품 1의 소비를 1단위 줄여서 절약한 소득으로 상품 2를 구매하는데 사용하면 상품 2 2단위를 구매할 수 있다. 따라서 소비자는 상품 1의 소비를 1단위 감소시키고 상품 2의 소비를 2단위 증가시킴으로써 $z$를 소비할 때보다 더 높은 만족

한계대체율과 상대가격

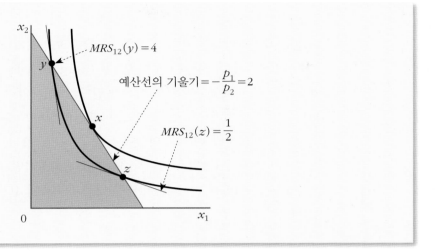

도를 얻을 수 있다. 즉, 상품묶음 $z$에서와 같이 예산선의 기울기의 절대값인 상대가격이 한계대체율보다 더 크면 상품 1의 소비를 감소시키고 상품 2의 소비를 증가시키면 만족도는 증가한다. 일반적으로, 예산선 상에 있는 임의의 상품묶음 $z$에서 $MRS_{12}(z) < \dfrac{p_1}{p_2}$일 때, 상품 1의 소비를 감소시키고 상품 2의 소비를 증가시키면 만족도가 증가한다.

반면 상품묶음 $y$에서는 이와 반대 현상이 발생한다. 상품묶음 $y$에서는 한계대체율은 4이므로 상품 1의 소비량을 1단위 증가시켰을 때 이전과 동일한 만족도를 유지하기 위해서 상품 2를 4단위까지 감소시켜야 한다. 하지만 $y$ 역시 기울기의 절대값이 2인 예산선 상에 있기 때문에 소비자가 상품 1의 소비를 1단위 증가시키기 위해서는 상품 2의 소비를 2단위 줄이면 된다. 즉, 상품 1을 1단위 더 소비하기 위해 상품 2를 4단위까지 줄일 필요가 없다. 소비자는 상품 1의 소비를 1단위 증가시키고 상품 2의 소비를 2단위 감소시킴으로써 $y$를 소비할 때보다 더 높은 만족도를 얻을 수 있다. 예산선 상에 있는 임의의 상품묶음 $y$에서 $MRS_{12}(y) > \dfrac{p_1}{p_2}$일 때, 상품 1의 소비를 증가시키고 상품 2의 소비를 감소시키면 만족도가 증가한다.

예산선 상에 있는 상품묶음 중에서 상품묶음 $x$와 같이 한계대체율과 예산선의 기울기가 같은 상품묶음에서는 사실 1이나 사실 2와 같은 추가적 조정을 통해 만족도를 더 이상 증가시킬 수 없기 때문에 만족도가 극대화된다는 것을 알 수 있다.

## (2) 한계효용

소비자가 상품묶음 $x = (x_1, x_2)$를 소비한다고 하자. 만약 상품 2의 소비량은 그대로 유지하면서 상품 1의 소비를 1단위 변화시키면 효용이 얼마나 변화할까? 이러한 개념을 '상품 1의 한계효용'(marginal utility)이라 한다. 한계효용의 개념을 보다 자세히 정의하면 다음과 같다. 소비자의 효용함수를 $u = u(x_1, x_2)$라고 하자. 이 소비자가 상품 2의 소비량은 동일하게 유지하면서 상품 1의 소비를 1단위 변화시킬 때 효용의 변화는 $\Delta u = u(x_1 + 1, x_2) - u(x_1, x_2)$가 된다.[10] 상품 1의 소비를 1단위가 아니라 $\Delta x_1$만큼 변화시키면 효용은 $\Delta u = u(x_1 + \Delta x_1, x_2) - u(x_1, x_2)$만큼 변한다. 이 경우 상품 1의 소비 1단위 당 효용의 변화 정도는 다음과 같다.

$$\frac{\Delta u}{\Delta x_1} = \frac{u(x_1 + \Delta x_1) - u(x_1, x_2)}{\Delta x_1} \tag{3-8}$$

앞서 한계대체율을 정의할 때 경제학에서 '한계'의 개념은 미소한 변화를 의미하는 극한의 개념에 해당한다고 설명하였다. 이처럼 한계효용도 "상품 1의 소비를 아주 미소하게 변화시켰을 때 상품 1의 소비 1단위 당 효용의 변화량"으로 정의할 수 있다. 따라서 상품 1의 한계효용 $MU_1$을 나타내는 식은 정확히 다음과 같다.

$$MU_1(x) = \lim_{\Delta x_1 \to 0} \frac{\Delta u}{\Delta x_1} = \frac{u(x_1 + \Delta x_1, x_2) - u(x_1, x_2)}{\Delta x_1} \tag{3-9}$$

따라서, 상품 1의 한계효용이 3이란 것은 상품 2의 소비량은 그대로 유지하면서 상품 1의 소비를 1단위 증가(감소)시키면 효용이 3만큼 증가(감소)한다는 의미이다.

그렇다면 효용함수와 상품묶음 $x$가 주어져 있을 경우 각 상품의 한계효용은 어떻게 구할 수 있을까? 다음의 예제를 살펴보자.

---

[10] 여기서 부호 $\Delta$는 델타라고 읽으며, 변수의 변화량을 나타내는 표기이다. 예를 들어 $\Delta u$는 효용의 변화량을 $\Delta x_i$는 상품 $i$의 소비의 변화량을 나타낸다.

효용함수가 $u(x_1, x_2) = x_1^2 x_2^2$으로 주어져 있을 때 상품묶음 $x = (2, 3)$에서 상품 1과 2의 한계효용을 각각 구하시오.

### (3) 한계대체율과 한계효용

상품묶음 $x = (x_1, x_2)$에서 상품 1의 소비를 $\Delta x_1$만큼, 상품 2의 소비를 $\Delta x_2$만큼 변화시킨다고 하자. 상품 1의 한계효용이 상품 2의 소비량은 그대로 유지하면서 상품 1의 소비를 1단위 변화시킬 경우 효용의 변화량을 나타내므로, 상품 1의 소비를 $\Delta x_1$만큼 변화시킬 경우 효용의 변화량은 $MU_1(x) \times \Delta x_1$이 된다. 예를 들어 $MU_1(x) = 3$이고 $\Delta x_1 = \frac{1}{2}$이면 효용은 $\frac{3}{2}$만큼 증가한다. 이와 마찬가지로 상품 2의 소비를 $\Delta x_2$만큼 변화시킬 경우 효용의 변화량은 $MU_2(x) \times \Delta x_2$가 된다. 따라서 효용의 총변화는 $\Delta u = MU_1(x)\Delta x_1 + MU_2(x)\Delta x_2$가 된다.

이를 이용하면 한계대체율과 한계효용의 관계를 다음과 같이 도출할 수 있다. 상품묶음 $x = (x_1, x_2)$와 $x' = (x_1 + \Delta x_1, x_2 + \Delta x_2)$이 동일한 무차별곡선 상에 있다고 하자. 따라서 두 상품묶음의 만족도는 동일하므로 소비자가 소비를 $x$에서 $x'$으로 바꿔도 만족도에는 변화가 없다. 즉, 다음 식이 성립한다.

$$\Delta u = MU_1(x)\Delta x_1 + MU_2(x)\Delta x_2 = 0 \tag{3-10}$$

한편 한계대체율은 식 (3-7)과 같이 상품묶음 $x$에서 상품 1의 소비를 $\Delta x_1$만큼 증가(감소)시켰을 때 이전과 동일한 만족도를 유지하기 위해서 감소(증가)시켜야 하는 상품 2의 소비량 $\Delta x_2$와의 비율인 $-\left(\dfrac{\Delta x_2}{\Delta x_1}\right)$이므로 식 (3-10)으로부터 한계대체율과 한계효용이 다음과 관계를 갖는다.

$$MRS_{12}(x) = -\frac{\Delta x_2}{\Delta x_1} = \frac{MU_1(x)}{MU_2(x)} \tag{3-11}$$

효용함수가 $u(x_1, x_2) = x_1^2 x_2^2$으로 주어져 있을 때 상품묶음 $x = (1, 3)$에서 상품 1에 대한 상품 2의 한계대체율 $MRS_{12}(x)$를 구하시오.

## 연습문제

**3-1** 효용함수 $u = u(x_1, x_2)$를 강증가함수 $f : \mathbb{R} \rightarrow \mathbb{R}$로 강증가변환시켜 함수 $v$를 도출하였다. 다음을 증명하시오.

(a) 함수 $v$도 효용함수가 됨을 증명하시오. (즉, 함수 $u$가 표현하는 선호관계를 함수 $v$도 표현할 수 있다는 것을 증명하시오.)

(b) 상품묶음 $x = (x_1, x_2)$에서 효용함수 $u$와 $v$의 상품 1에 대한 상품 2의 한계대체율이 동일함을 증명하시오.

**3-2** 다음 문장이 참인지 거짓인지를 답하시오. 만약 거짓이라면 그 이유나 예를 간략히 쓰시오.

(a) 선호가 완비성, 이행성, 단조성, 강볼록성, 연속성을 만족하면 소비자의 최적 선택점에서 무차별곡선과 예산선은 항상 접하게 된다.

(b) 선호가 단조성을 만족하면 무차별곡선은 우하향한다.

(c) 만족도가 다른 두 무차별곡선은 항상 교차하지 않는다.

(d) 효용함수로 표현될 수 있는 선호체계는 항상 완비성과 이행성을 만족한다.

(e) 선호 $\succeq$가 이행성을 만족하면 $x \sim y,\ y \sim z \Rightarrow x \sim z$이 성립한다.

(f) 한계대체율이 체감하면 한계효용도 체감한다.

**3-3** 효용함수가 $u(x_1, x_2) = \max\{x_1, x_2\}$로 주어져 있다.

(a) 무차별지도를 그리고, 만족도의 증가 방향을 화살표로 표시하시오.

(b) 위의 효용함수로 표현되는 선호체계는 완비성, 이행성, 단조성, 볼록성, 연속성을 만족하는지를 보이시오.

**3-4** 효용함수가 $u(x_1, x_2) = \sqrt{x_1 x_2}$로 주어져 있다. 무차별지도를 그리고, 만족도의 증가 방향을 화살표로 표시하시오.

**3-5** 상품묶음 $x = (x_1, x_2)$에서 $MRS(x) < \dfrac{p_1}{p_2}$가 성립할 경우, 효용을 극대화하기 위해서는 어떻게 하여야 하는지를 자세히 서술하시오. (단, $x_1 > 0$, $x_2 > 0$)

**3-6** 효용함수가 $u(x_1, x_2) = \min\{2x_1, x_2\} + \min\{x_1, 2x_2\}$로 주어져 있다.

(a) 무차별곡선을 정확하게 그리고 효용의 증가방향을 표시하시오. (Hint: $x_1$과 $x_2$의 대소 관계를 3가지 경우로 구분하여 무차별곡선 도출)

(b) 위의 효용함수로 표현되는 선호체계는 이행성을 만족하는지를 보이시오.

이 장에서는 제2장과 제3장의 내용을 결합하여 소비자가 선택 가능한 대안들 중에서 가장 선호하는 것을 선택하는 문제를 예산집합, 효용함수와 무차별지도를 사용해서 분석하고, 이를 통해 수요함수를 도출한다. 또한 수요함수의 특성을 살펴본다.

# 4

# 소비자의 최적 선택과 수요

4.1  소비자 최적 선택
4.2  가격과 소득의 변화
4.3  가격변화의 효과: 슬루츠키 방정식
4.4  가격변화와 소비자후생
연습문제

## 4.1 소비자 최적 선택

### 1 소비자의 문제

소비자가 직면하는 최적 선택의 문제는 소득과 상품들의 가격들이 주어진 상태에서, 즉, 선택 가능한 상품묶음들의 집합인 예산집합이 주어져 있는 상황에서 소비자가 효용을 극대화하는 상품묶음을 선택하는 문제이다.

분석의 편의를 위해 소비 가능한 상품은 상품 1과 2의 두 가지가 있으며, 각각의 가격은 $p_1$, $p_2$, 소득은 $I$이다. 선호관계는 별도의 언급이 없는 한, 완비성, 이행성, 단조성, 볼록성, 연속성의 가정을 모두 충족하며, 주어진 선호는 효용함수 $u = u(x_1, x_2)$로 표현된다.

소비자의 최적 선택의 문제는 [그림 4-1]과 같이 주어진 예산집합에서 무차별곡선을 활용하여 효용을 극대화하는 상품묶음을 선택하는 문제로 표현할 수 있다. 그림에서 $z$는 효용을 극대화하는 최적 선택이 될 수 없다. 왜냐하면 선호관계가 단조성을 충족하기 때문에 무차별곡선이 원점에서 멀어질수록 효용은 증가한다. 따라서 가령 $y$를 선택하면 $z$를 선택할 때보다 효용이 더 증가하게 된다.

예산선 상에 있는 상품묶음 $z'$도 효용을 극대화하는 최적 선택이 될 수 없다.

---

**그림 4-1**  소비자의 최적 선택의 문제

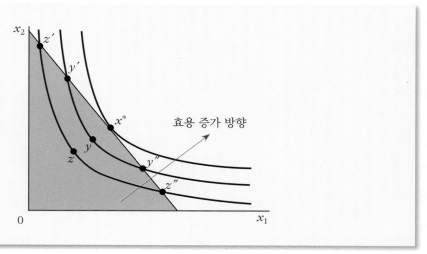

**그림 4-2** 최적 선택의 다양한 예

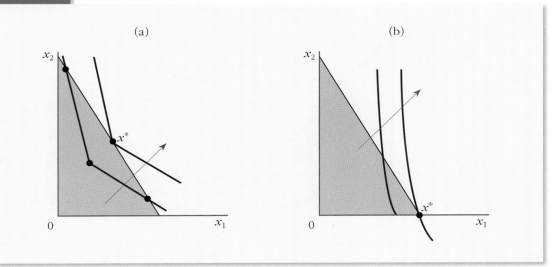

$z'$에서는 한계대체율이 상대가격보다 크기 때문에, 즉, $MRS_{12}(z') > p_1/p_2$이므로, 예산선을 따라 상품 1의 소비를 증가시키고 상품 2의 소비를 감소시키면서 상품묶음 $x$로 이동하면 효용이 증가하게 된다. 상품묶음 $z$나 $y$와는 달리 $x^*$의 경우에는 효용을 더 증가시킬 수 있는 선택 가능한 상품묶음이 존재하지 않는다. 따라서 $x^*$가 주어진 예산집합에서 효용을 극대화하는 최적 선택이 된다.

[그림 4-1]에서 $x^*$의 경우, 두 상품의 소비량이 모두 양수($+$)이다. 이러한 경우 최적 선택을 '내부해'(interior solution)라고 한다. $x^*$에서 무차별곡선과 예산선이 접한다. 즉, 예산선이 $x^*$에서 무차별곡선의 접선이 된다. 따라서 무차별곡선의 접선의 기울기인 한계대체율과 예산선의 기울기인 상대가격이 일치하게 된다. 즉, $MRS_{12}(x^*) = \dfrac{p_1}{p_2}$이 성립한다. 하지만 이러한 특성은 최적 선택에서 항상 성립하는 것은 아니다.

[그림 4-2]는 소비자의 효용을 극대화하는 최적 선택의 다른 예를 보여준다. (a)에서 최적선택은 $x^*$인데 이 점에서 무차별곡선이 꺾어지기 때문에 한계대체율이 정의되지 않는다. 따라서 한계대체율과 상대가격이 일치한다고 말할 수 없다. (b)의 경우는 선호관계는 최적 선택이 예산선의 내부가 아니라 경계에서 나타나는 경우이다. 이처럼 한 상품의 소비량이 0이 되어 수평축이나 수직축에서 최적 선택점이 나타나는 경우를 '경계해'(boundary solution)라고 한다. 이와 같이 최적 선택이 경계해이면 한계대체율과 상대가격이 일치하지 않을 수 있다.

**그림 4-3** 최적 선택이 다수인 경우

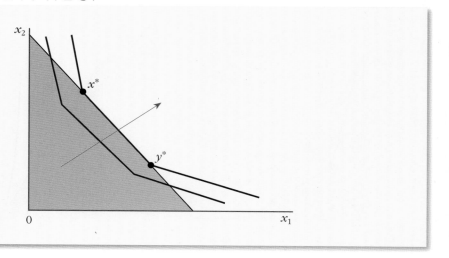

한편, 효용을 극대화하는 최적 선택은 유일하지 않고 다수로 존재할 수 있다. 예를 들어 [그림 4-3]과 같이 최적 선택은 선분 $\overline{x^*y^*}$ 상에 있는 모든 상품묶음이 된다.

[그림 4-1]과 같이 전형적인 경우 최적선택인 $x^*$에서는 다음이 성립하는데, 그 의미를 파악해 보자.

$$MRS_{12}(x^*) = \frac{MU_1}{MU_2} = \frac{p_1}{p_2} \tag{4-1}$$

식 (4-1)에서 첫번째 등호는 모든 상품묶음에서 성립하는 반면, 두번째 등호는 내부해인 최적 선택에서 성립한다.

식 (4-1)을 다음과 같이 변형할 수 있다.

$$\frac{MU_1}{p_1} = \frac{MU_2}{p_2} \tag{4-2}$$

식 (4-2)에서 $\frac{MU_1}{p_1}$은 $MU_1 \times \left(\frac{1}{p_1}\right)$으로 분해할 수 있으며, $\frac{1}{p_1}$은 1원으로 구매할 수 있는 상품 1의 양을 나타낸다. 따라서 $MU_1 \times \left(\frac{1}{p_1}\right)$는 상품 1을 1원어치만큼 추가로 구매함에 따라 효용이 증가하는 정도를 나타낸다. 마찬가지로 $\frac{MU_2}{p_2}$는 상품 2를 1원어치만큼 추가로 구매함에 따라 효용이 증가하는 정도가 된다. 따라서 (4-2)는 최적 선택에서 두 값이 같아야 한다는 것이다. 만일 두 값이 다르면 어느 한 상품의 구매를 위한 지출을 1원 줄이는 대신 그 1원을 다른 상품의 구매에 쓴다면 예산제약을 위배하지 않으면서 효용을 높이는 것이 가능하다. 따라서 최적선택에서는 그러한 가능성이 없어야 하므로 (4-2)의 두 값은 같아야 한다.

## 2 특수한 효용함수

이하에서는 앞서 소개한 몇 가지 효용함수들의 최적 선택에 대하여 학습해 본다. 소비 가능한 상품은 두 가지이며, 각각의 가격은 $p_1$, $p_2$로 소득은 $I$이다.

### (1) 완전대체적 효용함수

완전대체적 효용함수의 일반적 형태는 제3장에서 학습한 바와 같이 다음 식으로 표현된다.

$$u(x_1, x_2) = ax_1 + bx_2 \quad (a, b는 양의 실수) \tag{4-3}$$

완전대체적 효용함수의 무차별곡선은 기울기가 $-(a/b)$인 직선이다. 한편, 예산선은 기울기가 $-(p_1/p_2)$인 직선이다. 효용을 극대화하는 최적 선택은 무차

**그림 4-4**     완전대체적 효용함수와 최적 선택

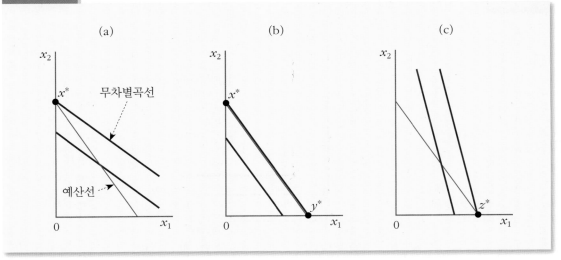

별곡선의 기울기와 예산선의 기울기에 따라 [그림 4-4]와 같이 3가지 경우가 가능하다. 그림 (a)는 예산선보다 무차별곡선이 더 완만한 경우를 나타낸다. 즉, 무차별곡선의 기울기가 예산선의 기울기보다 큰 경우이므로 $\left(-\dfrac{a}{b}\right) > \left(-\dfrac{p_1}{p_2}\right)$ 또는 $\dfrac{a}{b} < \dfrac{p_1}{p_2}$이다. 이 경우 최적 선택은 상품 1은 소비를 하지 않고 소득을 모두 상품 2의 소비에만 지출하는 상품묶음 $x^*$가 된다. 그림 (b)는 예산선과 무차별곡선의 기울기가 동일한 경우이다. 즉 $\left(-\dfrac{a}{b}\right) = \left(-\dfrac{p_1}{p_2}\right)$인 경우이다. 따라서 예산선 상에 있는 모든 상품묶음이 최적 선택이 된다. 그림 (c)는 예산선보다 무차별곡선이 더 가파른 경우이다. 최적 선택은 상품 2는 소비를 하지 않고 소득을 모두 상품 1의 소비에만 지출하는 상품묶음 $z^*$가 된다.

## (2) 완전보완적 효용함수

완전보완적 효용함수의 일반적 형태는 다음과 같다.

$$u(x_1, x_2) = \min\{ax_1, bx_2\} \quad (a, b는 양의 실수) \tag{4-4}$$

완전보완적 효용함수의 무차별곡선은 [그림 4-5]와 같이 원점을 지나며 기울기가 $a/b$인 직선 상에 꼭지점이 있으면서 $L$자 모형으로 타나난다. 따라서 두 상품의 가격이 모두 0보다 크면 효용을 극대화하는 최적 선택은 예산선과 무차별곡선의 꼭지점이 만나는 $x^*$가 된다. 따라서 소비자는 상품 1과 상품 2를 최적

> **그림 4-5** 완전보완적 효용함수와 최적 선택

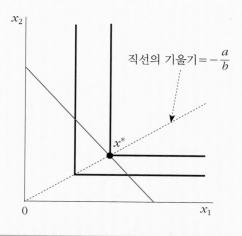

선택에서 $b : a$의 비율로 소비한다.

## (3) 콥-더글라스 효용함수

콥-더글라스 효용함수의 일반적 형태는 다음과 같다.

$$u(x_1, x_2) = x_1^a x_2^b \quad (a, b\text{는 양의 실수}) \tag{4-5}$$

콥-더글라스 효용함수의 무차별곡선은 파라미터 $a$와 $b$의 상대적 크기에 따라 제3장의 [그림 3-14]의 (b)와 같이 다양하게 그려지지만 모두 원점에 대해 강볼록하다는 공통점이 있다. 따라서 [그림 4-6]과 같이 무차별곡선과 예산선이 접하는 상품묶음 $x^*$가 최적 선택이 된다. 즉, 식 (4-6)과 같이 최적 선택에서 한계대체율과 상대가격이 같다.

$$MRS_{12}(x) = \frac{MU_1}{MU_2} = \frac{ax_1^{a-1}x_2^b}{bx_1^a x_2^{b-1}} = \frac{a}{b}\frac{x_2}{x_1} = \frac{p_1}{p_2} \tag{4-6}$$

한편 효용을 극대화하는 최적 선택은 예산선 상에 있어야 하기 때문에 $p_1x_1 + p_2x_2 = I$가 성립하여야 한다. 그러므로 최적 선택 $x^*$는 식 (4-6)과 예산제약의 식을 연립하여 풀면 다음과 같이 구할 수 있다.

**그림 4-6** 콥-더글라스 효용함수와 최적 선택

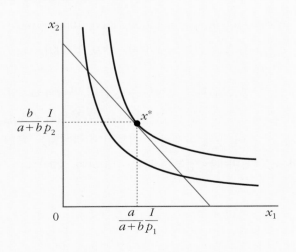

$$x_1^* = \frac{a}{a+b}\frac{I}{p_1}, \ x_2^* = \frac{b}{a+b}\frac{I}{p_2} \tag{4-7}$$

## 4.2  가격과 소득의 변화

지금까지는 주어진 상품의 가격과 소득 하에서 예산집합이 고정되어 있을 때 소비자가 효용을 극대화하기 위해 최적의 상품묶음을 어떻게 선택하는가를 학습하였다. 하지만 상품의 가격과 소득은 항상 고정되어 있는 것은 아니다. 때로는 상품의 가격이 변하기도 하고, 소득이 변하기도 한다. 이에 따라 선택 가능한 상품묶음의 집합인 예산집합이 변하게 되며, 그 결과 소비자의 최적 선택도 변하게 된다. 이하에서는 상품의 가격과 소득의 변화에 따른 최적 선택의 변화를 살펴보고 이를 통해 각 상품의 '수요함수'를 도출해 본다.

수요함수는 각 상품의 가격과 소득이 주어져 있을 때 효용을 극대화하는 최적 소비량을 나타내는 함수이다. 예를 들어 상품 1의 가격이 1,000원, 상품 2의 가격이 2,000원이고 소득이 10,000원일 때 효용을 극대화하는 상품 1의 최적 소비량이 4, 상품 2의 최적 소비량이 3이라면 이를 함수의 형태를 이용하여 다음과 같이 표현할 수 있다.

$$x_1^* = x_1(p_1,\ p_2,\ I) = x_1(1000,\ 2000,\ 10000) = 4$$
$$x_2^* = x_2(p_1,\ p_2,\ I) = x_2(1000,\ 2000,\ 10000) = 3$$

이처럼 각 상품의 최적 소비량은 상품의 가격과 소득을 독립변수로 하는 함수의 형태로 표현할 수 있기 때문에 이를 각 상품의 수요함수라고 부른다. 수요함수를 좀 더 깊이 있게 이해하기 위하여 이하에서는 특정 상품의 가격만 변하는 경우와 소득만 변하는 경우를 각각 구분하여 살펴본다.

## 1 가격변화와 가격–소비곡선

### (1) 가격–소비곡선

상품 2의 가격과 소득은 변하지 않고 상품 1의 가격만 변하면 효용을 극대화하는 최적 상품묶음은 어떻게 변할까? [그림 4-7]의 (a)에서 붉은 선은 예산선을 나타내고 있다. 상품 1의 가격이 1인 경우, 예산선은 선 $B_1$이다. 상품 1의 가격이 1에서 2로 상승하면 예산선은 세로축 절편을 중심으로 시계 방향으로 회전 이동하여 선 $B_2$가 된다. 반면 상품 1의 가격이 1에서 0.5로 하락하면 예산선은 세로축 절편을 중심으로 시계 반대 방향으로 회전 이동하여 선 $B_{0.5}$가 된다. $x^*$, $y^*$, $z^*$는 예산선이 각각 $B_1$, $B_2$, $B_{0.5}$인 경우 효용을 극대화하는 최적 상품묶음을 나타내고 있다. 이와 같이 다른 상품의 가격과 소득은 변하지 않고, 특정 상품의 가격만 변할 때 효용을 극대화하는 최적 상품묶음을 모두 연결한 초록색 곡선을 '가격–소비곡선'(price-consumption curve)이라고 부른다.

그림 (a)의 가격–소비곡선을 이용하면 상품 1의 수요곡선을 도출할 수 있다. '수요곡선'이란 다른 상품의 가격과 소득은 고정되어 있고 특정 상품의 가격만 변할 때 한 소비자가 그 상품을 얼마나 수요(또는 구매)할 것인지를 나타내는 곡선이다. [그림 4-7]의 (a)에 의하면 상품 1의 가격이 1, 2, 0.5로 변할 때 최적 선택이 각각 $x^*$, $y^*$, $z^*$로 변한다. 따라서 상품 1의 최적 수요량은 각각의 경우 $x_1^*$, $y_1^*$, $z_1^*$가 된다. 이를 가로축은 상품 1의 수요량을 나타내고 세로축은 상

**그림 4-7** 상품 1의 가격변화와 가격–소비곡선, 수요곡선

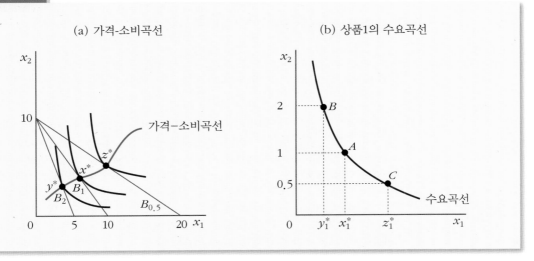

**그림 4-8** 상품 1이 기펜재일 경우 가격–소비곡선과 수요곡선

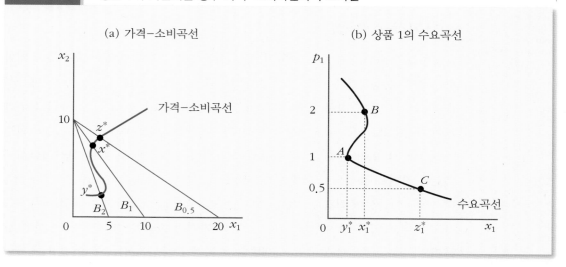

품 1의 가격을 나타내는 평면에 그림으로 그리면 (b)의 점 A, B, C가 된다. 이와 같이 상품 1의 가격을 다양하게 변화시키면서 그에 대응되는 상품 1의 최적 수요량을 모두 연결하면 (b)에서와 같이 상품 1의 수요곡선을 얻을 수 있다.

[그림 4-7]과 같이 소비자가 소비하는 대부분의 상품은 가격이 상승하면 수요량이 감소하며, 따라서 가격소비곡선은 우상향하고 수요곡선은 우하향한다. 하지만 가격이 상승하면 수요량이 오히려 증가하는 하는 상품도 존재할 수 있다. 이러한 상품을 '기펜재'(Giffen good)라고 부른다.[11] [그림 4-8]은 기펜재의 경우를 보여준다.

### (2) 특수한 효용함수와 가격–소비곡선의 형태

다음에서는 완전대체적 효용함수와 완전보완적 효용함수의 가격–소비곡선과 수요함수를 살펴본다. 우선 효용함수가 $u(x_1, x_2) = x_1 + x_2$와 같이 완전대체

---

**11** 기펜재는 스코틀랜드의 경제학자 Sir Robert Giffen의 이름에서 유래하였다. Giffen은 빅토리아 시대의 가난한 사람들의 소비행태를 관찰하고 이러한 역설(paradox)를 제시하였으며, Alfred Marshall이 그의 저서 Principle of Economics(1890)에서 이를 소개하였다. 기펜재의 예는 찾기가 용이하지 않다. Alfred Marshall은 육류 등과 같이 품질이 좋은 음식을 소비하기 어려운 가난한 사람들이 소비하는 열등한 품질의 빵, 감자 등과 같은 주식(staple food)을 예로 들었다. 만약 이들 열등한 주식의 가격이 상승하면 우수한 품질의 식료품은 소비가 불가능하기 때문에 영양 섭취를 위해서는 열등한 주식을 더 많이 소비할 수밖에 없다는 것이다.

**그림 4-9**  완전대체적 효용함수의 가격-소비곡선과 수요곡선

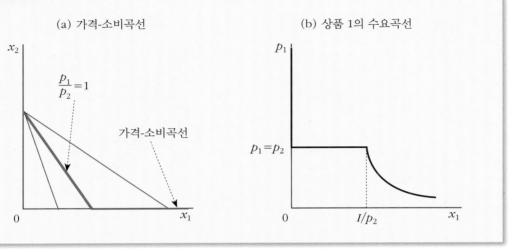

적 효용함수인 경우를 살펴보자. 이 경우 앞서 살펴본 바와 같이 상품 1의 가격이 상품 2의 가격보다 낮으면($p_1 < p_2$) 소비자는 상품 1만 소비하고 상품 2는 소비하지 않는다. 만약 상품 1의 가격과 상품 2의 가격이 같으면($p_1 = p_2$) 소비자는 예산선 상에 있는 임의의 상품묶음을 소비한다. 상품 1의 가격이 상품 2의 가격보다 높으면($p_1 > p_2$) 소비자는 상품 2만 소비하고 상품 1은 소비하지 않는다. 따라서 가격-소비곡선과 상품 1의 수요함수의 그래프는 다음의 [그림 4-9]와 같다. 그림 (b)에서 $p_1 < p_2$이면 $x_1 = \dfrac{I}{p_1}$이다.

효용함수가 $u(x_1, \, x_2) = \min\{x_1, \, x_2\}$와 같이 완전보완적 효용함수인 경우를 살펴보자. 이 경우는 상품 1과 상품 2를 일대일의 비율로 증가시켜야 효용이 증가하므로 효용을 극대화하는 상품묶음은 무차별곡선의 꼭지점이 되며, 상품 1의 수요함수는 다음과 같다.

$$x_1(p_1, \, p_2, \, I) = \frac{I}{p_1 + p_2}$$

따라서 가격-소비곡선과 상품 1의 수요곡선은 다음의 [그림 4-10]과 같다.

**그림 4-10** 완전보완적 효용함수의 가격-소비곡선과 수요곡선

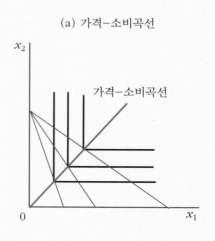
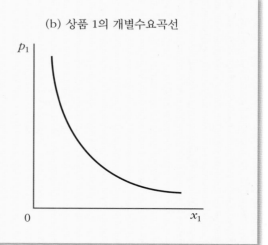

(a) 가격-소비곡선

(b) 상품 1의 개별수요곡선

### (3) 대체재와 보완재

소비자가 소비하는 상품이 여러 가지일 경우, 다른 상품들의 가격과 소득은 변하지 않고 한 상품의 가격이 변하면 그 상품의 수요량뿐만 아니라 다른 상품의 수요량도 변할 수 있다. 예를 들어, 소비자가 주스와 콜라를 소비하고 있는데 주스의 가격만 상승할 경우 소비자는 주스의 소비를 줄이고 콜라의 소비를 증가시킬 수 있다. 이처럼 각 상품의 수요량은 그 상품의 가격뿐만 아니라 다른

**그림 4-11** 대체재

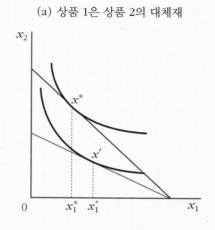
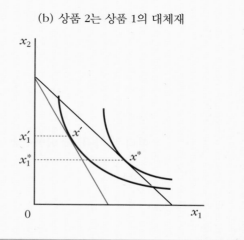

(a) 상품 1은 상품 2의 대체재

(b) 상품 2는 상품 1의 대체재

그림 4-12    보완재

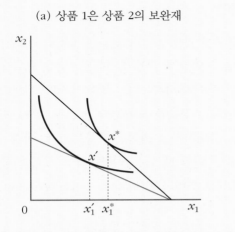

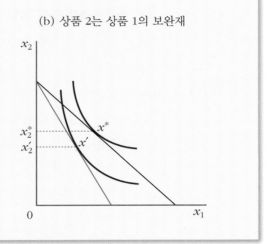

상품의 가격에도 영향을 받는다.

　상품 2의 가격이 상승(하락)할 때 상품 1의 수요량이 증가(감소)한다면 '상품 1을 상품 2의 대체재'(substitute)라고 한다. [그림 4-11]의 (a)에서와 같이 상품 2의 가격이 상승하면 예산선은 검은색에서 붉은색 선으로 회전이동하게 되며, 일반적으로 상품 2의 수요량은 감소한다. 소비자는 상품 2의 수요량은 감소시킨 반면 상품 1의 수요량은 증가시켰으므로 이 소비자는 상품 2를 상품 1로 대체하여 소비를 조정한 것이라 이해할 수 있다. 따라서 상품 1을 상품 2의 대체재라고 부른다.

　만약 상품 2의 가격이 상승(하락)할 때 상품 1의 수요량이 감소(증가)한다면 '상품 1을 상품 2의 보완재'(complement)라고 한다. [그림 4-12]의 (a)에서와 같이 상품 2의 가격이 상승하면 일반적으로 상품 2의 수요량은 감소한다. 소비자는 상품 2의 수요량은 감소시키면서 동시에 상품 1의 수요량도 감소시켰으므로 이 소비자는 상품 2와 상품 1을 보완적으로 소비하는 것이라 이해할 수 있다. 따라서 상품 1을 상품 2의 보완재라고 부른다.

## 2 소득변화와 소득−소비곡선

### (1) 소득−소비곡선과 엥겔곡선

상품 1과 2의 가격은 변하지 않고 이전과 동일하게 유지되면서 소득만 변하면 효용을 극대화하는 최적 상품묶음은 어떻게 변할까? 다음과 같은 예를 통해 살펴보자. [그림 4−13]은 두 상품의 가격이 각각 1이고 소득이 10인 상황에서, 소득만 20으로 상승하거나 5로 하락하는 경우를 보여준다. $y^*$, $x^*$, $z^*$는 예산선이 각각 $B_5$, $B_{10}$, $B_{20}$인 경우 효용을 극대화하는 최적 상품묶음이다. 이와 같이 각 상품의 가격은 변하지 않고, 소득만 변할 때 효용을 극대화하는 최적 상품묶음을 모두 연결한 초록색 곡선을 '소득−소비곡선'(income-consumption curve)이라 부른다.

그림 (a)의 소득-소비곡선을 이용하면 상품 1의 엥겔곡선을 도출할 수 있다. '엥겔곡선'(Engel curve)이란 상품의 가격은 고정되어 있고 소득만 변할 때 한 소비자가 그 상품을 얼마나 구매할 것인지를 나타내는 곡선이다.[12] [그림 4−13]의 (a)에 의하면 소득이 5, 10, 20으로 변할 때 상품 1의 최적 수요량은 각각의

---

**그림 4-13**    소득변화와 소득−소비곡선, 엥겔 곡선

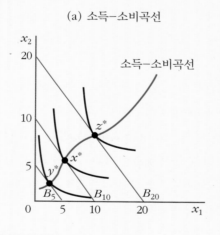
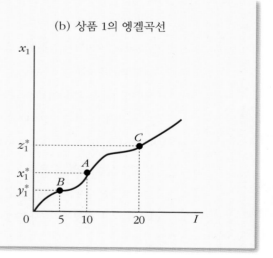

(a) 소득−소비곡선

(b) 상품 1의 엥겔곡선

---

**12** 엥겔곡선은 독일의 통계학자 Ernst Engel(1821~1896)의 이름을 따서 명명한 것이다. Engel은 1857년 특정 상품에 대한 지출액과 소득의 관계를 체계적으로 연구하였다. 그에 따르면 소득 수준이 낮은 가계(household)일수록 식료품비가 소득에서 차지하는 비중이 높다는 것이다. 이를 '엥겔의 법칙'(Engel's Law)이라고 부른다.

경우 $y_1^*$, $x_1^*$, $z_1^*$가 된다. 이를 가로축은 소득을 나타내고 세로축은 상품 1의 최적 수요량을 나타내는 평면에 그림으로 그리면 [그림 4-13]의 (b)의 점 B, A, C가 된다. 이와 같이 소득을 다양하게 변화시키면서 그에 대응되는 상품 1의 최적 수요량을 모두 연결하면 (b)와 같이 상품 1의 엥겔곡선을 얻을 수 있다.

### (2) 특수한 효용함수와 소득–소비곡선

$u(x_1, x_2) = x_1 + x_2$와 같이 완전대체적 효용함수인 경우를 살펴보자. 편의를 위하여 상품 1의 가격이 상품 2의 가격보다 낮다고($p_1 < p_2$) 가정해 보자. 소비자는 상품 1만 소비하고 상품 2는 소비하지 않는다. 이러한 특성은 두 상품의 가격은 변하지 않고 소득만 변하는 경우 계속 유지된다. 따라서 소득–소비곡선은 [그림 4-14]의 (a)와 같이 가로축과 동일한 초록색선이 된다. 상품 1의 수요함수는 $x_1 = \dfrac{I}{p_1}$이므로 소득과 상품 1의 관계를 나타내는 엥겔곡선은 (b)와 같이 기울기가 $\dfrac{1}{p_1}$인 직선이 된다.

효용함수가 $u(x_1, x_2) = \min\{x_1, x_2\}$와 같이 완전보완적 효용함수인 경우 소득–소비곡선과 엥겔곡선을 살펴보면 [그림 4-15]와 같다. 이 경우는 상품 1과 상품 2를 일대일의 비율로 증가시켜야 효용이 증가하므로 효용을 극대화 하는 상품묶음은 무차별곡선의 꼭짓점이 된다. 상품 1의 수요함수는 $x_1 = \dfrac{I}{p_1 + p_2}$이므로 엥겔곡선은 (b)와 같이 기울기가 $\dfrac{1}{(p_1 + p_2)}$인 직선이 된다.

**그림 4-14** 완전대체적 효용함수의 소득–소비곡선과 엥겔곡선

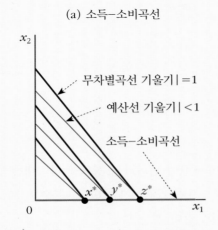
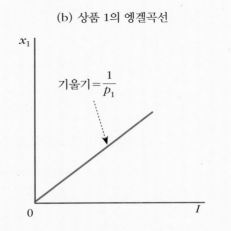

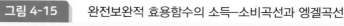

**그림 4-15** 완전보완적 효용함수의 소득－소비곡선과 엥겔곡선

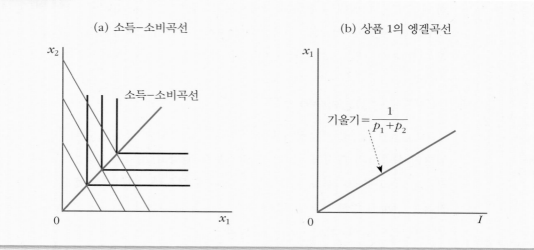

## ③ 수요의 탄력성

일반적으로 탄력성(elasticity)이란 두 변수 사이에 $y=f(x)$와 같은 함수관계가 있을 때, 독립변수 $x$가 1% 변할 경우, 종속변수 $y$가 몇 % 변하는지를 나타내는 수치이다. 예를 들어 독립변수인 $x$가 3% 증가할 때 종속변수 $y$가 6% 증가하면 탄력성은 2가 된다. 이를 '$y$의 $x$ 탄력성'이라 하며 다음과 같이 구한다.

$$\epsilon = \frac{y \text{의 \% 변화}}{x \text{의 \% 변화}} = \frac{\frac{\Delta y}{y}}{\frac{\Delta x}{x}} = \frac{\frac{\Delta y}{\Delta x}}{\frac{y}{x}} = \frac{\Delta y}{\Delta x}\frac{x}{y} \tag{4-8}$$

탄력성은 $\frac{\text{한계값}}{\text{평균값}}$으로 계산할 수도 있으며, 함수의 도함수인 $\frac{\Delta y}{\Delta x}$에 $\frac{x}{y}$를 곱하여 구할 수도 있다.

### (1) 수요의 가격탄력성

어떤 상품의 가격이 변함에 따라 수요량이 변화하는 정도를 나타내는 탄력성을 '수요의 가격탄력성'이라 한다. 즉, 자기 가격이 1% 변할 때 수요량이 몇 % 변하는지를 나타내는 수치이며, 다음과 같이 계산한다.

그림 4-16  선형 수요함수의 수요의 가격탄력성

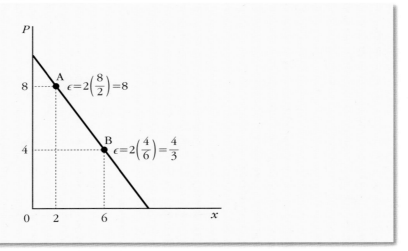

$$\epsilon_{ii} = -\frac{\text{상품 } i \text{ 수요량의 \% 변화}}{\text{상품 } i \text{ 가격의 \% 변화}} = -\frac{\dfrac{\Delta x_i}{x_i}}{\dfrac{\Delta p_i}{p_i}} = -\frac{\dfrac{\Delta x_i}{\Delta p_i}}{\dfrac{x_i}{p_i}} = -\frac{\Delta x_i}{\Delta p_i}\frac{p_i}{x_i} \qquad (4-9)$$

기펜재를 제외한 대부분의 상품은 가격이 상승하면 수요량이 감소하기 때문에 수요의 가격탄력성을 구할 때, 음($-$)의 부호를 붙여서 수요의 자기 가격탄력성을 양($+$)의 값으로 만들어준다. 따라서 $\epsilon_{11} = 3$이라면 상품 1의 가격이 1% 증가(감소)하면 수요량은 3% 감소(증가)한다는 의미이다.

일반적으로 수요의 가격탄력성은 수요곡선 상의 어느 점에서 계산하는 가에 따라 상이한 값이 도출된다. 예를 들어 [그림 4-16]과 같이 수요함수가 $x = 10 - 2p$로 주어져 있다고 하자. 여기서 수요의 자기 가격탄력성은 수요함수의 도함수(또는 수요곡선의 기울기)인 $\dfrac{\Delta x}{\Delta p}$에 $\dfrac{p}{x}$를 곱하여 구하였다. 수요곡선이 직선이기 때문에 기울기는 항상 $-2$인 반면, $\dfrac{p}{x}$의 값은 수요곡선 상의 점의 위치에 따라 달라지기 때문에 탄력성은 수요곡선 상의 위치마다 다른 값을 갖게 된다. 예를 들어 점 A에서의 수요의 가격탄력성은 8인 반면 점 B에서는 $\dfrac{4}{3}$이다.

수요함수가 선형함수일 경우 즉 수요곡선이 직선일 경우 수요의 자기 가격탄력성은 기하학적으로 다음과 같이 구할 수 있다.

이번에는 식 (4-9)에서 "$\dfrac{\text{한계값}}{\text{평균값}}$"을 [그림 4-17]의 (a)에 적용하여 점 A에서의 탄력성을 구하여 보자. 우선 분자인 한계값 $\dfrac{\Delta x}{\Delta p}$는 수요곡선의 기울기와

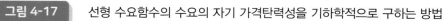

**그림 4-17** 선형 수요함수의 수요의 자기 가격탄력성을 기하학적으로 구하는 방법

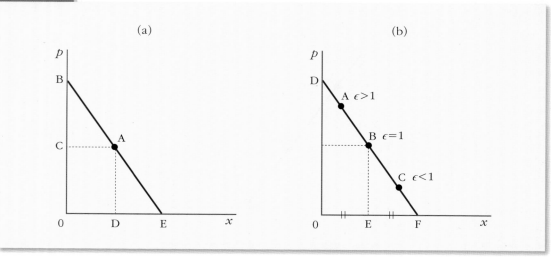

동일하므로 $\frac{CA}{BC}$가 된다. 한편 점 A에 대응하는 평균값인 $\frac{x}{p}$는 $\frac{CA}{0C}$가 된다. 따라서 점 A에서 탄력성은 $\frac{\left(\frac{CA}{BC}\right)}{\left(\frac{CA}{0C}\right)} = \frac{0C}{BC} = \frac{AE}{BA}$가 된다.

이를 그림 (b)에 적용해 보면 점 B는 수요곡선 DF의 중점이므로 선분 DB와 BF의 길이가 동일하다. 따라서 점 B에서 탄력성은 1이 된다. 한편 수요곡선 DB 상에 있는 점에서의 탄력성은 1보다 크고, 수요곡선 BF 상에 있는 점에서의 탄력성은 1보다 작게 된다.

탄력성이 1보다 큰 경우 수요가 '탄력적'(elastic)이라 한다. 즉, 가격의 변화율보다 수요량의 변화율이 더 크면 수요가 탄력적이라고 부른다. 한편 가격의 변화율과 수요량의 변화율이 동일하여 탄력성이 1이면 수요가 '단위탄력적'(unit elastic)이라 하고, 탄력성이 1보다 작으면 '비탄력적'(inelastic)이라 한다.

수요곡선이 [그림 4-18]의 (a)와 같이 수평선인 경우는 수요의 가격탄력성은 무한대($\infty$)가 되며, 수요가 '완전 탄력적'(perfectly elastic)이라고 부른다. 수요곡선이 수평선에 근사할수록 기울기는 점점 더 커지며, 따라서 수요의 가격탄력성은 점차 커진다. 따라서 수요곡선이 수평선에 수렴하면 탄력성은 무한대가 되는 것이다. 한편 수요곡선이 (b)와 같이 수직선인 경우는 수요의 가격탄력성이 0이 되며, 수요가 '완전 비탄력적'(perfectly inelastic)이라고 부른다.

어떤 상품의 수요의 자기 가격탄력성을 알면 그 상품의 가격이 상승하거나 하

| 그림 4-18 | 수요의 자기 가격탄력성의 극단적 예 |

(a) 완전 탄력적인 경우        (b) 완전 비탄력적인 경우

$\epsilon = \infty$      $\epsilon = 0$

락할 경우, 그 상품을 소비하기 위해 지불하는 지출액이 증가할지 또는 감소할지를 판단할 수 있다. 예를 들어 상품 1의 수요가 탄력적이라 가정해 보자. 만약 상품 1의 가격이 1% 상승하면, 수요가 탄력적이므로 수요량은 1%보다 더 많이 감소한다. 따라서 지출액은 감소하게 된다. 반면 상품 1의 가격이 1% 하락하면 수요량은 1%보다 더 많이 증가하기 때문에 지출액은 증가하게 된다. 상품 1의 수요가 비탄력적인 경우에는 상품 1의 가격이 상승하면 지출액은 증가하고, 가격이 하락하면 지출액은 감소하게 된다.

앞서 살펴본 바와 같이 한 상품의 수요는 그 상품의 가격뿐만 아니라 다른 상품의 가격과 소득의 함수이다. 그러므로 다른 상품의 가격이 변하면 수요량이 변하게 된다. 상품 $j$의 가격이 1% 변할 때 상품 $i$의 수요량이 몇 % 변하는지를 측정하는 것을 '수요의 교차 탄력성'(cross elasticity of demand)라고 하며 다음과 같이 계산한다.

$$\epsilon_{ij} = \frac{\text{상품 } i \text{ 수요량의 \% 변화}}{\text{상품 } j \text{ 가격의 \% 변화}} = \frac{\dfrac{\Delta x_i}{x_i}}{\dfrac{\Delta p_j}{p_j}} = \frac{\Delta x_i}{\Delta p_j} \frac{p_j}{x_i} \qquad (4\text{-}10)$$

상품 $j$의 가격이 상승하면 상품 $i$의 수요량은 증가할 수도 있고 감소할 수도 있기 때문에 수요의 가격탄력성을 계산할 때와는 달리 계산 공식에 음(−)의 부

호를 붙이지 않는다. 따라서 수요의 교차 탄력성은 양(+)의 값이 될 수도 있고 음(−)의 값이 될 수도 있다. 만약 $\epsilon_{ij}=3$이면 상품 $j$의 가격이 1% 상승할 때 상품 $i$의 수요량이 3% 증가하는 것을 의미한다. 따라서 상품 $i$는 상품 $j$의 대체재이다. 반면 $\epsilon_{ij}=-2$이면 상품 $j$의 가격이 1% 상승하면 상품 $i$의 수요량이 2% 감소하는 것을 의미한다. 따라서 상품 $i$는 상품 $j$의 보완재이다. 즉, $\epsilon_{ij}>0$이면 상품 $i$는 상품 $j$의 대체재이고, $\epsilon_{ij}<0$이면 상품 $i$는 상품 $j$의 보완재이다.

## (2) 수요의 소득탄력성

상품의 가격은 전과 동일하게 유지되면서 소득이 변하면 각 상품의 수요량도 변한다. 소득이 1% 변할 때 상품 $i$의 수요량이 몇 % 변하는지를 측정하는 것을 '수요의 소득탄력성'(income elasticity of demand)라고 하며 다음과 같이 정의한다.

$$\eta_i = \frac{\text{상품 } i \text{ 수요량의 \% 변화}}{\text{소득의 \% 변화}} = \frac{\dfrac{\Delta x_i}{x_i}}{\dfrac{\Delta I}{I}} = \frac{\Delta x_i}{\Delta I}\frac{I}{x_i} \tag{4-11}$$

소득이 상승하면 상품 $i$의 수요량은 증가할 수도 있고 감소할 수도 있기 때문에 수요의 소득탄력성을 계산할 때도 계산 공식에 음(−)의 부호를 붙이지 않는다. 따라서 수요의 소득탄력성은 양(+)의 값이 될 수도 있고, 음(−)의 값이 될 수도 있다. 만약 $\eta_i=3$이면 소득이 1% 증가하면 상품 $i$의 수요량이 3% 증가하는 것을 의미한다. 따라서 상품 $i$는 정상재이다. 반면 $\eta_i=-2$이면 소득이 1% 상승하면 상품 $i$의 수요량이 2% 감소하는 것을 의미하므로 상품 $i$는 열등재이다. 이처럼 수요의 소득탄력성과 정상재, 열등재 사이에는 다음의 사실이 성립한다. 즉, $\eta_i>0$이면 상품 $i$는 정상재이다. $\eta_i<0$이면 상품 $i$는 열등재이다.

## 4.3 가격변화의 효과: 슬루츠키 방정식

이미 살펴본 바와 같이 어떤 상품의 가격이 변하면 그 상품의 수요량도 변한다. 이와 같은 가격변화에 따른 수요량의 변화를 '가격효과'(price effect)라고 한다. 가격변화에 대응하여 소비자들이 수요량을 변화시키는 이유는 좀 더 세분하여 살펴보면 다음과 같다. 첫째, 다른 상품들의 가격과 소득은 전과 동일하고 한 상품의 가격만 상승하면 그 상품의 가격은 다른 상품들에 비해 상대적으로 더 비싸진다. 따라서 소비자는 상대적으로 비싸진 상품의 수요량은 줄이고 싼 상품의 수요량을 늘리게 된다. 둘째, 한 상품의 가격이 상승하면 구매력이 감소하는 효과가 발생한다. 따라서 소비자는 이전과는 다른 상품묶음을 선택하게 된다.

가격효과를 그림을 통해 살펴보자. 상품 2의 가격과 소득은 전과 동일하게 유지되면서 상품 1의 가격만 상승하면 [그림 4-19]의 (a)와 같이 예산선은 파란색에서 빨간색 예산선으로 바뀌며, 예산선의 기울기의 절대값이 커진다. 예산선의 기울기는 $\frac{p_1}{p_2}$로 상대가격을 나타내므로 상품 1의 가격이 상승하면 상대가격이 커지게 된다. 또한 상품 1의 가격 상승으로 그림 (b)의 빗금 친 영역에 속하는 상품묶음들은 더 이상 소비 가능한 상품묶음이 아니며, 이는 소비자의 구매력이 가격 상승 이전보다 하락하였다는 것을 나타낸다. 이처럼 상품 1의 가격

**그림 4-19** 상품 1의 가격 상승에 따른 변화

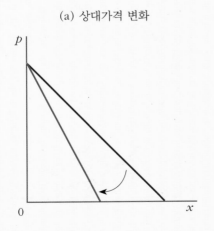

(a) 상대가격 변화

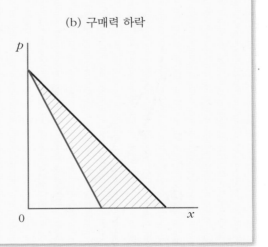

(b) 구매력 하락

변화는 상대가격도 변화시키고, 구매력도 변화시켜 소비자의 수요량이 변하게 된다.

한 상품의 가격이 변화할 때, 소비자는 상대가격이 싸진 상품을 더 많이 사용하고 상대가격이 비싸진 상품을 더 적게 소비하게 된다. 만약 소비자의 구매력은 가격변화 이전과 동일하게 유지하면서 오직 상대가격의 변화에 따른 상품 수요량의 변화를 도출하였다면 이를 '대체효과'(substitution effect)라고 한다. 한편, 상대가격은 동일하게 유지하면서 구매력 변화에 따른 상품의 수요량 변화를 도출하였다면 이를 '소득효과'(income effect)라고 한다. 따라서 한 상품의 가격변화에 따른 그 상품의 수요량의 총변화를 나타내는 가격효과는 대체효과와 소득효과의 합으로 정의할 수 있다. 즉 "가격효과=대체효과+소득효과"이며, 이를 '슬루츠키 방정식'(Slutsky equation)이라고 한다.

대체효과를 측정하기 위해서는 가격변화 이후에도 구매력을 가격변화 이전과 동일하게 유지시켜 주어야 한다. 그래야만 상대가격 변화에 의한 수요량 변화만을 도출할 수 있기 때문이다. 구매력을 가격변화 이전과 동일하게 만들어 주는 방법은 기준에 따라 다음과 같이 두 가지를 고려할 수 있다. 첫째 방법은 가격변화로 바뀐 새로운 상대가격하에서 가격변화 이전과 '동일한 효용수준'을 누릴 수 있도록 구매력을 보상하여 주는 방법으로 이를 '힉스 보상'(Hicksian compensation)이라고 한다. 두 번째 방법은 가격변화로 바뀐 상대가격하에서

**그림 4-20**　힉스 보상과 슬루츠키 보상

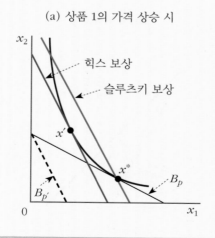
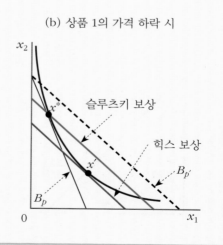

(a) 상품 1의 가격 상승 시

(b) 상품 1의 가격 하락 시

가격변화 이전과 '동일한 상품묶음'을 소비할 수 있도록 구매력을 보상하여 주는 방법으로 '슬루츠키 보상'(Slutsky compensation)이라고 한다.

[그림 4–20]은 상품 1의 가격이 상승한 경우와 하락한 경우 두 가지 구매력 보상 방법을 그림으로 보여준다. (a)에서는 상품 2의 가격과 소득은 전과 동일하고, 상품 1의 가격은 $p_1$에서 $p_1'$으로 상승하였다. 이에 따라 예산선은 검은색 실선 $B_p$에서 검은색 점선 $B_{p'}$으로 시계방향으로 회전이동하였다.

상품 1의 가격이 상승하기 이전에 효용을 극대화하는 최적 상품묶음은 $x^*$이다. 상품 1의 가격 상승은 소비자의 구매력을 예산선 $B_p$에서 $B_{p'}$으로 감소시킨다. 따라서 만약 가격 상승 이전에 누리던 효용 수준, 즉 상품묶음 $x^*$을 소비하여 얻을 수 있는 효용 수준을, 변한 상대가격 하에서도 누릴 수 있도록 최소 한도로 구매력을 보상하려면 예산선 $B_{p'}$과 동일한 기울기를 가지면서 상품묶음 $x^*$를 통과하는 무차별곡선과 접할 때까지 소득을 증가시켜서 예산선을 우상향으로 평행이동시키면 된다. 그것이 빨간색 예산선이다. 이와 같은 가격변화 이후의 상대가격 하에서 가격변화 이전과 '동일한 효용수준'을 누릴 수 있도록 구매력을 보상하여 주는 방법을 '힉스 보상'이라 한다.

한편, 가격 상승 이전에 소비하던 상품묶음 $x^*$을 변한 상대가격 하에서도 여전히 소비가능하도록 최소 한도로 구매력을 보상하려면 예산선 $B_{p'}$과 동일한 기울기를 가지면서 상품묶음 $x^*$를 통과하도록 소득을 증가시키면 된다. 그것이 그림에서 파란색 예산선이다. 이와 같이 바뀐 상대가격 하에서 가격변화 이전과 '동일한 상품묶음'을 소비할 수 있도록 구매력을 보상하여 주는 방법을 '슬루츠키 보상'이라 한다.

상품 1의 가격이 하락하는 경우에도 이와 동일한 논리를 적용하여 힉스 보상과 슬루츠키 보상을 구해보면 (b)와 같다.

**예제 4-1**

효용함수가 $u(x_1, x_2) = x_1 x_2$로, 소득은 $I = 20$으로 주어져 있다. 상품의 가격은 $p^* = (p_1^*, p_2^*) = (2, 1)$에서 $p' = (p_1', p_2') = (4, 1)$로 상품 1의 가격은 상승하고, 상품 2의 가격과 소득은 변하지 않는다.

(i) 가격이 $p^*$일 경우와 $p'$일 경우 효용을 극대화하는 상품묶음 $x^*$와 $x'$을 구하고, 각 상품묶음을 소비할 때 누리는 효용 수준을 구하시오.

(ii) 위의 결과를 이용하여 가격이 $p^*$에서 $p'$으로 변할 경우 힉스 보상과 슬루츠키 보상에 대응되는 소득 수준을 각각 구하시오.

**그림 4-21**  상품 1이 정상재일 경우 가격효과, 대체효과, 소득효과

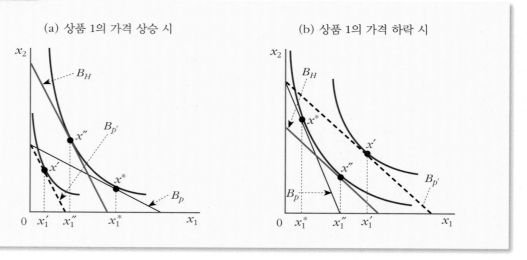

(a) 상품 1의 가격 상승 시    (b) 상품 1의 가격 하락 시

이하에서는 상품 1의 가격만 변하고 상품 2의 가격과 소득은 변하지 않는 경우, 힉스 보상을 적용하여 가격효과를 대체효과와 소득효과로 분리해 본다. [그림 4-21]의 (a)에서 상품 2의 가격과 소득은 전과 동일하고, 상품 1의 가격은 $p_1$에서 $p_1'$으로 상승하였다. 이에 따라 예산선은 검은색 실선에서 검은색 점선으로 시계방향으로 회전 이동하였다. 상품 1의 가격 상승에 따른 수요량 변화를 나타내는 가격효과를 $\Delta x_1^P$라고 표기하면 $\Delta x_1^P = x_1' - x_1^*$이다. 이 가격효과는 앞서 설명한 바와 같이 상대가격만의 변화에 따른 대체효과와 구매력 변화에 따른 소득효과로 분리할 수 있다. 힉스 보상 후의 최적 상품묶음은 $x''$이다. 따라서 대체효과를 $\Delta x_1^S$라고 표기하면 $\Delta x_1^S = x_1^* - x_1''$이 된다. 즉, 대체효과에 의해서 상품 1의 수요량이 $\Delta x_1^S = x_1'' - x_1'$ 만큼 감소하였다.

다음으로 상품 1의 가격 상승에 따른 구매력의 감소에 의한 수요량의 변화, 즉 상품 1의 가격 상승 이후의 변한 상대가격을 유지하고 구매력 감소에 따른 수요량의 변화를 나타내는 소득효과를 $\Delta x_1^I$라고 표기하면 $\Delta x_1^I = x_1'' - x_1'$이 된다. 즉, 소득효과에 의해 상품 1의 수요량이 $\Delta x_1^I = x_1'' - x_1'$ 만큼 감소하였다. (b)에서 상품 2의 가격과 소득은 전과 동일하고, 상품 1의 가격이 $p_1$에서 $p_1'$으로 하락한 경우에도 가격효과, 대체효과, 소득효과를 (a)의 경우와 동일한 논리로 도출하면 각각 $\Delta x_1^P = x_1' - x_1^*$, $\Delta x_1^S = x_1'' - x_1^*$, $\Delta x_1^I = x_1' - x_1''$가 된다.

상품 2의 가격은 변하지 않고 상품 1의 가격이 상승하면 상대가격 $p_1/p_2$이 증

그림 4-22  상품 1이 열등재일 경우 가격효과, 대체효과, 소득효과

(a) 상품 1의 가격 상승 시

(b) 상품 1의 가격 하락 시

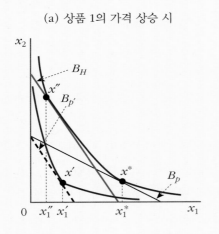
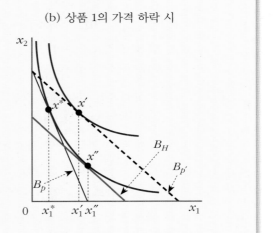

가하며 예산선은 더 가파르게 된다. 그러므로 대체효과에 의한 상품 1 수요량의 변화는 0보다 작거나 같게 된다($\Delta x_1^S / \Delta p_1 \leq 0$).

한편, 소득효과의 방향은 상품이 정상재인지 열등재인지의 여부에 따라 다르다. 상품 1이 정상재인 경우, 상품 1의 가격이 상승할 때 구매력이 감소하게 되므로 소득효과는 0보다 작거나 같다($\Delta x_1^I / \Delta p_1 \leq 0$). 따라서 상품 1이 정상재이면 대체효과와 소득효과의 방향이 같으므로 $\Delta x_1^P / \Delta p_1 \leq 0$이 성립한다.

다음은 상품 1이 열등재인 경우를 살펴보자. [그림 4-22]의 (a)는 상품 1의 가격이 $p_1$에서 $p_1'$으로 상승한 경우이다. 상품 1의 가격이 $p_1$일 때 효용을 극대화하는 최적 상품묶음은 $x^*$이고, 가격이 $p_1'$으로 상승한 이후의 최적 상품묶음은 $x'$이고, 상품 1의 가격효과는 $\Delta x_1^P = x_1' - x_1^*$이다. 구매력을 가격 상승 이전과 동일하게 유지하도록 힉스 보상을 하고 상대가격만 변한 경우인 빨간색 예산선이 주어진 경우 최적 선택은 $x''$이다. 따라서 대체효과는 $\Delta x_1^S = x_1'' - x_1^*$이 된다. 한편, 상품 1의 가격 상승에 따른 소득효과는 $\Delta x_1^I = x_1' - x_1''$이 된다. 상품 1이 열등재이므로 구매력이 빨간색 예산선에서 검은색 점선으로 감소할 때 상품 1의 수요량은 $x_1''$에서 $x_1'$으로 오히려 증가하였다. (b)는 상품 1의 가격이 하락하는 경우를 보여준다.

상품이 열등재라도 가격이 변할 때 대체효과에 따른 수요량의 변화는 $\dfrac{\Delta x_1^S}{\Delta p_1} \leq$ 0이 된다. 하지만 상품이 열등재의 경우, 소득효과에 따른 수요량의 변화는 정

상재일 때와는 달리 $\frac{\Delta x_1^I}{\Delta p_1} \geq 0$이 된다.

상품 1이 정상재인 경우, 가격이 상승하면 대체효과에 의해 수요량이 감소하고($\frac{\Delta x_1^S}{\Delta p_1} \leq 0$), 소득효과에 의해서도 수요량이 감소($\frac{\Delta x_1^I}{\Delta p_1} \leq 0$)하므로 두 효과의 합인 가격효과는 항상 $\frac{\Delta x_1^P}{\Delta p_1} \leq 0$이 성립한다. 일반적으로, 가격과 수요량이 반대 방향으로 움직이는 경우 '수요의 법칙'(law of demand)이 성립한다고 말한다.

상품 1이 열등재인 경우, 가격이 상승하면 대체효과에 의해 수요량은 여전히 감소하지만($\frac{\Delta x_1^S}{\Delta p_1} \leq 0$), 소득효과에 의해서는 수요량이 증가($\frac{\Delta x_1^I}{\Delta p_1} \geq 0$)하기 때문에 두 효과의 합인 가격효과는 일정하지 않다. 만약 대체효과가 소득효과보다 크면 $\frac{\Delta x_1^P}{\Delta p_1} \leq 0$이 성립하고, 소득효과가 대체효과보다 크면 $\frac{\Delta x_1^P}{\Delta p_1} \geq 0$이 성립한다. 특히 후자의 경우는 가격이 상승하면 수요가 증가하기 때문에 상품 1은 기펜재가 된다. 이처럼 기펜재는 열등재 중에서 소득효과가 대체효과보다 큰 상품이다. 따라서 어떤 상품이 기펜재이면 그 상품은 열등재이다. 하지만 어떤 상품이 열등재라고 하여 그 상품이 기펜재인 것은 아니다.

## 4.4  가격변화와 소비자후생

지금까지 살펴본 바와 같이 상품의 가격이 변하면 최적 상품묶음도 변하기 때문에 소비자후생은 변하게 된다. 본 절에서는 가격변화에 따른 소비자후생의 변화 측정과 관련된 내용들을 살펴본다.

### 1 보상수요곡선

앞서 학습한 수요함수는 다른 상품의 가격과 소득은 고정되어 있고 한 상품의 가격이 변함에 따라 그 상품에 대한 수요가 얼마나 변하는지를 나타내는 것이었고, 그것을 가격효과라 하였다. 가격효과는 대체효과와 소득효과의 합이므로 수요함수는 두 효과를 모두 반영한다. 이러한 수요함수를 '통상수요함수'(ordinary demand function) 또는 '마샬 수요함수'(Marshallian demand function)라 부르

**그림 4-23** 수요곡선과 보상수요곡선

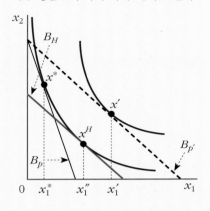

(a) 상품 1의 가격 하락 시 수요변화

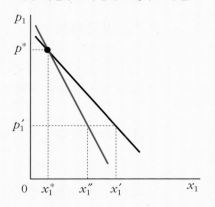

(b) 마샬수요곡선과 보상수요곡선

며, 일반적으로 수요곡선이라 함은 통상수요곡선을 지칭하는 것이다.

통상수요함수가 가격효과를 고려하는 수요함수라면 가격효과에서 소득효과를 뺀 대체효과만 고려하는 수요함수를 생각해 볼 수 있다. 효용 수준을 일정하게 유지하면서 상대가격의 변화에 따른 수요량의 변화만 도출한 것이 '보상수요함수'(compensated demand function)이다. 보상수요함수는 '힉스 수요함수'(Hicksian demand function)라고도 부른다.

수요함수를 도출하는 효용극대화 문제에서는 소득이 주어져 있으므로 가격이 상승하면 효용이 감소한다. 반면에 보상수요함수를 도출하는 과정에서는 효용 수준이 고정되어 있으므로 가격의 상승은 지출액의 증가를 가져올 수밖에 없다. 이 지출액의 증가는 가격의 변화에도 불구하고 전과 동일한 효용을 유지하기 위해서 필요한 소득의 보상을 의미한다. 그 과정을 [그림 4-23]을 통해 살펴본다.

[그림 4-23]은 상품 1의 가격이 $p_1^*$에서 $p_1'$으로 하락하는 경우 상품 1의 수요변화를 나타낸다. (a)에서 가격변화에 따른 상품 1의 수요는 $x_1^*$에서 $x_1'$으로 증가하였다. (a)에서 붉은색 예산선은 가격변화 이전과 동일한 만족도를 유지하도록 구매력을 조정하였을 경우, 즉, 힉스 보상을 하였을 경우의 예산선을 나타낸다. 그림 (a)에서 상품 1의 가격이 하락하였을 때, 대체효과에 의한 상품 1의 수요는 힉스 보상의 경우는 $x_1''$로 표기하였다.

그림 (b)는 상품 1의 가격이 $p_1^*$에서 $p_1'$으로 하락할 때 수요곡선을 나타낸 것이다. 검은색 수요곡선은 통상수요곡선을 나타내고 있다. 빨간 수요곡선은 대체효과에 따른 상품 1의 수요량의 변화를 나타낸 것으로 보상수요곡선이다.

## 2 소비자후생

상품의 가격이나 소득의 변화 등 경제 상황의 변화에 따른 소비자후생의 변화를 측정하는 방법에 대해 알아본다.

### (1) 소비자잉여

소비자잉여는 소비자가 특정 상품을 구매하여 소비함에 따라 얻는 순편익을 의미한다. 소비자잉여를 계산하는 방법을 이해하기 위해 다음과 같은 상황을 상정해 보자. 상품 $X$는 1개, 2개, 3개와 같이 자연수 단위로만 소비가 가능하며, 가격은 $p$이다. $Y$재는 복합재로서 다른 모든 재화의 소비에 소요되는 화폐의 양으로 해석하고, 따라서 단위당 가격은 1이다. $X$재의 소비량을 $x$, $Y$재의 소비량을 $y$라 두고, 소비자의 효용함수는 $u(x, y) = v(x) + y$로 주어져 있으면 $v(0) = 0$이라고 상정해 보자.

$Y$재의 소비량은 고정되어 있고, $X$재의 소비를 0개에서 1개로 한 단위 증가시키면 소비자의 효용은 $u(1, y) - u(0, y) = v(1)$만큼 증가한다. $X$재의 소비를 1개에서 2개로 또 한 단위 증가시키면 소비자의 효용은 $u(2, y) - u(1, y)$

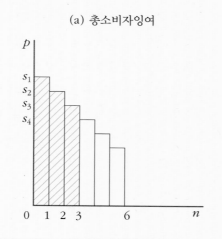
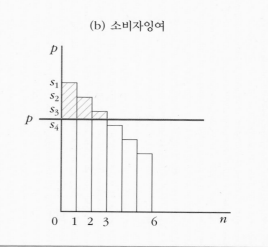

**그림 4-24**  소비자잉여 측정

(a) 총소비자잉여

(b) 소비자잉여

$=v(2)-v(1)$만큼 증가한다. 이처럼 상품 $X$의 소비를 $n-1$개에서 $n$개로 한 단위 증가시켰을 때 효용의 증가량, 즉, 상품 $X$의 한계효용은 $v(n)-v(n-1)$이 된다. 이를 $s_n$이라 하면 [그림 4-24]의 (a)와 같이 표현할 수 있다. 따라서 소비자가 $X$재를 총 3단위 소비할 때 효용의 총증가분은 그림 (a)의 빗금친 부분의 면적에 해당한다. 이를 상품 $X$를 3단위 소비할 때의 '총소비자잉여'(gross consumer's surplus)라고 한다.

$X$재의 $x$ 단위를 가격 $p$에 구입하여 소비하는 경우, 총소비자잉여에서 상품 구입에 지불하는 금액을 차감한 값을 '소비자잉여'(consumer surplus)라 한다. 그림 (b)와 같이 가격이 $p$이고 3 단위 구입하는 경우 소비자잉여는 빗금친 영역이 된다. 소비자가 소비자잉여를 극대화하도록 소비선택을 하면 그림 (b)에서와 같이 각 단위의 총소비자잉여가 가격보다 높으면 구입하고 낮으면 구입하지 않아야 한다. 따라서 그림 (b)에서 수요량은 3이 되고 총소비자잉여의 그래프는 소비자의 수요곡선이라 할 수 있다.

소비자잉여는 가격의 변화가 소비자후생에 미치는 효과를 추정할 때 사용될 수 있다. [그림 4-25]와 같이 가격이 $p$에서 $p'$으로 상승하였다고 하자. 이에 따라 소비량은 $x$에서 $x'$으로 감소하였다. 가격이 $p$일 때 소비자잉여는 $ApC$의 면적이며, 가격이 $p'$일 때에는 $Ap'B$의 면적이다. 따라서 가격 상승으로 인하여 $pCBp'$ 영역만큼 소비자잉여가 감소한 것이다.

소비자잉여의 변화를 $R$, $T$의 두 영역으로 구분하여 살펴볼 수 있다. 사각형 $R$

**그림 4-25**　가격변화에 따른 소비자잉여 변화의 구분

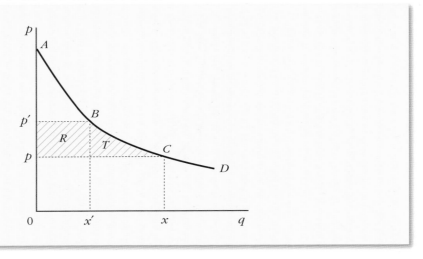

은 가격이 $p$에서 $p'$으로 상승함에 따라 소비자가 단위 소비 당 더 높은 가격을 지불함으로써 발생하는 소비자잉여의 손실을 나타낸다. 한편 $T$는 가격이 $p$에서 $p'$으로 상승함에 따라 소비를 $x$에서 $x'$으로 줄임으로써 발생하는 소비자잉여의 손실을 나타낸다.

### (2) 보상변환과 동등변환

앞서 살펴본 바와 같이 가격이 변하면 소비자잉여도 변하게 된다. 이처럼 가격의 변화에 따른 소비자잉여의 변화량을 화폐단위로 측정할 수 있다면 유용하게 사용할 수 있다. 이하에서는 이에 대하여 학습해 본다.

다음과 같은 경우를 상정해 보자. 상품 1과 2의 두 가지 상품이 존재하고 상품 1의 가격은 $p_1$에서 $p_1'$으로 상승한다고 상정해 보자. 상품 2의 가격은 1로 고정되어 있다. 그러면 각 상품의 최적 소비가 [그림 4-26]과 같다고 하자. 즉 최적 소비가 $x^*$에서 $x'$으로 변한다고 하자. 따라서 소비자의 효용은 $u^*$에서 $u'$으로 감소하게 된다.

상품 1의 가격 상승으로 인한 효용의 변화를 화폐 단위로 측정하면 얼마에 해당할까? 이는 가격변화로 인한 효용 수준의 변화를 상쇄시키기 위하여 화폐 금액을 얼마만큼 변화시켜주면 되는지를 측정해 보면 된다.

가격변화에 따른 효용 수준의 변화를 측정하기 위해서는 기준이 되는 효용 수준을 결정하여야 한다. 이 예에서 기준 효용 수준은 (i) 가격변화 이전의 효용

**그림 4-26** 가격변화에 따른 최적 소비의 변화

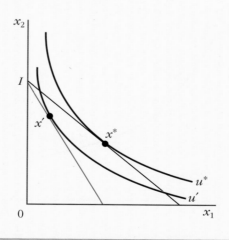

수준 $u^*$와 (ii) 가격변화 이후의 효용 수준 $u'$ 두 가지로 정할 수 있다. 이에 따라 (i)의 경우는 '보상변환'(compensating variation: CV), (ii)의 경우는 '동등변환'(equivalent variation: EV)라는 두 가지 방법으로 효용 수준의 변화를 상쇄시키기 위한 화폐 금액을 측정할 수 있다.

우선 보상변환에 대해 다음의 [그림 4-27]을 통해 살펴보자. 소비자는 가격이 $p^*$일 때 $x^*$를 소비하여 $u^*$만큼의 효용을 얻으며, 가격이 $p'$으로 상승하면 $x'$을 소비하여 $u'$만큼의 효용을 얻는다. 만약 소비자가 변한 가격 $p'$에서 가격 변화 이전의 효용 수준인 $u^*$만큼의 효용을 얻으려면 얼마만큼의 화폐 금액을 증액시켜주어야 할까?

[그림 4-27]에서와 같이 변한 가격에 대응하는 예산선은 빨간색 선이며, 변한 가격에서 화폐 금액이 증가하여 예산선이 초록색 선으로 평행이동하면 소비자는 $x''$을 소비하여 $u^*$만큼의 효용을 얻을 수 있다. 따라서 초록색 예산선의 소득에서 빨간색 선 예산선의 소득을 빼준 만큼 화폐 금액을 증액시켜주면 소비자는 가격변화 이전과 동일한 수준의 효용을 누리게 된다. 이 금액을 '보상변환'이라고 한다.

이 금액은 '지출함수'(expenditure function)를 활용하여 구할 수 있다. 지출함수는 각 상품의 주어진 가격 하에서 일정 수준의 효용을 얻기 위해 소비자가 지출해야 하는 최소 금액을 나타내는 함수로서 다음과 같이 정의된다.

**그림 4-27** 보상변환

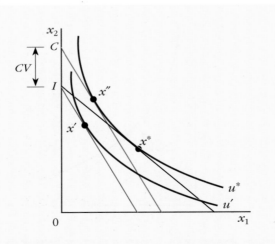

$$e(p_1, p_2, u) = p_1 x_1(p_1, p_2, u) + p_2 x_2(p_1, p_2, u) \tag{4-12}$$

여기서 $x_i(p_1, p_2, u)$는 각 상품의 가격이 $p_1$, $p_2$로 주어져 있을 때, 효용 $u$을 얻기 위해 소비자가 소비해야 하는 상품 $i$의 최소 수량을 나타낸다. 이를 그림으로 살펴보면 [그림 4-28]과 같다. 두 상품의 가격이 $p_1$, $p_2$로 주어져 있을 때, 빨간색, 파란색, 검은색 실선은 보유하고 있는 화폐 금액에 대응하는 예산선을 나타내고 있다. 만약 화폐 금액이 가장 적어 빨간색 실선이 예산선으로 주어진다면 효용 수준 $u$를 달성할 수 있는 상품묶음을 소비할 수 없다. 화폐 금액이 증가하여 파란색 실선이 예산선으로 주어져도 효용 수준 $u$를 달성할 수 있는 상품묶음을 소비할 수 없다. 주어진 두 상품의 가격 $p_1$, $p_2$에서 효용 수준 $u$를 달성하기 위해서는 예산선과 무차별곡선이 접하는 상품묶음 $x$를 소비할 수 있는 검은색 예산선이 가능하도록 화폐 금액이 주어져야 하며, 이 금액이 최소지출액이 된다. 이와 같이 각 상품의 주어진 가격에서 주어진 목표 효용 수준을 달성하기 위해 필요한 최소의 지출액을 대응시켜 주는 함수를 지출함수라고 한다.

지출함수를 이와 같이 정의하면 두 상품의 가격이 $p^* = (p_1^*, p_2^*)$에서 $p' = (p_1', p_2')$으로 변할 때 가격 변화 이전의 효용 수준 $u^*$를 달성하기 위한 보상변환은 다음과 같이 구할 수 있다.

$$CV = e(p_1^*, p_2^*, u^*) - e(p_1', p_2', u^*) \tag{4-13}$$

**그림 4-28** 지출함수

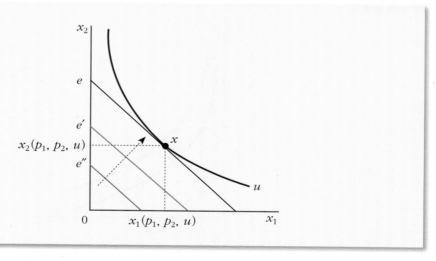

그림 4-29 　　동등변화

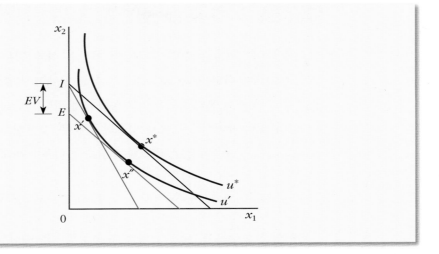

　　다음은 동등변화에 대해 살펴보자. [그림 4−29]에서 소비자는 가격이 $p^*$일 때 $x^*$를 소비하여 $u^*$만큼의 효용을 얻으며, 가격이 $p'$으로 상승하면 $x'$을 소비하여 $u'$만큼의 효용을 얻는다. 만약 가격 $p^*$에서 가격 변화 이후의 효용수준인 $u'$만큼의 효용을 얻으려면 얼마만큼의 화폐금액을 조정시켜주어야 할까?

　　[그림 4−29]에서와 같이 가격이 $p^*$일 때 예산선은 검은색 선이며, 가격이 $p^*$일 때 소득이 변하여 예산선이 초록색 선으로 평행이동하면 소비자는 $x''$을 소비하여 $u'$만큼의 효용을 얻을 수 있다. 따라서 가격변화에 따른 효용변화를 화폐금액으로 측정하기 위해서는 초록색 예산선의 소득에서 빨간색 예산선의 소득에 도달할 만큼 조정한 금액을 측정하면 된다. 이 금액을 "동등변화"라고 한다. 이 금액을 지출함수를 활용하여 구하면 다음과 같다.

$$EV = e(p_1^*, p_2^*, u') - e(p_1^*, p_2^*, u^*)$$
$$= e(p_1^*, p_2^*, u') - e(p_1', p_2', u') \tag{4-14}$$

**예제 4-2** 효용함수가 $u(x_1, x_2) = x_1^{\frac{1}{2}} x_2^{\frac{1}{2}}$, $p = (1, 1)$, 소득 $I = 100$이라고 하자. 상품 1의 가격이 1에서 2로 인상되고 상품 2의 가격은 변하지 않을 때, 즉 $p' = (2, 1)$일 때 보상변화와 동등변화를 구하시오.

참고   **효용을 극대화하는 최적 선택을 구하는 수학적 방법: 라그랑즈 함수(Lagrangean) 이용**

효용을 극대화하는 소비자는 항상 예산선 상에 있는 상품묶음을 선택한다. 즉, 자신이 보유하고 있는 모든 소득을 상품 구매에 지출한다. 따라서 최적 선택에서는 항상 예산제약이 등식으로 성립하게 된다. 즉, $p_1x_1 + p_2x_2 = I$가 성립한다. 이와 같이 제약이 등식으로 성립하는 경우, 효용함수 $u(x_1, x_2)$를 극대화하는 상품묶음은 다음과 같은 라그랑즈 함수를 이용하여 도출할 수 있다.

$$\mathcal{L}(\lambda, x_1, x_2) = u(x_1, x_2) + \lambda(I - p_1x_1 - p_2x_2) \tag{4-15}$$

라그랑즈 함수는 식 (4-15)와 같이 효용함수와 예산식을 새로운 변수 $\lambda$를 도입하여 하나의 함수로 만든 것이다. 최적 선택이 내부해라면 다음과 같은 최적화의 '1계 필요조건'(the first order necessary condition)이 성립한다.

$$\frac{\partial \mathcal{L}}{\partial \lambda} = I - p_1x_1 - p_2x_2 = 0 \cdots\cdots\cdots\cdots\cdots\cdots ①$$
$$\frac{\partial \mathcal{L}}{\partial x_1} = \frac{\partial u}{\partial x_1} - \lambda p_1 = 0 \cdots\cdots\cdots\cdots\cdots\cdots ② \tag{4-16}$$
$$\frac{\partial \mathcal{L}}{\partial x_2} = \frac{\partial u}{\partial x_2} - \lambda p_2 = 0 \cdots\cdots\cdots\cdots\cdots\cdots ③$$

식 (4-16)의 ①은 최적 선택에서 예산식이 등호로 성립해야 함을 나타낸다. 즉, 소비자는 자신이 보유하고 있는 소득을 상품 구매에 모두 지출하여야 한다는 조건을 나타내고 있다. 한편 식 ②를 ③으로 나누면 다음의 조건식을 얻을 수 있다.

$$\frac{\dfrac{\partial u}{\partial x_1}}{\dfrac{\partial u}{\partial x_2}} = \frac{p_1}{p_2} \tag{4-17}$$

식 (4-17)은 한계대체율과 상대가격이 같다는 식 (4-1)과 정확히 일치한다. 이상에서 설명한 식 (4-17)은 효용극대화의 필요조건이다. 이 조건을 만족하는 상품묶음이 효용을 극대화하는 상품묶음이 되기 위해서는 '2계 충분조건'(the second order sufficient condition)이라는 추가적 조건을 만족해야 한다. 2계 충분조건은 효용함수의 무차별곡선이 원점에 대하여 강볼록할 조건을 나타내는 것이다. 2계 충분조건은 라그랑즈 함수의 2계 편도함수들로 구성된 행렬의 행렬식인 '유테헤시안'(bordered Hessian)의 값이 양(+)의 값을 가져야 한다는 것이다.

$$\begin{vmatrix} 0 & -p_1 & -p_2 \\ -p_1 & u_{11} & u_{12} \\ -p_2 & u_{21} & u_{22} \end{vmatrix} = 2p_1p_2u_{12} - p_1^2u_{22} - p_2^2u_{11} > 0 \qquad (4\text{--}18)$$

여기서 $u_{ij}$는 효용함수를 상품 $i$에 대하여 편미분한 1계 편도함수를 다시 상품 $j$에 대하여 편미분한 2계 편도함수를 나타낸다. 즉 $u_{ij} = \dfrac{\partial^2 u}{\partial x_j \partial x_i}$를 나타낸다. 유테헤시안의 첫 번째 행은 식 (4-16)의 ①인 $\dfrac{\partial \mathcal{L}}{\partial \lambda} = I - p_1x_1 - p_2x_2$를 변수 $\lambda$, $x_1$, $x_2$로 각각 편미분한 편도함수를 나열한 것이며, 두 번째 행은 식 (4-16)의 ②인 $\dfrac{\partial \mathcal{L}}{\partial x_1} = \dfrac{\partial u}{\partial x_1} - \lambda p_1$를 변수 $\lambda$, $x_1$, $x_2$로 각각 편미분한 편도함수를 나열한 것이다. 마지막 행은 식 (4-16)의 ③인 $\dfrac{\partial \mathcal{L}}{\partial x_2} = \dfrac{\partial u}{\partial x_2} - \lambda p_2$를 변수 $\lambda$, $x_1$, $x_2$로 각각 편미분한 편도함수를 나열한 것이다.

**예제 4-3** 효용함수가 $u(x_1, x_2) = x_1^2 x_2^2$으로 주어져 있고, 상품 1의 가격은 1, 상품 2의 가격도 1, 소득은 10인 경우 효용을 극대화하는 최적 상품묶음을 구하시오.

## 연습문제

**4-1** 다음 문장이 참인지 거짓인지를 답하시오. 만약 거짓이라면 그 이유나 예를 간략히 쓰시오.

(a) 보상수요곡선은 항상 우하향한다.

(b) 철수는 쌀과 라면 두 상품만 소비하며, 라면은 기펜재이다. 만약 소득은 이전과 동일하고 두 상품의 가격이 모두 두 배로 상승하면 라면의 소비는 감소한다.

(c) 선호가 변하지 않고 동일하게 유지될 경우, 2개의 서로 다른 소득소비곡선은 서로 만나지 않는다. (여기서 2개의 서로 다른 소득소비곡선이란 가격이 각각 $(p_1, p_2)$, $(p_1', p_2')$로 주어진 경우의 소득소비곡선을 말한다.)

(d) 영희는 매년 100개의 사과를 소비한다. 만약 사과의 가격이 10원 상승하고 다른 상품의 가격, 소득, 선호는 변하지 않는다면 영희는 이전에 비해 다른 상품의 소비에 매년 1,000원을 더 적게 지출한다.

(e) "한계대체율이 체감하면 한계효용도 체감한다."는 명제가 참인지 거짓인지를 설명하시오.

**4-2** 효용함수가 $u(x_1, x_2) = ax_1 + bx_2$, $a$, $b > 0$로 주어진 경우 상품 1의 수요함수 $x_1(p_1, p_2, I)$를 도출하고, 그래프로 그려 보시오.

**4-3** 효용함수가 $u(x_1, x_2) = \max\{x_1, x_2\}$로 주어져 있다. 상품 2의 수요함수를 도출하고, 그래프로 그려 보시오.

**4-4** 준선형 효용함수 $u(x_1, x_2) = a\sqrt{x_1} + bx_2$, $a$, $b > 0$의 무차별곡선을 그리시오. 또한 또한 상품 1에 대한 소득효과(income effect)가 0임을 보이시오.

**4-5** 효용함수가 $u(x_1, x_2) = \sqrt{x_1 x_2}$로 주어져 있다. 상품 1과 상품 2의 가격은 $(p_1, p_2) = (4, 1)$, 소득 $I$는 40이다.

(a) 각 상품의 수요함수를 도출하고, 효용을 극대화하는 각 상품의 최적 소비량 $x_i^*$를 구하시오.

(b) 소득-소비곡선을 구하고 그래프를 그리시오.

위 문제에서 상품 1의 가격은 1로 하락하고, 상품 2의 가격과 소득은 이전과 동일하다고 하자.

(c) 1)에서 도출한 수요함수를 활용하여 효용을 극대화하는 각 상품의 최적 소비량 $x_i'$을 구하고, 각 상품의 가격효과의 크기를 구하시오.

(d) 슬루츠키 보상을 할 경우 각 상품의 대체효과의 크기를 구하시오.

**4-6** 효용함수가 $u(x_1, x_2) = \min\{2x_1, x_2\} + \min\{x_1, 2x_2\}$로 주어져 있다.

(a) $p_1 > p_2$인 경우 소득-소비곡선을 도출하고, 상품 1과 상품 2가 정상재임을 설명하시오.

(b) 가격-소비곡선을 그리고, 상품 1의 수요함수를 정확하게 도출하시오.

(c) 각 상품의 가격은 $p_1 = 1$, $p_2 = 2$, 소득은 $I = 40$으로 주어져 있다. 상품 1의 가격이 $p_1' = 4$로 인상될 경우, 대체효과와 소득효과에 의한 상품 1의 변화량을 구하시오. (단 슬루츠키 보상을 한다고 가정)

**4-7** 수요함수가 비선형인 경우 수요의 자기 가격탄력성을 그림을 이용하여 도출하는 방법을 서술하여 보시오.

**4-8** 김 대리의 효용함수는 $u(x_1, x_2) = \min\{x_1, x_2\}$이다. 김 대리의 월 소득은 15,000원이다. 상품 1의 가격은 100원이고 상품 2의 가격도 100원이다. 어느 날 김 대리는 근무지가 변경되어 다른 도시로 이사를 가야만 하게 되었다. 근무지가 변경되어도 김 대리의 월 소득은 15,000원으로 전과 동일하다. 하지만 이사가는 도시의 상품 1의 가격은 100원이고 상품 2의 가격은 200원이다.

(a) 이사 전, 김 대리의 상품 1, 상품 2의 최적 소비량을 각각 구하고, 이를 무차별곡선, 예산선을 이용하여 그림으로 표현하시오. 이때 김 대리의 효용수준을 구하시오.

(b) 이사 후, 김 대리의상품 1, 상품 2의 최적 소비량을 각각 구하고, 이를 무차별곡선, 예산선을 이용하여 그림으로 표현하시오. 이때 김 대리의 효용수준을 구하시오.

(c) 김 대리가 직면하고 있는 상황에서 동등변환이 의미하는 바가 무엇인지를 쓰고, 동등변화의 값을 구하시오.

(d) 김 대리가 직면하고 있는 상황에서 보상변환이 의미하는 바가 무엇인지를

쓰고, 보상변화의 값을 구하시오.

**4-9** 상품 1은 열등재, 상품 2는 정상재이다. 상품 2의 가격은 변하지 않고 상품 1의 가격이 $p_1^*$에서 $p_1'$으로 상승할 때, 상품 1의 마샬수요곡선, 힉스 보상수요곡선, 슬루츠키 보상수요곡선을 그려 보시오.

**4-10** $m$가지 상품이 존재한다. 각각의 상품의 지출액이 소득에서 차지하는 비중으로 각각의 재화의 소득탄력성을 가중평균하여 합하면 1이 됨을 보이시오. (즉 $\sum_{i=1}^{M} \frac{p_i x_i}{I} \eta_i = 1$, 여기서 $p_i$는 상품 $i$의 가격, $x_i$는 상품 $i$의 소비량, $I$는 소득, $\eta_i$는 상품 $i$의 수요의 소득탄력성을 나타낸다.) 따라서 만약 상품이 2가지만 존재하는 경우, 상품 1이 열등재이면 상품 2는 사치재(수요의 소득탄력성이 1보다 큰 상품)임을 보이시오.

제5장의 개요

　본 장에서는 앞서 학습한 소비자의 최적 선택 이론을 여가와 노동의 선택문제, 기간별 소비 선택의 문제, 불확실성 하에서의 선택의 문제에 응용하여 본다.

# 5

# 소비자 선택의 응용

5.1  여가-노동 선택
5.2  기간별 소비 선택
5.3  불확실성하에서의 최적 선택
연습문제

## 5.1 여가-노동 선택

본 절에서는 소비자의 여가와 노동공급의 최적 선택 문제를 앞서 학습한 소비자의 최적 선택 이론을 이용하여 분석해 본다. 소비자는 복합재와 여가를 소비하여 효용을 얻는다. 여가 시간을 $l$, 복합재 소비량을 $c$, 노동 공급을 $L$이라 하자. 경제주체의 효용함수는 $u = u(l, c)$로 나타낼 수 있다. 경제주체는 하루 24시간을 여가 또는 노동으로 보낸다고 가정해 보자. 따라서 $l + L = 24$이다. 복합재 한 단위의 가격을 $p$, 시간당 임금을 $w$라 하자. 경제주체는 하루 24시간, 복합재 0을 초기에 보유하고 있다. 즉, 경제주체의 초기부존자원은 $\Omega = (24, 0)$으로로 표현할 수 있다.

### 1 예산선과 효용극대화

소비자의 초기부존자원이 $\Omega = (24, 0)$이므로 이 소비자의 예산선은 다음과 같다.

$$wl + pc = 24w \quad \text{또는} \quad c = \frac{24w}{p} - \frac{w}{p}l$$

예산선의 좌변은 여가 $l$과 복합재 $c$를 소비하기 위해 소비자가 지불하여야 하는 총지출액을 나타낸다. 소비자는 하루 24시간을 여가와 노동에 사용한다. 따라서 여가 한 단위를 소비하기 위해서는 노동 1단위를 포기해야 하므로 여가 1단위의 기회비용은 노동 1단위가 된다. 즉, 여가 1단위의 가격은 노동 1단위의 가격인 $w$가 된다. 시간당 임금이 $w$이면 여가 1시간의 가격도 $w$가 되는 것이다.

[그림 5-1]은 소비자가 직면하는 여가-노동의 최적 선택에서 소비자의 예산집합과 무차별곡선을 그림으로 나타낸 것이다. 예산선의 기울기는 $\frac{w}{p}$이고, 이는 시간당 명목임금을 물가로 나눈 시간당 실질임금에 해당한다. 소비자는 $E^*$에서 효용을 극대화를 한다. 따라서 여가를 $l^*$만큼, 복합재를 $c^*$만큼 소비한다. 한편 여가를 $l^*$만큼 소비하므로 $24 - l^* = L$만큼의 노동을 한다. 즉, 이 소비자는 시간당 임금이 $w$일 때 노동을 $L^*$만큼 공급한다.

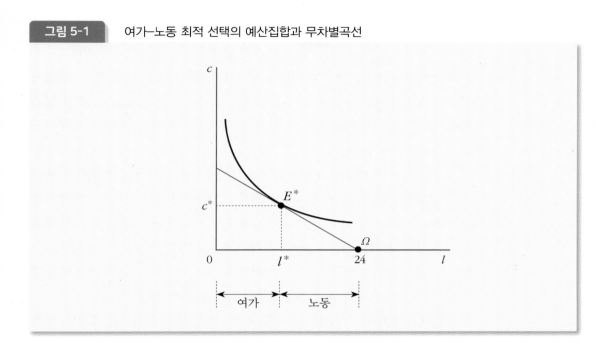

그림 5-1  여가-노동 최적 선택의 예산집합과 무차별곡선

## 2 개별소비자의 노동공급에 대한 추가적 분석

만약 개별소비자의 비근로 소득이 증가한다면, 즉, 복합재의 초기보유량이 증가한다면 소비자의 최적 선택에는 어떤 변화가 생길까? 여가를 정상재라고 가정해 보자. 즉, 소득이 증가하면 여가의 소비는 증가한다고 상정해 보자. 비근로

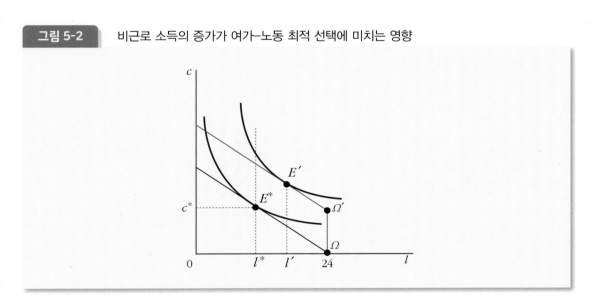

그림 5-2  비근로 소득의 증가가 여가-노동 최적 선택에 미치는 영향

소득의 증가는 소비자의 예산집합을 [그림 5-2]와 같이 검은색 삼각형에서 붉은색 사각형으로 변화시킨다. 즉, 소비자의 선택의 기회가 증가하게 된다.

여가는 정상재이므로 비근로 소득이 증가하여 붉은색으로 변한 예산집합에서 소비자의 최적 선택점은 $E^*$를 지나는 수직의 점선보다 오른쪽에 위치하고 있는 붉은색 예산선 위에서 나타나게 된다. 따라서 여가는 증가하고 노동은 감소하게 된다.

이번에는 시간당 임금이 $w$에서 $w'$으로 상승할 경우, 소비자의 최적 선택에 미치는 영향을 살펴보자. 여가는 정상재라고 가정하자. 앞서 슬루츠키 방정식에서 학습한 바에 따르면 시간당 임금이 $w$에서 $w'$으로 상승할 경우, 여가의 대체효과는 항상 (−)이다. 즉, 시간당 임금의 상승은 여가의 소비를 감소시킨다. 하지만 시간당 임금의 상승은 소득을 증가시키는 효과가 있기 때문에 소득의 증가가 여가의 소비에 미치는 효과, 즉, 소득효과도 고려하여야 한다.

[그림 5-3]의 (a)는 시간당 임금의 상승이 노동을 증가시키는 경우를 그림으로 나타낸 것이다. 여가는 정상재라고 가정하였으므로 소득효과는 (+)가 된다. 하지만 (a)에서는 대체효과에 따른 여가 소비의 감소 정도가 소득효과에 따른 여가 소비의 증가 정도보다 더 크기 때문에 여가의 소비는 이전보다 감소하고 노동의 공급은 더 증가하게 되는 것이다. 하지만 (b)의 경우에는 대체효과에 따른 여가 소비의 감소 정도보다 소득효과에 따른 여가 소비의 증가 정도가 더

---

**그림 5-3**   시간당 임금의 상승이 노동에 미치는 영향

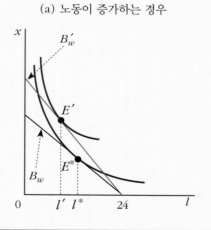
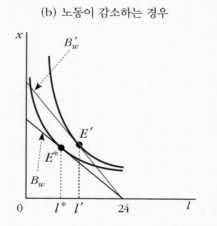

(a) 노동이 증가하는 경우

(b) 노동이 감소하는 경우

크기 때문에 여가의 소비는 이전보다 증가하고 노동의 공급은 더 감소하게 되는 것이다. 이와 같이 시간당 임금이 상승할 경우 노동공급의 증가나 감소 여부는 소비자에 따라 다르게 나타날 수 있다.

## ③ 초과근무수당과 노동공급

앞서 학습한 바에 따르면 시간당 임금이 상승하여도 노동공급은 줄어들 수 있다. 만약 소비자가 $24-l^*=L^*$을 선택하는 상황에서 $L^*$를 초과하는 근무에 대해서는 시간당 임금을 $w'>w$으로 더 높여준다고 하자. 그렇다면 노동공급은 어떻게 될까?

[그림 5-4]에서와 같이 주어진 시간 당 임금이 $w$일 때 소비자는 $E^*$를 최적 선택으로 택하였다고 상정하자. 초과근무수당의 지급은 검은색 예산선 중 $E^*$의 왼쪽 구간을 초록색 선으로 변화시킨다. 따라서 초과근무수당의 지급은 소득효과를 발생시키지 않고 대체효과만 발생시키기 때문에 여가의 소비를 $l^*$에서 $l''$으로 감소시키고, 노동공급을 $24-l''=L''$으로 $L^*$보다 증가시킨다. 반면 시간당 임금을 전반적으로 상승시키는 경우에는 앞서 학습한 것처럼 소득효과과 대체효과를 압도하여 노동공급을 $24-l'=L'$으로 $L^*$보다 감소시킬 수도 있다.

| 그림 5-4 | 초과근무수당이 노동에 미치는 영향 |

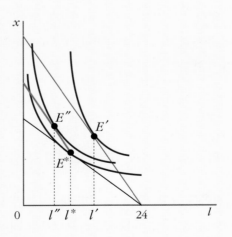

## 5.2 기간별 소비 선택

지금까지는 정해진 한 시점(또는 기간)에서 소비자의 효용을 극대화하는 최적 선택에 대하여 학습하였다. 본 절에서는 소비자가 여러 시점에 걸쳐 소비하는 경우의 효용 극대화 문제인 '기간별 선택'(intertemporal choice)에 대하여 학습한다.

### ① 예산제약

분석을 최대한 단순화하기 위하여 하나의 상품(예를 들어, 복합재)을 2기간에 걸쳐 소비하는 문제를 고려해 보자. 소비자의 1기의 복합재 소비량을 $c_1$, 2기의 소비량을 $c_2$라고 하면 $c = (c_1, c_2)$는 2기간에 걸친 복합재의 소비를 나타낸다. 이를 2기간 소비벡터 또는 소비묶음이라 하자.

1기의 복합재의 가격을 $p_1$, 2기의 복합재 한 단위의 가격을 $p_2$라 하고 $p = (p_1, p_2)$를 가격벡터라 하자. 논의를 단순화하기 위해 $p = (1, 1)$이라고 가정하자. 이 가정은 추후 일반적 가격 $p = (p_1, p_2)$로 일반화할 것이다. 소비자의 1기 소득은 $I_1$, 2기 소득은 $I_2$라고 하자. $I = (I_1, I_2)$를 소득벡터라 하자. 소비자는 1기의 소득을 2기로 이전시키기 위해 저축을 할 수 있다. 단순화를 위해 우선 저축에 대한 이자소득은 없다고 가정한다. 즉, 이자율은 0이다. 소비자는 주어진 소득 $I = (I_1, I_2)$ 이외에 추가적 소득의 조달이나 외부로부터의 지원은 없다고 가정한다. 이 경우 소비자의 예산선은 다음과 같다.

$$p_1 c_1 + p_2 c_2 = c_1 + c_2 = I_1 + I_2$$
$$0 \leq c_1 \leq I_1$$

(즉, 1기의 소비는 1기의 소득을 초과할 수 없다.)

따라서 예산집합을 그림으로 나타내면 다음 [그림 5-5]와 같다.

이제 이자율 $r > 0$로 타인이나 은행 등으로부터 화폐를 빌리거나 또는 타인에게 빌려주거나 은행에 저축하는 것이 가능하다고 상정하자. 그러면 예산선은 다음과 같다.

**그림 5-5**  이자율이 0이고 외부로부터 자금조달이 없는 경우, 2 기간 최적 소비 선택의 예산집합

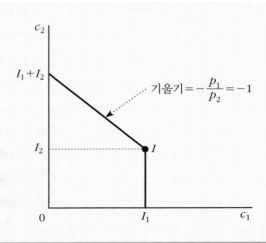

$$c_2 = I_2 + (1+r)(I_1 - c_1)$$

즉, 2기 소비는 2기 소득 $I_2$와 1기 소득 중에서 소비하지 않고 저축한 금액 $(I_1 - c_1)$의 원리금인 $(1+r)(I_1 - c_1)$을 합친 금액만큼 소비할 수 있다는 의미이다. 만약 $I_1 - c_1 > 0$이면, 1기에 소득의 일부를 저축하는 것이며, $I_1 - c_1 < 0$이면 1기에 돈을 빌려서 사용하는 것이 된다.

위의 예산선 식을 정리하면 다음과 같다.

$$(1+r)c_1 + c_2 = (1+r)I_1 + I_2 \text{ 또는 } c_1 + \frac{c_2}{(1+r)} = I_1 + \frac{I_2}{(1+r)}$$

상기의 두 식 모두 1기와 2기의 소비에 소요되는 지출액의 총합이 1기와 2기에 주어지는 소득의 총합과 동일해야 한다는 조건을 식으로 표현한 것이다. 다만 동일한 기간이 아닌 서로 다른 두 기간에 걸쳐 소비와 소득이 발생하므로 이들 가치를 1기를 기준으로 표현할 것인지, 또는 2기를 기준으로 표현할 것인지에 따라 위와 같은 두 가지 표현이 가능한 것이다.

첫 번째 식은 예산제약을 2기의 가치(즉, 미래가치)를 기준으로 표현한 것이다. 1기에 1원을 저축하면 이자율이 $r$이므로 2기에 $(1+r)$원 만큼의 원리금을 받을 수 있다. 즉, 이자율이 $r$이라고 할 경우, 1기의 1원과 동등한 2기의 화폐액은 $(1+r)$원이 된다. 따라서 1기 1원의 2기 가치는 $(1+r)$원이 된다. 그러므로

1기 소비 $c_1$을 2기의 가치로 환산하면 $(1+r)c_1$이 되며, 1기 소득 $I_1$을 2기의 가치로 환산하면 $(1+r)I_1$이 된다. 따라서 첫 번째 예산식은 1기와 2기의 소비에 소요되는 지출액의 총합의 미래가치가 1기와 2기에 주어지는 소득의 총합의 미래가치와 동일해야 한다는 조건을 식으로 표현한 것이다.

한편 두 번째 식은 예산식을 1기의 가치(즉 현재가치)로 표현한 것이다. 이자율이 $r$이라고 할 경우, 2기의 1원과 동등한 1기의 화폐액은 $\frac{1}{(1+r)}$원이 된다. 왜냐하면 1기에 $\frac{1}{(1+r)}$원을 저축하면 2기에 원리금 1원을 받을 수 있기 때문이다. 이와 같이 미래의 화폐가치를 현재의 화폐가치로 전환하는 것을 '할인'(discounting)이라 한다. 두 번째 예산식은 1기와 2기의 소비에 소요되는 지출액의 총합의 현재가치가 1기와 2기에 주어지는 소득의 총합의 현재가치와 동일해야 한다는 조건을 식으로 표현한 것이다.

따라서 $r>0$이고 외부로부터 자금조달이 가능한 경우 2기간 소비 선택의 예산선은 다음 [그림 5-6]의 붉은색 선과 같다. 검은색 선은 이자율이 0인 경우 예산선을 나타낸다. 붉은색 예산선의 기울기는 $-(1+r)$로 검은색 예산선보다 더 급하다. 그림에서와 같이 이자율이 양수이고 외부로부터 자금을 조달하는 것이 가능해지면 예산집합이 이자율이 0이고 외부로부터 자금조달이 불가능한 경우보다 파란색 빗금 친 영역만큼 증가하게 된다.

예산집합이 증가하면 최적 선택을 통한 소비자의 만족도는 이전에 비해 동일

**그림 5-6** $r>0$이고 외부로부터 자금조달이 가능한 경우, 2기간 최적 소비 선택의 예산집합

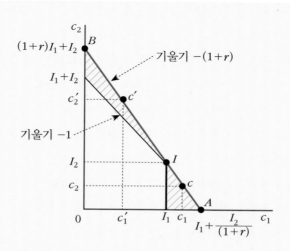

하거나 또는 증가하게 된다. 따라서 경제 내에 자금의 중개 역할을 하는 금융기관이 도입되면 소비자의 효용을 증가시킬 수 있다는 사실을 [그림 5-6]을 통해서 확인할 수 있다.

[그림 5-6]에서 붉은색 선 위의 점 $c$는 1기에 $c_1 - I_1$만큼을 외부로부터 조달하여 1기의 소득보다 더 큰 금액 $c_1$을 소비하고, 2기에는 이자를 합한 금액 $(1+r)(c_1 - I_1)$을 소득 $I_2$에서 상환하고 남은 금액으로 $c_2$만큼 소비하는 소비묶음을 나타내고 있다. 반면 점 $c'$는 1기에 $I_1 - c_1'$만큼을 저축하고 1기의 소득보다 적은 금액인 $c_1'$을 소비하고, 2기에는 소득 $I_2$와 상환 받은 원리금 $(1+r)(I_1 - c_1')$을 합한 금액으로 $c_2'$만큼 소비하는 소비묶음을 나타내고 있다.

## 2 선호와 효용함수

소비자는 1기 소비와 2기 소비로 구성된 소비벡터 $c = (c_1,\ c_2)$에 대한 선호체계를 가지고 있다. 소비자의 선호체계는 완비성, 이행성, 연속성, 단조성, 볼록성을 만족한다고 가정하자. 예를 들어 소비자가 완전대체적 선호, 즉 $u(c_1,\ c_2) = c_1 + c_2$를 효용함수로 갖고 있는 경우, 소비자의 만족도는 1기와 2기 소비의 총합에만 의존하지 동일한 양을 1기에 더 많이 소비하는지 2기에 더 많이 소비하는지의 여부는 만족도에 영향을 미치지 않는다. 반면 소비자의 효용함수가 $u(c_1,\ c_2) = 2c_1 + c_2$인 경우에는 동일한 양을 소비하더라도 1기에 소비하는 것이 2기에 소비하는 것보다 만족도를 더 많이 증가시키게 된다.

## 3 최적 선택

2 기간 선택 모형에서 소비자의 효용을 극대화하는 최적 선택은 앞서 학습한 2가지 상품 소비의 효용극대화와 동일하게 소비자의 무차별곡선과 예산선이 접하는 소비묶음을 선택하는 것이다. [그림 5-7]은 소비자의 최적 선택의 2가지 경우를 나타내고 있다.

그림 (a)는 1기의 최적 소비가 1기 소득보다 큰 경우로서 $c_1^* - I_1$만큼의 금액을 대출받아 $c_1^*$를 소비하는 경우이고, 그림 (b)는 1기의 최적 소비가 1기 소득보다 작은 경우로서 $I_1 - c_1^*$만큼의 금액을 저축하고 $c_1^*$를 소비하는 경우이다. 이와 같이 2 기간 최적 소비 선택에서 소비자는 자신의 효용함수에 따라 대출자가 되거나 대부자가 된다. 따라서 이 모형을 통해 자본시장에서 자본에 대한 수요

그림 5-7   2기간 최적 소비선택

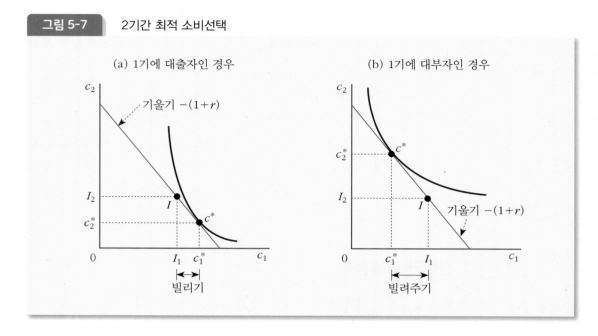

(a) 1기에 대출자인 경우

(b) 1기에 대부자인 경우

와 공급에 관한 설명도 가능하다. 1기의 대출자는 자본시장에서 자본의 수요자가 되며, 1기의 대부자는 자본의 공급자가 되는 것이다.

## 4  이자율 변화와 최적 선택

2기간 최적 선택에서 이자율의 변화는 소비자의 선택에 어떤 영향을 미칠까? 이자율의 변화는 예산집합을 변화시켜 소비자의 최적 선택에 영향을 미치게 된다. 이자율이 $r$에서 $r'$으로 상승하면 예산선의 기울기가 더 가파르게 변하므로 초기부존자원 $(I_1, I_2)$를 중심으로 예산선이 시계방향으로 회전이동하게 된다. 반면 이자율이 $r$에서 $r'$으로 하락하면 예산선의 기울기가 더 완만하게 변하므로 초기부존자원 $(I_1, I_2)$를 중심으로 예산선이 시계 반대 방향으로 회전이동하게 된다. 따라서 이자율의 상승(하락)은 1기 소비의 '가격'을 상승(하락)시키는 것과 동일한 결과를 초래한다.

이자율의 변화가 소비자의 최적 선택에 어떠한 영향을 미치는지를 살펴보자. 우선 소비자가 1기에 대부자라고 가정해 보자. 이때 이자율이 상승하면 이 소비자의 최적 선택에 어떤 변화가 생길까? 결론부터 말하면 이 소비자는 여전히 1기에 대부자가 된다. 하지만 빌려주는 금액은 이자율이 상승하기 이전보다 증가

**그림 5-8**  이자율의 변화와 예산선

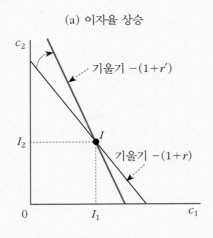
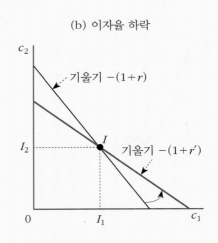

할 수도, 감소할 수도 있다. 즉, 자금의 공급량은 소비자의 선호체계에 따라 증가할 수도, 감소할 수도 있다. 이에 대해 살펴보면 다음과 같다.

앞서 살펴본 바와 같이 이자율이 상승하면 예산선은 [그림 5–9]와 같이 검은색 실선에서 빨간색 선으로 바뀐다. 예산선이 빨간색 선일 경우 소비자는 점선으로 표시한 선분 $\overline{IA}$ 상에서는 최적 선택을 하지 않는다. 왜 그럴까? 선분 $\overline{IA}$ 상에 있는 소비벡터들은 이자율이 상승하기 전 검은색 예산선으로 표현되는 예산

**그림 5-9**  이자율의 상승과 최적 선택의 변화

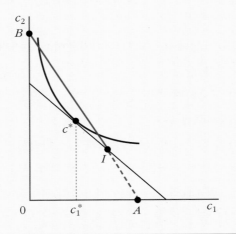

| 그림 5-10 | 이자율의 상승과 대부 금액의 변화 |

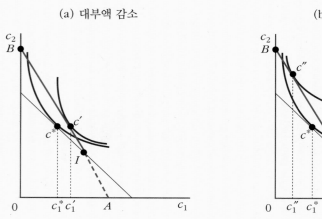
(a) 대부액 감소

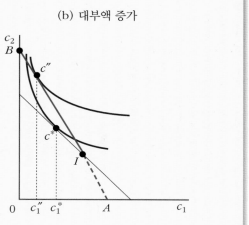
(b) 대부액 증가

집합에 속하는 소비벡터들이다. 즉, 이자율이 상승하기 이전에도 소비자가 선택 가능한 소비벡터들이었다. 하지만 이자율 상승 이전에 소비자는 효용을 극대화하기 위해 $c^*$를 선택하였다. 이는 선분 $\overline{IA}$ 상에 있는 소비벡터를 소비할 경우 효용 수준이 $c^*$를 소비할 경우보다 낮다는 것을 의미한다. 이자율이 $r'$으로 상승하여 예산선이 빨간색 선일 경우에도 $c^*$는 여전히 선택 가능한 소비벡터이므로 선분 $\overline{IA}$ 상에 있는 소비벡터는 선택하지 않는다. 따라서 이자율이 상승하여 예산선이 붉은색으로 변한 경우 효용을 극대화하는 새로운 최적선택은 반드시 선분 $\overline{BI}$ 상에 있게 된다. 그러므로 소비자는 이자율이 상승하여도 여전히 대부자가 된다. 하지만 전보다 더 많이 빌려주거나, 더 적게 빌려주는 경우가 모두 가능하다.

[그림 5-10] (a)에서 소비자는 이자율이 상승하면 최적 선택이 $c^*$에서 $c'$으로 변하므로 이자율 상승 이전보다 더 적게 빌려주게 된다. 하지만 (b)에서 소비자는 이자율이 상승하면 최적 선택이 $c^*$에서 $c''$으로 변하므로 이자율 상승 이전보다 더 많이 빌려주게 된다.

한편, 1기에 대부자인 경우에 이자율이 하락하면 어떤 변화가 생길까? 이 경우는 다음의 [그림 5-11]과 같이 여전히 대부자일 수도 있고, 대출자로 전환할 수도 있다. 그림 (a)의 경우에는 이자율이 하락한 후에도 여전히 대부자를 유지하고 있는 경우를 나타내고 있다. 물론 이 경우도 대부액은 이자율 하락 이전과

**그림 5-11**  이자율의 하락과 최적 선택의 변화

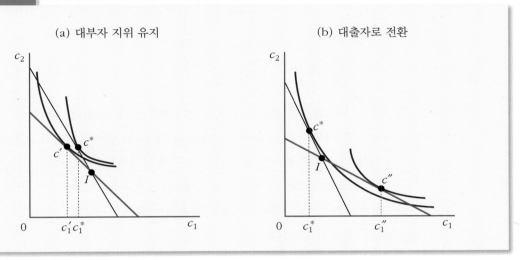

(a) 대부자 지위 유지    (b) 대출자로 전환

비교하여 증가할 수도 감소할 수도 있다. (b)의 경우에는 이자율이 하락함에 따라 대부자에서 대출자로 전환하는 경우를 나타내고 있다.

이상에서 살펴본 바와 같이 이자율의 변화는 최적 선택을 변화시켜 이자율 변화 이전보다 1기에 더 많은 소비를 하기도 하고 더 적은 소비를 하기도 한다. 이에 따라 1기에 대부자였다가 대출자로 역할이 바뀌기도 하며, 대부자의 지위를 유지하더라도 대부 금액이 증가하기도 감소하기도 한다. 이러한 변화는 이자율 변화에 따른 대체효과와 소득효과의 상대적 크기에 따라 결정되는 것이다.

## 5 물가 변화

지금까지는 1기와 2기의 복합재 한 단위의 가격이 모두 1로 동일하다고 가정하였다. 즉, 물가의 변화가 없다고 가정하였다. 만약 2기에는 물가가 상승하여 가격벡터가 $p = (1, p_2)$, $p_2 > 1$가 될 경우, 최적 선택에 어떤 변화가 생길지에 대하여 학습해 보자. 이처럼 물가가 상승하였을 때, 예산식을 1기 가치로 표현하면 다음과 같다.

$$c_1 + \frac{p_2}{1+r}c_2 = I_1 + \frac{p_2}{1+r}I_2$$

물가상승률, 즉, 인플레이션율을 $\pi$라고 하면 $\pi = \frac{p_2 - p_1}{p_1} = p_2 - 1$이 된다.  따

라서 $p_2 = 1 + \pi$가 된다. $1 + \rho = \dfrac{1+r}{1+\pi}$라고 하자. 여기서 $\rho$를 '실질이자율'(real interest rate)이라고 한다. 그럼 위의 예산식은 다음과 같이 된다.

$$c_1 + \frac{c_2}{(1+\rho)} = I_1 + \frac{I_2}{(1+\rho)}$$

따라서 앞서 학습한 이자율 $r > 0$인 경우와 동일한 형태의 예산식이 된다. 다만 이자율이 '명목이자율'(nominal rate of interest) $r$에서 실질이자율 $\rho$로 바뀐 것만 다르다. 인플레이션율 $\pi$가 상승하면 실질이자율은 감소하며, 인플레이션율 $\pi$가 하락하면 실질이자율은 증가하게 된다. 이자율 변화에 따른 최적 선택은 앞서 학습하였으므로 동일한 방법을 활용하면 물가의 변화가 최적 선택에 미치는 영향을 분석할 수 있다.

## 5.3 불확실성하에서의 최적 선택

### 1 불확실성하에서 선택의 대상

불확실성 하에서의 선택이란 무엇을 의미할까? 이를 이해하기 위해서 불확실성 하에서의 선택의 대상이 무엇인지에 대한 이해가 필요하다. 결론부터 말하면 불확실성 하에서의 선택의 대상은 '확률분포'(probability distribution)이다. 다음과 같은 선택의 대상을 고려해 보자.

$x$: 확실하게, 즉, 1의 확률로 1,000원 획득

$y$: $\dfrac{1}{2}$의 확률로 800원, $\dfrac{1}{2}$의 확률로 1,200원 획득

$z$: $\dfrac{1}{2}$의 확률로 500원, $\dfrac{1}{2}$의 확률로 1,500원 획득

$w$: $\dfrac{3}{4}$의 확률로 800원, $\dfrac{1}{4}$의 확률로 1,600원 획득

이상의 4가지 선택 대상의 기대금액을 구해보면 다음과 같이 모두 1,000원으

로 동일하다.

$$E(x) = 1 \times 1,000 = 1,000$$

$$E(y) = \frac{1}{2}800 + \frac{1}{2}1,200 = 1,000$$

$$E(z) = \frac{1}{2}500 + \frac{1}{2}1,500 = 1,000$$

$$E(w) = \frac{3}{4}800 + \frac{1}{4}1,600 = 1,000$$

이 4가지 선택 대상은 다음과 같이 표현할 수 있다. 〈표 5-1〉의 첫 번째 행은 상금으로 받을 수 있는 금액을 작은 액수부터 큰 액수의 순서로 나열한 것이다. 그리고 두 번째 행은 $x$를 선택할 때 각 상금을 받을 확률을 적어 놓은 것이다. 세 번째 행은 $y$를 선택할 때 각 상금을 받을 확률을 적어 놓은 것이다. 나머지 행들도 이와 같은 방법으로 적어 놓은 것이다.

따라서 $x$를 선택한다는 것은 상금 (500, 800, 1000, 1200, 1500, 1600)에 대한 확률분포 (0, 0, 1, 0, 0, 0)을 선택한다는 것과 동일한 것이다. 이처럼 불확실성 하에서 선택의 대상이란 확률분포가 된다. 보험, 복권, 주식 등이 이에 해당하는 대표적인 예이다.

**표 5-1**
4가지 선택 대상의 확률분포 표현

|   | 500 | 800 | 1,000 | 1,200 | 1,500 | 1,600 |
|---|---|---|---|---|---|---|
| $x$ | 0 | 0 | 1 | 0 | 0 | 0 |
| $y$ | 0 | $\frac{1}{2}$ | 0 | $\frac{1}{2}$ | 0 | 0 |
| $z$ | $\frac{1}{2}$ | 0 | 0 | 0 | $\frac{1}{2}$ | 0 |
| $w$ | 0 | $\frac{3}{4}$ | 0 | 0 | 0 | $\frac{1}{4}$ |

### 예 복권

구매가격이 $c$이고 당첨될 확률이 $p$이며 당첨되면 상금 $L$을 받는 복권을 선택하는 것은 금액 $L-c$와 금액 $-c$를 받을 확률이 각각 $p$와 $1-p$인 확률변수를 선택하는 것과 동일하다.

### 예 보험

어떤 사람이 350만 원어치의 자산 보유하고 있으며, 화재가 발생하여 100만 원어치의 자산이 소멸할 화재가 발생할 확률이 $p=0.01$이라고 하자. 따라서 1%의 확률로 250만 원, 99%의 확률로 350만 원의 자산을 보유하는 것과 같다. 만약 이 사람이 보험료(premium) 10만 원을 한번 지불하면 화재 시 100만 원의 보험 금(insurance)을 받는 보험을 구매하면, 이 사람의 자산은 1%의 확률로 340만 원(350−100+100−10), 99%의 확률로 340만 원(350−10)이 된다. 여기서 보험 은 구매가격이 10만 원이고 99%의 확률로 0, 1%의 확률로 100만 원을 받는 확 률변수이다.

앞서 학습한 바와 같이 소비자들은 서로 다른 상품묶음에 대해 선호를 가지고 있듯이 서로 다른 확률분포에 대해서도 선호를 가질 수 있다. 따라서 앞서 학습 한 선택 가능한 확실한 대상들의 집합에서 최적 선택을 하는 소비자 최적 선택 이론을 불확실성 하에서의 선택 문제에도 적용하는 것이 가능하다. 다음에서는 불확실한 선택의 대상에 대한 선호와 효용함수에 대해 학습해 본다.

## 2 효용함수

불확실성이 내포된 소비묶음들을 비교하는 선호관계나 이를 나타내는 효 용함수는 각각의 불확실성이 발생하는 확률에도 의존하게 된다. 예를 들 어 비가 올 때의 소비 $c_R$과 비가 오지 않을 때의 소비 $c_S$로 구성된 소비묶음 $c=(c_R,\ c_S)=(4,\ 5)$와 $c'=(c_R',\ c_S')=(5,\ 4)$ 중 어느 것을 선호하는지를 판단 하기 위해서는 비가 올 확률이 어느 정도인가에 대한 정보가 필요하다. 만약 비 가 올 확률이 0이라면 비가 안 올 때의 소비는 $c$가 $c'$보다 더 많기 때문에 소비 묶음 $c$가 소비묶음 $c'$보다 더 선호한다. 반면 비가 올 확률이 1이라면 비가 올 때의 소비는 $c'$이 $c$보다 더 많기 때문에 $c'$이 선호된다. 따라서 효용함수는 각각 의 상황에서의 소비수준 뿐만 아니라, 각각의 상황이 실현될 확률에도 의존하 게 된다. 만약 두 개의 상황이 존재하고 $(c_1,\ c_2)$를 상황 1과 상황 2의 소비량, $(\pi_1,\ \pi_2)$를 상황 1과 상황 2의 발생확률이라고 하면 효용함수는 소비량과 확률 의 함수형태인 $u(c_1,\ c_2,\ \pi_1,\ \pi_2)$가 된다.

## 3 기대효용함수(expected utility function)

집합 $\{x_1,\cdots,x_n\}$을 불확실성이 존재하지 않는 선택의 대상들의 집합이라고 하

자. 예를 들어 앞서 학습한 불확실성을 내포하고 있는 네 가지 선택 대상의 예에서 상금의 액수라고 상정해 보자. 즉, $x_1 = 500$, $x_2 = 800$, $x_3 = 1,000$, $x_4 = 1,200$, $x_5 = 1,500$, $x_6 = 1,600$이라고 상정해 보자. $\pi = (\pi_1, \cdots, \pi_n)$은 각각의 상금을 받을 확률이라고 하자. 따라서 앞의 예에서 불확실성을 내포하고 있는 네 가지 선택의 대상은 〈표 5-1〉과 같이 각각 상금 $x = (x_1, \cdots, x_n)$에 대해 정의된 확률분포로 표현할 수 있다. 그렇다면 소비자들은 이 중에서 어떤 확률분포를 선택할 것인가?

이 질문에 답하기 위해 소비자들은 불확실성이 내포된 선택의 대상들에 대해, 즉, 확률분포들에 대해 선호체계를 갖고 있다고 가정하자. 이하에서는 설명의 편의를 위하여 확률분포와 복권(lottery)을 동일한 개념으로 사용하며 $l_1$, $l_2$ 등과 같이 표기하자.

앞서 학습한 바와 같이 불확실성이 내포된 선택의 대상인 확률분포들의 집합을 다음과 같이 정의해 보자. 즉, 소비자들이 선택 가능한 복권들을 모두 모아놓은 집합이라고 생각하면 이해하기 쉽다.

---

**정의 1.** $\Delta$를 선택 가능한 확률분포들의 집합이라 하자. 따라서 $\Delta$는 다음과 같다.

$$\Delta = \left\{ (\pi_1, \cdots, \pi_n) \mid 모든\ i에\ 대하여,\ \pi_i \geq 0,\ \text{and}\ \sum_{i=1}^{n} \pi_i = 1 \right\}$$

---

소비자들은 불확실성이 내포된 선택의 대상들에 대해, 즉, 확률분포들에 대해 선호관계를 가지고 있으며, 이 선호관계는 다음과 같은 특성을 만족한다고 가정하자.

---

**가정 1.** 선택 가능한 확률분포들의 집합 $\Delta$위에서 정의된 선호관계는 완비성, 이행성, 연속성을 충족한다.

---

완비성과 이행성의 정의는 제3장에서 학습한 내용과 동일하다. 연속성의 정의는 다음과 같다.

---

**정의 2. 연속성(continuity)**

임의의 복권 $l_1$, $l_2$, $l_3$에 대하여 만약 $l_1 > l_2 > l_3$이면 다음을 충족하는 $\alpha \in (0, 1)$가 존재한다.

$$[\alpha l_1 + (1-\alpha) l_3] \sim l_2$$

---

**정의 3. 독립성(Independence)**

임의의 복권 $l_1$, $l_2$, $l_3$에 대하여,

$l_1 \gtrsim l_2$ iff 모든 $\alpha$에 대하여 $\in [0, 1]$, $[\alpha l_1 + (1-\alpha) l_3] \gtrsim [\alpha l_2 + (1-\alpha) l_3]$.

---

즉, 독립성 가정에 따르면 복권 $l_1$, $l_2$에 대한 선호는 제3의 복권 $l_3$의 영향을 받지 않는다는 것이다.

폰노이만과 모르겐슈테른(von Neumann and Morgenstern, 1953)의 기대효용이론(Expected Utility Theorem)에 따르면 선택 가능한 확률분포들의 집합 $\Delta$ 위에서 정의된 선호관계가 완비성, 이행성, 연속성, 독립성을 만족하면, 이 선호관계는 기대효용함수로 표현이 가능하며, 그 역도 성립한다.

기대효용이론에 따르면 불확실성이 내재 된 복권으로부터 소비자가 얻는 효용은 복권이 제공하는 각 상금의 효용치의 기댓값이 된다. 예를 들어 복권 $l$이 상금 $x_1, x_2, \cdots, x_n$을 각각 확률 $\pi_1, \pi_2, \cdots, \pi_n$으로 지급하고, 소비자가 상금 $x_i$를 확실하게 소비할 때 얻는 효용을 $u(x_i)$라고 한다면, 복권 $l$로부터 소비자가 얻는 기대효용은 다음과 같다.

$$U(l) = \sum_{i=1}^{n} \pi_i u(x_i)$$

따라서 폰노이만과 모르겐슈테른의 기대효용이론에 따르면 선호관계가 완비성, 이행성, 연속성, 독립성을 만족하고 상금 $(x_1, \cdots, x_n)$에 대해 확률분포로 표현한 두 복권 $l = (\pi_1, \cdots, \pi_n)$, $l' = (\pi_1', \cdots, \pi_n')$에 대하여, 만약 $l \gtrsim l'$이면 $U(l) = \sum_{i=1}^{n} \pi_i u(x_i) \geq \sum_{i=1}^{n} \pi_i' u(x_i) = U(l')$이고, 그 역도 성립한다.

예를 들어, 〈표 5-1〉에서 소비자가 복권 $y$를 소비하면 얻는 기대효용 $U(y)$과

복권 $z$를 소비하면 얻는 기대효용 $U(z)$는 다음과 같이 계산된다.

$$U(y) = 0u(500) + \frac{1}{2}u(800) + 0u(1,000) + \frac{1}{2}u(1,200) + 0u(1,500)$$
$$+ 0u(1,600)$$
$$U(z) = \frac{1}{2}u(500) + 0u(800) + 0u(1,000) + 0u(1,200) + \frac{1}{2}u(1,500)$$
$$+ 0u(1,600)$$

각 상금으로부터 얻는 효용이 다음과 같다고 상정해 보자.

$$u(500) = 5, \ u(800) = 10, \ u(1,000) = 14, \ u(1,200) = 17, \ u(1,500) = 19,$$
$$u(1,600) = 20$$

그러면 $U(y) = \frac{27}{2}$, $U(z) = \frac{24}{2}$가 된다. 따라서 $y > z$가 성립한다.

## 4 위험에 대한 태도

기대효용함수를 활용하여 소비자들의 '위험에 대한 태도'(attitude toward risk)를 살펴보자.

**예** 복권 $l_1$를 선택하면 확률 1로 10억 원을 받는다. 반면 복권 $l_2$를 선택하면 1/2의 확률로 5억 원, 1/2의 확률로 15억 원을 받는다.

이 예에서 복권 $l_1$과 $l_2$의 기대값은 모두 10억 원으로 동일하다.

$$E(l_1) = 1 \times 10억원 = 10억원 = \frac{1}{2}(5억원) + \frac{1}{2}(15억원) = E(l_2)$$

하지만 복권 $l_1$과 $l_2$의 기대효용은 각각 다음과 같다.

$$U(l_1) = 1 \times u(10억원)$$

$$U(l_2) = \frac{1}{2}u(5억원) + \frac{1}{2}u(15억원)$$

따라서 $u(5억원)$, $u(10억원)$, $u(15억원)$의 값에 따라 복권 $l_1$과 $l_2$의 기대효용의 대소 관계에는 다음가 같이 3가지 경우가 가능하다.

$$U(l_1) \gtreqless U(l_2)$$

각각의 경우에 대하여 소비자의 위험에 대한 태도를 다음과 같이 정의할 수 있다.

> **정의 4.** 위에서 정의한 $l_1$, $l_2$에 대하여 위험에 대한 태도를 다음과 같이 정의한다.
>
> 위험기피 $\Leftrightarrow U(l_1) > U(l_2)$
> 위험중립 $\Leftrightarrow U(l_1) = U(l_2)$
> 위험애호 $\Leftrightarrow U(l_1) < U(l_2)$

앞서 서술한 바와 같이 복권 $l_1$과 $l_2$의 기대값은 모두 10억 원으로 동일하다. 다만 차이는 복권 $l_1$은 위험 없이 확실하게 10억 원의 상금을 받을 수 있지만, 복권 $l_2$는 비록 기대값은 10억 원이지만 운이 좋으면 15억 원, 운이 나쁘면 5억 원을 받는 위험이 내포되어 있는 복권이다. 따라서 만약 어떤 소비자의 두 복권에 대한 기대효용이 $U(l_1) > U(l_2)$라면, 즉, 복권 $l_1$을 $l_2$보다 강선호한다면 이 소

**그림 5-12** 위험 기피적 태도

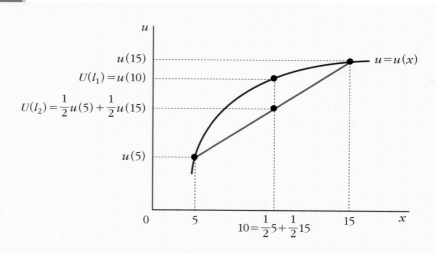

비자는 기대값이 같다면 위험이 존재하지 않는 복권을 더 좋아한다는, 또는 위험을 싫어하는 성향이 있다는 것을 의미한다. 즉, 이 소비자는 위험기피적(risk averse) 태도를 보이는 것이라 해석할 수 있다.

만약 소비자의 두 복권에 대한 기대효용이 $U(l_1) = U(l_2)$라면, 즉, 복권 $l_1$과 $l_2$를 무차별하게 여긴다. 이 소비자는 두 복권의 기대 상금만 동일하다면 위험의 내포 여부에 상관없이 두 복권 $l_1$과 $l_2$는 무차별하다는 것이다. 즉, 이 소비자는 위험중립적(risk neutral) 태도를 보인다.

마지막으로 소비자의 두 복권에 대한 기대효용이 $U(l_1) < U(l_2)$라면 이 소비

**그림 5-13** 위험 중립적, 기피적 태도

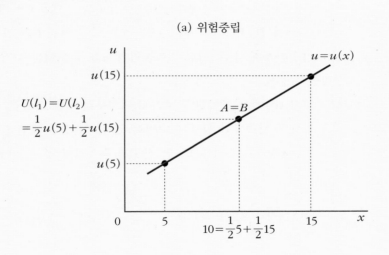

(a) 위험중립

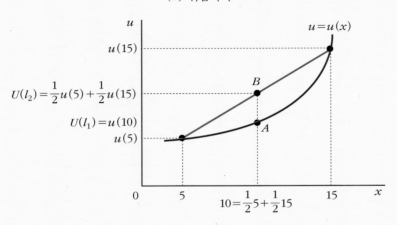

(b) 위험기피

자는 기댓값이 같다면 위험의 내포되어 있는 복권을 더 선호한다는 것이다. 즉, 이 소비자는 위험애호적(risk loving) 태도를 보인다고 해석할 수 있다. 이를 그림을 통해 살펴보면 다음과 같다.

[그림 5-12]에서 확실한 금액 소비로부터 얻는 효용을 나타내는 함수 $u$는 강오목함수로 주어져 있다. 이와 같이 효용함수 $u$가 강오목함수인 경우 확실하게 10억 원을 받는 복권 $l_1$의 기대효용인 점 $A$의 높이는 1/2의 확률로 5억 원, 1/2의 확률로 15억 원을 받는 복권 $l_2$의 기대효용인 점 $B$의 높이보다 크다. 이처럼 위험기피적 태도를 보이는 소비자의 효용함수 $u$는 강오목한 함수이다.

한편 [그림 5-13] (a)에서는 확실한 금액 소비로부터 얻는 효용을 나타내는 함수 $u$가 직선의 형태인 선형함수로 주어져 있다. 이와 같이 효용함수 $u$가 선형함수인 경우 확실하게 10억 원을 받는 복권 $l_1$의 기대효용인 점 $A$의 높이는 1/2의 확률로 5억 원, 1/2의 확률로 15억 원을 받는 복권 $l_2$의 기대효용인 점 $B$의 높이와 동일하게 된다. 이처럼 위험중립적 태도를 보이는 소비자의 효용함수 $u$는 선형함수이다.

[그림 5-13] (b)에서는 확실한 금액 소비로부터 얻는 효용을 나타내는 함수 $u$가 원점에 대해 강볼록한 함수로 주어져 있다. 이 경우 복권 $l_1$의 기대효용인 점 $A$의 높이는 복권 $l_2$의 기대효용인 점 B의 높이보다 낮게 된다. 이처럼 위험

**그림 5-14** 복권 $l_2$의 확실성등가와 위험 프리미엄

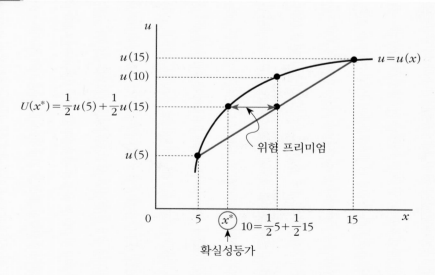

애호적 태도를 보이는 소비자의 효용함수 $u$는 강볼록함수이다.

소비자가 위험이 존재하는 어떤 대안과 무차별하다고 여기는 위험이 존재하지 않는 다른 대안을 '확실성등가'(certainty equivalence)라고 한다. 따라서 아래 [그림 5-14]에서 복권 $l_2$의 확실성등가는 $x^*$가 된다. '위험 프리미엄'(risk premium)은 위험이 존재하는 선택의 기대값과 그 확실성등가와의 차이를 말한다. 즉, 소비자가 확실한 선택을 포기하고 불확실성이 존재하는 선택을 하는 대가로 보상 받아야하는 금액을 나타낸다. 또는 소비자가 위험을 완전히 제거하기 위해 지불할 용의가 있는 금액을 나타낸다고 표현할 수도 있다. [그림 5-14]에서 복권 $l_2$의 위험 프리미엄은 $E(l_2)-x^*=10-x^*$가 된다.

## 5 불확실성하에서 최적 선택의 예

불확실성하에서 소비자가 어떻게 최적 선택을 하는지 살펴보기 위해 보험의 예를 분석하여 보자. 소비자는 가치가 $w$인 자산을 보유하고 있다. 이 소비자는 확률 $\pi$로 화재가 발생하여 자산 가치가 감소하는 상황과 확률 $1-\pi$로 화재가 발생하지 않는 두 가지 상황에 봉착할 수 있다. 논의의 편의를 위해 화재가 발생하지 않는 경우를 $g$(good time), 화재가 발생한 경우를 $b$(bad time)라 표기하자. 또한 화재가 발생하지 않는 경우의 자산가치를 $w_g$, 화재가 발생한 경우의 자산가치를 $w_b$라 하자. 화재가 발생한 경우의 소비를 $c_b$, 화재가 발생하지 않는 경우의 소비를 $c_g$라 하면 소비자의 소비묶음은 $c=(c_b, c_g)$로 표현할 수 있다.

소비자가 구매할 수 있는 화재보험은 다음과 같다. 화재가 발생하면 보험금 $K$를 지급받는 보험에 가입하기 위해서는 보험료 $\gamma K$를 일시불로 지불하여야 한다. 따라서 만약 소비자가 보험에 가입하지 않으면 소비묶음은 $c=w=(w_b, w_g)$가 된다. 반면 소비자가 보험금 $K$, 보험료 $\gamma K$인 보험에 가입하면 소비묶음은 $c'=(w_b+K-\gamma K, w_g-\gamma K)$가 된다.

이러한 상황에서 과연 소비자는 자신의 효용을 극대화하기 위해 어떤 화재보험을 택할까? 즉 얼마만큼의 보험료를 지불할까? 이를 분석하기 위해 우선 소비자의 예산집합 또는 예산선을 도출해 보자. 두 소비묶음 $c=(w_b, w_g)$와 $c'=(w_b+K-\gamma K, w_g-\gamma K)$은 소비자가 선택 가능한 소비묶음이며, 예산집합의 경계상에 있는 소비묶음이므로 두 소비묶음을 지나는 직선이 예산선이 된다. 따라서 예산선의 식은 다음과 같다.

$$c_g = w_g - \frac{\gamma}{1-\gamma}(c_b - w_b)$$

또는

$$\gamma c_b + (1-\gamma)c_g = \gamma w_b + (1-\gamma)w_g$$

[참고] $c_b$, $c_g$ 한 단위의 가격을 $p_b$, $p_g$라 하면, $p_b = \gamma$, $p_g = 1-\gamma$가 된다. 이는 기회
비용 개념을 적용하여 도출한 가격이다. 즉, 화재 발생 시 $K-\gamma K$만큼 더 소
비하기 위해서는 화재가 발생하지 않았을 때의 소비 $\gamma K$를 포기해야 하므로
$c_g$로 표현한 $c_b$ 한 단위의 가격은 $\frac{\gamma}{1-\gamma}$가 된다. 즉 상대가격이 $\frac{\gamma}{1-\gamma}$이므로
$p_b = \gamma$, $p_g = 1-\gamma$가 된다.

[그림 5-15]에서 보험료 $\gamma K$를 지불하고 보험을 구매하면 화재 발생 시 보험
금 $K$를 지급받는 형태의 보험을 통해서는 소비묶음 $c''$은 달성 불가능하다. 이는
빗금친 삼각형 $\triangle ABC$에 속하는 모든 소비묶음에 해당한다. 따라서 상기와 같
은 보험이 존재할 때 소비자의 예산집합은 다각형 $BcD0$가 된다.

소비자의 기대효용함수는 $U(c) = \pi u(c_b) + (1-\pi)u(c_g)$라고 하자. 소비자의
효용극대화를 그림으로 표현하면 [그림 5-16]과 같다. [그림 5-16]과 같이 기
대효용을 극대화하는 최적 선택 $c^*$는 기대효용함수의 무차별곡선과 예산선이
접하는 점이므로 다음의 조건이 성립한다.

**그림 5-15**      화재보험 존재시 예산집합

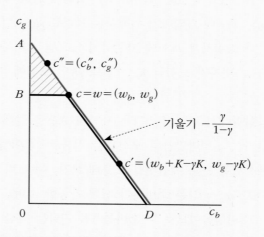

그림 5-16 효용극대화 소비묶음

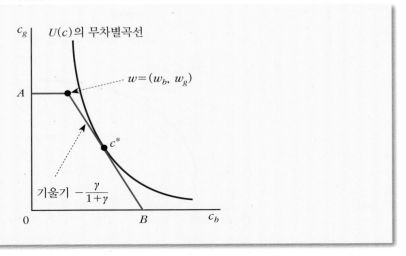

$$MRS_{bg} = \frac{MU_b}{MU_g} = \frac{\pi u'(c_b)}{(1-\pi)u'(c_g)} = \frac{\gamma}{1-\gamma}$$

이때 보험회사의 기대수익(expected profit)은 다음과 같다.

$$EP = \pi(\gamma K - K) + (1-\pi)\gamma K = \gamma K - \pi K$$

만약 보험회사의 기대수익이 0이 된다고(이 경우 "보험이 공정하다(fair)" 고 한다.) 가정하면, 위 식에서 $\gamma = \pi$가 성립한다. 따라서 효용극대화 조건에서 $\frac{\pi u'(c_b)}{(1-\pi)u'(c_g)} = \frac{\gamma}{1-\gamma} = \frac{\pi}{1-\pi}$이 성립하므로 소비자의 보험의 최적 선택 조건은 다음과 같다.

$$u'(c_b) = u'(c_g)$$

즉, 화재가 발생하였을 경우의 소비 1단위로부터 얻는 한계효용이 화재가 발생하지 않았을 경우의 소비 1단위로부터 얻는 한계효용과 동일해야 한다.

추가적으로 소비자가 위험 기피적이라고 가정 해보자. 즉 확실한 대안의 소비로부터 얻는 효용을 나타내는 함수 $u$가 [그림 5-17]과 같이 강오목함수라고 가정해 보자. 이 경우 소비가 증가하면 소비의 한계효용 $u'$은 감소한다. 즉, 그림에서와 같이 소비가 $c_b$에서 $c_g$로 증가하면 한계비용을 나타내는 접선의 기울기

그림 5-17    위험기피자의 최적 보험 선택

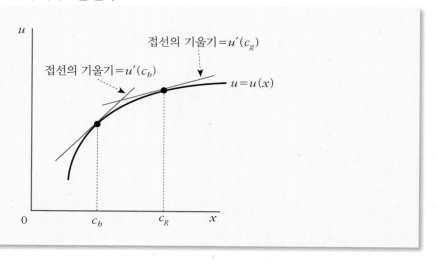

가 감소하게 된다.

따라서 소비자가 위험기피자일 경우 효용극대화의 조건 $u'(c_b)=u'(c_g)$이 성립하기 위해서는 $c_b=c_g$이어야 한다. 즉, $w_b+K-\gamma K=w_g-\gamma K$가 성립해야 한다. 따라서 $\gamma=\pi$인 경우에는 $K=w_g-w_b$인 보험, 즉, 보험금이 화재 발생 시 자산가치의 감소액과 동일한 보험을 보험료 $\gamma K$를 지불하고 구매하여야 한다.

## 6 분산투자(Diversification)

어떤 소비자가 현재(0기) 보유하고 있는 자산 100만원을 두 기업에 투자하려고 한다. 다음 기(1기)에는 두 가지 상황이 가능하다. 예를 들어, 상황 1은 비가 오는 경우($R$)이며, 상황 2는 비가 안 오는 경우($S$)라고 상정해 보자. 각각의 상황이 실현될 확률은 1/2이다. 이를 그림으로 표현한 것이 [그림 5-18]이다.

소비자는 우산을 제조하는 기업 $A$와 운동화를 제조하는 기업 $B$에 투자할 수 있다. 이때 소비자가 위험기피자라면 한 기업에 자신의 모든 자산을 투자하는 것보다는 두 기업에 분산 투자하여 위험을 줄임으로써 효용을 증가시킨다. 이에 대해 살펴보면 다음과 같다.

두 기업의 주식의 가격은 다음의 〈표 5-2〉와 같다고 상정해 보자. 만약 투자자가 두 기업에 분산 투자하여 주식을 각각 5주씩 구매한 경우, 기대수익을 구해보면 다음과 같다.

그림 5-18 · 1기에 가능한 상황과 발생 확률

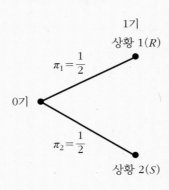

| | 0기 | 1기 | |
|---|---|---|---|
| | | 상황 1($R$) | 상황 2($S$) |
| 기업 A | 10만 원 | 20만 원 | 5만 원 |
| 기업 B | 10만 원 | 5만 원 | 20만 원 |

표 5-2
두 기업의 주식
1주 가격

$$\frac{1}{2}(5 \times 20 + 5 \times 5) + \frac{1}{2}(5 \times 5 + 5 \times 20) = 125$$

따라서 분산 투자한 경우에는 1기에 비가 오나, 안 오나 125만 원이 확실하게 보장된다.

반면 투자자가 자산을 모두 기업 $A$에 투자할 경우, 기대수익은 다음과 같다.

$$\frac{1}{2}(10 \times 20 + 0 \times 5) + \frac{1}{2}(10 \times 5 + 0 \times 20) = 125$$

자산을 모두 우산기업에 투자할 경우에 자산가치가는 1기에 비가 오면 200만 원, 안 오면 50만 원이 되며, 따라서 기대수익은 125만 원이 된다. 한편 자산을 모두 운동화기업에 투자할 경우에 자산가치가는 1기에 비가 오면 50만 원, 안 오면 200만 원이 되며 기대수익은 125만 원이 된다.

이와 같이 두 기업에 분산투자하는 경우와 한 기업에 전액을 투자하는 경우의 1기 기대수익은 모두 125만 원으로 동일하다. 하지만 분산투자의 경우에는 비가 오나 안 오나 125만원이 확실하게 보장되지만, 한 기업에 전액을 투자하는 경우에는 위험이 내포되어 있다. 즉, 비가 오는지 안 오는지에 따라 자산가치가 다르게 실현된다. 따라서 투자자가 위험기피적이라면 분산투자자를 통해 효용을 증대시킬 수 있다.

# 연습문제

**5-1** 다음 문장이 참인지 거짓인지를 답하시오. 만약 거짓이라면 그 이유나 예를 간략히 쓰시오.

(a) 각 기간의 소득은 외생적으로 주어져 있는 2기간 소비 모형에서 철수는 1기에 저축을 하고 있다고 하자. 만약 이자율이 하락하면 철수는 여전히 저축을 한다.

(b) 여가와 소득이 모두 정상재라고 하자. 만약 정부가 소득세를 10% 부과하면 노동시간은 감소한다.

**5-2** [그림 5-2]에서 여가가 열등재일 경우, 비근로 소득의 증가가 소비자의 여가 시간에 미치는 효과를 분석해 보시오.

**5-3** 철수의 노동공급 결정 모형이 다음과 같이 주어져 있다. 철수는 24시간을 여가($R$) 또는 노동($L$)에 사용한다. 시간당 임금은 1로 주어져 있다. 비근로 소득은 없으며, 근로소득은 소비($C$)에 사용한다. 소비($C$) 1단위의 가격은 1로 주어져 있다. 철수의 선호는 $u(C, R) = C \times R$로 표현된다.

(a) 철수의 무차별곡선과 예산집합을 그리고, 최적선택 $R$, $C$를 구하시오.

이제 정부가 철수에게 다음과 같이 근로소득세를 부과한다고 하자. 근로소득이 4보다 적으면 소득세율은 0이고, 근로소득이 4보다 크거나 같으면 소득세율은 50%이다.

(b) 위와 같이 근로소득세를 부과할 경우 철수의 무차별곡선과 예산집합을 그리고, 최적선택 $R$, $C$를 구하시오. 최적노동시간($C$)은 근로소득세 부과 이전과 비교하여 어떻게 변하는가? 철수로부터 받은 정부의 조세수입($T$)은 얼마인가?

이번에는 정부가 철수에게 다음과 같이 근로소득세를 부과한다고 하자. 위의 2)번에서 철수로부터 거두어들인 조세 수입과 동일한 액수 T를 정액세로 철수에게 부과한다고 하자.

(c) 위와 같이 근로소득세를 부과할 경우 철수의 무차별곡선과 예산집합을 그리고, 최적선택 $R$, $C$를 구하시오. 최적노동시간($C$)은 근로소득세 부과의 경우와 비교하면 어떻게 변하는가?

(d) 철수의 효용은 근로소득세부과의 경우와 정액세 부과를 비교할 때 어떤 경우가 더 큰가?

**5-4** [그림 5-3]에서 시간 당 임금 상승에 따른 여가의 가격효과를 대체효과와 소득효과로 분류하여 보시오.

**5-5** 당첨될 확률은 1/4이고, 당첨되면 100원을 주며 당첨되지 않으면 0원을 주는 $A$ 라는 복권이 있다. $B$는 금액이 25원인 확실한 자산이라고 하자. 영희가 확실한 자산으로부터 누리는 효용은 $v(x) = \sqrt{x}$라고 하자.

(a) 복권 $A$의 기대값과 기대효용을 구하시오.

(b) 영희의 위험에 대한 태도가 위험기피적임을 보이시오.

(c) 복권 $A$의 기대효용과 동일한 효용수준을 누리도록 보장해 주는 확실한 소득 액수를 구하시오.

(d) 영희는 복권 $A$와 확실한 자산 $B$ 중에서 어느 것을 더 선호하는지와 그 이유를 간략히 쓰시오.

**5-6** 소비자의 효용함수가 $u(c_1, c_2) = 2c_1 + c_2$일 때, 조삼모사(朝三暮四)에 대하여 논하시오.

**5-7** [그림 5-9]에서 이자율 상승에 따른 1기 소비의 변화를 대체효과와 소득효과로 구분하여 보시오.

**5-8** 이자율 상승에 따른 1기 소비의 대체효과는 항상 0보다 작거나 같음을 증명하시오. 즉, 1기 소비의 대체효과를 $\Delta c_1^S$라고 하면 $\dfrac{\Delta c_1^S}{\Delta r} \leq 0$임을 증명하시오.

**5-9** 본 교재는 불확실성 하에서 소비자의 최적 선택의 문제를 화재보험의 예를 들어 설명하였으며 그 과정에서 소비자는 위험기피적이라고 가정하였다. 지금까지 학습한 화재보험의 예에서 만약 소비자는 위험중립적이고 보험은 공정한(fair) 경우, 기대효용을 극대화하기 위해서는 어떤 보험을 구매해야 하는지 서술하시오.

# 기업의 선택과 공급

제6장 생산과 비용

제7장 이윤극대화와 공급

제8장 전략적 선택

Part III에서는 공급의 주체인 기업의 행동에 대하여 학습한다. 우선 기업의 생산능력과 비용의 관계를 설명하고, 이윤극대화 과정으로부터 기업의 공급함수를 도출한다. 8장은 전략적 상황에 대한 분석 방법으로서 게임이론을 소개한다. 이것은 기업의 선택에만 적용되는 것은 아니지만 나중에 배우는 과점이론에 특히 유용하게 활용되기 때문에 여기서 학습한다.

🔍 제6장의 개요

　시장이 어떻게 작동하는지를 이해하려면 소비자 선택에 근거한 수요이론과 더불어 기업이 주체가 되는 공급이론도 알아야 한다. 우선 기술이 어떻게 생산함수로 표현되고 어떠한 성질을 가지는지 알아본다. 다음으로 어떤 수준의 생산량을 선택한다는 전제하에 그것을 생산하기 위해서 비용을 극소화하는 요소량을 어떻게 결정하는지를 볼 것이다. 그 결과 비용함수를 도출한다.

# 6

# 생산과 비용

6.1   생산함수
6.2   비용
연습문제

## 6.1 생산함수

기업은 생산의 주체이다. 가령 자동차를 생산하는 기업은 철강, 플라스틱, 노동 등을 투입하여 자동차를 만들어 낸다. 여기서 투입하는 것을 투입요소(input factor) 또는 단순히 요소라 부르며 산출되는 것을 생산물(output)이라 부른다. 따라서 생산은 투입요소를 생산물로 전환하는 과정이다. 기업은 생산을 수행할 수 있는 능력을 가지고 있으며 그 능력이 기술(technology)이다. 따라서 기업은 생산을 위한 기술을 보유한 주체로 이해할 수 있으며, 기업들마다 다양한 기술을 가질 수 있고 생산의 능력도 다를 수 있다. 한 기업이 가지는 기술의 성격과 능력은 생산함수(production function)로 표현될 수 있다. 생산함수는 어떤 요소를 얼마만큼 투입하여 얼마만큼의 생산물을 만들어낼 수 있는지를 보여준다. 그리고 그것을 그림으로 표현한 것을 생산곡선이라 한다. 예를 들어, [그림 6-1]은 하나의 요소를 투입하여 하나의 생산물을 생산하는 특정한 생산곡선을 보여준다. 수평축은 투입요소를, 수직축은 생산물을 나타낸다.

곡선의 높이는 기업이 특정한 요소의 양을 투입할 때 산출할 수 있는 생산물의 최대의 양을 의미한다. 가령, $l_0$을 투입하면 생산물을 최대 $q_0$만큼 만들어 낼 수 있다. 이 곡선의 높이와 모양이 이 기업이 가지고 있는 기술의 성격을 나타

### 그림 6-1  생산곡선

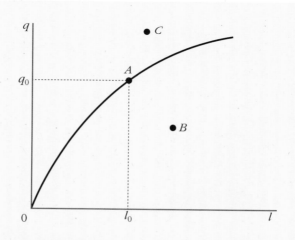

낸다. 그림에서 임의의 점은 투입량과 산출량의 묶음을 나타내며 이를 하나의
생산계획(production plan)이라 부른다. 곡선의 아래 또는 곡선 상의 점(가령,
점 *B* 또는 점 *A*)은 이 기업이 실현할 수 있는 생산계획이며, 곡선보다 위에 위
치한 점(가령, 점 *C*)은 실현할 수 없는 생산계획이다. 곡선 아래의(곡선상의 점
들을 포함하여) 달성가능한 생산계획의 영역을 생산집합(production set)이라
부른다. 따라서 한 기업의 기술은 생산함수로 표현할 수도 있고 생산집합으로
표현할 수도 있다. 그림에서 점 *B*는 생산곡선 아래에 위치하는 점으로서 더 많
은 양의 생산이 가능함에도 불구하고 그보다 작은 양을 생산하는 활동을 의미한
다. 주어진 요소를 충분히 활용하지 못하고 있다는 점에서 이 경우 기술적 비효
율성(technical inefficiency)이 발생한다고 말한다. 반면에 곡선 상의 점 *A*는 기
술적 효율성을 달성하고 있다.

일반적으로 한 기업은 여러 요소를 투입하고 여러 생산물을 만들어 낸다. 가
령 한 기업이 다양한 요소를 투입하여 경차, 고급승용차, 버스, 트럭 등 다양한
차를 생산한다. 우리는 논의의 단순화를 위하여 기업은 하나의 생산물만 만든다
고 가정한다. 가령 한 종류의 자동차만 생산하는 것이다. 요소의 경우에는 요소
간 대체 가능성을 이해하기 위해 두 개의 요소가 필요한 것으로 가정한다. 그리
고 두 요소를 노동과 자본이라 둔다. 이 경우 생산함수는 다음과 같다. $q$는 생산
물의 양, $l$과 $k$는 각각 노동과 자본의 양이다.

$$q = f(l, k)$$

이 함수는 특정한 노동과 자본의 양을 투입할 때 최대로 산출할 수 있는 생산
물의 양을 의미한다. 기업은 각 요소의 양을 결정하게 되는데, 요소마다 얼마
나 짧은 시간에 그 양을 변동할 수 있느냐하는 면에서 다를 수 있다. 통상 노동
은 단기간에 변동이 가능하지만 생산설비와 같은 자본은 그렇지 못하다. 이러한
이유에서 단기와 장기를 구분해 볼 수 있다. 즉, 단기의 상황은 일부 요소의 양
이 변동될 수 없는 경우이고 장기는 모든 요소가 변동가능한 경우이다. 단기에
서 변동가능한 요소를 가변요소(variable input)라 하고, 변동이 가능하지 않은
요소를 고정요소(fixed input)라 부른다. 여기서 주의할 점은 단기와 장기는 생
산활동이 일어나는 시간의 물리적 차이를 의미하는 것이 아니라는 점이다. 생산
과정을 논의하면서 우리는 암묵적으로 일정한 기간, 가령, 한 달 또는 일 년을

전제로 하고 있다. 단기나 장기 상황 모두에서 우리가 고려하는 기간의 물리적 길이는 동일하다. 다만, 단기 상황은 현재 생산 계획을 수립하는 시점에서 볼 때 가까운 미래의 기간, 가령, 지금부터 한 달을 의미하고, 장기의 상황은 먼 미래의 어떤 한 기간, 가령, 일 년 후의 한 달을 의미한다. 가령 생산설비를 현재 기업이 보유한 것보다 늘리고자 해도 공사 기간 등으로 상당한 시간이 걸린다. 따라서 단기의 생산 계획은 생산설비가 고정되어 있으면서 노동량을 결정하는 문제가 된다. 반면에, 미래의 생산 계획을 수립할 때에는 생산설비도 변동가능하다. 아래에서는 단기와 장기를 나누어 생산함수의 여러 성질에 대해 설명한다.

## ■ 단기생산함수

단기생산함수는 $q = f(l, \bar{k})$로 표현할 수 있다. $\bar{k}$는 특정한 자본의 양으로서 고정되어 있다. 따라서 생산함수는 사실상 가변요소인 $l$과 생산량 $q$간의 관계를 나타낸다.

생산함수의 모양을 보면 기술의 성격을 알 수 있다. 일반적으로 생산함수가 어떤 모양을 가질지는 단정할 수 없으며 산업 또는 기업마다 다를 수 있다. [그림 6-2]는 하나의 사례로서 제시한 특정한 단기생산곡선이다. 그림의 생산곡선의 모양을 보자. 우선 노동이 증가함에 따라 생산량은 증가한다. 이러한 경우 생산함수는 노동에 대하여 단조적(monotonic)이라 한다. 경우에 따라서는 일정 수준 이상의 노동 투입은 오히려 생산활동을 방해해서 노동이 증가할 때 생산량이 감소하는 것도 가능하다. 하지만 더 많은 요소를 투입하면 더 많은 생산물을 산출할 수 있는 경우가 일반적이므로, 아래의 논의에서 생산함수는 단조적이라 가정한다.

한 단위의 노동을 증가시킴에 따라 생산량이 증가하는 정도를 노동의 한계생산(marginal product of labor, $MP_L$)이라 한다. 즉, $MP_L = \dfrac{df(l, \bar{k})}{dl}$이다. [그림 6-2]에서 노동의 한계생산($MP_L$)은 생산곡선의 접선의 기울기가 된다. 노동의 양이 0부터 증가할 때 처음에는 생산량이 추가적으로 증가하는 정도가 점점 커지지만, 일정 수준을 초과하면 그 정도가 감소한다. 노동의 한계생산은 노동이 생산에 얼마나 기여하는지를 말해준다. 각 노동량에서의 한계생산을 표현한 것이 [그림 6-2]의 곡선 $MP_L$이다. 한계생산 곡선을 보면 노동량이 $l_1$일 때까지 한계생산이 증가하다가 그 이후에는 감소한다. 한계생산이 최대가 되는 점 $B$는 생

그림 6-2        생산함수

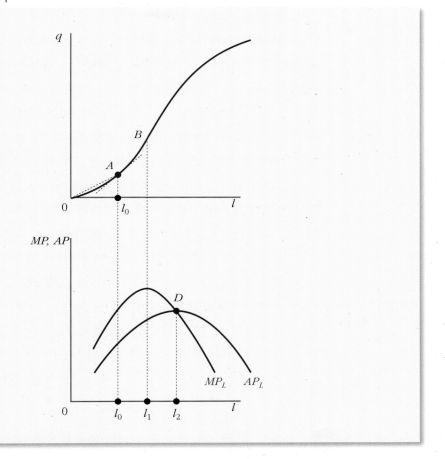

산곡선의 변곡점이다. 노동량이 작을 때 한계생산이 노동량에 대해 증가함수인 이유 중 하나로 분업의 효과를 들 수 있다. 한 사람이 투입되는 경우 모든 생산 공정을 혼자 수행해야 한다. 추가로 한 사람이 더 투입된다면 각자 모든 공정을 수행하는 대신 전체 공정을 적절히 둘로 나누어 각자 일부의 공정만 맡아 수행할 수 있다. 이렇게 하면 전체 생산량이 한 사람이 생산하는 양의 두 배 이상이 될 수 있다. 이것이 아담스미스가 못 공장에서 관찰한 분업의 효과이다.

하지만 노동량이 많아지면 분업의 효과는 점차 줄어드는 반면, 추가적으로 투입되는 노동이 생산에 기여하는 정도는 일반적으로 감소한다. 그 이유는 생산은 노동과 자본이 결합되어 이루어져야 하는데 자본량이 고정되어 있기 때문이다. 가령, 농업 생산에서 농기구는 한정되어 있는데 투입되는 농부의 수만 증가한다면, 한정된 농기구를 더 많은 사람들이 같이 이용해야 하므로 농부 한 사람의 생산에 대한 기여도는 감소할 것이다. 이러한 현상을 한계생산 체감의 법칙(law of diminishing marginal product)이라 부른다. 이것은 이론적으로 반드시 성립해야 하는 법칙이라기보다는 많은 기업에서 실증적으로 관측되는 현상이다.

한계생산과 더불어 또 다른 유용한 개념은 평균생산이다. 어떤 노동량에서의 평균생산(average product, $AP_L$)은 생산량을 노동량으로 나눈 값이다. 즉, 노동의 평균생산($AP_L$)은 $AP_L = \dfrac{f(l, \bar{k})}{l}$이다. 이것은 노동 한 단위가 평균적으로 얼마의 생산물을 만들어내느냐는 것을 말해준다. 그림에서 $l = l_0$의 경우 평균생산은 곡선상의 점인 $A$와 원점을 잇는 직선의 기울기(직각삼각형 $A0l_0$의 밑변분에 높이)가 된다. 각 노동량에서의 노동의 평균생산은 아래 $AP_L$로 표현된다. 평균생산도 일정 수준까지는 노동의 증가에 따라 증가하다가 그 이후에는 감소함을 알 수 있다. 평균생산과 한계생산은 흥미로운 관계를 가진다. 평균생산이 증가하는 영역, 즉, $l < l_2$인 경우에는 한계생산이 평균생산보다 커서 그림에서 보듯이 한계생산 곡선이 평균생산 곡선보다 위에 위치한다. 반대로 평균생산이 감소하는 영역에서는 한계생산이 평균생산보다 작아서 아래쪽에 위치한다. 그리고 평균생산이 최대가 되는 점 $D$를 한계생산곡선이 통과한다. 즉, 한계생산과 평균생산이 같다. 이러한 관계는 [그림 6-2]의 특수한 생산함수에서만 성립하는 것이 아니라 어떤 형태라도 성립하는 일반적인 성질이다.

예제 6-1 $q = l^2$, $q = \sqrt{l}$, $q = 5l$의 각 생산함수에서 한계생산과 평균생산을 구하고 그림으로 표현하시오.

## 2 장기생산함수

장기에는 노동과 자본이 모두 가변적이고, $q = f(l, k)$가 기업의 장기생산함수가 된다. 이 함수에는 세 개의 변수가 있기 때문에 생산함수를 2차원 그림으로 표현하는 것은 불가능하며, 3차원 공간에서 산과 같은 형태로 표현될 수 있다. 노동과 자본을 축으로 하는 밑면의 2차원 공간에서, 임의의 점 $(l, k)$를 요소묶음(input bundle)이라 한다. 임의의 점에서 산의 높이가 그 요소묶음을 투입할 때 산출되는 최대의 생산량이다.

[그림 6-3]은 요소묶음의 공간에서 생산함수의 모양을 등고선으로 표현한 것

그림 6-3　등량곡선과 한계기술대체율

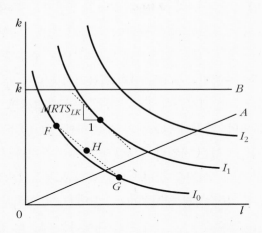

으로서, 소비자의 효용함수를 무차별지도로 파악하는 것과 마찬가지이다. 이 공간에서 동일한 생산량을 산출하는 요소묶음의 집합을 등량곡선(isoquant)이라 하고 여러 개의 등량곡선을 그림으로 나타낸 것을 등량지도(isoquant map)라 한다. [그림 6-3]에서 $I_0$, $I_1$, $I_2$가 각각 다른 생산량에 해당하는 등량곡선이다. 생산함수가 각 요소에 대해 단조성이 충족된다고 가정하였으므로, 위쪽 또는 오른쪽에 위치하는 등량곡선일수록 더 높은 생산량에 해당한다. 또한 무차별곡선의 경우와 마찬가지로 등량곡선은 반드시 음($-$)의 기울기를 가지며, 임의의 두 등량곡선은 교차할 수 없다.

한편, 단기생산함수와 장기생산함수는 어떤 관계를 가지는가? 가령, [그림 6-3]에서 자본의 양이 $\bar{k}$로 고정되어 있다고 하자. 그러면 선분 $\bar{k}B$를 따라 장기생산함수를 나타내는 가상적인 산을 잘랐을 때의 단면도가 바로 $\bar{k}$에서의 단기생산함수가 된다.

[그림 6-3]에서 등량곡선이 음($-$)의 기울기를 가진다는 것은 특정한 생산량을 산출할 수 있는 방법이 하나만 있는 것이 아니라는 것을 의미한다. 가령, 점 $G$를 점 $F$와 비교해보면 노동량이 큰 반면 자본량이 작다. 노동을 줄이면 생산량이 감소하지만 대신 자본량을 늘린다면 생산량이 다시 원래의 수준으로 회복될 수 있다. 즉, 노동의 역할을 자본으로 대체한다고 말할 수 있다. 등량곡선의 기울기는 두 요소가 얼마의 비율로 대체될 수 있는지에 대한 정보를 담고 있다. 그러한 대체의 정도를 한계기술대체율로 나타낸다. 노동에 대한 자본의 한계기

술대체율(marginal rate of technical substitution, $MRTS_{LK}$)은 한 요소의 양을 한 단위 감소(증가)시킴에 따라 원래의 생산량을 유지하기 위해서 늘려야(줄여야) 하는 다른 요소의 양을 말한다. 이것은 소비자 이론에서의 한계대체율에 상응하는 개념이다. 보다 엄밀하게 임의의 요소 묶음에서의 한계기술대체율은 그 점을 통과하는 등량곡선의 접선의 기울기가 된다.

통상적으로 한계기술대체율은 등량곡선의 접선의 기울기에 음의 부호를 붙여서 정의되며, 따라서 단조성의 가정 하에 양(+)의 값이 된다. 그리고 접선이 가파를수록 그 값은 커진다. [그림 6-3]에서 등량곡선은 원점에 대해 볼록한 형태를 띠고 있다. 이것은 등량곡선을 따라 노동을 늘리고 자본을 줄이면 한계기술대체율의 값이 점점 작아진다는 것이다. 그 의미는 등량곡선을 따라 오른쪽 아래로 이동할수록 노동 한 단위를 대체하는 자본의 양이 점점 작아진다는 것이다. 이러한 성질을 한계기술대체율이 체감(diminishing $MRTS$)한다고 말한다. 이런 성질을 달리 해석해보자. 그림에서 $F$와 $G$는 동일한 생산량을 달성한다. $H$는 두 점을 잇는 선분의 중간에 위치하는 점이다. 한계기술대체율이 체감하면 $H$는 등량곡선 $I_0$보다 위쪽에 위치하므로 더 큰 생산량을 달성한다. 이런 의미에서 한계기술대체율 체감은 어느 한 요소는 많고 다른 요소는 적은 경우보다 두 요소 모두 적당한 수준일 때 더 많은 양을 생산할 수 있다는 것으로 해석될 수 있다.

### 3 한계기술대체율과 한계생산의 관계

다시 [그림 6-3]의 $F$와 $G$를 보자. $G$에서는 $F$보다 상대적으로 노동이 더 크고 자본이 더 작다. $G$에서 한계기술대체율이 더 작다는 것은 상대적으로 풍부한 요소인 노동을 한 단위 감소시킬 때, 생산량을 회복하기 위해서는 상대적으로 희소한 요소인 자본을 조금만 늘려도 된다는 것이다. 직관적으로, 어떤 요소의 양이 작을 때에는 생산량 증가에 크게 기여하지만 그 요소의 양이 커질수록 기여의 정도가 작아진다면 이런 성질이 나타날 것 같다. 한 요소의 기여도를 한계생산으로 보자면 한계기술대체율 체감은 각 요소의 한계생산이 체감할 때에만 성립할 것 같다. 하지만 일반적으로 한계생산 체감과 한계기술대체율 체감 간에는 이러한 관계가 성립하지 않는다. 한계생산 체감은 어느 한 요소의 기여도에 관한 것이지만 한계기술대체율 체감은 두 요소의 기여도가 어떠한 관계를 가지느

냐에 관한 것이기 때문이다. 일반적으로 임의의 요소묶음에서 한계기술대체율
과 한계생산은 다음의 관계를 가진다.

$$MRTS_{LK} = \frac{MP_L}{MP_K}$$

이 관계는 다음과 같이 이해할 수 있다. 임의의 요소묶음에서 노동을 한 단위
감소시켰다고 하자. 그러면 생산량이 $MP_L$만큼 감소한다. 이 만큼 다시 생산량
을 늘리기 위해서는 자본을 얼마나 늘려야 하는가? 그 크기가 바로 한계기술대
체율이다. 자본을 $MRTS_{LK}$만큼 증가시킬 때 생산량은 $MP_K \times MRTS_{LK}$ 만큼 증가
한다. 늘리는 자본의 한 단위 한 단위가 $MP_K$만큼씩 생산량을 증가시키기 때문
이다. 처음의 생산량을 회복해야 하므로 노동 감소에 의한 생산량 감소와 자본
증가에 의한 생산량 증가의 크기가 같아야 한다. 즉, $MP_L = MP_K \times MRTS_{LK}$이어
야 하고, 따라서 $MRTS_{LK}$는 $\frac{MP_L}{MP_K}$와 같게 된다.

**예제 6-2** 생산함수가 $q=lk$라 하자. 요소묶음 $(10, 20)$에서의 한계기술대체율을 구
하시오.

## 4 규모에 대한 수익

생산함수의 또 다른 중요한 성질이 규모에 대한 수익(returns to scale)이다.
이 성질은 모든 투입요소를 같은 비율로 증가시켰을 때 생산량이 요소보다 더
높은 비율로 증가하는가 또는 낮은 비율로 증가하느냐에 관한 것이다. 가령 어
떤 요소 묶음$(l, k)$에서 두 요소 모두 두 배로 증가시켰다고 하자. 단조성으로
생산량도 증가할 것인데 생산량이 두 배 이상 증가할 수도 있고 이하로 증가할
수도 있다. 전자의 경우에는 규모 수익 체증(increasing returns to scale)이라 하
고 후자의 경우에는 규모 수익 체감(decreasing returns to scale)이라 하며, 정
확하게 두 배로 증가할 때 규모 수익 불변(constant returns to scale)이라 한다.
규모 수익 체증은 기업이 생산규모를 증가시킬 때 얻어지는 특화와 분업의 효과
에 기인할 수 있다. 가령 자동차 생산 규모가 크면 컨베어벨트를 이용한 생산이
가능해져서 요소 증가에 따라 생산량이 더 크게 증가할 수 있다. 이 경우에는

일정 수준의 생산량을 여러 개의 소규모 기업들이 나누어 생산하는 것보다 하나의 큰 기업이 생산하는 것이 더 유리하다. 가령 두 기업이 각각 $(l_1, k_1)$과 $(l_2, k_2)$를 투입하여 생산하는 생산량의 합보다 한 기업이 $(l_1+l_2, k_1+k_2)$을 투입하여 생산하는 생산량이 더 크다. 한편, 기업의 규모가 커지면 기업 내 구성원 간의 정보전달이 어렵고 의사결정이 지연될 수 있으며 그 결과 규모 수익이 체감할 수 있다. 이때에는 하나의 큰 기업보다는 여러 개의 작은 기업들이 나누어 생산하는 것이 더 유리하다.

규모에 대한 수익은 그림 상의 생산곡선 모양에 대해 무엇을 말해주는가? 앞의 [그림 6-3]에서 원점에서 뻗어 나가는 직선 $OA$를 보자. 이 선을 따라서 생산함수를 나타내는 3차원 도형을 잘랐다고 하자. 규모에 대한 수익은 그 단면의 모양이 어떠냐는 것에 관한 것이다. [그림 6-4]과 같이 규모수익 불변의 경우에는 직선이고, 규모수익 체증의 경우에는 점점 더 가파르게 증가하는 형태가 되고, 규모 수익 체감의 경우에는 기울기가 점점 더 작아지면서 증가한다.

규모에 대한 수익은 한계생산과 다른 개념이다. 한계생산 체감 또는 체증은 어느 한 요소만을 증가시켰을 때 생산량이 어떻게 증가하느냐(점차 더 크게 증가하는지, 더 작게 증가하는지 또는 일정하게 증가하는지)에 관한 것인 반면, 규모에 대한 수익은 모든 요소를 같은 비율로 증가시킬 때 생산량이 어떻게 증가하느냐에 관한 것이다. 일반적으로 한계생산 체감과 규모수익 체감 간에는 아

**그림 6-4**     규모에 대한 수익

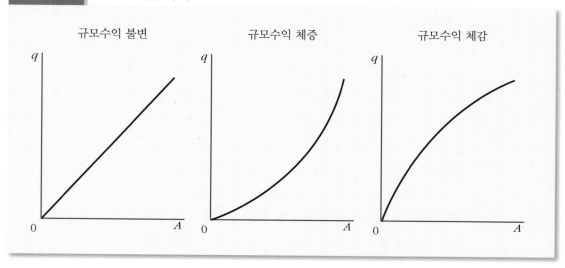

무런 관계가 없다. 또한 규모에 대한 수익은 한계기술대체율과도 다른 개념이다. 한계기술대체율은 생산량을 일정하게 유지하면서 요소의 양을 변경하는 경우에 두 요소의 관계에 관한 것인 반면, 규모에 대한 수익은 모든 요소를 변경하여 생산량도 따라서 변할 때 일어나는 현상에 관한 것이다.

**예제 6-3** 생산함수가 $q=l^{\alpha}k^{\beta}$, $\alpha>0$, $\beta>0$이라 하자. 규모수익 체감이 될 조건은 무엇인가? 이것을 이용해서 요소의 한계생산이 체감하더라도 규모수익이 체증할 수 있음을 보이시오.

　　지금까지 장기생산함수에 대해 한계생산, 한계기술대체율, 규모에 대한 수익, 세 가지 성질을 설명하였다. 아래의 [그림 6-5]은 세 성질간의 관계를 보여준다. 특정 요소의 한계생산이 체감하느냐 또는 체증하느냐는 것은 그림에서 직선 $S_1$ 또는 $S_2$의 방향으로 움직일 때 생산함수를 나타내는 산의 경사가 점점 작아지느냐 또는 커지느냐는 것이다. 한계기술대체율이 체감하느냐 또는 체증하느냐는 것은 등량곡선을 따라 오른쪽 아래로 움직일 때 $S_3$와 같은 접선의 기울기가 점점 작아지느냐 또는 커지느냐는 것이며, 마지막으로 규모수익 체감이냐 또는 체증이냐는 것은 $S_4$의 방향으로 움직일 때 산의 경사가 점점 작아지느냐 또는 커지느냐는 것이다.

**그림 6-5**　한계생산, 한계기술대체율, 규모에 대한 수익의 관계

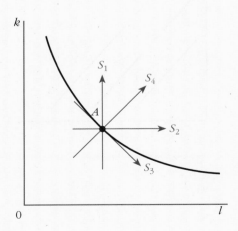

## 5 특수한 생산함수

위에서는 등량곡선이 음의 기울기를 가지면서 원점을 향해 휘어져 있는 부드러운 곡선인 경우를 보았다. 여기서는 특수한 생산함수의 몇 가지 예를 보자.

### (1) 완전대체적 생산함수(prefect substitutes production function)

[그림 6-6]에서 등량곡선은 직선이고 모든 등량곡선은 평행이다. 모든 요소 묶음에서 한계기술대체율이 동일하여, 두 요소가 항상 일정한 비율로 대체될 수 있다. 가령 자동차 생산에서 항상 로봇 1개와 노동자 5명이 동일한 과업을 수행할 수 있다고 하자. 그러면 노동자의 한계기술대체율은 항상 로봇 0.2개가 된다. 이 경우 두 요소는 완전대체재(perfect substitutes)라 하며, 일반적으로 생산함수는 다음의 형태가 된다.

$$q = al + bk, \ a > 0, \ b > 0$$

이때 $MRTS_{LK} = -\dfrac{dk}{dl} = \dfrac{a}{b}$ 이다.

| 그림 6-6 | 완전 대체재 |

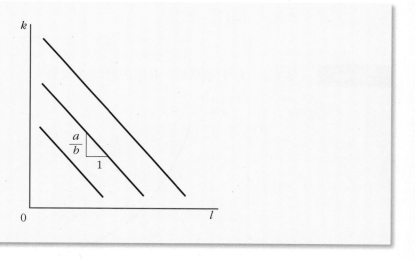

완전보완적 생산함수

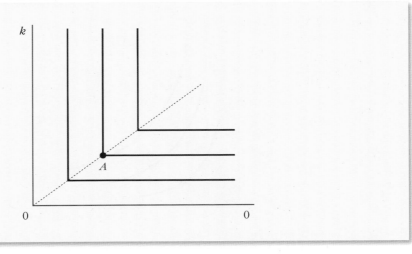

## (2) 완전보완적 생산함수(perfect complements production function)

[그림 6-7]는 두 요소가 항상 일정한 비율로 투입되어야 생산이 가능한 경우이다. 가령 $A$에서 노동이 한 단위 감소하면 자본을 아무리 늘려도 원래의 생산량을 달성할 수 없다. 이 경우 두 요소는 완전보완재(perfect complements)가 된다. 가령, 두 화학성분을 일정 비율로 결합해야만 약효가 나오는 경우나, 자전거 바퀴와 몸체의 결합이 이러한 예가 된다. 이 경우 생산함수는 다음과 같은 형태가 된다.

$$q=\min\{al,\ bk\},\ a>0,\ b>0$$

여기서 노동과 자본은 $b:a$의 비율로 결합된다. 함수 $\min\{x,\ y\}$는 $x$와 $y$ 중에서 작은 값을 의미한다.

## (3) 콥-더글러스(Cobb-Douglas) 생산함수

위의 두 경우는 두 요소의 관계가 극단적으로 대체 또는 보완재인 경우이며 그 중간에 해당하는 생산함수의 하나의 예가 콥-더글러스(Cobb-Douglas) 생산함수이다. 이 함수는 다음과 같이 표현되며 등량지도는 [그림 6-8]과 같다.

$$q=Al^{\alpha}k^{\beta},\ \alpha>0,\ \beta>0$$

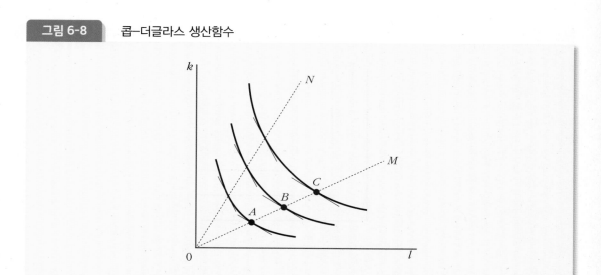

**그림 6-8**  콥–더글라스 생산함수

등량곡선이 어떤 모양인가를 보기 위하여 임의의 점에서 한계기술대체율을 구해보자. 각 요소에 대한 한계생산은 다음과 같다.

$$MP_L = \alpha A l^{\alpha-1} k^{\beta}, \ MP_K = \beta A l^{\alpha} k^{\beta-1}$$

한계기술대체율은 두 한계생산의 비율이므로 다음과 같다.

$$MRTS_{LK} = \frac{MP_L}{MP_K} = \frac{\alpha}{\beta} \frac{k}{l} \tag{6-1}$$

어떤 요소묶음에서 등량곡선을 따라 노동을 늘리고 자본을 줄인다고 해보자. 그러면 $\frac{k}{l}$은 감소하며, 식 (6-1)에서 알 수 있듯이 $MRTS$도 감소한다. 즉, 한계기술대체율이 체감한다. 그러므로 등량곡선은 [그림 6-8]에서처럼 원점에 대해 볼록한 모양이 된다. 이 경우, $\frac{k}{l}$의 값이 동일한 모든 요소묶음에서 한계기술대체율은 동일하다. 따라서 그림과 같이 원점으로부터 뻗어가는 임의의 직선(가령, 직선 $0M$) 상에 있는 모든 요소묶음에서 한계기술대체율이 동일하며, $A$, $B$, $C$에서 등량곡선의 접선은 평행이 된다. 다음의 예제는 한계생산체감과 한계기술대체율체감이 일정한 관계를 가지지 않는다는 것을 보여준다.

## (4) CES 생산함수

다음과 같은 형태의 생산함수를 'CES 생산함수'(constant elasticity of substitution production function)라 한다.

$$q = (\alpha l^{-\rho} + (1-\alpha)k^{-\rho})^{-\frac{1}{\rho}}, \ 0 < \alpha < 1, \ \rho \geq -1$$

CES 생산함수는 $\rho$의 값에 따라 다양한 함수형태가 된다. $\rho = -1$이면 완전대체적 생산함수가 되며, $\rho$가 0에 수렴하면 콥-더글라스 생산함수가 된다. 한편, $\rho$가 무한대로 증가하면 완전보완적 생산함수가 된다.

**예제 6-4**  생산함수가 $q = l^\alpha k^\beta$, $\alpha > 0$, $\beta > 0$이라 하자. 임의의 요소묶음에서 한계기술대체율이 체감함을 보이시오. 한편 어떤 경우에 노동의 한계생산과 자본의 한계생산이 체감하고 어떤 경우에 체증하는가?

# 6.2 비용

여기서는 기업이 요소의 투입량을 결정하는 과정을 설명한다. 기업은 생산량도 결정한다. 하지만 두 결정을 분리하여 접근하는데, 우선은 생산량이 정해졌다고 가정하고 그 생산량을 결정하기 위해서 요소 투입량을 어떻게 결정하느냐는 문제를 먼저 보는 것이다. 생산량이 고정되어 있다면 기업은 어떤 목적에서 요소 투입량을 결정할 것인가? 다음 7장에서 자세히 설명하겠지만, 이윤은 기업이 생산물시장에서 벌어들이는 금액에서 요소 투입에 소요되는 금액을 뺀 것이다. 즉, 이것이 기업에 남는 돈이라 할 수 있다. 따라서 기업은 이윤을 극대화한다. 그런데 생산물시장에서 버는 금액은 얼마나 생산하느냐에 의해서 결정되는 것이지 어떤 요소를 얼마나 생산과정에 투입하느냐는 것과 무관하다. 그러므로 생산량이 고정되어 있을 때 이윤의 극대화는 결국 비용의 극소화가 된다. 즉,

비용이 가장 낮아지도록 요소를 결정하는 문제가 된다. 비용극소화 문제의 결과 극소화된 비용을 비용함수(cost function)라 한다. 비용함수는 생산량의 함수로 서, 주어진 생산량을 생산하기 위한 최소한의 비용 수준을 의미한다. 앞 절에서 는 생산함수를 단기와 장기로 나누어 보았듯이 여기서도 단기와 장기로 나누어 단기비용함수와 장기비용함수를 도출한다.

여기서 비용의 개념에 대해 주의해야 할 점이 있다. 여기서 말하는 비용은 요 소를 구입하기 위하여 기업이 실제 지출하는 금액을 말하는 것이 아니다. 실제 지출한 것을 회계적 비용이라 할 수 있다. 이와 구분되는 경제적 비용은 기회비 용(opportunity cost)이다. 일반적인 선택의 상황에서 어떤 한 대안의 기회비용 은 그 대안을 선택함으로써 포기해야 하는 다른 기회에 얻을 수 있었을 이득이 다. 다른 여러 대안이 있다면 그 중 가장 이득이 큰 대안을 선택했을 때 얻을 수 있었을 이득이다.

우리는 기업이 생산을 위해 요소 투입량을 결정하는 상황을 보고 있다. 한 요 소를 생산에 투입할 때의 기회비용은 그렇게 하지 않았을 때 얻을 수 있었을 이 득이 된다. 가령 어떤 기계나 노동을 고용하기 위해 실제 돈을 지불하였다면 그 지출은 기회비용이 된다. 고용하지 않으면 그만큼의 지출액이 기업에 남기 때 문이다. 한편 실제 지출이 발생하지 않더라도 생산에 투입된 요소가 있다면 그 요소의 기회비용도 포함해야 한다. 가령 어떤 사람이 음식점을 차리고 자신도 그 음식점에서 종업원들과 같이 일을 한다고 하자. 이 경우 자신은 음식점이 버 는 금액에서 지출을 빼고 남는 것을 갖게 된다. 자신은 임금을 받는 피고용자가 아니다. 그러나, 이 사람이 이 음식점에서 일하는 대신 다른 곳에 고용되어 임 금을 벌수도 있었다면, 그것이 바로 기회비용이고 이 음식점의 경제적 비용에 포함되어야 한다. 실제로 자신에게 임금을 준 것은 아니지만 자신의 차선의 대 안에서 벌 수 있었을 만큼은 비용이 되는 것이다.

자본의 경우도 마찬가지이다. 가령 두 사람이 각각 1억원을 투자하여 각자 음식점을 차렸다고 하자. 그런데 한 사람은 그 돈을 은행에서 빌려서 매년 5%, 즉, 5백만원씩 은행에 이자를 낸다. 다른 한 사람은 자신이 가지고 있었던 1억 원으로 음식점을 차렸다. 실제 지출을 고려하면 첫 번째 사람의 경우 매년 5백 만원의 지출이 발생하지만 두 번째 사람에게는 그런 지출이 없다. 따라서 두 사 람의 회계적 비용은 다르다. 하지만 두 번째 사람의 경우에도 경제적으로 비용 이 발생한 것이다. 왜냐하면 자신이 가지고 있던 1억원을 은행에 예금하거나 다른 사람에게 빌려주면 매년 이자를 벌 수 있었는데 그런 기회를 포기했기 때문이다. 가령 그 사람도 매년 5백만원을 이자로 벌 수 있었다면 두 사람에게 경제적 비용은 같다.

## 1 단기비용함수

단기에는 자본이 $k$로 주어져 있다고 하자. 노동과 생산량의 관계는 단기생산함수에 의해 표현된다. 이것이 [그림 6-9]의 왼쪽과 같다고 하자. 오른쪽의 그림은 생산함수의 역함수로서 임의의 생산량을 생산하기 위해 필요한 최소 노동량을 나타내며, 이 함수를 생산량의 함수로서 $l_S(q, \overline{k})$라 표현하자. 하첨자 $S$는 단기(short run)를 의미한다. 이것을 노동에 대한 조건부 요소수요(conditional factor demand)라 한다. 조건부라고 하는 이유는 생산량이 외생적으로 주어졌기 때문이다. 이것은 다음 장에서 설명하는 요소수요와는 다르다. 요소수요는 생산량도 내생적으로 선택될 때 결정되는 요소 투입량을 의미한다. 이들의 관계에 대해서는 다음 장에서 설명하기로 한다.

단기에서 기업의 비용은 가변요소의 비용과 고정요소의 비용의 합이 된다.

$$STC(q) = wl_S(q, \overline{k}) + r\overline{k} \tag{6-2}$$

여기서 $w$는 노동의 가격이고 $r$은 자본서비스의 가격이다. 각 요소의 가격은

**그림 6-9** 단기생산함수와 노동에 대한 조건부수요

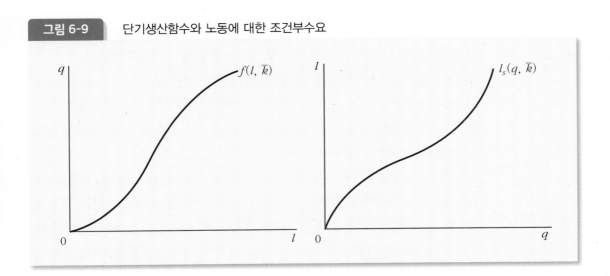

그림 6-10 　　단기비용

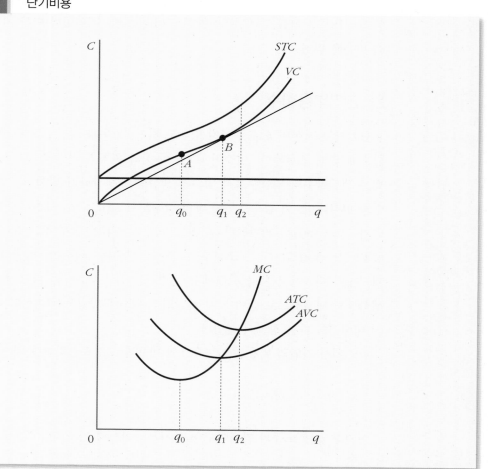

각각의 요소 시장에서 결정된다. 앞서 가정한 바와 같이 우리가 고려하는 기업은 요소시장에서 가격수용자이므로 이 가격들은 외생적으로 주어진다.

식 (6-2)의 등호 오른편의 첫 번째 항은 가변요소를 구입하는 비용이며 이를 가변비용(variable cost, VC)이라 한다. 두 번째 항은 고정요소인 자본 서비스의 비용으로서 고정비용(fixed cost, FC)이라 한다. 이 둘을 합친 $STC(q)$가 단기총비용(short-run total cost)이다.

이 비용이 [그림 6-10]의 위에 STC로 표현되어 있다. $q=0$일 때 가변요소의 양은 0이므로 가변비용(그림의 VC)은 원점에서부터 증가하는 모양을 갖는다. 이것은 앞서 구한 생산함수의 역함수인 $l_s(q, \bar{k})$에 $w$를 곱한 것이다. 따라서 VC의 모양과 높이는 기업의 생산함수와 요소가격에 의해 결정된다. 가령 요소 가격이 외생적으로 상승한다면 $VC$곡선은 모든 $q$에서 더 높아진다. 단기총비용은 여기에 고정비용을 더한 것이고, 고정비용은 생산량과 무관하므로 단기총비용 곡선은 가변비용곡선을 위로 고정비용만큼 평행 이동한 것이다.

[그림 6-10]의 아래 그림은 여러 비용곡선을 보여주고 있다. 한계비용($MC$) 은 $q$가 한 단위 증가함에 따라 가변비용이 얼마나 증가하는지를 의미한다. 한계 비용을 도출하는 것은 앞서 생산함수로부터 한계생산을 도출하는 과정과 유사 하다. 임의의 생산량에서 한계비용은 $VC$곡선의 접선의 기울기이다. 생산량을 0 에서부터 점차 증가시켜 가면서 그때그때의 한계비용의 값을 따져보면 처음에 는 계속 감소하다가 $q_0$에서 최소가 되고 그 이후에는 다시 증가함을 알 수 있다. $MC$가 최소가 되는 생산량에서의 $VC$곡선 상의 점 $A$는 이 곡선의 변곡점이다. 단기총비용 $STC$곡선을 이용해서도 한계비용을 따져볼 수 있다. 하지만 각 생산 량에서 $VC$의 접선의 기울기와 $STC$의 접선의 기울기는 정확하게 일치한다. $STC$ 는 $VC$를 고정비용만큼 그대로 수직 이동한 것이기 때문이다. 의미상으로 생각 해 보면, 고정비용은 생산량에 영향을 받지 않으므로 생산량이 한 단위 증가할 때 가변비용이 증가하는 정도와 단기총비용이 증가하는 정도는 당연히 같다.

다음으로 평균의 개념을 적용해 본다. 우선 가변비용에 적용하면 평균가변비 용(average variable cost, $AVC$)이 된다. 어떤 생산량에서의 $AVC$는 그때의 가변 비용을 생산량으로 나눈 값이다. 즉, 생산량 한 단위당 평균적인 가변비용이다. 그림에서는 $VC$곡선상의 점과 원점과 잇는 직선의 기울기이다. 원점에서 시작하 여 생산량이 증가함에 따라 평균가변비용이 어떻게 변화하는지를 따져보면, 처 음에는 점차 감소하다가 $q_1$을 넘어가면서 다시 증가함을 알 수 있다. 즉, $q_1$에서 최소값을 가지는 $u$자형이다. 한편 점 $B$와 원점을 잇는 직선은 $VC$의 접선이기도 하다. 이것은 $q_1$에서 평균가변비용과 한계비용이 일치한다는 것을 의미한다. 그 러므로 아래 그림에서 알 수 있듯이 $MC$는 $AVC$가 최소가 되는 점을 통과한다. 한계생산과 평균생산이 일정한 관계를 갖듯이 한계비용과 평균가변비용도 유사 한 성질을 가진다. 평균가변비용이 감소하는 영역($q<q_1$)에서는 한계비용이 평 균가변비용보다 낮으며, 평균가변비용이 증가하는 영역($q>q_1$)에서는 한계비 용이 평균가변비용보다 높다.

가변비용에 평균개념을 적용하듯이 단기총비용에도 적용할 수 있다. 즉, 임 의의 생산량에서 단기총비용을 생산량으로 나눈 것이 평균총비용(average total cost, $ATC$)이며, 그림에서 도출하는 과정은 평균가변비용과 동일하다. 즉, 임의의 생산량에서 $STC$곡선상의 점과 원점을 잇는 직선의 기울기가 된다. 그림으로부터 평균총비용 $ATC$도 $u$자형임을 알 수 있다. 평균총비용과 한계비용의 관계는 평균가변비용의 경우와 마찬가지이다. 즉, 평균총비용이 감소하는 영역($q$ < $q_2$)에서는 한계비용이 평균총비용보다 작으며, 평균총비용이 증가하는 영역 ($q$ > $q_2$)에서는 한계비용이 더 높으며, 평균총비용이 최소가 되는 생산량($q_2$)에서 한계비용과 평균총비용은 같다.

한편, 평균총비용($ATC$)과 평균가변비용($AVC$)의 관계는 어떠한가? 위의 그림에서 보면 임의의 생산량에서 평균총비용은 평균가변비용보다 높다는 것을 알 수 있다. $STC = VC + FC$이므로, 양 변을 $q$로 나누어 주면 $STC/q = VC/q + FC/q$이고, 따라서 $ATC = AVC + AFC$이다. $AFC$는 평균고정비용으로서 고정비용을 생산량으로 나눈 값이다. 고정비용은 $q$와 무관하게 일정하므로 평균고정비용은 $q$가 증가함에 따라 감소한다. 아래 그림에서 $ATC$와 $AVC$의 수직 차이가 $AFC$이고 $q$가 증가함에 따라 작아진다.

## 2 장기비용함수

이제 노동과 자본 모두 가변적인 장기 상황을 보자. 마찬가지로 생산량은 외생적으로 주어져 있고 기업은 비용을 극소화하도록 두 요소의 투입량을 결정한다. 가변요소가 하나인 경우와는 달리 요소의 선택은 자명하지 않다. 그 이유는 일반적으로 어떤 생산량을 생산해 낼 수 있는 요소묶음이 많을 수 있기 때문이다. 비용을 극소화하는 요소묶음을 선택하는 문제를 풀기 위해서 등비용선을 도입한다. 등비용선(isocost line)은 비용이 동일하게 되는 요소묶음의 집합이다. 각 요소를 $l$과 $k$만큼 선택할 때 비용은 다음과 같다.

$$C = wl + rk$$

이 값이 같아지는 모든 요소묶음들을 요소 공간에 표현해 보면 그것이 등비용선이다. 이 식은 다음과 같이 변형될 수 있으며, 이것이 요소묶음의 공간에서 비용 수준이 $C$인 등비용선의 식이 된다.

$$k = \frac{C}{r} - \frac{w}{r}l$$

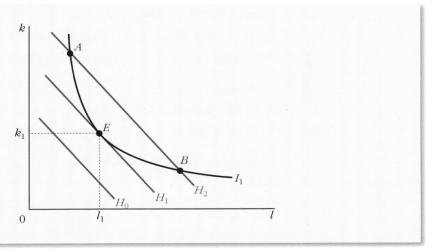

**그림 6-11** 장기 비용극소화

등호의 오른편이 $l$의 일차 함수이므로 그림으로 나타내면 직선이 된다.

[그림 6-11]의 $H_0$, $H_1$, $H_2$가 서로 다른 비용수준에 해당하는 등비용선이다. 위에 있는 선일수록 더 높은 비용수준에 해당하며, 모두 기울기가 $-\dfrac{w}{r}$로 동일하다. 등비용선의 기울기의 절대값은 두 요소가격의 비율이다. 왜 그런가? 직관적인 설명은 다음과 같다. 임의의 요소묶음에서 노동을 한 단위 줄인다고 해보자. 그러면 $w$만큼의 비용이 감소한다. 등비용선의 기울기의 절대 값은 노동을 한 단위 줄이는 대신 자본을 얼마나 늘리면 비용이 처음과 같아지는지를 의미한다. 그 크기를 $x$라고 해보자. 자본을 $x$만큼 증가시키면 비용은 $rx$만큼 증가한다. 노동을 한 단위 줄여서 비용이 감소하는 크기와 자본을 $x$만큼 늘려서 비용이 증가하는 크기가 같아야 한다. 즉, $w=rx$이고 따라서 $x=\dfrac{w}{r}$이다. 달리 말하자면 $\dfrac{w}{r}$는 비용의 관점에서 노동 한 단위가 얼마의 자본에 해당하는가를 말한다. 노동 한 단위와 자본 $\dfrac{w}{r}$단위를 바꾸면 비용에는 변화가 없다는 것이고 이런 의미에서 이것을 자본의 단위로 표현한 노동의 기회비용이라고 해석할 수 있다.

외생적으로 주어진 생산량이 $q_1$이라고 하자. 그리고 이 기업의 생산함수에 의하면 $q_1$에 해당하는 등량곡선이 [그림 6-11]의 $I_1$라고 하자. 비용극소화의 문제는 이 등량곡선 상의 여러 묶음 중에서 비용을 최소화하는 묶음을 찾는 문제가 된다. 가령 그림에서 점 $A$를 보자. $A$에서는 그 점을 통과하는 등비용선과 등량곡선이 교차한다. 이 묶음은 비용을 최소화하는 묶음이 될 수 없다. 그 점에서 등량곡선을 따라 오른쪽 아래로 이동해보면 동일한 생산량을 생산하면서 등비용선 $H_2$보다 아래쪽에 있는 묶음이 존재한다. 가령 점 $E$는 등비용선 $H_2$아래에 있으므로 $A$보다 비용이 더 낮다. 동일한 생산량을 생산할 수 있으면서 비용을 더 낮출 방법이 있다면 비용극소화가 달성되지 못한 것이다. 마찬가지 이유로 점 $B$도 비용극소화 점이 아니다. 그림에서 비용극소화 점은 $E$이다. 이 점은 등량곡선 $I_1$상에 있으면서 그 점을 통과하는 등비용선인 $H_1$이 등량곡선 $I_1$과 접한다. 등량곡선 상의 다른 점들은 모두 등비용선 $H_1$보다 위에 있으므로 $E$보다 비용이 높다. $E$에서의 요소묶음이 바로 장기비용극소화 문제의 최적선택이 된다. 이때의 $l$과 $k$의 값, 즉, 그림에서의 $l_1$과 $k_1$이 주어진 $q_1$에서의 장기 조건부요소수요가 된다.

위에서 비용극소화 점인 $E$에서 등비용선과 등량곡선이 접한다는 것을 설명하였다. 그리고 등비용선의 기울기의 절대값은 요소가격의 비율, 즉, $\frac{w}{r}$이었다. 이 점에서 등량곡선의 기울기는 앞에서 설명하였듯이 한계기술대체율($MRTS_{LK}$)이다. 따라서 비용극소화 점에서는 한계기술대체율과 요소가격 비율이 일치한다. 한편, 앞 절에서 설명한 바와 같이 한계기술대체율은 한계생산의 비율과 같으므로 비용극소화 점에서는 다음의 관계가 성립한다.

$$(MRTS_{LK}=)\ \frac{MP_L}{MP_K}=\frac{w}{r}$$

이것은 다음과 같이 바꾸어 볼 수 있다.

$$\frac{MP_L}{w}=\frac{MP_K}{r} \tag{6-3}$$

이것이 비용극소화의 해가 충족해야 하는 조건이다. 각 요소의 한계생산을 그 요소의 가격으로 나눈 값이 같아야 한다는 것인데, 직관적으로 무슨 의미를 가지는가? 한계생산을 요소가격을 나눈 것은 다음과 같이 설명할 수 있다. 가령 어떤 투입묶음에 비해 노동에 1원을 더 쓴다고 하자. 그러면 이것으로 노동을 얼마나 구입할 수 있는가? 그 양은 $\frac{1}{w}$가 된다. 추가로 구입한 노동의 각 단위가 생산을 $MP_L$만큼 증가시킨다. 따라서 둘을 곱한 $\frac{MP_L}{w}$는 노동 구입에 추가로 1원을 더 투입하는 경우 얼마나 생산량이 증가할 수 있는지를 의미한다. 마찬가지로 $\frac{MP_K}{r}$는 자본 구입에 추가로 1원을 더 투입하는 경우 증가하는 생산량을 의미한다.

왜 비용극소화 요소묶음에서는 이 두 값이 같아야 하는가? 어떤 묶음에서 $\frac{MP_L}{w} > \frac{MP_K}{r}$가 성립한다고 해보자. 이제 자본 구입에 지출하는 비용을 1원 줄여보자. 그러면, 생산량은 부등식의 오른쪽만큼 감소한다. 대신 절감한 1원을 노동을 구입하는데 쓴다고 해보자. 그러면, 생산량은 부등호의 왼쪽만큼 증가한다. 왼쪽의 값이 오른쪽의 값보다 크므로, 이렇게 조정하면 전체 비용은 변동이 없으면서 생산량이 증가한다. 그렇다면 동일한 생산량을 생산하기 위해서는 노동 구입에 1원을 모두 사용할 필요가 없었다는 것이다. 즉, 더 적은 돈을 노동 구입에 쓰면 자본 구입 감소로 줄어드는 생산량을 다시 회복할 수 있었다는 것이고 그 결과 비용은 절감된다. 비용을 낮출 수 있는 방법이 있다는 것은 처음의 요소 묶음이 비용극소화 묶음이 될 수 없다는 것이다. 마찬가지로 위의 부등호가 반대방향이었다면 노동을 줄이고 자본을 늘리는 방향으로 조정하면서 비용을 절약할 수 있다. 그러므로, 어떤 요소묶음이 비용을 극소화한다면 그 묶음에서 $\frac{MP_L}{w} > \frac{MP_K}{r}$일 수 없고 $\frac{MP_L}{w} < \frac{MP_K}{r}$일 수도 없다. 그러므로 둘은 같아야 한다.

식 (6-3)의 조건을 다시 보자. 이것을 보면 비용극소화에서 기업이 가지고 있는 기술의 성격과 요소시장의 여건이 모두 작용함을 알 수 있다. 각 요소가 생산에 얼마나 기여하느냐는 것은 기업이 가지고 있는 기술에 달려있고 각 요소의 한계생산이 이를 반영한다. 기업은 생산에 대한 기여도가 큰 요소를 반드시 더 많이 투입하는 것이 아니다. 요소가격도 따져야 하기 때문이다. 마찬가지로 값싼 요소라고 반드시 더 많이 투입하는 것도 아니다. 각 요소가 생산에 기여하는 정도를 따져야 한다. 이런 이유에서 비용극소화의 조건에는 한계생산과 요소가격이 모두 반영되고 있다.

장기 상황에서 각 요소에 대한 조건부요소수요를 다음과 같이 표현해보자.

$$l = l_C(q, w, r), \ k = k_C(q, w, r)$$

이 함수의 값은 주어진 생산량과 각 요소가격에서 장기비용극소화의 해가 되는 각 요소의 수요를 의미한다. 하첨자 $C$는 조건부 요소수요임을 의미한다. 이를 이용하여 기업의 장기비용함수는 다음과 같이 표현할 수 있다.

$$LC(q, w, r) = wl_C(q, w, r) + rk_C(q, w, r) \tag{6-4}$$

이제 외생변수의 변동이 비용극소화의 선택과 장기비용에 어떤 변화를 초래하는지를 보자. 우선 요소가격의 변동에 대해 살펴보자. [그림 6-11]에서 먼저 확인할 수 있는 것은 모든 요소가격이 동일한 비율로 상승한다면 요소 선택에는 변동이 없다는 것을 알 수 있다. 등비용선의 기울기는 요소가격의 비율인데 모든 요소가격이 동일한 비율로 증가하면 그 비율이 변하지 않기 때문이다. 위에서 $\frac{w}{r}$는 자본의 양으로 나타낸 노동 한 단위의 기회비용이라고 해석했다. 모든 요소가격이 같은 비율로 변동하더라도 노동의 기회비용은 변동하지 않으며, 합리적 주체의 선택은 기회비용에 의해서 영향을 받는다는 점에서 최적 선택이 변동하지 않는 것이 당연하다. 따라서 장기조건부요소수요는 모든 요소가격이 동일한 비율로 변동할 때 변하지 않는다. 이것을 식으로 표현하면 다음과 같다.

임의의 $\alpha > 0$에 대하여,
$$l_C(q, \alpha w, \alpha r) = l_C(q, w, r), \; k_C(q, \alpha w, \alpha r) = k_C(q, w, r)$$

조건부요소수요가 변하지 않는다는 것이 곧 비용도 변하지 않는다는 것을 의미하는 것이 아니다. 요소 투입량은 변하지 않지만 요소 가격 상승이 반영되기 때문에 장기비용은 $\alpha$배로 증가한다.

임의의 $\alpha > 0$에 대하여,
$$
\begin{aligned}
LC(q, \alpha w, \alpha r) &= \alpha w l_C(q, \alpha w, \alpha r) + \alpha r k_C(q, \alpha w, \alpha r) \\
&= \alpha w l_C(q, w, r) + \alpha r k_C(q, w, r) \\
&= \alpha LC(q, w, r)
\end{aligned}
$$

이번에는 자본의 가격은 일정한데 노동의 가격만 상승했다고 해보자. 그러면 등비용선의 기울기인 $\frac{w}{r}$가 상승하고 등비용선은 더 가파르게 된다. 자본으로 표현한 노동의 기회비용이 커지기 때문이다.

노동의 가격만 상승하면 [그림 6-12]와 같이 등비용선의 기울기가 커지고 비용극소화의 최적 선택은 $E$에서 $E'$으로 변한다. 따라서 노동은 감소하고 자본은 증가한다. 즉, 어떤 한 요소의 가격만 상승하면 그 요소의 장기조건부요소수요는 감소한다.

그림 6-12 요소가격의 변동

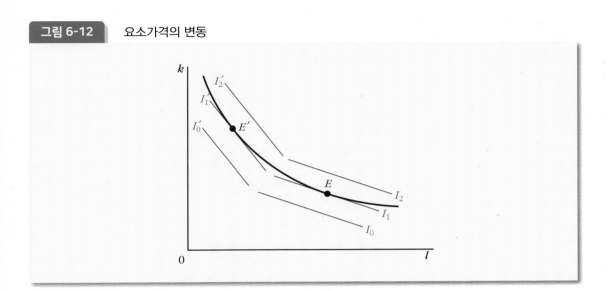

그림 6-13 생산량의 변동

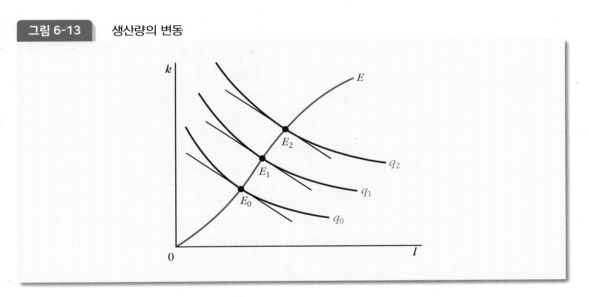

이번에는 요소가격은 변동하지 않으면서 생산량이 증가한다고 해보자. [그림 6-13]은 생산량 증가에 따른 최적 선택의 변동을 보여준다. 각 생산량에서의 최적점을 이으면 $E$와 같은 곡선이 되는데 이것을 확장경로(expansion path)라 한다. 일반적으로 생산량이 증가하면 모든 요소의 조건부수요가 증가할 것인가? 반드시 그렇다고 할 수 없다. 어떤 요소의 조건부수요가 감소하여 확장경로가 음의 기울기를 가지는 경우도 가능하다. 생산량이 증가할 때 조건부수요가 감소하는 경우 그 요소를 열등요소(inferior input factor)라 한다. [그림 6-14]는 생

**그림6-14**  열등요소의 예

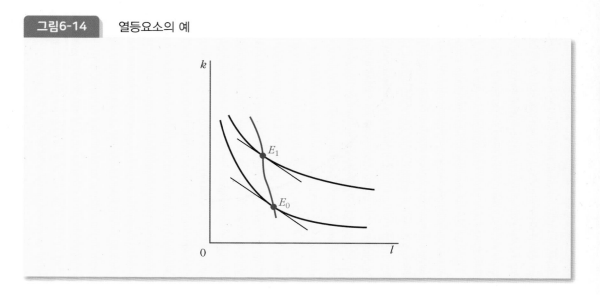

산량 증가에 따라 노동의 조건부수요가 감소하는 경우이다.

단기와 마찬가지로 식 (6-4)의 장기비용함수에 대해서도 한계개념과 평균개념을 적용할 수 있다. 생산량 한 단위 증가에 따른 장기비용의 증가분이 장기한계비용(long-run marginal cost, *LMC*)이며, 장기비용을 생산량으로 나누면 장기평균비용(long-run average cost, *LAC*)이 된다. 장기한계비용과 장기평균비용 간에도 단기의 경우와 동일한 관계가 성립한다. 즉, 장기평균비용이 감소하는 영역에서는 장기한계비용은 장기평균비용보다 작으며, 장기평균비용이 증가하는 영역에서 장기한계비용은 장기평균비용보다 크다. 그리고 장기평균비용이 최소가 되는 생산량에서 둘은 같다.

[그림 6-15]는 하나의 전형적인 장기비용곡선을 보여준다. 일반적으로 장기비용곡선은 어떤 모양을 가져야 하는가? 우선 장기에는 모든 요소가 가변적이므로 생산량이 0일 때 장기비용도 0이 된다. 앞서 설명한 바와 같이 장기비용은 생산량에 대해 증가함수여야 한다. 하지만 그 외에 장기비용곡선의 모양에 대해서 일반적으로 말할 수 있는 것은 별로 없다. 장기비용곡선은 직선일 수도 있고, 생산량이 증가함에 따라 점점 더 가팔라질 수도 더 완만해질 수도 있다. 마찬가지로 장기한계비용이나 장기평균비용 곡선의 모양에 대해서도 일반적으로 말할 수 없다.

[그림 6-15]의 경우 장기평균비용 곡선은 *u*자형이다. 장기평균비용의 수준이 최소화되는 생산량, 즉, 그림에서 $q_0$를 최소효율규모(minimum efficient scale)

장기비용, 장기한계비용, 장기평균비용

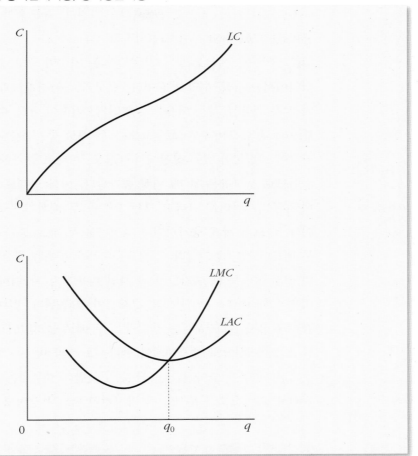

라 한다. 장기평균비용은 기술의 특정한 성질과 관련성이 있다. 생산량이 증가함에 따라 장기평균비용이 하락하는 경우 기업은 규모의 경제성(economies of scale)을 가진다고 말한다. 더 많이 생산할수록 단위 당 비용이 낮아진다는 의미이다. 반대로 장기평균비용이 상승하는 경우에는 규모의 불경제성(diseconomies of scale)을 가진다고 말한다.

생산량의 증가에 따라 장기평균비용이 감소하거나 증가하는 이유는 무엇인가? 그것은 앞 절에서 설명한 기술의 특성 중 하나인 규모에 대한 수익과 관련된다. 모든 요소를 두 배로 증가시킬 때 생산량이 두 배 이상 증가하는 경우 기술이 규모 수익 체증이라 하였다. 이때에는 비용극소화의 문제를 푼 결과 도출되는 장기평균비용 곡선은 생산량에 대해 감소함수가 되어 기업은 규모의 경제성을 가진다. 기술이 규모 수익 체감인 경우에는 장기평균비용은 생산량에 대한 증가함수가 되어 규모의 불경제성을 가진다. 규모수익 불변의 경우에는 장기평균비용은 생산량과 무관하게 일정해진다.

[그림 6-15]에서 $q_0$보다 작은 영역은 기술이 규모 수익 체증이고, $q_0$보다 큰 영역에서는 규모 수익 체감이다. 규모의 (불)경제성과 규모에 대한 수익이 이와 같은 관계를 갖는 이유는 무엇인가? 기술이 규모 수익 체증이라고 하자. 어떤 요소묶음에 비해서 모든 요소를 두 배로 증가시켰다고 해보자. 그러면 요소 가격이 고정되어 있는 상황에서 비용도 두 배로 증가한다. 그런데 규모 수익 체증이므로 생산량은 두 배 이상 증가한다. 이를 반대로 해석해보면 생산량을 두 배로 증가시키려고 한다면 모든 요소를 두 배까지 증가시킬 필요가 없다는 것이다. 그보다 작게 증가시켜도 생산량을 두 배로 증가시킬 수 있으므로 비용은 두 배보다 작게 증가한다. 장기평균비용은 비용을 생산량으로 나눈 것인데 분모인 생산량이 두 배 증가할 때 분자인 비용이 두 배 이하로 증가하므로 장기평균비용은 하락한다. 즉, 규모의 경제성이 결과 된다. 반대로 기술이 규모 수익 체감이라 하자. 이 경우에는 생산량을 두 배로 늘리려면 반대의 이유로 모든 요소를 두 배 이상으로 증가시켜야 한다. 그 결과 비용은 두 배 이상으로 커지므로 장기평균비용은 높아진다. 규모 수익 불변의 경우에는 생산량을 두 배로 늘리기 위해서 모든 요소를 두 배로 증가시키면 되므로 장기평균비용은 변하지 않는다.

**예제 6-5** 생산함수가 $q=\sqrt{lk}$인 기업의 장기비용, 장기평균비용, 장기한계비용을 구하시오.

## 3 단기비용과 장기비용의 비교

지금까지 단기와 장기를 나누어 비용, 한계비용, 평균비용을 도출하였다. 단기 총비용과 장기비용은 어떤 관계를 가지는가? 두 비용은 각 경우의 비용극소화 문제를 푼 결과로 도출되었으므로 두 비용극소화 문제를 비교해 보아야 한다. 두 문제의 유일한 차이는 단기의 경우에는 고정요소인 자본이 고정되어 있지만 장기에는 가변적이라는 사실이다. 이것으로부터 우선 알 수 있는 것은 임의의 주어진 생산량에서 장기비용이 단기총비용보다 높을 수 없다는 것이다. 그

**그림 6-16** 단기와 장기의 비교

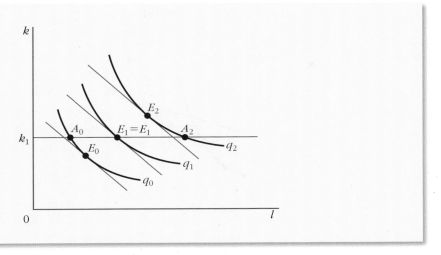

이유는 단기비용극소화 문제는 장기비용극소화 문제에서 자본량이 고정되어 있다는 제약조건이 추가된 것이기 때문이다. 단기 문제에서 자본량이 $\bar{k}$로 주어지고 비용을 극소화하는 노동량 $l_0$를 선택했다고 하자. 장기 문제에서도 $\bar{k}$와 $l_0$를 선택할 수 있다. 그러면 장기비용과 단기총비용은 같아진다. 하지만 장기 문제에서 기업이 반드시 $\bar{k}$와 $l_0$를 선택해야 할 이유는 없다. 비용을 더 낮출 수 있는 요소묶음이 있다면 그것을 선택할 것이고 이때의 비용은 단기총비용보다 낮을 수 있다.

장기 문제에서 비용극소화의 결과 최적선택이 $(l_1,\ k_1)$이었다고 해보자. 그리고 단기 문제에서 외생적으로 주어진 자본량이 우연히도 $k_1$이었다고 해보자. 즉, 장기 문제에서 기업이 선택했을 자본량이 단기 문제에서 외생적인 값으로 주어진 것이다. 이때에는 단기 문제의 해가 되는 노동량은 장기와 마찬가지로 $l_1$이 되어야 한다. 즉, 단기 문제의 해와 장기 문제의 해가 일치하며, 그 결과 단기총비용과 장기비용은 같아진다.

[그림 6-16]은 단기와 장기의 비용극소화를 보여준다. 단기의 경우 자본량이 $k_1$으로 주어졌다고 하자. 생산량이 $q_1$으로 주어졌을 때에는 단기 문제의 해와 장기 문제의 해가 일치하며 단기총비용과 장기비용이 일치한다. 생산량이 $q_0$일 때에는 $A_0$가 단기 문제의 해이고 $E_0$가 장기 문제의 해이다. $A_0$가 $E_0$를 통과하는 등비용선보다 위쪽에 위치하므로 단기총비용이 장기비용보다 높다.

[그림 6-17]에서 $STC_0$, $STC_1$, $STC_2$는 단기 문제에서 주어진 자본량이 각각

그림 6-17    단기총비용과 장기비용

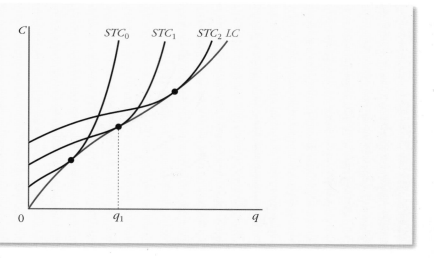

$k_0$, $k_1$, $k_2$일 때의 단기총비용곡선을 나타내며, $k_0 < k_1 < k_2$이다. 생산량이 작을 때에는 자본량이 가장 작은 $k_0$일 때의 단기총비용이 가장 낮다. 그 직관적인 이유는 고정비용이 작기 때문이다. 하지만 생산량이 높아지면 자본이 작을 때에는 자본이 큰 경우에 비해서 노동의 생산 기여도가 급격히 하락하여 노동을 더 많이 투입해야 한다. 따라서 자본이 큰 경우의 비용이 더 작아 진다. 그래서 두 개의 단기총비용 곡선은 서로 교차하는 것으로 그려져 있다.

자본이 연속적으로 증가함에 따라 단기총비용은 이와 같은 양상으로 변하게 된다. 한편, 앞서 장기 문제의 해가 되는 자본량이 단기 문제에서 자본량으로 주어지는 경우에는 단기총비용과 장기비용이 같아야 함을 설명하였다. 즉, 모든 생산량에서 장기비용의 값은 어떤 자본량에서의 단기총비용과 일치해야 한다. 그래서 장기비용 곡선은 자본량이 달라짐에 따라 나타나는 무수한 단기총비용 곡선들의 아랫부분을 연결한 것이 된다. 이런 특징에서 장기비용곡선은 단기총비용곡선들의 포락선(envelope curve)이 된다고 말한다.

[그림 6-18]은 단기와 장기의 한계비용 및 평균비용의 관계를 보여준다. 장기평균비용 곡선($LAC$)이 $U$자형임을 가정하며, 여러 자본량 수준에서의 단기평균총비용들($SATC_0$, $SATC_1$, $SATC_2$)이 그 위에 위치한다. 즉, 장기평균비용도 단기평균비용들의 포락선이다. 그림에서 생산량이 $q_0$일 때 $SATC_0$과 $LAC$가 접한다. 이 생산량에서 단기총비용 $STC_0$과 장기총비용 곡선도 접하기 때문에 단기한계비용($SMC_0$)과 장기한계비용($LMC$)도 일치해야 한다. 그림에서 $SATC_0$

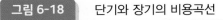

**그림 6-18**  단기와 장기의 비용곡선

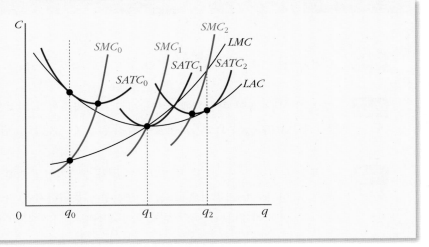

와 $LAC$가 일치하는 생산량 $q_0$은 $SATC_0$이 최저가 되는 생산량보다 작다. 한편, $SATC_2$와 $LAC$가 일치하는 생산량 $q_2$은 $SATC_2$가 최저가 되는 생산량보다 크다. 장기평균비용이 최저가 되는 $q_1$에서는 장기평균비용, 단기평균비용, 장기한계비용, 단기한계비용 모두 일치한다.

# 연습문제

**6-1** 왜 임의의 두 등량곡선은 교차할 수 없는지를 설명하시오.

**6-2** 한계기술대체율이 체감함에도 불구하고 비용극소화의 최적선택에서 모서리 해의 경우 $MRTS_{LK}$와 요소가격비율이 같지 않을 수 있음을 그림으로 보이시오.

**6-3** 노동과 로봇이 생산요소로 투입되는 자동차 생산기업의 경우 한계대체율이 체감하는 등량지도를 그리시오. 노동의 생산성은 동일하지만 기술의 발전으로 로봇의 성능이 좋아졌다면 등량지도의 모양이 어떻게 바뀌겠는가?

**6-4** 생산함수가 $q = l^{\frac{2}{3}} + k^{\frac{2}{3}}$이다.
(a) 이 기술의 규모에 대한 수익은 어떠한가?
(b) 임의의 요소묶음 $(l,\ k)$에서의 한계기술대체율을 구하시오. 한계기술대체율은 체감하는가?
(c) $q=40$, $w=30$, $r=10$ 일 때 각 요소의 장기조건부수요와 장기비용을 구하시오.

**6-5** 노동과 자본이 요소인 어떤 기업의 생산함수가 $q = \sqrt{lk}$이다.
(a) 자본이 $\bar{k}$인 단기 상황에서 노동의 단기조건부수요를 구하시오. 노동의 가격은 $w$, 자본의 가격은 $r$이다. 이때 생산량의 함수로서 단기총비용, 한계비용, 평균총비용을 구하시오.
(b) 평균총비용이 최저가 되는 생산량을 구하고 이때의 평균총비용을 구하시오.
(c) 자본도 변동이 가능한 장기 상황에서 각 요소의 장기조건부수요를 구하시오. 이때의 장기비용, 장기한계비용, 장기평균비용을 구하시오.
(d) 단기 한계비용과 평균총비용, 장기 한계비용과 평균비용을 그림으로 나타내시오.

**6-6** 어떤 자동차회사는 현재 노동자 300명과 로봇 20개를 이용하여 자동차를 생산하고 있다. 매달 노동자 1명의 임금은 200만원이고, 임대하여 사용하는 로봇 1개의 임대료는 500만원이다. 각 요소의 한계생산을 추정한 결과 노동자의 한계생

산은 자동차 10대이고, 로봇의 한계생산은 30대이다. 이 기업은 비용을 줄이려면 노동자와 로봇 중에서 어느 요소를 늘리고 어느 요소를 줄여야 하는가?

**6-7** 생산함수가 $f(l, k) = \min\{\alpha l, \beta k\}$, $\alpha > 0$, $\beta > 0$인 기업의 장기비용함수를 구하시오.

**6-8** 생산함수가 $f(l, k) = l^{\alpha}k^{\beta}$의 콥-더글라스 함수인 경우 장기비용을 구하시오.

**6-9** 생산함수가 $q = \min\{10l, 5k\}$인 기업의 경우 다음 질문에 답하시오.
(a) 장기비용, 장기평균비용, 장기한계비용을 구하시오.
(b) $k = 10$일 때, 단기총비용, 단기평균총비용, 단기한계비용을 구하시오.
(c) $w = 3$, $r = 1$일 때, 장기와 단기의 평균비용과 한계비용을 구하시오.

**6-10** 어떤 기업이 두 공장에서 상품을 생산하고 있다. 각 공장의 생산함수는 $q_1 = \sqrt{l_1 k_1}$, $q_2 = \sqrt{l_2 k_2}$이다. 현재 $k_1 = 25$, $k_2 = 100$이고, $w = r = 1$이다.
(a) 단기총비용을 $q_1$과 $q_2$의 함수로 표현하시오. 이것이 최소화되려면 $q_1$과 $q_2$는 어떤 관계를 가져야 하는가?
(b) 임의의 $q$에 대한 단기총비용을 구하시오. 이로부터 단기평균비용, 단기한계비용을 구하시오.
(c) 장기비용, 장기평균비용, 장기한계비용을 구하시오.

본 장에서는 경쟁적 시장에서 기업이 이윤을 극대화하는 과정을 설명한다. 우선 6장에서 도출한 비용함수를 이용하여 기업이 이윤을 극대화하도록 생산량을 결정하는 문제를 설명한다. 그 결과 가격의 함수로서 개별기업의 공급함수가 도출된다. 요소의 변동가능성에 따라 상황을 단기와 장기로 나누며 단기공급과 장기공급이 얻어진다. 비교정학분석을 통하여 공급의 성격을 규명하고 후생평가의 기준이 되는 생산자잉여를 설명한다.

# 7

# 이윤극대화와 공급

7.1 이윤극대화
7.2 생산물 공급
7.3 생산자 잉여
7.4 요소 수요
연습문제

## 7.1 이윤극대화

기업은 요소의 투입량과 생산물의 생산량을 결정한다. 기업이 어떻게 결정할지를 이해하려면 기업이 어떤 목적을 추구하는지를 먼저 명확히 해야 한다. 경제학에서는 기업이 이윤을 극대화한다고 설정한다. 대략적으로 말하자면, 이윤은 생산물의 생산과 판매를 통하여 벌어들이는 금액에서 생산과정에 지출되는 금액을 뺀 것이다. 이것이 결국 기업에 남는 것으로서 기업의 주인이 차지하는 몫이 된다. 따라서 기업의 주인이 자신의 몫인 이윤을 극대화할 것이라는 가정은 받아들일 만하다. 기업이 생산물시장에서 벌어들이는 것을 수입(revenue)이라 부르며 현실에서 통용되는 매출과 같다. 생산과정에서 요소를 구입하는데 지출되는 것이 비용인데, 우리가 고려하는 비용은 앞 장에서 설명하였듯이 실제로 지출되는 회계적 비용이 아니라 기회비용이다. 이것이 곧 경제적 비용이고, 수입에서 경제적 비용을 뺀 것이 경제적 이윤(economic profit)이다. 즉, 여기서 말하는 이윤은 경제적 이윤이다. 수입에서 회계적 비용을 뺀 회계적 이윤이 아니라 경제적 이윤을 기업의 목적으로 설정하는 이유는 기업이 의사결정을 하는데 고려되는 것은 회계적 비용이 아니라 기회비용이기 때문이다.

현실의 기업이 과연 이윤극대화를 주된 목적으로 추구할 것인가? 이것은 실증적으로 추정해 보아야 하는 문제인데, 소유와 경영이 분리된 경우 기업의 소유자는 이윤극대화를 추구하더라도 경영자는 기업의 자산규모나 매출 극대화 등 다른 목적을 추구할 수도 있다. 또는 과도하게 단기적 이윤 증대를 위해 장기적인 이윤 증대의 기회를 포기하기도 한다. 정확하게 현실의 기업이 이윤을 극대화한다고 단정하기는 어렵지만, 대체로 소유자들이 경영자를 적절히 통제하기 때문에 이해의 괴리가 크지는 않으리라 볼 수 있다. 또한, 이윤 이외의 목적을 추구하는 기업은 치열한 경쟁의 과정에서 손실을 보고 장기적으로 시장에서 퇴출될 위험성을 갖게 되므로 이윤극대화를 기업의 목적으로 설정하는 것이 타당성을 가진다.

주어진 생산량을 생산하기 위해서 비용을 극소화하는 요소 투입량이 어떻게 도출되는지를 이미 6장에서 보았다. 달리 말하자면, 생산량과 요소 투입량이 어떠한 관계를 가지는지를 조건부요소수요로서 이해하게 되었다. 그 결과 단기와

**그림 7-1** 수입과 비용

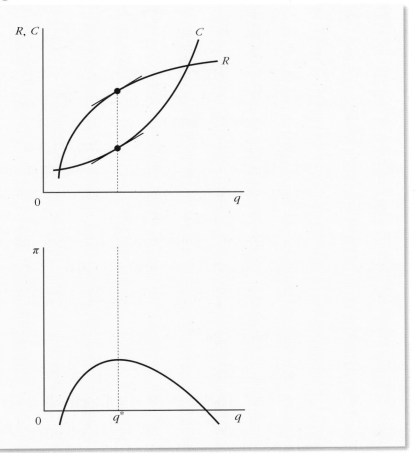

장기의 비용함수를 도출하였으므로 생산량 결정과정에서는 요소 투입량에 대한 결정과정을 여기서 또 다시 따질 필요가 없다. 이윤극대화과정에서 생산량이 결정되고 나면 조건부요소수요를 도출한 과정을 역추적함으로써 각 요소에 대한 수요를 알 수 있다.

이제 기업의 생산량 결정과정을 보자. 기업의 비용함수가 $C(q)$이고, 수입이 $R(q)$라 하자. 일반적으로 비용과 수입 모두 생산량의 함수이다. 비용함수는 앞장에서 도출한 것이며 수입은 생산물 가격과 생산량을 곱한 것이다. 이 두 함수는 기업의 기술, 요소시장의 여건, 생산물 시장의 여건 등 여러 요인에 의해서 영향을 받는데 일단 이 함수들이 주어졌다고 하고 이윤 극대 생산량이 어떻게 결정되는지를 보자. 이윤은 수입에서 비용을 뺀 것이므로, 이윤을 $\pi(q)$로 두면 다음과 같다.

$$\pi(q) = R(q) - C(q)$$

수입과 비용이 [그림 7–1]과 같다고 하자. 곡선 R이 수입이며 C가 비용이다. 이윤극대화를 위한 생산량은 어떤 값이어야 하는가? 아래의 그림은 수입과 비용의 수직 차이를 표현한 것으로서 이윤이 된다. 따라서 이윤 극대 생산량은 $q^*$이다. 이 값에서 곡선의 접선의 기울기가 0이 된다. 그렇지 않다면 약간 더 크거나 약간 더 적은 양을 선택함으로써 더 큰 이윤을 얻을 수 있기 때문이다. $q^*$에서 이윤 곡선의 기울기가 0이라는 것은 수입곡선의 기울기와 비용곡선의 기울기가 일치해야 한다는 것을 의미한다. 수입곡선의 기울기는 생산량 한 단위 증가에 따라 수입이 얼마나 증가하느냐는 것을 말하며, 이것을 한계수입(marginal revenue, MR)이라 한다. 비용곡선의 기울기가 한계비용(MC)임은 이미 앞 장에서 설명하였다. 따라서 이윤극대 생산량 $q^*$에서는 다음이 성립한다.

$$MR(q^*) = MC(q^*) \tag{7-1}$$

이 조건은 직관적으로 다음과 같이 설명될 수 있다. 어떤 생산량 $q_0$에서 한계수입이 한계비용보다 크다고 해보자. 생산량을 한 단위 증가시키면 수입이 비용보다 더 크게 증가한다. 이윤은 둘의 차이이므로 이윤이 증가한다. 따라서 $q_0$는 이윤을 극대화하는 생산량이 아니다. 반대로 $q_0$에서 한계수입이 한계비용보다 작다고 해보자. 그러면 생산량을 한 단위 줄이면 수입은 한계수입만큼 감소하고 비용은 한계비용만큼 감소한다. 그런데 한계비용이 한계수입보다 크므로 수입과 비용의 차이는 커진다. 따라서 이 경우에도 $q_0$는 이윤을 극대화하는 생산량이 아니다. 그러므로 $q^*$가 이윤을 극대화하는 생산량이라면 이 값에서 한계수입과 한계비용은 일치해야 한다.

식 (7–1)의 이윤극대화 조건은 생산물시장과 요소시장이 완전경쟁시장인지 불완전경쟁시장인지와 무관하게 성립해야 한다.[13] 다만 시장여건에 따라 수입과 비용함수가 다를 뿐이다. 본 장에서는 생산물시장과 요소시장 모두 완전경쟁시

---

**13** 완전경쟁시장은 공급자와 수요자가 매우 많아서 아무도 가격에 영향을 주지 못하는 시장이다. 불완전경쟁시장은 공급자 또는 수요자가 가격을 설정할 수 있는 능력을 갖는 시장이다. 다양한 시장 유형에 대해서는 본 책의 파트 IV에서 다룰 것이다.

**그림 7-2**  가격수용자의 이윤극대화

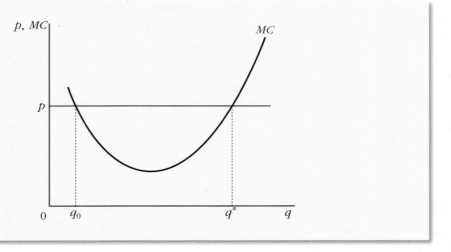

장이어서 기업이 가격을 주어진 값으로 받아들이는 가격수용자인 것으로 가정한다. 그렇지 않고 기업이 가격책정자인 경우는 10장과 11장에서 다룰 것이다. 생산물시장이 완전경쟁적인 경우에는 기업이 선택하는 생산량과 무관하게 가격은 고정되어 있다. 즉, 기업은 가격수용자이다. 생산물 가격이 $p$라면, $R(q) = pq$이므로, 임의의 $q$에서 생산량을 한 단위 증가시킬 때 수입은 $p$만큼 증가한다. 수입곡선은 원점에서 뻗어 나가는 기울기가 $p$인 직선이 된다. 따라서 한계수입은 가격 $p$가 된다. 식 (7-1)에 이것을 적용하면 이윤극대 생산량 $q^*$에서는 가격과 한계비용이 일치해야 한다. 즉, $p = MC(q^*)$이다. 이것이 [그림 7-2]에 표현되어 있다.

[그림 7-2]를 보면 $q_0$와 $q^*$에서 주어진 가격과 한계비용이 일치한다. 두 값 중에서 이윤을 극대화하는 생산량은 $q^*$이다. $q_0$에서는 한계비용이 음의 기울기를 가지며 $q^*$에서는 양의 기울기를 가진다. $q_0$는 가격과 한계비용이 일치하는 조건을 충족하지만 사실 이 생산량은 그 주변의 생산량보다 이윤이 작게 되는 값이다. 가령 생산량이 $q_0$보다 조금 작아진다고 해보자. 그러면 한계비용이 가격, 즉, 한계수입보다 크므로 비용이 수입보다 더 크게 감소한다. 그러므로 이윤이 증가한다. 생산량이 $q_0$보다 조금 커진다고 해보자. 가격이 한계비용보다 크므로 이 경우에도 이윤이 증가한다. 따라서 $q_0$는 그 주변에서 이윤을 극대화하는 값이 아니라 극소화하는 값이다. 반면에 $q^*$에서는 한계비용이 양의 기울기를 가지므로 생산량을 $q^*$보다 낮추거나 또는 높이는 경우 이윤은 감소한다. 가

격과 한계비용이 같아야 한다는 조건은 이윤극대화의 필요조건이지 충분조건은 아닌 것이며, 이윤극대 생산량에서는 한계비용이 양의 기울기를 가져야 한다는 것을 알 수 있다.

[그림 7-2]의 이윤극대화 과정은 생산물시장에서 기업이 직면하는 수요곡선으로 설명할 수 있다. 기업이 가격수용자라 함은 시장가격에서 자신이 판매하고자 하는 양을 얼마든지 팔 수 있다는 것을 의미한다. 그러나 가격을 시장가격보다 조금이라도 높이면 이 기업의 재화를 어떤 소비자도 구입하려 하지 않는다. 그러므로 [그림 7-2]에서 시장가격 $p$에서의 수평선을 이 기업이 직면하는 수요라 해석할 수 있다. 즉, 가격이 이 수준과 같거나 낮은 경우에는 수요는 무한대이며 가격이 이 수준보다 조금이라도 높다면 수요는 0이 된다. 달리 표현하자면 이 기업이 직면하는 수요는 시장가격에서 완전탄력적이다. 사실 어떤 가격에서도 시장 수요는 무한대가 되지는 않을 것이므로 개별기업의 수요도 무한대가 될 수 없다. 하지만 전체 시장 규모에 비해서 한 기업이 판매하는 양은 매우 작기 때문에 사실상 이 기업의 입장에서는 시장가격에서 수요가 무한대라고 여긴다고 해도 무방한 것이다. 다음 절에서는 단기와 장기로 나누어서 기업의 공급함수를 도출한다.

 **예제 7-1** 수입과 비용이 다음과 같은 경우 이윤을 극대화하는 생산량을 구하시오.
$$R(q)=\frac{1}{4}\sqrt{q},\ C(q)=\frac{1}{2}q^2$$

## 7.2 생산물 공급

단기의 상황에서 이윤은 수입에서 단기총비용을 뺀 값이다. 그러므로 위의 설명이 시사하는 바는 단기 이윤을 극대화하는 생산량에서는 가격과 단기한계비용이 일치해야 하며, 한계비용은 양의 기울기를 가져야 한다는 것이다. 기업의 공급은 주어진 생산물가격에서 기업이 생산하여 판매하고자 하는 생산량을 의미한다. 따라서 기업의 단기한계비용이 바로 이 기업의 단기 공급곡선이라 할 수 있다. 임의의 가격이 주어지면 그 가격과 한계비용이 일치하는 생산량이 공급량이 되기 때문이다.

하지만 여기에는 중요한 단서조항이 있다. [그림 7-3]에서 가격이 $p_0$로 주어졌다고 하자. 앞의 설명을 따르면 가격과 한계비용이 같은 $q_0$를 선택해야 한다. 이때의 수입과 비용을 따져보자. 수입은 가격과 생산량의 곱이므로 그림에서 사각형 $0q_0Ap_0$의 크기가 된다. 단기총비용은 단기평균총비용($SATC$)과 생산량의 곱이므로 사각형 $0q_0CD$가 된다. 이 중에서 가변비용은 사각형 $0q_0BE$이며, 둘의 차이인 사각형 $EBCD$가 고정비용이다. 그림에서 알 수 있듯이 수입은 단기총비용보다 작으므로 이윤은 음($-$)이 된다. 음($-$)의 이윤을 손실이라 하면, 사각형 $p_0ACD$만큼 손실이 발생하는 것이다. 더욱이 수입이 가변비용보다 작으므로 기업이 벌어들이는 것이 가변비용도 충당하지 못한다. 이 경우 기업은 $q_0$를 생산하는 것이 타당한가? 그렇지 않다. 차라리 생산하지 않는, 즉, $q=0$을 선택하는 것이 낫다. 그렇다면 이윤극대화를 위해서는 가격과 한계비용이 일치해야 한다는 조건은 어떻게 된 것인가? 가격과 한계비용이 같아야 한다는 조건은 이윤극대 생산량이 양($+$)의 값을 가질 때 성립해야 한다. 0보다 큰 다른 어떤 생산량보다도 $q_0$를 선택할 때 이윤이 가장 크다. 하지만 그 때의 이윤이 양의 값을 가진다는 보장은 없다. [그림 7-3]의 경우에는 가격 $p_0$에서 어떤 양을 선택

**그림 7-3**   단기 공급의 결정

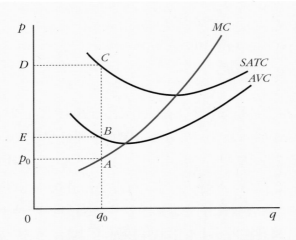

하더라도 기업은 손실을 본다. $q_0$는 양(+)의 생산량 중에서 손실이 가장 작은 값이 된다. 즉, 다른 어떤 양(+)의 생산량을 선택하는 것보다는 $q_0$를 선택하는 것이 낫다. 그러나 그것이 생산을 중단하는 것, 즉, $q=0$을 선택하는 것보다 나은지는 별도로 따져야 한다.

기업이 생산을 하는 것이 좋은지 또는 생산을 중단하는(즉, $q=0$) 것이 좋은지는 어떻게 판단해야 하는가? 일견 가격과 한계비용이 일치하는 생산량에서 이윤이 양(+)의 값을 가지면 그 생산량을 선택하고 그렇지 않으면 생산을 중단하는 것이 낫다고 할 것 같다. 하지만 단기에는 고정비용이 존재하기 때문에 생산 중단의 결정은 이와 다르다. 생산량과 무관하게 고정비용을 부담해야 한다. 생산을 중단하면 수입과 가변비용은 0이 되지만 그 때에도 고정비용은 부담해야 하므로 기업은 고정비용만큼 손실을 보게 된다. 그러므로 생산을 할 때의 이윤이 고정비용만큼의 손실보다 크다면 생산을 하는 것이 낫고 작다면 생산을 중단하는 것이 낫다. 가격이 $p$일 때 생산량 $q^*$에서 가격과 한계비용이 일치한다고 하자. 즉, 생산을 한다면 $q^*$가 선택되어야 한다. 그러면 $q^*$을 선택하지 않고 생산을 중단할 조건은 다음과 같다.

$$pq^* - STC(q^*) < -FC \qquad\qquad (7\text{–}2)$$

부등호의 좌변은 $q^*$를 선택할 때의 이윤이고 우변은 생산을 중단할 때의 이윤이다. 단기총비용은 가변비용과 고정비용의 합이다. 즉, $STC(q^*) = VC(q^*) + FC$이므로 이를 식 (7–2)에 대입하면 다음과 같이 정리된다.

$$pq^* - VC(q^*) - FC < -FC$$
$$pq^* - VC(q^*) < 0$$
$$pq^* < VC(q^*)$$

따라서 생산을 중단할 조건은 수입이 가변비용보다 작다는 것이다. 반대로 수입이 가변비용보다 크다면 $q^*$를 선택하는 것이 낫다. 그 이유는 수입이 가변비용을 충당하고도 남는다면 손실을 보는 상황에서도 어차피 부담해야 하는 고정비용의 일부라도 충당할 수 있기 때문이다. 한편, 고정비용의 크기는 생산 중단 여부에 전혀 영향을 주지 않음을 알 수 있다. 마지막 부등식의 양변을 $q^*$로 나누면 이 조건은 가격이 평균가변비용보다 낮다는 조건이 된다.

그림 7-4    기업의 단기 공급

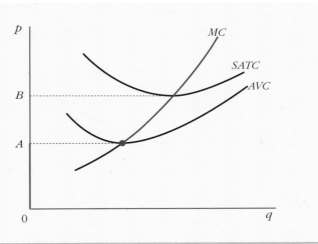

$$p < AVC(q^*)$$

[그림 7-3]을 다시 보자. $A$에서 평균가변비용인 선분 $q_0B$보다 작기 때문에 이 경우에는 생산을 중단하는 것이 낫다. [그림 7-4]에서 $A$는 평균가변비용의 최저수준이고 $B$는 평균총비용의 최저수준이다. 만일 시장가격이 $A$보다 낮을 때에는 생산을 중단하는 것이 낫고 그보다 높을 때에는 생산을 하는 것이 낫다. 그리고 이때에는 가격과 한계비용이 일치하는 생산량을 선택해야 한다. 가격이 $A$와 $B$의 사이에 있을 때에는 가격이 최적 생산량에서의 평균총비용보다 낮다는 것을 알 수 있다. 따라서 이윤은 음($-$)의 값을 가져서 기업은 손실을 본다. 그럼에도 불구하고 고정비용 때문에 생산을 중단하는 것보다 생산을 하는 것이 낫다. 가격이 $B$보다 높을 때에는 생산을 하는 것이 낫고 이윤은 양($+$)의 값을 가진다.

이러한 논의로부터 기업이 단기공급곡선은 무엇인가? 공급곡선은 한계비용과 일치하지만 그것은 가격이 평균가변비용의 최저수준보다 높을 때에만 그러하다. 가격이 그보다 낮을 때에는 공급은 0이어야 한다. 따라서 기업의 단기공급곡선은 [그림 7-4]의 빨간선이 된다.

다음으로 기업의 장기 이윤극대화 과정을 살펴보고 장기 공급함수를 도출한다. 장기 상황에서 고려되는 비용은 장기비용이다. 1절의 논의와 마찬가지 이유로 만일 기업이 양($+$)의 생산량을 선택한다면 가격과 장기한계비용이 일치하

**그림 7-5**  장기공급곡선

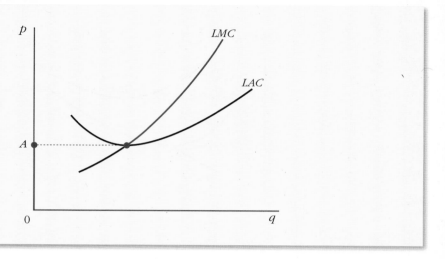

는 생산량을 선택해야 한다. 즉, 장기한계비용곡선이 기업의 장기공급곡선이 된다. 하지만 이 경우에도 생산을 하지 않는 것이 더 나은지를 따져야 한다. 장기에서 생산을 하지 않기로 했다면 모든 투입요소의 양은 0이 되어야 한다. 장기에는 고정요소가 없고 요소는 비용을 극소화하도록 선택되어야 하기 때문이다. 그러므로 생산을 하지 않는다면 이윤은 단기와는 달리 0이 된다. 기업은 가격과 장기한계비용이 일치하는 생산량에서 이윤이 0보다 크면 그 생산량을 선택하고 0보다 작으면 생산을 중단하여 $q=0$를 선택한다. 가격이 $p$이고 $q^*$에서 가격과 장기한계비용이 일치한다면 생산을 중단할 조건은 다음과 같다.

$$pq^* - LC(q^*) < 0$$

양변을 $q^*$로 나누면 생산 중단 조건은

$$p < LAC(q^*)$$

이 된다. 즉, 가격이 장기평균비용보다 낮다는 것이다. 그러므로 기업의 장기공급곡선은 [그림 7-5]와 같이 가격이 장기평균비용의 최저수준인 $A$보다 낮을 때에는 수직축이고 그보다 높을 때에는 장기한계비용 곡선이 된다.

[그림 7-6]은 기업의 조정과정을 보여준다. 우선 현재 기업의 자본이 $k_0$라 하자. 그리고 시장가격은 $p_0$라 하자. 그림에서 $SATC(k_0)$는 현재의 단기평균총비

그림 7-6    조정과정

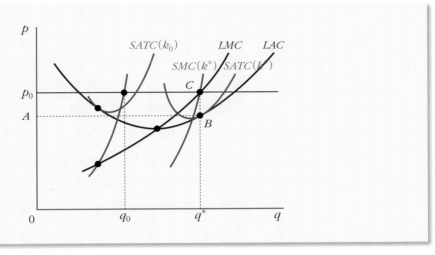

용곡선을 나타낸다. 가격이 이 곡선의 최저수준보다 높으므로 평균가변비용의 최저수준보다도 높다. 그러므로 기업은 가격과 단기한계비용이 일치하는 $q_0$를 선택하고 양(+)의 이윤을 얻는다. 가격이 장기적으로도 $p_0$에 머물러 있다면 기업은 어떻게 해야 하는가? 이 기업은 비록 양(+)의 이윤을 누리고 있지만 장기적으로 자본을 적절히 조정함으로써 더 큰 이윤을 얻을 수 있다. 그렇다면 자본을 어떻게 조정해야 하는가? 위에서 설명한 장기이윤극대화의 조건은 가격과 장기한계비용($LMC$)이 일치하는 생산량을 선택하는 것이다. 그것이 그림에서 $q^*$이다. 이 값에서 가격은 장기평균비용($LAC$)을 초과하므로 기업은 양(+)의 이윤을 누리며 이윤은 사각형 $ABCp_0$이다. 이것이 이 상황에서 기업이 달성할 수 있는 가장 큰 이윤이다. 기업은 현재의 자본 $k_0$을 유지하면서 $q^*$를 선택하면 안된다. 그 경우 평균총비용은 $q^*$에서 $SATC(k_0)$곡선의 값이 된다. 기업은 자본을 늘려야 한다. 자본을 늘림에 따라 단기비용곡선들은 오른쪽으로 이동하게 된다. 한편, 장기평균비용 곡선은 단기평균비용 곡선들의 포락선이므로 $q^*$에서 단기평균총비용과 장기평균비용이 일치하는 자본이 존재하며 그것이 $k^*$라 하자. 그때의 단기평균총비용 곡선은 그림에서 $SATC(k^*)$이다. $SATC(k^*)$곡선은 $LAC$와 $q^*$에서 접하며, 이때의 단기한계비용($SMC(k^*)$)과 장기한계비용($LMC$)은 같다. 바로 $k^*$가 장기적으로 기업이 선택하는 자본의 양이다.

지금까지 가격수용자인 한 기업의 단기 및 장기 공급곡선을 도출하였다. 공급에 대한 비교정학분석을 해보자. 위에서 기업의 이윤극대 생산량이 양(+)의 값을 가지면 가격과 한계비용이 일치해야 하며, 또한 그 값에서 한계비용은 양의 기울기를 가져야 함을 설명하였다. 그렇다면 생산물 가격이 상승할 때 공급은 반드시 증가해야 한다는 것을 의미한다. 즉, 가격과 공급은 같은 방향으로 움직인다는 것이다. 이를 공급의 법칙(law of supply)이라 한다. 소비자이론에서 말하는 수요의 법칙(law of demand)은 가격과 수요가 반대방향으로 움직인다는 것이다. 그런데 합리적인 소비자의 선택 결과 수요의 법칙은 논리적으로 반드시 성립하는 것은 아니다. 기펜재의 경우처럼 가격 상승에 따라 수요가 증가할 수 있다. 이와 대조적으로 공급의 법칙은 이윤극대화의 논리로부터 반드시 성립해야 하는 성질이다. 즉, 가격과 공급이 반대방향으로 움직이는 경우는 합리적인 기업에게 일어날 수 없다는 것이다. 소비자 이론에서 기펜재 현상이 발생하는 것은 음(−)의 소득효과가 크게 발생하기 때문인데, 기업의 경우에는 소비자의 예산제약에 해당하는 것이 없기 때문에 소득효과와 같은 현상이 발생하지 않는다.

공급의 법칙은 다음과 같이 현시선호의 방법으로 증명될 수 있다. 생산물 가격이 $p_1$일 때 이윤을 극대화하는 생산량이 $q_1$이라 하자. 즉, 이때의 공급량이다. 마찬가지로 가격이 $p_2$일 때 이윤을 극대화하는 생산량이 $q_2$라 하자. 그러면 다음과 같은 부등식이 성립한다.

$$p_1q_1 - C(q_1) \geq p_1q_2 - C(q_2)$$
$$p_2q_2 - C(q_2) \geq p_2q_1 - C(q_1)$$

여기서 $C(q)$는 단기의 경우에는 단기총비용, 장기의 경우에는 장기비용이다. 첫 번째 부등식은 가격이 $p_1$일 때 $q_1$을 선택할 때의 이윤이 $q_2$를 선택할 때의 이윤보다 작지 않아야 한다는 것이다. $q_1$이 이때의 이윤극대 생산량이기 때문이다. 두 번째 부등식은 가격이 $p_2$일 때 이윤극대생산량인 $q_2$를 선택할 때의 이윤이 $q_1$을 선택할 때의 이윤보다 작지 않아야 한다는 것이다. 두 부등식은 각각 다음과 같이 정리될 수 있다.

$$p_1q_1 - p_1q_2 \geq C(q_1) - C(q_2)$$
$$C(q_1) - C(q_2) \geq p_2q_1 - p_2q_2$$

따라서 다음의 관계가 성립해야 한다.

$$p_1q_1-p_1q_2 \geq p_2q_1-p_2q_2$$
$$p_1(q_1-q_2) \geq p_2(q_1-q_2)$$
$$(p_1-p_2)(q_1-q_2) \geq 0 \qquad\qquad (7-3)$$

$p_1 > q_2$라 해보자. 그러면 식 (7-3)에서 $p_1-p_2 > 0$이므로 $q_1-q_2 \geq 0$이어야 한다. 즉, 가격이 높을 때의 공급량이 가격이 낮을 때의 공급량보다 작지 않아야 한다는 것이다.

요소가격이 변동하면 기업의 공급곡선에 어떠한 변화가 발생할 것인가? 우선 단기 상황에서 자본의 가격이 상승했다고 하자. 이것은 고정비용의 변동이므로 한계비용에 아무런 영향을 주지 못한다. 또한 평균가변비용도 변하지 않으므로 생산 중단 조건에도 아무런 영향을 주지 못한다. 따라서 단기공급곡선은 변하지 않는다. 장기 상황에서는 그렇지 않다. 자본도 가변요소이기 때문이다. 단기의 가변요소의 가격 상승 또는 장기의 요소 가격 상승은 한계비용의 상승을 유발한다. 그러므로 기업의 공급곡선이 위로 이동하고 임의의 가격에서 공급량은 감소한다.

## 7.3 생산자 잉여

일반적으로 외생적인 환경변화는 기업의 선택을 변화시킨다. 그 변화에 대한 후생 평가를 함에 있어서 생산자 잉여(producer surplus)의 개념이 이용된다. 기업의 이윤은 수입에서 단기 또는 장기 비용을 뺀 값으로 정의되었다. 이에 비하여 생산자 잉여는 생산량의 결정과 무관한 비용은 고려되지 않는 개념이다. 즉, 생산자 잉여는 수입에서 변동가능한 비용만을 뺀 것으로 정의된다. 어떤 비용이 기업의 생산량에 무관하여 그 비용을 바꾸거나 회수할 수 없는 경우 이를 매몰비용(sunk cost)이라 한다. 위에서 살펴 본 단기 상황에서는 고정비용이 생산량변화와 무관하다고 하였으므로 고정비용이 매몰비용이 된다. 그리고 장기 상황에는 고정비용이 없으므로 매몰비용은 없다. 생산자 잉여는 다음과 같이 이윤과 관련된다.

$$이윤 = 생산자잉여 - 매몰비용$$

따라서 장기 상황에서는 생산자잉여와 이윤은 같다. 하지만 단기 상황에서 이윤은 수입에서 가변비용과 고정비용을 뺀 것이고 고정비용이 매몰비용이므로 생산자잉여는 수입에서 가변비용만을 뺀 것이 된다.

$$단기 \ 생산자잉여 = 수입 - 가변비용$$

그러므로 생산량 결정에 무관한 매몰비용은 생산자잉여에 반영되지 않는 것이다. 후생변화를 평가함에 있어서 통상 이윤보다 생산자잉여를 이용한다. 그 이유는 가격변동과 같은 외생적인 변화가 기업의 선택에 어떤 영향을 주게 될 것인데 매몰비용은 기업의 선택에 아무런 영향을 주지 않으므로 기업의 후생이 상대적으로 증가 또는 감소하느냐 하는 논의에 있어서도 아무런 영향을 주지 않기 때문이다.

생산자잉여의 크기는 기업의 공급곡선으로부터 도출된다. [그림 7-7]을 보자. 단기 상황이라면 $MC$는 단기한계비용이고, $AC$는 평균가변비용이다. 장기 상황이라면 $MC$는 장기한계비용이고 $AC$는 장기평균비용이다. 시장 가격이 $p_0$이고 기업은 이윤극대화를 위해 $q_0$를 선택한다고 하자. 이때 생산자잉여는 그

**그림 7-7**    생산자잉여

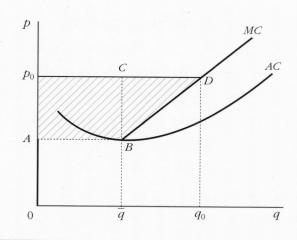

림의 빗금 친 영역의 크기가 된다. 생산량 $\bar{q}$까지는 가격과 $A$의 차이에 $\bar{q}$를 곱한 것이고, $\bar{q}$에서 $q_0$까지는 가격에서의 수평선과 한계비용곡선의 사이에 있는 영역이다. 왜 그러한가? 잠시 기업이 $\bar{q}$를 생산한다고 해보자. 이때의 수입은 $p_0$와 $\bar{q}$을 곱한 것이 된다. 비용은 어떠한가? 단기 상황에서는 $A$가 $\bar{q}$를 선택할 때의 평균가변비용이다. 그러므로 $A$와 $\bar{q}$를 곱한 것, 즉 사각형 $0\bar{q}BA$의 크기가 가변비용이다. 그러므로 사각형 $ABCp_0$가 생산자잉여이다. 기업은 $\bar{q}$이 아니라 $q_0$를 선택한다. 그러면 생산자잉여는 얼마나 더 늘어나는가? $\bar{q}$와 $q_0$사이의 한 단위 한 단위가 창출하는 잉여는 가격에서 한계비용을 뺀 값이다. 그러므로 $q_0$을 선택할 때의 생산자잉여는 사각형 $ABCp_0$에 삼각형 $BDC$를 합한 것이 된다. 장기 상황이라면 어떠한가? $A$는 $\bar{q}$를 선택할 때의 장기평균비용이다. 그러므로 사각형 $ABCp_0$가 $\bar{q}$를 선택할 때 창출되는 잉여가 된다. 기업은 $q_0$를 선택하므로 여기에 삼각형 $BDC$를 합한 것이 생산자잉여이다.

> **예제 7-2** 단기총비용이 다음과 같고 가격이 2,000원일 때 생산자잉여를 구하시오.
>
> $$STC = q^2 + 1,000q + 50,000$$

## 7.4 요소 수요

이와 같이 이윤극대화 과정을 통해서 생산량을 결정하면 요소는 어떻게 결정되는 것인가? 기업은 생산량과 요소 투입량을 모두 결정하는 것인데 앞 절에서는 비용함수를 가지고 설명을 시작하였기 때문에 요소의 선택은 명시적으로 드러나지 않았다. 비용극소화 문제에서 도출한 비용함수가 요소 선택 과정을 내포하고 있다고 볼 수 있다. 앞 절의 설명과 같이 이윤극대 생산량이 결정되면 비용극소화 문제를 역으로 추적하여 이윤극대 요소 투입량을 도출할 수 있으며 이것이 곧 기업의 요소 수요가 된다. 이것은 6장에서 도출한 조건부요소수요와는 다르다. 여기서는 생산량도 내생변수이기 때문이다. 이 과정을 단기와 장기로 나누어 보다 구체적으로 살펴보자. 여기서도 역시 기업을 요소가격 수용자로 가정하며, 가격책정자인 경우는 10장에서 다룰 것이다.

기업의 단기 이윤을 다음과 같이 표현할 수 있다.

$$\pi = pq - wl - r\bar{k}$$
$$= pf(l, \bar{k}) - wl - r\bar{k} \tag{7-5}$$

식 (7-5)는 생산량을 생산함수로 대체함으로써 이윤을 요소의 함수로 표현한 것이다. 그러면 노동에 대한 수요는 식 (7-5)를 극대화하는 노동량이 된다. 따라서 이윤극대화의 1계 조건으로부터 다음이 성립해야 한다.

$$p\frac{df(l, \bar{k})}{dl} - w = 0$$

이를 달리 표현하면

$$p \times MP_L = w \tag{7-4}$$

이다. 등호의 왼쪽은 노동을 한 단위 더 투입할 때 수입이 얼마나 증가하는가를 나타낸다. 이것을 노동의 한계수입생산(Marginal Revenue Product of Labor, $MRP_L$)이라 한다. 노동을 한 단위 증가시키면 생산량은 $MP_L$만큼 증가한다. 증가하는 생산량 각 단위가 생산물시장에서 $p$만큼의 수입을 유발하므로 노동 한 단위 투입이 수입을 $p \times MP_L$만큼 증가시킨다. 따라서 이것이 한계수입생산이 되는 것이다. 등호의 오른쪽은 노동 한 단위 구입을 위해 부담해야 하는 비용이다. 식 (7-4)는 이윤극대를 위한 요소 고용의 조건을 제시하는 것이다. 즉, 이윤극대를 위해서는 요소의 한계수입생산과 그 요소의 가격이 일치하도록 요소의 양을 선택해야 한다.

식 (7-4)는 앞서 살펴본 기업의 생산량 결정과정을 이용해서도 도출될 수 있다. 우선 단기 상황에서 기업이 이윤극대화의 결과 양(+)의 생산량을 선택한다고 하자. 그 생산량에서는 가격과 단기한계비용이 일치한다. 즉, $p = SMC(q)$이다. 그 양을 생산하기 위해서 선택하는 노동의 투입량은 단기생산함수로부터 구해진다. 즉, $q = f(l, \bar{k})$를 만족하는 $l$이다. 주어진 $q$에 대하여 이 등호를 충족하는 $l$을 $l_S(q, \bar{k})$로 표현한다. 즉 $l_S(q, \bar{k})$는 $f(l, \bar{k})$의 역함수이다. 이때 단기총비용은 $STC(q) = wl_S(q, \overline{k}) + r\overline{k}$로서 가변비용과 고정비용의 합이다. 단기한계비용은 생산량이 한 단위 증가할 때 단기총비용이 얼마나 증가하느냐를 나타낸다. 즉,

$$SMC(q) = \frac{dSTC(q)}{dq} = w\frac{dl}{dq} = w\frac{1}{\frac{dq}{dl}}$$

이다. $\frac{dq}{dl}$ 은 노동 한 단위 증가에 따른 생산량의 증가분이므로 노동의 한계생산 $MP_L$이다. 따라서

$$SMC(q) = \frac{w}{MP_L}$$

이 성립한다. 이윤극대 조건에 의해서 $p = SMC(q)$이므로 단기 이윤극대화가 달성될 때 다음이 만족된다.

$$p = \frac{w}{MP_L}$$

[그림 7-8]에서 $MRP_L$은 노동의 한계수입생산이다. 임의의 $w$에서 노동에 대한 수요는 노동의 한계수입생산과 노동 가격이 일치하는 수준이 되므로 $MRP_L$

**그림 7-8**    노동에 대한 수요

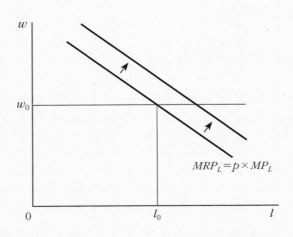

$MRP_L = p \times MP_L$

이 곧 노동수요곡선이 된다. 한편 최적 노동량에서는 $MRP_L$이 노동에 대해 감소해야 한다. 만일 $MRP_L = w$인 노동량에서 $MRP_L$이 노동이 증가함에 따라 증가한다고 해보자. 그러면 노동을 약간 증가시킬 때 $MRP_L > w$이므로 수입 증가가 비용증가보다 커서 이윤이 증가한다. 마찬가지로 노동을 약간 감소시켜도 이윤은 증가한다. 즉, 이때의 노동량은 이윤을 극소화하는 수준이 된다. 따라서 이윤을 극대화하는 노동량에서는 노동량의 증가에 따라 $MRP_L$이 감소해야 하며, 노동수요곡선은 우하향해야 한다. 즉, 노동 가격이 상승하면 노동 수요는 감소하는 것이다.

비교정학분석으로서 생산물 가격 $p$가 상승한다고 해보자. 그러면 그림과 같이 $MRP_L$은 위로 이동한다. 그러므로 임의의 노동 가격에 대해 노동 수요가 증가함을 알 수 있다.

다음으로 장기 상황을 보자. 장기 이윤극대화의 상태에서 양($+$)의 생산량을 선택했다고 하자. 그러면 $p = LMC(q)$가 성립해야 한다. 장기이므로 노동과 자본 모두 가변요소이고 이윤극대화에서 선택된 생산량을 가장 낮은 비용으로 생산하도록 노동과 자본이 선택되어야 한다. 그때의 각 요소 투입량을 $(l^*, k^*)$이라고 하자. 그러면 이것이 곧 이윤을 극대화하는 요소 투입량, 즉, 요소에 대한 수요가 된다. 이 요소 묶음은 다음과 같은 성질을 만족해야 한다. 자본이 $k^*$로 고정되어 있고 노동만 변경가능하다고 해보자. 그러면 이윤을 극대화하는 노동은 $l^*$여야 한다. 그렇지 않다면 장기 이윤극대화 문제에서 $(l^*, k^*)$가 해라는 전제에 모순이 되기 때문이다. 즉, $l^*$는 $k = k^*$일 때의 단기이윤극대 노동량이 되어야 한다는 것이다. 따라서 앞에 단기 상황에 대한 설명을 따라 $(l^*, k^*)$는 다음을 충족해야 한다.

$$(MRP_L(l^*, k^*) =) \ p \times MP_L(l^*, k^*) = w \tag{7-6}$$

마찬가지로 노동의 양이 $l^*$로 고정되어 있고 $k$만 변경할 수 있다고 해보자. 그러면 같은 이유로 이윤극대 자본량은 $k^*$가 되어야 한다. 그러므로 노동의 경우와 마찬가지로 자본에 대한 한계수입생산이 자본가격과 일치해야 한다.

$$(MRP_K(l^*, k^*) =) \ p \times MP_K(l^*, k^*) = r \tag{7-7}$$

식 (7-6)과 식 (7-7)에서 생산물 가격 $p$와 요소 가격 $w$와 $r$이 외생변수이

며, 두 식을 만족하는 $l^*$와 $k^*$가 바로 각각 노동과 자본에 대한 기업의 수요이
다. 식 (7-6)과 식 (7-7)의 양변을 서로 나누면 다음의 관계가 성립됨을 알 수
있다.

$$\frac{MP_L(l^*,\ k^*)}{MP_K(l^*,\ k^*)} = \frac{w}{r}$$

등호의 왼쪽은 한계기술대체율이며 오른쪽은 요소가격의 비율이다. 이것은 5
장에서 설명한 비용극소화 조건이다. 즉, 이윤을 극대화하도록 선택하는 요소묶
음은 비용극소화 문제의 해가 된다는 사실을 확인해 준다.

# 연습문제

**7-1** 기업이 생산물시장에서 가격수용자인 경우 한계수입이 가격과 같아지는 이유를 설명하시오.

**7-2** 어떤 기업의 공급함수가 $q=2p$이고 고정비용은 500이며, 가격이 10에서 20으로 상승하였다. 이 기업의 이윤은 얼마나 변하였는가? 생산자 잉여는 얼마나 변하였는가?

**7-3** 기업의 단기총비용이 $C(q)=2q^2+8$인 경우, 평균총비용이 최소가 되는 생산량은 무엇인가? 또한, 이 기업의 단기공급곡선을 구하시오.

**7-4** 기업의 이윤은 단기에는 양(+)일 수도 음(-)일 수도 있지만 장기에는 음(-)일 수 없는 이유를 설명하시오.

**7-5** 어떤 기업의 장기비용함수가 $LC(q)=q^3-40q^2+410q$라고 한다. 가격이 얼마일 때 이 기업은 생산을 중단하는가?

　7장까지는 개별 소비자나 기업이 다른 주체들의 의사결정을 고려하지 않는 상황을 상정하여 경제주체의 의사결정 방식을 다루었다. 그런데 현실에서는 한 경제주체가 의사결정을 할 때 다른 경제주체들의 의사결정을 감안해야 하는 경우가 많다. 8장에서는 각각의 경제주체가 다른 경제주체의 의사결정을 고려하여 의사결정을 하는 과정과 결과에 대해 분석하고 예측하는 이론인 게임이론을 학습한다.

# 8

# 전략적 선택

8.1 게임이론의 기초
8.2 게임유형 1: 정규형 게임
8.3 게임유형 2: 전개형 게임
8.4 게임유형 3: 반복게임
연습문제

## 8.1 게임이론의 기초

### 1 전략적 선택과 게임이론

7장까지는 시장가격이 주어진 상황에서 소비자와 기업이 각각 자신의 효용과 이윤을 극대화하는 소비량과 생산량을 선택하는 방식에 대해 학습하였다. 특히, 이들은 다른 주체들의 의사결정을 고려하지 않은 상황을 상정하였다. 그런데 현실에서는 다른 경제주체들의 의사결정을 감안해야 하는 경우가 상당히 많다. 예를 들어, 유명 맛집을 방문하고자 할 때 사람이 많이 붐비는 시간을 피한다거나, 소셜네트워크앱에서 많은 사람들이 '좋아요'를 누를 만한 사진을 선택하여 업로드한다거나, 편의점이 구매자를 끌어 모으기 위해 값싼 미끼상품을 제시하는 등 많은 사례들을 현실에서 발견할 수 있다.

각각의 경제주체가 다른 경제주체의 의사결정을 고려하여 의사결정을 하는 경우 어떤 결과가 발생할 것인지에 대해 체계적으로 분석하여 예측하는 이론이 게임이론(game theory)이다. 한 경제주체인 A가 다른 경제주체인 B의 의사결정을 고려하여 의사결정을 하고, 또한 경제주체 B도 경제주체 A의 의사결정을 감안하여 의사결정에 이르는 상황을 게임(game)으로 표현하고, 그 과정을 분석하며 결과를 예측하는 논리적 체계가 게임이론이다.

게임이론은 1900년대 초반에는 수학적 분석방법 차원에서 이루어져 왔었는데, 1944년 폰 노이만(von Neumann)과 모건스턴(Morgenstern)의 공저인 '게임이론과 경제행위(Theory of Games and Economic Behavior)'부터 게임이론은 경제문제를 해결하기 위한 분석기법으로 등장하게 되었다. 또한, 게임이론이 추상적 수준에서 개발되었 때문에 경제학 내의 여러 분야에 응용된다. 소수의 기업이 경쟁하는 과점시장에서 기업 행태의 분석에 활용된다. 거시경제학이나 재정학에서는 다양한 정책논의 과정을 정부와 국민 간 게임으로 상정하며, 국제경제학에서는 무역전쟁을 국가 간 게임으로 상정하여 각 국가의 무역정책 정책결정방식을 분석한다. 게임이론은 경제학에만 적극적으로 적용되고 있는 것이 아니라, 국제관계나 선거전략과 같은 주제들을 다루는 정치학, 공공기관의 의사결정을 다루는 행정학 등에도 응용되고 있다.

## 2 게임의 주요 구성요소와 게임의 유형

게임으로 표현될 수 있는 상황이 무수히 많기 때문에 게임의 종류도 많다. 그런데 게임에 참여하는 주체들이 직면하는 몇 가지 공통된 상황이나 규칙들을 유형화하여 게임을 표현할 수 있다.

하나의 게임에는 세 가지 필수요소들이 반드시 포함되어 있어야 한다: 첫째, 게임의 주체인 경기자(player)들의 모음인 경기자집합, 둘째, 각 경기자의 전략(strategy)들의 모음인 전략집합, 셋째, 각 경기자가 얻는 보수(payoff)를 나타내는 보수함수이다.

이 개념들의 이해를 위해 가위·바위·보 게임을 묘사해보자. 1과 2로 표현되는 두 명의 경기자가 이 게임에 참여한다고 하자. 그러면 경기자집합은 {1, 2}로 표현된다. 각 경기자가 선택할 수 있는 대상은 가위, 바위, 보 세 가지이다. 그 대상 하나하나를 전략이라 부르며, 그것을 집합으로 표현한 {가위, 바위, 보}가 각 경기자의 전략집합이 된다. 가위·바위·보 게임에서 이긴 경기자가 1을 얻고 진 경기자는 1을 잃으며, 비기면 각 경기자는 0을 얻는다고 하자. 각 경기자가 얻거나 잃는 것이 보수가 된다. 여기서 각 경기자의 보수는 자신이 선택한 전략에 의해서만 결정되는 것이 아니다. 예를 들어, 경기자 1이 '가위'를 제시할 때 얻는 보수는 경기자 2가 가위 바위 보 중 어느 것을 선택하느냐에 따라 다르다.

모든 경기자들이 선택한 전략들을 나열한 것을 전략프로파일(strategy profile)이라 부른다. 이 게임에서 전략프로파일은 (경기자 1이 선택한 전략, 경기자 2가 선택한 전략)으로 표현된다. 예를 들어, 경기자 1이 '가위', 경기자 2가 '바위'의 전략을 선택한다면, 전략프로파일은 (가위, 바위)로 표현된다. 경기자가 두 명인 가위·바위·보 게임에서 가능한 전략프로파일은 모두 9가지이다. 한 경기자의 보수함수는 전략프로파일과 경기자의 보수수준을 연결시켜주는 역할을 한다. 예를 들어, 경기자 1과 2의 보수함수를 $u_1$과 $u_2$로 나타내고, 경기자 1과 2가 각각 선택한 전략이 '가위'와 '보'인 경우, 경기자 1과 2가 각각 얻는 보수는 $u_1$(가위, 보)=1과 $u_2$(가위, 보)=−1로 표현된다.

게임의 정확한 묘사를 위해서는 추가적으로 이해해야 하는 요인들이 있다. 첫째, 경기자들이 보유하고 있는 정보수준에 대한 것으로서, 각 경기자가 게임에 대해서 무엇을 알고 무엇을 모르느냐는 것이다. 위의 가위·바위·보 게임에서는 모든 경기자들이 경기자집합, 각 경기자의 전략집합과 보수함수를 모두 알고 있다고 가정한다. 이와 같이 게임에 관한 정보가 완전한 경우 게임을 완비 정보 게임(complete information game)이라 한다. 경기자가 자신의 보수는 알지만 다른 경기자의 보수를 알지 못하는 상황도 있을 것이다. 이와 같이 정보가 완전하지 않은 게임을 불완비 정보 게임(incomplete information game)이라 한다. 불완비 정보 게임의 사례를 몇 가지 들어보자. 취업 준비자는 자신의 학습이나 생산 능력에 대해 정확히 알고 있지만 타인은 잘 모르는 경우가 대부분이다. 한 기업의 생산비용을 그 기업 외에 다른 기업이 정확히 아는 것은 거의 불가능하다. 불완비 정보 게임의 특수한 형태인 비대칭정보 게임에 대해서는 13장에서 다룰 것이며, 본 장에서는 완비 정보 게임을 학습한다.

둘째, 경기 규칙의 일종으로 선택의 순서에 대한 것이다. 가위·바위·보 게임에서는 경기자들이 동시에 전략을 선택한다. 이러한 유형의 게임을 동시 진행 게임(simultaneous move game)이라 한다. 그런데 바둑과 같이 선택이 동시에 이루어지지 않고 순차적으로 이루어지는 게임을 순차적 게임(sequential game)이라 한다.

셋째, 게임의 반복 여부이다. 각 경기자가 의사결정을 한 번만 하는 게임을 일회성 게임(one-shot game)이라 부른다. 이와 달리 동일한 게임이 여러 번 반복하는 게임을 반복게임(repeated game)이라 한다.

이상에서 소개한 바와 같이 경기자가 직면하게 되는 상황이나 경기의 규칙에 따라 다양한 유형의 게임을 고려할 수 있다. 일반적으로, 경기자들의 전략적 상황을 정규형 게임과 전개형 게임의 두 가지 유형으로 표현할 수 있다. 흔히, 일회성의 동시 진행 게임은 정규형 게임으로 표현하며, 순차적 게임은 전개형 게임으로 표현한다. 아래에서는 두 유형의 게임을 묘사하는 방법과 결과를 예측하는 분석과정을 차례로 학습한다.

## 8.2 게임유형 1: 정규형 게임

게임유형 1은 가장 기본적인 게임유형이라 할 수 있다. 많이 언급되는 사례로서, 용의자의 딜레마(prisoner's dilemma) 게임, 치킨 게임(chicken game), 가위·바위·보 게임 등 세 가지 게임에 대해 게임을 표현하고 분석한다.

## 1 용의자의 딜레마 게임

### (1) 게임의 표현

용의자의 딜레마 게임의 개략적인 내용은 다음과 같다. 여러 가지 범죄를 같이 저지른 두 명의 용의자가 잡혀왔는데, 가장 중요한 범죄에 대해서는 물증이 없다. 그 범죄를 빼고 재판을 하면 각 용의자는 징역 6년씩을 받게 되고 그 범죄가 포함된다면 징역 20년을 받는 상황이다. 경찰은 각 용의자를 서로 다른 방에 격리하여 그 중요 범죄 실행 여부를 캐내려 한다. 경찰은 각 용의자에게 '그 중요 범죄를 범했는가?'라고 묻는다. 그러면 각 용의자는 동시에 '예(자백)' 또는 '아니오(침묵)'로 대답하며, '예'라고 답하는 경우 물증을 제시한다. 두 용의자의 대답에 대해 경찰이 설계한 형량구조는 당근과 채찍의 방식이다. 예를 들어, 한 용의자만 자백하고 다른 용의자는 자백을 하지 않으면 자백한 용의자에 대해서는 수사 협조를 감안하여 형량을 1년으로 줄여주고 자백하지 않은 용의자에 대해서는 괘씸죄까지 적용하여 형량을 30년으로 늘리는 것이다. 둘 다 자백을 하면 징역 20년씩을 받는다. 둘 다 침묵을 하면, 경찰은 더 이상 죄를 추궁할 수 없어 기존의 죄만으로, 각 용의자는 징역 6년씩을 살게 된다.

위와 같은 상황을 게임으로 묘사해 보자. 앞서 소개하였듯이 게임으로 표현되려면 경기자집합, 각 경기자의 전략집합, 그리고 각 경기자의 보수함수 세 가지 요소가 포함되어야 한다. 두 명의 용의자를 용의자 1, 용의자 2로 명명하면, 경기자집합은 $I=\{$용의자 1, 용의자 2$\}$가 된다. 각 용의자가 의사결정할 대상은 자백과 침묵이므로, 용의자 1의 전략집합은 $S_1=\{$자백, 침묵$\}$이 된다. 마찬가지로 용의자 2의 전략집합은 $S_2=\{$자백, 침묵$\}$이 되어, 두 용의자의 전략집합은 동일하다.

각 경기자의 보수함수는 전략프로파일을 각 경기자가 얻는 보수 수준에 연결시킨다. 용의자 1과 2의 보수함수를 각각 $u_1$과 $u_2$로 나타내자. 전략프로파일이 (자백, 자백)인 경우, 각 용의자는 징역 20년을 살게 되므로, 용의자 1과 2가 각각 얻는 보수는 $u_1$(자백, 자백)$=u_2$(자백, 자백)$=-20$으로 표현될 수 있다. 전략프로파일이 (자백, 침묵)인 경우, 용의자 1의 형량은 1년이 되므로 그의 보수는 $u_1$(자백, 침묵)$=-1$이 되는 반면, 용의자 2의 보수는 $u_2$(자백, 침묵)$=-30$

**표 8-1**

용의자의
딜레마 게임의
정규형 표현

| | | 용의자 2 | |
|---|---|---|---|
| | | 자백 | 침묵 |
| 용의자 1 | 자백 | −20, −20 | −1, −30 |
| | 침묵 | −30, −1 | −6, −6 |

이 된다. 마찬가지로 $u_1$(침묵, 자백)=−30과 $u_2$(침묵, 자백)=−1이고, $u_1$(침묵, 침묵)=$u_2$(침묵, 침묵)=−6이다.

위의 내용을 한 눈에 알아볼 수 있도록 〈표 8-1〉과 같이 행렬(matrix)을 이용하여 표현할 수 있다. 어떤 게임을 행렬을 이용하여 표현할 수 있다면, 그 게임을 정규형(normal form) 게임이라 부른다. 〈표 8-1〉에서 각 칸의 앞의 숫자는 용의자 1의 보수, 그리고 뒤의 숫자는 용의자 2의 보수를 나타낸다.

### (2) 게임의 결과 예측과 내쉬균형

게임이론의 목적은 게임의 결과를 논리적으로 설명하고 예측하는 것이다. 결과를 예측하기 위해서는 분석 과정이 필요한데, 분석을 위한 하나의 중요한 가정은 각 경기자는 자신의 보수를 가장 크게 해주는 전략을 선택한다는 가정이다. 달리 말하면, 모든 경기자는 각자의 보수극대화(payoff maximization)를 추구한다. 그런데 한 경기자의 보수는 자신의 전략 뿐 아니라 다른 경기자의 전략에 의해서도 영향을 받는다. 이러한 이유에서 게임의 결과를 예측하는 일은 단순한 최적화 문제의 해를 구하는 것 이상의 어려운 작업이다.

1994년 노벨 경제학상 수상자인 내쉬(Nash)는 균형이라는 개념을 이용하여 게임의 결과 예측을 위한 개념을 제시하였다. 이 개념을 내쉬균형(Nash equilibrium)이라 부른다. 내쉬균형은 어떤 경기자도 단독적으로 이탈할 유인이 없는 상태를 말한다. 한 경기자가 이탈할 유인이 없으려면 그 경기자는 보수극대화를 달성하여야 한다. 따라서 내쉬균형은 모든 경기자가 자신의 보수극대화를 달성하는 전략을 선택한 상태이며, 경기자들의 그러한 전략을 나열한 전략프로파일로 표현된다.

정규형 게임에서 내쉬균형을 찾는 방법으로 두 가지를 고려할 수 있다. 방법 1은 각 전략프로파일에 대해 적어도 한 경기자가 이탈하는지 점검하여 어떤 경기자도 이탈하지 않는 전략프로파일을 찾아내는 방법이다. 만약 적어도 한 경기자가 한 전략프로파일에서 이탈하고자 한다면 그 전략프로파일은 내쉬균형이 아니다. 방법 2는 각 경기자의 최적 대응전략(best response)을 구한 다음, 모든 경기자의 최적 대응전략이 동시에 만족되는 전략프로파일을 구한다. 여기서 한 경기자의 최적 대응전략이란 다른 경기자들의 특정 전략에 대해 자신의 보수극대화를 달성하는 전략이다. 내쉬균형에서 모든 경기자가 최적 대응전략을 선택하는 상황이 된다.

용의자의 딜레마 게임에서 방법 1을 적용하여 내쉬균형을 찾아보자. 먼저 '침묵'이란 전략이 포함된 전략프로파일은 내쉬균형이 될 수 없음을 확인할 수 있다. 왜냐하면, '침묵'을 선택한 경기자는 상대방이 무엇을 선택하더라도 '자백'으로 전략을 변경하면 보수가 높아지기 때문이다. (자백, 자백)의 전략프로파일에서 각 경기자가 이탈할 유인이 있는가? '자백' 대신 '침묵'으로 단독적으로 이탈하면 자신의 형량은 높아서 보수가 낮아지므로, 아무도 (자백, 자백) 상태에서 이탈하려 하지 않는다. 따라서 (자백, 자백)은 내쉬균형이다. 이 게임에서 (자백, 자백)의 전략프로파일은 다른 경기자의 전략이 무엇이건 상관없이 항상 자신의 보수극대화를 달성하는 전략이다. 이러한 전략을 우월한 전략(dominant strategy)이라 한다. 즉, 용의자의 딜레마 게임에서는 두 경기자 모두 우월한 전략을 선택하는 것이 내쉬균형이 된다. 일반적으로 우월한 전략이 없더라도 내쉬균형은 존재할 수 있다.

용의자의 딜레마 게임에서 용의자들이 바라는 이상적인 상황은 아마도 (침묵, 침묵)의 상태일 것이다. 왜냐하면, 그 상태에서는 두 용의자의 보수의 합이 −12에 그쳐, 다른 어떤 상태보다 크다. 하지만 이 게임에서 (침묵, 침묵)의 상태는 달성되지 않는다. 앞서 살펴보았듯이, '침묵'이라는 전략이 포함된 전략프로파일은 어떤 용의자도 이탈하고자하는 상태이기 때문이다. 특히 (자백, 자백)의 상태에서는 두 용의자의 보수의 합이 −40으로 다른 어떤 상태보다 보수의 합이 가장 낮은 최악의 상태이다. 따라서 용의자의 딜레마 게임은 경기자들에게 이상적인 상황은 존재하지만 이에 이르지 못할 뿐만 아니라 최악에 상태에 이르는 '딜레마' 상황을 잘 묘사한 게임이라 할 수 있다.

## 2 치킨 게임

운전자 1과 2가 각각 도로의 양 끝에 있고 서로를 향해 질주한다. 각 운전자는 핸들을 왼쪽으로 돌리기와 직진하기의 두 가지 전략 중 하나를 취할 수 있다. 둘 다 직진하면 충돌로 둘 다 중상을 입으며, 이를 보수로 표현하면 −800이라고 하자. 둘 중 한 운전자가 핸들을 돌리고 다른 운전자는 직진을 하면 사고가 발생하지 않아 중상을 피하지만, 핸들을 돌린 운전자는 겁쟁이, 즉, 치킨으로 낙인찍혀 −8의 보수를 얻는 반면, 직진을 선택한 운전자는 용기가 있는 자로 인정되어 8의 보수를 얻는다. 둘 다 핸들을 돌리면 비긴 상황으로 각각 0의 보수를 얻는다. 이 게임의 내용을 정규형으로 표현하면, ⟨표 8−2⟩로 나타낼 수 있다.

**표 8-2**
치킨 게임

| | | 운전자 2 | |
|---|---|---|---|
| | | 핸들 돌리기 | 직진하기 |
| 운전자 1 | 핸들 돌리기 | 0, 0 | −8, 8 |
| | 직진하기 | 8, −8 | −800, −800 |

(핸들 돌리기, 핸들 돌리기)와 (직진하기, 직진하기)는 내쉬균형이 될 수 없음은 쉽게 확인할 수 있다. 전략프로파일 (직진하기, 핸들 돌리기)가 내쉬균형이다. 운전자 1이 '핸들 돌리기' 전략으로 변경하면 보수가 낮아지므로 이탈하지 않으며, 운전자 2가 '직진하기' 전략을 변경하면 충돌 사고로 중상을 입게 되므로 이탈하지 않아, 두 운전자 모두 이 전략프로파일에서 이탈할 유인이 없다. 마찬가지로, 전략프로파일 (핸들 돌리기, 직진하기)도 내쉬균형이 된다.

치킨 게임은 몇가지 특징을 갖는다. 우선, 치킨 게임에서는 내쉬균형이 두 개이다. 이는 게임에 따라 내쉬균형이 다수가 될 수 있음을 알려준다. 또한 내쉬균형이 두 개라는 점은 게임의 결과 예측력이 내쉬균형이 한 개일 때 보다 떨어짐을 의미한다. 내쉬균형 개념으로 치킨 게임의 결과를 예측하면 적어도 두 운전자가 같은 의사결정을 내리지 않는다는 것 예상할 수 있지만, 어떤 운전자가 '직진하기' 전략을 택하게 되는지에 대해서는 예측할 수 없다. 한편, 치킨 게임에서는 각 경기자는 우월한 전략을 갖지 않는다는 점이다. 치킨 게임은 현실에서 군비경쟁, 무역전쟁 등과 같이 게임에서 승리를 하면 큰 이익을 보지만 승리를 위해 극단적 전략을 고수할 경우 서로가 큰 피해를 입을 수 있는 상황을 설명하는데 이용될 수 있다. 물론 내쉬균형 개념을 적용하면 양측이 큰 피해를 입지 않는 것으로 예측된다.

## 3 가위 · 바위 · 보 게임

### (1) 정규형 게임으로의 표현과 내쉬균형

〈표 8-3〉은 가위·바위·보 게임을 표현하고 있다. 두 경기자가 각각 보유한 세 가지 전략에 의해 전략프로파일은 9개가 된다. 각 전략프로파일에서 두 경기자의 보수의 합을 구해보면, 모두 0임을 확인할 수 있다. 이와 같이, 모든 전략프로파일에서 모든 경기자들의 보수의 합이 0인 게임을 제로섬(zero-sum) 게임이라 부르며, 아무런 부가가치 없이 서로 뺏고 뺏기는 상황을 설명하는데 주로 이용된다.

**표 8-3**
가위 · 바위 · 보
게임

|  |  | 경기자 2 | | |
|---|---|---|---|---|
|  |  | 가위 | 바위 | 보 |
| 경기자 1 | 가위 | 0, 0 | −1, 1 | 1, −1 |
|  | 바위 | 1, −1 | 0, 0 | −1, 1 |
|  | 보 | −1, 1 | 1, −1 | 0, 0 |

이 게임의 내쉬균형을 찾아보자. (가위, 가위)의 경우, 경기자 1과 2는 각각 '바위' 전략으로 이탈하고자 하므로 내쉬균형이 되지 않는다. 다른 8개의 전략프로파일을 대상으로 동일한 방법을 적용하면 모든 전략프로파일에 대해 적어도 한 경기자가 이탈할 것임을 확인할 수 있다. 따라서 가위·바위·보 게임에는 내쉬균형이 존재하지 않는다. 이는 가위·바위·보 게임의 결과를 내쉬균형 개념으로 전혀 예측할 수 없음을 의미한다. 사실 현실에서도 가위·바위·보 게임을 하면 누가 어떤 전략으로 승리할지 예상하는 것은 거의 불가능하므로, 게임의 결과 예측을 위한 내쉬균형 개념은 나름대로 현실을 잘 설명한다고 할 수 있다.

### (2) 순수전략과 혼합전략

가위·바위·보 게임은 내쉬균형이 존재하지 않을 수 있음을 보여준다. 하지만, 내쉬균형 개념을 제안한 내쉬는 전략의 개념을 달리 정의한다면 적어도 한

개의 내쉬균형이 존재한다고 증명하였다. 내쉬균형이 적어도 한 개 존재한다는
것은 매우 큰 의미를 내포하고 있다. 왜냐하면 어떠한 게임이라도 내쉬균형 개
념을 적용하면 게임의 결과를 어느 정도 예측할 수 있음을 의미하기 때문이다.

　　내쉬가 증명한 주장을 엄밀히 기술하면, '경기자 수가 한정되어 있고(finite),
각 경기자가 선택할 수 있는 순수전략의 수도 한정되어 있는 경우, 혼합전략
을 적용하면 적어도 한 개의 내쉬균형이 존재한다.'이다. 여기서 순수전략(pure
strategy)이란 경기자가 취할 수 있는 대상을 말한다. 우리가 앞에서 살펴본 용
의자의 딜레마 게임에서의 '자백'과 '침묵', 가위·바위·보 게임에서의 '가위', '바
위', '보' 등이 순수전략이다. 혼합전략(mixed strategy)은 각 순수전략에 부여한
확률(probability)이다. 예를 들어, 가위·바위·보 게임에서 한 경기자가 혼합전
략을 취한하고 할 때, '가위'를 선택한다거나 '바위'를 선택한다는 등으로 표현하
는 것이 아니라, '가위'에는 $\frac{1}{2}$의 확률을, '바위'에는 $\frac{1}{3}$의 확률을, 그리고 '보'에
는 $\frac{1}{6}$의 확률을 부여한다는 방식으로 표현하는 것이다. 순수전략은 혼합전략의
특수한 사례라 할 수 있다. 예를 들어, 한 경기자가 순수전략으로 '가위'를 선택
한다는 것은 혼합전략으로 '가위'에 1의 확률을, 나머지 '바위'와 '보'에는 0의 확
률을 부여한 것과 동일하다.

　　가위·바위·보 게임에서 혼합전략을 일반적으로 표현해보자. 경기자 1과 2가
각 순수전략들에 대해 부여하는 확률이 다를 수 있으므로, 경기자 1과 2의 혼합
전략에 대한 표기는 다음과 같이 한다. 경기자 1의 혼합전략은 각 순수전략 (가
위, 바위, 보)에 부여하는 확률의 나열인 $(p_1, q_1, 1-p_1-q_1)$이 되고, 유사하게
경기자 2의 혼합전략은 $(p_2, q_2, 1-p_2-q_2)$로 둘 수 있다. 그리고 전략프로파일
은 $((p_1, q_1, 1-p_1-q_1), (p_2, q_2, 1-p_2-q_2))$가 된다.

## (3) 혼합전략에 의한 내쉬균형

　　이제 내쉬가 적어도 하나의 내쉬균형이 존재한다고 증명한 바와 같이 가위·
바위·보 게임에서 각 경기자가 혼합전략을 사용하는 경우 한 개 이상의 내쉬균
형을 구할 수 있는지 살펴보자. 각 순수전략에 부여되는 확률이 0과 1 사이의
실수(real number)이므로, 한 경기자가 선택할 수 있는 혼합전략의 수는 무수
히 많다.

　　1단계로 경기자 2가 '가위', '바위', '보' 중 한 순수전략에 다른 두 순수전략 보
다 높은 확률을 부여한다면 경기자 1의 최적 대응전략이 무엇인지 점검한다. 먼

저, 경기자 2가 '바위'와 '보'에 비해 '가위'에 더 높은 확률을 부여하는 혼합전략을 택한다고 하자. 예를 들어, $(p_2, q_2, 1-p_2-q_2) = (\frac{3}{4}, \frac{1}{8}, \frac{1}{8})$이다. 이에 대한 경기자 1의 최적 대응전략은 '바위'에 확률 1을 부여하는 것을 의미하는 혼합전략인 $(p_1, q_1, 1-p_1-q_1) = (0, 1, 0)$이다. 왜냐하면, 이를 통해 경기자 1이 얻는 기대보수는 $\frac{1}{8} \times 0 + \frac{3}{4} \times 1 + \frac{1}{8} \times (-1) = \frac{5}{8}$가 되어 다른 어떤 혼합전략을 통해 얻는 기대보수보다 크기 때문이다. 이에 더하여, 경기자 1의 혼합전략 $(p_1, q_1, 1-p_1-q_1) = (0, 1, 0)$에 대해 경기자 2의 최적 대응전략을 구해보면, 순수전략 '보'에 확률 1을 부여하는 의미인 $(p_2, q_2, 1-p_2-q_2) = (0, 0, 1)$임을 쉽게 알 수 있다. 이상의 분석은 가위·바위·보 게임에서 한 경기자가 특정 순수전략에 다른 순수전략들보다 더 높은 확률을 부여하는 혼합전략을 선택하는 것은 내쉬균형이 될 수 없음을 의미한다.

각 경기자가 순수전략 '가위', '바위', '보'에 모두 동일한 확률을 부여하는 혼합전략이 내쉬균형이 될 수 있는지 점검해 본다. 즉, 혼합전략프로파일 $((\frac{1}{3}, \frac{1}{3}, \frac{1}{3}), (\frac{1}{3}, \frac{1}{3}, \frac{1}{3}))$의 내쉬균형 가능성을 검토한다. 경기자 2가 $\frac{1}{3}$의 확률을 '가위', '바위', '보'에 각각 부여하면, 경기자 1은 어떠한 혼합전략을 구성하더라도 이길 확률, 비길 확률, 질 확률이 각각 $\frac{1}{3}$이 되므로, 경기자 1은 자신이 구성할 수 있는 모든 혼합전략에 대해 0의 기대보수를 얻는다. 이는 달리 말하면 경기자 1은 혼합전략 $(\frac{1}{3}, \frac{1}{3}, \frac{1}{3})$에서 이탈할 유인이 없음을 의미한다. 이와 같은 추론은 경기자 2에게도 동일하게 적용된다. 따라서 전략프로파일 $((\frac{1}{3}, \frac{1}{3}, \frac{1}{3}), (\frac{1}{3}, \frac{1}{3}, \frac{1}{3}))$은 유일한 내쉬균형이다.

이상의 분석은 내쉬가 증명한 바와 같이 경기자들이 혼합전략을 사용하는 경우 내쉬균형이 존재함을 보여준다. 그리고 각 경기자가 순수전략 '가위', '바위', '보'에 대해 동일한 확률인 $\frac{1}{3}$을 부여하는 내쉬균형은 독자들이 예상하는 바와 같이 사람들이 실제로 가위·바위·보 게임에 임할 때 무작위로 각 순수전략을 채택함을 의미한다.

**예제 8-1** 〈표 8-2〉의 치킨 게임에서 혼합전략에 의한 내쉬균형을 구하시오.

## 8.3 게임유형 2: 전개형 게임

게임유형 2는 경기자들의 선택이 동시에 일어나는 것이 아니라, 한 경기자가 먼저 선택한 후에 다른 경기자가 선택하는, 즉, 선택이 순차적으로 일어나는 게임이다. 여기서는 전개형 게임의 고전적 예인 진입 게임(entry game)에 대해 게임을 표현하고 게임의 결과를 분석적으로 예측한다.

### 1 진입 게임의 내용과 표현

진입 게임의 내용은 다음과 같다. 기업 $M$이 독점하는 시장에 기업 $E$가 진입을 꾀하고 있다. 기업 $E$가 진입하지 않으면 기업 $E$의 보수는 0이고 기업 $M$은 독점에 의한 보수 8을 얻는다. 그런데 기업 $E$가 진입하면 공장을 짓는 등 진입비용 2를 지출해야 한다. 기업 $E$의 진입 이후 기업 $M$은 두 가지 전략 중 하나를 선택할 수 있다. 하나는 기업 $E$와 시장을 양분하여 기업 $M$과 $E$가 각각 5의 보수를 얻는 '공생'의 전략이다. 다른 하나는 각 기업의 보수가 결국 0에 이르게 되는 '치열한 경쟁'의 전략이다. 기업 $E$의 진입비용을 고려하면, 기업 $M$의 '공생' 전략에 의해 기업 $E$의 보수는 3이 되나, 기업 $M$의 '치열한 경쟁' 전략에 의해 기업 $E$의 보수는 −2가 된다.

8.1에서 논의한 바와 같이 게임을 묘사하기 위해서는 경기자집합, 각 경기자의 전략집합, 그리고 보수함수 등 세 가지 필수요소가 기술되어야 한다. 이 진입 게임에서 경기자집합은 $I=\{E, M\}$이다. 8.2에서 다루었던 게임에서 각 경기자의 전략집합은 경기자별로 동일하였으나, 이 진입 게임에서는 그렇지 않다. 잠재적 진입기업 $E$는 진입 여부를 결정하므로 그의 전략집합은 $S_E=\{$진입, 진입 안 함$\}$인 반면, 기존 기업 $M$은 공생할 것인지 치열한 경쟁을 할 것인지 결정하므로 그의 전략집합은 $S_M=\{$공생, 치열한 경쟁$\}$이다.

각 경기자의 보수함수를 기술하기 전에 먼저 주목해야 할 것이 바로 의사결정 순서이다. 이 진입 게임에서는 기업 $E$가 먼저 의사결정하고, 그 후 상황에 따라 기존 기업 $M$이 의사결정을 한다. 따라서 게임을 묘사할 때 의사결정 순서도 반드시 기술하여야 한다. 편의상 기업 $E$가 의사결정을 하는 시점을 단계 1, 기업 $M$이 의사결정을 하는 시점을 단계 2라 하자. 단계 1에서 기업 $E$가 '진입 안 함'

| 그림 8-1 | 진입 게임 |

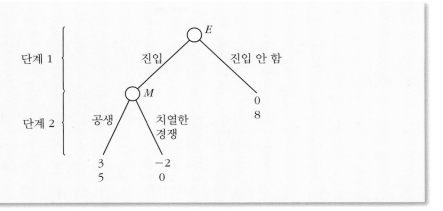

을 선택하면, 게임은 더 이상 진행되지 않고 종료된다. 이 경우, 기업 $E$와 $M$의 보수는 각각 0과 8이다. 단계 1에서 기업 $E$가 '진입'을 선택하면, $E$는 진입비용 2를 지출하고, 이제 단계 2에서 기업 $M$이 의사결정을 할 기회를 갖게 된다. 기업 $M$이 '공생'을 선택하면 기업 $E$와 $M$의 보수는 각각 3과 5이고, 기업 $M$이 '치열한 경쟁'을 선택하면 기업 $E$와 $M$의 보수는 각각 $-2$와 0이 된다.

경기자의 의사결정 순서가 정해져 있는 게임을 시각적으로 묘사하는데 일반적으로 게임 트리(game tree)가 사용된다. 이 진입 게임을 게임 트리를 이용하여 묘사하면 [그림 8-1]과 같다. 게임 트리는 동그라미로 표현되는 마디(node)와 직선으로 표현되는 가지(edge)로 구성되어 있다. 마디는 한 경기자가 의사결정을 하는 단계임을 의미하며, 동그라미 옆에 의사결정을 하는 경기자를 표기한다. 예를 들어, 그림의 단계 1에서는 기업 $E$가 진입 여부를 결정하는 경기자이므로, 마디를 표시하는 동그라미 옆에 $E$가 표시되어 있다. 가지는 경기자가 선택할 수 있는 한 가지 전략을 나타내며, 전략의 개수와 한 마디에서 나오는 가지의 수는 동일하다. 가지 옆에는 전략의 내용이 표시되어 있다. 가지 밑에 세로로 표기된 숫자들은 각 경기자의 보수로, 위 숫자와 아래 숫자는 각각 기업 $E$와 $M$의 보수를 나타낸다. [그림 8-1]은 게임을 묘사하는데 세 가지 필수요소인 경기자집합, 각 경기자의 전략집합, 보수함수뿐만 아니라 의사결정 순서까지 일목요연하게 보여준다. 이와 같이 게임 트리로 표현되는 게임을 전개형(extensive form) 게임이라 부른다.

## ② 진입 게임의 내쉬균형

이 진입 게임에서 네 가지 전략프로파일이 가능하다. 결론부터 말하면, 이 진입 게임의 내쉬균형은 (진입, 공생)과 (진입 안 함, 치열한 경쟁)의 두 가지이다. 기업 $M$의 '공생' 전략에 대해 기업 $E$는 '진입' 전략에서 '진입 안 함' 전략으로 바꾸면 자신의 보수가 3에서 0으로 하락하므로 '진입' 전략에서 이탈할 유인이 없고, 또한 기업 $E$의 '진입' 전략에 대해 기업 $M$이 '공생' 전략에서 '치열한 경쟁' 전략으로 바꾸면 자신의 보수가 5에서 0으로 하락하므로 '공생' 전략에서 이탈할 이유가 없다. 따라서 전략프로파일 (진입, 공생)은 내쉬균형이 된다. 이와 유사한 방법을 적용하면 전략프로파일 (진입 안 함, 치열한 경쟁)이 내쉬균형임을 확인할 수 있다. 기업 $M$의 '치열한 경쟁' 전략에 대해 기업 $E$는 '진입 안 함' 전략에서 '진입' 전략으로 바꾸면 자신의 보수가 0에서 -2로 하락하므로 '진입 안 함' 전략에서 이탈할 유인이 없고, 또한 기업 $E$의 '진입 안 함' 전략에 대해 기업 $M$이 '치열한 경쟁' 전략에서 '공생' 전략으로 바꾸더라도 자신의 보수가 8로 유지되므로 굳이 '치열한 경쟁' 전략에서 이탈할 이유가 없다. 다른 두 개의 전략프로파일들은 내쉬균형이 될 수 없음은 쉽게 확인할 수 있다.

이 진입 게임의 결과를 내쉬균형 개념으로 예측한다면 내쉬균형이 두 가지이므로 정확히 예측할 수 없다. 심지어 잠재적 진입기업 $E$가 진입할 것인지 아닌지조차도 예측 불가능하다. 그럼에도 불구하고 두 개의 내쉬균형 중 어떤 것이 보다 개연성이 있는지 검토해보자. .

전략프로파일 (진입 안 함, 치열한 경쟁)은 내쉬균형이다. 이를 쉽게 해석해보자면, "당신이 이 시장에 진입하면 나는 무조건 당신이 손해를 보게 하겠소"라고 기업 $M$이 위협하고, 기업 $E$는 이러한 위협을 인정하여 진입을 안하는 상황이다. 그런데 이 위협이 진짜로 위협이 될까에 대해 의문이 제기된다. 이 위협을 무시하고 기업 $E$가 '진입'을 선택한다고 하자. 그러면 정말로 기존 기업 $M$은 '치열한 경쟁'의 전략을 택하는가? 답은 아니오이다. 즉, 기업 $E$가 진입하기 이전에는 기업 $M$의 이런 전략으로 위협할 것 같지만 '치열한 경쟁'은 실제 진입 이루어진 이후에는 선택되지 않을 전략이다. 이러한 전략을 공허한 위협(empty threat) 또는 신빙성이 없는 위협(non-credible threat)이라 부른다. 내쉬균형 (진입 안 함, 치열한 경쟁)은 공허한 위협에 의해서 정당화되는 내쉬균형이라는 점에서, 합리적인 경기자 간 게임의 결과라고 주장하는 데에는 문제가 있다. 반면에 다른 내쉬균형 (진입, 공생)은 이러한 문제가 없다.

## ③ 진입 게임의 부분게임완전균형

앞서 살펴본 내쉬균형이 내포하는 문제점에 의해, 내쉬균형 개념만으로는 그 결과를 예측하는 데 충분하지 못하다. 여러 개의 내쉬균형이 존재한다면, 특정한 조건이나 제약을 추가하여 개연성이 높은 것을 선별할 수 있다. 내쉬균형에 추가의 조건을 적용하여 적절한 균형의 수를 줄이는 작업을 균형의 정제(refinement of equilibrium)라고 한다. 균형의 정제작업은 1994년 내쉬와 노벨 경제학상을 공동수상한 젤텐(Selten)이 부분게임완전균형(subgame perfect equilibrium)을 제안하면서 시작하였고, 이후 더욱 정제된 여러 균형 개념들이 등장하였다. 여기서는 진입 게임에 적용할 부분게임완전균형을 소개한다.

### (1) 부분게임

부분게임완전균형 개념을 이해하기 위해 먼저 부분게임이 무엇인지 알아야 한다. 어떤 전개형게임의 부분게임은 전체게임의 한 마디를 시작점으로 하면서 그 마디 이후의 모든 부분을 포함하는 게임을 말한다. 즉, 부분게임은 전체게임에서 따로 떼어내어도 독립적으로 하나의 게임을 구성할 수 있어야 한다.

부분게임을 정의하는데 정보 집합(information set)을 정의해야 한다. 정보 집합은 한 경기자가 의사결정을 하는 마디에서 이전까지 진행되어 온 내용에 대해 동일한 정보를 갖고 있는 마디들의 모음이다. 보다 구체적인 이해를 위해, [그림 8-2]와 같이 두 가지의 전개형 게임을 상정해 보자. [그림 8-2]에서는 용의자 1이 용의자 2보다 먼저 의사결정을 한다. (a)는 용의자 2가 의사결정을 하는 단계에서 용의자 1이 이전에 어떤 의사결정을 했는지 정확히 구분할 수 있는 상황을 나타내고 있다. 용의자 2가 마디 C에서 '자백'과 '침묵' 중 하나를 선택하는 상황에서, 그 이전에 용의자 1이 '자백'을 취했음을 알고 있고, 마찬가지로 마디 S에서, 그 이전에 용의자 1이 '침묵'을 취했음을 알고 있는 상황을 나타낸다. 즉, 용의자 2가 마디 C에서 보유한 정보와 마디 S에서 보유한 정보는 다르므로, 마디 C와 마디 S는 각각 다른 정보집합을 형성한다. 이와 같이 한 마디를 유일한 원소로 갖는 정보 집합을 단일원소 정보 집합(singleton information set)이라 한다.

**그림 8-2**  용의자의 딜레마 게임의 전개형 설정

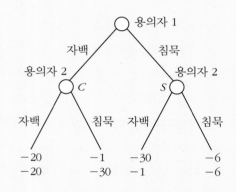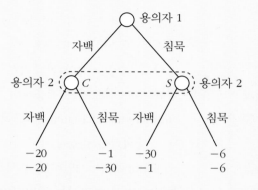

반면 (b)는 용의자 2가 의사결정을 하는 단계에서 용의자 1이 이전에 어떤 의사결정을 했는지 구분할 수 없는 상황을 점선으로 그려진 타원을 통해 묘사하고 있다. 용의자 2가 의사결정을 할 때, 그 이전에 용의자 1이 무엇을 선택했는지 알 수 없다. 즉, 용의자 2가 마디 $C$에서나 $S$에서 동일한 정보를 가지고 있어서 두 마디는 동일한 정보집합에 속하며, 그 정보집합은 그림에서 점선으로 그려진 타원으로 표시된다. 용의자 2가 의사결정을 하는 단계에서 두 마디 중 자신이 어떤 마디에 위치해 있는지도 구분할 수 없기 때문에, 한 정보 집합 안에 어떠한 마디에 있더라도 용의자 2는 동일한 전략을 취해야 한다. 이러한 의미에서 두 명의 용의자가 동시에 의사결정을 하는 〈표 8-2〉의 용의자의 딜레마 게임은 사실상 전개형으로 표현한 [그림 8-2]의 (b)와 동일한 게임이다.

이상에서 정의한 정보 집합을 이용하여 [그림 8-2]의 (a)에서 부분게임을 확인해보자. 우선 부분게임의 정의 상 전체게임도 부분게임이다. 마디 $C$에서 시작하는 부분도 부분게임이다. 또한, 마디 $S$에서 시작하는 부분도 부분게임이다. 따라서 (a)에서는 총 세 가지의 부분게임이 존재한다. (b)에서 부분게임은 몇 개일까? 부분게임은 전체게임에 있는 단일 정보 집합에 있는 마디를 시작점으로 해야 한다. 따라서 (b)의 경우에는 부분게임이 전체게임 하나뿐이다. $C$는 $C$와 $S$로 구성된 정보집합에 속하는 원소이기 때문에 이 조건을 충족하지 못한다. 따라서 $C$ 아래 부분은 부분게임이 아니다. 마찬가지로 $S$ 아래 부분도 부분게임이 아니다.

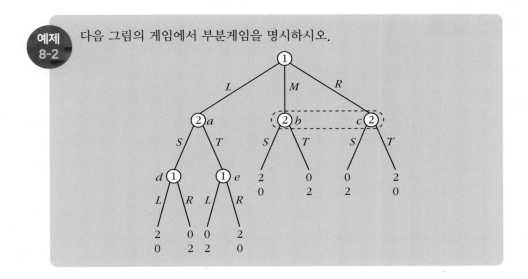

**예제 8-2** 다음 그림의 게임에서 부분게임을 명시하시오.

## (2) 부분게임완전균형

[그림 8-1]의 진입 게임에서 공허한 위협에 의해서 지지되는 내쉬균형을 제거하는 방법으로서, 젤텐은 부분게임완전균형을 다음과 같이 정의하였다.

> **부분게임완전균형**
> 모든 부분게임에서도 내쉬균형이 되는 내쉬균형은 부분게임완전균형이다.

전체게임도 부분게임이므로 부분게입완전균형은 내쉬균형이다. [그림 8-1]의 진입 게임에서 부분게임은 마디 $M$부터 시작되는 부분게임과 전체게임 두 가지이다. 마디 $M$부터 시작되는 부분게임에서 $M$은 자신의 보수극대화를 위해 '공생'을 선택한다. 마디 $M$부터 시작되는 부분게임에서 '치열한 경쟁'은 선택되지 않으므로, 부분게임완전균형을 구함에 있어서 내쉬균형 중 (진입 안 함, 치열한 경쟁)은 제거된다. 따라서 이 진입 게임에서는 (진입, 공생)만이 부분게임완전균형이 되고, 이는 [그림 8-3]에서 빨간색 선으로 표시된다.

진입게임에서 부분게임완전균형 개념은 다음과 같이 직관적으로 설명할 수 있다. 이 진입 게임에서 기업 $E$가 먼저 의사결정을 하는 경기자이다. 기업 $E$가 의사결정을 하는 시점인 단계 1에서는 단계 2에서 기업 $M$이 어떤 의사결정을 할 것인지를 먼저 예측한다. 일단 기업 $E$가 '진입'을 선택하고 나면, 기업 $M$은

그림 8-3     진입 게임의 부분게임완전균형

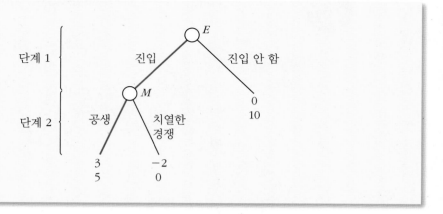

'치열한 경쟁'보다 '공생'이 자신에게 유리하므로 그것을 선택할 것이다. 따라서, 기업 $M$이 합리적이라 믿는 기업 $E$는 자신이 '진입'을 선택한 후 '공생'이 선택될 것이라 추론하고, 그 경우의 자신의 보수인 3이 '진입 안 함'을 선택할 때의 보수인 0보다 높으므로 '진입'을 선택한다.

이를 일반화하여 표현하면, 먼저 의사결정을 하는 경기자는 무엇을 선택할지를 결정하기 이전에 자신의 의사결정 이후에 벌어질 일을 먼저 추론한다. 미래를 추론함에 있어서는 미래 시점에 시작하는 부분게임에서의 내쉬균형을 적용한다. 그러한 추론의 과정을 거친 이후에 현 시점에 의사결정을 하는 것이다.

따라서 맨 마지막 의사결정 단계에서의 내쉬균형을 구하는 것을 가장 먼저하고, 이를 반영하여 바로 그 전 시점의 단계에서 내쉬균형을 도출하는 과정을 현재의 시점에 이를 때까지 계속 반복하는 방법으로 부분게임완전균형을 구한다. 이와 같이 시점 상 게임의 맨 마지막 단계에서 시작하여 한 단계씩 현재 시점을 향해 역으로 분석하는 방법을 역진귀납법(backward induction)이라 부른다.

역진귀납법을 이용하여 [그림 8-1] 진입 게임에 적용해 보자. 먼저 시점 상 마지막 단계인 단계 2에서 시작하는 부분게임의 내쉬균형은 기업 $M$이 '공생'을 선택하는 것이다. 이제 거꾸로 올라가 단계 1에서 기업 $E$의 보수극대화 전략을 찾는다. 기업 $E$가 '진입'을 선택하면, 다른 단계에서 '공생'이 선택될 것으로 예상하면서 가장 유리한 전략을 선택한다.

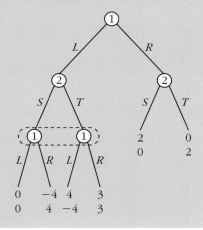

예제 8-3

아래 그림과 같은 전개형 게임의 부분게임완전균형을 모두 구하시오.

---

8.4 ── **게임유형 3: 반복게임**

### 1 반복게임에 관심을 두는 이유

우리는 8.2와 8.3에서 각 경기자가 전략을 한 번만 선택하는 일회성 게임의 결과를 예측하는 개념에 대해 공부하였다. 동일한 일회성 게임이 여러 번 반복되는 상황을 반복게임(repeated game)이라 부르는데, 여기서는 반복게임을 학습한다.

8.2에서 공부한 〈표 8-1〉의 용의자의 딜레마 게임에서 두 용의자에게 보다 나은 상황을 기대하게 하는 (침묵, 침묵)이 내쉬균형으로 등장하는 것이 아니라 최악의 상황으로 귀결되는 (자백, 자백)이 내쉬균형이 된다. 이와 같은 용의자의 "딜레마"가 발생되는 원인이 게임의 일회성에 있어서, 만일 이 게임이 반복적으로 이루어진다면 최악의 결과에서 벗어나 (침묵, 침묵)의 상황이 발생할 수 있지 않을까 하고 추측해 볼 수 있다.

용의자의 딜레마 게임과 사실상 동일한 〈표 8-4〉의 두 기업간 담합 상황을 보자. 먼저 일회성 게임으로서 담합 게임의 개략적 내용은 다음과 같다. 기업 1

**표 8-4**

일회성 담합 게임

| | | 기업 2 | |
|---|---|---|---|
| | | 담합 | 배반 |
| 기업 1 | 담합 | 7, 7 | 3, 8 |
| | 배반 | 8, 3 | 5, 5 |

과 2는 담합을 꾀하고 있다. 두 기업이 '담합'의 전략을 취하면 각 기업은 7의 보수를 얻는다. 그런데 한 기업은 '담합'의 전략을 유지하나 다른 기업이 담합을 깨는 '배반'의 전략을 취하면, 배반을 한 기업의 보수는 8로 증가하나 담합을 유지한 기업의 보수는 3으로 감소한다. 두 기업 모두 '배반'의 전략을 취하면 각 기업은 5의 보수를 얻는다. 각 기업은 동시에 의사결정을 한 번만 한다. 〈표 8-4〉의 일회성 담합 게임에 내쉬균형은 (배반, 배반)으로 담합이 절대 발생되지 않을 것으로 예측된다.

## 2 반복 게임의 결과

이제 기업들이 〈표 8-4〉의 일회성 담합 게임을 여러 번 반복하는 경우를 상정하자. 동일한 게임이 유한번 반복되는 게임을 유한반복게임(finitely repeated game)이라 부른다.

우선 가장 간단한 경우인 〈표 8-4〉의 일회성 담합 게임이 두 번 반복된다고 하자. [그림 8-4]와 같이, 두 기업은 시점 1에서 한 번, 그리고 시점 2에서 다시 한 번 동일한 게임을 한다. 시점 1에서 두 기업이 게임에 임할 때 시점 2에서 한 번 더 게임할 것을 알고 있다. 그러므로 두 기업은 시점 2 게임의 결과가 어떻게 될 것인지 예상을 하고, 또한 예상되는 결과를 반영하여 시점 1에서의 게임에

**그림 8-4**    담합 게임의 두 번 반복

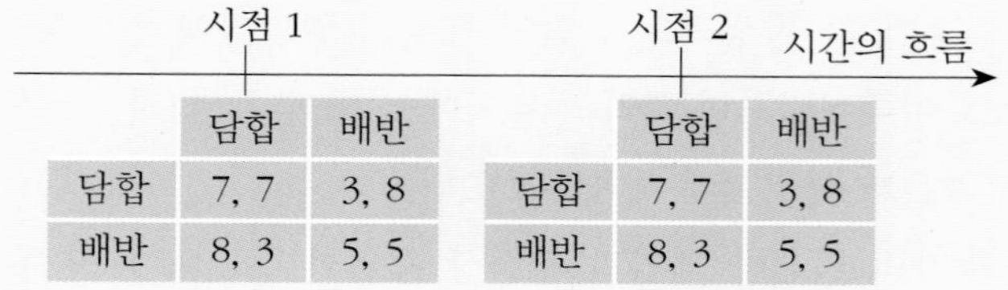

|  | 시점 1 | | | 시점 2 | | 시간의 흐름 |
|---|---|---|---|---|---|---|
| | | 담합 | 배반 | | 담합 | 배반 |
| | 담합 | 7, 7 | 3, 8 | 담합 | 7, 7 | 3, 8 |
| | 배반 | 8, 3 | 5, 5 | 배반 | 8, 3 | 5, 5 |

**표 8-7**

시점 2 게임
결과를 반영한
시점 1의
일회성 담합
게임 보수구조

| 기업 1 | | 기업 2 | |
|---|---|---|---|
| | | 담합 | 배반 |
| | 담합 | 7+5, 7+5 | 3+5, 8+5 |
| | 배반 | 8+5, 3+5 | 5+5, 5+5 |

임할 것이다. 그렇다면 우리는 시점 1 게임의 결과를 분석하는 것을 잠시 미뤄두고 시점 2 게임의 결과를 먼저 분석하는 것이 전체 반복게임의 결과를 예측하는데 용이하다. 달리 말하면, [그림 8-4]의 게임을 분석하는데 8.3에서 배운 역진귀납법(backward induction)을 적용하는 것이다.

시점 2 게임을 보자. 경기자인 두 기업이 시점 2에 도달했다는 것은 시점 1에서의 게임이 끝나고 보수를 이미 챙긴 상태를 의미한다. 시점 2에 도달한 두 기업에게는 과거인 시점 1에서 어떤 보수를 얻었는지 전혀 중요하지 않고 이제 시작될 마지막 게임을 수행하면 된다. 시점 2 게임은 〈표 8-4〉의 일회성 담합 게임과 동일하므로, 내쉬균형은 (배반, 배반)이 된다.

이제 거꾸로 올라가 시점 1 게임의 결과를 분석한다. 시점 1 게임에 임하는 기업들은 시점 2에서 내쉬균형 (배반, 배반)이 수행되어 5의 보수를 얻게 될 것임을 예상하고 있다. 이를 반영하여, 시점 1의 일회성 담합 게임의 보수구조를 〈표 8-7〉과 같이 바꾸어 써도 무방하다. 즉, 시점 2에서 얻게 될 보수 5가 시점 1 게임의 정규형 표현에 추가된 것이다. 시점 1에서 어떠한 상황이 발생되어도 보수 5가 동일하게 추가되는 것이므로, 시점 1 게임의 내쉬균형은 역시 (배반, 배반)이 된다.

이상을 종합하면, 〈표 8-6〉의 일회성 담합 게임이 두 번 반복되는 전체게임의 결과로 시점 1에서 (배반, 배반), 그리고 시점 2에서도 (배반, 배반)이 예측된다. 그리고 이는 부분게임완전균형(subgame perfect equilibrium)이다.

이상의 논의는 동일한 일회성 게임을 두 번 반복하더라도 "딜레마"가 해소되지 않음을 의미한다. 그렇다면 '반복의 횟수가 너무 적기 때문에 "딜레마"가 유지되는가?'하는 의문을 제기해 볼 수 있다. 세 번을 반복해보자. 즉, 시점 1, 시점 2, 시점 3에서 각각 동일한 게임이 이루어지는 상황이다. 두 번 반복인 경우와 마찬가지로, 역진귀납법을 적용하여 시점 3의 맨 마지막 게임부터 분석하여 거꾸로 올라가면서 분석을 계속한다. 시점 2와 시점 3에서의 게임은 앞서 살펴본 두 번 반복게임과 동일하므로, 각 시점에서 게임의 내쉬균형은 (배반, 배반)이다. 시점 2부터 반복되는 게임의 결과가 동일하게 (배반, 배반)이 예상되므로, 이를 반영한 시점 1 게임의 내쉬균형도 (배반, 배반)이다. 반복의 횟수를 아무리 크게 늘리더라도 횟수가 정해져 있다면, 횟수와 상관없이 모든 시점에서 (배반, 배반)이 발생하며, 이것은 부분게임완전균형의 결과이다. 따라서 종료 시점이 정해져 있는 유한반복게임에서는 "딜레마"에서 벗어나지 못한다.

## 3 무한반복게임의 결과

이제 기업들이 〈표 8-4〉의 일회성 담합 게임을 무한히 반복하는 상황을 상정하자. 이러한 게임을 무한반복게임(infinitely repeated game)이라 부른다. 무한반복게임은 경기자들이 영원히 반복하여 게임을 수행하는 상황을 상정하기 보다는 게임의 반복이 언제 끝날지 몰라 반복의 횟수가 미리 정해지지 않은 상황을 다루는 게임으로 이해하는 것이 적절하다. 반복게임을 상정하는 이유가 적어도 한 번이라도 (담합, 담합)이 내쉬균형으로 등장할 수 있는지 살펴보기 위함이다. 따라서 아래에서는 그 가능성에 대해 검토한다. 〈표 8-4〉의 일회성 담합 게임의 무한 반복 상황은 [그림 8-5]와 같이 표현될 수 있다.

무한반복게임은 유한반복게임과 구별되는 두 가지 중요한 특성을 가지고 있다. 첫째, 끝이 없기 때문에 분석을 위해 역진귀납법을 적용할 수 없다. 둘째, 반복의 끝이 없음은 매 시점마다 다음에 게임할 기회가 있음을 의미하며, 이에 따라, 상대기업이 자신이 원하는 대로 선택하지 않는 경우 그 기업을 그 이후에 응징(retaliation)할 수 있다. 유한반복게임에서는 맨 마지막 시점에 그러한 기회가 없다.

경제학자들은 무한반복게임에서 상대방을 응징할 수 있음에 주목하여 일명

---

**그림 8-5**   담합 게임의 무한 반복

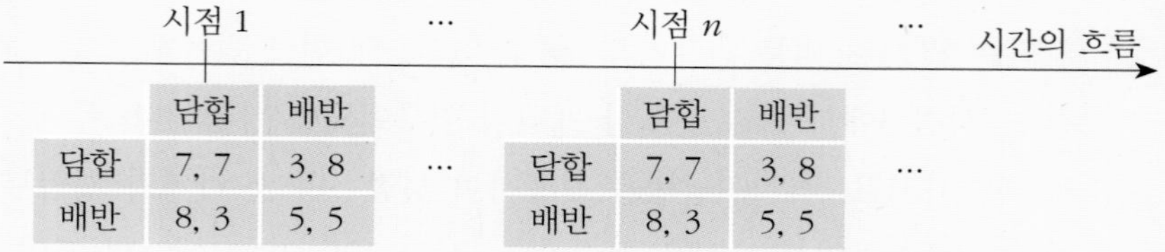

잔혹한 전략(grim strategy) 또는 방아쇠 전략(trigger strategy)이라 불리는 전략이 무한반복게임에서 내쉬균형으로 등장할 수 있음을 증명하였다. 이 전략이 잔혹한 전략이라 불리는 이유는 한 번 '배반'하면 영원히 응징한다는 의미에서이고, 또한 방아쇠 전략이라 불리는 이유는 영원한 응징이 한 번의 '배반'으로 촉발되기 때문이다.

> **잔혹한 전략 또는 방아쇠 전략**
> - 시점 1에서 '담합'을 선택한다.
> - 시점 2 이후 특정 시점에,
>   – 그 시점까지 항상 두 기업 모두 '담합'을 선택했다면, '담합'을 선택한다.
>   – 그 시점까지 한번이라도 누구라도 '배반'을 선택했다면, '배반'을 선택한다.

잔혹한 전략을 통해 무한 반복 과정에서 (담합, 담합)이 부분게임내쉬균형으로 등장할 수 있는지 점검하는 것이 핵심이다. 그러기 위해서는 상대방이 잔혹한 전략을 구사하고 있을 때, 자신이 잔혹한 전략에서 이탈할 유인이 없어야 한다. 특정 시점까지 두 기업 모두 '담합'을 선택해 왔다고 하자. 상대방은 잔혹한 전략을 구사하므로 그 시점에 '담합'을 선택한다. 자신도 '담합'을 선택하면 둘 간의 '우호적' 상태가 유지되어 계속 7을 얻는다. 하지만 '배반'을 선택하면 그 시점의 보수는 8로 증가하여 유리해지지만, 그 이후부터 상대방은 '배반'을 선택하여 '응징'을 행사한다. 따라서 다음 시점부터 계속 보수는 5가 된다. 이를 그림으로 나타내면 [그림 8-6]과 같다. 이탈로 인하여 당장의 이득이 있지만, '우호적' 상태의 파기로 인하여 미래 시점에 손실이 발생하는 것이다. 만일 당장의 이득이 미래의 손실보다 크다고 여긴다면, 두 기업이 잔혹한 전략을 구사하는 것은 부분게임완전균형이 되지 못하며 담합 상태는 유지되지 못한다. 반대로 이

**그림 8-6** 특정 시점에서 선택에 따른 보수의 흐름

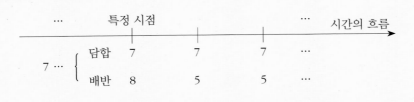

탈로 인한 당장의 이득이 미래의 손실보다 작다고 여긴다면, 두 기업이 잔혹한 전략을 구사하는 것은 균형이 되며 담합상태가 유지될 수 있으며, 이 경우 일회성 게임과는 다른 결과가 가능하게 된다.

담합상태가 유지될 수 있을지, 즉, 두 기업 모두 잔혹한 전략을 구사하는 것이 부분게임완전균형이 될지는 각 기업이 현재의 보수와 미래의 보수를 어떻게 비교하느냐에 달려있다. 만일 각 기업이 현재의 보수를 더 중요하게 여긴다면, [그림 8-6]의 상황에서 배반을 선택하여 담합 상태에서 이탈하려 할 것이고, 반대로 미래의 손실을 중요하게 여긴다면 이탈하지 않을 것이다. 흔히 미래의 보수에 대한 선호를 할인인자(discount factor)를 적용하는 식으로 표현한다. 통상 그 값은 1보다 작은데 다음 시점에 얻는 1원은 현재 시점의 1원보다 그 가치가 작다고 여기는 정도를 나타낸다. 할인인자가 작다면 [그림 8-6]의 상황에서 이탈로 인한 미래 보수의 감소보다 현재의 이탈의 이득을 더 크게 여길 것이며, 할인인자가 충분히 크다면 반대로 이탈로 인한 미래의 손실을 크게 여겨서 이탈하지 않아서 담합상태가 유지될 수 있다.

# 연습문제

**8-1**  서로 경쟁하고 있는 기업 1과 2가 있다. 각 기업이 제시할 수 있는 가격은 8과 20이다. 두 기업이 모두 8의 가격을 제시하면, 각 기업이 얻는 보수는 0이다. 두 기업이 모두 20의 가격을 제시하면, 각 기업이 얻는 보수는 8이다. 한 기업이 8의 가격을 제시하고, 다른 기업이 20의 가격을 제시하면, 8을 제시한 기업은 15의 보수를 얻고, 20을 제시한 기업은 5의 보수를 얻는다. 각 기업은 동시에 가격을 제시한다.

(a) 이 게임을 정규형으로 표현하시오.

(b) 각 기업의 우월한 전략을 명시하시오.

(c) 순수전략 내쉬균형을 구하시오.

(d) 혼합전략 내쉬균형을 구하시오.

**8-2**  다음의 전개형 게임에 대해 답하시오.

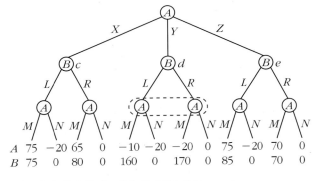

(a) 부분게임의 총 개수를 구하시오.

(b) 마디 $c$ 이후의 부분게임에서 부분게임완전균형을 구하시오.

(c) 마디 $d$ 이후의 부분게임에서 내쉬균형을 구하시오.

(d) 전체게임의 부분게임완전균형에서 $A$와 $B$가 각각 얻는 보수를 구하시오.

**8-3**  다음은 두 단계로 구성된 게임이다. 먼저 1단계에서는 기업 1과 2가 담합여부에 대해 동시에 의사결정을 한다. 각 기업의 전략집합은 {담합, 담합 안 함}이다. 두 기업 모두 '담합 안 함'을 선택하면 각 기업이 얻는 보수는 8이다. 한 기업이 '담합'을 선택하고, 다른 기업이 '담합 안 함'을 선택하면, '담합'을 선택한 기업과

'담합 안 함'을 선택한 기업이 얻게 되는 보수는 각각 4과 16이다. 두 기업 모두 '담합'을 선택하면, 아래와 같은 2단계로 넘어간다.

공정거래위원회는 기업의 담합을 조사하여 적발하면 과징금을 부과한다. 그런데 적발할 확률은 $p$이다. 여기서 $0<p<1$. 공정거래위원회는 담합 기업이 담합을 하고 있음을 자진신고하면 과징금을 감면해주는 제도를 시행하고 있다. 이 제도 하에서 2단계에서 담합에 참여한 두 기업이 직면하는 전략집합은 {자진신고, 침묵}이다. 두 기업이 '침묵'을 선택하고 공정거래위원회의 조사에서 적발되지 않으면 각각 14의 보수를 얻는다. 적발되면 14의 과징금을 받아 각 기업의 보수는 0이 된다. 두 기업이 '자진신고'를 선택하면, 공정거래위원회는 8의 과징금을 부과하여, 각 기업의 보수는 6이다. 한편, 한 기업은 '자진신고'를 선택하고, 다른 기업은 '침묵'을 선택하면, 공정거래위원회는 자진신고한 기업에게 0의 과징금을 부과하고, 침묵한 기업에게 14의 과징금을 부과한다. 이에 따라 '자진신고' 기업의 보수는 14이고, '침묵'한 기업의 보수는 0이다.

(a) 2단계 게임에서 내쉬균형을 구하시오.

(b) 두 단계로 이루어진 이 게임에서 부분게임완전균형을 구하시오.

**8-4** 다음은 경기자 A와 B가 번갈아 가면서 의사결정을 하는데 차수가 진행될수록 두 경기자의 보수의 합이 점차 커지는 상황이다. 부분게임완전균형에서 각 경기자가 얻는 보수를 구하시오.

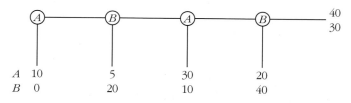

**8-5** $A$와 $B$ 두 기업이 각각 선택할 수 있는 전략집합을 {$C$, $D$}라고 하자. 일회성 게임의 정규형 표현은 다음과 같다.

|  |  | B | |
|---|---|---|---|
|  |  | C | D |
| A | C | 3, 3 | 1, 4 |
|  | D | 4, 1 | 2, 2 |

주: 각 칸의 앞 숫자는 $A$의 보수, 뒤 숫자는 $B$의 보수임

(a) 이와 같은 일회성 게임이 100번 반복된다고 하자. 55번째로 반복된 게임에서 각 기업의 부분게임완전균형 전략을 구하시오.

(b) 무한반복게임에서, 잔혹한 전략이 사용된다면, 부분게임완전균형이 $(C, C)$가 되도록 요구되는 할인인자(discount factor) $\delta$의 최솟값을 구하시오. 여기서 할인인자란 미래에 얻는 보수를 현재 시점에서 평가할 때 할인하는 정도를 말한다. 할인인자 $\delta$는 $0 \leq \delta \leq 1$의 크기를 갖는다.

# IV

# 시장 이론

제9장 완전경쟁시장의 균형과 효율성

제10장 독점시장

제11장 과점시장

제12장 일반균형과 후생

Part IV에서는 다양한 유형의 시장 상황에서 균형을 도출하고 그 성격을 논의한다. 완전경쟁시장으로 논의를 시작하며, 9장에서 부분균형분석을, 12장에서 일반균형분석을 학습한다. 10장과 11장에서 독과점시장에서 기업의 행동을 분석하고 시장균형을 평가한다.

2장에서 5장을 통해 수요함수가 가격수용자인 소비자의 효용극대화 과정에서 도출되며, 6장과 7장을 통해 개별기업의 공급함수가 가격수용자인 기업의 이윤극대화 과정에서 도출됨을 학습하였다. 그러한 논의를 바탕으로, 본 장에서는 소비자와 기업이 모두 가격수용자인 완전경쟁시장에서 이루어지는 거래가 어떤 특성을 갖는지 살펴보고, 사회후생의 관점에서 그 특성을 평가한다.

# 9

# 완전경쟁시장의 균형과 효율성

9.1  완전경쟁시장의 조건과 의미
9.2  완전경쟁시장의 단기균형
9.3  완전경쟁시장의 장기균형
9.4  완전경쟁시장의 효율성
9.5  완전경쟁시장의 균형 분석 응용
9.6  완전경쟁 생산요소시장
    연습문제

## 9.1 완전경쟁시장의 조건과 의미

### 1 완전경쟁시장의 조건

미시경제학에서는 다음과 같은 조건들을 충족하는 시장을 완전경쟁시장 (perfectly competitive market)이라 한다.

#### ① 무수히 많은 소비자와 생산자

한 시장이 완전경쟁시장으로 불리기 위한 첫번째 조건은 소비자와 생산자가 무수히 많다는 것이다. 그러한 경우, 시장에서 한 소비자 또는 생산자가 시장가격이나 시장거래량 결정에 직접적인 영향력을 행사할 수 없다.

#### ② 동질적인 상품

완전경쟁시장에서는 모든 생산자들이 동질적인 상품(homogeneous good)을 생산한다. 동질적인 상품이란 기능, 디자인 등 물리적 속성이 동일함을 의미한다. 생산자가 생산하는 상품들이 동질적이지 않다면 차별화된 상품 (differentiated good)라 한다.

#### ③ 완전 정보

완전경쟁시장에서 모든 소비자와 생산자는 상품의 가격, 품질, 속성 등과 같이 거래와 관련된 정보를 갖고 있다.

#### ④ 자유로운 진입과 퇴출

완전경쟁시장에서 생산자는 자신이 원하는 경우 언제든지 생산활동을 그만두고 시장에서 나갈 수 있다. 또한 시장 밖에 있던 잠재적인 생산자는 자유롭게 시장으로 진입하여 생산활동을 할 수 있다. 생산활동에는 노동력, 자본 등 자원의 투입이 필요하다. 생산자가 자유롭게 생산활동을 하거나 그만둔다는 조건은 경제적 자원의 완전한 이동성이 보장됨을 의미한다.

### 2 조건들의 의미

앞서 제시한 완전경쟁시장의 조건들이 갖는 의미들에 대해 이야기해보자. 먼저 ② 동질적인 상품과 ③ 완전 정보의 조건들에 의해 완전경쟁시장에서 거래되는 상품의 가격은 모든 소비자에게 동일하게 적용된다. 완전경쟁시장에서 모든 제품들이 소비자에게는 똑같기 때문에, 소비자가 어떤 제품을 구매할까에 대한 의사결정에서 오로지 중요한 것은 가격이 된다. 따라서 한 제품이 다른 제품들에 비해 비싸다면 그 제품은 가격에 대한 정확한 정보를 보유하고 있는 소비자로부터 외면당하고 시장에서 도태된다. 달리 말하면, 어떤 제품의 가격도 다른 제품들의 가격보다 높을 수는 없다. 이를 일물일가의 법칙(law of one price)이라 부른다.

둘째, ① 무수히 많은 소비자와 생산자의 조건에 의해 완전경쟁시장에서 거래에 참여하는 주체들인 소비자와 생산자는 가격수용자(price taker)가 된다. 개별 주체가 시장에서 차지하는 비중이 무시될만한 수준이므로, 개별 주체의 어떠한 의사결정도 시장의 거래가격이나 거래량에 미치는 영향력은 없다. 그렇다고, 개별 주체가 내키는 대로 행동하는 것은 아니다. 소비자와 생산자는 시장에서 결정된 가격을 토대로 각각 효용극대화를 달성하는 구매량을 결정하거나 이윤극대화에 부합하는 생산량을 결정하게 된다. 이러한 의미에서 개별 주체는 가격수용자가 되는 것이다. 마지막으로, ④ 자유로운 진입과 퇴출의 조건은 장기(long-run)에 적용되는 조건이다. 9.3에서 이 조건에 의해 장기에서 생산자의 이윤이 0이 되는 이유에 대해 자세히 논의한다.

## 9.2 완전경쟁시장의 단기균형

시장에서는 시장수요와 시장공급의 상호작용으로 균형을 이룬다. 6장에서 기업의 생산함수 및 비용함수에 대해 자본투입량 변화 여부를 기준으로 장기와 단기로 구별하였다. 마찬가지로 완전경쟁시장에서 단기와 장기를 구별한다. 단기에는 기업들이 자본투입량을 변화시킬 수 없다. 즉, 사업을 확장하기 위해 공장을 더 짓거나, 새로운 사업을 위해 시장에 진입하여 공장 또는 상점을 운영하거나, 기존에 하던 사업을 폐업하고 시장에서 나가거나 하는 등은 자본의 변화를 수반하므로, 이러한 행위들은 단기에서 고려되지 않는다. 단기에서 자본량이 고정되어 있으므로, 한 기업의 생산량 변화는 노동량 변화를 수반하여야 한다. 반면, 장기에서는 자본투입량을 변화시킬 수 있다. 따라서 장기에만 개별 기업의 진입과 퇴출이 가능하다. 단기에서는 기업의 진입과 퇴출이 불가능하므로 시장 내에서 생산활동을 하는 기업의 수가 고정되어 있다.

## 1 시장수요곡선과 시장공급곡선

### (1) 시장수요곡선

2~5장을 통해 시장가격이 주어진 상태에서 가격수용자인 소비자가 효용극대화를 달성하는 소비량이 어떤 특성을 갖는지에 대한 문제를 다루었고, 이를 통해 개별 소비자의 수요함수를 도출하였다. 개별 소비자의 수요함수와 유사하게, 시장수요함수는 시장가격과 시장수요량의 관계를 설명하는 도구이다. 여기서 시장수요량은 주어진 시장가격에 대한 개별 소비자들의 수요량의 합을 말한다. 예를 들어, 치킨시장에 세 명의 소비자 $A$, $B$, $C$가 있다고 하자. 치킨의 시장가격이 30,000원으로 주어져 있을 때 소비자 $A$, $B$, $C$ 각각의 개별 수요량이 1, 2, 3개이면, 시장가격 20,000원에 대한 시장수요량은 6개가 된다.

시장수요량이 개별 소비자의 수요량의 합이라는 관계를 그래프로 나타내면 시장수요곡선이 얻어진다. 수요곡선은 주어진 시장가격에 대응하는 수요량이 얼마인가를 보여준다.

개별 소비자의 수요곡선과 시장수요곡선의 관계를 예 9-1의 간단한 수식을 통해 점검해보자.

**예 9-1** 티셔츠시장은 완전경쟁시장이라 하자. 티셔츠시장에 2명의 소비자 $A$ 와 $B$만이 있고 각 소비자의 수요함수는 다음과 같다.

소비자 $A$의 수요함수: $q_A^D = 10 - p$
소비자 $B$의 수요함수: $q_B^D = 5 - \frac{1}{2}p$

여기서 $p$는 시장가격, $q_A^D$는 소비자 $A$의 개별 수요량, $q_B^D$는 소비자 $B$의 개별 수요량을 나타낸다.

시장수요량을 $q^D$라 표시하고, 개별 수요량의 합이라 정의했으므로, $q^D = q_A^D + q_B^D$이다. 따라서 시장수요함수는 $q^D = 15 - \frac{3}{2}p$가 된다. 이를 그래프로 나타

**개별수요곡선과 시장수요곡선**

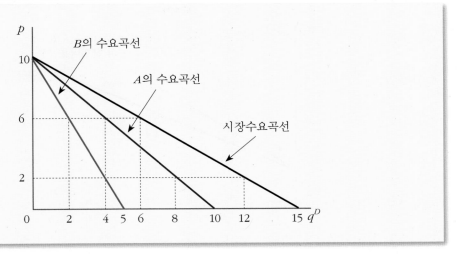

내면 [그림 9–1]과 같다. 그래프 상에서 시장수요곡선은 주어진 가격들에 대해 개별수요곡선의 수평합으로 표현된다.

## (2) 시장공급곡선

이제 완전경쟁시장에서 개별기업의 공급곡선과 시장공급곡선의 관계에 대해 살펴보자. 수요곡선의 경우와 마찬가지로 시장공급곡선은 개별기업의 공급곡선의 수평합이 된다. 우리는 7장에서 가격수용자의 단기공급곡선은 평균가변비용($AVC$)곡선의 저점 위에 있는 한계비용($MC$)곡선과 동일함을 학습하였다.

📖 **9–2** 완전경쟁인 티셔츠시장에 2개의 경쟁기업 $X$와 $Y$의 한계비용함수는 각각 다음과 같다.

경쟁기업 $X$의 한계비용함수: $MC_X = q_X^S + 2$
경쟁기업 $Y$의 한계비용함수: $MC_Y = 2q_Y^S + 2$

여기서 $q_X^S$와 $q_Y^S$는 경쟁기업 $X$와 $Y$ 각각의 생산량을 나타낸다.

개별 경쟁기업은 가격수용자로서 이윤극대화를 추구함에 따라 시장가격 $p$와 자신의 한계비용이 일치하도록 생산량을 결정하므로, $p = MC_X = MC_Y$가 성립한다. 기업 $X$의 경우, $p = MC_X = q_X^S + 2$이므로, 시장가격 $p$가 주어질 때 경쟁기업 $X$의 공급량은 $q_X^S = p - 2$가 된다. 마찬가지로 기업 $Y$의 공급량은 $q_Y^S = \frac{1}{2}p - 1$

**그림 9-2** 개별기업의 공급곡선과 시장공급곡선

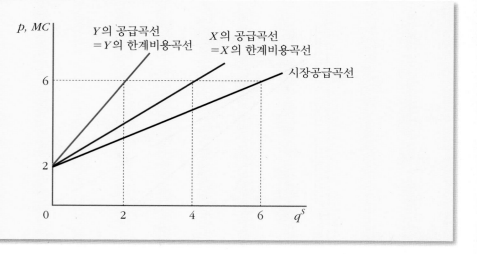

이다.

주어진 시장가격에 대응하는 시장공급량은 두 기업의 공급량 또는 생산량의 합이므로, 시장공급량을 $q^S$로 표현하면, $q^S = q_X^S + q_Y^S$이다.

 **예제 9-1** 완전경쟁시장에서 단기비용함수가 $C(q_i) = \frac{1}{2}q_i^2$인 기업이 100개가 있다. 시장공급량을 $q^S$, 시장가격을 $p$로 표현하여, 단기 시장공급함수를 구하시오. 여기서 $q_i$는 $i$번째 기업의 생산량을 나타낸다.

## 2 단기균형

시장균형에서는 소비자와 기업이 각각 효용과 이윤을 극대화하여 아무도 더 이상의 변화를 추구하지 않아야 한다. 완전경쟁시장에서 균형은 [그림 9-3]에서 보는 바와 같이 시장수요곡선 $D$와 시장공급곡선 $S$가 교차하는 $E$점이 되어, 균형가격 $p^*$와 균형거래량 $q^*$가 달성된다. [그림 9-3]의 (a)와 같이 시장가격이 $p^*$보다 높은 $p_1$이 되면, 시장수요량은 적어지고, 시장공급량은 많아지게 될 것이다. 즉, 시장가격 $p_1$에 대응되는 시장수요량은 $q_1^D$에 그치는 반면, 시장공급량은 $q_1^S$가 되어 시장공급량이 시장수요량보다 많아지는 초과공급(excess supply)이 발생하며, 이때의 초과공급량은 $q_1^S - q_1^D$가 된다. 초과공급이 발생되

**그림 9-3**  완전경쟁시장의 단기균형

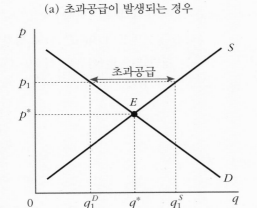

(a) 초과공급이 발생되는 경우

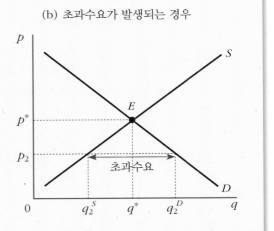

(b) 초과수요가 발생되는 경우

는 상황은 주어진 가격에서 자신이 공급량을 모두 판매하지 못하는 기업들이 있으며, 이러한 기업들은 가격수용자로서 이윤극대화를 하지 못함을 의미한다. 따라서 시장가격보다 낮은 가격을 받고서라도 더 많은 양을 판매하고자 할 것이므로, 시장가격은 하락하게 된다.

시장가격이 $p_2$라고 하자. 이번에는 시장가격 $p_2$에 대응되는 시장수요량이 $q_2^D$로 시장공급량 $q_2^S$보다 더 많아진다. 이러한 현상을 초과수요(excess demand)가 발생한다고 말하고, 초과수요량은 $q_2^D - q_2^S$가 된다. 초과수요가 발생되는 상황에서는 주어진 가격에서 자신의 수요량을 모두 구입하지 못하는 소비자들이 있으며, 이들은 가격수용자로서 효용을 극대화하지 못한다. 따라서 시장가격보다 높은 가격을 주고서라도 더 많은 양을 구매하고자 할 것이므로, 시장가격은 상승하게 된다.

시장가격 $p^*$에 대응하는 시장수요량과 시장공급량이 일치하게 되어 초과공급이나 초과수요가 발생하지 않는다. 따라서 시장에서 가격변화는 발생하지 않게 되며, 이 가격에서 효용극대화와 이윤극대화를 달성하지 못하는 소비자나 기업은 존재하지 않는다.

## ③ 단기균형에서 경쟁기업의 이윤

기업의 퇴출이나 새로운 진입이 없는 단기에서 시장의 균형이 달성될 때 모든

기업은 이윤극대화를 달성함을 알아보았다. 단기균형에서 어떤 기업은 양(+)
의 이윤을 얻지만 음(−)의 이윤인 손실을 보는 기업도 있다. 이는 각 기업의
기술수준을 나타내는 비용구조에 의존하며, 이에 대해 살펴보자.

먼저 우리는 한 기업의 이윤을 시장가격과 평균비용의 차이를 통해 평가할 수
있다. 이를 이해하기 위해 $q_i$만큼 생산하는 개별 기업의 이윤을 식 (9−1)과 같
이 변형하여 활용하는 것이 편리하다.

$$\pi(q_i) = p \cdot q_i - C(q_i) \tag{9-1}$$
$$= q_i \left[ p - \frac{C(q_i)}{q_i} \right] = q_i [ p - ATC(q_i) ]$$

식 (9−1)로부터, 기업의 이윤이 양(+)인지 또는 음(−)인지는 시장가격과
평균총비용의 차이인 $p - ATC(q_i)$에 전적으로 의존한다.

이제 시장균형가격을 $p^*$로 표시하자. 이에 대응하여 개별 기업은 이윤극대화
조건 $p^* = MC(q_i^*)$를 만족하는 생산량 $q_i^*$를 공급한다. 만약 이 생산량 $q_i^*$에서
평균비용 $ATC(q_i^*)$가 시장균형가격 $p^*$보다 같거나 작다면 기업은 적어도 손해
를 보지 않는다. 그러나 평균비용 $ATC(q_i^*)$가 시장균형가격 $p^*$보다 크다면 손실
을 입는다. 시장균형가격 $p^*$는 모든 경쟁기업에 동일하게 적용되지만, 모든 경
쟁기업의 평균비용수준이 동일한 것은 아니다.

**그림 9-4**   단기균형에서 경쟁기업의 이윤

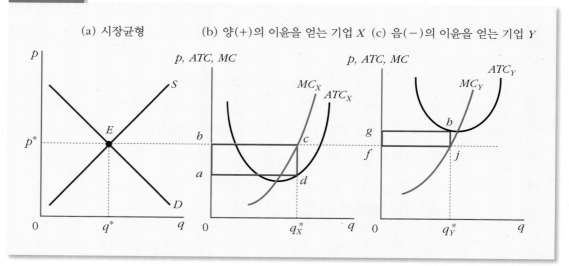

이를 그래프로 나타내면 [그림 9-4]와 같다. [그림 9-4]에서 (a)는 시장균형 상태를 나타낸다. 시장에서 시장수요량과 시장공급량을 일치하게 하는 균형가격 $p^*$는 모든 경쟁기업에게 동일하게 주어진 것이다. (b)는 양(+)의 이윤을 얻는 기업 $X$의 상태를 나타낸다. (c)의 음(−)의 이윤을 얻는 기업의 경우와 비교해 보면 양(+)의 이윤을 얻는 기업의 평균비용이 낮은 것을 발견할 수 있다.

(b)에서 이윤극대화 조건 $p^*=MC(q_X^*)$를 만족하는 생산량 $q_X^*$가 공급될 때 시장균형가격과 평균비용의 차이는 선분 $cd$이며, 기업의 이윤은 직사각형 $abcd$의 면적이 된다.

반면, (c)에서와 같이 음(−)의 이윤을 얻게 되는 기업 $Y$의 경우 시장균형가격이 이윤극대화 생산량에서 필요로 하는 평균비용보다 선분 $jb$의 길이만큼 작으므로, 기업의 이윤은 음(−)의 크기인 직사각형 $fgbj$의 면적이 된다. 기업은 손실을 보지만 $p^*$가 평균가변비용보다 높다면 생산을 하는 것이 유리하다.

## 9.3 완전경쟁시장의 장기균형

이제 장기균형에 대해 논의하자. 장기는 기업이 자본투입량을 자유롭게 변화시킬 수 있는 기간이며, 이에 따라 기업이 퇴출되거나 새로이 시장으로 진입하는 것이 자유로울 정도의 기간이다. 따라서 기업의 수가 고정된 단기의 경우와 달리 기업의 진입과 퇴출에 따라 시장에서 기업의 수가 변화할 수 있다. 균형이란 어떤 변화가 없는 경우를 말하므로, 장기에서 기업의 수가 변할 수 있음에도 불구하고, 진입과 퇴출이 더 이상이 발생하지 않아 기업의 수가 변하지 않게 되는 상황, 즉 장기균형에 대해 [그림 9-5]를 통해 살펴본다.

### 1 장기조정과정

장기균형상태를 이해하기 위해, 먼저 [그림 9-5]의 (a)와 같이 단기적으로 시장공급이 $S_1$이 되어 시장가격이 $p_1$으로 결정됨에 따라 모든 기업이 양(+)의

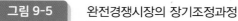

**그림 9-5** 완전경쟁시장의 장기조정과정

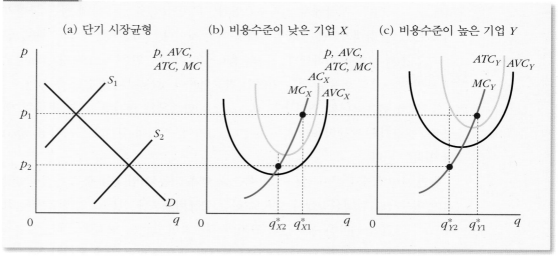

이윤을 얻고 있는 상황을 상정해보자. 어떤 기업은 많은 비용이 요구되고 다른 기업은 적은 비용이 소요되는 등 비용수준이 천차만별이다. 예를 들어, [그림 9-5]와 같이 기업 $X$는 기업 $Y$에 비해 상대적으로 생산비용이 적게 드는 기업이다. 모든 생산량에서 기업 $X$의 평균비용곡선이 기업 $Y$의 평균비용곡선보다 아래에 있다. [그림 9-5]에서, 시장가격이 $p_1$으로 주어진 경우 기업 $X$와 $Y$는 각각 이윤극대화 생산량 $q_{X1}^*$과 $q_{Y1}^*$를 공급하는데, 각각의 생산량에서 시장가격이 평균비용보다 크므로, 두 기업 $X$와 $Y$는 양(+)의 이윤을 얻고 있다.

이에 더하여 현재 시장 밖에 있으나 시장으로 진입하면 양(+)의 이윤을 기대하고 있는 기업들도 다수 있다고 상정해보자. 그렇다면 시장 밖에 있던 기업들은 시장으로 진입할 것이며, 이에 따라 시장 내에 공급자인 기업의 수가 증가하게 된다. 이는 시장의 공급량 증가를 의미하며, 시장공급곡선이 $S_1$에서 우측으로 이동되는 것으로 표현된다. 그러면 시장가격은 시장공급이 일시적으로 $S_1$이어서 형성되었던 $p_1$보다 하락하게 된다. 따라서, 많은 기업이 양(+)의 이윤을 누릴 정도로 시장가격이 높게 형성되어 있는 경우, 장기에서 신규기업의 시장진입으로 공급량이 증가하게 되고, 이는 결국 시장가격 하락을 초래한다.

기업들이 너무 많이 진입하여 [그림 9-5]의 (a)처럼 시장공급이 $S_2$와 같이 크게 증가한 경우를 생각해보자. 그러면 시장가격이 $p_2$ 수준으로 크게 하락하여 일시적으로 모든 기업이 손실, 즉 음(-)의 이윤을 얻게 된다고 하자. 시장가격 $p_2$에 대응하여 기업 $X$는 이윤극대화 생산량 $q_{X2}^*$를 공급하는데, 이 생산량에서 평균총비용($ATC_X$)이 시장가격 $p_2$에 비해 높으므로, 음($-$)의 이윤을 얻게 된다. 하지만 우리가 6장에서 논의한 바와 같이 이 생산량에서 평균가변비용($AVC_X$)이 시장가격 $p_2$에 비해 높으므로 기업 $X$는 단기에서 손실을 감수하더라도 여전히 생산활동을 이어갈 것이다. 반면, (c)는 비용수준이 상대적으로 높은 기업 $Y$의 상황을 나타낸다. 시장가격 $p_2$에 대한 이윤극대화를 통해 선택하는 생산량 $q_{Y2}^*$에서 평균비용($AC_Y$)과 평균가변비용($AVC_Y$)이 모두 시장가격 $p_2$보다 높아, 기업 $Y$는 음($-$)의 이윤을 겪고 있을 뿐만 아니라, 단기에서도 생산을 중단하는 상황을 묘사하고 있다. 따라서 장기에서 기업 $Y$와 같은 기업들은 손실을 견디지 못하고 시장에서 퇴출될 것이다. 기업 $Y$의 퇴출은 공급 주체인 기업의 수의 감소, 더 나아가 시장에서 공급량의 감소를 의미한다. 또한 이는 그래프상에서 시장공급곡선의 좌측 이동으로 표현된다. 공급량 감소로 인해, 시장가격은 시장공급이 일시적으로 $S_2$이어서 형성되었던 $p_2$보다 상승하게 된다. 따라서, 많은 기업이 음($-$)의 이윤을 겪을 정도로 시장가격이 낮게 형성되어 있는 경우, 장기에서 기존 기업의 퇴출로 공급량이 감소하게 되고, 이는 결국 시장가격 상승을 가져온다.

이제 기업 $X$와 같은 비용함수를 갖는 기업을 생산비용이 가장 낮은 기업이라 하자. 그러면 기업 $X$가 양($+$)의 이윤을 얻을 정도로 시장가격이 높게 형성된다면 신규기업의 진입으로 시장가격이 하락하고, 기업 $X$가 음($-$)의 이윤을 얻을 정도로 시장가격이 낮게 형성된다면 기업 $X$와 유사한 비용수준을 가진 기업을 제외한 많은 기업들의 퇴출이 발생하여 시장가격이 상승하게 된다. 따라서 기업 $X$가 0의 이윤을 얻게 되는 시장가격에서 더 이상의 새로운 진입과 퇴출이 발생하지 않는 장기균형이 된다. 즉, 장기균형에서는 비용이 가장 낮은 효율적인 (efficient) 기업들만 시장에서 살아남게 된다.

## 2 장기균형상태

여기서는 장기균형상태를 설명하므로 기업의 비용은 장기비용을 의미한다. 앞서 살펴보았듯이, 기업의 이윤이 0이 되는 경우는 시장균형가격과 그 가격에 대응한 이윤극대화 생산량에서의 장기평균비용($LAC$)이 일치할 때이다. 기업의 이윤극대화 생산량은 시장균형가격과 장기한계비용($LMC$)이 일치하는 데서 결

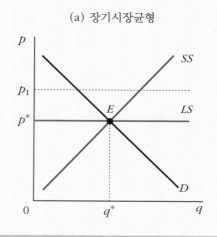 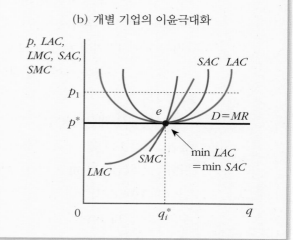

그림 9-6    완전경쟁시장의 장기균형

(a) 장기시장균형

(b) 개별 기업의 이윤극대화

정된다. 따라서 장기균형에서는 시장균형가격, 장기평균비용, 그리고 장기한계비용이 모두 일치하게 된다. 그런데 평균비용이 최저 수준일 때 평균비용과 한계비용이 일치하므로, 이윤극대화 생산량에서 시장균형가격, 장기한계비용, 장기평균비용의 최저수준이 모두 일치한다. 또한 장기균형상태에서는 단기적으로도 변화가 없어야 하므로, 단기에서도 0의 이윤이 보장되어야 한다. 따라서 장기균형상태는 다음과 같은 특성이 만족된다. [그림 9-6]의 (b)에서 점 $e$가 개별 기업이 직면하는 장기균형상태를 표현한다.

---

**장기균형상태**

비용이 가장 낮은 기업에 대해,

시장균형가격 $p^* = \min LAC = LMC = \min SAC = SMC$

---

[그림 9-6]의 (a)처럼 장기시장공급곡선을 이용하여 장기균형을 묘사할 수도 있다. 우선 주목할 사항으로 단기시장공급곡선과 달리 장기시장공급곡선은 시장 내에 있는 개별 기업의 장기공급곡선의 수평합이 아니다. 그 이유는 장기에서 기업의 진입과 퇴출이 자유로이 이루어지기 때문에 기업의 비용구조에 따라 기업의 수가 다르기 때문이다. 이와는 달리, 단기에서는 기업의 진입과 퇴출이 불가능하므로 기업의 수가 일정하여, 개별 기업의 공급곡선의 수평합이 시장공

급곡선이 된다.

[그림 9-6]의 (a)처럼 현재의 시장가격이 시장균형가격 $p^*$보다 큰 $p_1$에서 일시적으로 형성되었다고 가정하자. 그러면 기존의 기업들은 양(+)의 이윤을 누리게 된다. 그런데 양(+)의 이윤을 기대하는 시장 밖의 기업들은 시장으로 진입하게 되고, 공급량 증가에 따른 시장가격 하락이 발생하게 된다. 새로운 기업들의 진입은 시장가격이 시장균형가격 $p^*$로 환원될 때까지 진행된다. 정리하면, 시장가격의 일시적 상승이 있었으나 기업들의 신규 진입에 의해 시장가격은 원래 수준으로 환원되고, 시장에는 기존보다 더 많은 기업들이 존재하게 된다. 이는 기업의 장기평균비용의 최저 수준에 대응하는 가격 $p^*$에서 시장공급은 무한히 이루어질 수 있음을 의미한다. 따라서 장기평균비용의 최저점에 대응하는 시장가격 $p^*$에서 수평인 직선이 장기시장공급곡선($LS$)이 된다. 그리고 (a)와 같이 시장수요곡선 $D$와 장기시장공급곡선 $LS$의 교점 $E$가 장기균형이다. 장기균형을 나타내는 $E$에서 단기공급곡선($SS$)도 시장수요곡선과 교차한다.

장기균형에서 기업은 (b)에서와 같이 시장균형가격 $p^*$에 대응하여 장기평균비용을 최저로 하는 생산량 $q_i^*$를 선택하여 이윤을 극대화하나 0의 이윤을 얻는다. 장기균형에서 모든 기업의 비용수준이 동일하므로, 모든 기업은 동일한 이윤극대화 생산량 $q_i^*$를 공급한다. 장기균형에서 시장가격이 $p^*$일 때 시장거래량 $q^*$가 공급되므로, 시장에 존재하는 기업의 수는 $(q^*/q_i^*)$가 되어야 한다. 이 상황에서는 모든 기업이 가격수용자로서 장기이윤을 극대화하고 있으며, 이윤이 0이므로 진입이나 퇴출이 일어나지 않는다.

> **예제 9-2**
> 완전경쟁시장에서 시장수요함수가 $q=1000-p$이고 기업들의 장기평균비용이 $LAC=(q-10)^2+100$이다. 장기균형에서 기업의 수를 구하시오.

## 9.4 완전경쟁시장의 효율성

여기서는 완전경쟁시장에서 얻어지는 균형을 효율성 관점에서 평가하고, 완전경쟁시장의 균형이 효율성을 달성함에 대해 살펴본다. 효율성 달성 여부에 대해서는 사회후생의 크기를 이용하여 평가한다. 사회후생이란 소비자잉여와 생산자잉여의 합으로 정의된다.

### 1 소비자잉여, 생산자잉여, 그리고 사회후생

#### (1) 소비자잉여

소비자잉여를 정의하는데 필요한 수요함수를 구체적인 예를 들어 해석해보자. 수요함수는 $q^D = 10 - p$라 하자. 이를 수요곡선으로 표현하면 [그림 9-7]이다. 특정 구매량에서 수요곡선까지의 높이는 소비자가 구매량을 그만큼까지 늘림으로써 추가적으로 얻게 되는 가치, 또는 최대 지불용의금액(willingness to pay)으로 해석할 수 있다. 따라서 어떤 양에서 수요곡선의 높이에서 가격을 뺀 값은 추가적인 한 단위 소비로부터 얻는 소비자잉여가 된다.

[그림 9-7]에서 구매량 2에 대한 빨간색의 수직 선분 $bc$의 길이인 2가 구매량이 2일 때, 한 단위 추가로부터 얻는 소비자잉여의 크기가 된다. 우리는 각 구

**그림 9-7**  수요곡선과 소비자잉여

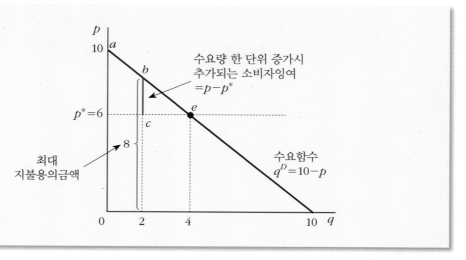

매 단위에서 이와 같은 수직 선분을 그릴 수 있으며, 구매하는 한 단위 한 단위의 소비자잉여를 모두 합한 것이 소비자잉여이다. 따라서 소비자가 2만큼 구매한다면 구매량 2에 이르기까지 각 구매량에서 추가되는 소비자잉여를 누적한 것이 소비자잉여이며, 사다리꼴 $abcp^*$의 면적이다. [그림 9-7]은 구매량이 4가 될 때까지 구매량이 늘어남에 따라 소비자잉여가 증가하는 반면, 구매량이 4을 초과한 경우 구매량이 늘어남에 따라 소비자잉여가 감소함을 보여주고 있다. 특히, 구매량이 4를 초과한 경우, 구매량이 한 단위 늘어날 때 최대 지불용의금액 $p$가 실제 지불금액 $p^*$보다 작아 추가되는 소비자잉여가 음($-$)이 됨을 알 수 있다. 즉, 소비자는 수요곡선의 높이와 가격이 일치하는 양을 구입하여 소비할 것이므로 소비자잉여는 수요곡선과 시장가격에서의 수평선으로 형성되는 삼각형 영역의 크기가 된다. [그림 9-7]의 경우 소비자잉여는 $aep^*$이다. 4장에서 학습하였듯이 소비자의 효용함수가 준선형함수인 경우 소비자잉여는 소비자가 얻는 후생변화의 크기가 된다. 본 장에서의 논의에서는 준선형 효용함수를 가정한다.

## (2) 생산자잉여

생산자잉여는 수입에서 비용을 뺀 것으로 정의되고, 생산자잉여의 크기는 기업의 공급곡선으로부터 얻어진다. 또한 가격수용자인 기업의 공급곡선은 평균가변비용($AVC$)곡선의 저점 위에 있는 한계비용($MC$)곡선과 동일하므로, 공급곡선으로서 한계비용곡선을 고려하면 된다.

**그림 9-8** 공급곡선과 생산자잉여

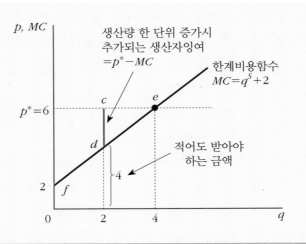

구체적인 예를 들어 생산자잉여를 설명하기 위해 한계비용함수를 $MC = q^S + 2$ 라 하자. 이를 공급곡선으로 표현하면 [그림 9-8]에서 우상향하는 직선이다. 특정 생산량에서 공급곡선 또는 한계비용곡선까지의 높이는 기업이 그만큼 생산함으로써 추가적으로 지출하는 비용이다. 예를 들어, [그림 9-8]에서 생산량 2에서 한계비용곡선의 높이는 4이다. 이는 한 단위 더 생산하면 생산량이 2가 되는데 기업이 추가로 지출해야 하는 비용이 4임을 의미한다. [그림 9-8]에서 생산량이 2에 대한 빨간색의 수직 선분 $cd$의 길이인 2가 생산량 2일 때, 한 단위 추가로부터 얻는 생산자잉여이다. 우리는 각 생산량에서 이와 같은 수직 선분을 그릴 수 있으며, 그것이 각 생산량에서 추가되는 생산자잉여이다. 따라서 기업이 2만큼 생산한다면 생산량 2에 이르기까지 각 생산량에서 추가되는 생산자잉여를 누적한 것이 생산자잉여가 된다. 이는 사다리꼴 $cdfp^*$의 면적이다. [그림 9-8]은 생산량이 4가 될 때까지 생산량이 늘어남에 따라 생산자잉여가 증가하는 반면, 생산량이 4을 초과한 경우 생산량이 늘어남에 따라 생산자잉여가 감소함을 보여주고 있다. 이에 따라, [그림 9-8]의 경우, 생산량이 4일 때 생산자잉여가 최대가 되며, 그 크기는 삼각형 $efp^*$의 면적 8이다.

### (3) 사회후생

사회후생은 소비자잉여와 생산자잉여의 합이므로, 소비자와 기업 간 거래가 한 단위 더 이루어진다면 추가되는 사회후생은 $p - MC = (p - p^*) + (p^* - MC)$가 된다. 즉, 한 단위 더 거래에 의해 추가되는 사회후생은 소비자의 최대 지불용의금액 $p$와 기업의 적어도 받아야 하는 금액 $MC$의 차이다. 여기서 소비자잉여나 생산자잉여의 크기를 결정하는데 시장균형가격이 중요한 역할을 하지만 사회후생의 크기를 결정하는 데에는 시장균형가격이 등장하지 않는다. 그 이유는 시장균형가격이 소비자 입장에서 실제 지불금액인 동시에 기업 입장에서 실제로 받는 금액이 되어 상쇄되기 때문이다.

이제 그래프 상에서 사회후생을 파악하기 위해 [그림 9-7]과 [그림 9-8]을 결합한 [그림 9-9]를 이용하자. 즉, 수요함수가 $q^D = 10 - p$이고, 한계비용함수가 $MC = q^S + 2$인 경우이다. 예를 들어, 거래량이 한 단위 늘어나 2가 되면, 수요곡선 높이와 한계비용의 차이를 나타내는 붉은색의 수직 선분 $bd$의 길이인 4가 추가되는 사회후생이다. 달리 표현하면, 거래량이 2일 때, 한 단위 증가하면 4만큼의 사회후생이 추가된다. 우리는 모든 거래량에 대해 수요곡선과 한계비

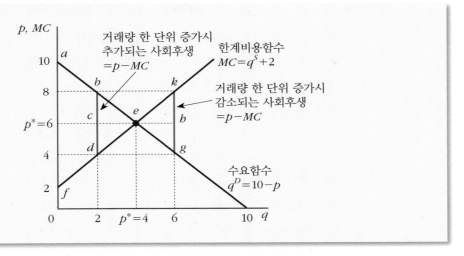

**그림 9-9** 소비자잉여, 생산자잉여, 사회후생

용곡선의 차이를 연결하는 수직 선분을 그릴 수 있다. 그러면 거래가 2만큼 이루어질 때 사회후생의 크기는 거래량이 2에 이르기까지 매 거래량에서 추가되는 사회후생을 누적한 사다리꼴 $abdf$의 면적으로 12이다. 이와 같은 방식으로 각 거래량에서 사회후생의 크기를 계산할 수 있다. 거래량이 2일 때, 사회후생의 크기인 사다리꼴 $abdf$의 면적이 소비자잉여의 크기인 사다리꼴 $abcp^*$의 면적과 생산자잉여의 크기인 사다리꼴 $cdfp^*$의 면적의 합임을 확인할 수 있다. 이상의 논의를 통해 사회후생의 크기는 거래량에 의해서 결정되지만 사회후생을 구성하는 소비자잉여와 생산자잉여는 시장가격을 통해 배분됨을 알 수 있다.

## ❷ 완전경쟁시장의 효율성

이제 완전경쟁시장의 균형을 효율성의 측면에서 평가해보자. 주로 사회후생의 크기를 측정하여 시장의 효율성을 평가한다. 우리는 사회후생이 증가하는 경우를 효율성이 증대 또는 개선되는 상황이라 부르며, 반대로 사회후생이 감소하는 상황을 효율성이 악화되는 경우라 부른다. 만약 특정 거래량에서 사회후생이 극대화된다면, 그러한 상황을 효율성이 달성되었다고 말한다. 독자들이 미시경제학에서 '사회후생 극대화'나 '효율성 달성' 또는 '최적의 상황' 등의 용어들을 자주 접하게 되는데, 이들은 많은 경우 동일한 의미를 갖는다.

12장에서는 소비자잉여와 생산자잉여 중 하나를 악화시키지 않고 사회후생이 증가하는 경우를 따로 파레토개선이라는 개념으로 설명하고 있는데, 여기서는 사회후생의 소비자잉여와 생산자잉여 간 배분을 고려하지 않고 사회후생의 크기만을 고려한다. 소비자잉여와 생산자잉여가 어떤 비율로 구성되어야 하는가는 일정 크기의 떡을 어떻게 나누어야 하는가의 문제와 동일하고 이는 형평성 (equity) 관점에서의 접근이다. 효율성이 달성되면, 즉, 사회후생 극대화가 달성되면, 형평성의 문제는 소득재분배정책을 통해서도 어느 정도 해결이 가능하지만, 효율성이 달성되지 않아서 떡이 작게 만들어지면 분배를 잘해도 떡의 크기를 키울 수 없는 경우도 있다. 뿐만 아니라 형평성의 문제는 가치관이 개입되는 규범적인 문제라서 객관적인 기준을 제시할 수 없어, 미시경제학에서 시장성과를 평가할 때에는 형평성보다는 효율성을 주로 다룬다.

아래에서는 완전경쟁시장의 균형에서 효율성이 달성됨을 논의한다. 단기와 장기로 구분하여 논의하지만 본질적인 내용은 큰 차이가 없다.

## (1) 단기균형의 효율성

먼저 완전경쟁시장의 단기균형에서 효율성이 달성되는 이유에 대해 [그림 9-9]를 활용하여 논의한다. 단기에서는 자본 변동이 없는 단기비용함수가 적용된다. [그림 9-9]에서 시장균형은 시장가격 $p^*=6$과 거래량 $q^*=4$로 구성된 상황이다. 이때 사회후생의 크기는 삼각형 $aef$의 면적 16이다. 이 시장균형에서 사회후생이 가장 커 효율성이 달성됨을 보인다. 사회후생의 크기는 거래량에 전적으로 의존한다고 하였으므로, 균형거래량 $q^*=4$보다 적은 거래량과 많은 거래량에서 각각 사회후생의 크기를 구하여, 균형거래량 $q^*=4$에서 사회후생의 크기인 삼각형 $aef$의 면적과 비교한다.

우선 균형거래량 $q^*=4$보다 적은 거래량인 $q=2$에서 사회후생의 크기를 보자. 이미 앞서 살펴보았듯이, 이때의 사회후생의 크기는 사다리꼴 $abdf$의 면적 12이므로, 삼각형 $aef$의 면적 16보다 삼각형 $bde$의 면적 4만큼 작다. 이를 일반화하여 표현하면, 거래량이 균형거래량보다 적은 경우에 얻어지는 사회후생의 크기는 균형 상태에서의 사회후생의 크기보다 작다. 따라서 거래량이 균형거래량보다 적은 경우, 사회후생이 증가하기 위해서는 또는 효율성 개선을 기대하기 위해서는 거래량이 늘어나야 한다.

이제 균형거래량 $q^*=4$보다 많은 거래량인 $q=6$에서 사회후생의 크기를 구해보자. [그림 9-9]에서 거래량이 6일 때, 한 단위 추가로 인하여 붉은색의 수직

선분 $gk$의 길이만큼 음$(-)$의 사회후생이 추가된다. 왜냐하면 거래가 한 단위 더 이루어지지만 소비자의 최대 지불용의금액 $p$가 기업이 거래를 위해 드는 비용 $MC$보다 작기 때문이다. 따라서 거래가 6만큼 이루어질 때 사회후생의 크기는 삼각형 $aef$의 면적에서 삼각형 $egk$의 면적만큼 뺀 면적으로 12가 된다. 이를 일반화하여 표현하면, 거래량이 균형거래량보다 많은 경우에도 사회후생의 크기는 균형 상태의 것보다 작다. 따라서 거래량이 균형거래량보다 많은 한, 사회후생은 극대화가 되지 않는 비효율이 초래된다. 따라서 거래량이 균형거래량보다 큰 경우, 사회후생이 증대되기 위해서는 거래량이 감소되어야 한다.

이상의 논의를 통해, 우리는 균형거래량 $q^*$에서 사회후생이 극대화됨을 알 수 있다. 즉, 완전경쟁시장의 균형은 효율성을 달성하는 것이다. 특히 완전경쟁시장의 균형에서는 소비자의 최대 지불용의금액 $p$와 $MC$가 일치하므로, 균형거래량에서 한 단위 더 거래에 의해 추가되는 사회후생은 0이 되어, 사회후생이 더 이상 증가하지도 감소하지도 않는다. 다시 말하면, 효율성 달성의 조건은 $p=MC$가 된다. 그런데 완전경쟁시장의 균형거래량에서 $p=p^*$이고 $p^*=MC$이므로, 완전경쟁시장의 균형은 효율성 달성 조건인 $p=MC$를 만족시킨다.

## (2) 장기균형의 효율성

완전경쟁시장의 장기균형에서 기업의 수와 그들의 자본투입량도 효율성이 달성되도록 결정되는가는 단기균형의 효율성만으로는 설명할 수 없다. 단기에서와 유사하게 장기에서도 시장수요곡선과 장기시장공급곡선이 만나는 장기균형 거래량에서 사회후생이 극대화된다. 그리고 장기균형에서 기업들은 장기평균비용을 극소화하도록 자본량을 효율적으로 선택하고, 기업의 수는 사회후생이 극대화되도록 효율적으로 결정된다. 장기에는 고정비용이 존재하지 않으므로 생산자잉여와 이윤이 일치한다. 그런데 완전경쟁시장의 장기균형에서는 생산자잉여인 이윤이 0이므로, 소비자잉여와 사회후생의 크기가 같다.

이제 완전경쟁시장에서 장기의 효율성이 달성되는 이유를 생각해보자. 완전경쟁시장에서는 소비자들과 기업들이 모두 가격수용자이므로, 소비자들은 자신들의 지불용의금액과 시장가격이 같아지도록 구매량을 결정하고 기업들은 자신들의 한계비용과 시장가격이 같아지도록 생산량을 결정한다. 그리고 이에 따라 수요량과 공급량이 일치하는 효율적인 생산과 소비가 일어난다. 또한 장기적으로는 이윤추구를 위한 진입과 규모조정으로 인해 모든 기업들의 장기평균비용이 최저가 되는 생산이 일어난다. 그런데 모든 소비자와 기업은 자신들의 효용 극대화나 이윤극대화만을 추구할 뿐 아무도 시장의 사회후생 극대화를 고려하지 않는다. 그럼에도 불구하고 소비자와 기업들을 가격수용자로 수요와 공급이 일치하도록 가격을 형성하는 시장의 기능에 의해 사회후생이 극대화된다.

## 9.5  완전경쟁시장의 균형 분석 응용

### ■ 조세 부과의 효과

여기서는 완전경쟁시장에 조세를 통한 정부의 개입이 시장균형과 사회후생에 어떤 변화를 가져오는지 살펴본다. 특정 상품의 거래에 대해 부과하는 세금을 간접세(excise tax)라 부른다. 간접세는 거래 건 당 세금을 부과하는 종량세(quantity tax)와 거래 금액에 일정 비율로 세금을 부과하는 종가세(ad valorem tax)로 구분된다. 우리나라에서 적용되고 있는 부가가치세(value added tax)는 거래 금액에 10%를 부과하는 것이므로 종가세에 해당된다. 종량세와 종가세가 시장에 미치는 효과는 본질적으로 동일하므로 여기서는 종량세가 부과되는 경우만 다룬다.

조세 부과의 효과에 대한 주된 논의는 소비자와 생산자 중 어느 주체가 조세의 부담을 지는가이다. 결론을 미리 말하면 단기에는 소비자와 생산자 모두 조세의 부담을 지지만, 장기에는 소비자만이 조세의 부담을 진다.

### (1) 단기에서 소비자에게 세금이 부과되는 경우 조세의 귀착

단기에서 종량세 부과의 효과를 살펴보자. 종량세 부과 대상으로 소비자 또는 생산자를 생각할 수 있다. 먼저 소비자에게 부과되는 경우를 고려한다. 앞서 사용했던 예의 연장선상에서 시장수요함수는 $q^D = 10 - p$이라 하자. 이를 수요곡선으로 표현하면 [그림 9-10]의 (a)에서 $D$이다. 예를 들어, 구매량 2에서 수요곡선의 높이가 소비자의 최대 지불용의금액이며, 이는 8이다. 이제 정부가 종량세로 거래되는 상품 한 단위 당 세금 $t$를 소비자에게 부과한다 하자. 그러면 특정

**그림 9-10**　단기에서 소비자에게 세금이 부과되는 경우 조세의 귀착

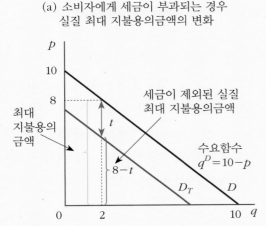
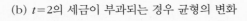
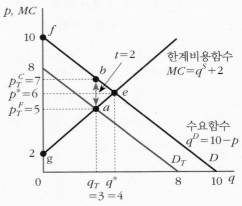

구매량에서 소비자의 최대 지불용의금액에는 소비자가 납부해야 할 세금 $t$도 포함된다. 구매량 2에 대한 최대 지불용의금액 8에는 세금 $t$가 포함되어 있는 것이다. 따라서 구매량 2에 대해 세금 $t$를 제외한 실질적인 최대 지불용의금액은 $8-t$가 된다. 세금 $t$는 상품 한 단위 당 부과되므로, 각 구매량에서 실질적인 최대 지불용의금액은 원래의 최대 지불용의금액에서 $t$만큼 차감된 것이다. 이는 수요곡선을 세금 $t$만큼 아래로 이동시키는 효과를 유발한다. [그림 9-10]의 (a)에서 $D_T$는 세금이 제외된 실질적인 최대 지불용의금액을 반영한 수요곡선을 나타낸다.

[그림 9-10]의 (b)를 통해 종가세가 소비자에게 부과되는 경우 완전경쟁시장의 균형이 어떻게 변화되는지 살펴본다. 역시 앞서 사용했던 예를 계속 사용하여 시장공급곡선으로 나타나는 한계비용함수는 $MC=q^S+2$라고 하자. [그림 9-10]의 (b)에서 $e$는 조세가 부과되지 않는 경우 시장균형이다. 균형가격은 $p^*=6$이고 균형거래량은 $q^*=4$이다. 소비자에게 부과되는 종가세가 $t=2$라 하자. 그러면 세금이 제외된 실질적 수요곡선은 2만큼 아래로 이동하여 $D_T$로 표현된다. 이에 따라 실질적 수요곡선과 공급곡선인 한계비용곡선이 만나는 $a$에서 새로운 균형거래량이 $q_T=3$으로 결정된다. 그리고 상품 한 단위 당 소비자가 기업에게 지불하는 가격은 $p_T^F=5$가 된다. 그런데 소비자는 상품 한 단위 당 2

의 세금을 납부해야 하므로 소비자가 상품 한 단위 구매를 위해 지불하는 총 금액은 $b$에서 결정되며, 이는 $p_T^C = 7$이다. 즉, 세금이 부과된 경우 균형거래량은 $a$에서 결정되나, 상품 한 단위 당 총 지불금액은 $b$에서 결정되는 것이다.

세금이 부과되지 않는 경우에 비해 세금이 2만큼 부과되는 경우, 거래량이 1만큼 감소하고, 상품 한 단위 당 소비자의 총 지불액이 7이 되므로 1만큼 증가하는 반면, 기업이 받는 금액은 5가 되어 1만큼 감소한다. 따라서 세금 2에 대해 소비자와 기업이 1씩 조세의 부담을 지는 것이다. 달리 말하면, 소비자에게 조세를 부과하더라도 부과 대상 주체인 소비자가 조세 전체를 부담하지 않고 일부만 부담하게 된다. 조세의 실질적 부담을 조세의 귀착이라 부르는데, 한계비용 곡선이 우상향하는 경우 단기에서 조세의 귀착은 소비자와 기업 모두에게 발생하게 되는 것이다.

[그림 9–10]의 (b)에서 조세의 부과는 거래량 감소를 가져와 사회후생을 악화시킴을 확인할 수 있다. 구체적으로, 세금이 부과되지 않는 경우 사회후생의 크기는 삼각형 $efg$의 면적인 반면, 세금부과에 따른 사회후생의 크기는 사다리꼴 $abfg$의 면적으로 삼각형 $abe$의 면적만큼 사회후생 손실이 발생된다. 이에 더하여 세금부과로 인해 소비자잉여와 생산자잉여 모두 감소함도 확인할 수 있다. 세금이 부과되지 않는 경우 소비자잉여는 삼각형 $efp^*$의 면적이지만 세금부과에 의한 소비자잉여는 삼각형 $bfp_T^C$의 면적으로 축소된다. 또한 세금이 부과되지 않는 경우 생산자잉여는 삼각형 $egp^*$의 면적이지만 세금부과에 의한 생산자잉여는 삼각형 $agp_T^F$의 면적으로 축소된다. 그리고 거래량 $q_T = 3$로 인해 정부로 귀속되는 세금은 사각형 $abp_T^C p_T^F$의 면적이다. 세금이 부과되는 경우 사회후생은 소비자잉여와 생산자잉여뿐만 아니라 정부로 귀속되는 세금도 포함된다.

## (2) 단기에서 기업에게 세금이 부과되는 경우 조세의 귀착

이제 생산자인 기업에게 세금이 부과되는 경우를 고려한다. 앞에서 사용한 예와 마찬가지로 시장수요함수는 $q^D = 10 - p$이고 시장공급함수를 나타내는 한계비용함수는 $MC = q^S + 2$이다. 한계비용함수를 공급곡선으로 나타내면 [그림 9–11]의 (a)에서 $S$이다. 예를 들어, 생산량 4에서 공급곡선의 높이가 기업의 한계비용으로 6이다. 이제 정부가 종량세로 거래되는 상품 한 단위 당 세금 $t$를 기업에게 부과한다 하자. 그러면 특정 생산량에서 기업이 공급을 위해 적어도 받아야 하는 금액에는 기업이 납부해야 할 세금 $t$도 포함된다. 생산량 4에 대해

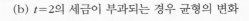

그림 9-11  단기에서 기업에게 세금이 부과되는 경우 조세의 귀착

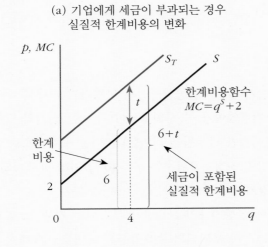

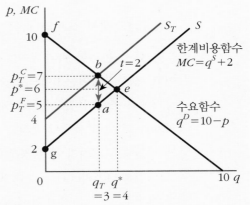

기업이 적어도 받아야 하는 금액은 자신의 한계비용 6에 세금 $t$가 더해져야 한다. 달리 표현하면, 생산량 4에 대해 세금 $t$를 포함한 실질적인 한계비용은 $6+t$가 된다. 이는 공급곡선을 세금 $t$만큼 위로 이동시키는 효과를 유발한다. [그림 9-11]의 (a)에서 $S_T$는 세금이 포함된 실질적 공급곡선을 나타낸다.

[그림 9-11]의 (b)를 통해 종가세가 기업에게 부과되는 경우 완전경쟁시장의 균형이 어떻게 변화되는지 살펴본다. $e$는 조세가 부과되지 않는 경우의 시장균형이며, 균형가격은 $p^*=6$이고 균형거래량은 $q^*=4$이다. 기업에게 종가세 $t=2$가 부과되면 세금이 포함된 실질적 공급곡선은 2만큼 위로 이동하여 $S_T$가 되고, 이에 따라 수요곡선과 실질적 공급곡선이 만나는 $b$에서 새로운 균형거래량이 $q_T=3$으로 결정된다. 그리고 소비자가 기업에게 지불하는 상품 한 단위 당 가격은 $p_T^C=7$이 된다. 그런데 기업은 상품 한 단위 당 2의 세금을 납부해야 하므로 상품 한 단위 당 얻는 실질적인 수입은 $p_T^F=5$가 된다.

[그림 9-10]의 (b)와 [그림 9-11]의 (b)를 비교하면, 세금이 기업에게 부과되는 경우 조세의 귀착은 앞서 세금이 소비자에게 부과되는 경우와 동일함을 알 수 있다. 세금이 부과되지 않는 경우에 비해 세금부과로 거래량이 1만큼 감소하고, 거래되는 상품 한 단위 당 소비자의 총 지불액은 1만큼 증가하며, 기업이 받은 수입은 1만큼 감소하여, 조세의 귀착은 소비자와 기업에게 모두 발생된다.

세금이 기업에게 부과되는 경우 사회후생의 변화와 소비자잉여 및 생산자잉여의 변화도 세금이 소비자에게 부과되는 경우의 것과 정확히 일치하므로, 구체적인 설명은 반복되어 생략한다.

### (3) 장기에서 조세의 귀착

9.3에서 논의한 바와 같이, 장기에서 시장공급곡선은 균형가격에 대해 수평이고, 생산자잉여는 0이므로 소비자잉여가 곧 사회후생이다. 이는 단기와 달리 장기에서 조세의 귀착은 소비자에게만 발생됨을 의미한다. 이를 구체적으로 살펴보기 위해, 앞선 논의에서와 같이 시장수요함수는 $q^D = 10 - p$이라 하자. 그리고 세금이 부과되지 않은 경우 장기에서 균형가격은 $p^* = 6$이라 하자.

[그림 9-12]의 (a)는 소비자에게 종가세가 $t = 2$만큼 부과되는 경우 그 효과를 보여주고 있다. 소비자에게 조세가 부과되면 수요곡선이 아래로 이동하여 $a$에서 새로운 균형거래량이 $q_T = 2$로 결정된다. 소비자가 상품 한 단위 구매를 위해 지불하는 총 금액은 8이지만, 기업에게 지급되는 금액은 6이고, 나머지 2는 세금으로 납부된다. 세금부과에 따른 거래량 감소로 인해 사회후생은 세금이 부과되지 않는 경우에 비해 삼각형 $abe$의 면적만큼 감소되어, 사회후생 악화가 초래된다. 세금이 부과되는 경우 사회후생의 크기는 정부로 귀속되는 세금도 포함되므로, 장기에서 소비자잉여와 사회후생이 일치하지 않음에 주목하자. 세금

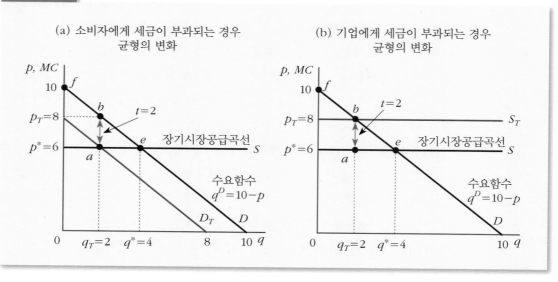

**그림 9-12**   장기에서 조세의 귀착

부과로 인해 소비자잉여의 크기는 삼각형 $bfp_T$의 면적으로 축소되고, 정부로 귀속되는 세금은 사각형 $abp_Tp^*$의 면적이다.

[그림 9-12]의 (b)는 기업에게 종가세 $t=2$가 부과되는 경우 그 효과를 설명하고 있다. 세금부과로 장기시장공급곡선이 위로 2만큼 이동하여 $b$에서 새로운 균형이 형성되고, 균형거래량은 $q_T=2$로 결정된다. 상품 한 단위 당 기업이 소비자로부터 받는 가격은 8인데, 그 중 2만큼을 세금으로 납부한다. 기업에 대한 세금부과가 사회후생에 미치는 효과는 바로 앞서 논의한 소비자에 대한 세금부과의 사회후생에 대한 효과와 일치한다.

## 2 수요곡선 및 공급곡선의 기울기와 균형의 변화

완전경쟁시장의 균형은 수요량과 공급량이 일치하는 데서 형성되므로 수요의 변화나 공급의 변화는 균형의 변화를 수반한다. 여기서는 수요 및 공급의 변화가 완전경쟁시장의 균형에 미치는 영향을 알아본다. 특히, 수요곡선 및 공급곡선의 기울기가 그 영향의 크기를 결정함에 대해 논의한다.

### (1) 수요의 변화에 의한 균형의 변화

먼저 수요의 변화가 균형가격과 균형거래량에 미치는 영향을 알아보자. 수요의 변화를 유발하는 요인은 소득의 변화나 타 상품의 가격의 변화 등 여러 가지가 있다. 4장에서 살펴본 바와 같이, 소득이나 타 상품의 가격의 변화에 따라 한 상품의 수요가 변화하면 그 상품의 수요곡선은 이동한다.

예를 들어, 소득이 변화하면 한 상품의 수요도 변화하는데 수요의 소득탄력성이 클수록 소득 변화에 따른 수요의 변화폭이 커진다. 수요량이 가격뿐만 아니라 소득에 의해서 영향을 받음을 보여주는 수요함수 $q_D=10-p+aI$를 고려하자. 여기서 $I$는 소득을 나타내고, $a$는 수요의 소득탄력성에 영향을 미치는 파라미터이다. $a$가 양수이면 정상재를 의미하고, $a$가 음수이면 열등재를 의미한다. 수요함수 $q^D=10-p+aI$에 의하면, $a$가 양수인 정상재의 경우 $a$가 클수록 소득이 변할 때 수요량의 변화가 더 큼을 알 수 있다. 이는 $a$가 클수록 소득 증가 시 수요곡선이 더 큰 폭으로 우측 이동함을 의미한다. 이에 따라 $a$가 클수록 소득 증가 시 균형가격과 균형거래량이 더 큰 폭으로 증가하게 된다.

[그림 9-13]의 (a)는 수요의 변화에 따른 균형가격 및 균형거래량의 변화 정

**그림 9-13**    수요곡선 및 공급곡선의 기울기와 균형의 변화

(a) 공급곡선의 기울기와 수요의 증가에 따른 균형의 변화

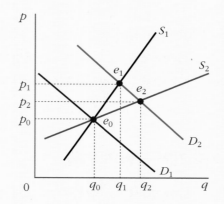

(b) 수요곡선의 기울기와 공급의 감소에 따른 균형의 변화

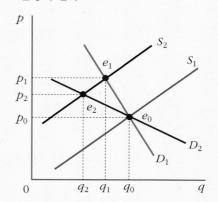

도가 공급곡선의 기울기에 따라 달라질 수 있음을 보여주고 있다. 예를 들어, $a$ 가 양수이고 소득 증가로 인해 수요가 $D_1$에서 $D_2$로 증가했다고 하자. 공급곡선의 기울기가 상대적으로 가파른 $S_1$인 경우 수요의 증가에 의해 균형점이 $e_0$에서 $e_1$으로 이동하고, 공급곡선의 기울기가 상대적으로 완만한 $S_2$인 경우 수요의 증가로 균형점이 $e_0$에서 $e_2$로 변화한다. 따라서 공급곡선이 $S_1$처럼 가파른 경우에는 $S_2$처럼 완만한 경우에 비해 가격의 상승폭은 크지만 거래량의 증가폭은 작다.

### (2) 공급의 변화에 의한 균형의 변화

이번에는 공급의 변화가 균형가격과 거래량에 미치는 영향을 살펴본다. 공급곡선은 한계비용곡선이므로, 한계비용에 영향을 미치는 요인들이 변하는 경우 공급의 변화가 발생한다. 그러한 요인들로 임금, 원자재 가격, 기술 수준 등이 대표적이다. 7장에서 살펴본 바와 같이, 가격 이외에 이러한 요인들이 변화하는 경우 공급의 변화는 공급곡선의 이동으로 나타난다. 예를 들어, 임금 인상이나 원자재 가격 상승은 한계비용 상승에 해당되며, 공급의 위축을 가져와 공급곡선이 왼쪽으로 이동 또는 위로 이동하는 것으로 나타난다. 반면 기술 수준의 향상으로 생산비용 절감이 되는 경우 공급이 증가하며, 이는 공급곡선의 우측 이동 또는 하방 이동으로 표현된다.

[그림 9-13]의 (b)는 공급의 변화에 따른 균형가격 및 균형거래량의 변화 정도가 수요곡선의 기울기에 따라 달라질 수 있음을 보여주고 있다. 예를 들어, 원자재 가격 상승에 따른 한계비용 상승으로 공급곡선이 $S_1$에서 $S_2$로 이동했다고 하자. 수요곡선의 기울기가 상대적으로 가파른 $D_1$인 경우 균형점이 $e_0$에서 $e_1$으로 이동하고, 수요곡선의 기울기가 상대적으로 완만한 $D_2$인 경우 균형점이 $e_0$에서 $e_2$로 변화한다. 따라서 수요곡선이 완만한 경우에 비해 상대적으로 가파른 경우 가격의 상승폭은 크지만 거래량 감소폭은 작다.

## 9.6 완전경쟁 생산요소시장

9.5까지는 수요자가 소비자이고 공급자가 기업인 시장을 다루었다. 이러한 시장을 생산물시장이라 부른다. 그런데 이와는 달리 수요자가 기업인 시장이 있다. 생산요소시장이 대표적인 예이다. 6장에서 다루었듯이 생산요소는 노동과 자본을 아우르는 용어이므로, 노동이 거래되는 노동시장과 자본이 거래되는 자본시장이 생산요소시장을 구성한다. 여기서는 노동시장에 국한하여 논의한다. 노동시장에서 수요자는 기업이고, 공급자는 소비자이다. 특히 다수의 노동수요자인 기업과 다수의 노동공급자인 소비자가 존재하는 완전경쟁노동시장에 대해 논의한다. 노동시장이 완전경쟁이므로, 소비자가 공급하는 노동은 동질적이고, 노동 수요자나 공급자 모두 가격수용자이다. 노동시장에서 가격은 임금(wage)이라 불린다.

### ■ 완전경쟁 노동시장의 단기균형

미시경제학에서 장기와 단기는 기업이 자본투입량을 변화시킬 수 있는 기간인가에 따라 구분된다. 생산물시장에서 자본투입량을 결정하는 주체인 기업이 공급자이므로 공급함수가 장·단기에 따라 다르다. 반면 노동시장에서는 기업이 수요자이므로, 노동 수요함수가 장·단기에 따라 달라진다.

9.3에서 논의하였듯이 생산물시장이 완전경쟁인 경우 장기균형에서 기업의 이윤이 0이 된다. 이와 유사하게 노동시장의 장기균형에서도 기업의 이윤이 0이 될 것인가? 반드시 그렇지 않다. 왜냐하면, 노동시장이 완전경쟁이라고 해서 이 노동시장에서 노동수요자인 기업이 공급자로서 역할을 하는 생산물시장이 완전경쟁이지 않을 수 있기 때문이다. 예를 들어, 노동시장에서 노동수요자인 다수의 기업이 생산물시장에서는 서로 다른 생산물시장에서 독점일 수가 있다. 현실에서도 노동수요자인 대기업들이 대학졸업자 채용시장에서 대학졸업자 확보를 위해 경쟁할 수 있지만, 각 대기업은 생산물시장인 전자제품시장, 자동차시장, 화학제품시장 등에서 각자 시장력을 지니고 있다. 이러한 경우 완전경쟁적인 노동시장이 장기에 새로운 기업이 진입하지 않아 장기균형에서도 기업들이 0보다 큰 이윤을 얻을 수도 있다. 따라서 생산요소시장의 장기균형은 생산물시장의 장기균형처럼 독특한 특징을 갖기는 어렵다.[14]

7장에서 생산요소시장에서 가격수용자인 개별 기업의 생산요소수요곡선을 도출하였다. 생산요소시장의 수요곡선은 개별 기업의 생산요소수요곡선의 수평합이다. 그런데 개별 기업이 생산물시장에서 가격수용자 또는 가격책정자인가에 따라 생산요소수요곡선이 달라진다. 우리가 9.5까지 소비자에게 재화나 서비스를 공급하는 기업의 이윤극대화 문제를 다루는데 생산량을 의사결정 대상으로 상정하였다. 그런데 생산은 노동이나 자본 등 생산요소의 투입이 없이 이루어지지 않는다. "기업은 이윤극대화를 위해 생산량 결정한다"라는 접근 방법은 이윤극대화 생산량에 대응하여 필요한 양만큼 생산요소들이 생산요소시장을 통해 조달되어 투입되고 있음을 암묵적으로 가정하는 것이다. 이에 따라 생산물시장을 분석할 때에는 생산요소시장의 구조 등에 대해 명시적으로 고려하지 않았다. 그런데 완전경쟁의 노동시장을 분석할 때에는 생산물시장의 구조를 명시적으로 고려한다. 그 이유는 생산물시장의 구조에 따라 균형생산량이 달라지며, 이에 대응하여 특히 노동수요자인 기업의 노동수요량이 달라지기 때문이다. 따라서 여기서는 노동시장의 단기균형을 노동수요자가 처한 생산물시장의 구조에 따라 구분하여 비교하고, 기업의 생산물시장에서의 위상이 완전경쟁적인 노동시장에 영향을 미침을 살펴본다.

[그림 9-14]는 노동시장의 단기균형과 이에 따른 수요자인 개별 기업의 이윤

---

**14** 참고로 단기에는 신규의 자본투입이 불가능하여 자본의 수요가 없으므로 자본시장에서 단기균형은 존재하지 않음을 유의하자.

그림 9-14    노동시장의 완전경쟁균형과 개별기업의 균형고용량

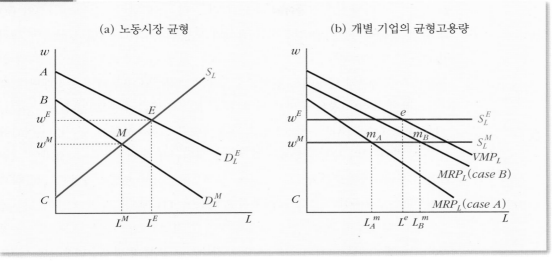

극대화 노동수요량을 보여준다. [그림 9–14]의 (a)는 시장균형을 나타낸다. 7장에서 살펴본 바와 같이 노동수요는 기업에 의해 발생하며 노동수요곡선은 $D_L$과 같이 우하향하고, 5장에서 공부한 바와 같이 노동공급은 개인에 의해 제공되며 노동공급곡선은 $S_L$과 같이 우상향한다. $E$는 노동수요자인 기업이 생산물시장에서 완전경쟁기업인 경우에 노동시장에서 균형을 나타낸다. 균형에서 노동거래량과 임금은 각각 $L^E$와 $w^E$이다. $M$은 노동수요자인 기업이 생산물시장에서 독점기업인 경우에 노동시장에서 균형을 나타낸다. 균형에서 노동거래량과 임금은 각각 $L^M$와 $w^M$이다.

노동시장의 구성원인 개별 공급자인 소비자와 개별 수요자인 기업의 노동시장의 균형에서 행동에 대해 설명하면 다음과 같다. 우선 노동시장의 균형에서 노동을 공급하는 개인들은 주어진 임금에서 자신들의 노동공급량을 모두 판매함으로써, 노동시장에서 가격순응자로서 효용을 극대화하고 있다. 노동 수요자인 기업도 노동시장의 균형에서 이윤극대화를 달성하고 있다. 그런데 개별 기업의 생산물시장에서의 지위에 따라 노동고용량은 달라진다. 아래에서 좀 더 자세히 살펴보자.

10장에서 살펴볼 예정인데, 동일한 생산량에 대해 독점기업의 한계수입은 완전경쟁기업의 한계수입에 비해 작다. 생산물시장에서 기업이 완전경쟁기업인지 혹은 독점기업인지의 특성은 노동시장에서 수요함수에 영향을 미친다. 생산량

과 노동량은 정(+)의 관계를 가지므로, 생산물시장에서 완전경쟁인 경우가 독점인 경우에 비해 노동시장에서 수요가 더 크다. 부연하면, [그림 9-14]의 (a)와 같이 생산물시장이 완전경쟁인 경우의 노동수요곡선($D_L^E$)이 생산물이 독점인 경우의 노동수요곡선($D_L^M$)보다 우측 또는 위에 위치하게 된다. 이에 따라 완전경쟁 노동시장의 균형에서 생산물시장이 완전경쟁인 경우의 노동거래량이 생산물시장이 독점인 경우에 비해 더 많고($L^E > L^M$), 임금 수준도 높다($w^E > w^M$).

[그림 9-14]의 (b)는 개별 기업의 이윤극대화 노동수요량을 보여준다. (a)에서 보는 바와 같이 노동시장에서 결정된 균형임금에 대해, (b)는 수요자인 개별 기업이 가격순응자로서 임금과 노동의 한계수입생산이 같도록 노동을 고용함으로써, 노동시장에서 이윤을 극대화하고 있음을 나타낸다. 개별 기업이 생산물시장에서 완전경쟁기업인 경우 노동시장에서 결정된 임금수준 $w^E$에서 노동공급은 무한대로 이루어지고 있는 것으로 간주하고 노동의 한계수입생산인 $VMP_L$과 일치하는 노동량 $L^e$를 고용한다. 이와 유사하게, 개별 기업이 생산물시장에서 독점기업인 경우 노동시장에서 결정된 임금수준 $w^M$에서 노동공급은 무한대로 이루어지고 있는 것으로 간주하고 노동의 한계수입생산인 $MRP_L$과 일치하는 노동량 $L^m$을 고용한다. 그런데 (a)에서 보는 바와 같이 생산물시장이 완전경쟁인 경우에 비해 독점인 경우 노동시장 전체의 노동고용량은 명백히 적지만, (b)를 보면 개별 기업의 입장에서는 생산물시장에서 독점기업이라고 항상 적게 고용하는 것이 아님에 주목해야 한다. 예를 들어, (b)에서 case $A$와 같이 생산물시장에서 완전경쟁기업에 비해 독점기업의 노동수요가 크게 적은 경우 생산물시장의 독점기업의 노동고용량은 생산물시장의 완전경쟁기업의 노동고용량에 비해 적지만($L_A^m < L^e$), case $B$와 같이 생산물시장의 독점기업의 노동수요가 완전경쟁기업의 노동수요보다 약간 적은 경우에는 생산물시장의 독점기업의 노동고용량은 완전경쟁기업의 노동고용량보다 더 많을 수 있다($L_B^m > L^e$).

## ② 완전경쟁 노동시장의 평가

이제 완전경쟁 노동시장의 성과를 사회후생 관점으로 평가해보자. [그림 9-14]의 (a)에서 보는 바와 같이, 생산물시장이 완전경쟁인 경우 $E$에서 균형이 이루어지며, 생산물시장이 독점이면 $M$에서 균형이 이루어진다. 즉 생산물시장의 구조(structure)에 따라 완전경쟁 노동시장의 균형이 달라진다. 하지만, 생산

**그림 9-15**　노동시장의 수요자잉여와 공급자잉여

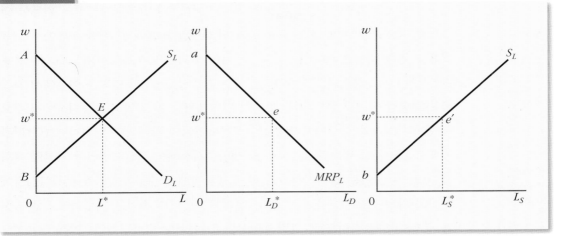

물시장의 구조와 상관없이 완전경쟁의 노동시장에서는 경제적 손실이 발생하지 않는 점에 주목하자. 생산물시장이 완전경쟁인 경우 노동시장의 수요자인 기업의 잉여는 삼각형 $AEw^E$의 면적이 되고, 공급자인 개인의 잉여는 삼각형 $CEw^E$의 면적이 되어, 노동시장의 사회후생 크기는 삼각형 $ACE$의 면적으로 최대가 된다. 생산물시장이 독점인 경우 노동시장의 수요자잉여는 삼각형 $BMw^M$의 면적이며, 공급자잉여는 삼각형 $CMw^M$의 면적이므로, 노동시장의 사회후생 크기는 삼각형 $BCM$의 면적으로 최대가 된다.[15]

　이제 [그림 9-15]를 통해 시장 전체 수요자잉여와 개별 기업의 수요자잉여, 그리고 시장 전체 공급자잉여와 개인의 공급자잉여의 관계에 대해 논의하자. 생산물시장의 구조를 고려하지 않고 (a)에서 완전경쟁 노동시장시장의 균형임금이 $w^*$라 하자. 먼저 수요자잉여에 대해 자세히 분석한다. 노동시장 내의 한 기업의 단기노동수요곡선인 노동의 한계수입생산곡선이 [그림 9-15]의 (b)에 있는 $MRP_L$과 같다고 하자. $MRP_L$은 노동을 한 단위 더 고용할 때 발생되는 추가적인 수입이므로, 이 기업이 주어진 균형임금이 $w^*$에 대응하여 노동을 $L_D^*$만큼 고용하면 수입은 노동의 한계수입생산을 0에서 $L_D^*$까지 누적한 사다리꼴 $aeL_D^*0$의 면적이 된다. 그리고 이 기업이 노동을 $L_D^*$만큼 고용하기 위한 지출액은 사

---

**15** 생산물시장의 균형을 사회후생관점에서 평가할 때 소비자잉여와 생산자잉여라는 용어를 사용했다. 이들과 대응하여 노동시장에서는 수요자잉여와 공급자잉여의 용어를 사용한다.

각형 $w^*eL_D^*0$의 면적과 같다. 따라서 이 기업이 $L_D^*$만큼의 노동 고용을 통해 얻게 되는 수요잉여는 삼각형 $aew^*$의 면적이다. 단기에서 자본량의 변동이 없으므로, 수요잉여인 삼각형 $aew^*$의 면적은 노동 고용을 통한 수입에서 노동 고용을 위한 비용을 뺀 것과 같다. 더 나아가 기업의 이윤=(수입-노동비용-자본비용)으로 정의되므로 수요잉여인 삼각형 $aew^*$의 면적은 이윤에서 자본비용을 합한 금액과 동일하다. 따라서 단기에서는 이 기업의 노동시장에서 수요잉여의 크기와 생산물시장에서의 생산잉여의 크기와 동일하다. 그런데 장기에서는 자본량 변화가 가능하므로 생산물시장에서 생산잉여에 자본량 변화가 고려된다. 이는 장기에서 기업의 노동시장에서 수요잉여가 생산물시장에서 생산잉여보다 큼을 의미한다. 그리고 시장수요곡선은 기업들의 수요곡선을 횡으로 합한 것이므로 [그림 9-15]의 (a)에서 소비자잉여인 삼각형 $AEw^*$는 시장 내의 모든 기업들의 수요잉여를 합한 금액이 된다.

노동시장의 공급잉여에 대해 분석한다. 노동시장의 한 노동공급자의 노동공급곡선을 그려보면 [그림 9-15]의 (c)에 있는 $s_L$과 같다고 하자. 시장균형임금이 $w^*$일 때 노동공급자가 노동공급곡선을 따라 노동량을 $L_S^*$만큼 공급하면 그의 노동수입은 사각형 $w^*e'L_S^*0$의 면적이 된다. 그리고 이 노동공급자의 노동공급곡선이 기회비용으로 측정된 노동의 한계비용곡선이므로, 이 노동공급자가 노동을 $L_S^*$만큼 공급할 때의 기회비용은 사다리꼴 $be'L_S^*0$의 면적이 된다. 따라서 개별 노동공급자의 공급잉여인 삼각형 $w^*e'b$의 면적은 이 노동공급자의 노동수입에서 노동의 기회비용을 뺀 것이다. 그리고 [그림 9-15]의 (a)에서 공급잉여인 삼각형 $w^*EB$의 면적은 시장 내의 모든 노동공급자들의 공급잉여를 합한 금액이 된다.

# 연습문제

**9-1** 시장수요함수와 시장공급함수가 각각 $q^D = 120 - 2p$와 $q^S = -30 + 3p$인 완전경쟁 시장이 있다.

(a) 이 시장의 균형가격과 균형거래량을 구하시오.

(b) 소비자잉여와 생산자잉여를 구하시오.

**9-2** 완전경쟁시장에서 시장수요함수는 $q = 1000 - 50p$이고 단기비용함수가 $C(q_i) = q_i^2 + 10$인 기업이 100개가 있다. 단, $q$와 $q_i$는 각각 시장거래량과 개별 기업의 생산량을 나타낸다.

(a) 단기의 시장공급함수를 구하시오.

(b) 단기균형에서 시장가격과 시장거래량을 구하시오.

(c) 단기균형에서 사회후생에 대한 소비자잉여의 비중을 구하시오.

(d) 단기균형에서 전체 기업의 생산자잉여와 이윤의 차이를 구하시오.

**9-3** 완전경쟁시장에서 시장수요함수가 $q = 1000 - p$이고, 개별 기업 $i$의 장기비용함수는 $C(q_i) = q_i^3 - 20q_i^2 + 120q_i$이다. 단, $q$와 $q_i$는 각각 시장거래량과 개별 기업의 생산량을 나타낸다.

(a) 장기균형에서 시장가격과 개별 기업의 균형생산량을 구하시오.

(b) 장기균형에서 개별 기업의 평균비용과 한계비용의 차를 구하시오.

(c) 장기균형에서 시장거래량과 기업의 수를 구하시오.

(d) 장기균형에서 사회후생에 대한 소비자잉여의 비중을 구하시오.

**9-4** 효용함수가 $u = x^{\frac{1}{2}} \cdot y^{\frac{1}{2}}$이고 소득이 2000인 $A$타입의 소비자 100명과 효용함수가 $u = x^{\frac{1}{4}} \cdot y^{\frac{3}{4}}$이고 소득이 2000인 $B$타입의 소비자 100명이 있다. 이 소비자들은 모두 $X$재 시장의 수요자들이다. $X$재 시장은 생산함수가 $x = \frac{1}{100} l^{\frac{1}{2}} k^{\frac{1}{2}}$이고 $w = r = 1$이며 현재 $k = 10000$인 기업 30개가 존재하는 완전경쟁시장이라고 하자. $X$재 시장가격을 $p_X$, $Y$재 시장가격을 $p_Y$라 하자.

(a) $X$재 시장의 수요함수를 구하시오.

(b) $X$재 시장의 단기 공급함수를 구하시오.

(c) $X$재 시장의 장기 공급함수를 구하시오.

(d) $X$재 시장의 단기균형에서 가격, 거래량, 개별 기업의 생산자잉여를 구하시오.

(e) $X$재 시장의 장기균형에서 가격, 거래량, 개별 기업의 생산자잉여를 구하시오.

**9-5** 개인 수요함수가 $q_i^D = 15 - p$인 소비자가 1,000명이 존재하고 생산함수가 $q_i = l^{\frac{1}{2}} k^{\frac{1}{2}}$인 기업이 100개가 존재하는 완전경쟁시장이 있다. 임금과 이자율은 각각 $w = 100$과 $r = 0.36$이다.

(a) 개별 기업들의 자본투입량이 동일하게 $k = 1000$일 때, 단기균형에서 시장가격, 시장거래량, 개별 소비자의 소비자잉여, 개별 기업의 이윤과 생산자잉여를 구하시오.

(b) 장기균형에서 시장가격, 시장거래량, 기업의 수를 구하시오.

**9-6** 완전경쟁시장에서 시장수요함수는 $q^D = 100 - 10p$이고 단기비용함수가 $C(q_i) = q_i^2 + 10$인 기업이 20개가 있다. 단, $q$와 $q_i$는 각각 시장거래량과 개별 기업의 생산량을 나타낸다. 정부는 거래 한 단위당 세금을 2만큼 소비자에게 부과한다고 하자.

(a) 조세 부과가 없는 경우, 단기균형의 시장가격과 시장거래량을 구하시오.

(b) 조세 부과가 있는 경우, 단기균형에서 소비자가 한 단위 당 지불하는 총 금액과 시장거래량을 구하시오.

(c) 단기균형에서 조세 부과에 의한 소비자와 공급자 각각의 거래 단위당 조세 부담을 구하시오.

(d) 조세 부과로 발생되는 단기균형에서의 사회후생 손실을 구하시오.

**9-7** $X$재 시장의 시장수요함수는 $q_X^D = 100 - p$이고, $Y$재 시장의 시장수요함수는 $q_Y^D = 280 - 4p$이다. 각 시장은 모두 완전경쟁시장이며, 시장공급함수는 $q_X^S = q_Y^S = \frac{2}{3} p$이다.

(a) 균형에서 각 시장의 수요의 가격탄력성을 구하시오.

(b) 생산비용의 상승으로 각 시장의 공급량이 10만큼 감소하여, 시장공급함수가

$q_X^S = q_Y^S = \frac{2}{3}p - 10$으로 바뀌었다고 하자. 어느 시장의 균형거래량 감소폭이 더 큰지 확인하고, 각 시장의 수요곡선의 기울기와 관련하여 설명하시오.

**9-8** 완전경쟁시장의 시장수요함수는 $q = 200 - 2p$이고 시장공급함수는 $q = 2p$이다. 소비자에게 거래 건당 20의 조세를 부과한다면 조세가 부과되기 전과 비교할 때 기업의 수입은 얼마나 감소하는가?

**9-9** 완전경쟁시장의 시장수요함수는 $q = 1000 - 50p$이고 개별기업의 단기비용함수는 $C(q_i) = q_i^2 + 10$이다. $q$와 $q_i$는 각각 시장거래량과 개별기업의 생산량이다.

(a) 단기균형생산량에서 개별기업의 한계비용이 10이라면, 개별기업의 생산자잉여와 시장 내 기업의 수의 합을 구하시오.

(b) 정부는 거래 1단위당 2의 세금을 기업에게 부과한다고 하자. 단기균형에서 소비자가 지불하는 가격이 10이라면, 개별기업의 생산자잉여와 시장 내 기업의 수의 합을 구하시오.

🔍 제10장의 개요

  독점시장에 대한 것으로 독점기업이 단일가격을 책정하는 경우와 가격차별을 하는 경우를 나누어 시장의 균형을 도출하고 사회후생 관점에서 평가한다. 또한, 정부의 가격규제의 효과를 분석한다. 또한, 무수히 많은 기업이 차별화된 제품으로 경쟁하는 독점적 경쟁시장 균형을 도출한다.

# 10

# 독점시장

10.1 단일가격에 의한 독점시장균형
10.2 가격차별
10.3 수요독점
10.4 독점적 경쟁시장
    연습문제

## 10.1 단일가격에 의한 독점시장균형

공급자가 하나인 독점시장(monopoly)을 고려한다. 한 시장에서 공급자가 하나가 되는 원인에는 몇 가지가 있다. 한 기업의 규모의 경제가 다른 기업들에 비해 매우 크다면 그 기업은 자연스레 독점이 될 수 있다. 6장에서 살펴보았듯이, 규모의 경제란 생산량 증가에 따라 평균비용이 하락하는 경우를 말한다. 한 기업의 생산량이 다른 기업들에 비해 매우 크면, 그 기업은 다른 기업에 비해 더 많은 양을 더 낮은 비용으로 공급할 수 있으므로 다른 기업들은 그 기업과의 경쟁을 감당할 수 없다. 일반적으로 전기, 가스, 철도 등 고정비용이 매우 큰 산업들에서 독점이 자주 발견된다. 그 외에 특허, 사업권 면허 발급 등 정부가 인위적으로 독점시장을 조성하는 경우도 있다. 또한 한 기업이 새로운 아이디어나 신기술에 의해 기존에 없던 새로운 시장을 창출하여 독점이 될 수도 있다.

### 1 수입과 한계수입

9장에서 살펴본 완전경쟁시장에서는 무수히 많은 수요자와 공급자로 구성되어 있어 이들은 모두 가격수용자이다. 그런데 우리가 10장에서 분석하는 독점시장에서는 수요자는 무수히 많아 여전히 가격수용자이나, 공급자는 하나로 시장가격을 설정할 능력이 있는 가격책정자(price setter)가 된다. 아래에서는 이윤극대화를 위한 독점기업의 문제를 가격을 설정하기 보다는 생산량을 설정하는 문제로서 접근한다.

이제 예 10-1을 활용하여 독점기업이 자신의 이윤을 극대화하기 위해 어떤 조건을 만족하는 시장거래량 또는 생산량을 설정하는지 살펴보자.

> 예 10-1  시장수요함수: $q = 100 - p$
>
>  독점기업의 생산비용함수: $C(q) = q^2$

기업의 이윤은 수입에서 비용을 뺀 것으로 정의되므로, 독점기업의 이윤을 식 (10-1)과 같이 생산량의 함수로 나타낼 수 있다.

$$\pi(q) = R(q) - C(q) = p(q) \cdot q - C(q) \tag{10-1}$$
$$= (100-q)q - q^2$$

## (1) 수입

먼저 이윤을 구성하는 요소 중 수입(revenue)에 대해 자세히 논의한다. 독점기업이 거래 단위당 단일가격을 적용하므로, 수입 또는 매출액(sales)은 '시장가격×생산량'이 된다. 독점기업의 수입을 기호를 이용하여 표현하면, 식 (10-1)에서와 같이 독점기업이 $q$만큼 생산할 때 수입은 $R(q) = p(q) \cdot q$로 표현된다. 여기서 $p(q)$는 표현함수로써 생산량 $q$에서의 가격, 즉, 역수요함수의 값이다. 이는 독점기업이 가격책정자임을 의미하는 것이다. 시장가격은 독점기업이 결정한 생산량에 대응하여 수요자의 최대 지불용의금액을 나타내는 수요곡선의 높이로 설정된다. 독점기업의 수입 $R(q)$과 생산비용 $C(q)$가 모두 생산량에 의해 영향을 받으므로, 이윤도 생산량에 영향을 받는다. 따라서 독점기업의 이윤을 식 (10-1)과 같이 생산량의 함수인 $\pi(q)$로 표현할 수 있다.

역시장수요함수가 $p = 100 - q$일 때, $R(q) = (100-q)q$이며, 그림으로 표현하면 [그림 10-1]의 (a)와 같이 위로 볼록한 형태를 갖는다. 생산량이 증가함에 따라 수입이 증가하는 구간이 있는 반면, 수입이 감소하는 구간도 있다.

## (2) 한계수입

이제 독점기업이 생산량을 한 단위 늘릴 때 수입이 어떻게 변하는지 살펴보자. 수입함수 $R(q) = p(q) \cdot q$를 살펴보면, 생산량의 변화는 두 가지 경로를 통해 수입의 변화를 유발함을 알 수 있다. 첫 번째 경로는 생산량 자체의 증가로 시장가격이 변하지 않는다면 수입을 증가시킨다. 두 번째 경로는 생산량 또는 거래량 증가가 수요함수를 통해 시장가격 하락을 가져옴으로써 수입의 감소를 유발한다. 따라서 두 가지 상반된 효과 중 그 크기에 따라 생산량을 한 단위 증가시킬 때 수입의 변화는 증가할 수도 있고, 감소할 수도 있다. 생산량 $q$의 한 단위 변화에 대한 수입 $R$의 변화분을 한계수입(marginal revenue; $MR$)이라 부른다.

생산량 $q$의 한 단위 변화에 대한 수입 $R$의 변화분을 $\dfrac{dR}{dq}$로 표현하고, 한계수입이 위에 언급한 생산량 변화가 수입의 변화에 영향을 미치는 두 가지 경로로 구성되어 있음을 기호로 나타내면 식 (10-2)와 같다.

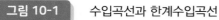

**그림 10-1**   수입곡선과 한계수입곡선

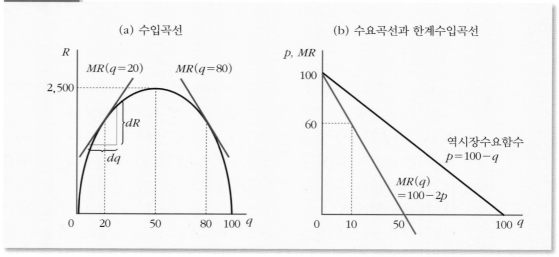

$$MR(q) = \frac{dR(q)}{dq} = \underset{(+)}{p(q)} + \underset{(-)}{\frac{dp(q)}{dq}} \cdot q \qquad (10\text{-}2)$$

식 (10-2)에서 우측의 첫 번째 항인 $p(q)$는 첫 번째 경로를 의미하며, 생산량이 한 단위 증가할 때 시장가격만큼 수입이 증가함을 나타낸다. 두 번째 항인 $\frac{dp(q)}{dq} \cdot q$는 생산량 한 단위 증가로 시장가격 하락분을 반영하여 수입이 감소함을 보여준다. 여기서 $\frac{dp(q)}{dq}$의 부호는 음$(-)$로서 생산량 $q$의 증가에 따라 시장가격 $p$가 감소함을 의미한다. 두 번째 경로에 의해 한계수입이 시장가격 $p(q)$보다 작음을 알 수 있다. 즉, $MR(q) < p(q)$이다. 한계수입을 그래프로 나타내면, [그림 10-1]의 (a)에서 보는 바와 같이 빨간색의 직선으로 표시된 수입곡선의 접선의 기울기이다. 수입곡선의 접선의 기울기는 $\frac{dR}{dq}$로 정의되는데, 이는 한계수입이다.

시장수요함수가 $q = 100 - p$일 때, 한계수입은 $MR(q) = 100 - 2q$가 된다. 한계수입이 시장가격 $p(q)$보다 작으므로, [그림 10-1]의 (b)에서와 같이 한계수입곡선은 시장수요곡선보다 아래에 위치한다. 그리고 한계수입은 생산량이 50에 이를 때까지 양$(+)$의 크기를 갖는 반면, 50 이후에서는 음$(-)$의 크기를 갖는다. [그림 10-1]의 (a)에 의하면, 생산량이 50에 이르기까지 생산량을 한 단위 증가시킬 때 수입은 증가하여, 수입곡선의 접선의 기울기는 양$(+)$이다.

## 2 이윤극대화 생산량 결정

독점기업의 생산량 결정에 대한 분석은 단기이건 장기이건 큰 차이는 없으므로 설명의 편의성을 위하여 단기에 한정한다. 7장에서 살펴본 가격수용자의 이윤극대화 생산량 결정 방식과 동일하게 가격책정자인 독점기업도 한계수입과 한계비용을 비교하여 이윤을 극대화하는 생산량을 결정한다. 예 10–1처럼 시장 수요함수가 $q=100-p$이고, $C(q)=q^2$의 비용함수를 갖는 독점기업의 이윤극대화 생산량 결정에 대해 [그림 10–2]를 통해 살펴보자.

[그림 10–2]의 (a)는 생산량에 따라 독점기업이 얻게 되는 수입과 지출하게 되는 비용의 그래프이다. 파란색 곡선이 수입곡선이며 초록색 곡선이 비용곡선이다. 기업의 이윤은 수입에서 비용을 뺀 것이므로, (b)는 (a)에서 얻어진 이윤을 이윤곡선으로 나타낸 그래프이다. 우리의 관심은 독점기업의 이윤극대화 생산량을 찾는 것이다. [그림 10–2]의 (a)와 (b)에 의하면, 이윤극대화 생산량은 $q^M=25$이다. 그런데 [그림 10–2]의 (b)는 생산량 25에서 이윤곡선의 접선의 기울기가 0임을 보여주고 있다. 따라서, (a)는 생산량 25에서 수입곡선의 접선의 기울기인 한계수입($MR$)과 비용곡선의 접선의 기울기인 한계비용($MC$)이 동일함을 보여준다.

이제 왜 생산량 25가 독점기업의 이윤을 극대화시켜주는지 자세히 살펴보자.

---

**그림 10-2** 독점기업의 이윤극대화 생산량

(a) 수입곡선과 비용곡선에 의한 이윤극대화 생산량

(b) 이윤곡선을 통한 이윤극대화 생산량

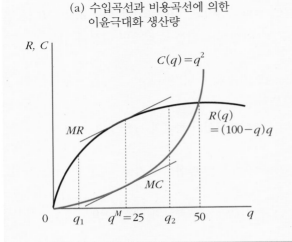
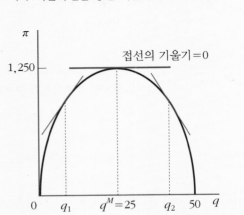

현재 독점기업이 25보다 적은 양인 $q_1$을 생산하고 있다고 하자. [그림 10-2]의 (a)에서 보는 바와 같이, 생산량 $q_1$에서 수입곡선의 접선과 비용곡선의 접선을 그려보면 수입곡선의 접선의 기울기가 비용곡선의 접선의 기울기보다 더 가파른 것을 알 수 있다. 이는 생산량 $q_1$에서 한계수입이 한계비용보다 큼을 의미한다. 즉, $q_1$에서 $MR > MC$가 성립한다. 이 경우 독점기업은 생산량을 $q_1$에 그치지 않고 한 단위 더 늘림으로써 이윤을 높일 수 있다. 그 이유는 생산량 $q_1$에서 한 단위 늘릴 때 추가로 벌어들이는 수입이 추가로 지출하는 비용보다 크기 때문이다. 이와 연결하여 [그림 10-2]의 (b)를 보면, 생산량 $q_1$에서 이윤곡선의 접선의 기울기가 양(+)임을 알 수 있다. 이는 생산량을 한 단위 늘릴 때 이윤이 추가적으로 발생함을 의미한다. 따라서 이윤곡선의 접선의 기울기가 양(+)인 생산량에서는 이윤극대화를 추구하는 기업은 생산량을 더 늘린다.

$q_1$의 경우와 반대로 독점기업이 25보다 많은 양인 $q_2$를 생산하고 있다면, [그림 10-2]의 (a)에서 보는 바와 같이 한 단위 더 생산량을 늘릴 때 한계수입이 한계비용보다 작다. 즉, $q_2$에서 $MR < MC$가 성립한다. 이는 [그림 10-2]의 (b)에서 이윤곡선의 접선의 기울기가 음(−)인 것과 연결된다. 이 경우는 $q_2$에서 생산량을 한 단위 더 늘리면 오히려 추가적인 손해가 발생한다. 따라서 $q_2$에서는 생산량을 줄이는 것이 이윤을 높이는 길이다.

마지막으로, [그림 10-2]의 (a)에 의하면 생산량 25에서 한 단위 더 생산을 하면 추가적으로 얻는 수입인 한계수입과 추가적으로 지불해야 하는 비용인 한계비용이 동일하다. 즉, 생산량 25에서 $MR = MC$이다. 따라서 생산량 25에서 이윤을 높이기 위해 더 이상 생산량을 늘리거나 줄일 필요가 없어, 이 생산량이 이윤극대화 생산량이 된다. $MR = 100 - 2q$이고, $MC = 2q$이므로, $MR = MC$를 만족하는 생산량으로 25가 얻어진다. 이상의 논의를 정리하면 다음과 같다.

---

**한계수입 및 한계비용과 생산량 변화**

한계수입($MR$) > 한계비용($MC$) ⇔ 이윤곡선의 접선의 기울기 > 0
  → 생산량을 늘림

한계이윤($MR$) < 한계비용($MC$) ⇔ 이윤곡선의 접선의 기울기 < 0
  → 생산량을 줄임

한계이윤($MR$) = 한계비용($MC$) ⇔ 이윤곡선의 접선의 기울기 = 0
  → 늘리거나 줄이지 않음

---

**독점기업의 이윤극대화 1계조건**

$q^M$이 이윤극대화 생산량이라면, $q^M$에서 한계수입과 한계비용은 동일하고, 이윤곡선의 접선의 기울기는 0이다.

---

이상에서는 구체적인 시장수요함수와 독점기업의 비용함수를 이용하여 논의하였다. 우리가 살펴본 핵심적인 내용은 다음과 같이 일반화하여 설명될 수 있다. 독점기업의 이윤함수를 $\pi(q) = R(q) - C(q)$로 표현하므로, 생산량 한 단위를 추가로 늘릴 때 독점기업의 이윤변화를 식 (10-3)과 같이 쓸 수 있다. $dq$는 생산량 변화, $d\pi(q)$는 이윤 변화, $dR(q)$는 수입 변화, $dC(q)$는 비용 변화를 각각 나타낸다.

$$\frac{d\pi(q)}{dq} = \frac{dR(q)}{dq} - \frac{dC(q)}{dq} \tag{10-3}$$

$\frac{d\pi(q)}{dq}$는 [그림 10-2]의 (b)에서 보는 바와 같이 생산량을 한 단위 추가할 때 이윤의 변화분인 이윤곡선의 접선의 기울기를 나타낸다. 식 (10-3)에서 우측의 첫 번째 항은 한계수입을 나타내고 두 번째 항은 한계비용을 나타낸다. 즉, $MR(q) = \frac{dR(q)}{dq}$이고, $MC(q) = \frac{dC(q)}{dq}$이다. 식 (10-3)은 이윤곡선의 접선의 기울기는 한계수입과 한계비용의 차와 같음을 보여준다. $q^M$이 한계수입과 한계비용을 일치시키는 생산량이라면, $\frac{d\pi(q^M)}{dq} = 0$, 즉 $MR(q^M) = MC(q^M)$이 성립한다. 독점기업의 이윤극대화 1계조건을 이와 같이 기호를 이용하여 일반화하여 다시 쓰면 다음과 같다.

---

**독점기업의 이윤극대화 1계조건**

이윤극대화 생산량 $q^M$에서, $MR(q^M) = MC(q^M)$ 또는 $\frac{d\pi(q^M)}{dq} = 0$이 성립한다.

---

## 3 독점시장의 균형

독점시장의 균형에 대해 논의한다. [그림 10-3]에서 시장수요곡선 $D$와 한계수입곡선 $MR$이 그려져 있다. 또한, 일반적인 비용함수에 의한 U자 모양의 평균

그림 10-3    일반적인 비용함수의 독점시장 균형과 독점기업 이윤

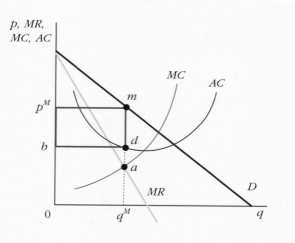

비용곡선 $AC$와 한계비용곡선 $MC$가 그려져 있으며, 한계비용곡선은 평균비용 곡선의 최저점을 아래에서 위로 상향 관통하는 모양이다. 독점기업은 이윤극대 화를 위해 한계수입 $MR$과 한계비용 $MC$가 일치하는 $a$에서 생산량 $q^M$을 결정하 고, 가격은 이 생산량에서의 수요곡선의 높이인 $p^M$이 된다. 기업의 이윤은 $\pi(q)$ $=(p-AC(q))q$로 표현되므로, 독점기업의 이윤은 빨간색의 사각형 $bdmp^M$의 면적과 같다.

**예제 10-1**

시장수요함수는 $q=1-p$이고, 독점기업의 비용함수가 $C(q)=\dfrac{1}{2}q$이다.

(a) 독점기업이 현재 $\dfrac{1}{2}$을 생산하고 있다면, 이윤극대화를 위해 생산량을 늘려야 하는가?

(b) 독점시장의 균형가격을 구하시오.

(c) 독점시장의 균형에서 사회후생의 크기를 구하시오.

## ④ 독점기업의 시장력

[그림 10-3]에서 보는 바와 같이 독점시장에서 시장수요곡선은 독점기업의 한계수입곡선보다 위에 위치해 있다. 독점기업의 이윤극대화 생산량 $q^M$은 $MR$ $=MC$을 만족하는 $a$에서 결정되는 반면, 시장가격은 수요곡선 상의 $m$에서 결

정되므로, [그림 10-3]는 독점시장가격이 항상 한계비용보다 큼을 보여준다. 독점기업이 자신의 한계비용보다 시장가격을 얼마나 더 크게 설정할 수 있는가에 대해 시장력(market power)이란 개념으로 평가할 수 있다. 이 시장력 개념을 식 (10-4)로 표현할 수 있으며, 이를 마진율 또는 러너지수(Lerner Index)라 부른다.

$$L = \frac{p - MC}{p} \qquad\qquad (10\text{-}4)$$

식 (10-4)를 마진율이라 부르는 이유는 다음과 같다. 독점기업이 한 단위 더 생산을 늘린다면, 추가적으로 부담해야 하는 비용은 한계비용 $MC$이나 추가적으로 소비자로부터 시장가격인 $p$를 얻는다. $p$가 $MC$보다 크다면, 독점기업은 한 단위 더 생산함에 따라 추가적으로 이익을 챙길 수 있다. 우리는 이러한 추가적 이익인 $p - MC$를 마진(margin)이라 부른다. 독점기업이 설정한 시장가격 $p$에 대해 독점기업이 누리고 있는 마진 $p - MC$의 비율이 마진율이다. 시장가격과 한계비용의 차인 마진의 크기가 커질수록 마진율은 커진다.

독점기업의 마진율은 수요의 가격탄력성과 반비례의 관계를 갖는다. 이에 대해 자세히 알아보기 위해 먼저 식 (10-2)에서 정의한 한계수입을 수요의 가격탄력성을 이용하여 다시 써보자. 4장에서 정의한 바와 같이 수요의 가격탄력성은 $\epsilon = -\frac{dq}{dp} \cdot \frac{p}{q}$이다. 이를 $\frac{dp}{dq} \cdot q = -\frac{p}{\epsilon}$로 바꾸어 식 (10-2)에 대입하면, 한계수입은 식 (10-5)로 표현된다.

$$MR = p\left(1 - \frac{1}{\epsilon}\right) \qquad\qquad (10\text{-}5)$$

독점기업의 이윤극대화 생산량은 $MR = MC$를 만족하는데, $MR$을 $p\left(1 - \frac{1}{\epsilon}\right)$로 바꾸어 이윤극대화 조건 $MR = MC$에 대입하고 정리하면, 식 (10-6)을 얻는다.

$$\frac{p - MC}{p} = \frac{1}{\epsilon} \qquad\qquad (10\text{-}6)$$

식 (10-6)은 마진율이 수요의 가격탄력성($\epsilon$)에 반비례함을 보여준다. 달리 말하면, 수요의 가격탄력성이 낮을수록 마진율은 높아지고, 따라서 시장력이 높아지게 된다. 이에 대해 직관적으로 이해하면 다음과 같다. 수요의 가격탄력성은 수요자가 가격변화에 대해 얼마나 민감하게 반응하여 수요량을 변화시키는가를 나타내는 지표이다. 수요의 가격탄력성이 상대적으로 높은 경우 생산량 증가에 의한 가격 하락이 상대적으로 작아 수입이 크게 증가하므로, 이윤극대화를 추구하는 독점기업은 생산량을 증가시켜 가격을 인하할 유인이 있다. 이는 시장가격과 한계비용 간 격차가 상대적으로 작아짐을 의미한다. 반면, 수요의 가격탄력성이 상대적으로 낮은 경우 생산량 증가에 의한 가격 하락이 상대적으로 커 수입이 감소할 수도 있어, 독점기업은 생산량 증가에 의한 가격 인하를 꾀할 유인이 없다. 이는 시장가격과 한계비용 간 격차가 상대적으로 커짐을 의미한다.

**예제 10-2**  시장수요함수는 $q=1-p$, 독점균형생산량은 $\frac{1}{4}$이다. 시장가격은 한계비용보다 몇 배 높은가?

## 5 독점시장의 시장실패

이제 독점시장의 균형을 사회후생 관점에서 평가해보자. [그림 10-4]은 독점시장의 균형점과 사회후생이 극대화되는 점을 비교하여 보여준다. 우리는 10장에서 사회후생이 극대화되는 거래량에서 $p=MC$가 성립함을 논의하였다. 따라서 독점시장에서도 수요곡선과 한계비용곡선이 교차하는 $e$에서 사회후생이 극대화된다. 그리고 극대화된 사회후생의 크기는 도형 $bde$의 면적이다. 그런데 독점시장의 균형가격은 $m$에서 결정되므로, 균형에서 사회후생의 크기는 도형 $abdm$의 면적이 된다. 따라서 독점균형으로는 사회후생이 극대화되지 못하며, 빗금친 도형 $aem$의 면적만큼의 손실이 발생한다. 우리는 도형 $aem$의 면적을 사회후생 손실(deadweight loss)이라 부른다. 사회후생이 극대화되지 못하면 비효율성(inefficiency)이 발생한 것이다. 따라서 독점시장은 사회후생 극대화를 달성하지 못하므로 비효율적이다.

독점시장이 비효율을 유발하는 근본적인 원인은 균형거래량이 사회후생 극대화 거래량보다 적기 때문이다. 독점기업의 이윤극대화 생산량은 $MR=MC$를 만족하는데, $MR<p$이므로 독점시장에서 생산량은 $p=MC$를 만족하는 생산량보다 적다. [그림 10-4]에서 보는 바와 같이 $q^M<q^*$이다.

독점시장의 비효율

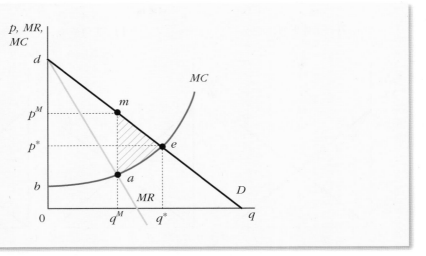

독점시장에서 가격이 높은 수준으로 설정되므로, 소비자잉여의 크기도 작아진다. [그림 10-4]에서 사회후생 극대화 거래량 $q^*$에서 소비자잉여의 크기는 삼각형 $dep^*$의 면적이지만, 독점균형거래량 $q^M$에서 소비자잉여의 크기는 삼각형 $dmp^M$의 면적으로 감소된다. 소비자잉여의 감소는 거래량 감소뿐만 아니라 이에 따른 시장가격 상승에 기인한다.

시장이 효율적 결과를 발생시키지 않는 경우를 시장실패(market failure)라 부른다. 독점기업과 같이 가격책정자로서 시장가격을 결정할 능력이 있는 경우에는 시장실패가 발생한다. 독점 이외에 시장실패를 유발하는 다른 요인으로는 공공재, 외부성, 불완전정보 등이 있다. 이에 대해서는 13장과 14장을 통해 논의한다.

## 6 독점규제

만약 정부가 시장실패를 어느 정도 개선할 수 있다면, 정부의 시장 개입은 정당성을 얻게 된다. 여기서는 사회후생을 증가시킬 목적으로 독점시장에 정부가 개입하는 가격규제(price regulation)를 중심으로 논의한다.

### (1) 최고가격제도의 효과

최고가격제도는 정부가 최고가격(price ceiling)을 설정하여 그 이상으로 가

**그림 10-5** 최고가격제도

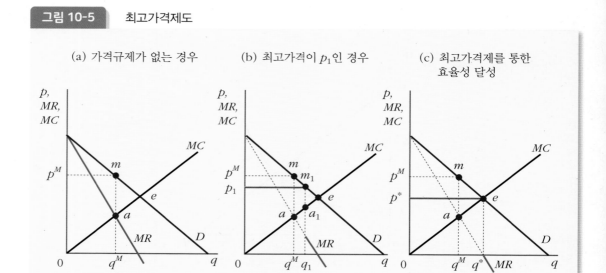

(a) 가격규제가 없는 경우  (b) 최고가격이 $p_1$인 경우  (c) 최고가격제를 통한 효율성 달성

격을 책정할 수 없도록 규제하는 것이다. 최고가격제도가 유효하려면 정부가 설정하는 최고가격이 시장균형가격보다 낮아야 한다. 여기서는 독점균형에 의해 초래되는 비효율이 최고가격제도를 통해 개선될 수 있음을 논의한다.

[그림 10-5]의 (a)는 정부가 가격규제를 하지 않을 때 독점기업이 단일가격을 적용하는 경우의 균형을 보여주고 있다. 이 균형에서는 생산량인 $q^M$만큼이 생산되어 독점가격 $p^M$에 거래되고, 이 때의 사회후생 손실은 삼각형 $aem$의 면적이다.

(b)에서처럼 정부가 $p^M$보다 낮은 가격인 $p_1$을 최고가격으로 설정하는 경우를 생각해보자. 이 경우 만약 독점기업이 $q^M$만큼 생산한다면 시장가격은 어떻게 될까? 가격규제가 없다면 당연히 시장가격은 수요곡선 상에서 $p^M$으로 결정되지만, 최고가격이 $p_1$으로 설정되어 있는 경우에는 독점기업은 가격을 $p^M$으로 설정할 수 없다. 생산량이 $q_1$에 이를 때까지 가격은 $p_1$으로 고정된다. 따라서 생산량 한 단위 증가에 대해 독점기업이 추가로 얻는 한계수입은 $p_1$으로 일정하다. 그런데 $q_1$을 초과하는 양이 생산되면 생산량이 증가할 때 가격은 수요곡선 $D$를 따라 하락하므로, 독점기업의 한계수입은 가격규제가 없을 때의 한계수입과 같다. 따라서 독점기업의 한계수입곡선 $MR$은 (b)에서 빨간색의 불연속선이 된다.

(b)에서 한계수입 $MR$과 한계비용 $MC$를 비교해보면, $q_1$보다 적은 생산량

에서는 $MR>MC$이므로 생산량을 늘리는 반면, $q_1$보다 많은 생산량에서는 $MR<MC$이므로 생산량을 줄이는 것이 이윤극대화에 부합한다. 따라서 이윤극대화를 추구하는 독점기업은 $q_1$을 생산하고 $p_1$의 가격을 책정한다. 즉, 정부가 설정한 최고가격 $p_1$에 의해 독점시장의 균형은 $m_1$으로 표현된다. 이때의 사회후생 손실은 삼각형 $a_1 e m_1$의 면적이 되어 가격규제가 없는 경우에 비해 줄어든다. 이는 최고가격제도가 도입되지 않은 경우의 독점가격보다 낮게 최고가격을 설정하면 사회후생이 개선됨을 의미한다. 또한 최고가격수준을 더 낮춘다면 앞서 전개한 논리에 따라 사회후생 손실은 더욱 감소될 것을 예상할 수 있다. 따라서 (c)에서처럼 수요곡선 $D$와 독점기업의 한계비용 곡선 $MC$가 교차하는 가격인 $p^*$를 최고가격으로 책정하면, 생산량이 $q^*$에 이를 때까지 $p^*$가 한계수입이 되므로, 독점기업은 이윤극대화 행동에 의해 $q^*$를 균형생산량으로 설정하게 되고 균형가격은 $p^*$가 되어, 사회후생이 극대화된다.

## (2) 최고가격제도의 부작용

현실에서, 가격규제는 효율성을 제고하는 기능 외에도 물가 안정이나 독점기업의 이윤을 줄이고 소비자잉여를 높이는 형평성 추구 등과 같은 여러 가지 목적을 가진다. 특히 생활필수품에 대한 가격규제는 서민의 소비를 가능하게 만들기 위한 형평성에 대한 고려가 강하다고 볼 수 있다. 그러나 이러한 가격규제는 부작용이 수반되기 쉬우므로 언제나 바람직한 제도는 아니다.

최고가격제도가 유발할 수 있는 부작용을 생각해보자. 하나는 소위 정부실패(government failure)로 정부의 시장 개입이 그렇지 않은 경우에 비해 오히려 사회후생을 악화시킬 수 있는 경우이다. 이는 대체로 정부가 시장에 대해 정확한 정보를 취득하지 못하는 경우에 발생된다. 예를 들어, 정부는 시장수요함수를 정확히 추정할 수 없는 경우도 있으며, 특히 독점기업의 비용구조를 정확히 파악하는 것은 거의 불가능에 가깝다. 독점기업에 대한 정보 부재로 인해 효과가 없는 높은 최고가격을 책정하면 정책효과는 없으면서 정책 집행을 위한 인력과 예산의 낭비나 부정의 개입 등과 같은 비효율만 가져올 수 있다. 다른 하나는 가격규제 하에서 독점기업이 품질을 저하시키거나 함량을 줄이는 등의 방법으로 실질적으로 가격을 인상하게 되면 가격규제는 실효가 없게 된다. 마지막으로 정부가 수요곡선이나 기업이 한계비용에 대한 정보 부족으로 수요곡선과 독점기업의 한계비용이 일치하는 가격보다 낮게 최고가격을 책정하면, 초과수요가

그림 10-6    최고가격규제와 암시장의 형성

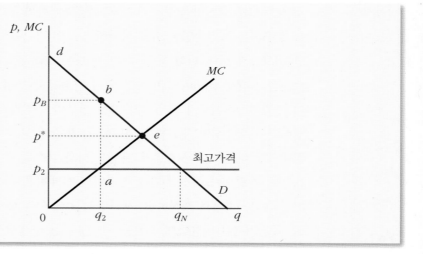

발생하여 암시장(black market)이 나타날 수 있다.

가격규제의 결과로 암시장이 형성되는 상황을 [그림 10-6]을 이용하여 설명한다. 수요곡선 $D$와 독점기업의 한계비용곡선 $MC$가 만나는 가격 $p^*$보다 낮은 가격 $p_2$가 최고가격으로 설정되었다고 하자. [그림 10-5]의 (b)에서 분석한 바와 같이, 생산량이 $q_N$에 이르기까지 독점기업의 한계수입은 $p_2$이다. 생산량이 $q_2$에 이르기까지는 한계수입 $p_2$가 한계비용보다 크므로, 독점기업은 생산량을 $q_2$ 만큼 생산한다. 그런데 가격 $p_2$에 대해 시장수요량은 $q_N$이므로, $q_N - q_2$만큼의 초과수요가 발생한다. 시장에서 초과수요가 존재하면 독점기업이나 정부는 생산량 $q_2$을 소비자들에게 선착순 판매나 배급(rationing)을 하게 된다. 이 때 자신의 수요량을 확보하지 못한 소비자들은 시장가격 $p_2$보다 높은 가격을 주고서라도 자신의 수요를 충족하려 할 것이므로 암시장을 통해 $p_2$보다 높은 가격에 거래가 일어난다.

그러면 암시장의 균형가격은 얼마인가? 독점기업은 암시장에 참여할 수 없다고 하자. 암시장가격이 $p_2$보다 높아도 독점기업이 받을 수 있는 가격은 $p_2$이므로 생산량은 $q_2$로 유지된다. $p_2$의 가격에 대한 수요량에 비해 부족한 공급량 $q_2$가 암시장을 통해 이 상품에 가장 높은 가치를 부여하는 수요자들에게 판매될 것이다. 따라서, 수요량이 $q_2$가 되는 가격 $p_B$가 암시장의 균형가격이 된다. 암시장을 통해 구매에 성공한 수요자들이 얻는 소비자잉여의 크기는 삼각형 $bdp_B$의 면적이다. 그리고 생산자잉여의 크기는 삼각형 $a0p_2$의 면적이다. 사각형

$p_2 a b p_B$의 면적은 재화를 배급받은 사람들이 이 상품에 가장 높은 가치를 부여하는 수요자들에게 제공하여 얻게 되는 프리미엄(premium)이다. 따라서 암시장을 통한 사회후생은 소비자잉여, 생산자잉여, 그리고 배급받은 자들의 프리미엄을 모두 더한 사다리꼴 $abd0$의 면적이므로, 삼각형 $abe$의 면적만큼 사회후생 손실이 발생한다.

## (3) 평균비용에 의한 가격규제

앞에서 수요곡선과 독점기업의 한계비용곡선이 교차하는 가격으로 최고가격을 설정하면, 사회후생이 극대화되어 사회후생 손실이 발생되지 않음을 살펴보았다. 이와 같이 시장가격을 독점기업의 한계비용과 일치시키는 규제를 한계비용 가격설정(marginal cost pricing)이라 부른다. 그런데 이러한 가격규제를 통해 독점기업이 만성 적자를 겪게 된다면 한계비용 가격설정 규제의 적절성에 대해 의문을 제기할 수 있다. 한계비용 가격설정에 의해 독점기업이 적자에 직면하게 되는 경우는 자연독점(natural monopoly)에서 발생한다. 자연독점은 [그림 10-7]에서 보는 바와 같이 규모의 경제에 의해서 생산량이 증가함에 따라 평균비용이 감소하는 시장에서 발생한다. 이 경우에는 한계비용이 평균비용보다 낮다. 이러한 비용구조에서는 인위적인 진입장벽이 없더라도 신규기업의 진입이 거의 불가능하다.

**그림 10-7**    평균비용에 의한 가격규제

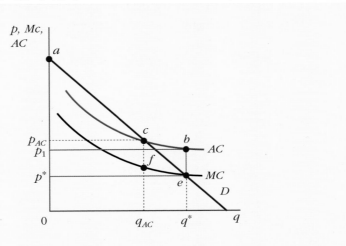

[그림 10-7]에서 시장수요곡선과 한계비용곡선이 교차하는 $e$에 대응하는 시장가격 $p^*$를 최고가격으로 설정하는 경우 거래량은 $q^*$가 되고, 이에 상응하는 평균비용이 시장가격보다 크기 때문에, 독점기업은 빨간색 선으로 둘러싸인 사각형 $bep^*p_1$의 크기만큼 손실을 본다. 이러한 가격규제는 독점기업의 시장 퇴출을 유도한다. 따라서 규모의 경제가 발생하는 시장에서 평균비용을 고려하지 않는 한계비용 가격설정의 가격규제는 시장을 파괴하는 결과를 가져올 수도 있다.

한계비용 가격설정 방식이 이와 같은 문제점을 갖는 경우 이를 대체할 수 있는 적절한 방식의 규제는 무엇일까? 한 가지 방법은 한계비용 가격설정을 유지하되 독점기업의 손실액만큼을 독점기업에게 보조금으로 지급하는 것이다. 그러면 독점기업은 $q^*$만큼을 생산하여 $p^*$의 가격에 판매하고 소비자들은 $q^*$만큼을 구매하여 사회후생 손실이 없어질 것을 기대할 수 있다. 하지만 보조금은 세금의 인상으로 조달되어야 하는데 통상 세금은 시장 왜곡을 유발하여 비효율성을 낳는다. 그 정도가 크다면 비효율에 의한 사회적 비용을 유발하면서 이 시장에서 한계비용가격을 유지하는 것이 바람직하지 않을 수 있다.

따라서 보조금을 지급하는 대신 차선(second best)의 가격규제로 평균비용 가격설정(average cost pricing) 또는 램지가격설정(Ramsey pricing)을 사용하는 경우도 있다. [그림 10-7]에서 수요곡선과 평균비용곡선 $AC$가 교차하는 $c$에 대응하는 가격인 $p_{AC}$를 최고가격으로 설정해보자. 그러면 수요량은 $q_{AC}$가 되므로, 기업의 이윤은 0이 되어, 정부의 보조금이 없어도 독점기업은 $q_{AC}$를 생산하고 $p_{AC}$의 가격으로 거래한다. 그런데 이 평균비용 가격설정에도 문제점이 있다. 평균비용이 한계비용보다 높기 때문에 평균비용 가격설정은 한계비용 가격설정에 비해 거래량 감소를 가져와 도형 $cef$의 면적만큼 사회후생 손실을 유발한다.

## 10.2 가격차별

### 1 가격차별의 종류

10.1에서 모든 소비자에게 하나의 가격을 적용하는 경우 독점기업이 이윤극대화 생산량을 결정하는 문제와 독점시장 균형에 대해 논의하였다. 그런데 현실에서 모든 소비자가 한 상품에 대해 동일한 가격을 지불하는가? 일반적으로 그렇지 않다. 동일한 제품에 대하여 서로 다른 소비자들에게 서로 다른 가격을 책정하는 것을 가격차별(price discrimination)이라고 한다. 독점력을 가진 기업들이 가격차별을 하는 이유는 단일가격을 책정하는 것보다 더 높은 이윤을 기대할 수 있기 때문이다. 그래서 현실에서도 가격차별이 일반화되어 있는 것이다. 우리가 10.1에서 단일가격이 적용되는 경우의 독점시장에 대한 분석은 법적인 이유나 기술적인 원인으로 독점기업이 가격차별을 할 수 없는 상황에 관한 것이다.

가격차별은 영국의 경제학자 피구(Pigou)의 분류에 따라 1급 가격차별(first degree price discrimination) 또는 완전가격차별(perfect price discrimination), 2급 가격차별(second degree price discrimination), 3급 가격차별(third degree price discrimination) 등 세 가지로 구분된다. 이러한 세 가지의 가격차별 방법을 독점기업이 기분에 따라 마음대로 골라 쓸 수 있는 것은 아니다. 기업이 사용할 수 있는 가격차별의 유형은 기업이 개별 소비자의 선호나 수요에 대해 얼마나 많은 정보를 가지고 있는지에 의해 결정된다. 기업이 모든 개별 소비자의 선호를 정확히 알고 있으면 1급 가격차별을 사용할 수 있다. 기업이 개별 소비자의 수요함수를 알 수는 없지만, 수요함수가 서로 다른 소비자 그룹들이 존재하고 어떤 소비자가 어느 그룹에 속하는지 분간할 수 있는 경우에는 3급 가격차별을 활용할 수 있다. 마지막으로 기업이 소비자에 대한 정보 수준이 가장 열악한 경우로, 수요함수가 서로 다른 소비자 그룹들이 존재하는 것은 알지만, 어떤 소비자가 어느 그룹에 속하는지 모르는 경우에 기업은 2급 가격차별을 사용할 수 있다. 〈표 10-1〉은 가격차별의 종류에 대해 정리한 것이다. 이제 아래에서 각 가격차별에 대해 자세히 논의한다.

**표 10-1**
가격차별의 종류

| 종류 | 기업이 갖는 정보수준 | 가격부과 방식 | 현실의 예 |
|---|---|---|---|
| 1급<br>가격차별 | • 모든 개별 소비자의 수요함수를 정확히 알고 있음 | 소비자별로 또는 구매 단위별로 따로 가격 책정 | |
| 3급<br>가격차별 | • 개별 소비자의 수요함수는 모름<br>• 소비자 그룹들의 수요함수는 알고 있음<br>• 어떤 소비자가 어떤 그룹에 속하는지 구분 가능함 | 소비자 그룹별로 단일 가격 부과 | • 조조할인<br>• 학생할인<br>• 성수기 가격 |
| 2급<br>가격차별 | • 개별 소비자의 수요함수는 모름<br>• 소비자 그룹들의 수요함수는 알고 있음<br>• 어떤 소비자가 어떤 그룹에 속하는지 구분 불가능 | 소비자 그룹별로 (가격, 수량)의 패키지 제공 | • 시즌티켓<br>• 자유이용권<br>• 1+1, 대용량 포장 |

## 2 1급 가격차별

### (1) 1급 가격차별에서 가격 부과 방식

앞서 기업이 1급 가격차별을 사용할 수 있는 상황은 기업이 모든 개별 소비자의 수요함수를 정확히 알고 있는 경우이다. 특정 구매량에서 개별 소비자의 수요곡선의 높이는 제품 구매를 위한 최대 지불용의금액(willingness to pay)을 의미한다. 기업이 개별 소비자의 수요함수를 알고 있다는 것은 소비자의 최대 지불용의금액을 알고 있음을 의미한다. 이 경우 가격차별은 어떤 형태로 나타나는지를 이해하기 위해 간단한 예 10-2의 상황을 상정하자.

**예 10-2** 승용차 판매시장에 $C(q)=40q$의 비용함수를 갖는 독점기업과 5명의 소비자가 있다. 각 소비자는 승용차 한 대만 구매하고자 한다. 그리고 각 소비자의 승용차 한 대에 대한 최대 지불용의금액은 아래의 표와 같다.

| 소비자 | $A$ | $B$ | $C$ | $D$ | $E$ |
|---|---|---|---|---|---|
| 최대 지불용의금액 | 100 | 80 | 60 | 40 | 20 |

이윤극대화를 추구하는 독점기업은 1급 가격차별을 적용하여 몇 명에게 얼마의 가격으로 판매할까? 소비자 $A$의 최대 지불용의금액이 100임을 알고 있으므로, 독점기업은 소비자 $A$에게 판매금액으로 100을 요구하면, 소비자 $A$는 승용차 구매를 통해 손해를 보지 않으므로 100의 가격을 지불하고 구매한다. 소비자

가 최대 지불용의금액을 지불하고 구매하면 소비자는 구매하거나 구매하지 않거나 무차별한데, 여기서는 구매하는 것으로 가정한다. 이와 같이 독점기업은 $A$부터 $E$까지의 소비자들에게 개별적으로 각각의 최대 지불용의금액만큼을 가격으로 부과할 수 있다.

$A$부터 $D$까지의 소비자들에게 부과하는 가격이 독점기업의 한계비용 40보다 낮지 않기 때문에 독점기업은 소비자 $A$부터 $D$까지의 소비자들에게 승용차를 판매하여 이윤을 챙길 수 있다. 그런데 독점기업은 소비자 $E$에게 판매하지 않는다. 그 이유는 소비자 $E$의 최대 지불용의금액이 20으로 한계비용인 40에 못 미치기 때문이다. 따라서 이윤극대화를 추구하는 독점기업은 개별 소비자에게 각각의 최대 지불용의금액만큼 가격을 차별적으로 부과하여 4명에게만 판매하고, 280의 수입과 160의 비용으로 120의 극대화된 이윤을 얻는다. $A$부터 $D$까지의 개별 소비자는 자신의 지불용의금액 전체를 판매가격으로 지출하므로, 구매에 참여하더라도 소비자잉여는 0이다. 따라서 1급 가격차별이 사용되는 경우, 소비자잉여는 0이 된다.[16]

예 10-2를 통해 한 소비자가 한 단위를 구매하는 경우에 1급 가격차별로 소비자에게 가격을 부과하는 방식, 생산자잉여, 소비자잉여 등을 분석하였다. 이제 개별 소비자가 상품을 여러 단위로 구매할 수 있는 경우에 1급 가격차별이 적용되는 방식을 분석한다. 논의를 간단히 하기 위해 예 10-3의 상황을 상정하자.

**예 10-3** 두 명의 소비자 $A$와 $B$가 있고, 각각의 수요함수를 $q_A = 100 - p_A$와 $q_B = 80 - p_B$이다. 예 10-2와 동일하게 독점기업의 비용함수는 $C(q) = 40q$이다.

각 소비자의 수요함수를 수요곡선으로 나타내기 위해서는 역수요함수로 표현하는 것이 편하다. 소비자 $A$와 $B$의 역수요함수는 $p_A = 100 - q_A$와 $p_B = 80 - p_B$이며, [그림 10-8]의 왼쪽에 소비자 $A$의 수요곡선과 오른쪽에 소비자 $B$의 수요곡선이 그려져 있다.

---

**16** 독점기업이 1급 가격차별을 성공적으로 사용하려면, 소비자 간 재판매(resale)가 불가능해야 한다. 예를 들어, 소비자 $D$가 독점기업으로부터 40을 지불하여 승용차를 구매한 후 소비자 $A$에게 90의 가격으로 재판매한다면, 소비자 $A$는 1급 가격차별에 따라 100의 가격을 부과하는 독점기업으로부터 승용차를 구매할 이유가 없다. 따라서 소비자 간 재판매가 허용이 되는 경우에는 독점기업은 1급 가격차별을 실현할 수 없다.

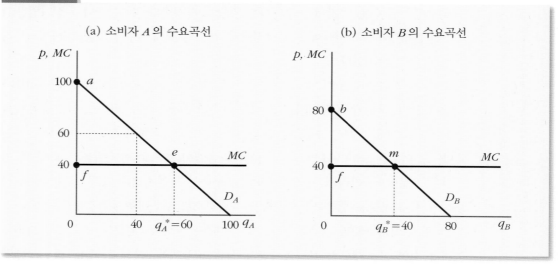

**그림 10-8** 개별 소비자의 수요곡선과 최대 지불용의금액

독점기업이 소비자의 수요함수를 정확히 아는 환경에서 독점기업은 소비자가 구매하는 한 단위 한 단위에 대해 소비자의 최대 지불용의금액을 부과한다. 이는 개별 소비자의 수요곡선 자체가 독점기업에게 한계수입곡선이 됨을 의미한다. 이윤극대화를 추구하는 독점기업은 $MR=MC$가 만족되도록 생산량을 결정하므로, 소비자 $A$에게는 $q_A^*=60$만큼 공급하고, 소비자 $B$에게는 $q_B^*=40$만큼 공급한다.

이제 1급 가격차별을 하는 독점균형에서 독점시장의 성과를 평가해보자. 예 10-2에서와 마찬가지로 예 10-3에서도 소비자는 소비를 통해 얻게 되는 가치를 가격으로 지불하므로 소비자잉여는 0이다. 즉, 기업이 개별 소비자의 수요함수를 정확히 알아 1급 가격차별을 적용하면 소비자잉여는 0이 된다. [그림 10-8]에 의하면, 독점기업은 소비자 $A$와 소비자 $B$로부터 각각 사다리꼴 $aeq_A^*0$의 면적과 사다리꼴 $bmq_B^*0$의 면적을 수입으로 얻고 소비자 $A$와 소비자 $B$에게 공급하기 위해 각각 사각형 $ef0q_A^*$의 면적과 사각형 $mf0q_B^*$의 면적을 비용으로 지출하므로 삼각형 $aef$의 면적과 삼각형 $bfm$의 면적을 이윤으로 챙긴다. 각 소비자의 수요곡선과 한계비용이 만나는 양만큼 구매가 이루어지므로 사회후생 극대화가 달성된다. 따라서 1급 가격차별이 적용되는 환경에서는 효율성이 달성된다. 달리 말하면, 1급 가격차별이 가능한 독점시장의 균형은 완전경쟁시장의 균형과 동일한 시장성과를 나타낸다. 그러나 완전경쟁시장의 단기균형에서는 소비자잉여와 생산자잉여가 공존하고 장기균형에서는 생산자잉여가 0이고 소비자잉여가 사회후생과 동일하나, 1급 가격차별이 가능한 독점균형에서는 소비자잉여가 0이고 생산자잉여만 존재한다는 점에서 차이가 있다.

## (2) 이부요금

앞서 1급 가격차별은 소비자 및 구매 단위별로 서로 다른 가격을 부과함으로써 독점기업이 소비자의 최대 지불용의금액을 받아낼 수 있는 수단임을 살펴보았다. 소비자가 상품을 여러 단위로 구매하는 경우 이부요금(two-part tariff)으로도 소비자의 최대 지불용의금액을 받아낼 수 있다. 이부요금이란 소비자가 지불하는 총 금액이 두 부분으로 구성되어 있어 이러한 이름이 주어졌다. 하나는 구매량에 따라 지불금액이 변하는 부분과 다른 하나는 구매량에 관계없이 일정한 금액을 지불하는 부분이다. 현실에서도 이부요금이 많이 사용되는데, 일반적으로 전자는 이용료, 후자는 기본료 또는 입장료 등으로 불린다. 독점사업자가 상품이나 서비스의 단위당 가격(per-unit charge)을 $p$, 기본료(lump-sum fee)를 $F$로 책정하면, 소비자가 $q$의 양만큼 구매할 때 지불하는 총 금액은 $T=p \cdot q+F$로 표현된다. 이부요금이 적용되는 사례는 놀이동산의 입장료와 사용료, 도시가스요금의 기본료와 사용료 등이 있다. 소비자가 $q$의 양만큼 구매할 때 지불하는 총금액 $T=p \cdot q+F$를 그림으로 표현하면 [그림 10-9]의 (a)와 같다. 구매량이 양(+)의 값이면 그 크기와 무관하게 기본료 $F$를 지불하며, 구매량 $q$가 늘어남에 따라 총 지불액은 단위당 가격 $p$에 비례하여 증가한다.

[그림 10-8]을 이용하여 기업이 이부요금을 통해 어떻게 소비자의 최대 지불용의금액을 받아낼 수 있는가를 알아보자. [그림 10-8]에서 구매량 $q_A^*$에 대한 소비자 $A$의 최대 지불용의금액은 사다리꼴 $aeq_A^*0$의 면적이다. 기업이 이 면적을 이부요금으로 받아내려면 삼각형 $afe$의 면적을 기본료 $F$로 설정하고 사각형 $ef0q_A^*$의 면적에 대해 단위당 가격 $p=MC$로 설정하면 된다. 마찬가지 방법을 적용하여, 독점기업은 소비자 $B$에 대해서도 $F=$삼각형 $bfm$의 면적, 그리고 $p=MC$로 설정하면 거래량 $q_B^*$에 대한 소비자 $B$의 최대 지불용의금액인 사다리꼴 $bmq_B^*0$의 면적을 자신의 수입으로 전환시킬 수 있다.

이부요금 방식의 변형으로 삼부요금(three-part tariff) 방식이 있다. [그림 10-9]의 (b)에서 보는 바와 같이, 삼부요금이란 일정 이용량($q_1$)까지는 기본료

그림 10-9  이부요금과 삼부요금에 의한 총 지불액

(a) 이부요금에 의한 총지불액

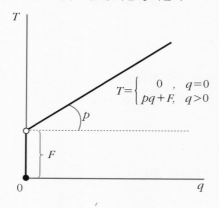

$$T=\begin{cases} 0 & , \ q=0 \\ pq+F, & q>0 \end{cases}$$

(b) 삼부요금에 의한 총지불액

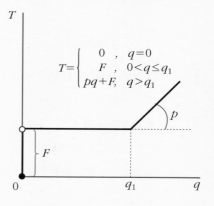

$$T=\begin{cases} 0 & , \ q=0 \\ F & , \ 0<q\leq q_1 \\ pq+F, & q>q_1 \end{cases}$$

$F$를 지불하나 그 이용량을 초과하는 이용량에 대해 이용량에 따라 단위당 가격이 적용되어 지불금액이 달라지는 방식이다. 이동통신요금, 택시, 버스, 지하철 등 대중교통수단의 요금 등에 삼부요금 방식이 적용되고 있다.

예제 10-3  수요함수가 $q_A=100-p_A$와 $q_B=200-p_B$인 두 소비자 $A$와 $B$가 있다. 비용함수가 $C(q)=20q$인 독점기업이 1급 가격차별을 위해 이부요금을 적용한다면 소비자별로 어떻게 설정하는가?

### ③ 3급 가격차별

기업이 모든 개별 소비자의 수요함수를 알기는 어려우므로 1급 가격차별을 적용하는 경우는 현실적으로 거의 없다. 그런데 개별 소비자의 최대 지불용의금액을 알 수는 없지만, 기업은 동일한 제품에 대해 서로 다른 성향을 가진 소비자 그룹들에 대한 수요함수를 아는 경우가 있다. 이러한 경우에 독점기업은 그룹별로 서로 다른 가격을 책정할 수 있는데, 이를 3급 가격차별이라 한다. 소비자 그룹별로 가격을 달리 책정하므로, 3급 가격차별을 그룹별 가격책정(group pricing) 또는 다시장 가격책정(multi-market pricing)이라 부르기도 한다.

3급 가격차별의 예는 현실에서 많이 관측된다. 동일한 영화에 대해 극장은 학생에게는 성인보다 낮은 금액을 책정한다. 아침에 이용하는 소비자에게는 할인해준다. 이와 같이 성향이 서로 다른 소비자 그룹을 명백히 구분할 수 있으며, 어떤 소비자가 어떤 그룹에 속하는지 정확하게 파악할 수 있는 경우에 3급 가격차별이 적용될 수 있다. 대중교통요금, 놀이동산 입장료, 통신요금 등에는 나이, 신분 등에 따라 서로 다른 가격이 적용되고, 전력요금, 극장관람료 등에는 시간에 따라 차별적인 가격이 적용된다.

독점기업이 3급 가격차별을 적용하는 방식에 대한 아래의 논의에서는 예 10-4를 이용한다.

**예 10-4** 한 제품에 대해 서로 다른 수요함수로 표현되는 두 소비자 그룹 $A$와 $B$가 있다.

소비자 그룹 $A$의 수요함수: $q_A = 200 - p_A$
소비자 그룹 $B$의 수요함수: $q_B = 80 - p_B$
독점기업의 비용함수: $C(q) = 40q$

여기서 $q_A$와 $q_B$는 각각 소비자 그룹 $A$와 $B$의 수요량을 나타내며, $q$는 독점기업의 총생산량을 나타낸다. 즉, $q = q_A + q_B$이다. $p_A$와 $p_B$는 각각 소비자 그룹 $A$와 $B$에 부과되는 가격이다.

## (1) 수입극대화를 위한 소비자 그룹 간 생산량 배분

이하에서는 독점기업의 최적 3급가격차별 전략을 도출한다. 10.1에서의 논의와 마찬가지로, 이윤극대화를 위하여 독점기업이 가격을 선택하는 문제는 거래량을 선택하는 문제와 동일하다. 따라서 기업의 이윤극대화문제는 기업이 각 소비자그룹별로 거래량을 선택하는 문제로 설정할 수 있다. 독점기업이 소비자 그룹 $A$와 $B$에 각각 $q_A$와 $q_B$를 판매하여 각 소비자 그룹별로 $R_A(q_A)$와 $R_B(q_B)$의 수입을 얻으며, 생산비용은 $C(q = q_A + q_B)$라 하자. 이윤극대화문제는 다음과 같다.

$$\underset{q_A, q_B}{Max} \; \pi(q_A, q_B) = R_A(q_A) + R_B(q_B) - C(q_A + q_B) \tag{10-7}$$

식 (10-7)에서 보는 바와 같이 서로 다른 수요함수를 가진 두 소비자 그룹에 직면하는 독점기업은 단일가격을 적용할 때와 달리 새로운 문제를 고민하게 된다. 그것은 이윤극대화를 달성하기 위해 각 소비자 그룹에게 얼마만큼의 생산량을 할당해야 하는가이다. 일단 총 생산량, 즉, 판매량이 결정되면 그것을 두 소비자 그룹에 대해 수입을 극대화하도록 배분한다. 그것은 각 소비자 그룹으로부터 얻어지는 한계수입이 일치하도록 하는 방안이다. 즉, 소비자 그룹 $A$로부터 얻는 한계수입을 $MR_A(q_A)$로 표현하고, 소비자 그룹 $B$로부터 얻는 한계수입을 $MR_B(q_B)$로 나타내면, 수입극대화를 위한 소비자 그룹 간 생산량 배분 방방식이 $q_A>0$, $q_B>0$ 를 충족한다면, $MR_A(q_A)=MR_B(q_B)$이어야 한다. 만일, $MR_A(q_A)>MR_B(q_B)$이라면 소비자 그룹 $B$보다는 소비자 그룹 $A$에 생산량을 한 단위 할당함으로써 더 높은 수입을 얻을 수 있다. 따라서, 수입극대화가 달성되는 $q_A$, $q_B$에서는 이러한 관계가 성립될 수 없다. 반대로 $MR_A(q_A)<MR_B(q_B)$인 경우에도 수입을 증가시킬 수 있다.

이상의 논의를 예 10-4를 통해 보다 구체적인 숫자를 들어 살펴보자. 먼저 독점기업이 총생산량 $q=10$을 생산한다고 하자. 수입극대화 달성을 위해 각 소비자 그룹에 얼마만큼 배분해야 하고 그때의 한계수입은 무엇인가에 대해 살펴보자. 예 10-4에서 $MR_A(q_A)=200-2q_A$이고 $MR_B(q_B)=80-2q_B$이다. $q=10$을 두 소비자 그룹 간 어떤 방식으로 배분하더라도 $MR_A(q_A)>MR_B(q_B)$가 성립한다. 따라서 총생산량 $q=10$ 전부를 소비자 그룹 $A$에 할당함으로서 수입극대화를 달성할 수 있다. 이는 총생산량이 $q=10$일 때 한계수입은 소비자 그룹 $A$로부터 얻는 한계수입과 동일함을 의미한다. 즉, $MR(q=10)=MR_A(q_A=10)=200-2q_A=180$이 된다.

한편, 독점기업이 총생산량 $q=100$을 생산한다고 하자. 〈표 10-2〉에서 보는 바와 같이, 소비자 그룹 $A$와 $B$에게 각각 $q_A=70$과 $q_B=30$으로 분배한다면, $MR_A(q_A=70)=60$이고 $MR_B(q_B=30)=20$으로 $MR_A(q_A)>MR_B(q_B)$가 성립한다. 이는 소비자 그룹 $B$에 대한 할당량을 줄이고 소비자 그룹 $A$에 할당량을 늘림으로 수입을 더 높일 수 있음을 의미한다. 반면, 소비자 그룹 $A$와 $B$에게 각

**표 10-2**

독점기업의
한계수입:
$q=q_A+q_B$
$=100$

| $q_A$ | $q_B$ | $MR_A$ | $MR_B$ | $R$ |
|-------|-------|--------|--------|--------|
| 70 | 30 | 60 | 20 | 10,600 |
| 80 | 20 | 40 | 40 | 10,800 |
| 90 | 10 | 20 | 60 | 10,600 |

각 $q_A = 90$과 $q_B = 10$으로 배분한다면, $MR_A(q_A = 90) = 20$이고 $MR_B(q_B = 10) = 60$으로 $MR_A(q_A) < MR_B(q_B)$가 성립하므로, 이러한 할당 방식에 비해 소비자 그룹 A에 대한 판매량을 줄이고 소비자 그룹 B에 판매량을 늘림으로 수입을 더 높일 수 있다. 따라서 $MR_A(q_A) = MR_B(q_B) = 40$을 만족하도록 $q_A = 80$과 $q_B = 20$으로 소비자 그룹 간 생산량을 배분한다면 수입을 극대화할 수 있다. 독점기업이 총생산량 $q = 100$을 생산할 때, 소비자 그룹 A와 B에 각각 $q_A = 80$과 $q_B = 20$의 배분을 통해 수입극대화를 실현한다는 것은 총생산량 $q = 100$에서 한 단위 생산량을 늘릴 때 어느 소비자 그룹에 배분하건 무차별함을 의미한다. 달리 말하면, $MR(q = 100) = MR_A(q_A = 80) = MR_B(q_B = 20) = 40$이 된다.

[그림 10-10]은 소비자 그룹별 한계수입과 수입극대화를 달성하는 총생산량에 대한 한계수입의 관계를 보여준다. 총생산량이 $q = 60$에 이를 때까지 $MR_A(q_A) > MR_B(q_B)$가 성립하므로, 총생산량에 대한 한계수입은 $MR(q) = MR_A(q) = 200 - 2q$이 된다. 한편, 총생산량이 $q > 60$인 경우, 예를 들어, 앞서 논의한 바와 같이, 총생산량 $q = 100$인 경우, 총생산량에 대한 한계수입은 40인데, 이는 소비자 그룹 A와 B에 각각 $q_A = 80$과 $q_B = 20$으로 배분하여 얻어지고, 이 때 각 소비자 그룹으로부터 한계수입도 40이다. 총생산량이 $q > 60$인 경우, 각 소비자 그룹별 한계수입이 동일하도록 생산량 할당을 통해 총생산량에 대한 한계수입이 얻어진다. 이상의 논의에 의하면, 총생산량에 대한 한계수입

**그림 10-10**   개별 소비자 그룹의 한계수입과 총생산량에 대한 한계수입

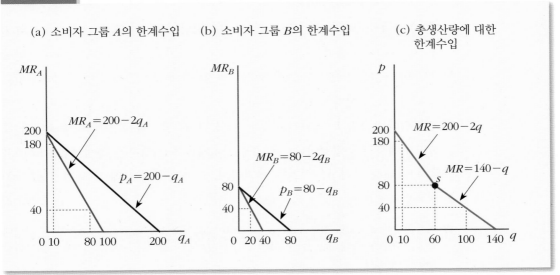

(a) 소비자 그룹 $A$의 한계수입     (b) 소비자 그룹 $B$의 한계수입     (c) 총생산량에 대한 한계수입

$MR(q)$은 각 소비자 그룹의 한계수입을 생산량에 대해 수평으로 합한 것이 된다.[17] 구체적으로, 총생산량이 $q \leq 60$에 대해서는 $MR(q) = MR_A(q)$이고, 총생산량이 $q > 60$에 대해서는 $MR(q) = 140 - q$이므로, [그림 10-10]의 (c)에서와 같이, 총생산량에 대한 한계수입곡선은 점 $s$에서 기울기가 달라진다. 이상을 정리하면, 예 10-4에서 독점기업의 3급 가격차별을 수행하는 경우 총생산량에 대한 한계수입 $MR(q)$은 식 (10-8)로 표현된다.

$$MR(q) = \begin{cases} 200 - 2q & q \leq 60일 \ 때 \\ 140 - q & q > 60일 \ 때 \end{cases} \tag{10-8}$$

## (2) 3급 가격차별 균형

위에서는 주어진 생산량을 두 소비자 그룹에 대해 어떻게 배분되어야 하는지를 설명하였다. 그렇다면, 총생산량은 어떻게 결정되어야 하는가? 단일가격의 경우와 마찬가지로, 독점기업의 이윤은 한계수입과 한계비용이 일치하는 총생산량에서 극대화된다. 즉, $q^T$가 3급 가격차별이 적용될 때 이윤극대화 총생산량이라면, $MR(q^T) = MC(q^T)$가 만족되어야 한다. 따라서 3급 가격차별을 하는 독점시장의 균형에서는 식 (10-9)가 성립함을 알 수 있다.

$$MR_A(q_A^T) = MR_B(q_B^T) = MR(q^T) = MC(q^T) \tag{10-9}$$

여기서, $q^T = q_A^T + q_B^T$이다.

예 10-4에서, $MC = 40$이므로 [그림 10-11]의 (c)에서 알 수 있듯이 $q^T = 100$이다. 이윤극대화 총생산량 $q^T = 100$에 대해, 소비자 그룹 $A$에 $q_A^T = 80$을 할당하고 소비자 그룹 $B$에 $q_B^T = 20$을 할당하면 각 소비자 그룹에서 얻는 한계수입은 40이 된다. 각 소비자 그룹에 부과하는 가격은 각 소비자 그룹의 수요곡선 상에서 결정된다. [그림 10-11]에서 보는 바와 같이, 점 $a$와 점 $b$가 각각 소비자 그룹 $A$와 $B$에서의 균형점이다. 즉, 3급 가격차별을 시행하는 독점기업은 소비자 그룹 $A$에 대해 가격 $p_A^T = 120$을 부과하고, 소비자 그룹 $B$에 대해 가격 $p_B^T = 60$을 부과한다.

---

**17** 총생산량이 $q > 60$인 경우, $MR_A(q_A) = 200 - 2q_A$이고 $MR_B(q_B) = 80 - 2q_B$이다. 그런데 수입극대화를 위해 $MR_A(q_A) = MR_B(q_B) = MR(q)$이고, $q = q_A + q_B$이므로, $MR(q) = 140 - q$이 된다.

그림 10-13   3급 가격차별 균형

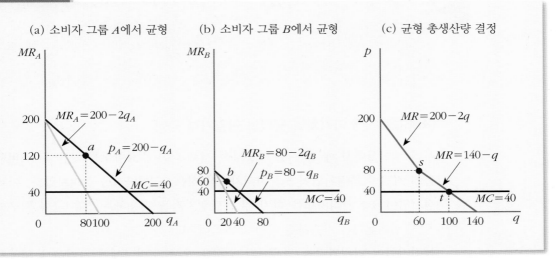

## (3) 3급 가격차별 균형의 특성

예 10-4에서 3급 가격차별이 적용됨에 따라 소비자 그룹 $A$가 지불하는 가격이 120으로 소비자 그룹 $B$에 책정된 가격 60보다 높다. 그렇다면, 수요함수가 서로 다른 두 소비자 그룹 간에 3급 가격차별이 일어나는 경우 어떤 속성을 가진 소비자 그룹이 다른 소비자 그룹에 비해 보다 높은 가격을 지불하는가에 대해 논의한다.

10.1을 이용하면, 소비자 그룹 $A$와 $B$로부터 얻은 한계수입은 각각 $MR_A = p_A \cdot (1-\frac{1}{\epsilon_A})$과 $MR_B = p_B \cdot (1-\frac{1}{\epsilon_B})$으로 바꿔 쓸 수 있다. 여기서 $\epsilon_A$와 $\epsilon_B$는 각각 소비자 그룹 $A$와 $B$의 수요의 가격탄력성을 나타낸다. 3급 가격차별이 적용되는 독점시장의 균형에서 식 (10-9)에 의해 $MR_A = MR_B$가 성립하므로, 식 (10-10)을 얻는다.

$$p_A \cdot (1-\frac{1}{\epsilon_A}) = p_B \cdot (1-\frac{1}{\epsilon_B}) \tag{10-10}$$

식 (10-10)에 의하면, 균형에서 $\epsilon_A$가 $\epsilon_B$보다 크면 $p_A$가 $p_B$보다 작고, 반대로 $\epsilon_A$가 $\epsilon_B$보다 작으면 $p_A$가 $p_B$보다 큼을 알 수 있다. 다시 말해, 3급 가격차별이 적용되는 독점균형에서는 수요의 가격탄력성이 상대적으로 큰 소비자 그룹에 상대적으로 낮은 가격이 책정된다는 것이다.

예제
10-4

독점기업의 비용함수는 $C(q)=100+40q+q^2$이고, 소비자 그룹 $A$와 $B$의 수요함수는 각각 $q_A=100-p_A$와 $q_B=60-\frac{1}{2}p_B$이다. 독점기업은 3급 가격 차별을 적용하여 이윤극대화한다면, 균형에서 각 그룹의 가격과 수요의 가격탄력성을 구하라. 단, $q=q_A+q_B$이다.

### (4) 비교: 3급 가격차별 균형과 단일가격 균형

우리는 이상에서 예 10-4를 이용하여 서로 다른 수요함수를 갖는 두 소비자 그룹에 직면한 독점기업이 3급 가격차별을 하는 경우 균형을 살펴보았다. 이제 독점기업이 3급 가격차별을 하지 않고 단일가격을 적용하는 경우 균형을 구하여 앞서 살펴본 3급 가격차별 균형과 비교해본다.

독점기업이 단일가격을 적용한다는 것은 모든 소비자에게 가격을 동일하게 부과하는 것을 말한다. 즉, $p_A=p_B=p$이다. 단일가격을 적용하므로, 독점기업은 개별 소비자 그룹의 수요함수보다는 전체 시장수요함수에 관심을 갖는다. 예 10-4에서 주어진 정보를 이용하여 독점기업이 직면하는 시장수요함수를 구해보자. 시장수요곡선은 개별 수요곡선의 수평합이므로, 예 10-4에서 독점기업이 직면하는 시장수요곡선은 [그림 10-12]에서 파란색 굵은 실선으로 그려진다.

시장가격이 80보다 크고 200보다 같거나 작은 경우에는 시장수요가 소비자 그룹 $A$에서만 발생하므로, 시장수요함수는 $q=200-p$가 된다. 시장가격이 80 보다 같거나 작은 경우에는 두 소비자 그룹에서 수요가 발생되므로, $q=q_A+q_B$ 이고 시장수요함수는 $q=280-2p$가 된다. 시장수요함는 식 (10-11)과 같다.

$$q(p) = \begin{cases} 200-p & p>80\text{일 때} \\ 280-2p & p\le80\text{일 때} \end{cases} \qquad (10\text{-}11)$$

점기업은 이윤극대화를 달성하기 위해 한계수입과 한계비용이 일치하는 생산량을 결정한다. 독점기업은 생산량 결정을 통해 시장가격에 영향을 미치므로, 식 (10-11)를 생산량을 기준으로 변형하여 식 (10-12)로 다시 쓸 수 있다.

$$p(q) = \begin{cases} 200-q & q<120\text{일 때} \\ 140-\frac{1}{2}q & q\ge120\text{일 때} \end{cases} \qquad (10\text{-}12)$$

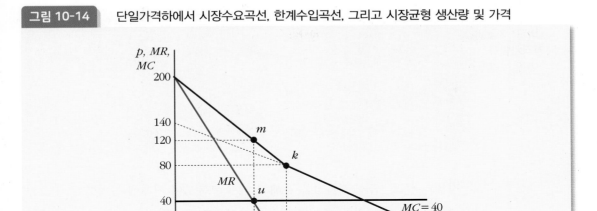

**그림 10-14** 단일가격하에서 시장수요곡선, 한계수입곡선, 그리고 시장균형 생산량 및 가격

위의 역수요함수로부터 한계수입을 구하면 식 (10-13)이 된다.

$$MR(q) = \begin{cases} 200-2q & q<120 \text{일 때} \\ 140-q & q\geq120 \text{일 때} \end{cases} \tag{10-13}$$

식 (10-13)은 독점기업이 수요함수가 서로 다른 두 소비자 그룹에 직면하더라도 단일가격을 적용하는 경우의 한계수입을 나타낸다. 앞서 살펴본 식 (10-8)은 독점기업이 3급 가격차별을 실시할 때 얻게 되는 한계수입이다. 이와 같이 독점기업이 가격차별 시행 여부에 따라 얻게 되는 한계수입이 달라질 수 있다.

독점기업은 한계수입과 한계비용을 일치시키는 생산량을 선택한다. [그림 10-12]에서 한계수입곡선과 한계비용곡선이 교차하는 점 $u$에서 독점기업의 이윤극대화 생산량은 $q^U = 80$로 결정되고 시장가격은 120이 된다.

예 10-4에서는, 독점기업이 시장가격을 120으로 설정하므로 소비자 그룹 $B$는 거래에 참여할 수 없고 오로지 소비자 그룹 $A$에서만 거래가 발생한다. 달리 표현하면, 예 10-4에서 단일가격을 적용하는 경우 독점기업은 소비자 그룹 $B$에 공급하는 것을 포기하고 소비자 그룹 $A$에만 공급하는 것이 이윤극대화에 부합하는 것이다.

이상에서 살펴본 3급 가격차별을 적용할 때의 균형과 단일가격을 적용할 때의 균형은 〈표 10-3〉으로 정리된다. 〈표 10-3〉에 의하면, 단일가격이 적용되

**표 10-3**

비교: 3급
가격차별과
단일가격

| | 3급 가격차별 | | | | 단일가격 | | | |
|---|---|---|---|---|---|---|---|---|
| | 가격 | 거래량 | 소비자<br>잉여 | 이윤 | 가격 | 거래량 | 소비자<br>잉여 | 이윤 |
| 소비자<br>그룹 A | 100 | 80 | 3,200 | 6,800 | 120 | 80 | 3,200 | 6,400 |
| 소비자<br>그룹 B | 60 | 20 | 200 | | | 0 | 0 | |

는 경우와 달리 3급 가격차별을 통해 소비자 그룹 B이 거래에 참여할 수 있으므로, 시장 전체 거래량은 증가하고 소비자잉여도 증가한다. 독점기업의 이윤도 단일가격보다 3급 가격차별에서 더 크다. 따라서 사회후생도 3급 가격차별에서 10,200으로 단일가격에서의 9,600보다 더 크다. 이상의 논의는 3급 가격차별이 사회적 관점에서 단일가격보다 바람직함을 의미한다. 즉, 3급 가격차별이 단일가격에 비해 효율적이다.

위의 예에서는 단일가격의 경우에 비교하여 3급 가격차별을 허용할 때 사회후생이 증가하였으나, 항상 그런 것은 아니다. 일반적으로 가격차별을 허용하면 단일가격의 경우에 비해서 어떤 소비자 그룹에 대해서는 가격이 높아지고 다른 소비자 그룹에 대해서는 가격이 낮아질 수 있다. 전자의 경우에는 소비자잉여가 감소하고 후자의 경우에는 증가한다. 두 그룹의 소비자잉여의 합은 커질 수도 작아질 수도 있다. 한편, 기업의 이윤, 즉, 생산자잉여는 단일가격의 경우보다 3급 가격차별의 경우에 더 크다. 두 그룹의 가격이 같아야 한다는 제약조건이 없기 때문이다. 소비자잉여의 변화가 모호하기 때문에 생산자잉여와 합한 사회후생의 크기도 3급 가격차별이 허용된 경우가 단일가격의 경우보다 더 클 수도 작을 수도 있다.

## 4 2급 가격차별

독점기업이 2급 가격차별을 적용할 수 있는 환경은 서로 다른 수요함수를 가진 소비자 그룹들이 있다는 것은 알지만 어떤 소비자가 어떤 그룹에 속하는지 구분할 수 없는 경우이다. 특정 소비자가 어떤 그룹에 속하는지 모르는 경우에 독점기업은 3급 가격차별과 같이 소비자 그룹 별로 가격을 지정하는 방식으로 차별화를 수행할 수 없다.

예를 들어, 놀이공원을 운영하는 기업은 놀이기구 타는 것에 대해 아주 좋아하는 소비자 그룹과 그저 그런 선호를 갖는 소비자 그룹으로 구분되어 있음을 알고 있다고 하자. 이 기업은 놀이기구 이용료로 3급 가격차별 방식과 같이 "놀이기구 타는 것을 아주 좋아하는 소비자는 10,000원, 그저 그런 소비자는 3,000원"을 책정한다고 하자. 기업의 뜻대로 이와 같은 소비자 그룹별 가격차별이 성공할 수 있을까? 독자들이 예상하는 바와 같이 당연히 실패할 것이다. 왜냐하면, 모든 소비자들이 자신은 "그저 그런 소비자"라고 주장하고 3,000원만 지불하려 하기 때문이다. 이와 같은 결과를 예상할 수 있는 가장 중요한 이유는 놀이공원 운영 기업은 누가 놀이기구 타는 것을 아주 좋아하는 소비자인지 구분할 수 없기 때문이다. 이에 따라, 모든 소비자들이 동일한 가격을 지불하게 되므로, 가격차별이 실제로 이루어지지 않는 결과가 초래된다. 14장에서 다룰 정보경제학의 용어를 이용하면, 개별 소비자는 자신이 놀이기구 이용에 대한 열성 정도를 알고 있지만 기업은 이를 모르는 정보의 비대칭성(informational asymmetry)에 의해 열성적인 소비자는 자신의 성향을 굳이 정확히 알리지 않는 행위를 할 유인이 있으므로, 위와 같이 그룹 별로 특정 가격을 지정하는 3급 가격차별 방식에 의한 가격차별은 불가능하다.

기업이 소비자의 성향을 관찰할 수 없는 상황임에도 불구하고, 매우 흥미롭게도 기업은 가격차별을 할 수 있으며, 특히 구매량에 따라 단위 가격을 다르게 적용하는 2급 가격차별이 가능하다. 2급 가격차별의 중요한 특징은 3급 가격차별에서와 달리 특정 소비자 그룹에게 특정 가격을 지정할 수 없기 때문에 구매량에 따라 달리 가격이 적용되는 메뉴들을 나열하여 소비자들이 자신의 성향에 부합하는 메뉴를 스스로 고르도록 한다는 것이다. 이와 같이 2급 가격차별은 소비자의 자기선택(self-selection)을 유도하기 때문에 별칭으로 메뉴가격설정(menu pricing)이라 부르기도 한다. 이에 대해 예 10-5를 통해 자세히 논의한다.

**예 10-5** 놀이공원에 입장하는 소비자 $A$와 $B$가 있으며, 각 소비자의 놀이기구를 타는 수에 대한 최대 지불용의금액은 아래 표와 같다. 소비자 $A$가 소비자 $B$보다 높은 최대 지불용의금액을 나타내므로, 소비자 $A$가 소비자 $B$보다 놀이기구를 즐기는데 열의가 높다고 할 수 있다.

| 소비자 \ 횟수 | 1 | 2 | 3 | 4 |
|:---:|:---:|:---:|:---:|:---:|
| A | 100 | 80 | 60 | 40 |
| B | 80 | 60 | 40 | 20 |

개별 소비자들은 자신의 최대 지불용의금액을 알고 있다. 그런데 놀이공원을 운영하는 기업은 횟수에 따른 최대 지불용의금액이 서로 다른 두 유형의 소비자가 있다는 것은 알지만 소비자를 구분할 수 없다. 놀이공원 시장은 독점이고, 놀이공원 운영 기업의 비용함수는 $C(q)=50q$이다. 여기서 $q$는 놀이기구 이용횟수이다.

놀이공원 운영 기업은 놀이기구를 타는 횟수와 이용료를 모두 명기한 두 가지 패키지를 제시하여 소비자에게 판매한다고 하자. 패키지 $a$는 (3회, 195), 패키지 $b$는 (2회, 140)이다. 괄호 안의 첫 번째 수는 놀이기구를 타는 횟수를 나타내고 두 번째 수는 이용료를 나타낸다. 이 기업은 최대 지불용의금액이 서로 다른 두 소비자를 구분할 수 없으므로 어느 소비자에게도 어떤 패키지를 구매하라고 강요할 수 없다. 그렇다면 각 소비자는 어떤 패키지를 구매할까? 소비자는 두 가지 패키지 중 더 높은 소비자잉여를 보장하는 하나의 패키지를 구매한다. 소비자잉여는 최대 지불용의금액에서 이용료를 뺀 것으로 측정된다.

두 유형의 소비자가 각각의 패키지를 구매할 때 얻게 되는 소비자잉여는 〈표 10-5〉에 정리되어 있다. 소비자 A는 패키지 $a$를 구매할 때 45의 소비자잉여를 얻는 반면, 패키지 $b$를 구매할 때 40의 소비자잉여를 얻는다.[18] 따라서 소비자 A는 패키지 $a$를 구매한다. 이와 유사한 방법을 적용하면, 소비자 B는 패키지 $a$를 구매할 때 −15의 소비자잉여를 얻는 반면, 패키지 $b$를 구매할 때 0의 소비자잉여를 얻으므로, 소비자 B는 패키지 $b$를 구매한다.

놀이공원 운영 기업은 서로 다른 유형의 소비자를 구분할 수 없으므로 단지 두 가지의 패키지들만 나열하고, 각 소비자는 자신의 성향에 맞게 하나의 패키지를 고른다. 〈표 10-4〉에 의하면, 소비자 A는 패키지 $a$를 구매하여 45의 소비

---

**18** 소비자 A가 패키지 $a$를 구매하면 놀이기구 3회를 이용할 수 있으므로, 240의 총효용(gross utility)을 얻는다. 그런데 놀이기구 3회를 이용하기 위해 195의 이용료를 지불해야 하므로, 총효용에서 이용료를 뺀 45가 소비자잉여가 된다. 유사하게, 소비자 A가 패키지 $b$를 구매하면 놀이기구 2회만 이용할 수 있으므로, 180의 총효용을 얻는다. 그런데 놀이기구 2회를 이용하는 대가는 140이므로, 소비자잉여는 40이 된다.

| 표 10-4 | 패키지 | | |
|---|---|---|---|
| | | $a$ | $b$ |
| $A$의 소비자잉여 | | 45 | 40 |
| $B$의 소비자잉여 | | −15 | 0 |

표 10-4
패키지 구매에
따른 개별
소비자의
소비자잉여

자잉여를 얻는데, 놀이기구를 3번 타고 195를 지불하므로, 놀이기구를 한 번 타는데 단위당 가격 65를 지불하는 셈이다. 반면, 소비자 $B$는 패키지 $b$를 구매하여 0의 소비자잉여를 얻으며, 놀이기구를 2번 타고 140을 지불하므로, 놀이기구를 한 번 타는데 단위당 가격 70을 지불하는 셈이다. 따라서 놀이기구를 이용하는데 높은 지불용의금액을 보유한 소비자 $A$는 소비자 $B$에 비해 단위당 낮은 가격으로 더 많이 이용할 수 있게 된다. 소비자 $A$와 소비자 $B$에 각각 적용되는 단위당 가격이 다르므로 가격차별이 적용된 것이다.

2급 가격차별에서 주목해야 할 내용으로 위에서 제시된 두 패키지는 소비자 $B$가 패키지 $b$를 구매하도록 하여 그의 소비자잉여를 0으로 만들어 준다는 것이다. 그러나 소비자 $A$로 하여금 패키지 $b$대신 패키지 $a$를 구매하도록 유도하기 위해 독점기업은 소비자 $A$에게 일정 수준의 소비자잉여를 보장한다. 소비자 $B$와는 달리 소비자 $A$가 얻게 되는 양(+)의 소비자잉여는 소비자 $A$가 자신이 소비자 $B$라고 위장하지 않도록 기업이 당근을 부여하기에 얻을 수 있는 것으로 이를 정보지대(informational rent)라 부른다. 이상의 두 패키지 제공을 통한 놀이공원 운영 기업의 이윤은 $(195-50 \times 3) + (140-50 \times 2) = 85$가 된다. 놀이공원 운영 기업이 가격차별을 하지 않고 한 패키지만 제공하는 경우, 패키지 $b$만을 제공하면 두 소비자가 모두 구매하여 $(140-50 \times 2) \times 2 = 80$의 이윤을 얻는다. 이 기업이 패키지 $a$만을 제공하는 경우 소비자 $A$만 구매하므로 이윤은 작으며, 이를 독자들이 확인할 수 있을 것이다. 따라서 이 기업은 2급 가격차별 전략을 취하는 것이 이윤극대화에 부합한다.

2급 가격차별에서는 소비자들에게 이용량 또는 거래량에 따라 단위당 가격이 달리 적용되는 몇 가지 패키지들이 메뉴로 제시되고, 소비자들은 자신의 성향에 따라 소비자잉여를 가장 높일 수 있는 패키지를 스스로 고르게 된다. 패키지 구성의 특성으로 더 많은 양을 구매하는 소비자에게 더 낮은 단위당 가격이 적용된다. 그래서 2급 가격차별은 다량할인(volume discount)이라 불리기도 한다.

현실에서 다량할인이 적용되는 사례도 이동통신의 무한요금제, 시즌이용권, 음원이용권, 놀이공원의 자유이용권, 자장면 곱빼기 등 무수히 많다. 2급 가격차별이 성공적으로 적용되기 위해서는 앞서 언급한 정보지대가 허용된다.

> **예제 10-5**　소식가와 대식가가 각각 1명씩 있으나 독점기업은 누가 소식가이고 대식가인지 모른다. 라면 한 봉지를 먹을 때 소식가와 대식가의 효용은 각각 10과 15이다. 다섯 봉지까지 먹는다면 소식가와 대식가의 총효용은 각각 30과 50이다. 독점기업은 소비자 한 명에게 라면을 한 봉지만 팔거나 다섯 봉지 묶음으로도 판다. 소비자가 라면 한 봉지만 산다면 가격 10을 지불해야 한다. 독점기업이 2급 가격차별을 적용하려면 다섯 봉지 묶음의 가격을 얼마로 책정하는가?

# 10.3　수요독점

　　10.1과 10.2에서는 기업이 공급자이고 소비자가 수요자인 생산물시장에서 독점기업의 이윤극대화 생산량 결정에 대해 살펴보았다. 여기서는 생산물시장에서 다루지 않았던 수요독점시장의 균형을 분석한다. 수요독점시장(monopsony market)이란 공급자는 다수이나 수요자가 하나인 시장이다. 수요자와 공급자가 모두 기업인 중간재가 거래되는 시장에서 수요독점이 가능하다. 예를 들어, 자동차 생산의 경우 부품생산자는 다수이나 부품 수요 주체로 자동차 조립기업이 하나인 경우 수요독점에 해당한다. 노동시장에서도 수요독점이 발생할 수 있다. 노동공급자인 개인은 다수이나 노동수요자인 기업이 하나인 경우가 이에 해당한다. 10.3에서는 노동시장을 대상으로 수요독점시장을 분석한다. 다수인 노동공급자는 가격수용자이나 노동수요독점기업은 가격책정자이다.

## 1 요소가격책정자의 요소수요량 결정

노동시장에서 수요독점자는 노동의 가격인 임금을 책정한다. 생산물시장의 독점기업과 유사한 방식으로 노동수요독점기업은 자신의 이윤을 극대화하는 노동량을 결정하고 이에 대응하는 임금을 설정한다. 이에 대해 단기에 국한하여 아래의 예 10-6을 통해 자세히 논의한다. 노동수요자인 기업은 노동시장에서 수요자이지만 생산물시장에서 공급자이므로, 노동시장과 생산물시장이 모두 분석 대상으로 고려됨에 주의하자.

> **예 10-6** • 시장수요함수가 $q=100-p$인 자동차시장에서 독점기업이 있다. $q$는 자동차시장의 거래량이고 $p$는 시장가격이다. 단기 상황을 반영하기 위해 이 독점기업의 생산함수는 노동량에만 의존하여 $q=L$이라 하자. $L$은 이 독점기업의 고용량이다.
> • 한편, 이 독점기업은 노동시장에서 수요독점자이다. 노동시장의 노동공급함수는 $L=w$이다. $w$는 이 수요독점기업이 노동 한 단위를 고용하기 위해 지불하는 임금이다. 자본의 변화가 없는 단기 상황이므로 이자율과 자본량은 각각 $\bar{r}$과 $\bar{k}$로 고정되어 있다고 하자.

### (1) 노동량과 수입 및 비용

기업은 생산물시장으로서 자동차시장과 요소시장으로서 노동시장 등 두 가지 시장에 직면하고 있다. 기업의 이윤은 수입에서 비용을 뺀 것으로 정의되므로, 수입과 비용 각각이 어느 시장에서 발생되는지 살펴보자. 자동차가 판매되어야 기업은 수입을 얻으므로, 기업의 수입은 자동차시장에서 발생된다. 독점시장인 자동차시장에서 시장가격은 자동차시장의 수요함수 상에서 결정되므로 기업의 수입은 $R(q)=p\cdot q=(100-q)\cdot q$로 표현된다. 즉, 기업의 수입은 자동차 거래량 또는 생산량에 의해 결정된다. 그런데 기업은 자동차를 생산하기 위해 생산요소인 노동을 투여해야 한다. 기업의 수입에서 생산량 $q$를 생산함수 $q=L$을 이용하여 기업의 수입을 $R(L)=(100-L)\cdot L$로 바꿔 쓸 수 있다. 달리 말하면, 기업의 수입은 자동차시장에서의 거래량 $q$에 의해 결정되지만, 생산량과 노동량 간의 관계를 나타내는 생산함수를 활용하여 적용하면, 기업의 수입을 노동량에 의해 결정되는 것으로 표현할 수 있다. [그림 10-13]에서 $R$로 표기된 곡선은 수입곡선으로 노동량에 따른 수입의 변화를 보여준다.

그림 10-13 수요독점기업의 이윤극대화 노동량

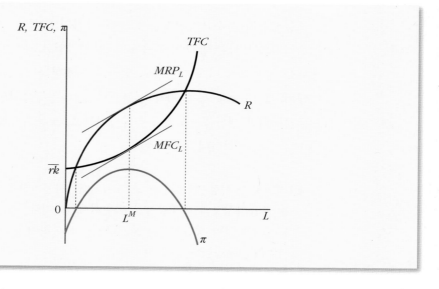

　　노동량과 생산비용의 관계를 살펴보자. 생산을 위해 소요되는 생산요소를 구매하는데 드는 비용을 총요소비용(Total Factor Cost; $TFC$)이라 부른다. 생산요소는 노동과 자본이고, 이들을 구매하는데 지불해야 하는 단위당 임금과 이자율이 각각 $w$와 $\bar{r}$이므로, 노동량을 $L$만큼 구매하고 자본을 $\bar{k}$만큼 투자하면, 총요소비용은 $TFC(L)=w(L)\cdot L+\bar{r}\cdot\bar{k}$로 표현된다. 단기에서 자본량은 변화하지 않으므로 $\bar{r}\cdot\bar{k}$는 고정비용으로 간주된다. 그런데 독점의 생산물시장에서 공급자가 시장가격을 결정할 능력이 있는 것과 마찬가지로, 수요독점의 노동시장에서 노동수요독점기업은 임금을 결정할 수 있다. 독점시장에서 이윤극대화를 추구하는 독점기업은 가격수용자인 수요자의 최대 지불용의금액을 나타내는 시장수요곡선상에서 시장가격을 결정한다. 이와 유사하게, 수요독점의 노동시장에서 이윤극대화를 추구하는 수요독점기업은 임금을 가능한 낮추려고 할 것이다. 노동공급곡선은 가격수용자인 노동공급자가 적어도 받아야 하는 임금수준을 나타낸다. 따라서 가격책정자인 노동수요자가 제시하는 임금은 노동공급자가 적어도 받아야 하는 임금만 제시할 것이다. 달리 말하면, 이는 수요독점인 노동시장에서 임금은 노동공급곡선 상에서 결정됨을 의미한다. 노동공급함수는 주어진 임금수준에서 공급하고자 하는 노동량 간의 관계를 설명하는 것이다. 예 10-5에서 노동공급함수는 $L=w$이므로, 노동량에 따른 임금수준은 노동의 공급곡선으로 표현되는 식 $w(L)=L$로 결정된다. 이를 총요소비용에 적용하면 총요소비용는 $TFC(L)=w(L)\cdot L+\bar{r}\cdot\bar{k}=L\cdot L+\bar{r}\cdot\bar{k}$로 다시 쓸 수 있다. 다시 강조하면, 총요소비용 $TFC(L)$를 나타내는 식에서 $w(L)$은 수요독점자가 자신이 결정하는 노동량에 의해 임금 수준을 결정할 능력이 있음을 나타내는 것이다. [그림 10-13]에서 $TFC$로 표기된 곡선은 총요소비용곡선으로 노동량에 따른 총요소비용의 변화를 보여준다.

## (2) 이윤극대화 노동량 결정

기업은 고용량을 결정하는데 이윤극대화를 목적으로 한다. 기업의 이윤은 수입에서 생산을 위해 소요되는 총요소비용을 뺀 것으로 정의되므로, 기업의 이윤은 식 (10-11)로 표현된다. 수입 $R(L)$과 총요소비용 $TFC(L)$이 모두 노동량에 의해 결정되므로, 기업의 이윤도 노동량에 의해 결정된다. [그림 10-13]에서 $\pi$로 표기된 곡선은 노동량에 따른 이윤의 변화를 나타낸다.

$$\begin{aligned}\pi(L)&=R(L)-TFC(L)\\&=(100-L)\cdot L-(L\cdot L+\bar{r}\cdot\bar{k})\end{aligned} \tag{10-11}$$

[그림 10-13]에서 이윤은 $L^{M}$에서 극대화되며 그 고용량에서 이윤곡선 $\pi$의 접선의 기울기가 0인 특성이 있음을 보여주고 있다. 이는 수입곡선의 접선의 기울기와 총요소비용곡선의 접선의 기울기를 일치시키는 노동량이 바로 이윤극대화 노동량 $L^{M}$임을 의미한다. 수입곡선의 접선의 기울기는 노동을 한 단위 늘릴 때 추가로 얻어지는 수입의 변화인 노동의 한계수입생산($MRP_{L}$)이며, 총요소비용곡선의 접선의 기울기는 노동을 한 단위 늘릴 때 추가로 지불해야 하는 비용의 변화인 노동의 한계요소비용($MFC_{L}$)이다. 따라서 이윤극대화 노동량을 구하려면 $\frac{d\pi}{dL}=0$ 또는 $MRP_{L}=MFC_{L}$을 만족하는 노동량을 찾으면 된다. 특정 노동량에서 $\frac{d\pi}{dL}>0$ 또는 $MRP_{L}>MFC_{L}$가 성립하면 그 노동량은 이윤극대화 노동량이 아니다. 왜냐하면, 노동을 한 단위 더 고용하여 이윤을 더 높일 수 있기 때문이다. 반대의 경우는 노동을 한 단위 줄임으로서 이윤을 높일 수 있다. 그러므로 이윤극대화 조건은 $\frac{d\pi}{dL}=0$ 또는 $MRP_{L}=MFC_{L}$이다.

노동의 한계수입생산($MRP_{L}$)은 수입을 노동량에 대해 한 번 미분하여 얻어진다. 앞서 언급한 바와 같이 기업의 수입은 생산물시장인 자동차시장에서 발생하고, 시장거래량 또는 독점기업의 생산량에 의해 결정되므로, $R(q)$로 표현된다. 그런데 생산량 $q$는 생산함수를 통해 노동량 $L$에 결정되므로, 기업의 수입을 다시 쓰면 $R(q(L))$로 표현할 수 있다. 이제 노동량을 $dL$만큼 변화시켜보자. 그러면 생산함수에 의해 생산량이 $dq$만큼 변화하고, 이 생산량 변화에 따라 기업의 수입이 $dR$만큼 변화한다. 이러한 관계를 수식으로 표현하면 $MRP_L = \dfrac{dR}{dL} = \dfrac{dR}{dq} \cdot \dfrac{dq}{dL}$ 가 된다. $\dfrac{dR}{dq}$은 생산량 한 단위 증가에 따른 수입의 변화를 표현한 것으로 생산물시장인 자동차시장에서의 한계수입 $MR$이다. 그리고 $\dfrac{dq}{dL}$는 노동량 한 단위 증가에 따른 생산량의 변화를 표현한 것으로 노동의 한계생산 $MP_L$이다. 그러므로 노동의 한계수입생산($MRP_L$)은 생산물시장에서의 한계수입과 노동의 한계생산의 곱으로 표현된다. 즉, $MRP_L = MR \cdot MP_L$이다. 우리의 예 10-6에서 $MR = 100 - 2q$이다. 이를 생산함수 $q = L$을 이용하여 표현하면 $MR = 100 - 2L$이다. 그리고 생산함수 $q = L$에 의해 $MP_L = 1$이다. 따라서 노동의 한계수입생산 $MRP_L = 100 - 2L$이다.

노동의 한계요소비용($MFC_L$)은 총요소비용을 노동량에 대해 한 번 미분하여 구해진다. 예 10-6에서 노동량 $L$에 대한 총요소비용은 $TFC(L) = w(L) \cdot L + \bar{r} \cdot \bar{k}$ $= L \cdot L + \bar{r} \cdot \bar{k}$이므로 $MFC_L = \dfrac{dTFC}{dL} = 2L$이다. 이윤극대화 조건 $MRP_L = MFC_L$에 의해 $L^M = 25$가 이윤극대화 노동량이다.

## ② 수요독점 노동시장의 균형

노동시장의 수요독점기업은 임금을 어느 수준으로 설정할 것인지 살펴보자. 수요독점시장에서 노동공급자는 가격수용자이므로 시장에서 결정된 임금을 그대로 수용한다. 반면, 이윤극대화를 추구하고 노동시장에서 임금을 결정할 수 있는 능력이 있는 수요독점기업은 노동공급자에게 노동 공급을 위한 최소한의 금액만 지급하면 된다. 그 이상을 지급하는 것은 이윤극대화 추구에 부합하지 않는다. 노동시장의 공급곡선은 노동공급자가 특정 노동량을 제공하기 위해 적어도 받아야 하는 최소한의 금액을 나타낸다. 따라서 수요독점기업은 이윤극대화 노동량에 대응하는 노동공급곡선 상에서 임금을 설정한다.

[그림 10-14]는 수요독점기업의 이윤극대화 고용량과 이에 대응하는 임금을 보여준다. 그런데 흥미로운 점은 이윤극대화 고용량을 결정하는데 역할을 하는 노동의 한계요소비용곡선과 임금을 결정하는데 역할을 하는 노동공급곡선이 동일하지 않다는 것이다. 자세히 언급하면, 노동의 한계요소비용이 임금보다 커,

그림 10-14    수요독점 노동시장의 균형

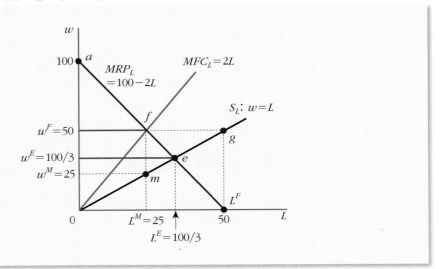

[그림 10-14]에서 한계요소비용곡선을 나타내는 $MFC_L$이 노동공급곡선을 나타내는 $S_L$보다 위에 위치한다. 왜냐하면, 앞서 유도한 바와 같이 노동의 한계요소비용은 총요소비용을 노동량에 대해 한 번 미분하여 얻어지는데, 총요소비용은 $TFC(L) = w(L) \cdot L + \bar{r} \cdot \bar{k}$이므로, $MFC_L = \dfrac{dTFC}{dL} = w + \dfrac{dw}{dL} \cdot L > w$가 성립하기 때문이다. 여기서 $w(L)$은 노동량 $L$에 대해 정해지는 임금 수준을 나타내므로, 임금이 결정되는 노동공급함수에 의해 $\dfrac{dw}{dL} > 0$이다. 우리의 예 10-6에 의하면, 노동의 한계요소비용은 $MFC_L = 2L$인데 노동공급함수로부터 $w = L$이므로, 노동의 한계소비용곡선과 노동공급곡선은 일치하지 않으며, 특히 노동의 한계요소비용곡선이 노동공급곡선보다 위에 위치함을 확인할 수 있다. 더욱이 [그림 10-14]가 묘사하는 바와 같이 노동의 한계요소비용곡선이 노동공급곡선보다 더 가파르다. 이는 임금책정자인 수요독점기업이 고용량을 늘리면 임금도 상승하므로 [그림 10-13]에서 본 바와 같이 노동의 총요소비용($TFC$)곡선이 체증하기 때문이다.

[그림 10-14]는 수요독점인 노동시장의 균형도 나타낸다. 수요독점기업의 이윤극대화 고용량 $L^M = 25$은 노동의 한계수입생산곡선인 $MRP_L$과 노동의 한계요소비용곡선인 $MFC_L$이 교차하는 $f$에서 결정되고, 이에 대응하는 시장노동공급곡선 $S_L$ 상의 $m$에서 임금 $w^M = 25$로 결정된다. 그리고 균형에서 노동공급자들은 시장임금 $w^M$에서 자신들의 노동공급량을 모두 판매하게 된다. [그림 10-14]

의 $m$이 수요독점인 노동시장의 균형을 나타낸다.

독점인 생산물시장을 분석할 때 가격차별을 하는 균형을 분석한 바 있는데, 독점인 요소시장이나 수요독점인 요소시장에서도 가격차별은 가능하다. 수요독점인 노동시장에서 동일한 생산성으로 동일한 일을 함에도 불구하고 성별, 연령, 인종에 따라 다른 임금을 지불한다면, 이는 노동시장의 3급 가격차별에 해당한다고 볼 수 있다.

## ③ 최저임금규제와 사회후생

노동시장에서 사회후생은 기업의 노동에 대한 소비자잉여와 노동공급자의 노동에 대한 생산자잉여의 합으로 정의된다. 생산물시장에서와 유사하게, 노동수요곡선과 노동공급곡선이 교차하는 데서 노동시장의 효율성, 달리 말하여 노동시장에서 사회후생 극대화가 달성된다. 노동시장의 수요곡선은 노동수요자인 기업의 이윤극대화를 통해 얻어지므로, 노동의 한계수입생산곡선인 $MRP_L$이 노동수요곡선이 된다. [그림 10-14]에서 노동수요곡선인 $MRP_L$과 노동공급곡선인 $S_L$이 교차하는 $e$에서 사회후생이 극대화되며, 이때 고용량은 $L^E = \dfrac{100}{3}$이다.

[그림 10-14]의 수요독점균형 $m$에서 고용량은 $L^M = 25$이므로, 수요독점기업의 노동에 대한 소비자잉여는 사다리꼴 $afmw^M$의 면적이고, 노동공급자들의 생산자잉여는 삼각형 $m0w^M$의 면적이다. 이에 따라, 사회후생 손실이 삼각형 $efm$의 면적만큼 발생된다. 생산물시장이 독점시장인 경우 최고가격제도를 통해 사회후생 손실을 줄일 수 있듯이, 수요독점시장에서는 최저가격제도에 의한 가격규제를 통해 사회후생 손실을 줄일 수 있는데, 노동시장에서 최저가격은 최저임금이다. [그림 10-14]에서 보는 바와 같이 수요독점균형에서의 경제적 손실을 그대로 유지하는 가장 높은 최저임금은 $w^F = 50$이다. 최저임금수준이 $w^F$로 규제되는 경우 노동량 $L^F$에 이르기까지 노동 한 단위 구매하기 위해서는 $w^F$가 지출되므로 노동의 한계요소비용곡선은 직선 $w^F f$가 된다. 이에 따라 이윤극대화 노동량은 최저임금규제 하에서의 노동의 한계요소비용곡선 $w^F f$와 노동의 한계수입생산곡선 $MRP_L$이 교차하는 $f$에서 결정된다. 그렇지만 사회후생 손실은 여전히 삼각형 $efm$의 면적이다.

이와 유사한 논리에 따라 최저임금수준을 $w^M = 25$와 $w^F = 50$사이로 규제한다면 수요독점의 균형보다 임금도 상승할 뿐만 아니라 고용량도 증가하여 사회후생 손실이 감소하게 된다. 특히, 최저임금수준을 $w^E=\dfrac{100}{3}$으로 규제하면 사회후생 손실은 전혀 발생되지 않는다. 그런데 [그림 10-14]는 최저임금제도 시행에 있어 주의해야 할 중요한 내용을 시사하고 있다. 예를 들어, 사회후생 손실을 유지하는 가장 높은 최저임금수준인 $w^F$가 도입되는 경우 수요독점기업의 고용량은 $L^M=25$으로 개선이 되지 않는 반면 노동공급량은 $L^F=50$이 되어 $L^F-L^M=25$만큼의 초과공급이 발생된다는 점이다. 이와 비슷한 맥락에서 최저임금수준이 $w^E$와 $w^F$사이에 설정되는 경우는 항상 노동의 초과공급이 발생한다. 반면 최저임금수준을 $w^M$과 $w^E$사이에 설정하면 노동의 초과공급이 발생하지 않으면서도 사회후생 손실을 줄일 수 있다.

> **예제 10-6**
> 생산물시장에서 완전경쟁기업인 기업 $A$는 노동시장에서 수요독점자이다. 생산물시장에서 가격은 1,000이다. 기업 $A$는 노동만을 생산요소로 사용하여 생산함수는 $q=2L$이다. 노동시장의 공급함수는 $L=\dfrac{1}{3}(w-200)$이다. 노동시장에서 사회후생 손실의 크기는?

# 10.4 독점적 경쟁시장

## 1 독점적 경쟁기업이 직면하는 수요

독점적 경쟁시장(monopolistically competitive market)이란 용도는 같으나 구체적 특성이 다른 차별화된 제품들을 생산하는 기업들이 다수 존재하는 시장구조이다. 이 시장구조가 독점적 경쟁이란 용어로 표현되는 이유는 각 기업은 차별화된 제품을 생산하여 그 제품에 대해 어느 정도의 독점력을 보유하고 있지만, 차별화된 제품들을 제공하는 다수의 기업들과 경쟁하는 상황에 직면하고 있기 때문이다. 예를 들어, 음식점들은 음식이라는 용도는 동일하지만 음식물의 종류나 서비스 방식 등을 다양하게 차별화시켜 제공한다. 냉면 맛집으로 유명한 음식점은 냉면을 선호하는 소비자들에게 어느 정도 독점력을 발휘할 수 있지만

304 ── 제Ⅳ부  시장 이론

그렇지 않은 소비자들에 대해서는 다른 종류의 음식물을 제공하는 음식점들과 경쟁관계에 있다고 할 수 있다. 이러한 점에서 차별화된 제품들이 생산되는 독점적 경쟁시장은 무수히 많은 기업들이 동질적인 제품을 생산하여 경쟁하는 완전경쟁시장과 구분된다.

9장에서 언급한 바와 같이, 제품들이 차별화되어 있는가를 결정하는 것은 기업이 아닌 소비자라는 것이다. 제품들의 물리적인 차이는 제품차별화를 결정하는데 중요한 역할을 하는 것은 아니다. 물리적인 차이가 있는 제품에 대해서도 모든 소비자들이 무차별하게 느끼면 제품은 차별화되지 않는다. 반면에 실제로 물리적인 차이가 없는 제품에 대해서도 상표의 이미지 등으로 인해 소비자들이 얻는 만족이 다르면 제품은 차별화된다. 따라서 제품차별화는 소비자들의 선호 또는 취향의 차이에 기인한다. 서로 다른 소비자가 서로 다른 취향을 가지고 있고, 한 소비자도 시기에 따라 성향이 바뀔 수 있으므로, 이러한 소비자들의 다양한 성향을 충족시키고자 차별화된 상품이나 서비스들이 동시에 제공되는 것으로 이해할 수 있다.

10.4에서는 독점적 경쟁시장의 분석을 위해 차별화된 제품들에 대한 소비자들의 수요함수를 설정한다. 독점시장에는 기업이 하나만 존재하므로 시장수요함수가 기업이 직면하는 수요함수가 된다. 그러나 독점이 아닌 시장구조들에서는 여러 개의 기업이 존재하므로 개별 기업이 제공하는 제품에 대한 수요함수는 시장수요함수와 다르다.

완전경쟁시장에서 분석한 바와 같이 제품이 동질적일 때는 다른 제품보다 가격이 높은 제품은 수요되지 않기 때문에, 한 기업이 직면하는 수요곡선은 주어진 시장가격에서 수평선으로 설정된다. 그러나 독점적 경쟁시장에서는 제품들이 차별화되어 있으므로, 한 제품의 가격이 경쟁하고 있는 제품에 비해 높아도 수요가 존재할 수 있다. 따라서 독점적 경쟁시장에서는 개별 기업이 직면하는 수요곡선은 [그림 10-15]에서 보는 바와 같이 우하향하는 $d$로 표현된다. 그런데 차별화된 제품을 생산하는 다른 기업이 가격을 변화시키거나 새로운 기업이 진입하면 한 기업이 직면하는 수요곡선은 이동하게 된다. 예를 들어, 다른 제품을 생산하는 기업이 가격을 내리거나 새로운 기업이 진입하면 그 기업에 대한 수요가 감소할 것이므로, 그 기업이 직면하는 수요곡선 $d$는 왼쪽으로 또는 아래로 이동한다. 반대의 경우는 수요곡선이 오른쪽으로 또는 위로 이동한다.

## 2 독점적 경쟁시장의 장·단기균형

독점적 경쟁시장에서는 개별 기업이 직면하는 수요가 다른 기업들의 생산량 또는 가격결정에 영향을 받는다. 그러나 다수의 기업이 시장에 존재하므로 독점적 경쟁기업은 기업 간 전략적 상호관계를 고려할 필요 없이 자신이 직면하는 수요곡선만 염두에 두고 이윤극대화 생산량을 결정한다.

먼저 [그림 10-15]의 (a)는 단기에서 독점적 경쟁기업의 이윤극대화 생산량 결정 방식을 보여주고 있다. 독점적 경쟁시장의 기업은 가격책정자이므로 이 기업의 이윤극대화 문제는 10.1에서 살펴본 가격책정자로서 독점기업의 이윤극대화 문제와 근본적으로 동일하다. 다만, 독점기업이 직면하는 수요함수는 시장수요함수이지만, 독점적 경쟁기업이 자신의 제품에 대해 직면하는 수요함수는 시장수요함수가 아니라는 점이 다르다. 시장수요함수를 $D$라 하고 개별 기업이 직면하는 수요함수를 $d$라 하면, 독점기업의 경우 $d=D$인데, 독점기업이 아닌 기업의 경우 $d \neq D$이다. 자신의 제품에 대한 수요곡선 $d$에서 도출된 한계수입곡선 $MR$이 한계비용곡선 $MC$와 교차하는 $a$에서 이윤극대화 생산량 $q^{MC}$를 찾는다. 그리고 수요곡선 $d$와 평균가변비용곡선 $AVC$를 이용하여 생산량 $q^{MC}$에서 수요곡선 d에 대응하는 가격 $p^{MC}$와 평균가변비용곡선 $AVC$에 대응하는 $AVC^{MC}$를 비교한다. 6장에서 논의한 바와 같이 단기에서 조업중단 여부는 가격과 평균가변비용의 차이에 의해 결정되므로, 가격이 평균가변비용보다 높은 경우에만 이윤

**그림 10-17** 독점적 경쟁시장의 장·단기균형

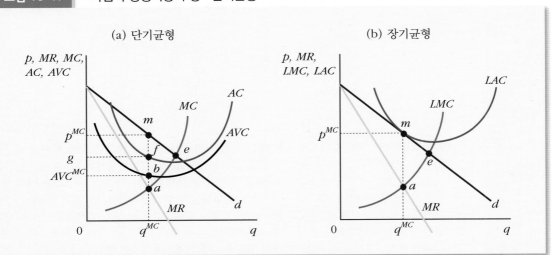

극대화 생산량 $q^{MC}$를 생산한다. [그림 10–15]의 (a)와 같이 가격이 평균가변비용보다 높은 경우 기업의 이윤은 사각형 $mfgp^{MC}$의 면적과 같다. 시장가격이 평균비용 $AC$보다 크면 양(+)의 이윤을 얻지만, 반대의 경우는 음(−)의 이윤을 얻는다. 시장 내의 모든 기업들이 이와 같은 방식으로 이윤극대화하고 있다면, 이는 독점적 경쟁시장의 단기균형이다.[19] 이때 소비자들은 가격수용자로서 주어진 가격에서 효용극대화를 통해 자신들이 수요하는 만큼 구매한다.

독점적 경쟁시장의 장기균형은 신규기업의 진입이나 기존기업의 퇴출로 인하여 기업의 이윤이 0이 된다는 점에서 완전경쟁의 장기균형과 유사한 면이 있다. 독점적 경쟁시장의 장기균형에서는 모든 기업들이 [그림 10–15]의 (b)와 같은 상태에 있게 된다. 한계수입곡선 $MR$과 장기 한계비용곡선 $LMC$가 교차하는 $a$에서 이윤극대화 생산량 $q^{MC}$가 결정되고, 그 생산량에 대응하는 가격과 장기평균비용이 같을 때 기업의 이윤이 0이 되므로, 장기균형에서는 기업이 직면하는 수요곡선 $d$와 장기평균비용곡선 $LAC$가 서로 접하게 된다. 가격은 수요곡선 상에서 결정되므로, $q^{MC}$ 외의 다른 생산량을 생산하면 가격보다 장기평균비용이 높아 손실을 보게 된다. 따라서 모든 기업들은 가격책정자로서 이윤극대화 생산량을 설정하나 이윤이 0이어서 진입과 퇴출이 없고, 모든 소비자들은 가격수용자로서 효용극대화로 수요하는 만큼 구매하는 상태가 장기균형이다.

독점적 경쟁기업의 이윤극대화 생산량이 $MR=MC$의 조건에 의해 결정되고, $p>MR$이므로 효율성 달성 조건인 $p=MC$를 충족시키지 못한다. 따라서 독점적 경쟁시장에서도 독점시장과 마찬가지로 사회후생 손실이 발생한다. [그림 10–15]의 (a)와 (b)에서 사회후생 손실은 도형 $aem$의 면적과 같다.

---

**19** 개별 기업에 대한 수요곡선들은 다른 모든 기업들이 결정한 생산량 수준에 따라 그 위치가 달라진다. 따라서 독점적 경쟁시장이 균형을 이루기 위해서는 [그림 10–15]에 있는 수요곡선 $d$가 다른 모든 기업들이 이윤을 극대화하는 가격을 책정했을 때의 수요곡선이라야 한다. 그러므로 독점적 경쟁시장의 단기균형을 구하기 위해서는 모든 기업들의 이윤극대화 문제를 동시에 분석해야 한다. 그리고 이를 위해서는 모든 기업들에 대한 수요량들을 모든 기업들의 가격들의 함수로 나타내는 시장수요함수를 사용해야 한다. 그러한 분석은 이 책의 범위를 넘으므로, 여기서는 생략한다.

# 연습문제

**10-1** 독점기업의 비용함수는 $c(q) = 2q^2 + 2q + 10$이다. 이윤극대화 거래량이 3이고, 수요의 가격탄력성이 15라면, 이윤극대화 가격을 구하시오.

**10-2** 독점기업의 비용함수는 $c(q) = \frac{1}{2}q^2 + 5$이고, 극대화된 이윤은 19이다. 이윤극대화 생산량에서 수요의 가격탄력성이 2라면, 이윤극대화 생산량을 구하시오.

**10-3** 시장수요함수가 $q = 300 - p$인 독점시장에서 단일가격을 적용하는 독점기업의 비용함수는 $C(q) = \frac{1}{2}q^2$이다.
(a) 독점기업의 한계수입과 한계비용을 구하시오.
(b) 균형가격과 생산량을 구하시오.
(c) 균형에서의 소비자잉여와 사회후생 손실을 구하시오.

**10-4** 독점기업은 2개의 공장을 통해 생산한다. 공장 $A$와 $B$의 생산량을 각각 $q_A$와 $q_B$로 표시한다. 공장 $A$의 비용함수는 $C_A(q_A) = 2q_A + 1$이고, 공장 $B$의 비용함수는 $C_B(q_B) = \frac{1}{2}q_B^2 + q_B$이다. 각 공장에서 생산된 제품은 동일하여, 소비자는 어느 공장에서 생산된 제품인지 구분하지 않는다. 소비자의 수요함수는 $q = 6 - p$이다. 독점기업은 단일가격을 적용하여 $p$는 제품의 시장가격이고, q는 제품의 시장거래량이다. 두 공장에서 공급되므로 $q = q_A + q_B$이다.
(a) 주어진 생산량 $q$에 대해 비용을 최소화하는 비용함수 $C(q)$와 한계비용함수를 구하시오.
(b) 균형에서 각 공장의 생산량을 구하시오.
(c) 균형에서 시장가격을 구하시오.

**10-5** 독점기업의 비용함수는 $C(q) = 10q$이고, 수요함수가 $q = 110 - p$인 소비자가 있다. 독점기업이 이부요금을 사용하여 1급 가격차별을 하는 경우에 이 소비자에게 받을 단위당 가격과 기본요금을 구하시오.

**10-6** 비용함수가 $C(q) = \frac{1}{2}q^2 + 10q$인 독점기업은 수요함수가 서로 다른 두 소비자 그

룹 $A$와 $B$에 직면하고 있다. 소비자 그룹 $A$의 수요함수는 $q_A = 200 - p_A$이고, 소비자 그룹 $B$의 수요함수는 $q_B = 100 - p_B$이다. $q_A$와 $q_B$는 각각 소비자 그룹 $A$와 $B$의 수요량을 나타내며, $q$는 독점기업의 총생산량을 나타낸다. 즉, $q = q_A + q_B$이다. $p_A$와 $p_B$는 각각 소비자 그룹 A와 B에 부과되는 가격이다. 독점기업은 3급 가격차별을 시행한다.

(a) 생산량 $q$가 20일 때, 한계수입을 구하시오.

(b) 생산량 $q$가 100일 때, 한계수입을 구하시오.

(c) 생산량 $q$에 대한 한계수입을 구하시오.

(d) 이윤극대화를 달성하는 생산량 $q^T$를 구하시오.

(e) 이윤극대화를 달성하는 생산량 $q^T$에 대해 각 소비자 그룹별로 부과되는 가격을 구하시오.

※ 아래 내용에 대해 10–7과 10–8에서 답을 구하시오.

법문사는 미시경제학 교과서 시장에서 독점사업자이고, 수도권 독자 그룹($T$)과 어촌지역 독자 그룹($S$)의 수요에 직면하고 있다. $T$그룹의 수요함수는 $q_T = 200 - p_T$이고 $S$그룹의 수요함수는 $q_S = 160 - p_S$이다. 법문사의 비용함수는 $C(q) = 40q$이다. $q$는 총거래량, 즉, $q = q_T + q_S$이다. $p_T$와 $p_S$는 각각 소비자 그룹 $T$와 $S$에 부과되는 가격이다.

**10-7** 법문사는 단일가격(uniform pricing)을 적용한다고 하자. 즉, 법문사는 소비자들이 두 그룹으로 구분되더라도 각 그룹에 동일한 가격을 부과한다.

(a) 두 그룹을 모두 고려한 시장수요함수를 구하시오.

(b) 법문사의 이윤극대화 거래량에서 소비자잉여 크기를 구하시오.

**10-8** 법문사는 소비자의 그룹을 구분할 수 있고, 이윤극대화를 위해 3급가격차별을 사용한다고 하자.

(a) 법문사의 그룹별 이윤극대화 거래량을 구하고, 단일가격을 적용할 때의 거래량과 비교하시오.

(b) 단일가격을 적용하는 경우에 비해, 3급가격차별에 의해 전체 소비자의 소비자잉여는 얼마나 증가 또는 감소하는가?

**10-9** 미시텔레콤은 유일한 통신사업자이고, 시장에는 두 명의 소비자가 있다. 데이터를 많이 사용하는 소비자($H$)와 데이터를 적게 사용하는 소비자($L$)의 수요에 직면하고 있다. $H$의 수요함수는 $q_H = 200 - p_Y$이고 $L$의 수요함수는 $q_L = 160 - p_L$이다. 미시텔레콤의 비용함수는 $C(q) = 40q$이다. $q$는 데이터량이며, $p$는 패킷당 요금이다. 미시텔레콤은 어떤 소비자가 어떤 유형의 소비자인지 구분할 수 없다. 그런데 미시텔레콤은 이부요금형태의 $(A, p, q)$로 구성된 두 개의 패키지를 메뉴로 제공하여 2급가격차별을 추구한다. $A$는 기본료이다. 이윤극대화를 추구하는 미시텔레콤이 제시하는 패키지 중 하나의 요금구조를 $(7200, 40, 120)$으로 설정하고, 다른 하나는 $(A, 40, 160)$라 하자. 예를 들어, 패키지 $(7200, 40, 120)$은 기본료 7,200이고 단위당 가격 40으로 120까지 데이터를 이용할 수 있는 패키지를 뜻한다. (Hint: 이부요금은 총지불액을 $T$, 기본료를 $A$, 패킷당 요금을 $p$, 데이터이용량을 $q$로 표현할 때, $T = A + p \cdot q$로 표현된다.)

(a) 각 유형의 소비자가 서로 다른 요금구조를 선택하게 하는 $A$의 최솟값을 구하시오. (단, $A$는 수렴된 값으로 간주한다.)

(b) 각 유형의 소비자의 데이터 단위당 평균지불액을 비교하시오.

**10-10** 파인사과는 휴대폰시장에서 독점사업자이고, 아시아($A$)의 수요함수 $q_A = 20 - p_A$와 북아메리카($N$)의 수요함수 $q_N = 12 - p_N$에 직면하고 있다. 생산비용함수는 $C(q) = \frac{1}{2}q^2$이며, $q = q_A + q_N$이다. 파인사과는 3급가격차별을 한다.

(a) 균형거래량에서 한계비용을 구하시오.

(b) 최고가격제도가 적용되어, 파인사과는 어떤 지역에도 12를 초과하는 가격을 부과할 수 없다. 아시아의 균형거래량과 북아메리카의 균형거래량의 합을 구하시오.

**10-11** 노동의 한계수입생산이 $MRP_L = 300 - L$인 수요독점기업이 있고, 개인의 노동공급함수가 $l = \frac{1}{100}$인 노동자들이 100명이 있다.

(a) 시장의 노동공급함수와 수요독점기업의 한계요소비용을 구하시오.

(b) 노동시장의 균형임금과 노동공급자의 생산자잉여를 구하시오.

**10-12** 생산함수가 $q = L$이고 생산물시장에서 독점이면서 노동시장에서 수요독점인 기업이 있다. 생산물시장의 수요함수와 노동시장의 공급함수는 각각 $q = 100 - p$와

$L = \frac{1}{2}w$이다.

(a) 노동의 한계수입생산($MRP_L$)과 노동의 한계요소비용($MFC_L$)을 구하시오.

(b) 노동시장의 균형임금과 기업의 노동수요에 대한 소비자잉여를 구하시오.

(c) 생산물시장의 균형가격과 기업의 생산물 공급자로서 생산자잉여를 구하시오.

(d) 노동시장에서 사회후생 손실을 0으로 하는 최저임금을 구하시오.

(e) 노동시장에서 사회후생 손실을 0으로 하는 최저임금이 적용될 때, 생산물시장에서 소비자잉여를 구하고, 노동시장에서 최저임금이 적용되지 않을 때의 소비자잉여와 비교하시오.

**10-13** 생산물시장에서는 독점이고, 노동시장에서 수요독점인 기업의 생산함수는 $q = l$이다. 생산물시장의 수요함수와 노동시장의 공급함수는 각각 $q = 120 - p$와 $l = 2w$이다. 생산물시장과 노동시장에서 각각 단일가격이 적용된다. 자본비용은 0이다.

(a) 생산물시장과 노동시장에서 균형이 달성된 상태를 고려한다. 이 기업의 마진율을 구하시오.

(b) 수요독점의 노동시장은 균형에서 비효율이 발생된다. 노동시장의 사회후생을 증대시키기 위해 최저임금제를 도입하고자 한다. 정책 목적을 달성하기 위한 최저임금의 최댓값을 $x$, 최솟값을 $y$라 할 때, $x - y$를 구하시오. 단, 최댓값과 최솟값은 각각 수렴된 값으로 간주한다. 예를 들어, $1.9999\ldots \rightarrow 2$이다.

11장에서는 소수의 기업이 존재하는 과점시장에서 기업들의 행동을 분석한다. 과점기업들이 동질적인 제품을 생산하는 경우 쿠르노모형, 스타켈버그모형, 버트란드모형의 과점 균형을 비교한다. 또한 과점기업들이 차별적인 제품을 생산하는 경우 가격 경쟁의 균형을 분석한다. 그리고 과점기업들의 담합에 대한 동기(incentive)를 살펴본다.

# 11

## 과점시장

11.1   과점시장의 분석 모형 분류
11.2   생산량 경쟁 모형
11.3   가격 경쟁 모형
11.4   담합
11.5   가격선도모형
연습문제

## 11.1　과점시장의 분석 모형 분류

　　과점시장(oligopoly market)이란 기본적으로 기업이 두 개 이상을 포함하여 그리 많지 않은 수로 구성된 시장을 통칭하는 개념이지만 다음과 같은 다양한 형태와 특성을 가진다.

　　첫째, 과점시장에서 기업이 생산하는 제품들이 생수, 휘발유와 같이 품질이나 특성이 거의 차이가 없는 동질적인 제품(homogeneous good)인 경우도 있는 반면, 자동차, 옷과 같이 차별적인 제품(differentiated good)인 경우도 있다. 둘째, 이윤극대화를 추구하는 과점기업들의 의사결정 대상이 생산량과 가격으로 구분된다. 아래에서 논의하겠지만, 독점의 경우와는 달리 과점에서는 기업들이 생산량을 대상으로 경쟁하는 경우와 가격을 대상으로 경쟁하는 경우에 이론적 결과가 다르다. 셋째, 과점시장을 구성하는 기업들이 의사결정을 하는 데에 있어 상호협조 여부에 따라 구분된다. 각자의 이윤을 극대화하기 위해 독자적으로 생산량이나 가격을 결정하는 경우도 있는 반면, 의사결정에 있어 상호 협조하여 경쟁을 피하는 경우도 있다.

　　이상에서와 같이 다양한 이유로 과점 경쟁은 여러 형태로 구분될 수 있으며, 이에 따른 구분은 〈표 11-1〉로 정리된다. 이처럼 과점시장이 내포하고 있는 다양한 형태들을 구분한 이유는 이후의 논의에서 보는 바와 같이 각각에 따라 발생되는 결과와 그 특성이 다르기 때문이다. 따라서 이들을 분석함에 있어, 다양한 모형들이 활용된다. 과점시장을 분석하는데 활용되는 다양한 모형들은 서로 다른 상황의 과점시장을 구분하여 설명하는 보완적인 모형들이다.

　　과점시장이 갖는 중요한 특성은 기업들이 생산량이나 가격을 결정하는데 상

**표 11-1**
과점시장 분석
모형 분류

| | | 경쟁 vs. 담합 | | |
| --- | --- | --- | --- | --- |
| | | 경쟁(독자적 행동) | | 담합(협조적 행동) |
| 의사결정 대상 | 생산량 | 쿠르노 모형<br>스타켈버그 모형 | 동질적<br>제품 | 명시적 담합 |
| | 가격 | 버트란트 모형 | | |
| | | 차별화된 제품의 가격경쟁 모형 | | |

호작용을 하고 있기 때문이다. 과점기업들은 경쟁관계에 있으므로 생산량이나 가격을 결정하는데 경쟁대상기업들이 어떤 의사결정을 할 것인지에 대해 고려해야 한다. 예를 들어, '내가 가격을 올리면 나의 경쟁기업들은 가격을 올릴까?' 와 같이 각 과점기업들은 경쟁대상기업의 의사결정에 관심을 가질 수밖에 없다. 이와 대조적으로 완전경쟁시장과 독점시장에서는 그러한 고려가 필요하지 않다. 독점의 경우에는 경쟁자가 존재하지 않기 때문이다. 완전경쟁의 경우에는 모든 기업이 가격수용자이기 때문에 개별 기업의 의사결정이 다른 기업에게 영향을 주지 않는다. 따라서 각 기업은 다른 기업에 대한 고려 없이 주어진 시장가격에서 자신의 이윤을 극대화하도록 의사결정하면 된다.

## 11.2 생산량 경쟁 모형

여기서는 과점기업이 생산량을 의사결정변수로 설정하여 상호 경쟁하는 생산량 경쟁 상황의 균형을 분석한다.

### 1 쿠르노모형

가장 먼저 다루는 모형은 프랑스의 수학자 겸 경제학자인 쿠르노(Cournot)가 1838년에 발간한 저서에서 소개한 것으로 그의 이름을 따서 쿠르노모형(Cournot model)이라 부른다. 여기서는 기본적인 모형인 동질적인 제품을 생산하는 두 개의 기업으로 구성된 복점(duopoly) 시장을 다룬다. 또한 간단하게 두 기업의 생산비용함수가 동일한 경우를 상정한다.

> **예 11-1** 동질적인 제품을 생산하는 두 개의 기업 $A$와 $B$가 있고, 이들은 시장수요함수가 $q=100-p$인 시장에서 각자의 생산량을 선택한다. 기업 $A$와 $B$의 생산량을 각각 $q_A$와 $q_B$로 나타내면 시장거래량은 두 기업의 생산량의 합인 $q=q_A+q_B$로 표현된다. 소비자들은 무수히 많고 가격수용자이다. 각 기업의 생산비용함수는 동일하며, 간단하게 고정비용은 0이고, 한계비용 $MC$는 10이다. 두 기업은 자신만의 이윤을 극대화하는 생산량을 동시에 결정한다.

## (1) 기업의 이윤

기업들이 가격이 아니라 생산량을 선택하기 때문에, 각 기업의 이윤을 표현함에 있어서, 시장수요함수 $q=100-p$ 대신, 역수요함수 $p=100-q$를 이용한다. 따라서 우리가 앞서 나타낸 기업 $A$의 수입 $R_A=p\cdot q_A$는 $R_A=(100-q)\cdot q_A$로 바꿔 표현된다.

두 기업이 자신의 생산량을 선택하면 시장에 공급되는 총생산량은 $q=q_A+q_B$이다. 따라서, 기업 $A$의 수입을 표현하면 $R_A(q_A,\ q_B)=(100-q_A-q_B)\cdot q_A$가 된다. 이 관계로부터 한 기업의 수입이 자신의 생산량과 다른 기업의 생산량에 의해 결정됨을 알 수 있다.

이상의 논의를 반영하여 기업 $A$와 $B$의 이윤을 나타내면 다음과 같다.

$$\pi_A(q_A,\ q_B)=(100-q_A-q_B)\cdot q_A-10q_A$$
$$\pi_B(q_A,\ q_B)=(100-q_A-q_B)\cdot q_B-10q_B$$

## (2) 최적대응함수

기업 $A$와 $B$는 생산량을 통해 서로 경쟁하는 상황을 상정하고 있으므로, 각 기업은 자신의 이윤을 극대화하는 생산량을 동시에 결정한다. 기업은 이윤극대화를 위해 한계수입과 한계비용이 일치하는 생산량을 결정한다. 예 11-1에서 한계비용이 10으로 주어져 있으므로, 각 기업의 이윤극대화 생산량을 찾기 위해서는 각 기업의 수입으로부터 한계수입을 파악해야 한다.

한계수입은 생산량 한 단위 증가에 따라 기업이 추가적으로 얻게 되는 수입이다. 그런데 앞에서 과점기업의 수입은 자신의 생산량뿐만 아니라 다른 기업의 생산량에 의해 영향을 받는다. 기업 $A$는 자신의 생산량 $q_A$를 결정할 수 있지만, 자신과 경쟁하고 있는 기업 $B$의 생산량인 $q_B$를 결정할 수 없다. 그러므로 기업 $A$는 생산량을 결정할 때 기업 $B$가 얼마나 생산하는지 예상을 해야 한다. 그런데 기업 $B$의 생산량을 정확히 예상할 수 없으므로, 기업 $B$의 생산 가능한 모든 경우에 대해 일일이 기업 $A$는 자신의 한계수입이 어떻게 되는지 파악해 두어야 한다. 예를 들어, '기업 $B$가 10을 생산하면 내가 생산량을 한 단위 늘릴 때 나의 수입은 얼마나 변화하나?'이다.

이를 수식을 이용하여 설명하면 다음과 같다. 기업 $A$의 수입은 $R_A=(100-q_A$

$-q_B)\cdot q_A$이다. 기업 $B$의 일정수준 생산량 $q_B$에 대해, 기업 $A$의 한계수입은 기업 $A$가 자신의 생산량을 한 단위 늘릴 때 수입의 변화분이다. 따라서 기업 $A$의 한계수입은 $MR_A = \dfrac{dR_A}{dq_A} = 100 - q_B - 2q_A$가 된다.

기업 $A$의 한계수입을 나타내는 식 $MR_A = 100 - q_B - 2q_A$는 기업 $A$의 한계수입이 자신의 생산량뿐만 아니라 경쟁대상인 기업 $B$의 생산량에 따라 변화될 수 있음을 보여준다. 특히, 기업 $B$의 생산량이 증가함에 따라 기업 $A$의 한계수입이 작아진다. 예를 들어, [그림 11-1]의 (a)에서 보는 바와 같이 기업 $B$의 생산량이 30인 경우 기업 $A$의 한계수입곡선은 기업 $B$의 생산량이 60인 경우 기업 $A$의 한계수입곡선에 비해 바깥쪽에 위치해 있다. 달리 말하면, 고정된 기업 $B$의 생산량 수준이 크면(작으면), 기업 $A$의 한계수입곡선은 아래로(위로) 이동한다.

이제 기업 $A$의 이윤극대화 생산량을 구해보자. $MC = 10$이고 이윤극대화 조건 $MR_A = MC$에 의해 기업 $A$의 이윤극대화 생산량은 $100 - q_B - 2q_A = 10$을 만족한다. 이를 $q_A$에 대해 정리하면 식 (11-1)이다.

$$\text{기업 } A\text{의 최적대응함수: } q_A = 45 - \frac{1}{2}q_B \tag{11-1}$$

식 (11-1)에서 기업 $A$의 이윤극대화 생산량이 경쟁대상 기업 $B$의 일정수준 생산량 $q_B$에 직접적으로 영향을 받고 있음을 알 수 있다. 예를 들어, [그림 11-1]의 (a)에서 보는 바와 같이, 기업 $B$이 30을 생산하는 경우 이에 대한 기업

---

**그림 11-1**     기업 $A$의 이윤극대화와 최적대응곡선

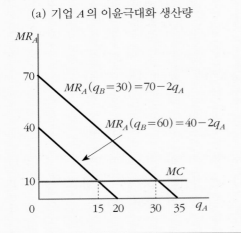
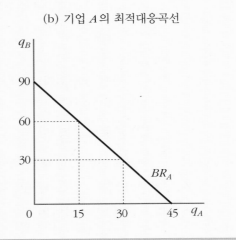

(a) 기업 $A$의 이윤극대화 생산량

(b) 기업 $A$의 최적대응곡선

$A$의 이윤극대화 생산량은 30이 되며, 기업 $B$이 60을 생산하는 경우 이에 대한 기업 $A$의 이윤극대화 생산량은 15이다.

식 (11-1)처럼 기업 $B$의 생산량에 따른 기업 $A$의 이윤극대화 생산량을 보여주는 함수를 기업 $A$의 최적대응함수(best response function) 또는 반응함수(reaction function)라고 부른다. '최적대응'에서 대응(response)이란 경쟁대상 기업의 일정수준 생산량에 대한 자신의 생산량 결정을 말하며, 최적(best)이란 그 생산량 결정에 있어 이윤극대화에 부합하도록 한다는 것을 일컫는 것이다. 기업 $A$의 최적대응함수를 수평축에 기업 $A$의 생산량인 $q_A$, 수직축에 기업 $B$의 생산량인 $q_B$로 구성된 평면에 그린 것이 [그림 11-1]의 (b)에 있는 $BR_A$인데, 이를 최적대응곡선 또는 반응곡선이라고 부른다. 쿠르노모형에서는 각 기업의 의사결정이 동시에 이루어지므로, 각 기업은 경쟁대상 기업이 어떤 생산량을 선택하는지 모른다. 그러므로 각 기업의 최적대응함수는 경쟁대상 기업이 어떤 생산량을 취하느냐에 대해 자신의 이윤극대화 생산량을 결정하는 계획을 설정해 놓은 것으로 이해할 수 있다.

[그림 11-1]의 (b)에서 기업 $A$의 반응곡선 $BR_A$이 우하향함을 볼 수 있는데, 이는 식 (11-1)의 최적대응함수에서 기업 $B$의 생산량 $q_B$ 앞의 부호가 음(−)이기 때문이다. 기업 $B$가 높은(낮은) 수준의 생산량을 취할수록 기업 $A$는 낮은(높은) 생산량으로 대응하는 것이 이윤극대화에 부합하는 행동이라는 것이다. 쿠르노모형에서 한 기업의 이윤극대화 생산량이 경쟁대상 기업의 생산량 증가(감소)에 대해 반대 방향으로 감소(증가)의 반응을 나타내는 것을 전략적 대체(strategic substitutes)라 부른다. 이는 생산량 경쟁 모형이 갖는 특성이다.

기업 $A$의 최적대응함수를 구한 방식으로 그대로 적용하여 기업 $B$의 최적대응함수를 얻을 수 있다. 이는 식 (11-2)로 표현된다.

$$\text{기업 } B\text{의 최적대응함수: } q_B = 45 - \frac{1}{2} q_A \tag{11-2}$$

### (3) 쿠르노균형

쿠르노모형의 균형을 쿠르노균형(Cournot equilibrium)이라 부른다. 생산량 경쟁의 과점시장 모형에서 균형은 각 기업의 생산량의 조합으로 표현된다. 쿠르노모형에서 각 기업은 경쟁 기업의 생산량이 주어진 것으로 간주하고 자신의 이

윤을 극대화하는 생산량을 결정하고 있으므로, 쿠르노균형은 각 기업의 최적대
응이 동시에 이루어지는 생산량의 조합이 된다. 즉, 기업 $A$의 이윤극대화 생산
량은 경쟁대상 기업 $B$의 이윤극대화 생산량에 대한 대응임과 동시에, 기업 $B$의
이윤극대화 생산량은 경쟁대상 기업 $A$의 이윤극대화 생산량에 대한 대응이다.
이러한 각 기업의 생산량 조합을 쿠르노균형이라 한다. 쿠르노모형은 8장에서
공부한 게임이론에서 경기자가 동시에 한번 의사결정하는 게임 유형이며, 쿠르
노균형은 이 게임의 내쉬균형(Nash equilibrium)이다. 따라서 쿠르노모형의 균
형을 쿠르노균형, 내쉬균형, 또는 쿠르노-내쉬균형이라고도 부른다.

쿠르노균형을 그림으로 살펴보자. [그림 11-2]의 (a)에는 식 (11-1)과 (11-
2)를 나타내는 두 기업의 최적대응곡선들인 $BR_A$와 $BR_B$가 그려져 있는데, 이
들의 교점인 $C$가 각 기업의 최적대응이 동시에 이루어지는 생산량 조합인 쿠르
노균형을 나타내는 점이다. (a)는 쿠르노균형이 $q_A^C = q_B^C = 30$임을 보여준다. 식
(11-1)과 (11-2)를 동시에 만족시키는 생산량 조합은 이 두 식의 연립방정식
의 해이며, 이는 $q_A^C = q_B^C = 30$이다. 쿠르노균형이 달성될 때 시장거래량은 $q^C =$
60이 되며, 시장가격은 시장수요함수를 통해 $p^C = 40$이 된다. 우리의 예 11-1에
서는 쿠르노균형에서 두 기업의 생산량이 동일하다. 그런데 과점기업들의 비용
함수가 서로 다른 경우 기업의 쿠르노균형 생산량은 서로 다르다.

쿠르노균형이 갖는 의미를 생각해보자. [그림 11-2]의 (a)에서 쿠르노균형을

**그림 11-2**　　**쿠르노균형**

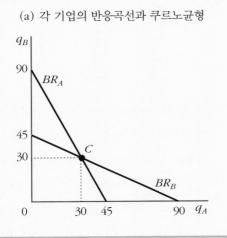

(a) 각 기업의 반응곡선과 쿠르노균형

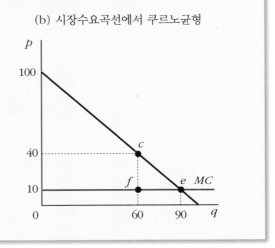

(b) 시장수요곡선에서 쿠르노균형

나타내는 $C$는 기업 $A$의 최적대응곡선 상에 있으면서 기업 $B$의 최적대응곡선 상에도 있는 점이다. $C$가 기업 $A$의 최적대응곡선 상에 있다는 것은 기업 $B$가 30을 생산할 때 기업 $A$도 30을 생산함으로써 이윤을 극대화한다는 것을 뜻한다. 그리고 $C$가 기업 $B$의 반응곡선 상에 있다는 것은 기업 $A$가 30을 생산할 때 기업 $B$도 30을 생산함으로써 이윤을 극대화하고 있다는 것을 보여준다. 따라서 두 기업이 모두 30을 생산하는 쿠르노균형에서는 두 기업이 모두 주어진 상황에서 이윤을 극대화하고 있다. 그리고 소비자들은 자신들의 수요를 충족하게 되므로, 가격수용자로서 효용을 극대화하고 있다. 따라서 쿠르노균형은 기업들이 생산량을 결정하고 시장수요함수에 의해서 가격이 결정되는 상황에서, 기업들은 이윤을 극대화하고 소비자들은 효용을 극대화하는 상태이다.

[그림 11-2]의 (b)는 쿠르노균형을 시장수요곡선 상에 나타낸 것이다. 시장거래량이 60이고 시장가격이 40이므로, 쿠르노균형은 시장수요곡선 상 $c$가 된다. 그런데 사회후생을 극대화하는 생산량은 시장수요곡선과 한계비용곡선이 교차하는 $e$에서 결정된다. 따라서 쿠르노균형을 통한 시장생산량인 60은 사회후생 극대화 생산량인 90보다 적다. 이는 쿠르노모형의 과점시장에서 사회후생 손실이 삼각형 $cef$의 크기만큼 발생함을 의미한다.

**예제 11-1**  동질적인 제품을 생산하는 기업 $A$와 $B$가 있으며, 기업 $A$의 비용함수는 $C_A = c_A \cdot q_A$이고, 기업 $B$의 비용함수는 $C_B = c_B \cdot q_B$이다. 여기서 $0 \le c_A < c_B < 1$이다. 시장수요함수는 $q = 1 - p$이다. 단, $q = q_A + q_B$이다. 쿠르노균형을 $c_A$와 $c_B$를 이용하여 표현하고, 크기를 비교하시오.

## ② 스타켈버그모형

여기서는 독일의 경제학자인 스타켈버그(Stackelberg)가 1952년에 제시한 스타켈버그모형에 대해 분석한다. 스타켈버그모형은 기업의 선택 방식 이외에는 쿠르노모형과 동일하다. 쿠르노모형과는 달리 기업들이 동시에 생산량을 선택하는 것이 아니고, 한 기업이 다른 기업보다 먼저 생산량을 결정한다. 생산량 결정을 먼저 하는 기업을 선도기업(leader), 나중에 결정을 하는 기업을 추종기업(follower)으로 칭하여, 스타켈버그모형을 생산량선도모형(quantity leadership model)으로 부르기도 한다. 예 11-2를 통해 스타켈버그모형에서 기업의 의사결정 방식과 시장균형을 파악한다.

**예 11-2** 두 기업의 생산량 선택 방식 이외에, 시장수요함수, 비용함수 등 모두 예 11-1과 같다. 예 11-1과 달리, 기업 $A$가 생산량을 먼저 결정하며, 기업 $B$가 기업 $A$가 결정한 생산량을 관측한 다음 자신의 생산량을 결정한다.

### (1) 기업 $B$의 최적대응함수

기업 $B$는 추종기업이므로 생산량을 결정할 때 선도기업인 기업 $A$가 이미 결정한 생산량을 알고 있다. 달리 말하면, 기업 $B$는 기업 $A$가 이미 결정한 생산량에 대응하여 자신의 이윤을 극대화하도록 생산량을 결정한다. 쿠르노모형에서 논의할 때와 마찬가지로 기업 $B$의 수입은 $R_B = p \cdot q_B = (100 - q_A - q_B) \cdot q_B$이다. 여기서 독자들이 주목해야 하는 점은 $q_A$가 이미 결정되어 있으므로, 기업 $B$에게는 주어진 조건이 된다는 것이다. 기업 $B$의 한계수입은 $MR_B = \dfrac{dR_B}{dq_B} = 100 - q_A - 2q_B$가 된다. 이윤극대화 조건에 의해, $MR_B = MC = 10$을 만족하는 기업 $B$의 생산량을 구하면 식 (11-3)과 같이 표현된다.

$$q_B = 45 - \frac{1}{2}q_A \tag{11-3}$$

식 (11-3)은 기업 $B$의 최적대응함수 또는 반응함수이다. 기업들이 동시에 생산량을 결정하는 쿠르노모형과는 달리, 식 (11-3)은 이미 결정된 기업 $A$의 생산량에 대응한 기업 $B$의 이윤극대화 생산량을 나타낸다.

### (2) 기업 $A$의 이윤극대화 생산량과 스타켈버그균형

기업 $A$는 선도기업으로 기업 $B$보다 먼저 생산량을 결정한다. 그러므로 생산량을 결정할 때 기업 $B$가 나중에 얼마만큼 생산할지 예측하는 것은 기업 $A$에게 매우 중요하다. 왜냐하면 쿠로노모형에서 논의했듯이 두 기업의 생산량이 시장 가격에 영향을 미치며, 이는 결국 각 기업의 수입에 영향을 주기 때문이다. 그런데 기업 $B$의 생산량 결정 방식은 식 (11-3)과 같음을 기업 $A$는 예측할 수 있다. 그 이유는 식 (11-3)이 기업 $A$의 생산량에 대해 기업 $B$가 자신의 이윤을 극대화하는 생산량을 결정하는 대응을 나타내기 때문이다. 이러한 점을 반영하여 기업 $A$의 수입 $R_A = p \cdot q_A = (100 - q_A - q_B) \cdot q_A$를 아래의 식 (11-4)로 바꿔쓸 수 있다. 식 (11-4)는 기업 $A$가 생산량 $q_A$를 결정하는 시점에서 기업 $A$의 수입이 기업 $A$의 생산량에 의해서만 결정됨을 보여준다.

$$R_A = p \cdot q_A = (100 - q_A - q_B) \cdot q_A$$
$$= [100 - q_A - (45 - \frac{1}{2}q_A)] \cdot q_A = (55 - \frac{1}{2}q_A) \cdot q_A \qquad (11-4)$$

기업 $A$의 한계수입은 $MR_A = \frac{dR_A}{dq_A} = 55 - q_A$가 되므로, 이윤극대화 조건 $MR_A = MC = 10$을 통해 기업 $A$의 이윤극대화 생산량 $q_A^S = 45$를 얻는다. 이에 따른 기업 $B$의 이윤극대화 생산량은 식 (11-3)에 의해 $q_B^S = 22.5$가 된다. 우리는 두 기업의 생산량 조합($q_A^S = 45$, $q_B^S = 22.5$)을 스타켈버그균형(Stackelberg equilibrium)이라 부른다.[20] 스타켈버그균형 상태에서 시장거래량은 $q_S = 67.5$가되고, 시장수요함수에 의해 시장가격은 $p_S = 32.5$가 된다. 스타켈버그균형을 각기업의 생산량 조합의 평면에서 그림으로 표현하면, [그림 11-3]의 (a)의 $S$에서 스타켈버그균형이 이루어진다.

### (3) 비교: 스타켈버그균형과 쿠르노균형

이제 스타켈버그균형과 쿠르노균형을 비교해보자. 우리는 쿠르노모형과 스타켈버그모형을 분석할 때 동일한 시장수요함수와 동일한 생산비용함수를 이용했다. 그럼에도 불구하고 균형에서 서로 다른 결과를 보여준다. 〈표 11-2〉는 스타켈버그모형에서 선도기업의 생산량은 쿠르노모형에서 각 기업의 생산량보다많음을 보여준다. 이에 더하여 선도기업의 이윤도 더 큼을 알 수 있다. 이러한점에서 스타켈버그모형은 선점효과(first mover advantage)에 의해 먼저 의사결정하는 기업이 유리함을 보여준다. [그림 11-3]의 (b)는 스타켈버그균형을 통한 시장생산량이 쿠르노균형을 통한 시장생산량보다 많지만 여전히 사회후생

---

**20** 스타켈버그모형을 8장에서 다룬 게임이론으로 적용하면, 순차적 게임(sequential game)이 된다. 이러한 유형의 게임의 결과를 예측하는 데에 부분게임완전균형 (subgame perfect equilibrium) 개념이 적용된다. 부분게임완전균형을 구하기 위해역진귀납법(backward induction)이 이용된다. 우리의 예 11-2에서도 이 방식이 활용된다. 즉, 기업 $A$가 생산량을 결정할 때 향후에 발생하는 기업 $B$의 생산량 결정 방식인 식 (11-3)을 반영하는 것이다.

**그림 11-3** 스타켈버그균형

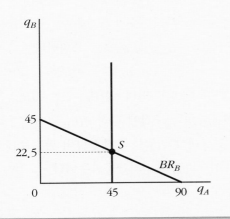

(a) 기업 $B$의 반응곡선과 스타켈버그균형

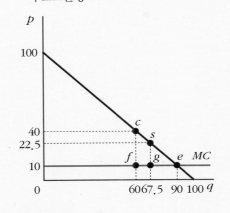

(b) 시장수요곡선에서의 스타켈버그균형과 쿠르노균형

**표 11-2**
스타켈버그
균형과
쿠르노균형

| | 각 기업 생산량 | 시장거래량 | 시장가격 | 각 기업의 이윤 |
|---|---|---|---|---|
| 쿠르노모형 | $q_A^C = q_B^C = 30$ | $q^C = 60$ | $p^C = 40$ | $\pi_A^C = \pi_B^C = 900$ |
| 스타켈버그모형 | $q_A^S = 45$<br>$q_B^S = 22.5$ | $q^S = 67.5$ | $p^S = 32.5$ | $\pi_A^S = 1,012.5$<br>$\pi_B^S = 506.25$ |

극대화 생산량에 미치지 못함을 보여준다. 스타켈버그균형에서 사회후생 손실은 삼각형 $egs$의 크기만큼 발생한다.

## ❸ 쿠르노모형–기업이 셋 이상인 경우

여기서는 기업의 수의 변화에 따라 쿠르노균형이 어떻게 변화하는가를 다룬다. 우리는 예 11-1에서 두 기업이 존재하는 복점시장의 쿠르노모형을 다루었다. 이제 셋 이상의 기업이 존재하는 과점시장으로 확장한다. 이를 예 11-3을 통해 살펴본다.

📖 **11-3** 예 11-3과 마찬가지로 시장수요함수는 $q = 100 - p$이고, 각 기업의 한계비용은 생산량과 관계없이 10인 경우를 분석한다. 그런데 예 11-1과 달리, 시장에는 $n$개의 기업들이 있다. $n$개의 기업들은 모두 동질적인 제품을 생산한다.

### (1) 각 기업의 최적대응함수

먼저 1번 기업의 이윤극대화를 위한 생산량 결정 문제를 생각하자. 예 11-1을 통해 논의한 바와 같이, 1번 기업이 생산량을 결정할 때 경쟁대상 기업들인 2번부터 $n$번까지 각 기업의 생산량을 특정 수준으로 예상한다. 1번 기업부터 $n$번 기업까지 각 기업의 생산량을 $q_1$, $q_2$, $\cdots$, $q_n$으로 표현한다면, $q=q_1+q_2+\cdots+q_n$이므로, 시장가격은 $p=100-q_1-\cdots-q_n$로 쓸 수 있다. 그러면 1번 기업의 수입은 $R_1=(100-q_1-\cdots-q_n)\cdot q_1$이 되며, 한계수입은 $MR_1=\dfrac{dR_1}{dq_1}=100-2q_1-q_2-\cdots-q_n$이 된다. 이윤극대화 조건에 따라 $MR_1=10$을 정리하면, 1번 기업의 이윤극대화 생산량을 경쟁대상 기업들의 생산량의 함수로 식 (11-5)와 같이 나타낼 수 있다: 이것이 1번 기업의 최적대응함수이다.

$$q_1=45-\frac{1}{2}(q_2+\cdots+q_n) \tag{11-5}$$

동일한 방법을 적용하여 2번 기업부터 $n$번 기업까지의 최적대응함수를 추가적으로 구하여 나열하면 식 (11-6)과 같다.

$$q_2=45-\frac{1}{2}(q_1+q_3+\cdots+q_n)$$
$$\vdots$$
$$q_{n-1}=45-\frac{1}{2}(q_1+\cdots+q_{n-2}+q_n) \tag{11-6}$$
$$q_n=45-\frac{1}{2}(q_1+\cdots+q_{n-1})$$

### (2) 쿠르노균형과 사회후생 손실

쿠르노균형은 각 기업의 최적대응이 동시에 이루어지는 생산량의 조합이다. 그리고 이를 구하기 위해서는 각 기업의 최적대응함수들로 구성된 연립방정식을 풀어야 한다. 한편, 모든 기업의 비용함수가 동일한 경우 쿠르노균형에서 모든 기업의 생산량이 같다. 즉, 쿠르노균형에서 $q_1^C=\cdots=q_n^C=q_i^C$가 성립한다. $q_1^C=\cdots=q_n^C=q_i^C$를 식 (11-5)에 대입하면, $q_i^C=45-\frac{1}{2}(n-1)q_i^C$가 되고, 이를 정리하여 $q_i^C=\dfrac{90}{n+1}$를 얻는다. 즉, 쿠르노균형에서 각 기업은 $\dfrac{90}{n+1}$만큼씩 생산하는 것이다. 이에 따라 시장에는 $n$개의 기업이 있으므로, 쿠르노균형에서 시장

그림 11-4    $n$개 기업인 경우 기업 수 변화와 쿠르노균형의 변화

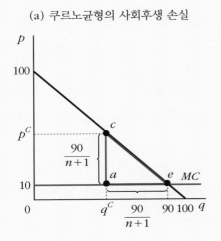

(a) 쿠르노균형의 사회후생 손실

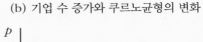
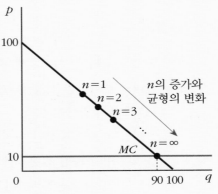

(b) 기업 수 증가와 쿠르노균형의 변화

거래량은 $q^C = n \cdot q_i^C = n \cdot \dfrac{90}{n+1}$이며, 이를 시장수요함수에 대입하면 시장가격은 $p^C = 10 + \dfrac{90}{n+1}$이 된다.

 기업의 수가 $n$개인 경우 쿠르노균형에서 사회후생 손실의 크기를 구해보자. 먼저 사회후생이 극대화되는 상황은 [그림 11-4]의 (a)에서 $p=MC$가 만족되는 점인 $e$에서 달성된다. 쿠르노균형에서 시장거래량이 $q^C$이고 시장가격이 $p^C$이므로, 시장수요곡선 상에서 쿠르노균형은 $c$로 표현된다. 따라서 사회후생 손실은 [그림 11-4]의 (a)에서 붉은색 삼각형 $ace$의 크기가 되며, 이는 $\dfrac{1}{2}\left(\dfrac{90}{n+1}\right)^2$이다.

 이제 기업의 수 변화에 따른 쿠르노균형 생산량과 쿠르노균형에서 시장거래량, 시장가격, 사회후생 손실의 크기 변화를 살펴보자. 이는 예를 들어 [그림

표 11-3
기업 수 변화와
쿠르노균형의
변화

| 기업 수 $n$ | 각 기업의 생산량 $q_i^C$ | 시장거래량 $q^C$ | 시장가격 $p^C$ | 사회후생 손실 |
|---|---|---|---|---|
| 1 | 45 | 45 | 55 | 1,012.5 |
| 2 | 30 | 60 | 40 | 450 |
| 3 | 22.5 | 67.5 | 32.5 | 253.125 |
| ⋮ | | | | |
| ∞ | 0 | 90 | 10=$MC$ | 0 |

326 제IV부  시장 이론

11-4]의 (b)로 나타내지며, 구체적으로는 〈표 11-3〉으로 정리된다. 기업의 수가 증가하면 개별 기업의 쿠르노균형 생산량은 감소한다. 이는 더 나아가 시장에서 개별 기업의 시장점유율이 감소함도 의미한다. 하지만 〈표 11-3〉과 [그림 11-4]의 (b)에서 보는 바와 같이, 기업 수가 증가함에 따라 시장거래량은 증가한다. 이는 기업의 수 증가로 시장이 확대됨을 의미한다. 이에 따라 시장가격은 하락하게 되며, 사회후생 손실도 감소하여 효율성이 증대된다. 기업의 수가 무한대로 증가하면 시장가격은 한계비용 수준인 10으로 수렴하고, 사회후생 손실도 0으로 수렴하게 된다.

이상의 논의는 산업의 시장구조 정책에 중요한 점을 시사한다. 즉, 진입장벽을 낮추어 가능한 많은 기업이 시장에 진입하여 활동할 수 있도록 환경을 조성하는 것이 시장을 통한 효율성 제고 또는 사회후생 증대를 기대할 수 있음을 알려준다.

## 11.3  가격 경쟁 모형

여기서는 11.2와 달리 과점기업이 가격을 의사결정변수로 설정하여 경쟁하는 가격 경쟁 상황에서 균형을 분석한다. 특히, 과점기업이 동질적인 제품을 생산하는 경우와 과점기업이 차별화된 제품(differentiated good)을 생산하여 가격 경쟁을 하는 경우를 구분하여 논의한다.

### 1  버트란드모형

쿠르노의 연구가 발표된 이후 1883년에 프랑스의 수학자이자 경제학자인 버트란드(Bertrand)는 쿠르노모형에 대한 한 가지 중요한 비판을 제기하였다. 가격책정자인 과점기업들은 생산량을 결정하고 가격이 시장수요곡선에 의해 결정된다는 쿠르노모형의 가정이 현실성이 떨어진다는 것이다. 대신에 기업들이 자신이 생산하는 제품에 대한 가격을 책정하는 모형을 제안하였다. 이를 버트란드모형이라고 한다. 예 11-4를 통해 버트란드모형에서 기업의 의사결정 방식과 시장균형을 파악한다.

> **예 11-4** 동질적인 제품을 생산하는 두 개의 기업 $A$와 $B$가 있고, 이들은 시장수요함수가 $q=100-p$인 시장에서 경쟁한다. $p_A$와 $p_B$는 각각 기업 $A$와 $B$가 소비자에게 제시하는 가격을 표시한다. 쿠르노모형에서와 유사하게 각 기업은 각자의 가격을 동시에 한 번만 제시한다. 각 기업의 생산비용함수는 동일하며, 간단하게 고정비용은 0이고, 한계비용 $MC$는 10인 경우를 상정한다.

## (1) 각 기업이 직면하는 수요함수

두 기업이 생산하는 제품이 동질적이므로 효용극대화를 추구하는 소비자는 가장 싸게 판매하는 기업을 선택할 것이다. 이는 두 기업의 제품이 소비자에게 완전대체재임을 의미한다. 따라서 한 기업이 다른 기업보다 높게 가격을 책정한다면 그 기업의 수요는 0이 되는 반면, 낮게 책정하는 경우 그 기업의 수요는 시장수요와 같게 된다. 기업 $A$가 직면하게 되는 수요는 다음과 같다. 기업 $A$의 가격 $p_A$가 기업 $B$의 가격 $p_B$보다 크면 시장가격은 $p=p_B$가 되고, 기업 $A$가 직면하는 수요는 0이다. 기업 $A$의 가격 $p_A$가 기업 $B$의 가격 $p_B$보다 작으면, 시장가격은 $p=p_A$가 되고, 기업 $A$가 직면하는 수요는 시장수요인 $q$가 된다. 만약 두 기업이 제시하는 가격이 동일하면, 시장가격은 $p=p_A=p_B$가 되며, 각 기업은 시장수요의 $\frac{1}{2}$에 직면한다고 하자. 기업 $A$가 직면하는 수요곡선은 [그림 11-5]의

---

**그림 11-5** 기업 $A$가 직면하는 수요곡선, 시장수요곡선, 그리고 버트란드균형

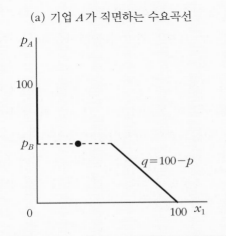
(a) 기업 $A$가 직면하는 수요곡선

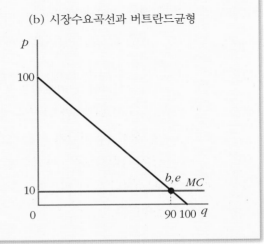
(b) 시장수요곡선과 버트란드균형

(a)와 같다. 기업 $B$의 가격 $p_B$에 대해 $p_A$가 $p_B$보다 크면 $q_A=0$이고, $p_A$가 $p_B$보다 작으면 $q_A=q$이다. 따라서 각 기업이 직면하는 수요곡선은 두 기업의 가격의 크기에 크게 의존하며, 시장수요곡선과 달리 불연속의 선으로 표현된다.

## (2) 버트란드균형

버트란드 모형의 과점 상황을 게임으로 이해할 수 있다. 이 게임에서 두 기업이 동시에 가격을 선택하며, 두 기업의 가격이 정해지면 위의 설명에 따라 각 기업의 수요가 정해지고 이윤이 확정된다. 버트란드 균형은 이 게임의 내쉬균형이다. 이제 내쉬균형을 도출해 보자. 우선 두 기업의 가격 중 낮은 가격이 한계비용보다 낮을 수는 없다. 그 기업은 손실을 보게 되므로 차라리 아무도 구입하지 않을 만큼의 높은 가격을 매기면 이윤이 0이 되어 손실을 피할 수 있기 때문이다. 따라서 균형에서 두 기업의 가격은 최소한 한계비용보다 낮을 수 없다.

두 가격이 한계비용보다 높은 것은 균형이 되지 못한다. 두 가지 가능성이 있는데, 하나는 한 가격이 다른 가격보다 높은 경우이고, 다른 하나는 두 가격이 동일한 경우이다. 전자의 경우에는 더 높은 가격을 매기는 기업이 상대기업보다 약간 낮으면서도 한계비용보다 높은 값으로 이탈할 유인이 있으므로 균형이 되지 못한다. 후자의 경우에는, 시장 수요를 양분하는데 상대보다 약간만 가격을 낮추면 시장 전체를 차지하게 되어 이윤이 거의 두배 증가한다. 따라서 균형이 되지 못한다.

위의 논의로부터, 균형에서는 둘 중 낮은 가격이 한계비용과 일치해야 한다. 다른 가격이 한계비용보다 높은 경우 역시 균형이 되지 못한다. 이번에는 낮은 가격을 매기는 기업이 약간 가격을 높임으로써 이윤을 높일 수 있기 때문이다.

결론적으로, 버트란드균형에서는 두 기업의 가격이 한계비용과 일치해야 한다. 즉, $p_A^B=p_B^B=MC$이며, 이윤은 0이 된다.

예 11-4에서 버트란드균형에서 시장가격은 $p^B=10$이 되며, 시장거래량은 $q^B=90$이 되고, 각 기업이 제시하는 가격이 동일하므로, 각 기업의 생산량은 45가 된다. 각 기업의 이윤은 0이다. 시장가격과 한계비용이 동일하므로, 사회후생은 극대화되어, 사회후생 손실이 발생하지 않는다. [그림 11-5]의 (b)에서 보는 바와 같이 버트란드균형은 $b$로 표현되며 이는 사회후생 극대화 점인 $e$와 동일하다.

## (3) 버트란드 역설

버트란드균형에서 시장가격과 한계비용이 일치한다. 이는 완전경쟁시장의 균형과 동일하다. 두 경우 균형은 동일하지만 시장 구조는 매우 상이하다. 완전경쟁시장에는 기업의 수가 무수히 많은 반면, 우리가 상정한 과점시장의 버트란드모형에서 기업의 수는 단지 2개일 뿐이다. 그럼에도 불구하고 완전경쟁시장의 균형과 같은 결과가 도출된 것이다.

기업이 생산량을 결정하는 쿠르노모형을 비판하고, 보다 현실적으로 기업들이 가격 책정을 통해 경쟁하는 모형을 제시한 버트란드는 단지 두 개의 기업이 가격경쟁을 함에도 불구하고 완전경쟁의 결과가 얻어진다는, 또 다른 비현실적인 결과에 직면하게 된 것이다. 이러한 결과를 버트란드 역설(Bertrand paradox)이라 한다.

> **예제 11-2**
>
> 시장수요함수가 $q=100-p$인 시장에서 동질적인 제품을 생산하는 두 기업 $A$와 $B$가 가격경쟁을 한다고 하자. 우리의 예 11-4와 달리 기업 $A$의 한계비용은 10이지만 기업 $B$의 한계비용은 30이라고 하자. 이 경우 버트란드균형을 구하고 각 기업의 마진율을 구하시오. 그리고 버트란드 역설에 대해 논의하시오.

### 쿠르노모형 vs. 버트란드모형

과점기업이 생산량만 결정하고 가격은 시장수요함수에 의해서 결정된다는 쿠르노모형보다는 기업들이 가격을 책정하는 버트란드모형이 현실성이 있어 보인다. 그러나 완전경쟁균형에서처럼 가격과 한계비용이 일치하는 버트란드균형보다는 가격이 한계비용보다 높아서 과점기업들의 시장력(market power)이 반영되는 쿠르노균형이 현실성이 있어 보인다. 쿠르노모형과 버트란드모형 중 어떤 것이 보다 현실에 부합하는가는 오랜 논쟁이었다. 이에 대해 크렙스와 쉐인크만(Kreps and Sheinkman, 1983)은 흥미로운 주장을 하였다. 이들은 기업들이 쿠르노모형의 생산량 경쟁을 먼저 하고, 그 후 주어진 생산량에 대해 버트란드모형과 같이 가격경쟁을 하는 상황을 고려하였다. 자동차와 같이 생산용량을 쉽게 변화시킬 수 없는 산업에서 생산용량을 미리 설정하고 그 후 기업들은 주어진 생산량으로 가격경쟁을 하는 것이 일반적이다. 크렙스와 쉐인크만은 이러한 상황에서의 균형은 쿠르노균형과 일치하는 결과를 발견하였다. 이들의 결과는 쿠르노모형은 생산에 긴 시간이 소요되는 경우에 적합한 반면, 생산기간이 짧거나 주문생산을 하는 경우에는 버틀란드모형이 적합할 수 있음을 시사한다.

## 2 제품차별과 가격경쟁모형

동질적인 제품을 생산하는 기업 간 가격경쟁에서 단지 두 개의 기업만으로도 완전경쟁시장과 같이 시장가격이 한계비용과 동일하고 기업의 이윤이 0이 되는 버트란드 역설이 얻어지는 이유는 버트란드모형이 설정한 여러 특수한 환경에 기인할 수 있다. 여기서는 보다 현실적으로 과점기업들이 차별화된 상품을 생산하면서 가격경쟁을 하는 상황을 상정한다. 기업들은 각자 제공하는 상품들이 다름에도 불구하고 서로 경쟁관계에 있는 경우가 일반적이다. 예를 들어, 자동차시장에서 동일한 성능이라도 차체나 디자인이 다른 자동차들이 경쟁하고 있다. 이처럼 상품의 품질은 대동소이하지만 상품의 특성이 서로 다른 현상을 수평적 상품차별화(horizontal product differentiation)라 한다. 반면에, 상품의 특성은 동일하지만 품질이 서로 다른 경우를 수직적 상품차별화(vertical product differentiation)라 부른다. 여기서는 기업이 제공하는 제품들에 대해 소비자들이 차별성을 갖는 경우 가격경쟁의 특성을 예 11–5를 통해 살펴본다.

例 11–5  두 개의 기업 $A$와 $B$가 생산하는 상품들에 대해 소비자들은 차별적인 선호를 가지고 있어, 각 기업은 다음과 같은 수요함수에 직면하고 있다.

기업 $A$가 직면하는 수요함수: $q_A = 100 - p_A + \frac{1}{2}p_B$

기업 $B$가 직면하는 수요함수: $q_B = 100 - p_B + \frac{1}{2}p_A$

버트란드모형과 마찬가지로 각 기업은 자신의 가격을 동시에 한 번만 제시한다. 또한 각 기업의 생산비용함수는 동일하며, 간단하게 고정비용은 0이고, 한계비용이 10인 비용함수를 가정한다.

### (1) 각 기업이 직면하는 수요함수의 특성

예 11–5에서 각 기업이 직면하는 수요함수는 네 가지 특징을 나타낸다. 예를 들어, 기업 $A$의 수요함수를 살펴보자. 첫째, 수요함수는 자신이 소비자에게 제시하는 가격 $p_A$와 자신이 직면하는 수요량 $q_A$는 역($-$)의 관계를 가짐을 나타낸다. 이는 수요의 법칙과 동일한 의미이다. 둘째, 수요함수는 버트란드모형에서와 달리 기업 $A$의 가격이 기업 $B$의 가격보다 높더라도 수요량이 0이 되지 않는다. 이는 두 기업에 제공하는 상품들의 차별성에 의해 기업 $A$의 상품을 기업 $B$의 상품보다 상당히 선호하는 소비자들이 존재함을 의미한다. 셋째, 수요함수는 자신의 수요가 자신의 가격뿐만 아니라 경쟁대상 기업의 가격에도 영향을 받는데, 경쟁 기업이 제시하는 가격 $p_B$와 자신이 직면하는 수요량 $q_A$는 정($+$)의 관계에 있음을 보여준다. 경쟁대상인 기업 $B$가 가격을 올리면 기업 $A$는 가격을 변화시키기 않더라도 수요량이 증가한다. 이는 기업 $A$와 $B$의 제품이 대체관계가 있음을 의미한다. 마지막으로, 수요함수는 자신의 수요가 경쟁대상 기업의 가격보다 자신의 가격에 더 영향을 받음을 보여준다. 예를 들어, 기업 $A$와 $B$의 제품가격이 똑같이 1만큼 상승한다면, 기업 $A$의 수요량은 1/2만큼 감소한다.

## (2) 최적대응함수

이제 경쟁대상 기업이 제시하는 가격에 대해 한 기업의 이윤극대화를 위한 가격설정 방식을 알아보자. 즉, 한 기업의 최적대응함수를 구하고자 한다. 이를 위해 먼저 기업 $A$의 이윤극대화 문제를 다룬다.

기업 $A$와 $B$가 각각 $p_A$와 $p_B$의 가격을 제시할 때, 기업 $A$가 직면하는 수요함수는 $q_A = 100 - p_A + \frac{1}{2}p_B$이므로, 기업 $A$의 수입은 $R_A = p_A \cdot q_A = p_A \cdot (100 - p_A + \frac{1}{2}p_B)$이고 생산비용은 $C_A = 10q_A = 10(100 - p_A + \frac{1}{2}p_B)$로 표현된다. 이에 따라 기업 $A$의 이윤은 $\pi_A(p_A,\ p_B) = (p_A - 10) \cdot (100 - p_A + \frac{1}{2}p_B)$로 나타낼 수 있다. 기업 $A$의 이윤함수에 의하면, 기업 $A$의 이윤은 자신의 가격뿐만 아니라 경쟁대상 기업의 가격에 의해서도 영향을 받는다.

이제 기업 $A$가 자신의 가격 $p_A$를 한 단위 증가시킬 때 수입의 변화인 한계수입과 비용의 변화인 한계비용을 구해보자. 아마 독자들은 여기서 적지 않게 놀랄 수도 있을 것이다. 왜냐하면 이전까지는 한계수입과 한계비용은 생산량 한 단위 증가시킬 때 각각 수입과 비용의 변화를 지칭하는 용어로 사용되었기 때문이다. 그런데 한계수입과 한계비용은 의사결정대상의 한 단위 변화에 따른 수입과 비용의 변화라는 의미에서 의사결정대상이 생산량 또는 가격에 상관없이 사

그림 11-6    기업의 최적대응곡선과 균형

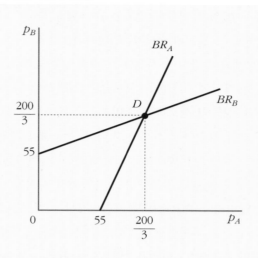

용될 수 있다.

기업 $A$의 수입이 $R_A = p_A \cdot (100 - p_A + \frac{1}{2}p_B)$이므로, $p_A$가 1만큼 증가할 때, 가격 상승에 따른 수입 증가분은 $(100 - p_A + \frac{1}{2}p_B)$이고, 가격 상승에 의해 수요가 1만큼 감소하므로 이에 따른 수입 감소분은 $p_A$이다. 따라서 수입을 가격에 대해 한 번 미분하여 얻은 기업 $A$의 한계수입은 $MR_A = \frac{dR_A}{dp_A} = 100 - 2p_A + \frac{1}{2}p_B$가 된다. 기업 $A$의 비용은 $C_A = 10(100 - p_A + \frac{1}{2}p_B)$이므로, $p_A$가 1만큼 증가할 때, 수요가 1만큼 감소하므로 이에 따른 비용 감소분은 10이다. 따라서 비용함수를 가격에 대해 한 번 미분하여 얻은 기업 $A$의 한계비용은 $MC_A = \frac{dC_A}{dp_A} = -10$이 된다. 이윤극대화 조건 $MR_A = MC_A$를 통해, 기업 $B$가 제시하는 가격 $p_B$에 대해 기업 $A$가 이윤을 극대화하도록 대응하는 가격설정 방식인 최적대응함수는 식 (11-7)과 같이 얻어진다.

$$p_A = 55 + \frac{1}{4}p_B \tag{11-7}$$

식 (11-7)을 $X$축에 기업 $A$의 가격인 $p_A$, $Y$축에 기업 $B$의 가격인 $p_B$로 구성된 평면에 그린 것이 [그림 11-6]에서 $BR_A$이며, 이를 기업 $A$의 최적대응곡선 또는 반응곡선이라고 부른다. 식 (11-7)은 기업 $A$의 이윤극대화를 통해 얻어진 것이므로, $BR_A$는 경쟁대상 기업 $B$의 가격 $p_B$에 대한 기업 $A$의 이윤극대화

가격을 표시한 것이다. [그림 11-6]에서 기업 $A$의 최적대응곡선이 우상향함을 볼 수 있는데, 이는 최적대응함수 식 (11-7)에서 기업 $B$의 가격 $p_B$ 앞의 부호가 양(+)이기 때문이며, 기업 $B$의 가격 $p_B$에 대해 기업 $A$는 같은 방향으로 대응하는 것이 이윤극대화에 부합함을 보여준다. 차별화된 제품의 가격경쟁모형에서 한 기업의 이윤극대화 가격이 경쟁대상 기업의 가격 증가(감소)에 대해 같은 방향으로 증가(감소)의 반응을 나타낸다는 점에서 이러한 성격의 게임을 전략적 보완 게임(strategic complements game)이라 부른다. 이는 앞서 쿠르노모형과 같은 전략적 대체게임과 정반대의 특성이다.

### (3) 차별화된 제품의 가격경쟁균형

균형은 기업들의 최적대응이 동시에 만족되는 생산량 또는 가격의 조합이다. 예 11-5에서 기업 $A$의 최적대응함수를 $p_A = 55 + \frac{1}{4}p_B$로 구했다. 동일한 방법을 적용하면, 기업 $B$의 최적대응함수는 $p_B = 55 + \frac{1}{4}p_A$가 된다. 기업 $B$도 이윤극대화 가격설정에 있어 전략적 보완의 특성을 보임을 알 수 있다. [그림 11-6]에서 보는 바와 같이 두 기업의 최적대응곡선이 교차하는 점 $D$가 균형이 되며, 우리는 모형에서는 $p_A^D = p_B^D = 220/3$이다.

## 11.4 담합

과점시장의 균형은 기업들이 경쟁을 하는지, 또는 담합(collusion)을 하는지에 따라 크게 달라진다. 지금까지 다룬 과점시장에 대한 분석은 모두 기업들이 경쟁을 하는 경우에 해당한다. 여기서는 과점시장에서 기업들이 담합을 하는 경우를 분석한다.

### 1 담합의 가능성

담합이란 과점기업들이 생산량이나 가격에 대해 협조적으로 또는 공동으로 의사결정을 하는 행위를 말한다. 종종 담합 적발 및 과징금 부과에 대한 기사를 접한다. 이는 많은 기업들이 담합을 실제로 시행하고 있으나, 이를 금지하는 법이 있고 담합을 적발하는 조직도 있음을 의미한다. 기업들이 생산량이나 가격결정에 있어 독자적으로 하지 않고, 공동으로 하려는 이유가 무엇일까? 독자적으로 생산량이나 가격을 결정한다는 것은 기업들이 서로 경쟁을 하고 있음을 의미한다. 기업들이 생산량 경쟁을 하는 경우 기업의 수가 많을수록 경쟁이 치열해져 시장가격은 낮아지고 개별 기업이 시장에서 차지하는 비중은 낮아져 결국 이윤이 감소한다. 따라서 기업들이 본질적으로 경쟁을 원하지 않음을 의미한다. 따라서 기업들은 경쟁을 회피하기 위해 다양한 방법을 고안하고 있는데, 그 중 대표적인 것이 협조적 또는 공동으로 생산량이나 가격을 결정하여 이윤을 높일 것을 기대한다. 기업이 경쟁을 회피하려는 목적은 시장력을 확보하기 위함이다. 경쟁 회피는 담합뿐만 아니라 경쟁관계에 있는 기업들이 품질이나 다양한 특성에서 서로 다른 제품을 제공하는 차별화 추구를 통해서도 가능하다.

공동으로 의사결정을 하는 기업들은 실질적으로 한 기업처럼 행동하는 것으로 볼 수 있다. 이는 시장에서 기업의 수를 줄이는 효과를 가져온다. 기업의 수가 감소하면 개별 기업의 생산량은 증가할 수 있지만, 시장 전체의 거래량은 감소하는 반면, 시장가격은 상승할 수 있다. 이는 결국 소비자잉여뿐만 아니라 사회후생마저도 열악하게 만든다. 이러한 이유로 우리나라뿐만 아니라 세계 대부분의 국가에서 담합은 금지대상임이 법으로 규정되어 있다. 우리나라에서는 소위 공정거래법이라 일컬어지고 있는 "독점규제 및 공정거래에 관한 법률"에서 담합은 금지행위로 규정되어 있다.

모든 과점기업들이 항상 담합에 참여하려는 유인을 갖는 것이 아니다. 담합을 유지하는 것보다 그것을 깨고 독자적으로 행동하는 것이 오히려 더 높은 이윤을 가져다 줄 것으로 예상하는 경제적 동기가 숨어있다. 아래에서 이에 대해 예 11-6을 통해 자세히 논의한다.

## ② 담합의 유지 가능성

여기서는 두 기업이 생산량을 결정하는 상황에서 (i) 쿠르노모형과 같이 독자적으로 생산량을 결정하는 경우와 (ii) 담합을 통해 공동으로 생산량을 결정하는 경우의 결과들을 예측하고 비교한다. 이에 더하여 담합의 유지 가능성에 대해서도 검토한다.

**예 11-6** 예 11-1과 동일하다. 동질적인 제품을 생산하는 두 개의 기업 $A$와 $B$는 시장수요함수가 $q=100-p$인 시장에서 각자의 생산량 선택을 통해 경쟁하고 있다. 여기서 $p$와 $q$는 각각 시장가격과 시장수요량을 나타낸다. 기업 $A$와 $B$의 생산량은 각각 $q_A$와 $q_B$이며, 시장거래량은 $q=q_A+q_B$로 표현된다. 각 기업의 생산비용함수는 동일하며, 간단하게 고정비용은 0이고, 한계비용 $MC$는 10인 경우를 상정한다.

## (1) 쿠르노균형과 담합

두 기업이 독자적으로 생산량을 결정하는 경우는 담합이 발생하지 않는 경쟁적인 상황으로, 쿠르노균형과 동일하다. 기업 $A$와 $B$은 각각의 최적대응함수인 $q_A=45-\frac{1}{2}q_B$와 $q_B=45-\frac{1}{2}q_A$가 동시에 만족되는 생산량을 결정한다. 즉, 기업 $A$와 $B$는 각각 $q_A^C=q_B^C=30$를 생산하고, 시장거래량은 $q^C=60$이 되며, 시장가격은 시장수요함수를 통해 $p^C=40$이 된다. 이때 각 기업의 이윤은 $\pi_A^C=\pi_B^C=900$이다. [그림 11-7]의 (a)에서 두 기업의 최적대응곡선이 교차하는 $C$가 이를 나타낸다.

담합이 이루어진 경우는 두 기업이 한 기업처럼 행동하는 것이다. 이를 달리 표현하면, 두 기업의 이윤의 합을 결합이윤이라 일컫는데, 담합의 목적은 결합이윤극대화가 된다. 우리의 예 11-6에서는 애초에 시장에 두 기업만 있으므로, 두 기업은 담합을 통해 독점기업처럼 행동한다. 두 기업이 형성한 카르텔을[21] $M$이라 칭하면, $M$은 결합이윤이 극대화되도록 기업 $A$와 $B$의 생산량을 동시에 결정한다. 기업 $A$와 $B$가 각각 $q_A$와 $q_B$를 생산할 때 기업 $A$와 $B$의 이윤은 각각 $\pi_A=(100-q_A-q_B)\cdot q_A-10q_A$와 $\pi_B=(100-q_A-q_B)\cdot q_B-10q_B$이다. 따라서 카르텔 $M$의 결합이윤은 $\pi_M=(100-q_A-q_B)\cdot q_A+(100-q_A-q_B)\cdot q_B-10q_A-10q_B$이다. 생산량 $q_A$를 한 단위 증가시킬 때 발생되는 한계수입은 $100-2q_A-2q_B$이며, 한계비용은 10이다. 한계수입과 한계비용이 일치하는 기업 $A$의 생산에 의한 결합이윤극대화 생산량은 $q_A=45-q_B$를 만족한다. 동일한 방법을 적용하면, 기업 $B$의 생산에 의한 결합이윤극대화 생산량은 $q_B=45-q_A$를 만족한

---

**21** 담합은 기업들의 공동행위를 일컬으며, 카르텔(cartel)은 그러한 공동행위를 하는 조직 또는 기구를 말한다. 카르텔의 대표적 예가 석유수출국기구(OPEC)로, 이 기구에 참여하는 회원국들은 원유생산량 조절을 공동으로 결정하고 있다.

그림 11-7    쿠르노균형과 담합

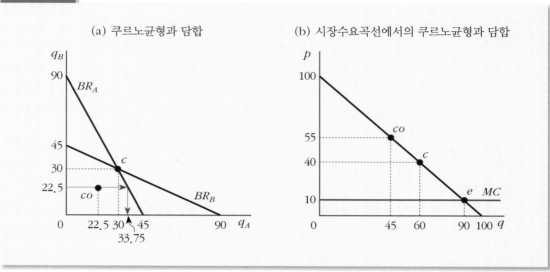

(a) 쿠르노균형과 담합          (b) 시장수요곡선에서의 쿠르노균형과 담합

다. 이를 통해, $q_A + q_B = 45$의 관계를 얻는다. 카르텔 $M$에서 기업 $A$와 $B$가 동일한 양을 생산하는 것으로 약속한다면, $q_A = q_B$가 된다. 따라서 (i)과 (ii)를 통해 $q_A^{CO} = q_B^{CO} = 22.5$가 되고, 시장생산량은 $q^{CO} = 45$, 시장수요함수를 통한 시장가격은 $p^{CO} = 55$가 된다. 그러면 각 기업의 이윤은 $A^{CO} = B^{CO} = 1,012.5$가 된다. [그림 11-7]의 (b)에서 $co$가 이를 나타낸다.

## (2) 담합의 유지가능성과 용의자 딜레마

앞에서 담합이 이루어지는 경우 각 기업의 이윤은 1,012.5로 독자적 의사결정을 통한 생산량 경쟁인 경우의 이윤인 900보다 큼을 살펴보았다. 이것이 바로 기업이 담합에 참여하려는 동기를 제공하는 것이다.

두 기업이 담합에 참여하여 각 기업은 22.5씩 생산하고 있다고 하자. 이제부터 우리는 이러한 담합이 계속 유지될 수 있는가에 대해 살펴본다. 기업 $B$는 약속된 생산량 22.5를 생산하는 반면, 기업 $A$는 약속을 어기고 30만큼 생산한다고 하자. 그러면 시장거래량은 52.5, 시장가격은 47.5가 되고, 기업 $A$의 이윤은 $47.5 \times 30 - 10 \times 30 = 1,125$로 크게 증가하여 담합을 유지할 때의 이윤보다 높은 이윤을 얻게 된다. 기업 $B$가 담합의 약속을 지키는 한, 기업 $A$는 약속된 담합 생산량보다 더 많이 생산하는 것이 이윤을 높이므로 약속을 지킬 이유가 없다.

달리 말하면, 이는 담합이 유지될 수 없는 경제적 동기가 존재함을 보여주는 것이다.

담합이 붕괴되는 경제적 동기가 존재하는 이유가 무엇일까? 이는 [그림 11-7]5의 (a)에서 보는 바와 같이, 담합의 생산량은 각 기업의 최적대응곡선에 존재하지 않기 때문이다. 부연하면, 담합의 파트너인 기업 $B$가 담합 생산량을 유지할 때, 기업 $A$는 담합 생산량을 유지하는 것보다 최적대응곡선에 위치한 생산량까지 늘리는 것을 통해 이윤극대화를 달성할 수 있다. 우리의 예 11-6에서 기업 $A$와 $B$ 각각의 최적대응함수는 $q_A=45-\frac{1}{2}q_B$와 $q_B=45-\frac{1}{2}q_A$이다. 기업 $B$가 담합을 통해 약속된 생산량 $q_B^{CO}=22.5$를 생산한다면 기업 $A$는 위에서 살펴본 30의 생산량에 그치지 않고 최적대응곡선에 있는 33.75의 생산을 통해 자신의 이윤을 극대화할 수 있다. 기업 $A$가 담합을 깨고 나가면, 기업 $B$도 담합 생산량을 유지할 이유가 없으며, 이제는 생산량 경쟁 상황이 되어, 종국에는 쿠르노균형에서 생산량에 이르게 된다. 따라서 담합은 균형이 되지 않는다.

경쟁을 통해 얻는 이윤보다 담합을 통해 더 높은 이윤을 얻을 수 있으므로, 두 기업에게 담합은 아마도 도달하고 싶은 상태일 것이다. 그런데 각 기업은 담합에서 이탈하려는 유인도 가지고 있어, 종국에는 경쟁의 상황으로 회귀되는 문제에 직면하게 된다. 달리 말하면, 도달하고 싶은 상태가 존재하나 경제적 동기로 이르지 못하고 가장 열악한 상황에 직면하게 된다. 이는 8장에서 공부한 용의자의 딜레마(prisoner's dilemma) 게임과 유사하다.

> **예제 11-3**  두 기업 $A$와 $B$가 존재하며 시장수요함수가 $q=120-p$인 과점시장이 있다. $q_A$와 $q_B$는 각각 기업 $A$와 $B$의 생산량이며, $p$는 시장가격이고, 시장거래량은 $q=q_A+q_B$이다. 두 기업의 비용함수는 동일하며, 예를 들어 기업 $A$의 비용함수는 $C_A=q_A^2$로 표현된다. 담합에서 두 기업의 생산량이 동일할 때 각 기업의 이윤을 구하시오.

## 11.5  가격선도모형

　이제까지의 논의에서는 생산능력이 비슷한 생산자들로 구성된 과점시장에서 균형을 묘사하였다. 여기서는 생산능력이 우수한 하나의 기업과 생산능력이 상대적으로 열위에 있는 군소기업들로 구성된 시장상황을 고려한다. 가격선도모형은 생산능력이 우수한 기업이 가격선도자(price leader)로서 시장가격을 설정하고, 군소기업들(fringe)은 이를 그대로 받아들이는 상황을 설명하기 위해 고안된 모형이다. 이 모형에서 각 기업의 의사결정 방식과 시장균형을 예 11-7을 통해 살펴본다.

> 예 11-7  시장가격을 $p$, 시장수요량을 $q$로 나타낸 시장수요함수가 $q=100-p$ 라고 하자. 가격선도자를 $A$라 부르고, 생산비용함수는 $C_A(q_A)=10q_A$라 하자. 시장에는 100개의 군소기업들이 있고, 각 군소기업의 생산량을 $q_i$로 표현하자. 각 군소기업들은 동일한 기술수준을 가지고 있고, 한계생산비용은 $MC_i=100q_i$ 로 가정한다. 가격선도자 $A$의 한계비용은 $MC_A=10$이다. 가격선도자는 시장가격을 먼저 결정한다. 즉, 가격선도자 $A$는 가격설정자(price setter)이다. 그 후 군소기업들은 가격선도자가 설정한 시장가격에 대해 가격수용자(price-taker)로서 생산량을 각각 결정한다.

　가격선도자 $A$가 시장가격을 $p$로 설정했다고 하자. 가격수용자인 각 군소기업은 이윤극대화 조건 $p=MC_i=100q_i$에 따라 $q_i=\frac{1}{100}p$만큼 생산한다. 이는 개별 군소기업의 공급함수가 된다. 6장에서 논의한 바와 같이 가격수용자의 이윤극대화 생산량 결정에 의해 각 군소기업의 공급함수가 존재한다. 군소기업 전체의 생산량을 $q_F$로 표현한다면, 군소기업이 100개가 있으므로 가격선도자가 설정한 시장가격에 의해 $q_F=100q_i=p$가 성립한다. 우리는 이를 군소기업 전체의 공급함수라 부를 수 있다.

　스타켈버그모형에서 생산량을 먼저 결정하는 기업의 행동과 유사하게 가격선도자 $A$는 자신이 시장가격을 $p$로 설정한다면 나중에 군소기업들 전체가 $q_F$만큼 공급할 것을 예상하고, 이를 자신의 이윤극대화 행동에 반영한다. 가격선도자 $A$가 시장가격을 $p$로 설정할 때 자신의 생산량은 $q_A=q-q_F$이다. $q=100-p$이고, 군소기업들에 의해 $q_F=p$이므로, 가격선도자 $A$가 직면하는 수요함수는

그림 11-8    가격선도자의 이윤극대화와 시장균형

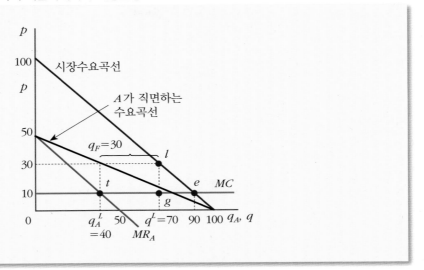

$q_A = 100 - 2p$가 된다.

이제 가격선도자의 이윤극대화를 위한 가격설정을 살펴보자. 그런데 가격선도자 입장에서 가격을 설정하나 생산량을 설정하나 동일한 결과를 얻는다. 왜냐하면, 자신이 설정하는 시장가격과 자신의 생산량이 일대일의 관계를 갖기 때문이다. 여기서는 이윤극대화 생산량 설정으로 설명하고자 한다. 가격선도자 $A$가 직면하는 수요함수는 $q_A = 100 - 2p$이므로, 가격선도자 $A$가 이윤극대화 생산량을 결정하면 가격선도자 $A$가 직면하는 수요함수에 의해 시장가격이 설정된다. 가격선도자 $A$의 수입은 $R_A = p \cdot q_A = (50 - \frac{1}{2}q_A) \cdot q_A$이므로, 가격선도자 $A$의 한계수입은 $MR_A = \frac{dR_A}{dq_A} = 50 - q_A$가 된다. 한계비용은 10이므로, [그림 11-8]의 $t$에서 이윤극대화 조건에 의해 가격선도자 $A$는 $q_A^L = 40$을 생산한다. 시장가격은 가격선도자가 직면하는 수요함수에 의해 결정되므로, 균형시장가격은 $p^L = 30$이 된다.

균형에서 가격선도자는 이윤극대화를 위해 $q_A^L = 40$을 생산하고, 가격선도자가 직면하는 수요함수에 의해 시장가격 $p_L = 30$가 설정되며, 가격수용자인 군소기업들의 공급함수에 의해 100개의 군소기업들의 공급량은 30이 된다. 따라서 각 군소기업은 0.3을 생산한다. [그림 11-8]에서 $l$은 시장수요곡선에서 가격선도균형점을 나타내고 있다. 균형시장가격 $p^L = 30$에서 가격선도자의 거래량 $q_A^L = 40$과 군소기업들의 전체 거래량 $q^F = 30$에 의해 시장거래량은 $q^l = 70$이다.

이는 사회후생 극대화 거래량 90보다 작으므로, 사회후생 손실은 [그림 11-8]에서 삼각형 *egl*의 면적과 같다.

## 연습문제

**11-1**  동질적인 제품을 생산하는 기업 $A$와 $B$가 있으며, 기업 $A$의 비용함수는 $C_A = c_A \cdot q_A$이고, 기업 $B$의 비용함수는 $C_B = c_B \cdot q_B$이다. 여기서 $0 \leq c_A < c_B < 1$이다. 시장수요함수는 $q = 1 - p$이다. $p$는 시장가격이며, $q$는 시장수요량 또는 시장거래량이다. 단, $q = q_A + q_B$이다. 기업 $B$의 한계비용 $c_B$가 30% 인상된다면 기업 $A$와 $B$의 쿠르노균형 생산량은 각각 이전에 비해 얼마만큼 증가 또는 감소하는가?

**11-2**  동질적인 제품을 생산하는 기업 $A$와 $B$가 있으며, 각각의 생산량을 $q_A$과 $q_B$로 표시한다. 시장거래량을 $q$로 표시할 때 $q = q_A + q_B$이다. 기업 $A$의 비용함수는 $C_A = 10 \cdot q_A$이다. 쿠르노균형에서 시장가격이 40이고, 수요의 가격탄력성이 $\frac{2}{3}$이라면, 기업 $A$의 시장점유율을 러너지수를 이용하여 구하시오. (Hint: 시장점유율 $= \dfrac{\text{기업 } A \text{의 생산량}}{\text{시장거래량}}$)

**11-3**  동질적인 제품을 생산하는 기업이 3개가 있다. 시장수요함수는 $q = 100 - p$이다. $p$는 시장가격이며, $q$는 시장수요량 또는 시장거래량이다. 1번 기업부터 3번 기업의 생산량을 각각 $q_1$, $q_2$, $q_3$으로 표시하자. 그러면, $q = q_1 + q_2 + q_3 = \sum_{i=1}^{3} q_i$이다. 각 기업의 고정비용은 0이며, 한계비용은 10이다.

(a) 쿠르노균형에서 각 기업의 이윤을 구하시오.

(b) 이제 1번과 2번 기업들만 담합에 참여한다고 하자. 담합에 참여한 각 기업은 동일한 양을 생산한다고 하자. 담합이 이루질 때 각 기업의 이윤이 증가하는지 검토하고, 1번과 2번 기업들만의 담합이 발생할 것인지 예측하시오.

**11-4**  기업 $A$와 $B$은 서로 차별화된 제품을 생산한다. 기업 $A$가 직면하는 수요함수는 $q_A = 1 - p_A + \frac{2}{3} p_B$이며, 기업 $B$가 직면하는 수요함수는 $q_B = 1 - p_B + \frac{2}{3} p_A$이다. 각 기업의 생산비용은 0이다. $p_A$는 $A$가 제시하는 가격이며, $p_B$는 $B$가 제시하는 가격이다.

(a) 두 기업이 동시에 가격을 결정하는 가격경쟁을 할 때, 균형가격과 이윤의 크기를 구하시오.

(b) 기업 $A$가 먼저 가격을 결정한 후 기업 $B$가 가격을 결정하는 경우 균형가격

을 구하시오.

(c) 두 기업이 담합을 하여 두 기업의 이윤의 합을 극대화하도록 각 제품의 가격 $p_A$와 $p_B$를 동시에 결정하는 경우 균형가격과 이윤의 크기를 구하시오.

**11-5** 기업 $A$와 $B$은 서로 차별화된 제품을 생산한다. 기업 $A$가 직면하는 수요함수는 $q_A = 1 - p_A + a p_B$이며, 기업 $B$가 직면하는 수요함수는 $q_B = 1 - p_B + a p_A$이다. 각 기업의 생산비용은 0이다. $p_A$는 $A$가 제시하는 가격이며, $p_B$는 $B$가 제시하는 가격이다. $a$는 두 기업이 생산하는 제품의 차별화 정도를 나타내는 파라미터이며, $0 < a < 1$이다.

(a) $a$가 1로 수렴할 때, 각 기업의 균형가격을 구하시오.

(b) $a$가 0으로 수렴할 때, 각 기업의 균형가격을 구하시오.

**11-6** 다음은 스타켈버그모형의 변형이다. 시장수요함수는 $q = 100 - p$이다. $p$는 시장가격이며, $q$는 시장수요량 또는 시장거래량이다. 기업 $I$는 기존에 활동하고 있는 기업이다. 기존기업 $I$의 비용함수는 $C_I(q_I) = 30 q_I$이다. $q_I$는 기업 $I$의 생산량을 나타낸다. 기업 $E$는 시장에 진입을 꾀하는 기업이다. 기업 $E$가 시장에 진입하면 $q_E$만큼 생산한다. 기업 $E$의 비용함수는 $C_E(q_E) = 20 q_E + F$이다. $F$는 기업 $E$가 시장에 진입 시 소요되는 진입비용이다. 기업들에 의한 의사결정 순서는 다음과 같다.

> **의사결정 순서**
>
> Stage 1: $I$는 생산량 $q_I$를 결정한다.
>
> Stage 2: $E$는 $q_I$를 관찰하고 진입여부를 결정한다. $E$는 0보다 같거나 큰 이윤이 기대되면 진입하며, 0보다 작은 이윤이 기대되면 진입하지 않는다. 진입하지 않으면 $q = q_I$가 된다. 진입하면 진입비용 $F$를 지출한다.
>
> Stage 3: $E$가 stage 2에서 진입한 경우, 생산량 $q_E$를 결정한다. 진입하면 $q = q_I + q_E$가 된다.

(a) 기존기업 $I$와 진입기업 $E$ 중 어떤 기업이 효율적인 기업인가?

(b) 기업 $E$가 시장에 진출한 경우, stage 3에서 $E$의 최적대응함수를 구하고, 이에 따른 극대화된 $E$의 이윤을 $q_I$와 $F$를 이용하여 표현하시오.

(c) Stage 1에서 기업 $I$가 먼저 생산량을 $q_I=60$으로 설정한다면, 기업 $E$가 진입할 수 있는 진입비용 $F$의 최댓값을 구하시오.

(d) $F=400$이라 하자. Stage 1에서 기업 $I$의 이윤극대화 생산량을 구하시오. 그리고 이 이윤극대화 생산량의 경제적 의미를 기술하시오.

**11-7** 시장수요함수는 $q=120-p$이고, 시장에는 비용함수가 $C_A=q_A^2$인 하나의 가격선도자 기업 $A$와 동일한 비용함수 $C_i=5q_i^2$를 갖는 10개의 군소기업들이 있다.

(a) 군소기업의 시장공급함수를 구하시오.

(b) 가격선도자 기업 $A$가 설정하는 균형가격을 구하시오.

이 장에서는 경제 내에 존재하는 모든 상품들의 시장을 동시에 분석하는 일반균형이론에 대하여 소개한다. 이를 위하여 우선 일반경쟁균형의 정확한 정의와 존재 가능성, 왈라스 법칙에 대하여 살펴본다. 그리고 가장 간단한 경우인 2인 · 2상품 교환경제, 2소비자 · 2기업 · 2상품 생산경제 모형을 통하여 일반경쟁균형을 설명한다.

다음으로, 한 경제 상태가 바람직한지를 판단하는 기준으로 효율성과 형평성을 소개한다. 또한 일반경쟁의 균형배분이 효율적임을 살펴보고, 이와 관련된 후생경제학의 기본정리를 소개한다. 마지막으로 사회적 선택의 기초가 되는 사회후생함수를 소개하고 애로우의 불가능성 정리에 대해 살펴본다.

# 12

# 일반균형이론과 후생

12.1 일반균형

12.2 순수교환경제의 일반균형

12.3 생산경제의 일반균형

12.4 시장기구의 효율성

12.5 사회후생함수

12.6 애로우의 불가능성 정리

연습문제

## 12.1 　일반균형

### 1 부분균형이론과 일반균형이론

지금까지는 하나의 상품시장 또는 요소시장만을 경제 전체에서 분리하여 독립적으로 분석하였다. 예를 들어 상품 A를 거래하는 시장만을 독립적 분석 대상으로 하여, 그 시장에서 수요와 공급을 일치시키는 균형가격과 균형거래량을 도출하였다. 이와 같이 특정시장만을 독립적으로 다루는 분석 기법을 부분균형이론(partial equilibrium theory)이라고 한다. 그런데 한 시장에서 거래되는 상품의 수요함수와 공급함수는 일반적으로 다른 시장에서 거래되는 상품들의 가격에도 영향을 받는다. 따라서 부분균형이론의 분석의 결과가 타당하기 위해서는 분석 대상인 시장이 다른 시장의 가격과 거래량의 영향을 받지 않아야 한다. 한 시장에서의 변화는 다른 시장에 영향을 주고, 또한 다른 시장에서의 변화는 이 시장에 영향을 주는 상호의존성이 존재하는 것이 일반적이기 때문에 특정 외생변수의 변화가 경제에 미치는 효과를 제대로 분석하기 위해서는 경제 내에 존재하는 모든 상품시장을 동시에 분석해야 한다. 이처럼 한 경제에 존재하는 모든 상품들의 시장을 동시에 분석하는 기법을 일반균형이론(general equilibrium theory)이라고 한다.

부분균형분석과 일반균형분석의 결과가 상반되게 나타날 수 있다는 간단한 예를 살펴보자. 상품 1은 상품 2의 대체재이고, 상품 2는 상품 1의 보완재인 경우를 상정하여 보자. 만약 상품 1의 생산기술이 발전하여 한계비용이 감소하였다고 하자. 이 경우 상품 1의 시장만 독립적으로 분석하는 부분균형이론에서는 [그림 12-1]의 (a)에서와 같이 상품 1의 공급곡선이 $S_1 S_1$에서 $S_1' S_1'$으로 오른쪽 아래로 이동하여 상품 1의 가격은 $p_1^0$에서 $p_1^1$으로 하락하고 수요량은 증가하게 된다. 하지만 상품 2의 시장도 동시에 분석하면 그 결과는 다음과 같이 상이하게 나타날 수도 있다. 상품 2는 상품 1의 보완재이므로 상품 1의 가격이 하락하면 상품 2의 수요량은 증가하게 된다. 이는 [그림 12-1]의 (b)에서와 같이 상품 2의 수요곡선이 $D_2 D_2$에서 $D_2' D_2'$으로 오른쪽 위로 이동하는 것으로 나타난다. 따라서 상품 2의 가격은 $p_2^0$에서 $p_2^1$으로 상승하게 된다. 상품 1은 상품 2의 대체재이므로 상품 2의 가격 상승은 상품 1의 수요량을 증가시키게 되며 이는 [그림

그림 12-1 부분균형분석과 일반균형분석

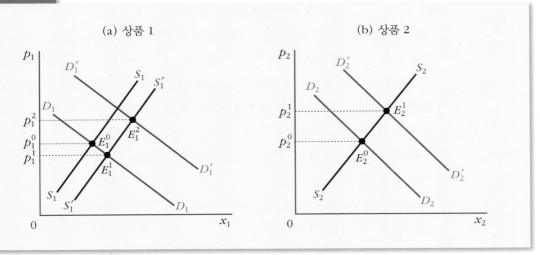

12-1]에서와 같이 상품 1의 수요곡선을 $D_1D_1$에서 $D_1'D_1'$으로 오른쪽 위로 이동시키게 된다. 따라서 상품 1의 가격은 $p_1^1$에서 $p_1^2$로 상승하게 된다. 이처럼 시장 간의 상호작용을 고려하지 않은 부분균형분석과 고려한 일반균형분석의 결과는 상당히 다르게 나타날 수 있으므로 부분균형분석 시에는 시장 간의 상호작용이 없거나 미미한지를 살펴보아야 한다.

## ② 일반경쟁균형

하나의 경제를 다음과 같이 표현해 보자. $I$명의 소비자와 $J$개의 기업, 그리고 $L$종류의 상품이 존재한다. 개별 소비자들의 선호는 합리적이라고 즉, 완전성과 이행성을 충족한다고 가정한다. 한편 개별 소비자 $I$는 초기부존자원(initial endowment) $w_i$를 보유하고 있고 소비묶음 $x_i$를 소비한다. 개별기업은 각각 자신의 생산기술을 나타내는 생산함수를 보유하고 있다. 투입량과 산출량의 묶음을 생산계획(production plan)이라 부르고 $y_j$라고 표기하며, $w_i$, $x_i$, $y_j$는 모두 $L$차원의 벡터이다. 생산계획을 표기할 때 투입요소는 음($-$)의 값이고 산출물은 양($+$)의 값이 된다. 가령, 생산계획이 ($-1$, 2, $-5$)라는 것은 상품 1을 1단위, 상품 3을 5단위 투입하여 상품 2를 2단위 생산한다는 것을 의미한다.

경제 전체적으로 보유하고 있는 상품 $l$의 초기부존자원 $w_l$은 모든 개별 소비자 $I$가 보유하고 있는 상품 $l$의 초기부존자원 $w_{li}$의 합이 된다. 즉, $w_l = \sum_{i=1}^{I} w_{li}$이다. 따라서 경제 전체의 초기부존자원은 $w = (w_1, w_2, \cdots, w_L)$가 된다. 소비자 $i$의 소비묶음 $x_i$와 기업 $j$의 생산계획 $y_j$의 조합 $(x, y) = (x_1, \cdots, x_I, y_1, \cdots, y_J)$를 배분(allocation)이라 한다. 상품 $l$에 대하여 총수요 $\sum_{i=1}^{I} w_{li}$가 경제 전체의 총부존량과 총생산량의 합인 $w_l + \sum_{j=1}^{J} y_{lj}$과 같으면 그러한 배분은 경제 전체적으로 소비가능하기 때문에 실현가능배분(feasible allocation)이라 부른다. 모든 실현가능배분들의 집합을 $A$라고 하자. 상품 $l$의 가격 $p_l \geq 0$의 조합 $p = (p_1, \cdots, p_L)$을 가격벡터(price vector)라고 한다.

본 장에서는 소비자와 기업이 모두 가격수용자(price-taker)로 행동하는 $L$ 종류의 상품시장으로 구성된 경제를 분석한다. 이러한 경제에서 모든 소비자가 주어진 예산제약하에서 효용을 극대화하고, 모든 기업은 주어진 기술조건하에서 이윤을 극대화하기 위하여 합리적으로 행동하고, 모든 상품시장에서 수요와 공급이 일치하는 상태를 일반경쟁균형(general competitive equilibrium) 또는 왈라스 균형(Walrasian equilibrium)이라고 한다. 이러한 일반경쟁균형을 보다 엄밀히 정의하면 다음과 같다.

---

소비자의 소비묶음, 생산자의 생산계획, 그리고 가격벡터의 조합인 $(x^*, y^*, p^*)$가 다음의 세 가지 조건을 만족하면 이 조합을 **일반경쟁균형**이라 한다.

첫째, 모든 기업 $j$는 주어진 생산기술에서 이윤을 극대화하도록 투입요소와 산출물의 조합인 생산계획 $y_j^*$를 선택한다.

둘째, 모든 소비자 $i$는 주어진 예산집합에서 효용을 극대화하는 소비묶음 $x_i^*$를 선택한다.

셋째, 모든 상품 $l$의 시장에서 수요량과 공급량은 일치하여 초과수요나 초과공급이 발생하지 않는다.

---

일반경쟁균형 $(x^*, y^*, p^*)$에서 $(x^*, y^*)$를 균형배분(equilibrium allocation), $p^*$를 균형가격벡터(equlibriu price vector)라고 부른다.

일반경쟁균형은 소비자와 기업이 각각 효용극대화, 이윤극대화 행동을 하고 그 극대화 행동에서 모든 상품시장이 청산되는 상태이다. 상품 $l$의 초과수요를 $z_l(p)$라고 정의하면 주어진 경제에서 상품 $l$의 초과수요는 다음과 같다.

$$Z_l(p) = \sum_{i=1}^{I} x_{li} - (w_l + \sum_{j=1}^{J} y_{lj})$$

일반경쟁균형은 다음의 연립방정식의 해가 된다.

$$Z_1(p) = 0$$
$$Z_2(p) = 0$$
$$\vdots$$
$$Z_L(p) = 0 \tag{12-1}$$

연립방정식 (12-1)은 사실상 $(L-1)$개의 식으로 구성된 연립방정식이다. 이 것은 왈라스 법칙(Walras' law)에 기인한다. 이 법칙에 의하면 주어진 가격벡터 $p$에서 경제 전체의 총수요의 시장가치와 총공급의 시장가치는 항상 일치한다.

$$\sum_{l=1}^{L} p_l Z_l(p) = 0 \tag{12-2}$$

식 (12-2)는 경제 전체의 총초과수요의 가치는 항상 0임을 의미하며, 각 소비자의 소비묶음이 자신의 예산제약식을 충족한다는 사실로부터 도출된다. 만약 상품 1, 2, …, $L-1$ 시장에서 각각 총수요량과 총공급량이 같다면, 즉 시장이 균형이라면 $Z_1(p) = \cdots = Z_{L-1}(p) = 0$이므로 식 (12-2)에서 $Z_L(p) = 0$이 성립한다. 즉, 경제 내 $n$개의 상품시장 중에서 $(n-1)$개의 시장이 균형 상태이면 나머지 시장도 균형상태가 되어야 한다.

한편 모든 가격이 동일한 비율로 변하면 소비자의 최적소비 $x_{li}^*(p)$와 기업의 이윤극대화 생산량 $y_{lj}^*(p)$은 소비자이론과, 생산자이론에서 살펴본 바와 같이 변하지 않기 때문에 모든 가격이 동일한 비율로 변하면 초과수요함수도 변하지 않게 된다. 즉 가격체계 $p^* = (p_1^*, \cdots, p_l^*)$가 연립방정식 (12-1)을 충족하는 균형가격체계라면 임의의 양의 실수 $\lambda$를 곱한 $p = (\lambda p_1^*, \cdots, \lambda p_L^*)$도 연립방정식 (12-1)을 충족하는 균형가격체계가 된다. 그러므로 $\lambda = \dfrac{1}{p_L^*}$라고 두면 $p = \left( \dfrac{p_1^*}{p_L^*}, \dfrac{p_2^*}{p_L^*} \cdots, 1 \right)$도 균형가격체계가 되므로 한 상품(예를 들어, 상품 $L$)의 가격을 1이라 두어도 무방하다. 가격이 1로 정해지는 상품을 단위가격재화 (numeraire)라고 한다. 이처럼 식 (12-1)은 $(L-1)$개의 식으로 구성된 연립방정식이며, 변수인 가격도 $(L-1)$개만 자유롭게 변하므로 식 (12-1)은 식의 수와 변수의 수가 동일한 연립방정식이다. 이 연립방정식의 해의 존재 여부는 소비자의 최적선택을 나타내는 수요함수 $x_{li}^*(p)$와 기업의 공급함수 $y_{lj}^*(p)$의 특성

**그림 12-2**   일반경쟁균형의 존재

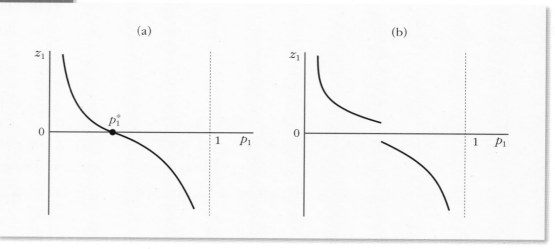

에 의존한다. 상품의 종류가 두 가지인 경우, 왈라스의 법칙에 의하면 균형가격
체계는 상품 1의 초과수요를 0으로 만들어 주는 $p^* = (p_1^*, 1-p_1^*)$가 된다. 즉,
$Z_1(p_1^*, 1-p_1^*) = 0$을 만족하는 가격체계와 배분의 조합이 일반경쟁균형이 된
다. 따라서 만약 상품 1의 초과수요함수가 [그림 12-2] (a)와 같이 가로축을 교
차하는 연속인 함수라면 $Z_1(p_1^*, 1-p_1^*) = 0$을 만족하는 가격체계가 존재하게 된
다. 즉 일반경쟁균형이 존재한다.

   만약 상품 1의 초과수요함수가 [그림 12-2] (b)와 같이 불연속인 함수이고
가로축과 교차하는 점이 없다면 $Z_1(p_1^*, 1-p_1^*) = 0$을 만족하는 균형가격체계가

**그림 12-3**   다수의 일반경쟁균형이 존재하는 경우

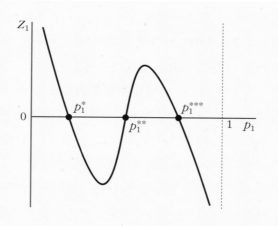

존재하지 않으므로 일반경쟁균형은 존재하지 않는다. 한편 [그림 12-3]과 같이 상품 1의 초과수요함수가 가로축과 다수의 점에서 교차하면 일반경쟁균형은 여러 개 존재하게 된다.

## 12.2 순수교환경제의 일반균형

이 절에서는 생산이 없는 순수교환경제의 일반균형을 분석한다. 경제 내에 생산은 존재하지 않으므로 경제 주체는 초기부존자원을 보유하고 있는 소비자들이며, 이들은 자신이 보유하고 있는 부존자원을 교환하고 소비하는 행위만을 한다.

### 1 에지워스 상자

소비자의 수가 많고 상품의 종류가 다양할수록 일반경쟁균형을 이해하고 분석하는 것이 복잡해지므로 본 절에서는 가장 단순한 형태의 순수교환경제를 상정하고 이를 통해 일반경쟁균형을 이해하고자 한다. 교환이 일어날 수 있는 가장 단순한 경제는 두 명의 소비자와 두 가지 종류의 상품이 존재하는 경제이다. 이 경우는 경제학자 에지워스의 이름을 딴 에지워스 상자(Edgeworth box)를 이용하여 일반경쟁균형을 보다 쉽게 이해할 수 있다.

경제 내에는 $i=1,\ 2$로 표기되는 두 명의 소비자와 $l=1,\ 2$로 표기되는 두 종류의 상품이 존재한다. 소비자는 모두 가격수용자라 가정한다.[22] 소비자 $i$ 가 소비한 상품 $l$의 소비량을 $x_{li}$라고 하면 소비자 $i$ 의 소비묶음은 $x_i=(x_{1i},\ x_{2i})$로 표현할 수 있다. 소비자 $i$ 는 자신의 소비집합 위에서 정의된 선호 $\succsim_i$를 가지고 있

---

[22] 경제 내에 두 명의 소비자만 존재하는데 모두 가격수용자로 행동한다는 가정은 적합하지 않은 가정이라 생각할 수 있다. 본 절에서는 가장 단순한 형태의 순수교환경제를 가정하고 이를 통해 일반경쟁균형을 이해하기 위해 다소 강한 가정을 하고 있다. 하지만 소비자 $i=1,\ 2$를 개별소비자가 아니라 소비자 유형(type)이라고 해석하여 경제 내에 동일한 유형의 소비자가 다수 존재한다고 상정하면 가격수용자라는 가정은 어느 정도 타당성을 갖게 된다.

**그림 12-4** 에지워스 상자

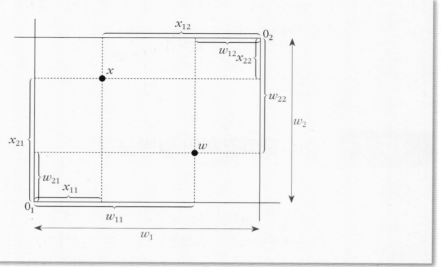

다. 소비자 $i$가 초기에 보유하고 있는 상품 $l$의 부존량을 $w_{li}$라고 하면 소비자 $i$의 초기부존자원은 $w_i = (w_{1i}, w_{2i})$로 표현할 수 있다. 따라서 경제 전체적으로 존재하는 상품 $l$의 총량은 $w_l = w_{l1} + w_{l2}$가 된다.

이 경제에서 배분 $x$는 각 소비자들의 소비벡터의 조합인 $(x_1, x_2) = ((x_{11}, x_{21}), (x_{12}, x_{22}))$로 정의되며, 상품 $l = 1$, $2$에 대하여 $w_{l1} + w_{l2} \leq w_l$의 조건을 충족하면 실현가능배분이 된다. 모든 상품에 대하여 경제 전체의 부존량을 낭비하지 않고 모두 소비하는 배분 즉, 상품 $l = 1$, $2$에 대하여 $w_{l1} + w_{l2} = w_l$의 조건을 충족하는 배분들은 에지워스 상자를 통해 나타낼 수 있다.

에지워드 상자의 왼쪽 아래 모서리의 $0_1$은 소비자 1의 원점을 나타내며, 이를 기준으로 수평축은 소비자 1의 상품 1의 소비량을 나타내며 수직축은 상품 2의 소비량을 나타낸다. 한편 오른쪽 위 모서리의 $0_2$는 소비자 2의 원점을 나타내며, 이를 기준으로 수평축은 소비자 2의 상품 1의 소비량을 나타내며 수직축은 상품 2의 소비량을 나타낸다. 에지워스 상자의 가로변의 길이는 상품 1의 총부존량을 나타내며, 세로변의 길이는 상품 2의 총부존량을 나타낸다. 따라서 낭비가 없는 배분은 에지워스 상자 안에서 $x$와 같이 한 점으로 표현할 수 있다. 이와 같이 에지워스 상자는 실현가능하며 낭비가 없는 모든 배분들의 집합이다.

## 2 예산집합과 선호체계

가격벡터가 $p = (p_1, p_2)$로 주어져 있고 소비자 $i$의 초기부존자원이 $w_i = (w_{1i}, w_{2i})$로 주어진 경우 소비자 $i$의 예산집합은 $B_i(p) = \{x_i \in R_+^2 : p_1 x_{1i} + p_2 x_{2i} \leq p_1 w_{1i} + p_2 w_{2i}\}$가 된다. 소비자의 초기부존자원은 에지워스 상자에서 한 점으로 나타나며, 각 소비자의 예산선의 기울기는 $-(\frac{p_1}{p_2})$으로 동일하므로 소비자 $i$의 예산집합은 [그림 12-5]의 에지워스 상자에서 원점 $0_1$을 기준으로 한 예산선 아래에 있는 소비벡터들의 집합이 된다. 즉, 소비자 1의 예산집합은 $\Delta A_1 0_1 B_1$, 소비자 2의 예산집합은 $\Delta A_2 0_2 B_2$가 된다.[23] 소비자 $i$의 선호 $>_i$는 원점 $0_i$를 기준으로 무차별곡선을 이용하여 표현 가능하다. 본 절에서는 소비자의 선호가 강단조성(strong monotonicity), 강볼록성(strict convexity), 연속성(continuity)을 만족한다고 가정한다. 따라서 소비자 1의 무차별곡선은 [그림 12-5]에서 원점 $0_1$에 대하여 파란색의 볼록한 곡선으로 표현하였고, 소비자 2의 무차별곡선은 원점 $0_2$에 대하여 붉은색의 볼록한 곡선으로 표현하였다.

**그림 12-5** 예산집합과 선호체계

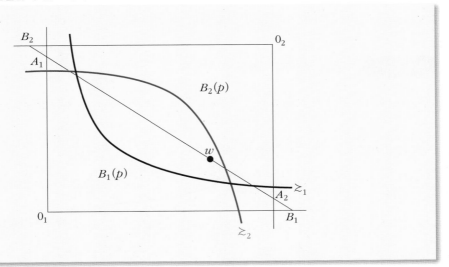

---

**23** 각 소비자의 예산집합은 주어진 가격벡터와 초기부존자원 하에서 소비 가능한 소비벡터들의 집합을 나타내는 것으로 경제 전체의 부존자원량은 고려하지 않고 있다. 따라서 [그림 12-4]에서와 같이 소비자의 예산집합 중 일부는 에지워스 상자 외부에 존재할 수 있다.

## ③ 일반경쟁균형

순수교환경제에서 생산이 존재하지 않으므로 임의의 배분과 가격벡터의 조합 $(x^*, p^*)$가 다음의 두 가지 조건을 만족하면 일반경쟁균형이 된다.

첫째, 모든 소비자 $i$는 주어진 예산집합에서 효용을 극대화하는 소비묶음 $x_i^*$를 선택한다.

둘째, 모든 상품 $l$시장에서 수요량과 공급량은 일치한다.

이를 2명의 소비자와 2종류의 상품이 존재하는 경우 에지워스 상자를 이용하여 살펴보면 다음과 같다. 소비자 $i=1$, 2는 각각 주어진 예산집합 $B_i(p)$에서 효용을 극대화하는 소비묶음을 선택하므로 [그림 12-6]에서와 같이 강볼록한 무차별곡선이 예산선과 접하는 $x_i(p,\ p \cdot w_i)$를 최적 소비로 선택한다. 이 경우 상품 1의 총수요는 경제 전체의 총부존량보다 적어 초과공급이 발생하게 되며, 상품 2의 총수요는 경제 전체의 총부존량보다 많아 초과수요가 발생하여 시장청산(market clearing)이 이루어지지 않는다.[24] 따라서 [그림 12-6]의 소비묶음과 가격의 조합 $(x_1(p,\ p \cdot w_1),\ x_2(p,\ p \cdot w_2),\ p)$는 주어진 순수교환경제의 일반경쟁균형이 아니다.

이제 초과공급이 발생한 상품 1의 가격은 이전보다 하락하고, 초과수요가

---

**그림 12-6**    효용극대화와 시장청산

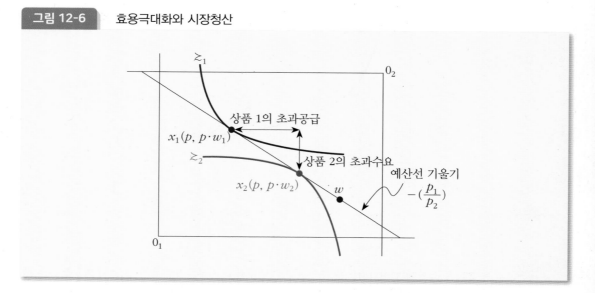

---

**24** 상품 $l=1$, 2의 가격이 $p_l > 0$일 경우, 상품 1 시장에서 초과공급이 발생하면 상품 2 시장은 왈라스의 법칙에 의해 초과수요가 발생하게 된다.

**그림 12-7** 에지워스 상자와 경쟁균형

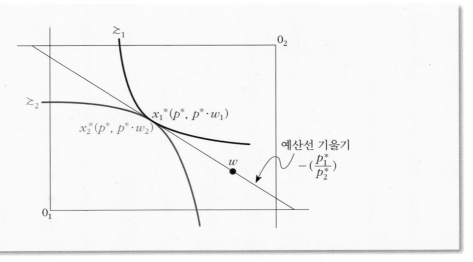

발생한 상품 2의 가격은 이전보다 상승하였다고 상정하여 보자. 즉, $p_1^* < p_1$, $p_2^* > p_2$라고 가정해 보자. 주어진 가격벡터 $p^*$에서 두 소비자의 무차별곡선이 [그림 12-7]과 같이 예산선 상의 한 점에서 접하는 경우를 살펴보자.

소비자 $i = 1$, 2는 예산선과 무차별곡선이 소비벡터 $x_i^*(p^*, p^* \cdot w_i)$에서 접하므로 주어진 가격 벡터와 초기부존자원 하에서 효용을 극대화하고 있다. 또한 두 소비자의 소비벡터가 에지워스 상자의 동일한 점이므로 두 상품 시장에서 총수요량은 경제 전체의 부존량과 정확히 일치한다. 따라서 $(x_1^*, x_2^*, p^*)$는 주어진 순수교환경제의 일반경쟁균형이다.

[그림 12-7]에서 두 소비자의 무차별곡선이 동일한 소비벡터에서 접하므로 균형배분에서 두 소비자의 한계대체율은 일치한다. 또한 소비자 $i$의 무차별곡선은 자신의 예산선에도 접하므로 균형배분에서 소비자 $i$의 한계대체율은 예산선의 기울기인 상대가격과 일치한다. 따라서 균형배분에서 다음의 조건이 성립한다.

$$MRS_{12}^1(x_1^*) = MRS_{12}^2(x_2^*) = \frac{p_1^*}{p_2^*} \tag{12-3}$$

하지만 이러한 조건은 모든 일반경쟁균형에서 항상 성립하지는 않는다. 다음의 [그림 12-8]과 같이 균형배분이 에지워스 상자의 내부가 아니라 경계

**그림 12-8** 경쟁균형이 에지워스 상자의 경계에서 생성되는 예

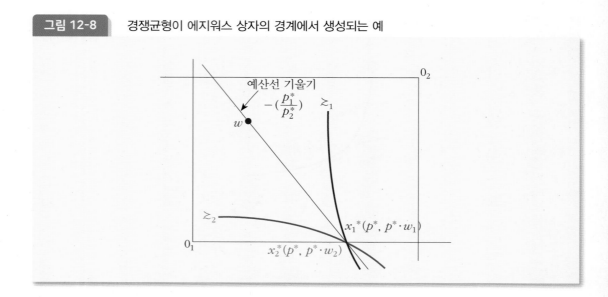

(boundary)에서 생성되면 두 소비자의 무차별곡선이 균형배분에서 접하지 않으며, 예산선에도 접하지 않기 때문에 식 (12-3)의 조건이 성립하지 않는다. 하지만 두 소비자는 주어진 예산집합에서 각각 효용을 극대화하고 있으며, 두 상품시장에서 총수요량은 부존자원량과 일치하므로 $(x_1^*, x_2^*, p^*)$는 일반경쟁균형이다.

순수교환경제에서 일반경쟁균형은 오퍼곡선(offer curve)을 이용하면 보다 쉽게 찾을 수 있다. 오퍼곡선은 주어진 초기부존자원 하에서 가격벡터 $p$가 변할 때, 최적 소비묶음의 궤적을 나타낸 것이다. 예를 들어 [그림 12-9]와 같이 소비자 1의 초기부존자원이 $w_1$으로 주어져 있을 때, 가격벡터가 $p \rightarrow p^* \rightarrow p'$으로 변함에 따라 소비자 1의 최적 소비묶음은 $x_1 \rightarrow x_1^* \rightarrow x_1'$으로 변한다. 이들 최적 소비묶음을 모두 연결한 곡선이 소비자 1의 오퍼곡선이다.

[그림 12-9]와 같이 예산선과 오퍼곡선이 교차하는 점이 에지워스 상자의 내부의 점에서 교차하면 그 점에서 예산선과 무차별곡선은 접하게 된다. 따라서 소비자가 2명일 경우 일반경쟁균형은 두 소비자의 오퍼곡선이 교차하는 점에서 형성된다. 즉, 두 오퍼곡선이 교차하는 점이 균형배분이 되며, 교차점과 초기부존점을 연결하는 직선의 기울기가 균형가격이 된다.

**그림 12-9** 오퍼곡선과 일반경쟁균형

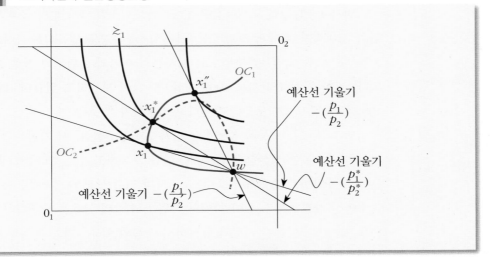

> **예제 12-1** 소비자 $i=1$, 2가 $u_i(x_{1i},\ x_{2i})=x_{1i}^{\frac{1}{2}}x_{2i}^{\frac{1}{2}}$의 효용함수를 가지고 있으며, 초기 부존자원은 각각 $w_1=(2,\ 1)$, $w_2=(1,\ 2)$로 주어져 있다. 이 경우 일반경쟁 균형을 구하시오.

## 12.3 생산경제의 일반균형

이 절에서는 생산활동이 포함된 생산경제(production economy)의 일반경쟁 균형을 살펴본다.

### 1 2 소비자, 2 기업, 2 상품의 생산경제

경제 내에 2명의 소비자와 2개의 기업이 존재하고, 상품은 이전과 동일하게 2 종류가 존재하는 생산경제를 고려하여 보자. 상품 1은 노동이며 노동시간을 $x_1$ 이라 표기한다. 상품 2는 기업이 생산하는 상품으로서, 생산량을 $x_2$라고 표기하자.

소비자 $i=1$, 2의 소비묶음은 $(24-x_{1i},\ x_{2i})$로 나타내며, 소비자는 각각 자신의 소비집합 위에서 강단조성, 볼록성, 연속성을 만족하는 선호 $\succeq i$를 지니고 있다. 또한 초기부존자원으로 24시간의 여가와 0 단위의 상품 2를 보유하고 있다. 또한 기업 1의 지분 100%는 소비자 1이 보유하고 있으며, 기업 2의 지분 100%는 소비자 2가 보유하고 있다고 가정하자.[25]

기업 $j=1$, 2는 노동을 투입하여 상품 2를 생산한다. 이 기업은 연속이고 강증가하며 강오목한 생산함수 $x_{2j}=f^j(x_{1j})$를 보유하고 있다. 노동과 상품 2의 가격은 각각 $w$와 $p$로 주어져 있으며, 소비자와 기업은 모두 가격수용자로 행동한다.

주어진 가격체계 $(w,\ p)$ 하에서 기업 $j=1$, 2의 이윤을 극대화하는 최적 노동수요, 산출량, 이윤은 이전과 유사하게 다음의 이윤극대화 문제를 풀어 구할 수 있다.

$$\underset{y_{1j}}{Max}\ pf^j(y_{1j})-wy_{1j} \tag{12-4}$$

따라서 주어진 가격벡터 $(w,\ p)$에서 이윤을 극대화하는 노동수요량은 $y_{1j}^*=y_{1j}(p,\ w)$, 상품 2의 생산량은 $y_{2j}^*=f^j(y_{1j}^*)$, 이윤은 $\pi_j^*=py_{2j}^*-wy_{1j}^*$가 된

**그림 12-10**  기업 $j=1$, 2의 이윤극대화 행위

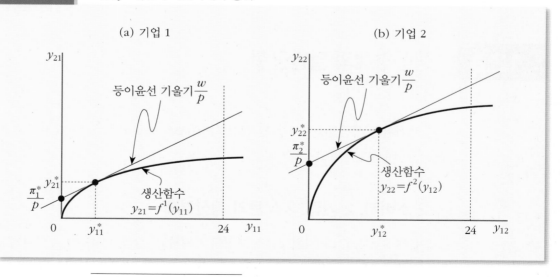

(a) 기업 1

(b) 기업 2

---

**25** 각 소비자의 기업에 대한 지분율을 달리하면 소비자의 예산제약식이 좀 더 복잡해질 뿐 모형의 결과는 동일하게 나타난다.

다. 이를 그림으로 나타내면 [그림 12-10]과 같다.

기업 1과 2는 각자의 생산함수가 동일한 기울기 $\frac{w}{p}$를 갖는 등이윤곡선과 접하는 점에서 이윤이 극대화 되므로 다음의 조건이 성립한다.

$$MRT^1_{12}(y^*_1) = \frac{w}{p} = MRT^2_{12}(y^*_2) \tag{12-5}$$

한편 주어진 가격체계 $(w, p)$하에서 소비자 $i=1$, 2의 효용을 극대화하는 최적 여가시간(또는 노동공급)과 상품 2의 수요량은 다음의 문제를 풀어 구할 수 있다.

$$\begin{aligned} &\underset{x_{1i},\ x_{2i}}{Max}\ u^i(24-x_{1i},\ x_{2i}) \\ &s.t.\ px_{2i}=wx_{1i}+\pi^i(p,\ w) \end{aligned} \tag{12-6}$$

주어진 가격벡터 $(w, p)$하에서 소비자 $i$의 효용을 극대화하는 노동공급량 $x^*_{1i}=x_{1i}(p,\ w)$, 상품 2의 수요량 $x^*_{2i}=x_{2i}(p,\ w)$를 그림으로 나타내면 [그림 12-11]와 같다.

소비자 1과 2는 각자의 무차별곡선이 동일한 기울기 $\frac{w}{p}$를 갖는 예산선과 접하는 점에서 효용이 극대화 되므로 다음의 조건이 성립한다.

**그림 12-11** 소비자 $i=1$, 2의 효용극대화 행위

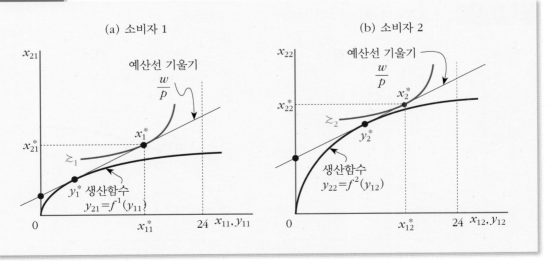

$$MRT^1_{12}(x^*_1) = \frac{w}{p} = MRT^2_{12}(x^*_2) \qquad (12\text{-}7)$$

[그림 12-11]의 경우 노동시장에서는 $(x^*_{11}-y^*_{11})+(x^*_{12}-y^*_{12})$만큼의 초과공급이 발생하고 상품 2 시장에서는 $(x^*_{21}-y^*_{21})+(x^*_{22}-y^*_{22})$만큼의 초과수요가 발생하므로 $((x^*_1, x^*_2), (y^*_1, y^*_2), (w, p))$는 일반경쟁균형이 될 수 없다.

만약 주어진 가격벡터 $(w^*, p^*)$에서 소비자 $i=1$, 2의 효용을 극대화하는 최적 소비묶음이 $x^*_i=(x^*_{1i}, x^*_{2i})$이고 기업 $j=1$, 2의 이윤을 극대화하는 최적 생산이 $y^*_j=(y^*_{1j}, y^*_{2j})$이며, 노동시장에서 $(x^*_{11}-y^*_{11})+(x^*_{12}-y^*_{12})=0$, 상품 2 시장에서 $(x^*_{21}-y^*_{21})+(x^*_{22}-y^*_{22})=0$이 성립하면 $((x^*_1, x^*_2), (y^*_1, y^*_2), (w^*, p^*))$는 이 생산경제의 일반경쟁균형이 된다. 즉 위의 [그림 12-12]와 같이 벡터 $x^*_1 - y^*_1$과 벡터 $x^*_2 - y^*_2$의 길이가 동일하고 방향이 서로 정반대이면 일반경쟁균형이 된다.

소비자 $i=1$, 2의 선호가 강단조성, 볼록성, 연속성을 만족하고, 기업 $j=1$, 2는 연속이고 강증가하며 강오목한 생산함수를 보유하고 있는 경우 일반경쟁균형 $((x^*_1, x^*_2), (y^*_1, y^*_2), (w, p))$에서 다음의 조건이 성립함을 [그림 12-12]를 통해 확인할 수 있다.

$$MRT^1_{12}(y^*_1) = MRT^2_{12}(y^*_2) = \frac{w^*}{p^*} = MRT^1_{12}(x^*_1) = MRT^2_{12}(x^*_2) \qquad (12\text{-}8)$$

**그림 12-12**   2 소비자, 2 기업, 2 상품 생산경제의 일반경쟁균형

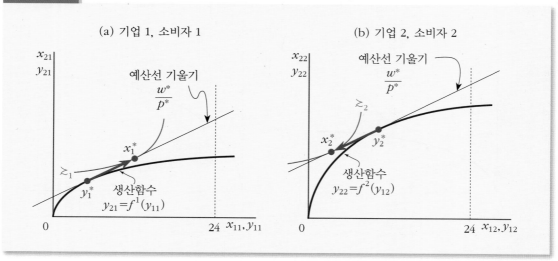

## 2 일반적 생산경제의 일반균형

앞에서는 일반경쟁균형에 대한 이해를 돕기 위하여 순수교환경제나 지극히 단순한 생산경제를 살펴보았다. 일반적인 생산경제에서는 다수의 소비자와 기업이 존재하며, 상품의 수도 다수가 존재한다. 소비자들도 여러 기업의 지분을 보유하고 있으며, 기업들도 여러 투입요소를 투입하여 다양한 종류의 상품을 생산한다. 따라서 이와 같이 복잡한 경제의 일반경쟁균형은 앞에서와 같이 그림을 이용하여 분석하거나 이해하는 것이 불가능하며, 수리적 분석을 통해 일반경쟁균형을 도출하여야 한다.

하지만 일반경쟁균형의 기본적 개념은 단순한 교환경제나 복잡한 생산경제나 모두 동일하다. 가격수용자인 개별기업은 주어진 가격벡터 하에서 이윤을 극대화하는 생산계획 $y_j^*$를 선택한다. 생산계획 $y_j$는 투입요소와 산출물의 벡터이므로 기업 $j$가 이윤을 극대화하는 최적 생산계획을 선택하였다는 것은 주어진 가격벡터하에서 어떤 생산요소를 얼마만큼 투입하여 어떤 상품을 얼마만큼 생산할지를 결정하였다는 것이다. 따라서 모든 기업의 생산계획을 합하면 각 상품에 대한 기업의 총공급과 총수요가 결정된다.

이를 좀 더 자세하게 살펴보면 다음과 같다. 기업 $j$의 생산함수가 연속이고 강증가하며 강오목할 경우 이윤을 극대화하는 생산계획은 등이윤곡선과 생산함수가 접하는 점이 된다. 각 기업은 가격수용자로 행동하기 때문에 모든 기업의 등이윤곡선은 동일한 기울기를 갖는다. 따라서 모든 서로 다른 두 기업 $j,\ k \in \{1, 2, \cdots, J\}$와 모든 서로 다른 두 상품 $l,\ m \in \{1, 2, \cdots, L\}$에 대하여 다음의 조건이 성립한다.

$$MRT_{lm}^j(y_j^*) = MRT_{lm}^k(y_k^*) = \frac{p_l^*}{p_m^*} \tag{12-9}$$

한편 가격수용자인 소비자는 주어진 가격벡터하에서 효용을 극대화하는 소비묶음 $x_i^*$를 선택한다. 따라서 모든 소비자의 소비묶음을 합하면 각 상품에 대한 소비자의 총수요가 결정된다. 소비자 $i$가 강단조성, 강볼록성, 연속성을 만족하는 선호 $\succsim_i$를 지니고 있으면 효용을 극대화하는 소비묶음은 무차별곡선과 예산선이 접하는 점이 된다. 소비자는 모두 가격수용자로 행동하기 때문에 모든 소비자의 예산선은 동일한 기울기를 갖는다. 따라서 모든 서로 다른 두 소비자 $i$,

$b \in \{1, 2, \cdots, I\}$와 모든 서로 다른 두 상품 $l, m \in \{1, 2, \cdots, L\}$에 대하여 다음의 조건이 성립한다.

$$MRT^i_{lm}(x^*_i) = MRS^b_{lm}(x^*_b) = \frac{p^*_l}{p^*_m} \qquad (12\text{-}10)$$

따라서 소비자의 선호와 기업의 생산함수가 특정한 조건을 충족하면 식 (12-9)과 (12-10)에 따라 일반경쟁균형에서 모든 서로 다른 두 기업 $j, k \in \{1, 2, \cdots, J\}$와 모든 서로 다른 두 소비자 $i, b \in \{1, 2, \cdots, I\}$, 모든 서로 다른 두 상품 $l, m \in \{1, 2, \cdots, L\}$에 대하여 다음의 조건이 충족된다.

$$MRT^j_{lm}(y^*_j) = MRT^k_{lm}(y^*_k) = \frac{p^*_l}{p^*_m} = MRS^i_{lm}(x^*_i) = MRS^b_{lm}(x^*_b) \qquad (12\text{-}11)$$

또한 모든 상품시장에서 소비자와 기업의 수요의 총합은 경제 전체의 초기 부존량과 기업의 공급량의 총합과 일치하여 시장이 청산되어야 한다.

## 12.4 시장기구의 효율성

지금까지는 시장기구(market mechanism)의 자원배분 기능에 대하여 살펴보았다. 즉, 주어진 가격 하에서 소비자와 기업이 각각 어떠한 소비행위와 생산행위를 하고, 시장균형이 어떻게 달성되는지를 살펴보았다. 여기서는 시장기구의 이러한 자원배분 결과가 바람직한지의 여부를 먼저 살펴본다. 한 경제상태가 바람직한지의 여부를 판단하기 위해서는 사회 구성원이 모두 공감하는 가치판단의 기준이 필요하다. 경제학에서 가치판단의 기준으로 가장 널리 사용되는 파레토 효율성(Pareto efficiency)에 대하여 살펴보고, 또 다른 기준으로 형평성(equity)에 대해서도 간략하게 살펴본다. 또한 시장기구에 의한 자원배분을 효율성과 형평성 기준에서 평가해 본다.

# 1 파레토 효율성과 형평성

어떤 자원배분이 바람직한지를 판단할 때 가장 많이 사용하는 기준이 파레토 효율성(Pareto efficiency) 또는 파레토 최적(Pareto optimum)이다. 이 개념은 19세기 이탈리아의 경제학자 파레토(V. Pareto)의 이름을 딴 기준으로 어느 누군가의 효용이 감소하지 않고서는 다른 사람들의 효용이 증가할 수 없는 배분 상태를 뜻한다.

다음과 같은 예를 살펴보자. 두 명의 형제가 부모님께서 같이 쓰라고 주신 용돈을 나누려고 한다. 형을 1, 동생을 2라 하고, 형과 동생의 용돈의 분배비율을 $x = (x_1, x_2)$라고 하자. 예를 들어 (0.3, 0.7)은 형이 용돈의 30%, 동생이 70%를 갖는 배분이다. 한편 (0.4, 0.3)과 같이 합이 1보다 작은 경우는 40%를 형이, 30%를 동생이 갖고 나머지 30%는 다시 부모님에게 돌려 드리는 배분이라 해석하자. 형제는 모두 용돈을 많이 받을수록 효용이 증가하는 선호체계, 즉 용돈에 대해 단조성을 만족하는 선호체계를 가지고 있다. 주어진 예에서 실현가능한 배분은 $A = \{(x_1, x_2) \in R_+^2 : x_1 + x^2 \leq 1\}$이며, [그림 12-13]의 빗금 친 삼각형이 된다.

형제 간의 배분이 $x = (0.3, 0.3)$인 경우를 고려해 보자. 만약 배분을 $x' = (0.3, 0.45)$로 바꾸면 형의 효용은 전과 동일하게 유지되지만, 동생의 효용은 이전보다 증가하게 된다. 이와 같이 어떤 실현 가능한 배분 $x$에서 다른 실현 가능한 배분 $x'$로 변경할 때 어느 누구의 효용도 전보다 감소하지 않으면서 적어도 한 사람의 효용은 더 증가하게 된다면 파레토 개선(Pareto improvement)이 일어난다고 한다. 파레토 개선이 가능한 배분 $x$는 파레토 열등(Pareto inferior)하다고 하며, $x$보다 파레토 개선이 된 $x'$은 파레토 우월(Pareto superior)하다고 한다. [그림 12-13]에서 배분 $x$는 파레토 열등하며, 배분 $x''$에서는 파레토 개선이 불가능하다. 주어진 배분에서 파레토 개선이 불가능하면 이 배분은 파레토 효율적(Pareto efficient)이라고 한다. 즉, 주어진 배분에서 어느 누구의 효용도 감소하지 않고 적어도 한 명의 효용을 더 증가시킬 수 있는 실현가능한 다른 배분이 존재하지 않는다면 이 주어진 배분은 파레토 효율적이다.

파레토 효율적 배분을 다음과 같이 표현하는 것도 가능하다. 만약 주어진 배분에서 다른 어떤 실현가능한 배분으로 바꿀 경우에도 효용이 감소하는 사람이 적어도 한 명 존재한다면 주어진 배분은 파레토 효율적 배분이 된다. [그

그림 12-13 파레토 우위, 파레토 개선, 파레토 최적

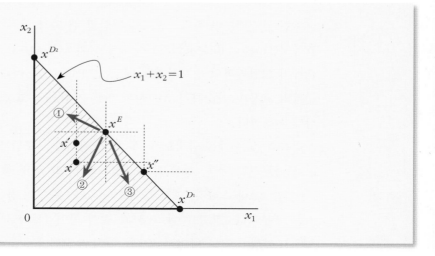

림 12-13]에서 배분 $x$나 $x'$의 경우 배분 상태를 $x^E$로 바꾸면 효용이 감소하는 사람이 한명도 존재하지 않는다. 따라서 배분 $x$와 $x'$은 파레토 비효율(Pareto inefficient)적이다. 반면 배분 $x^E$는 실현 가능한 어떤 배분으로 바꾸더라도 적어도 한 명의 효용은 이전보다 감소하게 된다. 따라서 $x^E$는 파레토 효율적이다. 용돈을 배분하는 이 예에서 파레토 효율적인 배분은 삼각형의 빗변 상에 있는 모든 배분이다. 즉 $x_1 + x_2 = 1$을 만족하는 모든 배분은 파레토 효율적이다.

파레토 효율성을 보다 더 엄밀하게 정의하면 다음과 같다. 소비자 $i$의 소비묶음과 기업 $j$의 생산계획의 조합 $(x, y)$를 배분이라 하며, 임의의 배분 $(x, y)$가 모든 상품 $l = 1, 2, \cdots, L$에 대하여 총수요가 총공급과 일치하면 실현가능배분이다.

실현가능한 배분 $(x, y)$에 대하여 파레토 우월한 실현가능배분 $(x, y)$이 존재하지 않는다면 $(x, y)$는 파레토 효율적이다. 즉, 모든 소비자 $i$에 대하여 $x_i' \succsim_i x_i$이고 적어도 한 소비자 $k$에 대하여 $x_k' \succ_k x_k$인 실현가능배분 $(x', y')$이 존재하지 않으면, $(x, y)$는 파레토 효율적이다.

파레토 효율성은 실현가능한 배분이 바람직한지의 여부를 사회 전체적으로 판단하는 기준이며 다음과 같은 특징을 갖는다. 배분 $x$가 파레토 효율적이라는 것은 모든 사람들의 효용을 이전과 비교하여 동일하게 유지하거나 또는 증가시

예제 12-2

소비자 1, 소비자 2의 효용함수가 $u_1(x_{11}, x_{21}) = 2x_{11} + x_{21}$, $u_2(x_{12}, x_{22}) = x_{12} + 2x_{22}$로 각각 주어져 있다. 이때 에지워스 상자의 다음의 배분 $x$는 파레토 효율적인가? 그 이유를 설명하시오.

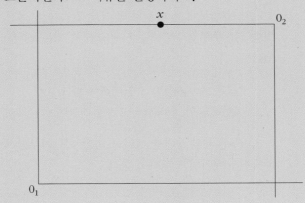

키면서, 적어도 한 사람의 효용은 더 증가시키는 파레토 개선이 불가능하다는 의미이지, 개별 소비자들이 파레토 효율적인 배분을 소비하여 얻는 효용이 자신의 초기부존자원을 소비할 때 얻는 효용보다 더 크다는 것을 의미하지는 않는다. 따라서 비록 배분 $x$가 파레토 효율적이라도 개별 소비자 입장에서는 바람직하지 않을 수도 있다. 이러한 현상은 개별 소비자 차원뿐만 아니라 일부 소비자들의 집합에서도 발생할 수 있다. 예를 들어 일부 소비자들은 파레토 효율적 배분 $x$를 소비하는 것보다 자신들의 초기자원을 그들 간에만 재배분하여 효용을 더 증가시킬 수 있다면 배분 $x$는 이들 소비자에게는 바람직하지 않게 여겨질 수 있다.

파레토 효율성의 이와 같은 한계를 극복하고 개별 소비자들의 초기부존자원에 대한 정보를 활용하면서, 일부 소비자들로만 구성된 집합에 대해서도 배분이 바람직하여야 한다는 조건을 부여한 개념이 코어(core)이다. 코어를 보다 엄밀하게 정의하면 다음과 같다.

일부의 소비자들로 구성된 집합 $S$를 연합(coalition)이라 한다. 연합 $S$에 속하는 소비자들의 소비벡터의 조합을 $(s_i)_{i \in S}$라고 표기하자. 만약 모든 상품 $l$에 대하여 $\sum_{i \in S} s_{li} = \sum_{i \in S} w_{li}$를 만족하면 $(s_i)_{i \in S}$는 연합 $S$에게 실현가능하다고(feasible for $S$) 한다. 즉 각 상품에 대하여 연합 $S$에 속하는 소비자들의 수요의 총합이 연합 $S$에 속하는 소비자들의 초기부존자원의 총합과 같다면 그러한 배분

$(s_i)_{i \in S}$는 연합 $S$에 속하는 소비자들에게는 실현 가능한 배분이 된다는 것이다. 이 경우 연합 $S$에 속하지 않는 소비자들에 대한 배분은 고려의 대상이 아니다.

> 만약 연합 $S$에게 다음의 조건을 만족하는 실현가능한 $(s_i)_{i \in S}$가 존재한다면 연합 $S$는 주어진 초기부존자원 $w$에서 배분 $x = (x_1, \cdots x_I)$를 거부(block)할 수 있다.
>
> 모든 소비자 $i \in S$에 대하여 $s_i \gtrsim_i x_i$,
> 적어도 한 소비자 $k \in S$에 대하여 $s_k >_k x_k$.
>
> 초기부존자원 $w$에서 어떠한 연합 $S$도 거부할 수 없는 배분의 집합을 초기부존자원 $w$에서의 코어라고 한다.

위의 정의에서 연합 $S$가 소비자 전체 집합 $I$와 같다면 이 정의는 파레토 효율성의 정의와 동일해진다. 따라서 배분 $x$가 초기부존자원 $w$에서의 코어에 속하면 배분 $x$는 파레토 효율적이다.

> 배분 $x$가 초기부존자원 $w$에서의 코어에 속하면 $x$는 파레토 효율적이다.

배분 $x$가 초기부존자원 $w$에서의 코어에 속한다면, 임의의 연합 $S$가 배분 $x$를 거부하고 연합 $S$에 실현가능한 어떠한 배분 $(s_i)_{i \in S}$를 소비하더라도 연합 S에는 효용이 감소하는 적어도 한 명의 소비자 $k \in S$가 존재하게 된다. 이처럼 배분 $x$가 초기부존자원 $w$에서의 코어에 속한다면 어떠한 연합 $S$에 대해서도 구성원들의 효용 개선이 불가능하기 때문에 어떠한 연합 $S$에 대해서도 배분 $(s_i)_{i \in S}$는 바람직하다고 할 수 있다. 따라서 코어는 파레토 효율성을 보다 더 강화한 개념이라 할 수 있다.

한편 용돈의 배분 예에서 형이 용돈을 모두 다 갖는 배분, 즉 [그림 12-13]의 $x^{D_1} = (1, 0)$도 파레토 효율적이다. 하지만 이 배분은 한 사람 또는 일부의 사람에게만 치우치지 않고 가급적 모든 사람에게 고르게 분배되는 것이 바람직하다고 판단하는 형평성 기준은 충족하지 못한다. 형평성은 파레토 효율성과는 달리 모든 사람들이 공감하는 유일한 정의가 존재하지 않고 다양한 정의들이 존재한다.

예를 들어 롤즈(Rawls, 1971)는 개개인의 사회적 지위, 재산, 능력 등이 결정되지 않은 '원초적 상태'(original position)에서 사람들은 자신이 어떤 운명에 처해질지 모르기 때문에, 합리적으로 행동하는 사람들은 사회적으로 가장 열등한 위치에 처하게 될 구성원의 편익을 극대화하는 사회체제를 선택하게 되는데, 이를 "맥시민(maximin) 원칙"이라 하며 이러한 사회가 공정한 사회라고 주장하였다. 한편 노직(Nozick, 1974)은 "임의의 분배가 또 다른 공정한 분배로부터 합법적 수단을 통해 생성된 것이라면 공정하다."라고 하였으며, 공정한 소유는 획득의 원칙(principle of acquisition), 이전의 원칙(principle of transfer), 두 원칙을 위배한 경우에 적용하는 교정의 원칙(principle of rectification)에 의해 결정된다고 하였다. 폴리(Foley, 1967)는 그 어느 누구도 다른 사람들의 소비묶음을 자신의 소비묶음보다 선호하지 않는다면, 경제가 공평한 분배상태에 있다고 하였다. 이를 시기 부존재(envy freeness 또는 no envy)라고 한다. 배리안(Varian, 1975)은 공평하면서 경제적으로 효율적인 배분을 공정한(fair) 배분이라 정의하였다.

이처럼 형평성에 대한 정의는 다양하지만 경제학에서 가장 많이 사용되는 개념은 경제 내에 존재하는 자원을 모든 사람에게 동일한 양으로 나누어 주는 동등배분(equal division)과 롤즈의 Maximin 원칙, 그리고 폴리의 시기 부존재이다. 폴리의 시기 부존재를 보다 엄밀하게 정의하면 다음과 같다.

> $I$명의 소비자, $L$종류의 상품으로 구성된 경제에서 $x=(x_1, \cdots x_I)$를 임의의 배분이라 하자. 만약 $u_i(x_i) \geq u_i(x_j)$가 성립하면 '소비자 $i$는 소비자 $j$를 부러워하지 않는다.'고 정의하자.
> 모든 소비자 $i, j \in I$에 대하여 '소비자 $i$는 소비자 $j$를 부러워하지 않는다.'면 배분 $x$는 '시기 부존재(envy free)'하다.

예를 들어 2명의 소비자, 2종류의 상품으로 구성된 경제를 상정해 보자. 이 경제를 에지워스 상자로 표현한 것이 [그림 12-14]이다. 그림에서 배분 $x=(x_1, x_2)$를 고려하여 보자. 배분 $x^{-1}$은 소비자 1과 2의 소비묶음을 서로 바꾸어 놓은 것이다. 즉 $x^{-1}=(x_2, x_1)$이다. 한편 $ED$는 각 상품의 총부존량을 소비자 1과 2에게 동일하게 분배한 배분을 나타낸다. 즉 $ED=(\frac{w}{2}, \frac{w}{2})$이다. 배분 $x^{-1}$는 배분 $x$를 $ED$에 대하여 대칭이동시켜서 얻을 수 있다.

그림 12-14 no-envy 배분

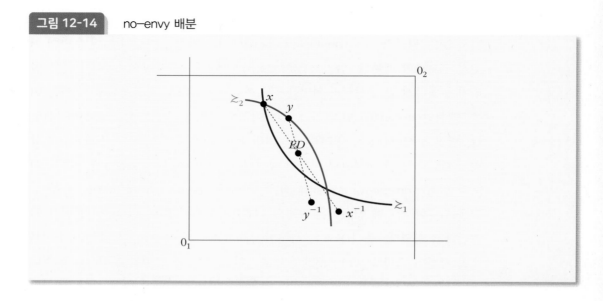

[그림 12-14]에서 배분 $x^{-1}$은 배분 $x$를 지나는 소비자 1의 무차별곡선 아래에 위치해 있다. 따라서 $u_1(x_1) \geq u_1(x_2)$가 성립한다. 즉 소비자 1은 소비자 2의 소비묶음을 부러워하지 않는다. 또한 $x^{-1}$은 배분 $x$를 지나는 소비자 2의 무차별곡선 아래에 위치해 있다. 따라서 $u_2(x_2) \geq u_2(x_1)$이 성립한다. 즉 소비자 2는 소비자 1의 소비묶음을 부러워하지 않는다. 그러므로 배분 $x$는 시기 부존재의 배분이다.

이제 배분 $y$를 고려해 보자. 배분 $y^{-1}$은 배분 $y$를 지나는 소비자 1의 무차별곡선 아래에 위치하게 된다. 따라서 $u_2(y_1) \geq u_2(y_2)$가 성립하며, 소비자 1은 소비자 2의 소비묶음을 부러워하지 않는다. 하지만 배분 $y^{-1}$은 배분 $y$를 지나는 소비자 2의 무차별곡선보다 더 위쪽에 위치해 있다. 따라서 $u_2(y_1) > u_2(y_2)$가 성립하여 소비자 2는 소비자 1의 소비묶음을 부러워한다. 그러므로 배분 $y$는 시기 부존재 배분이 아니다.

## 2 일반경쟁균형의 효율성

### (1) 교환경제에서 일반경쟁균형의 효율성

우선 2명의 소비자와 2종류의 상품이 존재하는 교환경제에서 에지워스 상자를 이용하여 파레토 효율적인 배분에 대하여 살펴보자. 소비자 1과 2는 강볼록한 선호체계를 가지고 있다고 가정하자.

**그림 12-15** 파레토 효율적 배분

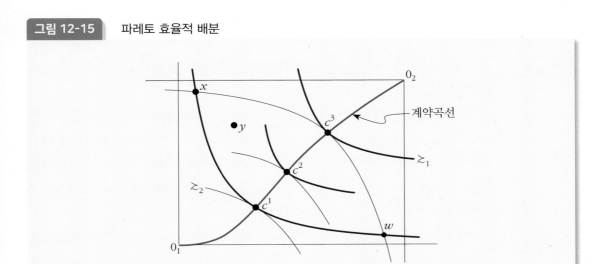

[그림 12-15]에서 배분 $x$를 살펴보자. 만약 배분 $x$를 배분 $y$로 바꾸면 소비자 1과 2의 효용은 모두 증가한다. 즉 파레토 개선이 일어난다. 따라서 배분 $x$는 파레토 비효율적이다. 만약 배분 $x$를 배분 $c^1$으로 바꾸면 소비자 1의 효용은 동일하지만 소비자 2의 효용은 증가하여 파레토 개선이 일어난다. 이와 같이 배분 $x$를 볼록한 렌즈 모양의 $xc^1wc^3x$ 안에 있는 임의의 배분으로 바꾸면 항상 파레토 개선이 가능하므로 배분 $x$는 파레토 비효율적인 배분이다. 이와 같은 파레토 개선 가능성은 배분 $y$에서도 발생한다. 즉 배분 $y$를 지나는 소비자 1과 2의 무차별곡선을 그리면 볼록한 렌즈 모양이 생기게 되며, 그 볼록렌즈 모양 안에 있는 임의의 배분으로 바꾸면 파레토 개선이 일어난다. 따라서 배분 $y$도 파레토 비효율적이다. 반면 배분 $c^2$의 경우는 이 배분을 지나는 두 사람의 무차별곡선이 배분 $c^2$에서 서로 접하기 때문에 볼록한 렌즈 모양이 생기지 않는다. 따라서 배분 $c^2$에서는 한 소비자의 효용을 감소시키지 않고서는 다른 소비자의 효용을 증가시킬 수가 없다. 즉 파레토 개선이 불가능하며 따라서 배분 $c^2$는 파레토 효율적이다. 이와 같이 두 소비자가 모두 강볼록한 선호를 지니고 있을 때 두 사람의 무차별곡선이 접하는 배분은 파레토 효율적 배분이 된다. [그림 12-15]에서 곡선 $0_1c^1c^2c^30_2$는 두 소비자의 무차별곡선이 접하는 배분을 모두 연결한 곡선으로 이를 계약곡선(contract curve)이라고 부른다. 따라서 계약곡선 상에 있는 모든 배분은 파레토 효율적 배분이 된다. 소비자 $i=1$, 2의 무차별곡선의 접선은 한계대체율 $MRS^i_{12}$이므로 계약곡선 상의 배분에서는 다음의 조건이 성립한다.

$$MRS_{12}^1 = MRS_{12}^2 \tag{12-12}$$

따라서 식 (12-12)는 소비자의 선호가 볼록성을 만족할 경우 파레토 효율적 배분의 충분조건이 된다.[26]

하지만 배분 $x$가 파레토 효율적이더라도 배분 $x$에서 $MRS_{12}^1 \neq MRS_{12}^2$일 수 있다. [그림 12-16]가 그러한 예이다. [그림 12-16]에서 소비자는 기울기가 다른 선형의 무차별곡선을 가지고 있다. 이 예에서 파레토 효율적인 배분의 집합은 붉은색 선분 $0_1xyz0_2$이다. 배분 $x$는 파레토 효율적이지만 $x$에서 두 소비자의 무차별곡선은 교차하므로 $MRS_{12}^1 \neq MRS_{12}^2$이다.

앞에서 교환경제의 경쟁균형에서 $MRS_{12}^1(x_1^*) = MRS_{12}^2(x_2^*) = \dfrac{p_1^*}{p_2^*}$가 성립함을 배웠다. 따라서 교환경제의 경쟁균형은 계약곡선 상에 있게 되며, 균형배분은 파레토 효율적이라는 것을 알 수 있다.

한편 파레토 최적인 상태들에서 두 소비자가 누릴 수 있는 효용이 어떤 수준인가 살펴보면 다음과 같다. [그림 12-15]의 계약곡선을 따라 $0_1$에서 $0_2$로 배분을 변화시키면 소비자 1의 효용은 계속해서 증가하고 소비자 2의 효용은 감소한다. 따라서 계약곡선 상에 있는 배분들에서 얻어지는 두 소비자의 효용을 2차

**그림 12-16**   파레토 효율적 배분과 한계대체율

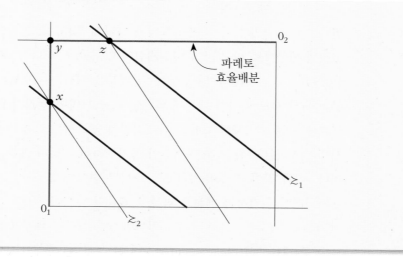

---

**26** 즉, 다음이 성립한다. [배분 $x$에서 $MRS_{12}^1 = MRS_{12}^2$성립한다.] $\Rightarrow$ [배분 $x$는 파레토 효율적이다.]

원 평면 상에 그려보면 [그림 12-17]와 같이 우하향하는 곡선이 된다. 이 곡선은 사회의 총부존량을 두 소비자가 효율적으로 분배하여 소비할 때 누릴 수 있는 효용 수준을 나타낸 것으로 효용가능곡선(utility possibility curve)이라고 부른다. 효용가능곡선이 우하향하는 이유는 파레토 최적인 배분에서는 한 소비자의 효용이 감소하지 않고는 다른 소비자의 효용을 증가시킬 수 없기 때문이다.

[그림 12-15]의 계약곡선 상에 있는 배분 $c_1$에서 소비자 1의 효용은 $u_1^{c^1}$이 되고, 2의 효용은 $u_2^{c^1}$이 되어 이는 [그림 12-17]의 효용가능곡선 상에 있는 점 $c^1$에 대응한다. 이와 유사하게 [그림 12-17]의 효용가능곡선 상의 $c^1$, $c^3$, $0_1$, $0_2$는 [그림 12-15]의 계약곡선 상의 배분 $c^1$, $c^3$, $0_1$, $0_2$에 대응되는 점들이다. 반면 [그림 12-17]에서 효용가능곡선 아래에 있는 점 $x$는 두 소비자의 효용을 모두 증가시킬 수 있는 여지가 있는 비효율적인 효용점으로 [그림 12-15]의 파레토 비효율적 배분 $x$에 대응되는 것이다. 한편 효용가능곡선 밖에 있는 점들은 주어진 총부존량으로는 달성할 수 없는 효용점들이다.

끝으로 [그림 12-17]에 있는 효용가능곡선 상에 있는 임의의 점에서 접선의 기울기의 절대값인 $\left|\dfrac{du_2}{du_1}\right|$는 소비자 1의 효용을 한 단위 증가시키고자 할 때 여전히 효용가능곡선 상에 있기 위해서 감소시켜야 하는 소비자 2의 효용을 나타내며, 소비자 1과 2 사이의 효용의 한계변환율(marginal rate of utility transformation)이라고 부른다.

**그림 12-17**    효용가능곡선

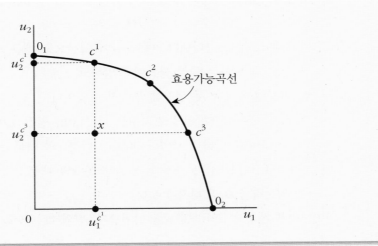

## (2) 생산경제에서 일반경쟁균형의 효율성

### ① 생산의 효율성

생산경제에서 파레토 효율성이 달성되기 위해서는 앞서 살펴본 교환의 효율성과 더불어 생산의 효율성이 달성되어야 한다. 현재 생산에 투입된 생산요소들을 생산자들 사이에 재배분하여 투입하여도 한 재화의 생산량을 감소시키지 않고는 다른 재화의 생산량을 증가시킬 수 없다면 현재의 상태는 생산의 효율성이 달성되는 상태이다.

생산의 효율성이 달성되지 못한 상태에서는 생산요소의 재배분을 통해 다른 재화들의 생산량을 줄이지 않고도 한 재화의 생산량을 증가시킬 수 있으며, 늘어난 생산량을 소비자들이 배분하면 모든 소비자들의 효용이 이전보다 증가하게 되므로, 생산의 효율성이 달성되지 못한 경제 상태는 파레토 최적이 아니다. 따라서 한 경제가 파레토 효율성을 달성하기 위해서는 생산의 효율성이 달성되어야만 한다. 그러나 생산의 효율성이 달성되어도 교환의 효율성이 달성되지 못한 경제 상태는 파레토 최적이 아니다.

이를 보다 구체적으로 살펴보기 위해 노동($L$)과 자본($K$)의 두 가지 생산요소를 투입하여 쌀($A$)과 옷($B$)을 생산하는 두 사람 1, 2로 구성된 경제를 고려하여 보자. 생산의 효율성도 앞서 살펴본 교환의 경우와 같이 에지워스 상자를 이용하여 분석할 수 있다. [그림 12-6]의 에지워스 상자에서 가로와 세로의 길이는 각각 노동의 총부존량과 자본의 총부존량을 나타낸다. 원점 $0_A$는 상품 $A$, 즉 쌀 생산의 기준점으로서 수평 축은 쌀 생산에 투입된 노동의 양, 수직 축은 쌀 생산에 투입된 자본의 양을 나타낸다. 반면 원점 $0_B$는 상품 $B$, 즉 옷 생산의 기준점으로서 수평 축은 옷 생산에 투입된 노동의 양, 수직 축은 옷 생산에 투입된 자본의 양을 나타낸다. 예를 들어 생산요소 배분 $x$의 경우 $x_{LA}$만큼의 노동과 $x_{KA}$만큼의 자본을 쌀 생산에 투입하고, $x_{LB}=L-x_{LA}$만큼의 노동과 $x_{KB}=K-x_{KA}$만큼의 자본을 옷 생산에 투입하는 것이다. [그림 12-18]에서 원점 $0_A$에 볼록한 실선은 쌀 생산의 등량곡선을 나타내며, 원점 $0_B$에 볼록한 실선은 옷 생산의 등량곡선을 나타내고 있다. 따라서 배분 $x$와 배분 $a$에서 쌀 생산량은 동일하며(이 생산량을 $A_x$라 하자.), 반면 배분 $x$와 배분 $c$에서 옷 생산량은 동일하게(이 생산량을 $B_x$라 하자.) 된다.

이제 생산요소의 배분 $x$를 살펴보자. 만약 배분 $x$를 배분 $y$로 바꾸면 쌀과 옷

그림 12-18    생산의 효율성

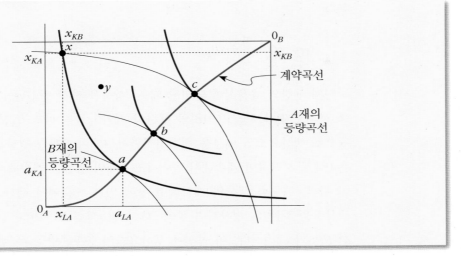

의 생산량은 모두 증가한다. 즉 생산에 있어 파레토 개선이 일어난다. 따라서 배분 $x$는 파레토 비효율적이다. 만약 배분 $x$를 배분 $a$으로 바꾸면 쌀의 생산량은 동일하지만 옷의 생산량은 증가하여 파레토 개선이 일어난다. 이와 같이 배분 $x$를 지나는 쌀과 옷의 등량곡선이 만들어 내는 볼록한 렌즈 모양 안에 있는 임의의 배분으로 바꾸면 항상 생산의 파레토 개선이 가능하므로 배분 $x$는 파레토 비효율적인 배분이다. 이와 같은 파레토 개선 가능성은 배분 $y$에서도 발생한다. 즉, 배분 $y$를 지나는 쌀과 옷의 등량곡선을 그리면 볼록한 렌즈 모양이 생기게 되며, 그 볼록렌즈 모양 안에 있는 임의의 배분으로 바꾸면 파레토 개선이 일어난다. 따라서 배분 $y$도 파레토 비효율적이다. 반면 배분 $b$의 경우는 이 배분을 지나는 쌀과 옷의 등량곡선이 서로 접하기 때문에 볼록한 렌즈 모양이 생기지 않는다. 따라서 배분 $b$에서는 한 상품의 생산량을 감소시키지 않고서는 다른 상품의 생산량을 증가시킬 수가 없다. 즉 생산의 파레토 개선이 불가능하며 따라서 배분 $b$는 파레토 효율적이다.

　이와 같이 두 상품의 등량곡선이 각각 원점에 대하여 강볼록할 때 두 등량곡선이 접하는 배분은 파레토 효율적 배분이 된다. [그림 12-18]에서 곡선 $0_A abc 0_B$는 두 상품의 등량곡선이 접하는 배분을 모두 연결한 곡선으로 이를 생산의 계약곡선(production contract curve)이라고 부른다. 따라서 생산의 계약곡선 상에 있는 모든 배분은 파레토 효율적 배분이 된다. 등량곡선의 접선은 한계기술대체율 $MRTS_{LK}^i$이므로 계약곡선 상의 배분에서는 다음의 조건이 성립한다.

$$MRTS_{LK}^A = MRTS_{LK}^B \tag{12-13}$$

이제 생산의 효율성이 달성될 때 두 상품을 각각 얼마만큼 생산할 수 있는지를 살펴보자. [그림 12-18]의 생산의 계약곡선을 따라 $0_A$점에서 시작하여 $0_B$점으로 생산요소의 배분을 변화시키면서 $A$재와 $B$재를 생산하면 $A$재의 생산량은 0에서 시작하여 계속해서 늘어나고 $B$재의 생산은 계속해서 줄어들어 결국 0이 된다. 이처럼 생산의 계약곡선 상에 있는 배분에서 생산되는 $A$재와 $B$재의 생산량을 2차원의 생산평면 상에 그려보면 [그림 12-19]과 같이 우하향하는 곡선 $PPC$가 그려진다. 이 곡선은 생산요소의 총부존량을 두 상품의 생산에 효율적으로 배분하여 생산할 수 있는 생산량의 조합들을 모은 것으로 생산가능곡선(production possibility curve)이라고 부른다.

[그림 12-18]의 계약곡선 상에 있는 생산요소 배분 $a$에서 상품 $A$의 생산량은 $A_a = A_x$가 되고, 상품 $B$의 생산량은 $B_a$가 되어 이는 [그림 12-19]의 생산가능곡선 상에 있는 점 $a$에 대응한다. 이와 유사하게 [그림 12-19]의 생산가능곡선 상의 $b$, $c$, $0_A$, $0_B$는 [그림 12-18]의 계약곡선 상의 생산요소 배분 $b$, $c$, $0_A$, $0_B$에 대응되는 점들이다. 반면 [그림 12-19]에서 생산가능곡선 아래에 있는 점

**그림 12-19** 생산가능곡선

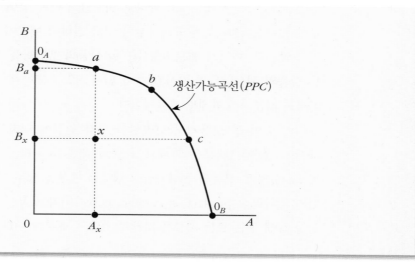

$x$는 두 상품의 생산량을 모두 증가시킬 수 있는 여지가 있는 비효율적인 점으로 [그림 12-18]의 파레토 비효율적 배분 $x$에 대응되는 것이다. 한편 생산가능곡선 밖에 있는 점들은 주어진 총부존량으로는 달성할 수 없는 생산량들이다.

끝으로 [그림 12-19]에 있는 생산가능곡선 상에 있는 임의의 점에서 접선의 기울기의 절대값인 $\left|\dfrac{dB}{dA}\right|$는 상품 $A$의 생산량을 한 단위 더 증가시키고자 할 때 여전히 생산가능곡선 상에 있기 위해서 감소시켜야 하는 상품 $B$의 생산량을 나타내며, 상품 $A$에 대한 상품 $B$의 한계변환율(marginal rate of transformation)이라고 부른다.

## ② 총체적 효율성

[그림 12-20]의 생산가능곡선 상의 $a$점에서 생산이 이루어져서 생산의 효율성이 달성되고 있다고 상정하여 보자. 경제가 파레토 효율성을 달성하기 위해서는 $a$점에서 생산된 두 상품 $A$와 $B$가 두 소비자 사이에 효율적으로 분배되는 교환의 효율성도 달성되어야 한다. 생산가능곡선 상의 $a$점에서 생산이 이루어지면 $A$상품의 총부존량은 $A_a$가 되고, $B$상품의 총부존량은 $B_a$가 된다고 하자. 따라서 두 소비자에게 실행가능한 모든 분배들은 가로와 세로의 길이가 각각 $A_a$와 $B_a$인 교환의 에지워스 상자로 표현할 수 있다. 그리고 이 에지워스 상자의 계약곡선 $0_1cb0_2$상에 있는 점들은 교환의 효율성을 달성하는 배분들이다.

그런데 생산경제에서 생산의 효율성과 교환의 효율성이 달성되어도 경제가 파레토 효율적인 상태에 있지 않을 수 있다. [그림 12-20]의 배분 $c$를 살펴보자. [그림 12-20]에서 생산점 $a$에서의 한계변환율 $MRT$가 배분점 $c$에서의 한계대체율 $MRS$보다 크다. 논의의 편의를 위하여 $MRT_{AB}(a)=1$, $MRS_{AB}=\dfrac{1}{2}$이라고 가정해 보자. 생산점 $a$에서의 한계변환율이 1이므로 상품 $A$의 생산량을 한 단위 줄이면 상품 $B$를 한 단위 더 생산할 수 있다. 배분점 $c$에서 소비자 1의 한계대체율은 $\dfrac{1}{2}$이므로 소비자 1의 상품 $A$의 소비를 한 단위 줄이고 상품 $B$의 소비를 $\dfrac{1}{2}$단위 증가시키면 소비자 1의 효용수준은 전과 동일해진다. 만약 남아 있는 상품 $B\dfrac{1}{2}$위를 소비자 1과 소비자 2에게 각각 $\dfrac{1}{4}$단위씩 나누어 준다면 소비자 1과 2의 효용은 전보다 더 증가하게 된다. 즉 파레토 개선이 일어나게 된다. 따라서 $a$에서 생산하고 $c$에서 소비하는 경제활동은 각각 생산의 효율성과 교환의 효율성은 달성하고 있지만 경제 전체적인 효율성은 달성하고 있지 못하다. 이와 같이 생산점에서의 한계변환율과 소비점에서의 한계대체율이 일치하지 않으면

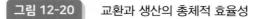

**그림 12-20** 교환과 생산의 총체적 효율성

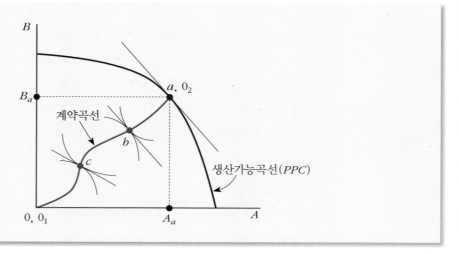

생산과 소비의 적절한 변화를 통해서 항상 파레토 개선을 이룰 수 있다. 따라서 파레토 효율적인 경제 상태에서는 [그림 12-20]의 $b$에서처럼 생산점 $a$에서의 한계변환율과 소비점 $b$에서의 한계대체율이 일치해야 한다. 즉 파레토 효율적인 상태에서는 다음의 조건이 만족된다.

$$MRT_{AB} = MRS^1_{AB} = MRS^2_{AB} \tag{12-14}$$

식 (12-19)의 조건을 상부조건(top condition)이라고 부르며, 생산경제가 파레토 효율성을 달성하기 위해서는 생산의 효율성, 교환의 효율성, 및 상부조건의 세 가지 조건이 모두 만족되어야 한다. 교환의 효율성과 생산의 효율성 외에 상부조건이 만족되어야 하는 이유는 생산과 교환이 각각 효율적으로 행해질 뿐만 아니라 둘 사이에 조화가 이루어져야 하기 때문이다.

### ③ 효용가능경계

이제 생산경제의 파레토 효율적인 상태들에서 달성 가능한 효용수준을 살펴보자. [그림 12-15]과 [그림 12-17]에서 살펴본 바와 같이 사회의 총부존량이 주어진 경우 에지워스 상자의 계약곡선 상의 배분을 따라 두 소비자가 얻을 수 있는 효용 수준의 조합인 효용가능곡선을 그릴 수 있다. 이러한 작업을 [그림 12-20]의 생산가능곡선 상의 모든 생산점에 대해 수행하면 무수히 많은 효용가능곡선들이 그려지며, 이 효용가능곡선들의 외곽을 감싸는 포락곡선(envelop

그림 12-21 효용가능경계

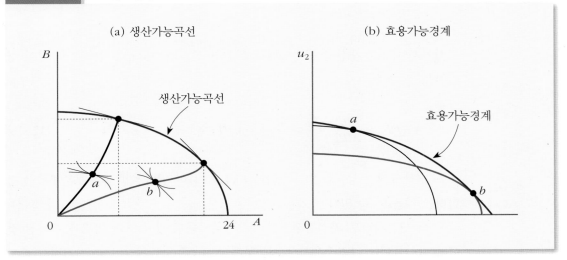

(a) 생산가능곡선

(b) 효용가능경계

curve)을 [그림 12-21]과 같이 구할 수 있다. 이 포락곡선을 효용가능경계(utility possibility frontier)라고 한다.

효용가능경계는 생산경제가 파레토 효율적인 상태에 있을 때, 즉 앞서 살펴본 생산의 효율성, 분배의 효율성, 그리고 총체적 효율성의 조건이 모두 충족 되었을 때 소비자들이 얻을 수 있는 최대 효용수준의 조합을 나타내는 선이다.

### ④ 생산경제에서 일반경쟁균형의 효율성

앞서 서술한 바와 같이 생산경제에서는 생산의 효율성, 분배의 효율성, 그리고 총체적 효율성의 조건이 모두 충족 되어야 효율성이 달성된다. 생산과 분배가 시장기구에 의해 결정되는 일반경쟁의 균형배분은 파레토 효율적인지, 즉 일반경쟁 균형배분에서는 세 가지 조건이 모두 충족되는지를 살펴보자.

첫째, 요소시장인 노동시장과 자본시장이 완전경쟁적이므로 생산자는 노동과 자본의 가격을 주어진 것으로 받아들이는 가격수용자로 행동하게 된다. 즉 생산자는 노동과 자본의 가격이 주어져 있을 때 이윤을 극대화하는 최적투입량만을 결정하게 된다. 각 생산요소의 최적투입량은 생산요소의 한계생산가치(value of marginal product)가 그 생산요소 한 단위의 가격과 일치하도록 결정된다. 노동한 단위의 가격을 $w$, 자본 한 단위의 가격을 $r$, 생산된 상품 한 단위의 가격을 $p$라고 하면 이윤을 극대화하는 생산자는 다음의 두 식이 충족되도록 생산요소를 투입하게 된다.

$$VMP_L = p \times MP_L = w \tag{12-15}$$

$$VMP_K = p \times MP_K = r$$

상첨자 1, 2는 생산자를 나타낸다고 하면 식 (12-15)로부터 다음의 식이 성립함을 알 수 있다.

$$MRTS^1_{LK} = \frac{MP^1_L}{MP^1_K} = \frac{w}{r} = \frac{MP^2_L}{MP^2_K} = MRTS^2_{LK} \tag{12-16}$$

즉 생산의 효율성을 위한 조건인 식 (12-13)이 일반경쟁 균형배분에서 성립한다는 것을 알 수 있다.

둘째, 상품시장도 완전경쟁적이므로 소비자들도 각 상품과 가격을 주어진 것으로 받아들이는 가격수용자로 행동하게 된다. 즉 소비자는 상품의 가격이 주어져 있을 때 효용을 극대화하는 최적소비량만을 결정하게 된다. 각 재화의 최적소비량은 한계대체율이 상대가격과 일치하도록 결정된다. 상첨자 1, 2를 소비자를 나타내며, $p_A$는 상품 $A$의 가격, $p_B$는 상품 $B$의 가격을 나타낸다고 하면 효용극대화 조건은 다음과 같다.

$$MRS^1_{AB} = \frac{p_A}{p_B} = MRS^2_{AB} \tag{12-17}$$

따라서 교환의 효율성을 위한 조건인 식 (12-12)가 일반경쟁 균형배분에서 성립한다는 것을 알 수 있다.

셋째, 상품시장이 완전경쟁적이므로 이윤을 극대화하는 생산자들은 상품의 가격이 그 상품의 한계비용과 일치하도록 생산량을 결정한다. 즉 $p_A = MC_A$, $p_B = MC_B$. 따라서 두 생산자에 대하여 다음의 식이 성립한다.

$$\frac{p_A}{p_B} = \frac{MC_A}{MC_B} \tag{12-18}$$

두 상품의 한계비용의 비율은 한계생산변환율과 같다. 생산가능곡선 상의 한 점에서 한계생산변환율은 상품 $A$를 한 단위 더 생산하기 위해 감소시켜야 하는 상품 $B$의 양을 의미하므로 만약 그 생산점에서 상품 $A$의 한계비용이 1이고 상품 $B$의 한계비용이 2라면 한계생산변환율은 2가 되는 것이다. 즉, 다음의 식이 성립한다.

$$MRT_{AB} = \frac{MC_A}{MC_B} \tag{12-19}$$

따라서 식 (12-18)과 식 (12-19)로부터 다음의 식이 성립함을 알 수 있다.

$$MRT_{AB} = \frac{MC_A}{MC_B} = \frac{p_A}{p_B} \tag{12-20}$$

따라서 식 (12-17)과 식 (12-20)으로부터 총체적 효율성을 위한 조건인 식 (12-14)가 일반경쟁의 균형배분에서 성립함을 알 수 있다. 이로부터 생산경제의 일반경쟁 균형배분은 파레토 효율적이라는 것을 알 수 있다.

## 3 후생경제학의 정리

앞에서 교환경제와 생산경제의 단순한 모형을 통해 일반경쟁의 균형배분이 파레토 효율적임을 살펴보았다. 본 절에서는 보다 일반적인 경제에서 일반경쟁 균형과 자원배분의 효율성 간의 관계를 보여주는 후생경제학의 두 가지 기본정리(fundamental theorem of welfare economics)를 살펴본다.

### (1) 후생경제학의 제1정리

아담 스미스(Adam Smith)가 1776년 그의 저서 국부론(Wealth of nation)에서 서술한 바와 같이 시장기구는 보이지 않는 손(invisible hand)을 통해 개개인의 독립적인 사익 추구 행위를 사회적 최적 상태로 이끈다고 하였다. 경제주체들은 주어진 가격을 보고 자신의 효용이나 이윤을 극대화하도록 소비량이나 생산량을 결정한다. 만약 초과수요가 발생하면 시장경쟁에 의해 가격이 상승하고, 반대로 초과공급이 발생하면 가격이 하락한다. 이와 같이 완전경쟁을 통한 가격 조정기능은 자원을 효율적으로 배분하는 시장기구(market mechanism)의 핵심 기능이며, 아담 스미스의 보이지 않는 손이 바로 이에 해당한다.

이처럼 완전경쟁시장이 자원을 효율적으로 배분한다는 사실을 입증한 것이 다음의 후생경제학의 제1정리(The First Fundamental Theorem of Welfare

Economics)이다.

> **후생경제학의 제1정리**
>
> 모든 소비자의 선호가 단조적이고(monotonic) 경제 내에 외부성이 존재하지 않을 경우, 일반경쟁의 균형배분은 파레토 효율적이다.[27]

외부성(externality)에 대한 보다 상세한 내용은 시장의 실패(market failure)를 다루는 다음 절에서 다루며, 여기서는 한 경제주체의 행동이 시장기구를 거치지 않고 다른 경제주체의 효용이나 생산에 직접적인 영향을 미치는 현상이라고 정의한다.

후생경제학의 제1정리는 모든 경제 주체가 가격수용자로 행동하는 완전경쟁시장 상황에서 소비자의 선호가 단조적이고 외부성이 존재하지 않는다면 시장기구에 자원배분을 일임할 경우 파레토 효율성이 달성된다는 것을 말해주고 있다. 따라서 이 정리는 자원배분의 효율성 측면에서는 시장기구가 그 어떤 분배기구(allocation mechanism)보다 우월함을 입증하는 정리이며, 많은 경제학자들이 시장기구를 신뢰하는 근거를 제공하여 주는 정리이다.

## (2) 후생경제학의 제2정리

후생경제학의 제1정리는 일반경쟁의 균형배분이 효율적이라는 것을 알려 주는 정리이다. 후생경제학의 제2정리(The Second Fundamental Theorem of Welfare Economics)는 제1정리의 역(converse)이 성립하는 지에 대한 답을 주는 정리이다. 즉 만약 어떤 배분이 파레토 효율적이라면 이 배분을 일반경쟁균형을 통해 달성할 수 있는지에 대한 대답이다.

---

[27] Francis Ysidro Edgeworth, Martin Shubik, Herbert Scarf, Gerard Debreu, Robert Aumann 등의 경제학자들은 일반경쟁의 균형배분이 코어(core)에 속한다는 것을 증명하였다. 따라서 소비자 전체뿐만 아니라 그 어떤 소비자들의 연합(coalition)도 균형배분을 반대하거나 거부할 수 없다. 이를 통해 일반경쟁의 균형배분이 파레토 효율성 기준에 의한 것보다 훨씬 더 바람직한 특성을 지니고 있다고 해석할 수 있다.

> **후생경제학의 제2정리**
>
> 모든 소비자의 선호가 단조적이고(monotonic) 볼록성(convexity)을 만족할 경우, 만약 어떤 배분이 파레토 효율적이라면 이 배분을 일반경쟁의 균형배분이 되도록 만들어주는 소비자 간의 적절한 소득 이전(transfer)이 존재한다.

후생경제학의 제2정리가 의미하는 바를 보다 쉽게 이해하기 위해 다음의 [그림 12-22]을 살펴보자. 경제의 초기부존자원은 w로 주어져 있다. 이때 일반경쟁균형은 $(a, p)$가 된다.

균형배분 $a$는 파레토 효율적이지만 대부분의 자원을 소비자 1이 소비하는 배분이므로 공평성의 기준에서는 바람직하지 않다고 사회 전체적으로 판단할 수도 있다. 따라서 사회 전체적으로는 효율적이면서도 공평한 배분 $b$를 달성하기를 원한다고 하자.

배분 $b$를 달성하는 방법으로는 초기부존자원 $w$에서 자원을 재배분하여 직접 배분 $b$로 가는 방법이 있다. 즉 $w_{11} - b_{11}$ 만큼의 상품 1과 $w_{21} - b_{21}$만큼의 상품 2를 소비자 1로부터 받아서 소비자 2에게 주면 된다. 하지만 이와 같이 상품을 소비자 사이에 직접 이전(direct transfer)시키는 방법은 상품의 종류가 많아지고 소비자의 수도 많아질 경우에는 현실적으로 불가능해질 수 있다.[28]

또 다른 방법은 정액세(lumpsum tax)를 통하여 초기부존자원을 $w$에서 $w'$으로 바꾸어주고 바뀐 초기부존자원 하에서 자원의 분배를 시장기구에 맡기는 방법이다. 즉 $T_1 = (p_1 w_{11} + p_2 w_{21}) - (p_1' w_{11}' + p_2' w_{21}')$에 해당하는 금액을 소비자 1에게 정액으로 받아서 소비자 2에게 주면 초기부존자원이 $w'$으로 바뀌게 된다. 이와 같이 바뀐 초기부존자원 $w'$에서 소비자들이 시장기구를 통해 서로 교환을 하면 [그림 12-22]에서와 같이 파레토 효율적인 배분 $b$가 일반경쟁의 균형배분으로 달성될 수 있다.

---

**28** 정부가 자원을 직접 배분하려 시도하였으나 실패한 대표적 사례로는 1970년대 후반 미국의 휘발유 분배를 들 수 있다. 1970년대 후반 유류 파동(oil shock) 이후 미국은 휘발유 가격을 동결하고 부족한 휘발유를 정부 규제 하에 직접 분배하고자 하였다. 이를 위해 에너지부에서는 약 2만 명의 인원을 고용하고 휘발유 분배 기준을 수 천 페이지의 책자로 제작하여 배포하였다. 하지만 정부의 이러한 정책은 실패하였다. 시장의 가격조정이 아니라 직접적 분배를 통해 자원을 배분하고자 하였지만 소비자들은 휘발유를 사기 위해 오랜 시간 줄을 서서 노동시간을 낭비하였으며 심지어 인명사고까지 발생하기도 하였다.

**그림 12-22**   후생경제학의 제2정리

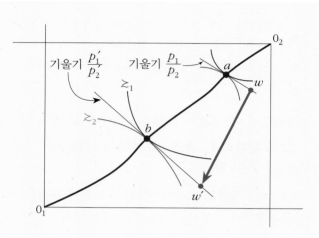

이와 같이 금액을 정액으로 이전시키는 방법은 다양한 재화를 각 소비자에게 직접 이전시키는 방법보다 이전해야 할 대상의 가지 수가 훨씬 감소하기 때문에 현실의 실행가능성이 높아진다. 후생경제학의 제2정리는 사회적으로 바람직하다고 판단되는 어떠한 효율적 배분도 소비자 간에 적절한 금전적 이전을 하면 시장기구를 통해 달성할 수 있다는 것이다. 따라서 이 정리도 시장기구의 우월함을 입증하여 주는 정리라고 할 수 있다.

**예제 12-3**   2 사람과 2 종류의 상품으로 구성된 다음의 경제를 상정해 보자. 소비자 1의 효용함수는 $u_1(x_{11}, x_{21}) = x_{11}x_{21}$로, 소비자 2의 효용함수는 $u_2(x_{12}, x_{22}) = x_{12}x_{22}$로 주어져 있다. 소비자 1과 소비자 2의 초기부존자원(inital endowment)은 $w_1 = (\frac{9}{4}, 1)$, $w_2 = (\frac{7}{4}, 3)$으로 주어져 있다.

(a) 파레토 효율적인 배분을 모두 구하시오.

(b) 코어를 구하시오.

(c) 소비자 1, 2의 재화 1, 2의 최적 수요량을 구하고, 이를 이용하여 일반경쟁균형을 구하시오.

(d) 시기 부존재 배분을 모두 구하시오.

(e) 파레토 효율적이고 envy-free한 배분을 모두 구하시오. 이러한 배분을 일반경쟁균형으로 달성하기 위한 이전 소득벡터(transfer vector) $T$와 가격벡터를 구하시오.

## 12.5 사회후생함수

   한 경제에서 파레토 효율적인 상태들이 일반적으로 여러 개가 존재하므로 가장 바람직한 경제 상태를 구분하는 데는 파레토 효율성의 개념만으로는 부족하다. 1과 2의 두 사람만 있는 생산경제에서 [그림 12-21]에서처럼 효용가능경계가 주어져 있다고 하자. 그러면 이 효용가능경계 상의 모든 점들은 생산의 효율성, 교환의 효율성, 상부조건이 모두 충족되는 파레토 효율적인 점들이다. 따라서 효용가능경계 상의 효용점들 중에서 어느 점이 가장 바람직한 점인가를 알아내기 위해서는 효율성 외에 형평성 등과 같은 다른 기준에 대한 고려가 필요하다.

   [그림 12-23]에서 $a$, $b$, $c$의 세 효용점과 $x$를 비교할 경우, $a$, $b$, $c$ 세 점은 모두 파레토 효율적이지만 $x$점은 파레토 비효율적이다. 점 $a$, $b$, $c$는 $x$에 대해 파레토 우위에 있으므로 파레토 효율성만 가지고도 $a$, $b$, $c$점이 $x$점보다 바람직한 경제 상태라고 판단할 수 있다. 그러나 $a$점과 $b$점을 비교하거나 $b$점과 $c$점을 비교함에 있어서는 어느 점도 다른 점에 대해 파레토 우위에 있지 않으므로 바람직한 경제 상태인지를 판단하기 위해서는 형평성 등에 대한 고려가 있어야 한다.

**그림 12-23** 효용가능경계

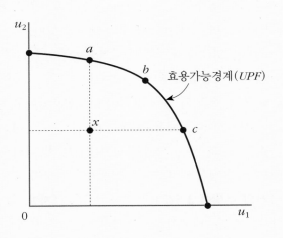

소비자이론에서 한 사람이 여러 가지 소비점에 대해 일관된 선호체계를 갖고 있다면 그 사람의 선호체계를 효용함수를 통해 나타낼 수 있음을 배웠다. 마찬가지로 한 사회가 다양한 경제 상태들을 비교할 수 있고 그 비교가 일관성이 있다면, 여러 경제 상태들에 대한 그 사회의 선호체계를 사회의 효용함수를 통해 나타낼 수 있다. 이러한 사회의 효용함수를 사회후생함수(social welfare function)라고 부르는데, 사회후생함수는 그 사회 구성원들의 효용이 주어졌을 때 그 사회의 효용이라고 할 수 있는 후생을 나타내는 함수이다. 어떤 사회의 구성원이 $n$명일 때, 구성원 $i$의 효용을 $u_i$로 표시하고 사회후생을 $w$로 표시하면 사회후생함수를 다음과 같이 나타낼 수 있다.

$$w = f(u_1,\ u_2,\ \cdots,\ u_n) \tag{12-21}$$

사회후생함수는 사회구성원들의 효용묶음에 대한 그 사회의 선호를 반영하는 것이므로 그 사회의 형평성에 대한 규범적인 판단도 포함하고 있다. 개인의 효용함수는 한 사람의 선호체계를 나타내는 것으로서 개인의 선호체계는 이미 주어져 있는 것으로 본다. 그러나 사회의 선호체계는 주어져 있는 것이라기보다는 그 사회의 구성원들이 합의해서 도출해야 하는 것이므로, 사회후생함수는 실증적인 면보다 규범적인 면이 강하다. 사회후생함수를 정의함에 있어서 가장 근본적인 문제는 사회구성원들의 선호체계가 다를 때 그들의 효용의 단위를 어떻게 일치시킬 것인가 하는 문제이다. 제1장 선호체계와 효용함수에서 배운 것처럼 개인의 선호체계를 나타내는 효용함수는 무수히 많다. 따라서 사회구성원 개개인에게 어떤 효용함수들을 적용하여 그들의 효용의 단위를 일치시킬 것인가 하는 문제가 발생하며 이에 대한 완벽한 해답은 없다.

예를 들어 두 명으로 구성된 사회에서 $w = u_1 + u_2$의 사회후생함수를 사용하여 $a$와 $b$의 두 가지 상태 중에서 하나를 선택하는 상황을 고려해 보자. 구성원 1은 $a$를 더 선호하고, 구성원 2는 $b$를 더 선호한다고 하자. 이 때 두 구성원의 선호체계는 무수히 많은 효용함수로 나타낼 수 있는데, 〈표 12-1〉의 (a)와 (b)에 있는 효용함수도 두 구성원의 선호체계를 잘 나타내고 있다. 이제 $a$와 $b$의 둘 중에서 사회후생을 극대화하는 상태를 찾아보자. 〈표 12-1〉에서 (a)의 경우에는 $a$에서의 후생이 2.5로 b의 후생 2보다 크지만, (b)의 경우에는 반대가 된다. 따라서 〈표 12-1〉에서 (a)의 경우에는 $a$가 사회후생을 극대화하고, (b)의

**표 12-1**

효용함수와
사회후생극대화

| (a) a가 사회후생이 높은 경우 | | |
|---|---|---|
| 효용＼상태 | $a$ | $b$ |
| $u_1$ | 2 | 1 |
| $u_2$ | 0.5 | 1 |

| (b) b가 사회후생이 높은 경우 | | |
|---|---|---|
| 효용＼상태 | $a$ | $b$ |
| $u_1$ | 1 | 0.5 |
| $u_2$ | 1 | 3 |

경우에는 $b$가 사회후생을 극대화한다. 이처럼 동일한 선호체계를 어떤 효용함수로 나타내는가에 따라 사회후생을 극대화하는 상태가 달라질 수 있다.

사회구성원이 둘인 경우에는 사회후생함수의 등고선들로 사회무차별지도(social indifference map)를 그릴 수 있다. 이제 사회무차별지도를 통해 몇 가지 대표적인 사회후생함수와 그를 뒷받침하는 규범에 대해서 알아보자. [그림 12-24]의 (a)에는 일반적인 사회후생함수로부터 도출된 사회무차별지도가 주어져 있다. 이 사회무차별지도는 개인의 효용함수에서 도출된 무차별지도와 동일한 특징을 갖는데 이를 열거하면 다음과 같다.

**(특징 1)** 사회무차별곡선들은 우하향한다.
**(특징 2)** 사회무차별곡선들은 원점에서 대하여 볼록하다.
**(특징 3)** 사회무차별곡선들은 교차하지 않는다.
**(특징 4)** 원점에서 멀리 있는 사회무차별곡선일수록 높은 사회후생을 나타낸다.

사회무차별곡선이 (특징 1)을 만족하는 것은 두 구성원 중에서 누군가의 효용이 증가하면 사회후생이 증가함을 뜻한다. 그렇게 되면 한 구성원의 효용이 증가할 때 사회후생이 증가하므로 다른 구성원의 효용이 감소해야 동일한 사회후생 수준이 유지되기 때문이다.

그리고 사회무차별곡선이 (특징 2)를 만족하는 것은 이 사회가 형평성을 존중한다는 것을 뜻하는데, 그 이유는 [그림 12-24]의 (a)에서 $a$점과 $b$점을 비교해 봄으로써 알 수 있다. $a$점은 $b$점에 비해 구성원 1의 효용은 낮고 구성원 2의 효용은 높다. 그러므로 형평을 존중하는 사회에서는 구성원 1의 효용이 한 단위 줄 때 사회후생이 감소하는 정도는 $b$점에서보다 $a$점에서 더 크다. 한편 이 사회에서 구성원 2의 효용이 한 단위 증가할 때 사회후생이 증가하는 정도는 $a$점에서보다 $b$점에서 더 크다. 따라서 구성원 1의 효용이 한 단위 줄 때 동일한 수준

**그림 12-24** 사회무차별지도

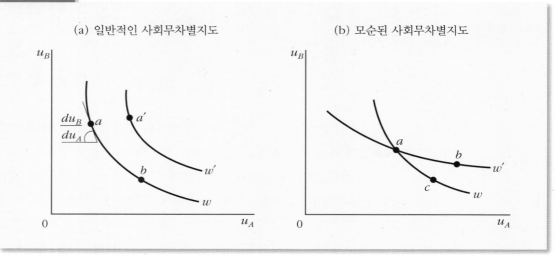

의 후생을 유지하기 위해 늘어나야 하는 구성원 2의 효용이 $b$점에서 보다 $a$점에서 더 크다. 그러므로 사회무차별곡선의 접선은 $b$점에서 보다 $a$점에서 더 가파르게 되는데, 이러한 관계가 사회무차별곡선 상의 모든 두 점 사이에 성립하므로 사회무차별곡선은 (특징 2)를 만족하게 된다.

(특징 1)과 (특징 2)가 개개의 사회무차별곡선의 특징들이라면 (특징 3)과 (특징 4)는 사회무차별곡선들 간의 관계가 갖는 특징들이다. 그리고 (특징 3)과 (특징 4)는 모두 (특징 1)을 성립시킨 것처럼 사회구성원 중에서 누군가의 효용이 증가하면 후생이 증가하는 경우에는 필연적으로 성립한다. (특징 3)이 성립하지 않아서 두 개의 사회무차별곡선이 [그림 12-24]의 (b)에서처럼 교차한다고 가정해보자. 그러면 $a$점과 $b$점은 동일한 사회무차별곡선 $w'$상에 있으므로 사회후생이 같은 점이다. 그리고 $a$점과 $c$점은 동일한 무차별곡선 $w$상에 있으므로 사회후생이 같은 점이다. 그러므로 $b$점과 $c$점의 사회후생이 동일해야 하는데, $b$점은 $c$점에 비해 두 사회구성원 모두의 효용이 높으므로 $b$점의 사회후생이 $c$점의 사회후생보다 커야 한다는 모순에 빠진다. 따라서 사회구성원의 효용이 증가하면 사회후생이 증가하는 사회에서는 사회무차별곡선들이 교차할 수 없으므로 (특징 3)이 성립한다.

[그림 12-24]의 (a)에서처럼 교차하지 않는 두 개의 사회무차별곡선 $w$와 $w'$을 비교해보자. 둘 중에서 바깥쪽의 사회무차별곡선 $w'$상에 있는 $a'$점은 안쪽의

사회무차별곡선 $w$상에 있는 $a$점에 비해 두 사회구성원 모두의 효용이 높다. 따라서 구성원들의 효용의 증가가 사회후생의 증가를 가져오는 사회에서는 $a'$점의 사회후생이 $a$점보다 크다. 그런데 한 사회무차별곡선 상의 모든 점들은 동일한 사회후생을 갖는 점들이므로, 사회무차별곡선 $w'$상의 모든 점들은 $w$상의 모든 점들에 비해 사회후생이 높아서 (특징 4)가 성립한다.

사회무차별지도가 갖는 네 가지 특징들 중에서 (특징 2)를 제외한 나머지 특징들은 사회구성원 누군가의 효용이 증가하면 사회후생이 증가한다는 전제로부터 도출할 수 있었다. 그러나 사회무차별곡선이 원점에서 볼 때 볼록하다는 (특징 2)는 사회가 형평을 존중한다는 전제가 추가되어야 생기는 특징이다. [그림 12-25] (a)에는 형평에 무관심한 공리주의적 사회후생함수(utilitarian welfare function)로부터 도출된 사회무차별지도가 그려져 있다. 그리고 (b)에는 형평이 최대로 고려된 롤즈의 사회후생함수(Rawlsian welfare function)로부터 도출된 사회무차별지도가 그려져 있다. 끝으로 (c)에는 앞의 두 사회후생함수 사이에 있는 일반적인 사회후생함수로부터 도출된 사회무차별지도가 그려져 있다.

먼저 [그림 12-25]의 (a)에 그려져 있는 사회무차별곡선이 도출된 공리주의적 사회후생함수에 대해서 살펴보자. 공리주의적 사회후생함수는 공리주의의 창시자인 철학자 벤덤(J. Bentham)의 이름을 따서 벤덤의 사회후생함수(Benthamite welfare function)라고도 부르며 다음과 같다.

---

**그림 12-25**　　사회무차별곡선과 형평성

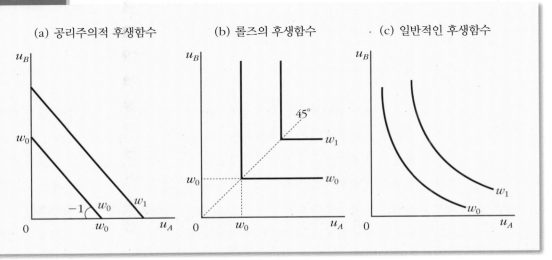

(a) 공리주의적 후생함수　　(b) 롤즈의 후생함수　　(c) 일반적인 후생함수

$$w = \sum_{i=1}^{n} u_i \tag{12-22}$$

공리주의적 사회후생함수에서는 사회후생이 모든 사회구성원들의 효용을 더한 것이므로, 사회구성원 중의 어느 사람의 효용이 줄더라도 다른 사람의 효용이 그만큼 늘어나면 사회후생은 같다. 따라서 가난한 사람의 효용이 줄고 부자의 효용이 그만큼 늘어나도 사회후생은 동일하고, 부자의 효용이 줄고 가난한 사람의 효용이 그만큼 늘어나도 사회후생은 동일하다. 그러나 공리주의적 후생함수는 모든 사회구성원들의 효용의 합을 나타내는 것이지 소득의 합을 나타내는 것은 아니므로 소득분배에 있어서 형평성을 무시하는 것은 아니다. 모든 사람들의 효용함수가 동일하고 한계효용이 체감한다고 하자. 그러면 부자의 소득 1원을 가난한 사람에게 이전하면 가난한 사람의 효용의 증가가 부자의 효용의 감소보다 커서 사회후생이 증가한다. 따라서 공리주의적 사회후생함수에서도 균등한 소득분배가 후생을 극대화하게 되므로, 이 경우 공리주의적 사회후생함수도 형평성을 존중한다고 볼 수 있다.

사회구성원이 두 명인 경우에 공리주의적 사회후생함수는 $w = u_1 + u_2$가 되므로, 사회후생이 $w_0$로 일정한 사회무차별곡선은 $u_1 + u_2 = w_0$의 그래프가 된다. 따라서 공리주의적 사회후생함수의 사회무차별곡선은 [그림 12-25]의 (a)처럼 기울기가 −1인 직선이 된다. 공리주의적 사회후생함수에 따르면 한 사람의 효용이 1이 줄더라도 다른 사람의 효용이 1이 늘면 사회후생이 동일하므로, 사회무차별곡선이 기울기가 −1인 직선이 되는 것이다.

한편 형평성을 극도로 존중하는 사회후생함수로서 미국 철학자 롤즈(J. Lawls)의 이름을 딴 롤즈의 사회후생함수는 다음과 같이 쓸 수 있다.

$$w = \min\{u_1, u_2, \cdots, u_n\} \tag{12-23}$$

식 (12-23)은 구성원들의 효용 값들 중에서 극소값이 사회후생이 됨을 나타낸다. 즉, 롤즈의 사회후생함수에서는 사회구성원 중에서 가장 효용이 낮은 사람의 효용이 사회후생이 된다. 따라서 사회에서 가장 효용이 낮은 사람의 효용이 증가하지 않으면 다른 사람들의 효용이 아무리 증가해도 사회후생은 증가하지 않는다. 그리고 사회에서 가장 효용이 낮은 사람의 효용이 감소한다면 다른 사람들의 효용이 아무리 증가하여도 사회후생은 감소한다. 또한 사회에서 가장

그림 12-26    바람직한 경제 상태

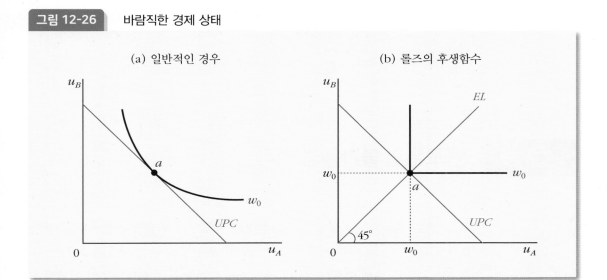

효용이 낮은 사람의 효용을 높이는 정책은 다른 사람들의 효용을 감소시키더라도 항상 사회후생을 높이는 바람직한 정책이 된다.

사회구성원이 두 명일 때 롤즈의 후생함수는 $w = \min\{u_1, u_2\}$가 되며, 후생이 $w_0$로 일정한 사회무차별곡선은 $\min\{u_1, u_2\} = w_0$의 그래프가 된다. 따라서 롤즈의 사회후생함수에서 사회후생이 $w_0$인 사회무차별곡선은 [그림 12-25]의 (b)처럼 꼭지점이 45°선 상에 위치한 L자 모양이 된다.

[그림 12-25] (c)의 일반적인 사회무차별곡선은 원점에 대하여 볼록하므로 공리주의적 사회무차별곡선과 롤즈의 사회무차별곡선의 중간적인 모양을 갖는다고 볼 수 있다. 그리고 일반적인 사회무차별곡선의 경우에도 원점에서 볼 때 볼록한 정도가 클수록 롤즈의 사회무차별곡선에 가까우므로 형평성을 보다 존중하는 사회무차별곡선이 된다.

이제 사회무차별곡선을 이용하여 효용가능경계 상에서 가장 사회후생이 가장 높은 경제 상태를 찾아보자. [그림 12-26]에서처럼 효용가능경계가 주어졌을 때 이 사회가 도달할 수 있는 효용점들은 이 곡선을 포함하여 그 아래에 있는 점들이다. 그리고 이 점들 중에서 가장 사회후생이 높은 효용점은 가장 바깥쪽 사회무차별곡선 상에 있는 점이다. 따라서 [그림 12-26]의 (a)에서는 효용가능경계와 사회무차별곡선이 접하는 a점이 사회후생이 극대화되는 효용점이 된다. 그런데 [그림 12-26]의 (b)에서처럼 효용가능경계가 우하향하면 롤즈의 사회후생함수에 따라 후생을 극대화하는 효용점 $a$는 45°선 상에 있게 된다. 이를 통해서도 롤즈의 사회후생함수가 형평성을 극도로 존중한다는 사실을 알 수 있다.

## 12.6  애로우의 불가능성 정리

모든 구성원의 선호를 반영하여 완전성과 이행성을 만족하는 합리적인 사회선호(social preference)를 도출할 수 있을까? 현실에서 흔히 사용하고 있는 다수결 제도는 콘도르셋 역설(Condorcet Voting Paradox)로 명명되듯이 이행성을 충족하지 못하며, 파레토 기준은 완전성을 충족하지 못한다. 애로우는 몇 가지 바람직한 가정을 만족하는 사회선호가 존재할 수 있는가에 대해 부정적인 답을 제시하는 불가능성정리(impossibility theorem)를 발표하였다. 그는 사회선호가 충족하여야 할 다섯 가지 가정을 열거하고, 이 다섯 가지 가정을 모두 만족하는 사회선호는 존재하지 않는다는 사실을 증명하였다.

**가정 1. 합리성(rationality):** 사회선호는 완전성과 이행성을 충족하여야 한다.

이 가정은 사회적 선호도 개인의 선호처럼 모든 서로 다른 두 선택 대상(alternative)에 대하여 어느 것을 더 선호하는지 판단할 수 있어야 하며, 모든 서로 다른 세 가지 선택 대상에 대하여 이행적 특성을 가져야 한다는 것이다. 즉 사회선호도 합리성을 지니고 있어야 사회적으로 가장 바람직한 대안을 선택할 수 있기 때문에 가장 기본적으로 만족하여야 할 가정이라 할 수 있다.

**가정 2. 보편성(Universal Domain):** 사회선호는 사회구성원들의 모든 합리적 선호에 대해 잘 정의되어야 한다.

사회구성원들의 선호가 완전성과 이행성을 만족하는 합리적 선호라면 어떤 형태의 선호라도 사회선호는 이를 반영하여 잘 정의가 되어야 한다는 것이 (가정 2)가 의미하는 바이다. 예를 들어 개인의 선호를 단봉선호(single-peaked preference)나 선형선호(linear preference), 준선형선호(quasi-linear preference) 등과 같이 특정한 형태의 선호로 국한해서는 안 된다는 것이 (가정 2)이다. 사람들의 선호는 다양하며 이러한 다양성을 반영하는 것이 사회적으로 바람직하기 때문에, 개인의 선호를 특정한 형태로 국한하는 것에 대한 정당성을 부여하기 어렵다는 철학을 반영한 가정이라 할 수 있다.

**가정 3. 파레토 효율성(Pareto Efficiency):** 모든 사회구성원이 대안 $a$를 대안 $b$보다 선호하면 사회선호도 $a$를 $b$보다 선호하여야 한다.

사회구성원 모두가 대안 $a$를 대안 $b$보다 선호한다면 사회 전체적으로도 대안 a를 더 선호하는 것은 당연하다고 판단할 수 있으므로 파레토 효율성은 사회선호가 충족해야 할 강한 가정은 아니다.

**가정 4. 무관한 대상으로부터의 독립성(Independence of Irrelevant Alternatives: IIA):** 사회구성원들의 선호가 바뀌더라도 모든 구성원들이 두 대안 $a$와 $b$ 사이에 갖는 선호관계는 변하지 않으면, 사회선호도 $a$와 $b$ 사이의 선호관계는 변하지 않아야 한다.

(가정 4)는 대안 $a$와 $b$사이의 사회선호는 $a$와 $b$를 제외한 다른 대안에 대한 개인들의 선호와는 독립적이어야 한다는 것을 의미한다. 이 가정은 다른 가정에 비하여 논란이 많은 가정이다. 독립성의 가정을 위배하지만 현실에서 널리 사용되는 사회선호의 예가 1781년 보다(Jean-Charles de Borda)가 처음으로 제시한 보다 투표방식(Borda voting rule)이다. 이는 구성원 $i$의 선호가 주어져 있을 때 $i$가 가장 선호하는 대안에 임의의 점수를 부여하고, 그 다음으로 선호하는 대안에는 좀 더 낮은 점수를 부여하고, 세 번째로 선호하는 대안에는 두 번째보다 낮은 점수를 부여한다. 이렇게 모든 대안에 대해 점수를 부여한 후 각각의 대안에 대하여 구성원들로부터 받은 점수를 합산한 후 가장 높은 점수를 받은 대안이 사회적으로 가장 선호되는 대안이며, 그 다음 높은 점수를 받은 대안이 사회적으로 두 번째로 선호되는 대안이라고 사회선호를 결정하는 방법이다. 이러한 투표방식은 독립성 가정을 충족하지 않는다. 이러한 측면에서 독립성 가정은 선호의 강도를 배제하고 서수적 의미만을 고려하는 가정이라고도 해석할 수 있다.

**가정 5. 비독재성(Nondictatorship):** 사회선호는 특정한 한 사회구성원의 선호체계를 사회의 선호체계로 간주하여서는 안 된다.

사회선호가 특정인의 선호와 동일할 때 그 구성원을 독재자라고 부른다. 즉 임의의 두 대안 $a$, $b$에 대하여 구성원 $i$가 대안 $a$를 $b$보다 선호할 경우, 사회도 다른 사람의 선호는 고려하지 않고 대안 $a$를 $b$보다 선호한다면 구성원 $i$는 독재자라 불리게 된다. 사회선호는 가급적 모든 구성원의 선호를 반영하여 결정되어야지 특정인의 선호만을 반영하여서는 안 된다는 것이 비독재성의 가정이며 이는 사회적으로 쉽게 수용할 수 있는 가정이라고 판단된다.

**애로우의 불가능성 정리**

 (가정 1) ~ (가정 5)를 만족하는 사회선호는 존재하지 않는다.

애로우의 불가능성 정리는 다음과 같이 서술되기도 한다.

**애로우의 불가능성 정리**

 (가정 1) ~ (가정 4)를 만족하는 사회선호는 반드시 독재이다.

이처럼 애로우의 불가능성 정리는 사회적으로 바람직하다고 판단되는 몇 가지 가정을 만족하는 사회선호는 존재하지 않기 때문에 현실에서는 다섯 가지 가정 중에서 최소한 한 가지 가정은 포기하여야 한다는 것을 의미한다. 예를 들어 현실에서 많이 사용하는 다수결 투표제도(majority voting rule)는 이행성을 충족하지 못하며, 공리주의 사회후생함수는 독립성 가정을 충족하지 못한다. 이를 보다 자세히 살펴보면 다음과 같다.

먼저 사회선호체계를 사회구성원들이 다수결로 결정하는 경우에 어떤 가정을 위반하는가를 〈표 12-2〉을 통해서 살펴보자.

〈표 12-2〉에 따르면 세 개의 대안 $a$, $b$, $c$에 대하여 사회구성원 1은 $a$, $b$, $c$

**표 12-2**
다수결
투표제도와
이행성

| 사회구성원 | 1 | 2 | 3 |
|---|---|---|---|
| 선호 | $a$ | $b$ | $c$ |
| | $b$ | $c$ | $a$ |
| | $c$ | $a$ | $b$ |

순으로 선호하고, 2는 *b*, *c*, *a* 순으로 선호하며, 3은 *c*, *a*, *b* 순으로 선호한다. 이때 대안 *a*와 *b*를 비교하면 사회구성원과 1과 3이 대안 *a*를 보다 더 선호하므로 다수결 투표에 의하면 사회도 a를 보다 더 선호하게 된다. 대안 *b*와 *c*를 비교할 때는 1과 2가 대안 *b*를 더 선호하므로 사회도 *b*를 더 선호하게 되고, 대안 *a*와 *c*를 비교할 때는 2와 3이 대안 *c*를 더 선호하므로 사회도 *c*를 더 선호하게 된다. 따라서 사회는 *a*를 *b*보다 더 선호하고 *b*를 *c*보다 더 선호하며 *c*를 *a*보다 더 선호하므로 사회선호가 이행성을 충족하지 못하게 된다.

이번에는 *a*, *b*, *c* 세 가지의 대안이 있고 사회구성원이 세 명일 때 보다 (Borda) 투표제도로 표현되는 사회선호를 살펴보자. 사회구성원 각각에게 가장 선호하는 대안에는 30점, 두 번째로 선호되는 대안에는 20점, 세 번째로 선호되는 대안에는 10점을 부여하자. 그리고 각각의 대안에 대하여 세 명의 사회구성원들이 부여한 점수를 합하여 사회후생으로 정하는 보다 투표제도를 살펴보자.

〈표 12-3〉의 (a)에 나타나 있는 것처럼 사회구성원 1과 2는 *a*, *b*, *c* 순으로 선호하고 사회구성원 3은 *b*, *a*, *c* 순으로 선호하는 경우를 생각해보자. 이 경우에 선택대상 a에 대한 후생은 30+30+20=80이 되고 *b*에 대한 후생은 20+20+30=70이 되어 사회는 *a*를 *b*보다 선호하게 된다. 이제 〈표 12-3〉 (b)에 나타나 있는 것처럼 사회구성원 3만의 선호체계가 *b*, *c*, *a* 순으로 바뀐 경우를 살펴보자. 이 경우 *a*에 대한 후생과 *b*에 대한 후생은 70으로 동일하게 되어 사회는 *a*와 *b*에 대하여 무차별해진다. 그러나 〈표 12-3〉의 (a)와 (b)에서 사회구성원 중 어느 누구도 대안 *a*와 *b* 사이의 선호를 바꾸지 않았으므로 (가정 4)에 의하면 *a*와 *b* 사이의 사회선호도 바뀌지 않아야 한다. 즉 사회는 여전히 *a*를 *b*보다 더 선호해야 한다. 그런데 보다 투표제도에 의한 사회선호는 (a)의 경우

**표 12-3**
보다 투표제도

| 사회구성원 | 1 | 2 | 3 |
|---|---|---|---|
| (a) 변화 전 선호 | *a* | *a* | *b* |
| | *b* | *b* | *a* |
| | *c* | *c* | *c* |
| (b) 변화 후 선호 | *a* | *a* | *b* |
| | *b* | *b* | *c* |
| | *c* | *c* | *a* |

에는 대안 $a$를 $b$보다 선호하고, (b)의 경우에는 둘을 무차별하다고 판단하므로 독립성의 가정을 위반한다.

이 예는 보다 투표제도를 사회선호로 사용하는데 있어 발생할 수 있는 문제점이라고 판단할 수도 있지만 독립성의 가정이 설득력이 약하다는 증거가 될 수도 있다. 사회구성원 3의 $a$와 $b$ 사이의 선호는 바뀌지 않았지만 $b$에 비해 $a$를 싫어하는 정도가 커졌으므로, 즉 선호의 강도가 바뀌었으므로 사회선호가 이를 반영하는 것이 바람직하다고 생각한다면 독립성의 가정이 매우 강한 가정이거나 정당성이 약한 가정이라고 할 수 있다.

## 연습문제

**12-1** 효용함수가 $u(x, y) = x^{\frac{1}{2}} y^{\frac{1}{2}}$인 $2n$명의 소비자가 있다. 그 중에서 $A$ 타입인 $n$명은 $X$재만 $w_X$만큼씩 가지고 있고, $B$ 타입인 나머지 $n$명은 $Y$재만 $w_Y$만큼씩 가지고 있다. 이 교환경제에서 왈라스 법칙을 도출해보고 경쟁균형을 구하시오.

**12-2** 소비자 1의 효용함수는 $u_1(x_{11}, x_{21}) = \min\{2x_{11}, 3x_{21}\}$로, 소비자 2의 효용함수는 $u_2(x_{12}, x_{22}) = x_{12} + x_{22}$로 주어져 있다. 소비자 1과 소비자 2의 초기부존자원은 $w_1 = (4, 1)$, $w_2 = (1, 4)$로 주어져 있다.
(a) 에지워스 상자에 소비자 1과 소비자 2의 무차별곡선을 각각 그리시오.
(b) 소비자 1과 2의 오퍼곡선을 에지워스 상자에 그리시오.
(c) 일반경쟁균형을 구하시오.

**12-3** 소비자 1의 효용함수는 $u_1(x_{11}, x_{21}) = 2x_{11} + x_{21}$, 소비자 2의 효용함수는 $u_2(x_{12}, x_{22}) = x_{12} + 2x_{22}$로 주어져 있으며, 초기부존자원은 각각 $w_1 = (\frac{1}{2}, \frac{1}{2})$, $w_2 = (\frac{1}{2}, \frac{1}{2})$로 주어져 있다.
(a) 에지워스 상자에 소비자 1과 소비자 2의 무차별곡선을 각각 그리시오.
(b) 소비자 1과 2의 오퍼곡선을 에지워스 상자에 그리시오.
(c) 일반경쟁균형을 구하시오.

**12-4** 소비자 1의 효용함수는 $u_1(x_{11}, x_{21}) = x_{211} x_{21}$로, 소비자 2의 효용함수는 $u_2(x_{12}, x_{22}) = x_{12} x_{22}$로 주어져 있으며, 초기부존자원은 각각 $w_1 = (1, 0)$, $w_2 = (0, 1)$로 주어져 있다.
(a) 에지워스 상자에 소비자 1과 소비자 2의 무차별곡선을 각각 그리시오.
(b) $p_1 = 1$이라고 하자. 소비자 1과 2의 오퍼곡선을 에지워스 상자에 그리시오.
(c) 일반경쟁균형을 구하시오.

**12-5** 소비자 1의 효용함수는 $u_1(x_{11}, x_{21}) = 3x_{11} + x_{21}$로, 소비자 2의 효용함수는 $u_2(x_{12}, x_{22}) = x_{12} x_{22}$로 주어져 있다. 소비자 1과 2의 초기부존자원은 각각 $w_1 = (2, 1)$, $w_2 = (1, 2)$로 주어져 있다.
(a) 에지워스 상자에 소비자 1과 소비자 2의 무차별곡선을 각각 그리시오.

(b) 소비자 1과 2의 오퍼곡선을 에지워스 상자에 그리시오.

(c) 일반경쟁균형을 구하시오.

**12-6** 효용함수가 $u(x, y) = x^{\frac{1}{2}}y^{\frac{1}{2}}$인 $2n$명의 소비자 중에서 A타입의 $n$명은 $x$재만 $ex$만큼씩 가지고 있고 B타입인 나머지 $n$명은 $y$재만 $eY$만큼씩 가지고 있는 교환경제가 있다. 이 경제가 파레토 최적일 조건을 개인들의 $x$재 소비량과 $y$재 소비량의 비율에 대하여 구하시오.

**12-7** 효용함수가 $u(x, y) = x^{\frac{1}{2}}y^{\frac{1}{2}}$인 A와 B의 두 사람으로 구성되고 $x$재와 $y$재의 생산함수는 각각 $x = l_X^{\frac{1}{2}}k_X^{\frac{1}{2}}$, $y = l_Y^{\frac{1}{2}}k_Y^{\frac{1}{2}}$인 경제가 있다. 그리고 이 경제에 부존된 노동과 자본의 총부존량은 각각 100이다.

(a) 이 경제의 생산가능곡선을 그리시오.

(b) 생산가능곡선 상에서 $x = x_0$, $y = y_0$로 생산점을 고정시킨 상태에서 효용가능곡선을 그리고, 이를 이용하여 이 경제의 효용가능경계를 그리시오.

**12-8** A와 B의 두 사람으로 구성되어 있으며 사회후생함수가 $w = u_A^{\frac{1}{2}}u_b^{\frac{1}{2}}$인 경제가 있다. 이 경제의 효용가능경계가 $u_A + u_B = 100$일때 사회후생을 극대화하는 효용점과 극대화된 사회후생수준을 구하시오.

**12-9** 보다(Borda) 투표제도에서는 사람들이 자신의 선호를 올바르게 표출하지 않을 유인이 존재한다. 4명의 투표자가 4가지 대안 $x$, $y$, $z$, $v$에 대해 투표하는 다음의 경우를 상정하여 보자. 각각의 투표자는 자신이 가장 선호하는 대안에 4점, 그 다음 선호하는 대안에 3점, 세 번째로 선호하는 대안에는 2점, 가장 덜 선호하는 대안에는 1점을 부여하며, 가장 많은 점수를 얻은 대안이 사회적으로 선택된다. 각각의 투표자의 참된 선호체계는(true-preference)는 다음과 같다.

| 1 | 2 | 3 | 4 |
|---|---|---|---|
| z | y | z | x |
| v | v | v | y |
| y | z | y | z |
| x | x | x | v |

(a) 보다 투표제도를 사용할 경우 사회적으로 선택되는 대안은 무엇인지를 서술하시오.

(b) 투표자 1, 2, 3은 자신의 참된 선호를 여전히 표출할 경우, 투표자 4는 자신의 선호를 참된 선호가 아닌 다른 선호를 표출함으로써 더 좋아질 수 있다. 어떤 선호를 표출하면 투표자 4에게 가장 유리한 결과를 가져오는지를 쓰시오.

**12-10** 2 사람과 2 종류의 재화로 구성된 경제를 상정해 보자. 소비자 1의 효용함수는 $u_1(x_{11}, x_{21}) = x_{11} + x_{21}$로, 소비자 2의 효용함수는 $u_2(x_{12}, x_{22}) = \min\{x_{12}, x_{22}\}$로 주어져 있다. 소비자 1과 소비자 2의 초기부존자원(initial endowment)은 $w_1 = (\frac{3}{4}, \frac{1}{8})$, $w_2 = (\frac{1}{4}, \frac{7}{8})$로 주어져 있다.

(a) 일반경쟁균형을 구하시오. 균형배분이 envy-free 배분인지 아닌지를 설명하시오.

(b) envy-free 배분을 모두 구하고, 에지워스 상자에 그리시오. 파레토 효율적이고 envy-free 배분을 모두 구하시오.

다음과 같이 소비의 외부성이 존재하는 경제를 상정해 보자. 소비자 1의 효용함수는 동일하며, 소비자 2의 효용함수는 $u_2(x_{12}, x_{22}) = \min\{x_{12} - x_{11}, x_{22}\}$로 주어져 있다.

(c) 파레토 효율적인 배분을 모두 구하여 에지워스 상자에 그리시오. envy-free 배분을 모두 구하여 에지워스 상자에 그리시오. 파레토 효율적이고 envy-free 배분을 모두 구하시오.

# V

# 시장실패

제13장 외부효과와 공공재

제14장 비대칭 정보

제15장 행동경제학

Part V에서는 시장실패 요인으로서 외부효과와 공공재 문제를 학습하고 비대칭정보가 야기하는 문제와 그 대처방안을 설명한다. 마지막으로 비합리적인 의사결정 주체의 행동 특성을 소개한다.

13장은 시장실패가 발생되는 두 요인을 다룬다. 하나는 한 주체의 행위가 다른 주체에게 직접적인 영향을 미치는 외부효과가 시장실패를 가져오는 이유를 살펴보고, 수량통제, 조세부과 등 정부의 개입을 통한 시장실패 교정방안을 학습한다. 또한, 정부의 시장 개입을 최소화하는 코즈가 제시한 방안도 공부한다. 다른 하나는 공공재의 존재로 시장실패가 발생하는 이유를 다룬다.

# 13

# 외부효과와 공공재

13.1  외부효과에 의한 시장실패
13.2  부정적 외부효과로 인한 시장실패의 해결방안
13.3  공공재에 의한 시장실패
연습문제

## 13.1  외부효과에 의한 시장실패

한 경제주체의 소비나 생산 등의 활동이 다른 주체들의 효용이나 이윤에 직접적으로 영향을 주는 경우가 많다. 가령, 공해, 폐수 등 환경오염 배출 행위, 소음 발생 행위 등이 대표적이다. 예를 들어, 아파트 리모델링 공사에 의해 발생되는 소음으로 아파트 리모델링 공사의 소비자나 생산자가 아닌 옆집 고3 학생은 수능 공부에 방해받을 뿐만 아니라 금전적 보상도 얻지 못한다. 그러한 행위는 외부효과(externality) 또는 외부성을 유발한다고 일컬어진다. 환경오염 물질 배출이나 소음 발생 등은 제3자에게 피해를 입히거나 비용을 유발하는 부정적 외부효과(negative externality)을 갖는 행위이다. 반면, 교육, 예방 접종, 연구개발 등은 사회의 안정, 건강, 기술발전 등 사회의 전반적 가치를 높여주는 긍정적 외부효과(positive externality)를 가져온다.

외부효과를 유발하는 시장이나 행위들에 경제학자들이 관심을 갖는 이유는 그것이 시장실패(market failure)를 유발하기 때문이다. 시장실패란 시장기구가 파레토 효율성을 달성하지 못하는 경우를 말한다. 앞서 12장에서 후생경제학 제1정리에 의해 시장기구에 의한 일반경쟁균형이 파레토 효율성을 달성함을 살펴보았다. 그런데 12장의 논의에는 현실과 차이가 있는 많은 가정들이 숨어있다. 모든 상품에 대해 완전경쟁시장의 존재, 모든 경제주체의 동일한 수준의 정보 보유, 외부효과가 없는 거래, 사유재인 상품 등이다. 이러한 암묵적 가정들이 만족되지 않으면 시장실패, 즉 시장기구가 파레토 효율성을 달성하지 못할 수 있다. 우리는 10장과 11장에서 불완전경쟁시장인 독점시장이나 과점시장에서 시장의 거래량이 비효율을 초래함을 이미 확인하였다. 본 장인 13장에서는 외부효과가 존재하거나 사유재가 아닌 공공재인 경우 시장실패가 일어나는 이유를 학습한다. 14장에서는 경제주체가 보유한 정보 수준이 동일하지 않는 경우에 시장실패가 발생함을 학습한다.

외부효과가 시장실패를 초래하는 근본적인 이유는 의사결정의 주체가 자신의 결정이 타인, 즉, 외부에게 미치는 영향을 고려하지 않기 때문이다. 왜 외부로의 영향을 고려하지 않는가? 이유는 바로 외부에 영향을 미치는 행위를 하더라도 그에 대한 금전적 보상을 할 필요가 없기 때문이다. 달리 말하면, 외부에 영향을 미치는 행위가 거래될 수 있는 시장기구가 존재하지 않기 때문이다. 외부에 미치는 영향을 고려하지 않는 의사결정을 사적(private) 의사결정, 그리고 시장 외부에 미치는 영향을 포함하여 고려하는 의사결정을 사회적(social) 의사결정이라 구분하자. 외부효과에 의한 비효율 발생 이유는 사적 의사결정과 사회적 의사결정 간 괴리가 발생되기 때문으로 이해될 수 있다. 이 절에서는 외부효과가 부정적으로 발생되는 경우와 긍정적으로 발생되는 경우를 구분하여 시장실패가 발생되는 이유를 분석한다.

## 1 부정적 외부효과에 의한 시장실패

부정적 외부효과를 유발하는 시장에서 시장실패가 초래되는 이유를 예 13-1을 통해 이해한다.

> **예 13-1** 플라스틱컵 시장에 가격수용자인 1명의 소비자와 1개의 기업이 있다. 시장가격 $p$로 소비자가 $q$개를 구매하면 $B(q)$의 편익(benefit)을 얻고 $pq$를 지출한다. 여기서 $B(q)=90q-\frac{1}{2}q^2$이다. 기업은 $q$개를 생산하면 $\pi=pq-C(q)$의 이윤을 얻는다. 여기서 $C(q)=20q+\frac{1}{2}q^2$이다. 그런데 플라스틱컵 생산을 위한 공해배출로 다른 주체인 $E$의 비용이 $10q+\frac{1}{2}q^2$만큼 증가한다. 즉, 플라스틱컵 거래는 $E$에게 부정적 외부효과를 유발한다.

### (1) 시장균형

플라스틱컵 시장의 균형을 분석한다. 소비자와 기업은 가격수용자이므로 주어진 시장가격 $p$에 대해 각각 소비량과 생산량을 결정한다. 소비자와 기업은 시장 내 거래를 위해 외부에 미치는 영향을 고려하지 않는 사적 의사결정을 한다.

먼저 시장가격이 $p$로 주어질 때 소비자는 플라스틱컵을 몇 개 구매하는지 살펴보자. 소비자가 $q$개를 구매하여 얻는 편익은 $B(q)=90q-\frac{1}{2}q^2$이고 지출액은 $pq$이므로, 소비자의 순편익(net benefit)은 $B(q)-pq$가 된다. 외부효과 관련 논의에서는 일반적으로 효용 대신 편익 또는 가치(value)라는 용어가 사용된다. 소비자는 순편익을 극대화하도록 구매량을 결정하는데, 그러한 구매량은 한계편익과 한계지출이 일치하도록 한다. 특정 구매량 $q$에서 한계편익이 한계지출보다 크면, 구매량을 늘림에 따라 추가적으로 얻는 편익이 추가적으로 지출되는 금액보다 크므로, 순편익 증가를 위해서는 구매량을 늘려야 한다.

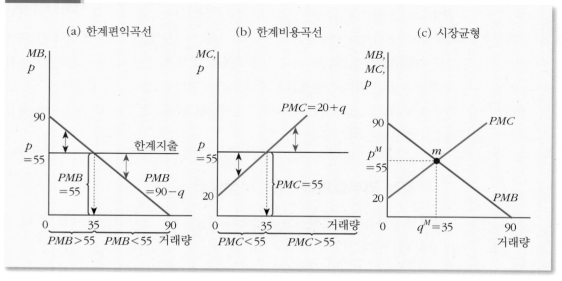

**그림 13-1** 한계편익곡선, 한계비용곡선, 시장균형

시장에서 거래를 통해 소비자가 얻는 한계편익을 사적 한계편익(private marginal benefit; $PMB$)이라 하자. 예 13-1에서 사적 한계편익은 $PMB(q) = 90-q$이고, 한계지출은 시장가격 $p$이므로, 소비자의 순편익 극대화 구매량은 $p = PMB(q) = 90-q$를 만족한다. 주어진 시장가격 $p$에 소비자는 한계편익을 따라 구매량을 결정하므로, [그림 13-1]의 (a)에서 우하향하는 붉은색 직선인 한계편익곡선이 소비자의 수요곡선이 된다.

이제 시장가격이 $p$로 주어질 때 기업은 얼마만큼 생산하는지 살펴보자. 시장가격이 $p$로 주어질 때 플라스틱컵 생산자인 기업은 이윤극대화를 달성하는 생산량을 결정한다. 기업의 이윤은 수입에서 비용을 뺀 것이고, 이윤극대화 생산량에서 한계수입과 한계비용이 일치한다.

시장에서 생산을 위해 기업이 지불하는 한계비용을 사적 한계비용(private marginal cost; $PMC$)이라 부르자. 예 13-1에서 사적 한계비용은 $PMC(q) = 20+q$이고, 기업의 이윤극대화 생산량에서 $p = PMC(q) = 20+q$가 성립한다. 예를 들어, [그림 13-1]의 (b)에서 시장가격이 $p=55$로 주어질 때 기업은 이윤극대화를 위해 구매량을 35로 결정한다. 주어진 시장가격 $p$에 기업은 한계비용을 따라 생산량을 결정하므로, [그림 13-1]의 (b)에서 우상향하는 초록색 직선인 한계비용곡선이 플라스틱컵 생산 기업의 공급곡선이 된다.

플라스틱컵 시장에서 균형거래량 $q^M$은 [그림 13-2]의 (c)에서 수요곡선과 공급곡선이 교차하는 점 $m$에서 결정되어 $q^M = 35$가 된다. 그리고 시장균형가격은 $p^M = 55$가 된다.

## (2) 효율적 상황

이제 플라스틱컵 거래가 외부에 미치는 영향을 고려하는 사회적 관점에서 사회후생이 극대화되는 플라스틱컵 거래량을 분석한다. 달리 표현하면, 효율성을 달성하는 플라스틱컵 거래량을 구한다.

플라스틱컵 거래로부터 얻어지는 사회후생은 '사회적 편익−사회적 비용'으로 정의된다. 거래량 한 단위 증가 시 추가적으로 얻어지는 편익을 사회적 한계편익(social marginal benefit; $SMB$)이라 하고, 추가적으로 지불하는 비용을 사회적 한계비용(social marginal cost; $SMC$)이라 부른다. 특정 거래량 $q$에서 한 단위 증가시킬 때 사회적 한계편익이 사회적 한계비용보다 크면, 즉 $SMB(q) > SMC(q)$이 성립하면, 거래량을 늘림으로서 사회후생이 증가하게 된다. $SMB(q) < SMC(q)$이 성립하면, 거래량 감소를 통해 사회후생이 증가한다. 결국, 사회후생을 극대화시키는 거래량에서 사회적 한계편익과 사회적 한계비용이 일치한다. 이를 기호를 이용하며 표현하면 다음과 같다. 사회후생을 극대화시키는 거래량을 $q^S$라 하면, 그 거래량에서 $SMB(q^S) = SMC(q^S)$이 만족된다.

예 13−1에서 사회후생 극대화 플라스틱컵 거래량을 구하기 위해서 먼저 사회적 한계편익과 사회적 한계비용을 파악해야 한다. 플라스틱컵 거래를 통해 편익을 얻는 주체가 소비자이고, 플라스틱컵 시장 외부에 대해 추가적인 편익의 변화가 없으므로, 소비자가 얻는 사적 한계편익($PMB$)이 그대로 사회적 한계편익($SMB$)이 된다. 달리 표현하면, $PMB(q) = SMB(q) = 90 - q$이다. [그림 13−1]의 (a)에서 우하향하는 붉은색 직선이 사적 한계편익곡선일 뿐만 아니라 사회적 한계편익곡선이다.

사회적 관점에서 플라스틱컵 거래에 의해 비용을 부담하는 주체는 생산자인 기업뿐만 아니라 플라스틱컵 시장에 참여하지 않는 주체인 $E$도 포함된다. 그러면 플라스틱컵 생산량이 한 단위 증가할 때, 기업의 비용은 사적 한계비용 $PMC(q) = 20 + q$만큼 증가하고, 이에 더하여 $E$의 비용도 추가적으로 $EMC(q) = 10 + q$만큼 증가한다. 플라스틱컵 생산에 따른 $E$의 한계비용을 외부적 한계비용(external marginal cost; $EMC$)이라 부르자. [그림 13−2]에서 붉은색 직선이다. 사회적 한계비용($SMC$)은 기업의 사적 한계비용과 $E$의 외부적 한계비용의

**그림 13-2** 사적 한계비용곡선, 사회적 한계비용곡선

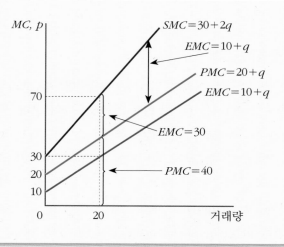

합이 되고, $SMC(q) = PMC(q) + EMC(q) = 30 + 2q$로 표현된다. [그림 13-2]에서 파란색 직선으로 그려진 $SMC$는 사회적 한계비용곡선으로 기업의 사적 한계비용곡선 $PMC$에 $E$의 외부적 한계비용인 $EMC$를 수직으로 더한 것이다. [그림 13-2]에서 사회적 한계비용곡선인 파란색 직선과 사적 한계비용곡선인 초록색 직선의 수직의 차이가 외부적 한계비용의 크기를 나타낸다. 예를 들어, 거래량이 20일 때, 사적 한계비용 $PMC$는 40이고, 외부적 한계비용 $EMC$는 30이므로, 사회적 한계비용 $SMC$는 70이 된다.

**그림 13-3** 부정적 외부효과에 의한 시장실패

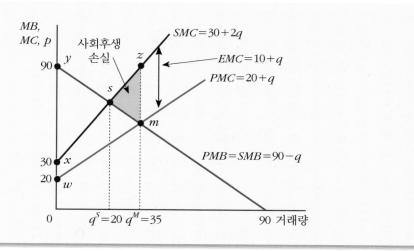

사회후생을 극대화하는 효율적 거래량 $q^S$는 [그림 13-3]에서 사회적 한계편익곡선과 사회적 한계비용곡선이 교차하는 점 $S$에서 결정되어 $q^S=20$이 된다.

## (3) 부정적 외부효과에 의한 시장실패

플라스틱컵 시장의 균형거래량과 사회후생을 극대화하는 효율적 거래량을 비교하면, $q^M=35>q^S=20$으로 플라스틱컵 시장의 균형거래량이 효율적 거래량보다 많다. 달리 표현하면, 부정적 외부효과를 유발하는 시장에서는 효율적 거래량에 비해 과다생산이 발생한다. [그림 13-3]에 의하면, 효율적 거래량 $q^S$에서 사회적 편익은 한계편익곡선의 아래인 사각형 $0ysq^S$의 면적이며 사회적 비용은 사회적 한계비용곡선의 아래인 사각형 $0xsq^S$의 면적이므로, 사회후생은 삼각형 $xys$의 면적이 된다. 그런데 시장 균형거래량 $q^M$에서 사회적 편익은 사각형 $0ymq^M$의 면적이며 사회적 비용은 사각형 $0xzq^M$의 면적이므로, 사회후생은 삼각형 $xys$의 면적에서 삼각형 $msz$의 면적을 뺀 면적이 된다. 따라서 부정적 외부효과를 유발하는 플라스틱컵 시장에서 균형거래량은 효율적 거래량에 비해 과다하여 삼각형 $msz$의 면적만큼 사회후생을 감소시키는 비효율을 초래한다. 즉, 시장실패가 발생한 것이다.

이상에서 살펴본 바와 같이, 부정적 외부효과를 유발하는 시장의 균형거래량이 사회적 관점에서 과다하며, 이에 따라 사회후생 손실이 발생하는 이유는 시장에서 기업이 생산량을 결정할 때 외부 주체인 $E$의 비용 증가에 미치는 영향을 고려하지 않고 자신의 비용만을 고려하여 사회적 한계비용이 사적 한계비용보다 크기 때문이다.

## ▣ 긍정적 외부효과에 의한 시장실패

긍정적 외부효과로 비효율이 발생되는 이유에 대해 예 13-2를 통해 설명한다.

예 13-2 예방접종 시장은 완전경쟁적이다. 주어진 시장가격 $p$에 대한 시장수요는 $q=90-p$이고, 시장공급은 $q=p-20$이다. $E$는 예방접종 시장에 참여자는 아니나, 예방접종 거래량 $q$로부터 $10q$의 편익을 얻는다. 즉, 예방접종 거래는 $E$에게 긍정적 외부효과를 준다.

## (1) 시장균형

예방접종 시장의 균형을 분석한다. 이 시장은 완전경쟁적이므로 수요자와 공급자 모두 가격수용자이다. 예방접종 시장에서 수요자의 한계편익을 사적 한계편익(private marginal benefit; PMB)이라 부르자. 예 13-1에서 논의한 바와 같이, 가격수용자는 주어진 시장가격 $p$와 사적 한계편익이 일치하도록 수요량을 결정한다. 즉, $p=PMB(q)$가 성립하도록 수요량 $q$를 정한다. 주어진 시장가격 $p$에 대한 시장수요 $q=90-p$를 $p=90-q$로 바꿔 쓰면, 사적 한계편익이 $PMB(q)=90-q$가 됨을 알 수 있다. 예 13-2의 사적 한계편익곡선은 [그림 13-1]의 (a)와 동일하다. 따라서 가격수용자로 구성된 완전경쟁시장에서 수요곡선은 사적 한계편익곡선이다.

예방접종 시장에서 공급자의 한계비용을 사적 한계비용(private marginal cost; PMC)이라 부르자. 9장에서 공부한 바와 같이, 완전경쟁시장에서 시장공급곡선은 한계비용곡선이다. 주어진 시장가격 $p$에 대한 시장공급 $q=p-20$을 $p=20+q$로 바꿔 쓰면, $PMC(q)=20+q$가 된다. 예 13-2의 사적 한계비용곡선은 [그림 13-1]의 (b)와 동일하다.

예방접종 시장에서 균형거래량 $q^M$은 [그림 13-1]의 (c)에서와 같이 수요곡선과 공급곡선이 교차하는 점 $m$에서 결정되어 $q^M=35$가 되고, 시장 균형가격은 $p^M=55$이다.

## (2) 효율적 상황

이제 예방접종 행위가 외부에 미치는 영향을 고려하는 사회적 관점에서 사회후생을 극대화하는 예방접종 거래량을 분석한다. 이는 효율적 거래량이고 $q^S$로 나타내자. 효율적 거래량 $q_S$는 앞서 도출한 사회후생 극대화 조건인 $SMB(q^S)=SMC(q^S)$를 만족한다.

예방접종 거래로부터 편익을 얻는 주체는 예방접종 수요자와 외부 주체인 $E$이다. 예방접종 거래량 $q$에 의해 $E$가 얻는 한계편익을 외부적 한계편익(external marginal benefit; EMB)이라 부르자. 예방접종 거래량 $q$로부터 $E$가 얻는 편익이 $10q$이므로, $EMB(q)=10$이다. [그림 13-4]에서 붉은색 직선이다. 예방접종 거래량 $q$에 의한 사회적 한계편익($SMB$)은 예방접종 수요자의 사적 한계편익 $PMB(q)=90-q$와 $E$의 외부적 한계편익 $EMB(q)=10$의 합이며,

$SMB(q) = PMB + EMB = 90 - q + 10$으로 표현된다. [그림 13-4]에서 사회적 한계편익곡선은 사적 한계편익곡선에 외부적 한계편익인 10만큼 수직으로 더한 파란색 직선이다. 예를 들어, 거래량이 35일 때 사회적 한계편익은 65인데, 이는 사적 한계편익 55와 외부적 한계편익 10으로 구성된 것이다. 예방접종 거래를 위한 생산행위가 생산비용 이외에 추가로 비용을 유발하지 않으므로, 사회적 한계비용($SMC$)은 사적 한계비용($PMC$)과 동일하다. 즉, $SMC(q) = PMC(q) =$

**그림 13-4** 사적 한계편익곡선, 사회적 한계편익곡선

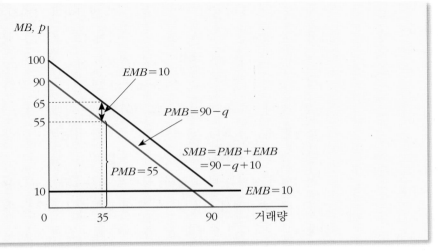

**그림 13-5** 긍정적 외부효과에 의한 시장실패

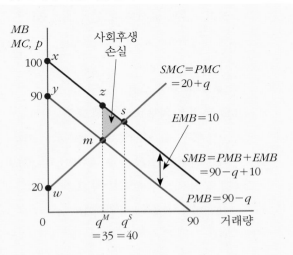

$20+q$이다. 사회적 관점에서 효율적 거래량 $q^S$는 [그림 13–5]에서 사회적 한계편익곡선과 사회적 한계비용곡선이 교차하는 점 $S$에서 결정되어 $q^S=40$이 된다.

### (3) 긍정적 외부효과에 의한 시장실패

예방접종 시장의 균형거래량과 효율적 거래량을 비교하면, $q^M=35<q^S=40$이므로 예방접종 시장의 균형거래량이 효율적 거래량보다 적다. 달리 표현하면, 긍정적 외부효과를 유발하는 시장에서는 효율적 거래량에 비해 과소생산이 이루어진다. [그림 13–5]에 의하면, 효율적 거래량 $q^S$에서 사회적 편익은 사회적 한계편익곡선의 아래인 사각형 $0xsq^S$의 면적이며 사회적 비용은 사회적 한계비용곡선의 아래인 사각형 $0wsq^S$의 면적이므로, 사회후생은 삼각형 $sxw$의 면적이 된다. 그런데 시장 균형거래량 $q^M$에서 사회적 편익은 사각형 $0xzq^M$의 면적이며 사회적 비용은 사각형 $0wmq^M$의 면적이므로, 사회후생은 사각형 $mwxz$의 면적이다. 거래량이 $q^M$일 때 사회후생은 거래량이 $q^S$인 경우에 비해 삼각형 $msz$의 면적만큼 작다. 긍정적 외부효과를 유발하는 예방접종 시장에서 균형거래량은 과소생산이며, 더 큰 사회후생을 얻는데 실패하는 비효율이 초래된다.

이상에서 살펴본 바와 같이, 긍정적 외부효과를 유발하는 시장의 균형거래량이 사회적 관점에서 과소생산이며 이에 따라 사회후생 손실을 초래하는 이유는 시장에서 수요자가 수요량을 결정할 때 해당 시장 외부에 미치는 긍정적인 영향을 고려하지 않고 자신의 편익만을 고려하여 사적 한계편익이 사회적 한계편익에 비해 작기 때문이다.

정리 13–1은 부정적 외부효과와 긍정적 외부효과가 발생하는 일반적 조건을 기술한다.

**[정리 13-1]** 외부효과 발생 조건

    (1) 부정적 외부효과 발생 조건

      (a) 비용 증가의 경우: $SMC(q)=PMC(q)+EMC(q)>PMC(q)$

      (b) 편익 감소의 경우: $SMB(q)=PMB(q)+EMB(q)<PMB(q)$

    (2) 긍정적 외부효과 발생 조건

      (a) 비용 감소의 경우: $SMC(q)=PMC(q)+EMC(q)<PMC(q)$

      (b) 편익 증가의 경우: $SMB(q)=PMB(q)+EMB(q)>PMB(q)$

## 13.2 부정적 외부효과로 인한 시장실패의 해결방안

12장에서 논의한 후생경제학의 제1정리에 의하면 시장실패가 없는 경우 효율성 측면에서 정부가 시장기구에 관여할 여지가 없다. 하지만 시장실패가 발생하는 경우에는 효율성 회복을 위해 정부의 시장개입이 필요할 수 있다. 외부효과에 의해 시장실패가 발생되는 근본적인 원인은 개별 주체의 의사결정을 함에 있어 시장 외부에 미치는 영향에 대해 보상이 이루어지게 하는 시장기구가 존재하지 않기 때문이다. 따라서 시장실패 보정(즉, 효율성 개선 또는 사회후생 증대)을 위해 정부 역할의 필요성이 제기된다. 하지만 정부의 개입은 조심스럽게 이루어져야 한다. 왜냐하면, 부정적 혹은 긍정적 외부효과가 작용하는 방향, 외부효과가 유발하는 비효율의 정도, 정부의 정책 집행능력 등 고려할 사항들이 매우 많기 때문이다. 이러한 사항들에 대해 충분한 정보 없이 시장에 개입할 때 오히려 개입하지 않는 경우보다 사회후생이 더욱 악화되는 이른바 정부실패(government failure)가 초래될 수 있다.

이 절에서는 외부효과 문제를 해결하기 위해 정부가 개입하는 방법들의 효과를 살펴본다. 특히, 앞서 논의한 예 13-1의 부정적 외부효과가 존재하는 경우에 한하여 정부 개입의 효과를 분석한다. 정부의 시장개입 방법들은 다양하나 여기서는 수량규제, 세금 부과, 재산권 확립 등을 다룬다.

### 1 수량규제

수량규제는 부정적 외부효과를 창출하는 상품이나 서비스의 거래량을 일정 수준으로 제한하는 정부의 규제이다. 예 13-1에서 효율적 거래량은 $q^S = 20$인 반면, 시장 균형거래량은 $q^M = 35$로 과다생산되고 있다. 정부는 시장에서 효율적 거래량인 $q^S = 20$를 초과하여 생산되지 않도록 수량규제를 시행한다고 하자. 그러면 생산자인 기업입장에서 사적 한계비용은 생산량이 20에 이를 때까지는 원래의 사적 한계비용인 $PMC(q) = 20 + q$이지만, 20을 초과하는 생산량에서는 무한대로 치솟는 것과 마찬가지가 되어, [그림 13-6]에서 보는 바와 같이 생산량 20에서 사적 한계비용곡선은 수직으로 꺾이게 된다. 따라서 사적 한계편익곡선과 사적 한계비용곡선은 $m$이 아닌 $s$에서 교차하므로, 시장 균형거래량은 20

그림 13-6 수량규제의 효과

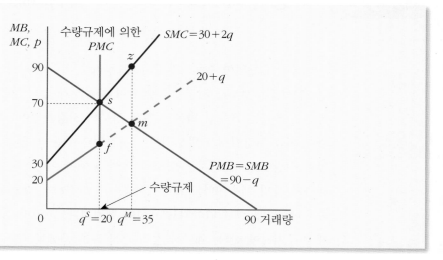

이 되고, 수량규제가 도입되지 않았을 때 발생되었던 삼각형 $msz$의 면적만큼의 사회후생 손실이 사라지게 된다. 다만, 시장가격은 수량규제 도입 전 55에서 수량규제 도입으로 70까지 상승한다.

수량규제는 현실에서 [그림 13-6]처럼 부정적 외부효과를 발생시키는 상품이나 서비스의 양을 직접적으로 통제하는 경우는 몇몇의 경우를 제외하고 일반적으로 적용되지 않는다. 마약이나 매춘 등 부정적 외부효과로 사회의 혼란을 야기할 수 있는 상품이나 서비스의 경우 생산과 소비에 직접적인 규제를 하거나 시장을 폐쇄하기도 한다. 그런데 예 13-1처럼 플라스틱컵 자체는 사회적으로 가치를 창출하지만 생산과정에서 공해량을 통해 부정적 외부효과가 발생되는 경우에는 법을 통해 '공해량'을 직접적으로 통제하는 방식이 적용되는 것이 일반적이다. 예를 들어, '수도권 대기환경개선에 관한 특별법'을 통해 매연량이나 폐수량 등 환경오염물질의 총량을 규제하고 있고, '소음·진동관리법'을 통해 소음량과 진동량 등의 상한선을 설정하는 규제를 시행하고 있다.

[그림 13-6]은 공해와 같은 부정적 외부효과를 유발하는 상품이나 서비스 시장을 이용하여 수량규제의 효과를 설명한 것이다. 그런데 [그림 13-6]의 내용과 근본적으로 동일한 내용이지만, [그림 13-7]과 같이 상품이나 서비스를 생산하는데 배출되는 공해량 자체만을 고려하여 공해량의 수량규제 효과를 설명할 수 있다. 먼저 공해에 의해 발생되는 피해를 나타내는 외부적 한계비용곡선을 고려한다. 예 13-1에서와 같이 외부적 한계비용을 $EMC(q) = 10 + q$라 하자. 여기서

**그림 13-7**  공해량의 수량규제 효과

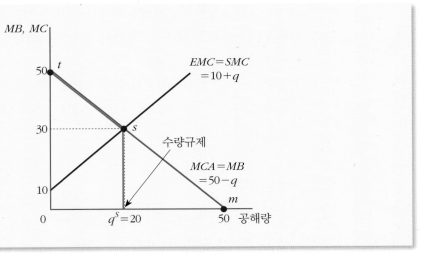

$q$는 공해량이다. 여기서는 공해량만 고려되므로, 공해를 유발하는 상품이나 서비스를 생산하는데 드는 사적 한계비용이 고려되지 않는다. 따라서 공해량만을 고려할 때에는 외부적 한계비용이 사회적 한계비용이 된다. [그림 13-7]에서 우상향하는 파란색 직선이 외부적 한계비용곡선 또는 사회적 한계비용곡선이다.

공해량 감축을 위해 기업이 매연저감설비 구축 등과 같은 비용을 지출한다고 하자. 공해량 한 단위를 줄이는 데 드는 비용을 한계감축비용(marginal cost of abatement; $MCA$)이라 부르고, $MCA(q)=50-q$라 하자. 이는 공해량을 줄일수록 한계감축비용이 증가함을 의미한다. 여기서 주의할 것은 $x$축이 공해량을 나타내는 것이므로 오른쪽에서 왼쪽으로 이동하는 것이 공해량 감축을 의미한다는 것이다. [그림 13-7]에서 우하향하는 붉은색 직선이 한계감축비용곡선이다. 공해량의 한계감축비용은 공해량의 한계편익(marginal benefit; $MB$)으로 불리기도 하는데, 그 이유는 소비자에게 편익을 제공해주는 제품이나 서비스를 생산하기 위해서는 공해량 배출이 필요하기 때문이다.

[그림 13-7]에서 효율적 수준의 공해량은 한계감축비용과 사회적 한계비용이 일치하는 $q^S=20$이다. 효율적 공해량이 0이 아닌 이유는 공해량 배출을 통해 상품이 서비스가 제공되고 이를 이용함으로서 편익이 발생되기 때문이다. 아무런 규제가 없을 때는 시장에서 발생되는 공해량은 $m$인 50이다. 왜냐하면, 공해 발생에 따른 외부에 미치는 피해에 대해 아무런 보상을 할 필요가 없으며, $m$에서 50을 배출할 때 감축비용이 0이고, 이를 바꾸어 말하면 편익이 한계감축비용곡

선 또는 한계편익곡선의 아래 삼각형 $m0t$의 면적인 1,250으로 극대화되기 때문이다. 그런데 사회적 관점에서는 공해에 따른 피해를 고려해야 하므로, 한계감축비용곡선과 사회적 한계비용곡선이 교차하는 $s$에서 효율적 수준의 공해량이 결정된다. 이제 효율적 수준의 공해량 $q^S = 20$로 수량규제를 실시한다고 하자. 그러면 그 이상 공해량이 배출될 수 없으므로, 한계감축비용곡선 또는 한계편익곡선은 [그림 13-7]에서 초록색 곡선인 $tsq^S$로 변화하게 되어, 규제 목표인 $q^S = 20$이 달성된다.

## 2 세금부과

부정적 외부효과에 의해 시장 균형거래량이 효율적 거래량에 비해 지나치게 큰 이유는 외부에 유발하는 추가적인 비용을 고려하지 않아 시장가격이 상대적으로 낮게 결정되기 때문이다. 부정적 외부효과를 유발하는 상품의 과다생산을 교정하기 위해, 세금부과를 통한 시장가격 인상을 유도하는 방안을 고려할 수 있다. 이러한 방안을 처음으로 제안한 경제학자 피구(Arthur Pigou)의 이름을 따서 이러한 종류의 세금을 피구세(Pigouvian tax)라 부르기도 한다. 실제로 많은 나라에서 이러한 접근 방식으로 부정적 외부효과를 발생시키는 상품의 거래량을 줄이려는 노력을 하고 있다. 우리나라에서는 '교통 에너지 환경세법' 등을 통해 피구세가 적용되고 있다. 이제 예 13-1을 이용하여 피구세의 효과를 이해해 본다.

정부는 기업에게 생산량 한 단위당 세금 $t$를 부과한다고 하자. 이로 인해 기업은 생산에 있어 추가적인 비용을 부담해야 한다. 세금이 부과되지 않았던 상황에서 기업의 이윤은 $\pi^{NT} = pq - (20q + \frac{1}{2}q^2)$이나, 세금 부과로 기업의 이윤은 $\pi^T = pq - (20q + \frac{1}{2}q^2) - tq$로 바뀌게 된다. 세금이 포함된 기업의 사적 한계비용은 $PMC^T(q) = 20 + q + t$이다. 즉, 생산량 한 단위 증가시 생산비용은 추가적으로 $20 + q$만큼 증가할 뿐만 아니라 생산량 한 단위당 세금 $t$도 포함된다. 시장의 균형거래량은 사적 한계편익과 사적 한계비용이 일치하는 데서 결정되는데, 세금 부과로 인한 사적 한계비용 상승은 시장가격 인상을 가져오고 이에 따라 균형거래량 감소로 귀결될 것임을 예상할 수 있다.

사회후생을 극대화하는, 또는 효율적 거래량 유도를 목적으로 정부가 세금을 부과하고자 한다면, 생산량 한 단위당 얼마의 세금을 메겨야할까? 부정적 외부

**그림 13-8** 피구세 부과의 효과

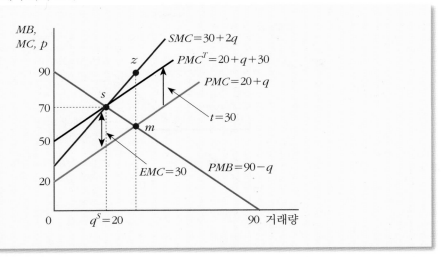

효과에 의한 외부적 한계비용이 $EMC(q)=10+q$이므로, [그림 13-8]에 의하면 효율적 거래량 $q^S=20$에서 외부적 한계비용은 $EMC=30$만큼 발생한다. 이제 생산량 한 단위당 세금을 $t=30$으로 설정해 보자. 세금이 포함된 기업의 사적 한계비용은 $PMC^T(q)=20+q+30$이고 사적 한계편익이 $PMB(q)=90-q$이므로, 이 둘이 서로 일치하게 되는 시장 균형거래량은 $q^{MT}=20$이 되어 효율적 거래량이 유된다. [그림 13-8]에 의하면, 세금이 부과되지 않았던 경우의 사적 한계비용 $PMC$가 생산량 한 단위당 세금 $t=30$의 부과로 30만큼 위로 이동한 빨간색 직선 $PMC^T$가 되어, 시장 균형은 더 이상 $m$에서 이루어지지 않고 $s$에서 이루어지게 된다. 따라서 세금이 부과되지 않았을 때 발생되었던 삼각형 $msz$ 면적만큼의 사회후생 손실이 사라지게 된다. 다만, 세금 부과로 시장가격은 70까지 상승한다. 이상의 논의를 통해, 우리는 다음과 같은 결론에 이른다. 부정적 외부성이 존재하는 경우, 세금을 부과함으로써 효율적 거래량을 유도하고자 한다면, 세금의 크기는 효율적 거래량에서 유발되는 외부적 한계비용의 크기와 동일하게 설정되어야 한다.

　부정적 외부효과에 의해 발생되는 외부적 한계비용은 기업이 생산할 때 고려하지 않는 대상이다. 왜냐하면, 외부에 미치는 행위에 대해 금전적 보상을 할 필요가 없기 때문이다. 하지만 피구세가 부과되는 경우 외부적 한계비용이 세금으로 전환되는 것과 마찬가지가 되어 기업이 생산할 때 금전적 보상을 고려해야 하는 대상으로 변하게 된다. 달리 표현하면, 외부적 한계비용은 세금을 통해 더

그림 13-9    공해량에 대한 피구세 부과의 효과

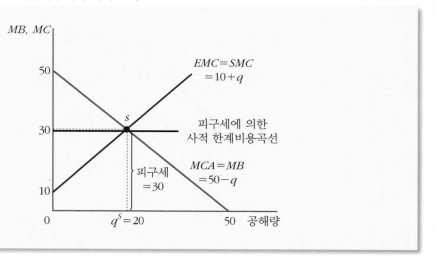

이상 외부에 있는 것이 아니라 기업의 의사결정을 위한 내부로 편입되는 것이다. 이것을 외부효과의 내부화(internalization of externalities)라 부른다.

이상의 내용을 앞서 [그림 13-7]과 같이 상품 생산으로 배출되는 공해량 자체만을 고려하여 설명할 수 있다. [그림 13-9]을 보자. 주어진 상황은 [그림 13-7]과 동일하다. 효율적 수준의 공해량인 $q^s = 20$에서 사회적 한계비용 30이다. 그만큼을 공해량 단위당 피구세 또는 공해세로 부과한다고 하자. 피구세가 없을 때 공해를 배출하는 기업의 공해 배출에 대한 비용이 0이었지만, 피구세 부과로 30만큼이 공해 배출에 대한 한계비용 역할을 하게 되어, 검은색 직선이 피구세에 의한 기업의 사적 한계비용곡선이 된다. 따라서 기업은 한계감축비용 곡선 또는 한계편익곡선과 사적 한계비용곡선이 교차하게 되는 $s$에서 배출할 공해량을 결정하여, 효율적 수준의 공해량 $q^s = 20$이 유도된다.

## 3   재산권 확립과 코즈 정리

앞서 논의한 외부효과가 유발하는 비효율 문제의 두 가지 해결 방안은 현실에서 실제로 적용되고 있는 방안들이긴 하지만, 많은 비판을 받아온 것도 사실이다. 그 중 핵심적인 비판은 규제할 수량을 정하거나 부과할 피구세액을 설정하기 위해 정부가 사실상 불가능할 정도의 수준으로 정보를 획득해야 한다는 것이다. 예를 들어, 예 13-1에서 효율적 거래량 $q^s = 20$이 달성되도록 정책을 취하려면 정부는 사적 한계편익, 사적 한계비용, 그리고 외부적 한계비용에 대한 정보를 알아야 한다. 사적 한계편익이나 사적 한계비용은 시장 데이터를 이용하여 파악할 수 있는 것들일지라도, 외부효과가 미치는 피해 정도나 범위를 설정하는데 한계가 있어 외부적 한계비용을 파악하는 것은 거의 불가능에 가까울 수 있다. 이는 정책적 목표인 효율적 거래량이 무엇인지 정확히 알기 어려움을 의미한다. 정부가 정책을 집행하기 위해서는 다양한 행정비용이 수반된다. 이러한 경우 정부가 시장에 개입하기 전보다 사회후생이 크게 감소하여, 정부의 시장개입이 비효율을 유발하는 이른바 정부실패(government failure)가 시장실패를 압도하게 된다.

이러한 정부실패의 가능성을 비판하여, 정부가 시장에 개입은 하되 최소한의 수준에 그치고 시장 기능을 활용하면 외부효과에 따른 비효율 문제를 극복할 수 있다는 주장이 제기되었다. 노벨경제학상 수상자인 코즈(Ronald Coase)는 이와 같은 아이디어를 처음으로 제시하였으며, 그의 아이디어를 코즈 정리(Coase Theorem)라 부른다. 아래에서는 코즈의 아이디어가 어떻게 작동되는지 논의한다.

## (1) 코즈 정리의 작동 원리

외부효과가 비효율을 유발하는 이유는 외부효과를 발생시키는 주체들이 외부에 미치는 영향에 대해 아무런 보상을 주거나 받지 않기 때문이다. 이는 외부에 미치는 영향에 대해 보상이 가능한 환경을 만들 수 있다면 외부효과가 유발하는 비효율을 해소할 가능성이 있음을 의미한다. 외부에 미치는 영향에 대해 보상이 가능한 환경은 다음과 같은 두 가지가 결합되면 구현될 수 있다. 하나는 외부효과를 유발하는 주체나 피해를 입는 주체 중 한 주체의 재산권(property)을 인정하는 것이고, 다른 하나는 인정된 재산권이 자유롭게 거래될 수 있도록 정부가 보장하는 것이다. 후자의 경우는 재산권 거래 시장을 조성하는 것을 말한다. 이와 같은 방안의 효과를 보다 분석적으로 살펴보기 위해 예 13-1로 다시 돌아가 보자.

먼저, 외부효과의 피해자인 외부 주체 $E$에게 재산권이 인정되었다고 하자. 따라서 $E$에게는 어떠한 피해도 감수하지 않을 권리가 있다. 이는 플라스틱컵 생산으로 $E$의 비용을 증가시키는 행위는 $E$의 재산권을 침해한 것을 의미한다. 플라스틱컵 생산을 위해 어쩔 수 없이 $E$의 비용을 유발할 수밖에 없다면 기업은 $E$의

**그림 13-10**   재산권 확립의 효과

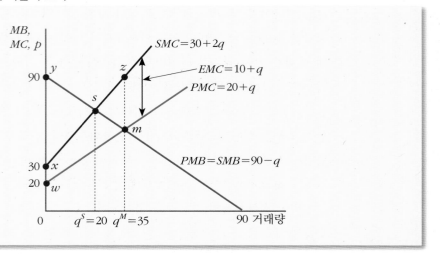

재산권 침해를 허락받아야 한다. $E$가 자신의 재산권에 대해 기업이 침해할 수 있도록 허락한다는 것은 자신의 재산권을 기업에게 양도함을 의미한다. 그런데 $E$는 무상으로 양도하지 않고 보상을 요구할 것이다.

[그림 13-10]에서 사회적 한계비용곡선($SMC$)과 사적 한계비용곡선($PMC$)의 차이가 생산량 한 단위 추가될 때 $E$가 입는 피해액의 크기인 외부적 한계비용($EMC$)이다. 거래량이 한 단위 증가 시 $E$는 적어도 자신의 피해액 크기인 외부적 한계비용만큼 보상받아야 한다. 그러면 기업은 생산량 한 단위 늘림에 따라 사적 한계비용을 지출할 뿐만 아니라 피해에 대한 보상액을 나타내는 외부적 한계비용까지 포함하여 지출하여야 한다. 부연하면, 기업이 생산을 위해 직면하는 한계비용은 사적 한계비용과 외부적 한계비용을 더한 사회적 한계비용과 동일하게 된다. 따라서 시장에서 거래량은 사적 한계편익곡선과 사회적 한계편익곡선이 교차하게 되는 점 $s$에서 결정되어 효율적 거래량인 $q^S=20$이 유도된다. 이와 같이 잠재적 피해자의 재산권을 인정하면 재산권 거래로 효율적인 수준의 거래가 유도된다는 것이 코즈 정리의 핵심이다. 코즈 정리가 작동하는 원리는 외부에 미치는 피해를 재산권 거래를 통해 내부의 생산자인 기업의 비용으로 전환시켜 생산량 결정에 반영하도록 하는 것이다.

그런데 코즈 정리의 또 다른 흥미로운 점은 재산권 인정을 굳이 잠재적 피해자에 한정할 필요가 없고 심지어 외부효과를 유발하는 기업에게 재산권을 인정하더라도 바로 위에서 논의한 효율적 거래량이 유도된다는 것이다. 이제 외부효

과 유발자인 기업에게 재산권이 인정되었다고 하자. 이는 기업이 $E$에게 외부효
과를 유발하더라도 아무런 보상을 할 필요가 없음을 의미한다. 그렇다고 외부
효과에 의한 비효율 거래량인 $q^M=35$가 유지되는 것은 아니다. 왜냐하면, $E$가
기업에게 생산량 감축에 대한 보상금을 지불하는 재산권 거래를 요구하기 때문
이다. $E$는 자신의 피해액인 외부적 한계비용의 크기만큼 기업에게 지불할 용의
가 있다. 예를 들어, [그림 13-10]에서 기업이 $q^M=35$만큼 생산한다면 $E$는 기
업에게 생산량 한 단위 줄여주길 요구하면서 자신의 한계 피해액인 선분 $\overline{mz}$만
큼 지불할 용의가 있다. 그렇다면 기업이 생산량을 한 단위 줄이지 않고 $q^M=35$
로 유지하는 것은 선분 $\overline{mz}$만큼 얻을 수 있는 기회를 상실하는 것과 마찬가지이
다. 달리 표현하면, 한 단위 더 생산함으로써 발생되는 $E$의 외부적 한계비용은
기업 입장에서 기회비용이 되는 것이다. 이에 따라 기업이 생산을 위해 직면하
는 한계비용은 사적 한계비용뿐만 아니라 외부적 한계비용을 포함하게 되어 사
회적 한계비용과 동일해진다. 앞서 논의한 바와 같이, 시장에서 거래량은 사적
한계편익곡선과 사회적 한계편익곡선이 교차하게 되는 점 $s$에서 결정되어 효율
적 거래량인 $q^S=20$이 유도된다.

　잠재적 피해자인 $E$나 외부효과 유발자인 기업 중 어느 누구에게 재산권을 인
정하여도 효율적 거래수준이 유도된다. 그 이유는 외부에 미치는 피해가 재산권
거래를 통해 기업의 비용으로 전환되어 내부에서 생산량 결정에 고려 사항이 되
기 때문이다. 이것이 코즈 정리가 작동하는 원리이다.

## (2) 코즈 정리의 의의

　코즈 정리에 의하면, 내부 주체이건 외부 주체이건 누가 재산권을 갖던지 상
관없이 재산권 거래가 시장에서 자발적으로 이루어져 외부효과가 내부문제화
되면서 외부효과에 의한 비효율 문제가 해결된다는 것이다. 즉, 코즈가 제안한
방안도 피구세의 방안과 마찬가지로 외부효과의 내부화를 가능케 하는 방안이
다. 코즈 정리가 갖는 의의에 대해 다음의 세 가지로 정리해 본다.

　첫째, 코즈는 정부 개입을 최소화하더라도 외부효과 문제를 해결할 수 있음을
주장한 것이다. 코즈 이전에는 수량규제나 피구세 부과 등 정부의 직접적 규제
정책이 당연하고 바람직하다고 여겨져 왔다. 예를 들어, 피구세 부과는 외부 피
해에 대한 금전적 보상이 피해자에게 직접 이루어지게 하기보다는 정부가 대신
금전적 보상을 받아 내는 방식이다. 그런데 앞서 논의한 바와 같이 이러한 정부

의 직접적인 개입은 시장실패 못지않은 정부실패 가능성이 있다. 코즈는 이를 비판하고 재산권 확립이라는 최소한의 정부 개입을 통해서도 외부효과에 의한 문제 해결이 가능함을 주장한 것이다.

둘째, 누구의 재산권을 인정하는 것이 문제 해결 방안인가에 대한 질문에 코즈는 어느 주체이건 상관없음을 지적한 것이다. 예 13−1처럼 플라스틱컵을 생산하는 기업 주변에 외부 주체 $E$가 있다면, 과거 정책적 접근인 수량규제나 피구세 부과는 외부효과를 유발하는 기업을 교정의 대상으로 고려한 것이다. 하지만 코즈는 외부효과 유발자인 기업에게 재산권을 인정하더라도 효율성이 유도됨을 보여 외부효과는 유발자만의 문제가 아닌 외부 주체의 존재도 외부효과가 발생하게 되는 원인임을 시사하였다. 예를 들어, 외부 주체 $E$가 없었더라면 외부효과 자체가 발생하지 않았다는 것이다.

마지막으로, 코즈는 코즈 정리가 외부효과 문제 해결을 위한 완벽한 방법은 아니라고 주장하였다. 앞에서는 논의하지 않았지만, 코즈는 거래비용 (transaction cost)이 유발하는 문제점을 비중 있게 다루었다. 거래비용이란 자발적 거래를 위해 드는 일체의 비용을 말한다. 예를 들어, 기업과 외부 주체인 $E$ 간 재산권 거래를 위해 드는 시간, 노력, 각종 명시적 비용 등이 모두 거래비용에 포함된다. 우리가 앞서 논의한 예에서는 양자 간 재산권 거래에 드는 비용을 없음을 가정하였고 효율적 거래가 유도되었다. 하지만 거래비용이 상당한 수준이어서 재산권 거래를 통해 발생되는 이익을 압도하는 경우 거래 자체가 일어나지 않는 등 코즈 정리가 성립하지 않을 수 있다.

## 13.3  공공재에 의한 시장실패

### 1 공공재

우리가 소비하는 상품을 구분하는 기준으로 배제성(excludability)과 경합성 (rivalry)을 들 수 있다. 일반적으로 재화는 가격을 지불한 사람에게만 공급되고 그 사람만이 소비한다. 이처럼 특정인만 소비하고 그 이외의 다른 사람은 소비

**표 13-1**
상품의 구분

| | | 경합성 | |
|---|---|---|---|
| | | 있음 | 없음 |
| 배제성 | 있음 | **사적재(private good)** 사과, 옷, 아이스크림 막히는 유료도로 | **독점재(monopoly good)** 특허지식, 케이블TV 막히지 않는 유료도로 |
| | 없음 | **공유재(commons)** 공해의 물고기, 자연환경 막히는 무료도로 | **공공재(public good)** 국방, 치안 막히지 않는 무료도로 |

하지 못하도록 막는 것이 가능한 재화는 소비의 배제성을 갖는다고 한다. 그러나 가로등 불빛이나 불꽃놀이와 같은 것들은 여러 사람들이 함께 소비되는 것이다. 이와 같이 특정인만 소비하고 그 이외의 다른 사람은 소비하지 못하도록 막는 것이 불가능한 재화는 소비의 비배제성을 갖는다고 한다.

한편 한 사람이 특정 상품을 소비하고 있고 다른 사람이 그 상품을 동시에 소비하고자 할 때 소비량이 감소하거나 재화의 특성이 변하는 등 소비의 제약을 받게 되면 소비의 경합성이 존재한다고 한다. 사과와 같은 상품은 한 사람이 소비하고 있을 때 다른 사람이 같이 소비하면 그 소비량이 감소하므로 경합성이 존재한다. 반면 디지털 음원의 경우는 여러 사람이 동시에 소비하여도 그 상품의 특성에 아무런 변화가 없이 모든 사람들이 동일한 상품을 소비할 수 있기 때문에 경합성이 존재하지 않는다.

배제성과 경합성의 존재 유무에 따라 다음의 〈표 13-1〉과 같이 상품을 4가지로 구분할 수 있다. 공공재는 비배재성과 비경합성의 특성을 동시에 갖는 상품으로 정의된다. 공유재는 배제성은 없으나 경합성은 존재하는 재화이다. 반면, 사적재는 배제성과 경합성이 모두 존재하는 상품으로 공공재와 반대되는 성격의 재화이다.

## ② 공공재 생산에서 시장실패

공공재가 갖는 비배제성과 비경합성의 특성으로 시장에서는 효율성을 달성할 만큼 충분한 양의 공공재가 생산되지 않는 과소생산(underproduction)의 시장실패가 발생한다.

그 원인에 대한 기본적 이해를 위해 다음의 간단한 예를 고려하자. 주민 100

명이 거주하는 한 마을에 공원을 만들려고 한다. 주민 한 명당 공원을 이용하여 얻는 (한계)편익은 1만원이고, 공원 건설의 비용은 50만원이다. 공원 이용은 비배제적으로 주민 모두가 이용할 수 있고, 비경합적으로 각 주민은 공원 이용에 따른 어떠한 어려움도 없다. 공원 건설로 이 마을 주민들이 얻는 총편익은 100만원이고, 건설비용은 50만원이므로, 이 마을의 관점에서는 공원이 건설되는 것이 효율적이다. 이제 공원은 사적재로 주민 각자가 스스로 공급하여 이용하는 경우를 상정하자. 주민 한 명의 편익 1만원은 50만원에 미치지 못하므로 아무도 스스로 공급하려 하지 않을 것이며, 이에 따라 시장에서 공원은 건설되지 않는다. 이 예는 공공재 생산에 있어 사회적 편익이 고려되어야 하나, 개별 이용자 입장에서는 각자의 편익만을 고려하여 사회적 편익과 사적 편익의 불일치가 발생하여, 시장에서는 과소생산이 일어남을 보여준다.

공공재에 대한 사회적 편익과 사적 편익의 불일치 문제는 이른바 무임승차 문제(free-riding problem)와 연결된다. 공공재는 배제성이 없으므로 공급되기만 하면 모든 사람이 동일하게 소비할 수 있다. 그러므로 모든 사람은 "나 대신 누군가가 공공재를 공급해 주었으면"하는 생각을 가질 수 있다. 위의 공원 건설의 예를 다시 돌아가 보자. 공원 건설비용 50만원을 조달하기 위해, 100명의 주민 중 50명에게 각자의 편익인 1만원씩 모금을 하고자 한다면, 모든 주민은 "다른 사람에게 받으세요."라고 대답할 수 있다. 이에 따라 결국 공원 건설은 주민에게 효율적임에도 불구하고 이루어지지 않을 수 있다.

아래에서는 공공재에 대한 사회적 편익과 사적 편익의 불일치 문제에 대해 두 가지 접근법을 이용하여 보다 분석적으로 논의한다.

## (1) 공공재만을 고려하는 접근법

공공재 단품만을 고려하여 설명한다. 예 13-3을 이용하여 공공재가 공급되는 방식과 사적재가 시장에서 공급되는 방식을 비교한다.

**예** 13-3  한 마을에 두 주민 1과 2가 있다. 이들은 불꽃놀이를 즐기려 한다. $q$를 불꽃놀이 양이라 할 때, 주민 1의 한계편익은 $MB_1(q) = 100-q$이고, 주민 2의 한계편익은 $MB_2(q) = 100-2q$이다. 불꽃놀이 생산을 위한 한계비용은 $MC(q) = 80$이다.

**그림 13-11** 공공재의 사회적 한계편익과 효율적 공공재 공급량

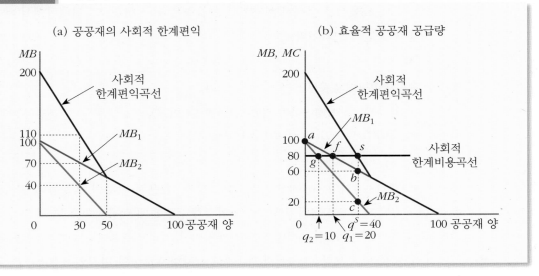

(a) 공공재의 사회적 한계편익    (b) 효율적 공공재 공급량

먼저 불꽃놀이가 공공재라 하자. 주민 1과 2는 모두 비배제성에 의해 동일한 양의 불꽃놀이를 즐길 수 있고, 비경합성에 의해 그 양만큼 즐기는데 아무런 어려움이 없다. 따라서 불꽃놀이가 창출하는 한계편익은 주민 한 사람만의 한계편익이 아니라 불꽃놀이를 즐기는 모든 사람의 한계편익의 합이다. 예 13-3에서 공공재인 불꽃놀이를 즐기는 사람은 주민 1과 2이므로, 불꽃놀이의 사회적 한계편익(social marginal benefit; $SMB$)은 주민 1의 한계편익과 주민 2의 한계편익의 합이다. 식으로 표현하면, $SMB(q)=MB_1(q)+MB_2(q)$이다. 구체적으로, 불꽃놀이의 양이 50 이하에서는 $SMB(q)=200-3q$이고, 50을 초과하는 경우에는 $SMB(q)=100-q$이다. 왜냐하면, 주민 2의 경우 불꽃놀이의 양이 50을 초과하는 경우 한계편익이 0이기 때문이다. [그림 13-11]의 (a)에서 파란색 직선으로 표시된 사회적 한계편익곡선은 개별 주민 한계편익곡선의 수직합으로 그려진다. 예를 들어, 공공재 공급량이 $q=30$이라면, 주민 1의 한계편익은 $MB_1=70$이고 주민 2의 한계편익은 $MB_2=40$으로, 사회적 한계편익은 이들의 합인 $SMB=110$이다.

[그림 13-11]의 (b)에서 효율적 공공재 공급량 $q^S$는 사회적 한계편익과 사회적 한계비용이 일치하는 점 $s$에서 결정된다. 왜냐하면, 공급량이 $q^S$보다 적어 사회적 한계편익이 사회적 한계비용보다 큰 경우 한 단위 더 공공재를 늘림으로써 사회후생이 증가하고, 반대로 공급량이 $q^S$보다 많아 사회적 한계편익이 한계

비용보다 작은 경우 한 단위 더 공공재를 줄임으로써 사회후생이 증가하기 때문이다. 즉, 효율성을 달성하는 공공재 공급량을 $q^S$라 하면, 그 거래량에서 다음의 효율성 조건이 만족된다.

---

**공공재 공급의 효율성 조건**

$q^S$를 효율적 거래량이라 하자. 그러면 $SMB(q^S) = SMC(q^S)$이 만족된다. 여기서, $SMB(q) = MB_1(q) + MB_2(q)$이다.

---

[그림 13–11]의 (b)에서 보는 바와 같이, 효율적 수준의 불꽃놀이 공급량은 $q^S = 40$이 된다. 이 공급량을 주민 1과 2가 동일하게 이용하며, 주민 1은 한계편익 $MB_1 = 60$을 누리고, 주민 2는 한계편익 $MB_2 = 20$을 누린다. 이에 따라, 주민 1의 총편익은 [그림 13–11]의 (b)에서 사각형 $0abq^S$의 면적인 3,200이고, 주민 2의 총편익은 사각형 $0acq^S$의 면적인 2,400이므로, 사회적 총편익은 5,600이다. $q^S = 40$을 공급하는데 드는 비용은 3,200이므로, 불꽃놀이가 효율적 수준으로 생산되면 사회후생은 2,400이 된다.

이제 불꽃놀이를 주민 각자가 개별적으로 시장에서 구매하는 경우를 살펴본다. 불꽃놀이가 사적재이고 불꽃놀이 시장은 완전경쟁적이라 하자. 주민 각자는 자신의 한계편익과 한계비용이 일치하도록 불꽃놀이 양을 구매한다. [그림 13–11]의 (b)에서 보는 바와 같이, 불꽃놀이 생산을 위한 한계비용이 $MC(q) = 80$이므로, 주민 1은 한계편익 $MB_1(q) = 100 - q$와 한계비용이 $MC(q) = 80$이 일치하게 되는 $q_1 = 20$을 구매한다. 이와 유사한 방법으로, 주민 2는 $q_2 = 10$을 구매한다. $q_1 = 20$의 생산을 통해 주민 1이 얻는 총편익은 [그림 13–11]의 (b)에서 사각형 $0afq_1$의 면적인 1,800이다. $q_2 = 10$의 생산을 통해 주민 2가 얻는 총편익은 사각형 $0agq_2$의 면적인 900이다. 따라서 사회적 총편익은 2,700이다. 그런데 주민이 부담하는 총비용은 2,400이므로, 사회후생은 300으로 효율적 상황의 사회후생에 비해 크게 감소한다.

주민 1과 2는 불꽃놀이가 공공재로 공급될 때 $q^S = 40$을 동일하게 누릴 수 있으나, 개별적으로 시장에서 공급될 때 40보다 적은 양인 각각 20과 10을 소비하게 된다. 달리 표현하면, 불꽃놀이가 시장에서 공급되는 경우 효율적 공급량에 못 미치는 과소공급의 시장실패가 발생한다. 비배제성 및 비경합성의 특성을 갖는 공공재 공급에 있어 시장실패가 발생하는 이유는 공공재에 대한 사회적 편익과 사적 편익의 불일치가 발생하기 때문이다. 즉, 공공재 공급에서 사회적 편익이 고려되어야 하나, 이를 시장에 맡기면 개별 이용자는 각자의 편익만을 고려하기 때문이다.

## (2) 일반균형이론 접근법

앞서의 논의는 공공재에 국한하여 설명한 것인데, 이를 보다 일반화하여 12장에서 논의한 일반균형이론을 차용하여 설명할 수 있다.

공공재 $X$와 사적재 $Y$의 두 재화만이 존재하고 1과 2로 표시된 두 명의 소비자가 있는 경제를 상정한다. 소비자 1의 한계대체율은 $MRS^1$로 표시되며, 이는 소비자 1이 공공재 $X$를 한 단위 더 소비하지만 동일한 효용을 누리기 위해 기꺼이 포기하는 사적재 $Y$의 양을 나타낸다. 소비자 2의 한계대체율은 $MRS^2$로 표시된다. 공공재의 비배제성 및 비경합성의 특성으로 두 소비자는 동일한 양의 공공재를 소비한다. 따라서 두 소비자의 한계대체율의 합, $MRS^1 + MRS^2$는 공공재 한 단위를 더 소비하기 위해 각 소비자가 동일한 효용을 유지하면서 포기하는 사적재 양의 합을 의미한다. 생산비용을 나타내는 한계전환율 $MRT$는 공공재 한 단위를 더 생산하기 위해 투입하는 사적재의 양을 나타낸다.

공공재가 포함된 경제에서는 파레토 효율성은 소비자들의 한계대체율의 합과 한계전환율이 일치될 때 달성된다. 그 이유는 아래와 같다. 먼저 $MRS^1 + MRS^2 = 2$이고 $MRT = 1$인 경우를 보자. 한계대체율 합이 2라는 것은 공공재 1단위 더 소비하는데 각 소비자가 동일한 효용을 유지하려면 포기해야 하는 사적재 양의 합이 2단위임을 의미한다. 그런데 $MRT = 1$이므로 공공재 한 단위 생산을 위해 1단위의 사적재 투입이 필요할 뿐이다. 따라서 사적재 2단위를 투입하면 공공재 2단위가 생산되어 소비되면, 소비자의 효용이 증가하는 파레토 개선이 일어나게 된다. 반대로, $MRS^1 + MRS^2 = 1$이고 $MRT = 2$인 경우를 보자. $MRT = 2$이므로, 공공재 1단위 생산을 위해 사적재 2단위가 투입되는 상황인데, 이는 공공재 생산을 1단위 줄이면 사적재 2단위를 더 소비할 수 있음을 의미한다. 그런데 $MRS^1 + MRS^2 = 1$이므로 동일한 효용을 유지하면서 공공재 1단위 더 소비하기 위해 소비자들이 포기하는 사적재 양의 합이 1이므로, 이는 공공재 소비 1단위를 줄이면 소비자들은 합하여 사적재 소비를 1단위 늘려서 동일한 효용을 유지할 수 있음을 의미한다. 따라서 공공재 생산을 1단위 줄일 때 늘어난 사적재 2단위 중 1단위는 이전과 동일한 효용을 유지하기 위해 쓰이고, 나머지 1단위는 소비자의 효용을 더 높이는데 이용되면, 파레토 개선이 일어난다. 따라서 한계대체율 합과 한계전환율이 일치할 때 더 이상 파레토 개선이 발생되지 않으므로, 파레토 효율성이 달성된다. 이상의 논의를 정리하면 다음과 같다.

---

**일반균형이론을 이용한 공공재 공급의 효율성 조건**

$MRS^1 + MRS^2 > MRT \Rightarrow$ 공공재 공급을 늘리면 파레토 개선

$MRS^1 + MRS^2 < MRT \Rightarrow$ 공공재 공급을 줄이면 파레토 개선

$MRS^1 + MRS^2 = MRT \Rightarrow$ 파레토 효율성

---

앞선 논의는 소비자가 2명인 경우인데, 소비자의 수를 $n$명으로 확장하여도 공공재가 존재하는 경제에서 파레토 효율성의 조건은 모든 소비자의 한계대체율 합과 한계전환율이 일치해야 하는 것이다. $i$번째 소비자의 한계대체율을 $MRS^i$라 표시하면 모든 소비자의 한계대체율 합은 $\sum MRS^i$로 표시된다. 공공재가 존재하는 경제에서 파레토 효율성 조건은 $\sum MRS^i = MRT$이다. 배타성을 갖는 사적재의 소비에서 발생하는 사회적 효용은 그 소비자 개인의 효용이지만 비배타적인 공공재의 소비에서 발생하는 사회적 효용은 모든 소비자의 효용의 합이다. 따라서 공공재에 대한 사적재의 사회적 한계대체율은 소비자들의 한계대체율을 모두 합한 것이 된다. 그러므로 파레토 효율적인 상태에서는 사회적 한계대체율과 사회적 한계전환율이 일치한다. 공공재가 존재할 때 $\sum MRS^i = MRT$가 성립하여 파레토 효율적인 상태를 스웨덴 경제학자 린달(E. Lindahl)의 이름을 따서 린달균형(Lindahl equilibrium)이라고도 부른다.

### (3) 공공재 정책

앞서 살펴본 바와 같이, 공공재가 시장에서 충분하게 공급되는 것이 거의 불가능하기 때문에, 정부가 공급주체로서 직접 생산을 담당하는 경우가 있다. 대표적인 사례가 국방서비스, 소방서비스, 도로 건설 등이다. 경찰서비스 등과 같은 경우는 정부가 공급하기도 하나 민간에서도 일부 생산하고 있다. 공원 등은 중앙정부보다는 지방정부가 생산의 주체가 되기도 한다. 정부가 직접 생산하지는 않지만 공영단체에 자금을 지원하는 경우도 있다. 대표적인 사례가 공영방송사이다.

## 연습문제

**13-1** 담배시장은 완전경쟁적이다. 주어진 시장가격 $p$에 대한 시장수요는 $q=90-p$이고, 시장공급은 $q=p-20$이다. E는 담배시장에 참여자는 아니나, 담배 거래량 $q$로부터 $10q$의 편익 감소를 겪는다. 즉, 담배시장에서 거래는 $E$에게 부정적 외부효과를 가져온다.

(a) 시장 균형거래량을 구하시오.

(b) 효율적 거래량을 구하시오.

(c) 담배에 피구세를 부과하고자 한다. 효율적 거래량을 유도하기 위한 단위당 피구세를 구하시오.

**13-2** 긍정적 외부효과의 전통적 예인 양봉장과 과수원에 대한 것이다. 사과 시장에 가격수용자인 1명의 소비자와 1개의 과수원이 있다. 시장가격 $p$로 소비자가 $q$개를 구매하면 $B(q)=90q-\frac{1}{2}q^2$의 편익(benefit)을 얻고 $pq$를 지출한다. 과수원은 $q$개를 생산하면 $\pi=pq-C(q)$의 이윤을 얻는다. 여기서 $C(q)=20q+\frac{1}{2}q^2$이다. 사과 생산량 $q$에 대해 과수원 옆 양봉장 $E$의 비용은 $2q+\frac{1}{4}q^2$만큼 감소한다.

(a) 시장 균형거래량을 구하시오.

(b) 효율적 거래량을 구하시오.

(c) 사과생산에 보조금을 지급하고자 한다. 효율적 거래량을 유도하기 위한 사과 단위당 보조금액을 구하시오.

**13-3** 정유제품 시장가격은 7이다. 가격수용자인 미시정유회사의 비용함수는 $C(q)=1+2q^2$이다. 그런데 미시정유회사가 $q$만큼 생산하면, 인근 거시세탁회사의 비용을 $q+q^2$만큼 증가시킨다. 그런데 매연방지시설이 설치된다면 거시세탁회사의 비용은 전혀 증가하지 않는다. 다만, 매연방지시설의 설치비용은 2이다.

(a) 효율적 생산량을 구하시오.

(b) 아무런 규제가 없는 경우 미시정유회사의 이윤극대화 생산량과 사회후생을 각각 구하시오.

(c) 거시세탁회사에게 재산권이 부여되었다고 하자. 거래비용은 0이다. (i) 매연방지시설은 설치되는가? (ii) 사회후생을 구하시오.

**13-4** 한 사회에 미시와 경제 두 사람만 있다고 하자. 미시는 5층 규모의 건물을 보유하고 있으며, 건물의 가치는 애초에 105이다. 경제는 미시의 건물 근처에 10층 규모의 건물을 지으려 한다. 경제의 건물은 미시의 건물에 가까울수록 가치가 증가하는 반면, 미시의 건물 가치는 경제의 건물이 가까울수록 햇볕을 받지 못해 가치가 하락한다고 한다. 이는 다음의 표와 같이 나타난다. 총가치는 독자들이 구하여 적용하시오.

| 두 건물의 간격 | 10 | 20 | 30 | 40 | 50 |
|---|---|---|---|---|---|
| 미시의 건물 가치 | 50 | 85 | 95 | 102 | 105 |
| 경제의 건물 가치 | 100 | 88 | 76 | 65 | 58 |
| 총가치 | | | | | |

(a) 효율적인 건물의 간격을 구하시오.

(b) 아무런 규제가 없는 경우, 건물의 간격을 구하시오.

(c) 미시와 경제의 거래비용이 0이고, 경제에게 재산권이 부여되었다고 하자. 이를 통해 유도되는 건물의 간격을 구하시오.

(d) 미시에게 일조권이 부여되어 경제는 건물 간격을 50이상 유지해야 한다고 하자. 경제가 건물을 짓는다면, 건물의 간격을 구하시오.

**13-5** 이 문제는 예 13-1의 변형이다. 기업이 가격수용자가 아닌 가격설정자이다.

플라스틱컵 시장에 가격수용자인 1명의 소비자와 가격설정자인 독점기업이 있다. 시장가격 $p$로 소비자가 $q$개를 구매하면 편익(benefit) $B(q) = 90q - \frac{1}{2}q^2$을 얻고 $pq$를 지출한다. 독점기업은 $q$개를 생산하면 $\pi = p(q)q - C(q)$의 이윤을 얻는다. 여기서 $C(q) = 20q + \frac{1}{2}q^2$이다. 플라스틱컵 생산을 위한 공해배출로 플라스틱컵 시장에 참여하지 않는 주체인 $E$의 비용이 $10q + \frac{1}{2}q^2$만큼 증가한다. 즉, 플라스틱컵 거래는 $E$에게 부정적 외부효과를 유발한다.

(a) 시장 균형거래량을 구하시오.

(b) 효율적 거래량을 구하시오.

(c) 플라스틱컵에 피구세를 부과하고자 한다. 효율적 거래량을 유도하기 위한 단위당 피구세를 구하시오.

**13-6** 다음과 같이 공공재가 존재하는 경제를 상정해 보자. $x$는 공공재의 양을 나타내며, $y_i$는 소비자 $i$가 소비하는 사적 재화(private good)의 양을 나타낸다. 소비자 1의 효용함수는 $u_1(x, y_1) = a\ln x + y_1$로 표현되며, 소비자 2의 효용함수는 $u_2(x, y_2) = b\ln x + y_2$로 표현된다. $a$, $b > 0$이라고 가정하자. 사적 재화 한 단위를 사용하여 공공재 한 단위를 생산할 수 있다고 가정하자. 공공재의 효율적 수준의 공급량 $x^*$를 구하시오.

**13-7** 이 문제는 예 13-3의 변형이다. 한계비용이 우상향한다.

> 한 마을에 주민 1과 2가 있다. 이들은 불꽃놀이를 즐기려 한다. $q$를 불꽃놀이 양이라 할 때, 주민 1의 한계편익은 $MB_1(q) = 100 - q$이고, 주민 2의 한계편익은 $MB_2(q) = 100 - 2q$이다. 불꽃놀이 생산을 위한 한계비용은 $MC(q) = 40 + q$이다.

(a) 불꽃놀이가 공공재라면 효율적 수준의 공급량을 구하시오.

(b) 불꽃놀이가 사적재라면 시장을 통해 주민 1과 2가 각각 구매하는 수요량을 구하시오.

**13-8** 행복도시에 환경오염을 유발하는 공장 하나가 있다. 현재 공장의 오염 배출량은 50이다. 행복도시에는 총 100명의 시민이 살고 있는데 이들은 오염이 줄어들면 편익을 얻는다. 오염 배출 감소량이 $q$일 때 주민 한 명이 얻는 편익은 $B(q) = \frac{1}{2}q - \frac{1}{200}q^2$이다. 오염 배출 감소는 공공재로서, 모든 주민이 동일한 편익을 얻는다. 한편, 공장은 비용을 부담하여 오염을 줄일 수 있다. 오염 배출 감소량 $q$에 대해 공장이 지출하는 비용은 $20q + \frac{1}{2}q^2$이다.

(a) 행복도시 전체, 즉 사회적 관점에서 효율적 오염 배출 감소량을 구하시오.

(b) 행복도시 정부는 (a)의 효율적 오염 배출 감소량을 유도하기 위해 공장에게 오염 배출 감소량 한 단위에 대해 $s$의 보조금을 지급하고자 한다. 균형에서 오염 배출 감소량 한 단위에 대한 보조금을 $s^*$라 하고 사회후생의 크기를 $W^*$라 할 때, $s^* + W^*$를 구하시오.

(c) 행복도시 정부는 공장에게 오염을 배출할 수 있는 권리(=오염 배출권)를 부여하였다고 하자. 시민과 공장 간에 오염 배출권의 거래가 오염 배출 감소량 한 단위에 대해 $p$의 가격으로 자유롭게 이루어진다고 하자. 균형에서 오염 배출권 가격을 $p^*$라 하고 오염 배출 감소량을 $q^*$라 할 때, $p^* + q^*$를 구하시오.

현실에서 상품 거래를 비롯한 경제주체간의 다양한 상호작용에서 정보는 완벽하지 않다. 특히, 어느 한쪽이 가진 정보를 상대편은 가지지 못하면서 거래 여부와 같은 중요한 결정을 내려야 하는 상황이 많다. 이러한 상황을 비대칭정보 상황이라 한다.

본 장에서는 여러 비대칭정보 상황을 설명하며, 그것이 어떤 문제를 야기하는지, 그리고 그 문제들을 극복하기 위하여 어떠한 방안들이 가능한지를 설명할 것이다. Akerlof의 역선택 모형을 설명하며, 비대칭정보에 의한 비효율성을 극복하는 방안으로서 신호와 선별을 설명한다. 또 다른 비대칭성정보 상황으로서 도덕적 해이 현상을 설명하며 그것을 해결하기 위한 여러 방안과 한계를 알아본다.

# 14

# 비대칭 정보

14.1　역선택
14.2　신호와 선별
14.3　도덕적 해이와 인센티브
　　　연습문제

# 역선택

대체로 중고차는 신차에 비해서 가격이 크게 떨어진다. 그 이유는 무엇일까? 누군가 새차를 사서 얼마 되지 않아 바로 팔려고 중고차 시장에 내놓았다면 갑자기 급하게 돈이 필요한 일이 생긴 탓일 수도 있지만 차에 무엇인가 문제가 있기 때문일 수도 있다고 생각할 것이다. 그러니 구매자는 높은 가격을 지불할 용의가 없다. 애컬로프(Akerlof, 1970)는 이런 현상이 단지 가격에만 영향을 주는 것이 아니라 거래의 효율성에도 문제가 될 수 있다는 점을 지적하였다. 다음과 같은 간단한 상황을 이용하여 그의 논점을 알아보자.

한 명의 판매자와 한 명의 구매자가 중고차를 거래하려고 만났다. 판매자는 차의 성능을 잘 알고 있지만 구매자는 겉으로 보는 것만으로는 성능을 충분히 알 수 없다. 구매자는 성능이 좋을 수도 나쁠 수도 있다고 생각하는데, 구체적으로 품질은 다섯 개의 수준 중 하나라 생각한다. 그 수준을 각각 $v_1 \sim v_5$로 표현하자. 성능이 $v_1$이라면 구매자는 100만원까지 지불할 의향이 있다. 성능이 한 단계 높아질수록 구매자가 지불할 의향이 있는 가격은 100만원씩 높아진다. 한편, 판매자는 이 차에 대해서 최소한 얼마의 가격 이상은 받아야 한다. 구매자에게 팔지 않는다면 자신이 이 차를 계속 사용한다. 그때 그가 얻는 효용이 차를 판매하는 기회비용이 된다. 그 값도 역시 성능이 높아짐에 따라 높아지는데 그 값이 〈표 14-1〉과 같다. 판매자에 대한 차의 가치는 구매자에 대한 가치의 80%이다. 즉, 어떤 경우이든 구매자가 판매자보다 이 차를 더 원한다. 어떤 성능의 차이든 구매자가 이 차를 사용하는 것이 판매자가 사용하는 것보다 더 큰 사회적 잉여를 창출하며, 따라서 거래가 이루어지는 것이 효율적이다. 구매자는 성능을 모르지만 어떤 성능이 실제의 성능일 가능성이 모두 같다고 생각한다. 즉, 실제 성능이 $v_1$일 확률은 0.2이고 다른 성능의 경우에도 그 확률은 모두 0.2

**표 14-1**
역선택

| 성능 | $v_1$ | $v_2$ | $v_3$ | $v_4$ | $v_5$ |
|---|---|---|---|---|---|
| 소비자 가치 | 100 | 200 | 300 | 400 | 500 |
| 판매자 가치 | 80 | 160 | 240 | 320 | 400 |
| 확률 | 0.2 | 0.2 | 0.2 | 0.2 | 0.2 |

이다.

이런 상황에서 두 사람이 만났다면 어떤 일이 벌어지겠는가? 구매자는 이 차에 대해서 얼마를 지불할 의향이 있겠는가? 우선 구매자는 기대값인 300만원 이상 지불할 의향이 없다. 판매자가 이러한 구매자의 생각을 추론할 것이다. 그러니 실제 성능이 $v_4$ 또는 $v_5$ 인 경우 판매자는 이 거래에 참여하지 않았을 것이다. 자신의 기회비용도 받을 수 없을 것임을 알기 때문이다. 이러한 사실을 구매자가 추론할 것이다. 그러니 차를 팔겠다고 판매자가 나섰다면 성능은 $v_1$, $v_2$, $v_3$ 중 하나이다. 그러니 이제 구매자는 기대값인 200만원 이상 지불할 의향이 없다. 이 사실을 또한 판매자가 추론할 것이고 240만원의 가치를 갖는 성능이 $v_3$인 판매자도 시장에 나오지 않을 것이다. 따라서 구매자는 성능이 $v_1$ 또는 $v_2$라 생각할 것이고 150만원 이상 지불할 의향이 없다. 이번에는 성능이 $v_2$인 판매자는 시장에 나오지 않을 것이다. 결국 판매자가 거래에 참여하였다면 틀림없이 그의 차의 성능은 $v_1$이다. 그러니 구매자는 100만원 이상 지불할 의향이 없고 가격은 80만원과 100만원 사이에서 결정될 것이다. 결과적으로 성능이 $v_2 \sim v_5$ 인 경우에는 구매자가 이 차를 사용하는 것이 효율적임에도 불구하고 거래는 이루어지지 않는다. 즉, 시장실패가 발생하는 것이다.

성능이 낮을 가능성 때문에 결국 성능이 높은 차는 시장에 나오지 못하게 된다. 낮은 성능이 높은 성능을 시장에서 축출한다고 할 수 있다. 이 현상을 역선택(adverse selection)이라 한다. 즉, 품질이 낮은 상품만이 선택적으로 시장에 등장한다는 것이다. 의약품, 새로 생긴 음식점, 펜션 등 판매자와 구매자간에 정보 비대칭의 가능성이 큰 상품 거래에서 이러한 현상이 발생할 수 있다. 또다른 예는 보험이다. 의료보험의 경우 건강하지 못하여 병원 치료를 받게 될 가능성이 높은 사람들이 보험에 많이 가입하면 보험회사는 손해를 볼 가능성이 높아진다. 이 문제를 극복하기 위하여 보험료를 높인다고 해보자. 그러면 건강해서 병원을 찾을 가능성이 낮다고 생각하는 사람들이 먼저 보험을 탈퇴하고 건강하지 못한 사람들이 남는다. 따라서 보험 가입자의 평균적인 건강도는 악화되고 보험회사가 의료비로 지불해야 할 비용이 높아져서 보험회사의 수익성이 회복되지 않는다. 이러한 문제가 극명하게 나타난다면 위험분담(risk sharing)의 관점에서 효율적인 보험거래가 아예 발생하지 않게 되는 시장실패가 발생할 수 있다. 이 상황에서 보험가입자는 자신의 건강한 정도를 알고 있지만 보험회사는 알지 못하는 비대칭정보가 비효율성의 원인이 된다. 자동차보험의 경우에도 운전을 험하게 하거나 신중하게 하는 사람들이 있다. 보험료의 인상에 따라 운전을 신중하게 해서 사고의 가능성이 낮은 사람들이 보험가입을 포기하게 되고 보험회사는 손해를 볼 가능성이 높아진다. 돈을 빌리고 빌려주는 대부시장에서도 유사한 현상이 발생할 수 있다. 금융회사로부터 대출을 받는 기업들은 도산에 의한 상환 불능 가능성이 서로 다를 것이다. 도산을 하면 더 이상의 손실은 없기 때문에 대출이자율이 높아질 때 상대적으로 도산가능성이 낮은 기업들이 먼저 대출받기를 포기할 것이다. 결과적으로 금융회사의 대출채권의 수익성이 악화되고 효율적인 대부 거래가 발생하지 못하는 비효율이 발생한다. 이러한 여러 현상에서는 가격이 시장 효율성을 달성하도록 하는 보이지 않는 손의 기능이 제대로 작동하지 못하는 것이다.

이와 같은 비효율성이 발생할 때 시장 참여자들은 나름대로 그것을 극복하려는 여러 방안을 고안하게 된다. 몇 가지 극복방안을 보자. 중고차 거래 상황에서 판매자와 구매자의 구매 전 시점의 대화가 정보의 비대칭성을 줄여줄 수도 있다. 가령 판매자는 차의 진실된 성능을 구매자에게 말해주는 것이다. 판매자는 신뢰할 수 있는 제3자에게 인증(certification)을 받을 수도 있다. 인증 기능에 특화된 기관에 품질 평가를 의뢰하는 것이다. 가령, 파생금융상품의 위험도를 투자자가 제대로 이해할 수 없기 때문에 전문기관이 객관적인 기준에 따라 위험도를 평가한다. 새로 개발된 의약품의 경우 효능이나 독성을 정부기관이 장기간에 걸쳐 면밀하게 검증한다. 변호사나 의사의 역할은 아무나 할 수 있는 것이 아니라 정부로부터 자격증을 받아야 한다. 인증기능을 하는 기관은 정부기관일 수도 있고 시장에서 자생적으로 등장하는 기관일 수도 있다. 무디스 등의 세계적인 금융 신용평가사, 미국의 컨슈머 리포트, 유명 음식점을 평가하는 미슐랭 등이 이러한 예가 된다. 판매자는 달리 상품의 품질을 구매자에게 알려줄 수 없을 때 보증(warranty)을 제공할 수 있다. 구매 후 일정 기간 품질에 문제가 있을 경우 환불이나 무상수리를 약속하는 것이다. 품질이 낮아서 고장의 가능성이 크다면 보증서비스를 제공하기 어려울 것이므로 보증의 제공은 구매 전 시점에 품질이 높다는 것을 구매자에게 알려주는 역할을 한다.

이러한 여러 노력이 비대칭정보를 해소해 줄 수 있지만 항상 그런 것은 아니다. 판매자의 대화는 신뢰성이 떨어진다. 중고차의 심각한 결함을 판매자가 자발적으로 구매자에게 말해줄 것을 기대하기 어렵다. 제3자 인증의 경우에는 인증기관의 신뢰성과 전문성이 중요하다. 정부기관의 경우 관료주의나 기업에 의

한 포획(capture) 가능성도 종종 등장하는데 이것이 인증 기능의 효과를 떨어뜨린다. 판매자에 의한 보증은 사후적으로 문제가 생겼을 때 그것이 상품이 원래 가지고 있던 결함에 기인하는지 또는 구매자가 소홀하게 이용한데 기인하는지가 명확하게 밝혀질 수 있어야 하는데 그것은 종종 쉽지 않다. 가령, 자동차 구입 후 5년이 지난 시점에서 어떤 문제가 발생했다면 누구의 잘못인지를 객관적으로 판정하는 것은 쉽지 않다. 만일 그러한 경우에도 판매자가 무상수리나 환불하기로 보증계약을 맺었다면 소비자가 자동차를 잘 관리할 유인이 줄어들고 이에 따라 고장이 과도하게 자주 발생할 수 있다. 따라서 품질이 좋은 경우에도 판매자가 보증서비스를 제공하기를 꺼릴 수 있다.

위의 극복방안이 정보를 가진 주체가 취하는 행동인 반면, 정보를 갖지 못한 주체가 취하는 행동도 있다. 의료나 자동차 보험의 경우 보험사는 가능한 한 가입자의 정보를 파악하여 그에 따라 다른 보험상품을 차별적으로 제공한다. 의료보험의 경우 나이, 과거의 질병 이력, 건강도 등에 따라 가입여부나 보험료를 차등 두며, 가입 전에 병원의 검진을 요구하기도 한다. 자동차보험의 경우에도 나이, 성별, 결혼여부, 과거 사고 이력에 따라 보험료 차등을 둔다. 또한 법으로 보험가입을 의무화하기도 한다. 이 경우 질병이나 사고의 위험이 낮은 가입자가 높은 가입자를 보조하는 결과가 초래되지만 비대칭정보로 인해서 시장이 와해되는 것을 방지할 수 있다. 대부시장에서도 금융기관은 대출을 받고자 하는 기업이나 개인의 신용도를 면밀히 조사하고 심사하는 절차를 가지며, 대출에 대한 초과수요가 있더라도 이자율을 높이는 대신 수요자들 중에 선별하여 자금을 나누어 주는 신용배급(credit rationing)을 하게 된다.

## 14.2 신호와 선별

중고차 거래 상황에서 판매자는 자기 차의 성능을 구매자에게 말해줄 수도 있다. 하지만 판매자의 말을 뒷받침할만한 객관적 증거가 없다면 이를 순진하게 믿을 사람은 많지 않을 것이다. 판매자의 말이 신빙성을 얻지 못하는 이유는 판매자가 매우 도덕적이거나 양심적이지 않는 한 실제 성능이 나쁜 경우에도 좋다고 말할 유인이 있고 그렇게 하는데 비용도 들지 않기 때문이다. 따라서 말은 정보를 효과적으로 전달해주는 기능을 제대로 하지 못한다. 아무런 비용이 들지 않는 말을 칩톡(cheap talk)이라 한다. 판매자와 구매자의 관계에서 칩톡이 효과가 없는 것은 양자의 이해가 첨예하게 대립되기 때문이다. 즉, 판매자는 구매자가 더 높은 가격을 지불하기를 원하고 구매자는 낮은 가격을 지불하기를 원한다. 일반적으로 상품거래가 아니라 양자의 이해가 첨예하게 대립되지 않는 상황에서는 칩톡도 효과적인 정보전달장치가 될 수 있다. 가령, 전쟁을 지휘하는 장군에게 효과적인 전략을 제안하는 참모, 학생의 진로에 대해서 조언하는 교수, 자신이 읽은 책을 권하는 친구 등의 경우 정보나 지식을 가진 주체의 말은 상대편에 의해 대개의 경우 받아들여진다. 그 이유는 양자가 추구하는 목적이 대립되지 않기 때문이다.

거래의 상황에서 칩톡이 정보전달 기능을 못한다면 효과적인 다른 수단이 있을까? 앞서 설명한 인증이나 보증계약 등은 제3자의 개입을 필요로 한다. 따라서 자동차 성능과 같은 정보를 제3자가 제대로 관찰할 수 있는 상황이어야 한다. 품질은 때로는 주관적이면서 제3자에게 확실하게 증명하는 것이 불가능하거나 높은 비용을 필요로 한다. 이와 같이 제3자의 힘을 빌릴 수 없다면 정보를 효과적으로 전달하는 방법은 없는가? 정보를 가진 주체가 비용을 수반하는 어떤 행동을 적절히 선택함으로써 간접적으로 진실된 정보를 전달할 수도 있다. 이것을 신호(signaling) 행위라 한다. 어떤 행위가 어떻게 효과적인 신호의 기능을 하는지에 대해 스펜스(Spence, 1974)는 교육을 하나의 예로 들어 설명하였다. 다음에서 이를 설명하는 간단한 모형을 제시하고 그 시사점을 알아보자.

일자리 시장에서 구직을 하는 어떤 미래의 근로자와 그를 고용할 것인지를 결정하는 기업이 있다고 하자. 기업은 가능한 한 능력이 뛰어난 근로자를 고용하고자 하는데, 그런 근로자는 생산성이 높아서 더 큰 수입을 기업에 벌어줄 것이기 때문이다. 하지만 고용을 결정해야 하는 상황에서 기업은 근로자의 능력을 제대로 알기 어렵다. 반면에 근로자는 자신에 관해서 기업보다 더 많이 알 것이고, 따라서 비대칭정보의 상황이 된다. 직접 근로자의 능력을 관찰할 수 없으므로 기업은 근로자가 가진 여러 특성이나 이력을 가지고 간접적으로 그의 능력을 추측한다. 아마도 현실에서 중요하게 고려되는 것 중 하나가 학력일 것이다. 즉, 교육을 어느 정도 이수했느냐는 것이다. 대체로 고등학교 졸업자보다는 대학교 졸업자가 더 능력이 있다고 판단한다. 그렇게 판단하는 이유는 무엇인가? 한 가지 이유는 대학교 교육을 통해 근로자의 능력이 향상된다는 것이다. 달리 말하자면 대학 교육은 근로자의 인적자본(human capital)을 쌓는 행위이고 인적자본은 생산성을 높이는데 기여한다. 여러 기업들이 경쟁적으로 근로자를 고용하려고 한다면 능력이 높다고 판단되는 근로자에게 더 높은 임금을 제시할 것이다. 스펜스는 교육이 인적자본에 대한 투자로서의 기능 이외에 신호의 기능을 수행한다는 것을 보여주었다. 이 점을 설명하기 위하여 아래에서는 교육이 직접적으로 근로자의 생산성을 높이는 효과가 전혀 없다고 가정한다.

좀 더 자세하게 다음과 같은 근로자와 기업의 게임 상황을 상정해보자. 근로자의 능력을 $\theta$라 표현하자. 단순화를 위해서 근로자의 능력은 낮거나($L$) 또는 높은($H$) 두 가지 가능성이 있다고 하자. 즉, $\theta$는 $L$이거나 또는 $H$이다. 능력은 중고차시장 모형의 성능처럼 외생적으로 주어진다. 능력이 높은 근로자를 고용하는 경우 기업은 더 높은 수입을 얻는다. 능력이 $\theta$인 근로자를 고용한 경우 기업의 수입을 $R_\theta$라 하자. 구체적으로 $R_L = 1$천만원, $R_H = 2$천만원이다. 기업은 근로자에게 임금을 제시하며, 임금을 $w(\geq 0)$라 둔다. 만일 능력이 $\theta$인 근로자를 고용하면서 $w$의 임금을 지불한다면 기업의 이윤은 $R_\theta - w$가 된다.

한편, 근로자는 일자리 시장에 참여하여 구직활동을 하기 전에 어느 정도 교육을 받을지를 결정한다. 교육의 수준을 $e \geq 0$라고 하자. 교육의 정도를 학교교육을 받는 연수로 해석하자. 즉, 고등학교 졸업의 경우 $e = 12$이고 대학교 졸업의 경우 $e = 16$이다. 교육은 시간, 노력, 학비 등 여러 비용을 요구한다. 그리고 그러한 비용은 교육 수준이 높을수록 더 클 것이다. 또한, 같은 수준의 교육을 받는 교육비용은 근로자의 능력에 의존한다. 즉, 능력이 높은 근로자에게는 능력이 낮은 근로자에 비하여 동일한 교육을 받는데 소요되는 비용이 낮다. 가령 대학교에서 요구하는 과정을 이수하려면 능력이 낮은 근로자는 더 많은 시간과 노력을 학업에 투입해야 한다. 근로자가 부담하는 교육의 비용을 $C_\theta(e)$라 두고, 다음과 같은 함수라 하자.

$$C_L(e) = 0.4e, \ C_H(e) = 0.2e$$

임의의 교육수준에서 능력이 낮은 근로자의 비용이 높은 근로자의 비용보다 높다. 또한, 한 단위의 교육을 더 이수하기 위해서 부담해야 하는 비용도 능력

그림 14-1 무차별지도

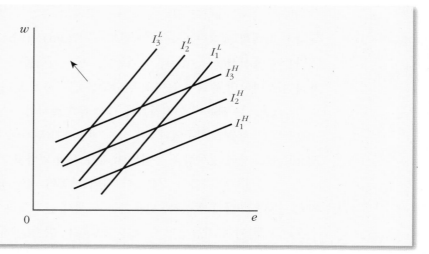

이 낮은 근로자가 높은 근로자보다 높음을 알 수 있다. 교육 $e$를 선택한 근로자가 임금 $w$을 받고 고용된다면 그의 효용은 $w-C_\theta(e)$가 된다. 아래의 [그림 14-1]은 근로자의 무차별지도를 나타낸다. 수평축은 교육이고 수직축은 임금이다. 임의의 점에서 교육이 높아지면 효용이 감소하므로 임금도 높아져야 처음과 무차별하다. 따라서 무차별곡선은 양의 기울기를 가진다. 또한 그림의 왼쪽 위에 있는 무차별곡선일수록 더 높은 효용을 나타낸다. 한편, 능력에 따라 무차별곡선의 기울기가 다르다. 능력이 낮을 경우 한 단위 교육의 증가가 효용을 더 크게 감소시키므로 임금이 더 크게 높아져야 무차별해진다. 즉, 능력이 낮은 경우의 무차별곡선이 더 큰 기울기를 가진다. 그림에서 $I_1^L$, $I_2^L$, $I_3^L$은 능력이 낮은 경우의 무차별곡선들이고 $I_1^H$, $I_2^H$, $I_3^H$는 높은 경우의 무차별곡선들이다.

 **예제 14-1** [그림 14-1]에서 능력이 낮은 경우의 무차별곡선의 기울기와 능력이 높은 경우의 무차별곡선의 기울기는 얼마인가?

근로자가 교육 $e$를 선택하고 임금 $w$를 받으면서 고용되는 경우 기업의 이윤과 근로자의 효용을 아래의 표에 정리하였다.

이 게임이 어떻게 전개되는지 정확하게 표현하자. 우선 근로자가 교육 $e$를 선택한다. 그 후 일자리시장에서 근로자와 기업이 만나는데 기업은 근로자의 능력

| | 근로자의 능력 | 기업의 이윤 | 근로자의 효용 |
|---|---|---|---|
| 표 14-2<br>신호모형 | $L$ | 1(천만원) $-w$ | $w-0.4e$ |
| | $H$ | 2(천만원) $-w$ | $w-0.2e$ |

$\theta$를 관찰할 수 없지만 근로자가 선택한 교육은 관찰할 수 있다. 교육 선택과 관련하여 근로자가 어떤 인센티브를 가지는지를 잘 생각해서 근로자의 능력을 추론한다. 그 추론을 바탕으로 기업이 근로자에게 임금을 제시하는데, 다수의 기업이 한 근로자를 대상으로 경쟁한다. 따라서 임금은 기업이 근로자를 고용하여 벌수 있으리라 예상하는 수입과 같아진다.

이제 이 게임에서 무슨 일이 벌어질 것인지, 즉, 균형이 무엇인지에 대해 살펴보자. 이를 위해 다음의 [그림 14-2]를 보자. 논의의 단순화를 위해서 근로자는 고등학교만 졸업할 것인지 또는 대학교까지 졸업할 것인지 두 개의 대안을 두고 고민하는 상황을 보자. 즉, 근로자는 교육으로 12 또는 16 둘 중에 하나를 선택한다. 그림에서 두 개의 수평선은 근로자가 능력이 낮거나 높을 때 기업이 벌어들이는 수입이다. 기업이 근로자의 능력을 안다면 그것이 곧 임금이 된다. 즉, 근로자의 능력이 낮다는 것을 기업이 안다면 임금은 교육수준과 무관하게 1천만원이 된다. 그 이유는 이 모형에서는 교육이 근로자의 능력을 높이는데 전혀 기여하지 않는다고 가정하였기 때문이다. 마찬가지로 능력이 높다는 것을 안

**그림 14-2**   신호모형

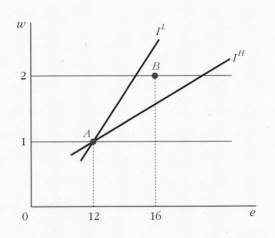

다면 임금은 2천만원이 된다.

　이제 다음과 같은 상황을 보자. 능력이 낮은 근로자는 교육으로 12, 즉, 고등학교 졸업을 선택하고, 능력이 높은 근로자는 16, 즉, 대학교 졸업을 선택한다. 근로자는 기업에 의해 고용되는데 교육이 12일 때 임금은 1천만원이 되고, 16일 때에는 2천만원이다. 이런 상황은 균형이 되는가? 다음과 같은 의미에서 이 상황은 균형이 된다. 우선 왜 교육이 12일 때 임금은 1천만원이 되고, 교육이 16일 때 2천만원이 되는가? 이것은 교육을 관찰해서 기업이 어떤 예상을 하느냐에 달려있다. 기업은 교육이 12인 근로자는 능력이 낮고 16인 근로자는 높다고 예상한다고 하자. 그러면 12의 교육을 관찰하면 기업은 1천만원까지 임금을 지불할 의사가 있으며 경쟁에 의해 이것이 곧 임금이 된다. 마찬가지로 16의 교육을 관찰하면 2천만원까지 지불할 의사가 있고 이것이 임금이 된다. 그렇다면 12의 교육은 낮은 능력, 16의 교육은 높은 능력이라는 기업의 예상은 타당한가? 실제로 능력이 낮은 근로자는 12의 교육을 선택하고 능력이 높은 근로자는 16의 교육을 선택한다면 기업의 이러한 예상은 근로자의 선택을 정확하게 맞추고 있다는 점에서 합리적인 예상이라 할 수 있다. 합리적인 주체들의 게임에서는 예상도 합리적이어야 한다.

　그렇다면 남은 문제는 근로자가 과연 능력이 낮을 때에는 12의 교육을, 높을 때에는 16의 교육을 선택할 것이냐는 것이다. 기업의 예상과 임금이 위와 같이 주어진다면 근로자는 교육에 대해 어떤 인센티브를 가질 것인가? 이것을 [그림 14-2]를 이용하여 살펴보자. 근로자가 12의 교육을 선택하면 임금이 1천만원이 되므로 이때 근로자는 점 $A$에 직면한다. 16의 교육을 선택하면 임금이 2천만원이 되므로 근로자는 $B$에 직면한다. 따라서 근로자가 교육을 12와 16 중 어느 것을 선택하느냐는 질문은 $A$와 $B$ 중에서 어느 것이 더 선호되느냐는 질문이 된다. 그림에는 $A$를 통과하는 능력이 낮은 근로자와 높은 근로자의 무차별곡선($I^L$과 $I^H$)이 그려져 있다. 능력이 낮은 경우 $B$는 무차별곡선 $I^L$보다 아래에 위치한다. 따라서 능력이 낮은 경우 근로자는 $A$를 선호한다. 한편, 능력이 높은 경우에는 어떠한가? $B$는 무차별곡선 $I^H$보다 위에 위치하므로 $B$를 $A$보다 선호한다. 따라서 능력이 낮은 경우 근로자는 12의 교육을 선택하고 능력이 높은 경우 16의 교육을 선택할 것이다. 기업의 예상이 적중한 것이고, 근로자는 기업의 예상대로 교육을 선택하였다. 그러므로 누구도 이 상황에서 달리 선택할 이유가 없어서 균형이 되는 것이다.

**예제 14-2** [그림 14-2]에서 $B$가 $I^L$아래에 있고 $I^H$보다 위에 있음을 증명하시오.

이 균형에서는 기업이 직접 능력을 알 수는 없지만 교육을 관찰함으로써 실제 능력을 알게 된다. 교육이 간접적으로 능력에 대한 정보를 전달하는 기능을 하는 효과적인 신호가 된다. 위의 설명에서 교육이 정보 전달 기능을 하게 되는 중요한 이유는 근로자가 부담하는 교육비용이 자신의 능력에 의존한다는 것이다. 그래서 [그림 14-2]에서 처럼 능력이 낮은 근로자의 무차별곡선과 높은 근로자의 무차별곡선의 기울기가 다르고 한번 교차하게 된다. 이러한 선호의 특성을 단일교차성질(single crossing property)이라 부른다.

이와 같이 정보를 가진 주체가 관측 가능한 어떤 행위를 통하여 상대편에게 정보를 전달하려는 행위는 현실의 여러 사례에서 나타난다. 기업의 광고도 이러한 성격을 가진다. 가령 화장품회사가 품질이 뛰어난 신제품을 시장에 도입했다고 하자. 회사는 품질이 우수하다는 사실을 소비자에게 알리고 싶지만 그것은 쉽지 않다. 그것이 품질이 좋지 않은 재료로 그럴듯하게 만든 상품일 수도 있기 때문이다. 새로 출시된 화장품은 소비자가 겉으로 봐서는 모르고 실제 소비를 해봐야 품질이 좋은지 아닌지를 알 수 있는 경험재(experience good)이다. 이 경우 광고가 신호의 역할을 할 수 있다. 가령, 기업이 톱스타와 전속광고 계약을 맺었다고 하자. 그것은 소비자에게 상품의 품질에 대해 무엇을 말해주는가? 그 톱스타가 TV에 나와서 실제로 화장품에 대해 직접적으로 알려주는 것은 별로 없다. 그가 품질이 좋다고 말하더라도 그는 화장품에 대한 전문지식을 가지고 있지도 않고 더욱이 회사로부터 거액의 돈을 받았을 것이니 그의 말은 더욱 신빙성이 없다. 그럼에도 톱스타와의 거액 계약은 소비자에게 무언가를 말해준다. 그것은 이렇게 설명할 수 있다. 회사는 이런 메시지를 소비자에게 주려한다. "이 화장품은 품질이 좋다. 왜냐하면 소비자가 일단 믿고 높은 가격을 주고 사서 써보면 이 화장품의 품질이 좋다는 사실을 알게 될 것이다. 그러면 이 상품은 계속 잘 팔릴 것이고 우리 회사는 지금 톱스타에게 주는 거액의 비용보다도 더 많이 벌 수 있다. 이 상품의 품질이 나쁘다고 해보자. 그러면 소비자가 얼마동안 써보고 나면 품질이 나쁘다는 사실을 알게 될 것이고 이 상품은 더 이상 팔리지 않고 회사는 돈을 많이 벌 수 없고 지금 톱스타에게 주는 돈도 회수

442 ──── 제V부 시장실패

할 수 없다. 그러니 품질이 나쁘다면 우리는 톱스타와 이런 계약을 맺을 인센티브가 없으며, 따라서 우리가 지금 거금을 썼다는 사실은 품질이 좋다는 것을 의미한다." 여기에서 중요한 것은 회사가 적지않은 돈을 썼다는 사실이다. 품질이 높은 경우에만 회사가 그런 지출을 할 것이기 때문에 광고가 효과적인 신호가 될 수 있다. 이런 의미에서 '돈을 태우는 광고(money-burning advertising)'라 한다. 광고 외에도 왜 큰 기업은 높고 최첨단의 빌딩을 소유하는지, 왜 고급 음식점이 인테리어에 상당한 돈을 쓰는지, 왜 금융회사가 많은 거리에는 양복 입은 사람들이 많이 보이는지 등도 유사하게 설명될 수 있다.

신호행위를 후생의 관점에서 어떻게 평가해야 하는가? 후생을 증진시키는 측면과 저해하는 측면의 양면성이 있다. 우선 신호를 통해서 거래 이전에 정보가 효과적으로 전달될 수 있다면 중고차시장에서 본 바와 같은 역선택문제를 방지할 수 있다. 진실된 정보에 근거한 의사결정을 가능하게 함으로써 효율성이 높아진다. 반면에 어떤 행위가 신호로서 작동하기 위해서는 비용이 수반되어야 한다. 그것이 사회적 자원의 낭비를 초래하기 때문에 그만큼 사회후생이 낮아진다. 신호의 긍정적 효과와 부정적 효과 중 어느 것이 클지는 상황에 따라 다르고 일률적으로 말하기는 어렵다.

신호는 비대칭정보 상황에서 정보를 가진 주체가 정보전달을 위해 특정한 행동을 취하는 경우이다. 이에 비하여 정보를 가지고 있지 않은 주체가 비대칭정보 문제를 극복하기 위하여 조치를 취하는 경우도 있다. 선별(screening)이 바로 그러한 경우에 해당한다. 선별은 정보를 가지지 않은 주체가 다양한 대안을 제시하여 정보를 가진 주체로 하여금 자신의 정보를 이용하여 적절히 선택하도록 유도하는 행위를 말한다. 일반적으로 선별은 9장에서 살펴본 Pigou의 2차 가격차별행위와 그 원리가 동일하다. 독점기업이 소비자들의 선호가 다양하다는 것은 알고 있지만 특정 소비자가 어떤 선호를 가지고 있는지 모르는 경우 다양한 상품이나 가격구조를 제시하여 소비자 스스로 자신에게 가장 적합한 대안을 선택하도록 유도한다. 기업이 소비자의 선호를 모르기 때문에 특정한 대안을 강제할 수는 없지만, 그래도 모든 소비자가 동일한 대안을 선택하는 것보다 더 높은 이윤을 얻을 가능성이 생긴다. 이러한 현상을 아래의 모형을 이용하여 간단히 논의한 후 다양한 적용 사례를 설명한다.

대부분의 기업들은 다양한 상품을 판매하고 있다. 전자제품회사는 성능이나 디자인이 다양한 컴퓨터나 텔레비전을 판매한다. 자동차회사도 경차부터 고가의 고급세단에 이르는 다양한 상품을 판매한다. 이렇게 여러 상품을 서로 다른 가격으로 판매하는 행위가 선별의 한 사례가 된다. 한 판매자가 두 명의 구매자와 거래하는 상황을 상정해보자. 각 구매자는 판매자가 판매하는 상품을 한 개 구입할 것인지 또는 구입하지 않을지를 결정한다. 판매자는 상품의 가격 뿐 아니라 품질도 선택한다. 품질은 낮거나 높다. 두 소비자 모두 높은 품질의 상품에 대해서 더 높은 가격을 지불할 의사가 있다. 그러나 품질에 대한 선호의 강도에 있어서 차이가 있다. 각 품질의 상품에 대해 각 구매자가 지불할 의향이 있는 가격이 아래 표와 같다고 하자.

**표 14-3**
선별모형

| 품질 | 구매자 $A$ | 구매자 $B$ | 비용 |
|---|---|---|---|
| 낮음 | 60(만원) | 80 | 20 |
| 높음 | 70 | 110 | 40 |

　품질이 낮은 경우 구매자 $A$에게 이 상품은 60만원의 가치가 있다. 즉, 이 경우 구매자 $A$는 60만원까지 지불할 의사가 있다는 것이다. 품질이 높다면 그 가치는 70만원으로 높아진다. 구매자 $B$는 구매자 $A$보다 이 상품을 더 좋아한다. 품질이 낮은 경우 $B$에게 이 상품은 80만원의 가치가 있고, 품질이 높으면 110만원으로 가치가 높아진다. $B$는 $A$보다 더 높은 가치를 가질 뿐 아니라 높은 품질을 좋아하는 정도가 더 크다. 한편, 판매자에게 상품을 생산하는 비용이 품질에 따라 다르다. 낮은 품질의 경우 생산비용은 20만원이고 높은 품질의 경우 40만원이다.

　우선 이 경우 누가 어떤 상품을 소비하는 것이 효율성의 관점에서 바람직한가를 보자. $A$가 낮은 품질의 상품을 소비하는 경우 총잉여는 40만원(60만원−20만원)이다. 높은 품질의 상품을 소비하면 30만원이다. 따라서 낮은 품질의 상품을 소비하는 것이 더 큰 총잉여를 창출한다. $B$의 경우에는 총잉여가 낮은 품질의 경우 60만원, 높은 품질의 경우 70만원이므로 높은 품질의 상품을 소비하는 것이 바람직하다.

　이제 이 상황에서 판매자와 두 구매자가 거래를 한다고 하자. 판매자는 두 구매자의 선호가 이와 같이 분포되어 있다는 것은 알지만 둘 중 누가 $A$이고 누가 $B$인지는 모른다. 반면 구매자는 자신이 어느 구매자인지 알고 있다. 즉, 구매자가 정보를 가지고 있고 판매자가 가지고 있지 못한 비대칭정보 상황이다. 판매자는 어떤 상품을 어떤 가격에 제시하는 것이 자신의 이윤을 극대화할 것인가?

**표 14-4**
선별모형:
품질과 가격의
선택

| | 품질 | 가격 | 판매량 | 수입 | 비용 | 이윤 |
|---|---|---|---|---|---|---|
| 낮은 품질만 제공 | 낮음 | 60 | 2 | 120 | 40 | **80** |
| | | 80 | 1 | 80 | 20 | 60 |
| 높은 품질만 제공 | 높음 | 70 | 2 | 140 | 80 | 60 |
| | | 110 | 1 | 110 | 40 | **70** |
| 낮은 품질, 높은 품질 모두 제공 | 낮음 | 60 | 1 | 60 | 20 | **90** |
| | 높음 | 90 | 1 | 90 | 40 | |

우선 낮은 품질의 상품만 내놓는다고 해보자. 이때 가격을 60만원으로 두면 두 구매자 모두 구입하고 각 구매자로부터 40만원이 이윤을 얻으므로 총이윤은 80만원이 된다. 만일 가격을 80만원으로 하면 $A$는 구입하지 않고 $B$만 구입하여 이윤이 60만원이 된다. 따라서 가격을 60만원으로 하고 80만원의 이윤을 얻을 것이다. 이번에는 판매자가 높은 품질의 상품만 내놓는다고 해보자. 가격을 70으로 하면 두 구매자 모두 구입하므로 이윤이 60만원(2×30만원)이 되고, 가격을 110만원으로 하면 $B$만 구입하고 기업은 70만원을 번다. 따라서 이 경우 가격은 110만원이고 이윤은 70만원이 된다.

이번에는 판매자가 품질이 낮은 상품과 높은 상품을 모두 내놓는다고 해보자. 그러면 이윤이 더 커질 수 있을까? 판매자가 낮은 품질의 상품은 가격을 60만원으로 하고 높은 품질의 상품 가격을 110만원으로 했다고 하자. 그리고 $A$가 낮은 품질을 구입하고 $B$가 높은 품질의 상품을 구입한다고 해보자. 그러면 판매자의 이윤은 $A$로부터 40만원, $B$로부터 70만원을 벌어 총 110만원을 번다. 따라서 낮은 품질의 상품만 팔거나 높은 품질의 상품만 파는 것보다 두 종류 모두 파는 것이 더 낫다. 그런데 이렇게 가격을 정해 놓으면 과연 $A$는 낮은 품질을, $B$는 높은 품질을 선택할까? 그렇지 않다. $A$는 높은 품질의 상품을 선택하지는 않을 것이다. 가격(110만원)이 가치(70만원)보다 높기 때문이다. 하지만 문제는 B에게 있다. $B$가 높은 품질을 선택하면 효용이 0이지만 낮은 품질을 선택하면 효용이 20만원(80만원−60만원)이 되므로 $B$는 낮은 품질의 상품을 선택한다. 따라서 판매자의 이윤은 80만원($2 \times 40$만원)이 된다. 높은 품질의 상품은 아무런 기능을 하지 못한다. 두 상품을 모두 내놓으면서 이보다 이윤을 높이는 방안이 있을까? 문제는 $B$가 낮은 품질을 선택하려는 인센티브가 있다는 것이므로 이것을 막기 위하여, 즉, $B$가 높은 품질을 선택하도록 유인하기 위해서 높은 품질 상품의 가격을 낮추어 보자. 얼마나 낮추어야 하는가? $B$가 높은 품질을 선택할 때의 효용이 적어도 20만원은 되어야 한다. 따라서 높은 품질의 가격이 90만원을 넘지 않는다면 $B$는 기꺼이 높은 품질을 선택할 것이다. 그러면 판매자의 이윤은 $A$로부터 40만원을 벌고 $B$로부터 최대 50만원(90만원−40만원)을 벌어서 총이윤은 90만원이 된다. 이것은 낮은 품질의 상품만 파는 경우의 이윤인 80만원보다 크고 높은 품질의 상품만 파는 경우의 이윤인 70만원보다 높다. 이와 같이 소비자의 선호가 다양할 경우 하나의 품질보다 다양한 품질의 상품을 내놓고 가격을 적절히 설정할 때 판매자는 더 높은 이윤을 얻을 수 있다. 이와 같은 전략이 2차 가격차별 또는 선별행위이다. 두 대안에 대해서 $A$는 낮은 품질을 선호하고 $B$는 높은 품질을 선호하게 되는 것은, 품질이 높아짐에 따라 가치가 높아지는 정도에 있어서 두 구매자가 다르기 때문에 가능해진다.

만일 판매자가 구매자의 선호를 안다면 $A$에게는 낮은 품질을 60만원에 팔고 $B$에게는 높은 품질의 상품만 110만원에 팔아서 모든 잉여를 다 차지할 수 있다. 즉, 어떤 구매자가 어떤 상품을 구입해야 하는지를 판매자가 강제할 수 있다. 이 경우에 비해서 판매자가 구매자의 선호를 모르는 위의 경우에 높은 품질 상품의 가격은 90만원이 되었으며 결과적으로 $B$는 20만원의 잉여를 얻게 되었다. 판매자가 독점가로서 가격을 제시하고 구매자는 가격수용자로 행동하는 이 상황에서도 구매자가 양($+$)의 잉여를 얻게 되었는데 그 이유는 무엇인가? 소비자의 선호를 판매자가 안다면 $B$는 이러한 잉여를 얻지 못한다. 따라서 $B$가 양($+$)의 잉여를 얻게 된 것은 판매자가 가지지 못하고 자신만이 아는 정보가 있다는 사실에 기인한다. 이런 점에서 $B$가 얻는 잉여를 정보지대(information rent)라 한다.

판매자가 가격을 결정함에 있어서 서로 다른 선호를 가진 구매자가 서로 다른 상품을 선택하도록 하기 위해서는 각 구매자에게 적절한 인센티브가 주어져야 한다. 그래서 높은 품질의 가격을 $B$의 가치인 110만원보다 낮게 둔 것이다. 이러한 인센티브는 판매자가 이윤을 극대화하도록 가격을 결정함에 있어서 하나의 제약조건으로 작용한다. 즉, $A$는 둘 중 낮은 품질을 선호하고 $B$는 높은 품질을 선호한다는 조건 하에서 판매자는 자신의 이윤을 극대화하는 것이다. 이러한 조건을 자기선택(self-selection)조건이라 한다. 정보를 가진 주체가 스스로 적절한 방향으로 선택을 한다는 의미이다.

이러한 선별의 사례는 현실에 많이 있다. 자동차보험의 경우, 역선택 문제를 해결하기 위해서 보험회사가 보험가입자의 사고 가능성에 관련되는 여러 정보를 수집하고 이를 보험계약에 반영한다는 점을 앞에서 설명하였다. 나이, 성별 등의 속성이 대표적인데 이것들은 객관적으로 관측가능하다. 즉, 가입자가 거짓말을 할 수 없다는 것이다. 하지만 객관적으로 관측할 수 없는 여러 속성도 있을 수 있다. 나이, 성별 등 객관적인 속성이 같더라도 평소의 운전 습관이나 위험에 대한 태도가 사람들마다 다르고 그것을 가입자 자신은 알고 있을 것이다. 따라서 관측 가능한 속성만으로는 비대칭정보가 완전히 해소된다고 보기 어렵다. 보험회사가 이로 인한 문제를 극복할 수 있는 방안 중 하나는 다양한 보험상품을 제시하고 가입자가 스스로 자신에게 가장 유리한 것을 선택하도록 하는 것이다. 즉, 일종의 메뉴를 제시하는 것이다. 가령, 매달 내야 하는 보험료와 질병이나 사고가 발생할 때 보험회사가 보상하는 보험금의 묶음을 다양하게 제시한다. 그러면 운전에 능숙하지 않아서 사고의 가능성이 높다고 생각하는 가입자는 보험료와 보험금 모두 높은 상품을 선호하고, 운전에 능숙한 가입자는 모두 낮은 상품을 선호할 것이다.

최근 필수품이 되고 있는 이동전화의 경우 다양한 요금제가 제시된다. 가령 요금제는 사용한 양과 무관하게 내야하는 기본요금과 통화시간에 비례해서 내야 하는 통화요금으로 구성될 수 있다. 판매자는 두 요금의 다양한 묶음을 제시하고 소비자가 스스로 가장 유리하다고 판단하는 대안을 선택하게 한다. 가령 평소 사무실에 근무하여 이동전화를 많이 이용하지 않는 소비자는 상대적으로 기본요금이 낮고 사용요금이 높은 요금제를 선호하고, 판매활동으로 거래처를 돌아다니면서 이동전화를 많이 사용해야 하는 소비자는 기본요금이 높고 사용요금이 낮은 요금제를 선호할 것이다.

위의 모형과 같이 가격과 품질의 여러 묶음을 메뉴로 제시하는 하나의 사례가 비행기 좌석이다. 이코노미클래스는 일등석에 비해 가격이 싼 반면 좌석이 좁고 음식의 질도 떨어진다. 위의 모형에서는 품질 수준이 낮거나 높은 두 수준만 가능하다고 가정하였다. 현실의 많은 사례에서는 판매하는 기업이 품질을 다양하게 선택할 수 있다. 항공사는 비행기 각 클래스의 서비스 수준을 결정한다.

자동차회사는 특정 브랜드 자동차의 사양을 결정한다. 이러한 경우 품질 선택에 있어서 왜곡이 발생할 수 있다. 위의 모형의 예를 이용하여 설명하자. 가격에 있어서 판매자가 선별 행위를 한 결과 구매자 B는 양(+)의 정보렌트를 얻었다. 총잉여에서 이 부분만큼은 판매자가 차지하지 못한 것이다. 만일 방법만 있다면 이것의 일부라도 판매자는 차지하려 할 것이다. 그런 방법 중 하나는 낮은 품질 상품의 품질 수준을 더 떨어뜨리는 것이다. 그러면 구매자 A는 60만원의 가격에 구매를 포기할 수 있으니 A가 여전히 구매할 정도로 가격도 낮춘다. 즉, 낮은 품질 상품의 품질과 가격을 모두 낮추는 것이다. 그러면 이 상품은 구매자 B에게 덜 매력적인 상품이 된다. 달리 말하자면 B는 둘 중에 높은 품질 상품을 더욱 원하게 되는 것이다. 그렇다면 판매자는 높은 품질의 가격을 더 높여서 이윤을 증가시킬 수 있다. 낮은 품질 상품의 품질과 가격 하락이 구매자 B의 자기선택 조건을 완화시키기 때문이다. 결과적으로 B의 정보렌트의 일부가 판매자에게 귀속된다.

## 14.3 도덕적 해이와 인센티브

보험에 가입하면 화재, 사고, 질병의 위험으로부터 어느 정도 자유로워진다. 신체적, 금전적 손실을 보험사가 보상해 주기 때문이다. 보험은 피보험자가 직면하는 위험을 보험사에게 전가하고 그 대가를 적절히 설정함으로 양 측 모두 후생이 증진되는 거래이다. 이러한 거래를 통하여 적절한 위험분담(risk sharing)의 이득을 얻는다. 후생이 증진되는 것은 양 측의 위험에 대한 태도가 다르기 때문이다. 하지만 항상 보험이 바람직한 것만은 아니다. 자신의 재산에 대해 화재보험에 가입한 사람은 화재 방지를 위해 노력하지 않는다. 화재가 발생해도 보험사로부터 보상을 받을 것이기 때문이다. 자동차 보험에 가입하면 운전을 신중하게 하지 않는다. 의료보험에 가입한 사람은 자신의 건강을 지키려는 노력을 소홀히 한다. 즉, 보험은 사람들의 행동을 변화시키는데, 그런 변화가 상대방에게 손해를 유발하고 전체의 잉여를 감소시키는 비효율성을 초래할 수 있다. 가령, 화재 방지에 노력하지 않으면 화재가 발생할 가능성이 높아지고, 보험사가 보상해야 할 가능성이 높아지므로 손실을 볼 수 있다. 그런 우려가 크다면 위험분담 차원에서 효율적인 보험 거래가 이루어지지 않는다.

기업의 성과는 고용된 근로자가 얼마나 성실하고 열심히 일하느냐에 달려있다. 하지만 근로자는 열심히 일해서 번 돈이 기업의 소유자에게 돌아갈 뿐이고 자신에게는 혜택이 없거나 작기 때문에 충분한 시간과 노력을 들이지 않는다. 그 결과 기업의 성과는 낮아지고 극단적으로 손실을 볼 수도 있다. 길거리의 잡화상이 파는 물건은 대개 품질이 낮다. 만일 좋은 품질의 물건을 내놓아도 사람들은 겉으로만 봐서는 품질을 제대로 알기 어렵다. 그러니 상인은 높은 비용을 들여서 품질이 좋은 것을 내놓아도 제값을 받기 어렵다. 기업이 새로 출시한 상품의 경우에도 유사한 현상이 나타난다. 아직 품질과 성능이 검증되지 않았기 때문에 구매자는 충분한 정보 없이 구매여부를 결정해야 한다. 만일 구매자가 품질이 높을 것이라고 믿으면 기꺼이 높은 가격을 낼 용의가 있을 것이다. 그런데 이 기업이 값싼 재료로 겉만 그럴 듯하고 사실은 품질이 나쁜 상품을 만들면 비용이 덜든다. 즉, 기업은 낮은 품질의 상품을 만들어서 높은 품질의 상품이라고 팔 인센티브가 있다. 이런 상황을 추론하는 구매자는 이 상품의 품질이 낮다고 생각하고 높은 가격을 내려고 하지 않을 것이다.

이러한 사례들은 어떤 행동이 왜곡됨으로써 비효율성이 발생할 수 있다는 공통점을 가진다. 보험가입으로 사고나 질병이 발생할 가능성이 과도하게 높아진다. 근로자의 태만은 기업을 망하게 할 수도 있다. 판매자는 품질과 비용을 낮출 인센티브가 있어서 구매자는 품질이 낮다고 예상하기 때문에 높은 품질의 상품이 거래될 수 없다. 이런 모든 경우에 의사결정자의 어떤 선택이나 행동이 상대방에게 외부성을 초래하지만 그 의사결정자는 이를 내부화하지 않는다. 즉, 자신의 이익만을 추구하며 상대방을 포함한 전체의 잉여를 극대화하도록 선택하지 않는다. 이와 같이 추구하는 목적의 차이로 인하여 비효율적으로 의사결정이 이루어지는 현상을 도덕적 해이(moral hazard)라 한다.

이 현상은 비대칭정보에 의해 발생하는 문제들이다. 보험의 경우 보험사가 화재, 사고, 질병 발생을 줄이기 위하여 피보험자가 얼마나 노력하는지를 관찰할 수 있다면 보험계약에 적절한 노력수준을 명시하고 이를 의무화할 수 있다. 가령, 화재 방지를 위해서 소화기 비치나 상시적인 감시활동을 요구하는 것이다. 만일 이를 지키지 않으면 화재가 발생해도 보상을 하지 않겠다고 계약서에 명시한다. 그러면 피보험자는 화재 발생 시 보상을 받기 위해서 명시된 대로 노력을 할 것이고, 인센티브 왜곡에 의한 비효율성은 방지할 수 있다. 근로자가 얼마나 성실하게 일을 하는지를 기업이 관찰할 수 있다면 역시 고용계약에 구체적으로 어떤 일에 얼마나 시간과 노력을 기울여야 하는지를 명시하고 이를 요구할 수 있다. 계약에 동의한 근로자가 이를 어긴다면 적절한 보상을 받지 못하거나 해고를 당할 수도 있다. 구매자가 구매시점에 품질을 알 수 있다면 판매자가 높은 품질을 만들어 높은 가격에 파는 것이 가능해 진다. 구매자가 높은 품질임을 알고 기꺼이 높은 가격을 낼 것이기 때문이다.

도덕적 해이는 역선택과 마찬가지로 비대칭정보 상황에 관한 것이지만 성격이 다르다. 중고차시장 모형에서 차의 성능은 외생적으로 이미 결정되어 있었다. 교육의 신호 모형에서 근로자의 능력도 외생적으로 주어졌다. 이와는 달리 도덕적 해이의 사례들에서는 비대칭정보의 대상이 되는 사고 방지를 위한 주의, 근로자의 성실성, 판매자의 품질은 모두 정보를 가진 주체가 선택하는 것이고, 문제는 바람직한 수준으로 그러한 변수를 선택하지 않는데 있다. 도덕적 해이와 역선택이 이런 면에서 구분되기 때문에 도덕적 해이 모형은 감춰진 행동(hidden action) 모형이라 하고 역선택은 감춰진 정보(hidden information) 모형이라고도 한다.

도덕적 해이는 그 이름과는 달리 사실 도덕과는 무관한 개념이다. 피보험자가 사고 방지 노력을 제대로 하지 않는 것은 전체의 잉여를 극대화하지 못하게 된다는 점에서 문제가 있다는 것이지, 그 행위 자체가 도덕적으로 잘못된 것이어서 비난하는 것이 아니다. 개인들이 자신의 행복만을 추구할 때 의사결정이 전체의 행복을 극대화하지 못하게 되는 현상을 가치중립적으로 설명하고 있을 뿐이다.

역선택이 초래하는 비효율성을 방지하기 위한 여러 방안들이 있었듯이 도덕적 해이에 의한 비효율성을 방지하거나 줄이려는 방안들이 있다. 의료보험에서 대개 약값이나 치료비의 일정부분을 환자가 지불하도록 한다. 자동차보험은 일정 금액 이하의 수리비에 대해서는 보상을 해주지 않는다. 이런 조항들은 피보험자에게 질병이나 사고를 줄이려는 인센티브를 주려는 장치들이다. 이런 장치로 피보험자는 주의나 노력 수준을 높이겠지만 피보험자가 어느 정도 위험에 직면하게 된다. 따라서 위험분담의 면에서 효율성이 떨어지게 된다. 많은 경우에 위험분담과 인센티브라는 두 가지 면에서 모두 효율성을 달성하는 것은 불가능하다. 어느 하나를 얻기 위해서는 다른 하나를 희생해야 한다. 근로자가 성실하게 근무하도록 유도하려면 인센티브 장치가 필요하다. 기업의 성과가 좋을 때 보너스를 주거나, 고정 임금 대신 기업의 주식을 일부 지급하는 것이 좋은 예이다. 보험이나 자동차의 판매를 담당하는 직원에게는 벌어들이는 수입의 일정부분을 커미션으로 지급하는 임금계약을 한다. 하지만 이러한 인센티브 장치의 도입으로 근로자나 직원은 위험을 부담하게 된다.

높은 품질을 유지하고 구매자들이 그렇게 믿게 하기 위해서 기업은 자사 상품에 대해 좋은 평판(reputation)을 유지하려고 노력한다. 구매자들은 기업의 브랜드와 어떤 수준의 품질을 연계하여 인식한다. 그래서 특정 상품의 품질을 알지 못해도 브랜드를 믿고 사기도 한다. 만일 기업이 품질을 낮추면 당장은 이익이 될 수 있지만 브랜드에 대한 평판이 나빠져서 미래에 높은 품질의 상품을 팔아 높은 이윤을 계속 버는 것이 어려워진다. 프랜차이즈 회사는 가맹점들의 품질을 철저히 통제할 인센티브가 있다. 한 가맹점에서 품질이 나쁘면 평판이 나빠지고 다른 모든 가맹점도 피해를 보기 때문이다. 따라서 프랜차이즈 회사는 품질 유지를 위해 노력할 인센티브가 있으며 이를 추론하는 소비자는 품질을 믿고 산다.

## 1 주인-대리인 문제

작은 음식점을 연다고 해도 아무도 고용하지 않고서 주인이 혼자 모든 일을 할 수는 없다. 종업원을 고용하여 특정한 업무를 맡긴다. 기업은 다양한 지식과 능력을 가진 여러 근로자를 고용하고 중요한 의사결정을 위임한다. 음식점이나 기업의 주인은 분업의 효과를 얻을 수 있을 뿐 아니라 그들의 전문적 능력을 활용할 수 있다. 하지만 고용된 직원이 과연 주인을 대신하여 성실하게 일하고 의사결정을 올바로 할지는 의문이다. 직원은 주인과는 다른 이해관계를 가질 수 있기 때문이다. 이와 같이 어떤 자산을 소유하고 있는 사람이 특정한 업무나 의사결정을 다른 사람에게 맡길 때 어떻게 해야 적절한 인센티브를 그에게 줄 수 있느냐는 문제를 주인-대리인 문제(principal-agent problem)라 한다. 음식점이나 기업 이외에도 이러한 상황은 현실에 많다. 소송을 제기하거나 당한 사람은 변호사를 고용하여 재판에서 자신의 이해를 대변하도록 한다. 자산을 가진 사람은 펀드매니저에게 투자를 위임한다. 특정 산업을 규제할 필요가 있을 때 정부는 그 산업의 규제에 특화된 규제기관을 두고 업무를 위임한다. 기업의 주인인 주주는 경영자에게 기업의 운영과 주요 의사결정을 맡긴다. 국민은 국회의원을 선출하여 법률의 신설과 개정을 맡긴다. 이러한 상황에서 주인이 직면하는 문제는 어떻게 대리인으로 하여금 주인의 이해를 잘 대변하고 주인에게 가장 도움이 되는 방향으로 의사결정을 하도록 만드느냐는 것이다. 즉, 대리인에게 어떤 인센티브 장치를 만들어 주어야 하느냐는 문제이다. 기업과 종업원의 관계를 예로 들어서 이 문제를 이해해 보기로 하자.

회사를 소유한 주인이 한 명의 대리인을 고용한다. 기업의 수입은 대리인이 얼마나 노력하느냐에 의존한다. 대리인이 선택하는 노력의 수준을 수치화할 수 있다고 하고 $e \geq 0$라고 하자. 수입은 $R(e)$이라 표현하고 노력에 대한 증가함수이다. 노력은 대리인에게 비용을 초래한다. 그것을 $C(e)$라 하고 역시 노력의 증가함수이다. 주인이 대리인에게 임금 $w$를 지불하고 대리인은 노력 $e$를 선택하면 주인의 효용은 $R(e)-w$가 되고 대리인의 효용은 $w-C(e)$가 된다. $R(e)$과 $C(e)$는 그림 [그림 14-3]과 같다.

이 상황에서 총잉여, 즉, 두 사람이 효용의 합이 극대가 되는 노력을 $e^*$라 하자. 그림에서 보듯이 노력의 한계수입과 한계비용이 일치하는 수준이다. 이제 주인이 대리인에게 고용 계약을 제시하는 상황을 보자. 주인은 대리인에게 계약을 제안하고 대리인은 그것을 받아들이거나 또는 거절한다. 거절했을 때 대리인의 효용은 0 이라 가정한다. 우선 주인이 대리인의 노력을 관찰할 수 있다고 해

**그림 14-3** 주인-대리인 문제

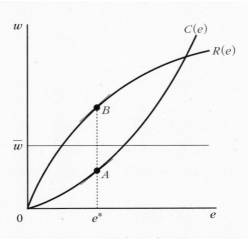

보자. 그러면 고용계약에 $e^*$를 선택하도록 요구할 수 있다. 구체적으로, 대리인이 $e^*$를 선택하는 경우에는 $C(e^*)$를 임금으로 대리인에게 지불하며 $e^*$를 선택하지 않는 경우에는 아무런 임금도 주지 않기로 계약에 명시한다. 대리인이 이런 계약을 받아들인다면 $e^*$를 선택하는 것이 자신에게 가장 유리하다. 그렇지 않으면 노력 비용을 보상받지 못하기 때문이다. 그리고 $e^*$를 선택할 때의 비용만큼은 받으므로 이 계약을 거절하고 다른 일을 할 이유가 없다. 즉, 총잉여가 극대화되는 노력이 선택되고 총잉여를 모두 주인이 갖게 된다. 총잉여는 그림에서 선분 $AB$이며, 이 크기를 $T$라고 하자.

주인이 대리인의 노력을 관찰할 수 없는 경우에는 어떻게 되는가? 주인이 노력을 관찰하려면 항상 대리인을 감시해야 한다. 그것이 현실적으로 불가능하거나 많은 비용을 유발할 것이기 때문에 노력을 관찰할 수 없는 경우가 더 현실적이라 할 수 있다. 노력을 관찰할 수 없다면 특정한 노력수준을 계약으로 요구할 수 없다. 사후적으로 계약을 이행했는지 알 수 없기 때문이다. 주인이 고정 임금 $\overline{w}$를 주기로 했다고 하자. 대리인은 자신의 노력과 무관하게 $\overline{w}$를 받는 것이다. 그림에서 대리인의 효용은 $\overline{w}$에서의 $C(e)$를 뺀 값이 된다. 대리인은 그것이 가장 크게 되는 노력을 선택할 것이므로 0을 선택한다. 즉, 고정임금은 대리인에게 아무런 인센티브도 주지 못한다.

노력을 관찰할 수 없다고 하더라도 그것과 연계된 관찰 가능한 다른 변수가 있다면 그것을 이용하여 인센티브를 주는 계약을 디자인할 수 있다. 수입이 바로 노력의 함수이므로 임금을 수입에 연계하면 인센티브가 나아질 가능성이 있다. 이제 임금이 수입의 함수가 되므로 주인이 제안하는 임금을 $w(R)$라 하자. 어떤 임금계약을 제안해야 대리인이 그 계약을 받아들이면서 최적의 노력인 $e^*$를 선택하도록 할 것인가? 다음과 같은 계약을 보자.

$$w(R) = R - T \qquad\qquad\qquad (14\text{-}1)$$

즉, 대리인은 실현되는 수입에서 $T$의 금액을 뺀 값을 임금으로 받는다. 여기서 $T$는 최적 노력을 선택했을 때의 총잉여로서 실현되는 수입과 무관하게 일정하다. 이제 대리인의 노력 선택을 보자. 대리인의 효용은 다음과 같다.

$$
\begin{aligned}
U(e) &= w(R(e)) - C(e) \\
&= R(e) - T - C(e)
\end{aligned}
$$

대리인은 이것을 극대화하는 노력을 선택할 것이다. 그런데 $T$는 노력과 무관하게 일정하므로 결국 총잉여인 $R(e)-C(e)$를 극대화하는 노력을 선택한다. 즉, $e^*$가 된다. 이때 $T=R(e^*)-C(e^*)$이므로 대리인의 효용은 0이 되고, 주인의 효용은 다음과 같다.

$$V=R-w(R)$$
$$=R(e^*)-(R(e^*)-T)=T$$

즉, 총잉여를 모두 주인이 차지한다. 결국 노력이 관찰가능하지 않더라도 임금을 수입에 연계시킴으로써 노력이 관찰가능한 경우와 동일한 결과를 얻을 수 있다. 식 (14-1)의 계약의 성격을 보자. 이 계약은 주인이 기업에서 실현되는 모든 수입을 대리인에게 주고 고정된 금액을 대리인으로부터 받는 것이다. 주인의 효용은 대리인의 노력과 무관하게 일정하며, 대리인이 선택하는 노력의 모든 과실을 대리인이 갖는다. 그러니 대리인은 총잉여를 극대화하는 노력을 선택하게 되는 것이 당연하다. 이와 같은 인센티브 계약을 이용하여 노력에 관한 비대칭정보의 문제를 극복할 수 있다.

하지만 현실에서는 식 (14-1)과 같이 강한 인센티브 계약이 많이 채택되지 않는다. 그 이유는 무엇인가? 강한 인센티브 계약이 대리인으로 하여금 높은 수준의 노력을 선택하도록 하지만 동시에 바람직하지 않은 다른 효과도 초래하기 때문이다. 몇 가지 이유를 들어보자. 기업의 수입은 여러 요인에 의해 영향을 받기 마련이다. 가령 대리인이 높은 수준의 노력을 선택하더라도 소비자의 선호가 바뀌거나 경쟁 기업이 인기 상품을 출시했다면 수입은 작아진다. 따라서 식 (14-1)과 같은 강한 인센티브 계약이 채택되면 그러한 외생적 요인에 의해 수입이 크거나 작을 위험을 모두 대리인이 떠안게 된다. 주인의 효용은 외생적 변화와 무관하게 일정하므로 위험을 전혀 부담하지 않는다. 이것은 종종 바람직하지 않다. 대체로 큰 기업의 경우 그 기업에 고용된 한 개인은 기업보다 더 위험 기피적일 것이다. 따라서 식 (14-1)의 계약은 인센티브 문제는 해결하지만 위험분담 차원에서 비효율적이다. 대리인의 위험기피성향이 크다면 그가 계약을 받아들이도록 하기 위해서는 더 높은 임금을 제안해야 한다. 따라서 주인에게도 이러한 계약이 바람직하지 않을 수 있다. 그렇다면 어떻게 해야 하는가? 식 (14-1)보다는 덜 강한 인센티브 계약이 위험분담과 인센티브 관점에서 최선일 수 있다. 가령 다음과 같은 형태의 계약을 보자.

$$w(R) = \alpha R - S$$

$\alpha$는 0보다 크고 1보다 작은 상수이고, $S$는 수입과 무관한 고정된 금액이다. $\alpha$는 수입 중에서 대리인이 차지하는 몫이 된다. 이것이 클수록 대리인은 더 강한 인센티브를 가지게 된다. [그림 14-3]을 이용해서 $\alpha$가 1보다 작으면 대리인은 $e^*$보다 작은 노력을 선택함을 알 수 있다. 한편, $\alpha$가 클수록 대리인은 더 큰 위험에 직면하게 된다. 이러한 두 측면을 모두 고려하여 주인은 $\alpha$의 크기를 적절히 선택할 것이다.

많은 선진국이 변호사의 성공보수를 금지하고 있다. 성공보수는 변호사가 고객의 대리인으로서 역할을 충실히 할 인센티브를 강하게 주지만, 승소를 위해서 정보를 왜곡하거나 판사에게 부적절한 로비를 하는 등의 바람직하지 못한 인센티브도 발생시킨다. 병원이 약을 판매하면 의사는 약의 오남용을 유발할 정도로 지나치게 과다한 처방을 내릴 인센티브가 있기 때문에 의약분업을 시행하고 있다. 교수의 주된 두 가지 업무는 교육과 연구이다. 교육의 질을 높이기 위해 학생들의 강의 평가를 교수의 임금에 반영한다면 교수는 시간과 노력을 교육에 과도하게 투입하고 연구에는 소홀할 수 있다. 병원의 수술실패율을 일반에 공개하면 수술 성공을 위해 병원이 강한 인센티브를 가지겠지만 성공률이 낮은 심각한 상태의 환자를 병원이 거부하게 되는 부작용이 발생할 수 있다. 행태경제학자들은 금전적 인센티브에 관련하여 흥미로운 관찰 결과를 제시하고 있는데, 유치원에서 정해진 시각보다 늦게 아이를 데리러 오는 부모에게 벌금을 도입하였더니 늦는 부모의 수가 감소하는 것이 아니라 오히려 증가했다고 한다. 이전에는 유치원 선생에 대한 미안함 때문에 정시에 아이를 데리러 오지만 벌금을 도입하고 난 후에는 시간을 돈으로 '샀기' 때문에 그러한 미안함을 갖지 않게 되었다고 설명할 수 있다. 무료의 자원봉사자에게 약간의 보수를 지불하였더니 봉사 신청자가 오히려 감소하는 경우도 있다. 무료의 사회봉사라는 숭고한 의미가 퇴색된 탓이다. 일반적으로 사람들의 행동을 바람직한 방향으로 이끌도록 계약이나 법제도를 만들 때에는 여러 효과를 잘 고려하여 결정해야 한다는 교훈을 준다.

## 2 효율성 임금 이론

기업과 근로자 간의 비대칭정보는 실업이 발생하고 지속되는 현상을 설명하기도 한다. 모든 근로자들이 성실하게 일할 때 노동시장의 수요와 공급이 일치하는 임금이 $w_0$라고 하자. 이 상태에서는 비자발적 실업이 없다. 하지만 이 경우 근로자는 일에 태만(shirking)할 인센티브가 있다. 근로자가 일에 태만하고 기업이 그것을 알게 되었다면 기업은 그를 해고할 것이다. 하지만 해고의 가능성이 근로자를 규율하는 기능을 하지 못한다. 해고된 근로자는 노동시장에서 다시 같은 임금으로 쉽게 일자리를 찾을 수 있기 때문이다. 그렇다면 기업은 어떻게 해야 근로자에게 태만하지 않도록 인센티브를 줄 수 있을까? 시장 균형 임금인 $w_0$보다 더 높은 임금을 주는 것이다. 근로자가 태만하여 해고되는 경우 노동시장에서 일자리는 쉽게 찾을 수 있지만 임금이 낮아지게 된다. 그러니 현재의 기업에서 성실하게 일할 것이다. 이와 같이 근로자에게 성실하게 일할 인센티브를 주는 임금을 효율성 임금(efficiency wage)이라 한다.

하지만 어느 한 기업이 이러한 문제에 직면한다면 모든 다른 기업도 마찬가지이다. 즉, 모든 기업이 고용된 근로자에게 성실하게 일할 인센티브를 주기 위해서 시장임금보다 높은 임금을 준다. 그러면 시장임금이 높아지고 효율성 임금의 인센티브 효과는 사라진다. 한 기업에서 해고 되도 다른 기업에서 동일한 임금을 받을 것이기 때문이다. 그렇다면 인센티브를 주기 위해 또 다시 임금을 높여야 하는가? 그렇다면 다른 기업들도 높일 것이고 임금은 한없이 올라가는가? 그렇지 않다. 임금이 높아지면 근로자가 성실하게 일한다고 해도 노동에 대한 수요는 감소하고, 따라서 비자발적 실업이 발생한다. 이제는 실업의 가능성이 인센티브장치로 작동한다. 모든 기업이 처음의 균형임금 $w_0$보다 높은 $w_1$을 주고 있다고 하자. 이때에는 실업, 즉, 노동의 초과공급이 발생한다. 근로자가 태만하여 해고되면 곧바로 다른 기업에 고용되는 것이 아니라 실업군에 들어간다. 그리고 다시 어떤 기업에 고용될 때까지 일정기간 실업상태에 있어야 하며 언제 고용될지 모르는 위험에 직면한다. 이것이 태만에 대한 일종의 '처벌'이다. 근로자가 태만하지 않을 정도로 실업이 충분히 크다면 모든 기업이 동일한 $w_1$을 선택한 상황은 유지되고 균형을 이룬다. 또한 노동시장의 초과공급, 즉 실업은 지속된다.

# 연습문제

**14-1** 자동차회사는 어떤 부품에 대해서는 보증기간을 5년으로 하지만 어떤 부품은 1년으로 한다. 그 이유는 무엇인가?

**14-2** 최근 많은 기업들이 직원들에게 현금 대신 그 기업의 주식을 보너스로 제공한다. 기업은 어떤 효과를 기대하는가? 그리고 이러한 보상방식은 직원에게 유리한 것인가?

**14-3** 기업의 경영자에 대한 보상을 동종업종에 있는 다른 기업의 성과에 연계하는 것은 어떤 장점이 있겠는가?

**14-4** 정부가 기업의 가격을 규제하는 경우, 가격을 경제적 비용과 항상 일치하도록 선택하는 방식은 어떤 비효율성을 초래할 수 있는가?

**14-5** 본문의 주인-대리인 문제에서 $R(e) = 2\sqrt{e}$, $C(e) = \frac{1}{2}e^2$일 때 총잉여를 극대화하는 최적의 노력 $e^*$를 구하시오. 그리고 $w(R) = aR - S$인 임금계약을 체결한 대리인이 선택하는 노력은 얼마인가?

전통적인 경제학과는 달리 비합리적인 주체들의 행동과 그에 따른 시사점을 학습한다. 다양한 오류와 편향을 소개하고 행동경제학의 주요 이론으로서 전망이론을 학습한다. 또한 불확실성과 동태적 상황에서 제기되는 여러 이슈들을 설명한다.

# MICROECONOMICS

MICROECONOMICS

MICROECONOMICS

MICROECONOMICS

# 미시경제학

이경원 | 이상규 | 정인석

法 文 社

# 머리말

　미시경제학은 시장이 작동하는 원리를 분석하고 평가하는데 그 목적을 두고 있다. 이를 위해서는 인간의 행동과 의사결정에 대한 이해가 요구되며, 다양한 주체들의 행동이 시장이라는 맥락에서 어떻게 상호작용하고 어우러지는지를 설명할 수 있어야 한다. 전통 미시경제학은 완전경쟁의 모형을 출발점으로 삼아서 논리적 엄밀성을 갖는 이론체계를 만들었으며, 현실을 담기 위하여 다양한 요인과 이슈들을 분석의 영역 안으로 끌어들이면서 경제학의 영역을 확장해 가고 있다. 대부분의 미시경제학 서적과 마찬가지로 이 책도 전반부에 완전경쟁시장 모형을 설명하고 후반부에 이론의 확장을 다루고 있다.

　이 책에서 저자들은 난해한 미시경제학의 논리를 그림과 간단한 수식, 그리고 예제를 이용하여 독자들이 쉽게 이해할 수 있도록 서술하고자 노력하였다. 이러한 학습과정을 통해서 독자들이 경제학적인 생각 방식을 체득하고, 현실의 다양한 문제들을 논리적으로 해결할 수 있는 지적능력을 키울 뿐 아니라 경제학적인 통찰을 개발할 수 있기를 기대한다.

　이 책은 본 저자들이 오래전에 서술에 참여했던 동명의 서적을 크게 보완하여 새롭게 태어난 것이다. 기존의 책을 강의에서 채택하고 본 저자들에게 많은 유익한 피드백을 제공해준 여러 선생님들께 감사드린다. 또한, 미시경제학 서적의 저술에 본 저자들을 초대했던 배형 교수께 특별한 감사를 드린다. 당초 계획보다 많이 지연되었음에도 불구하고 인내심을 갖고 성원해준 법문사 대표님, 영업부 김성주 과장께 감사드리며, 꼼꼼한 편집에 애써주신 노윤정 차장께도 감사를 드린다.

2023년 8월

저자들

# 차 례

I

## 소　개

**미시경제학의 목적과 방법** ·························· 3

1.1　희소한 자원의 배분 ·························· 4

1.2　경제 모형 ·························· 5

1.3　효율성과 시장실패 ·························· 8

1.4　분석방법 ·························· 11

1.5　책의 구성 ·························· 13

II

## 소비자 선택과 수요

**소비집합과 예산집합** ·························· 17

2.1　소비집합과 예산집합 ·························· 18

■1 소비집합   18

■2 예산집합   20

■3 예산집합의 몇 가지 예   23

2.2   예산집합의 변화·········································································· 26

■1 소득의 변화   26

■2 가격의 변화   27

연습문제   30

3   선호와 효용함수······································································· 33

3.1   선호관계····················································································· 34

■1 선호관계   34

■2 선호관계에 관한 몇 가지 가정들   35

■3 무차별곡선   41

3.2   효용함수····················································································· 47

■1 효용함수   47

■2 효용함수와 무차별곡선   50

■3 특수한 효용함수   54

■4 한계대체율과 한계효용   59

연습문제   66

**4** **소비자의 최적 선택과 수요**·························································69

**4.1** **소비자 최적 선택**······························································70
  1 소비자의 문제  70
  2 특수한 효용함수  73

**4.2** **가격과 소득의 변화**·························································76
  1 가격변화와 가격–소비곡선  77
  2 소득변화와 소득–소비곡선  82
  3 수요의 탄력성  84

**4.3** **가격변화의 효과: 슬루츠키 방정식**·····························89
**4.4** **가격변화와 소비자후생**·················································94
  1 보상수요곡선  94
  2 소비자후생  96

연습문제  104


**5** **소비자 선택의 응용**·····················································109

**5.1** **여가-노동 선택**······························································110
  1 예산선과 효용극대화  110
  2 개별소비자의 노동공급에 대한 추가적 분석  111
  3 초과근무수당과 노동공급  113

**5.2** **기간별 소비 선택**····························································114
  1 예산제약  114
  2 선호와 효용함수  117
  3 최적 선택  117
  4 이자율 변화와 최적 선택  118
  5 물가 변화  121

**5.3** **불확실성하에서의 최적 선택**·········································122
  1 불확실성하에서 선택의 대상  122
  2 효용함수  124

    3 기대효용함수(expected utility function) 124

    4 위험에 대한 태도 127

    5 불확실성하에서 최적 선택의 예 131

    6 분산투자(Diversification) 134

연습문제 137

# 기업의 선택과 공급

**6 생산과 비용** ................................................................. 141

**6.1 생산함수** ................................................................. 142

    1 단기생산함수 144

    2 장기생산함수 146

    3 한계기술대체율과 한계생산의 관계 148

    4 규모에 대한 수익 149

    5 특수한 생산함수 152

**6.2 비 용** ................................................................. 155

    1 단기비용함수 157

    2 장기비용함수 160

    3 단기비용과 장기비용의 비교 168

연습문제 172

**7 이윤극대화와 공급** ─────────────────────── 175

7.1 이윤극대화 ───────────────────────── 176

7.2 생산물 공급 ───────────────────────── 180

7.3 생산자 잉여 ───────────────────────── 187

7.4 요소 수요 ───────────────────────── 189

연습문제  194


**8 전략적 선택** ─────────────────────────── 197

8.1 게임이론의 기초 ──────────────────────── 198

　1 전략적 선택과 게임이론  198

　2 게임의 주요 구성요소와 게임의 유형  199

8.2 게임유형 1: 정규형 게임 ──────────────────── 200

　1 용의자의 딜레마 게임  201

　2 치킨 게임  203

　3 가위 · 바위 · 보 게임  205

8.3 게임유형 2: 전개형 게임 ──────────────────── 208

　1 진입 게임의 내용과 표현  208

　2 진입 게임의 내쉬균형  210

　3 진입 게임의 부분게임완전균형  211

8.4 게임유형 3: 반복게임 ─────────────────────── 215

　1 반복게임에 관심을 두는 이유  215

　2 반복 게임의 결과  216

　3 무한반복게임의 결과  218

연습문제  221

# 시장 이론

**9** **완전경쟁시장의 균형과 효율성**·······················································227

**9.1** **완전경쟁시장의 조건과 의미**·······················································228
1 완전경쟁시장의 조건  228
2 조건들의 의미  228

**9.2** **완전경쟁시장의 단기균형**·······················································229
1 시장수요곡선과 시장공급곡선  230
2 단기균형  232
3 단기균형에서 경쟁기업의 이윤  233

**9.3** **완전경쟁시장의 장기균형**·······················································235
1 장기조정과정  235
2 장기균형상태  237

**9.4** **완전경쟁시장의 효율성**·······················································240
1 소비자잉여, 생산자잉여, 그리고 사회후생  240
2 완전경쟁시장의 효율성  243

**9.5** **완전경쟁시장의 균형 분석 응용**·······················································246
1 조세 부과의 효과  246
2 수요곡선 및 공급곡선의 기울기와 균형의 변화  251

**9.6** **완전경쟁 생산요소시장**·······················································253
1 완전경쟁 노동시장의 단기균형  253
2 완전경쟁 노동시장의 평가  256

연습문제 ── 259

**10** **독점시장**--------------------------------------------------------------------263

**10.1 단일가격에 의한 독점시장균형**----------------------------------264

1 수입과 한계수입   264
2 이윤극대화 생산량 결정   267
3 독점시장의 균형   269
4 독점기업의 시장력   270
5 독점시장의 시장실패   272
6 독점규제   273

**10.2 가격차별**----------------------------------------------------------279

1 가격차별의 종류   279
2 1급 가격차별   280
3 3급 가격차별   284
4 2급 가격차별   292

**10.3 수요독점**----------------------------------------------------------296

1 요소가격책정자의 요소수요량 결정   297
2 수요독점 노동시장의 균형   300
3 최저임금규제와 사회후생   302

**10.4 독점적 경쟁시장**--------------------------------------------------303

1 독점적 경쟁기업이 직면하는 수요   303
2 독점적 경쟁시장의 장·단기균형   305

연습문제   307

**11** **과점시장**--------------------------------------------------------------------313

**11.1 과점시장의 분석 모형 분류**------------------------------------------314

**11.2 생산량 경쟁 모형**--------------------------------------------------315

1 쿠르노모형   315
2 스타켈버그모형   320
3 쿠르노모형–기업이 셋 이상인 경우   323

**11.3 가격 경쟁 모형**··························································· 326

　**1** 버트란드모형 326

　**2** 제품차별과 가격경쟁모형 330

**11.4 담합**············································································· 333

　**1** 담합의 가능성 333

　**2** 담합의 유지 가능성 334

**11.5 가격선도모형**······························································ 338

연습문제 341


**12** **일반균형이론과 후생**··················································· 345

**12.1 일반균형**······································································ 346

　**1** 부분균형이론과 일반균형이론 346

　**2** 일반경쟁균형 347

**12.2 순수교환경제의 일반균형**··········································· 351

　**1** 에지워스 상자 351

　**2** 예산집합과 선호체계 353

　**3** 일반경쟁균형 354

**12.3 생산경제의 일반균형**·················································· 357

　**1** 2 소비자, 2 기업, 2 상품의 생산경제 357

　**2** 일반적 생산경제의 일반균형 361

**12.4 시장기구의 효율성**······················································ 362

　**1** 파레토 효율성과 형평성 363

　**2** 일반경쟁균형의 효율성 368

　**3** 후생경제학의 정리 379

**12.5 사회후생함수**······························································ 383

**12.6 애로우의 불가능성 정리**·············································· 390

연습문제 395

# 시장실패

**13** **외부효과와 공공재**······················································401

13.1 외부효과에 의한 시장실패·····················································402

　1 부정적 외부효과에 의한 시장실패　403

　2 긍정적 외부효과에 의한 시장실패　407

13.2 부정적 외부효과로 인한 시장실패의 해결방안·······················411

　1 수량규제　411

　2 세금부과　414

　3 재산권 확립과 코즈 정리　416

13.3 공공재에 의한 시장실패······················································420

　1 공공재　420

　2 공공재 생산에서 시장실패　421

연습문제　427


**14** **비대칭 정보**····························································431

14.1 역선택····················································································432

14.2 신호와 선별············································································435

14.3 도덕적 해이와 인센티브··························································447

　1 주인–대리인 문제　450

　2 효율성 임금 이론　455

연습문제　456

# 15 행동경제학 ·············································································· 459

## 15.1 행동경제학 소개 ································································ 460

## 15.2 선택의 오류와 편향 ···························································· 462

■ 비용의 오류   462

■ 맥락효과   464

■ 부존 효과   466

## 15.3 전망이론(prospect theory) ·············································· 468

■ 기준의존성과 가치함수   468

■ 심리적 회계(mental accounting)   470

## 15.4 불확실성하의 판단과 선택 ················································ 472

■ 판단의 오류   472

■ 불확실성이 있는 프레이밍 효과   475

■ 알레의 역설   477

■ 불확실성하의 전망이론   478

## 15.5 시점간 선택 ·································································· 480

■ 쌍곡선 할인   480

■ 자기 통제의 문제   484

연습문제   488

■ 예제 해답 ········································································ 491
■ 사항색인 ········································································ 505

# I

# 소 개

제1장 미시경제학의 목적과 방법

Part I에서는 미시경제학의 학문적 목표와 접근방법을 설명한다. 경제 모형의 활용, 실증적 분석과 규범적 분석, 효율성, 시장실패 등 주요 개념을 간략히 소개하고 책의 구성을 설명한다.

제1장의 개요

　본 장에서는 미시경제학의 학문적 목표와 접근방법을 설명한다. 경제 모형의 활용, 실증적 분석과 규범적 분석, 효율성, 시장실패 등 주요 개념을 간략히 소개하고 책의 구성을 설명한다.

# 15

# 행동경제학

15.1  행동경제학 소개
15.2  선택의 오류와 편향
15.3  전망이론
15.4  불확실성하의 판단과 선택
15.5  시점간 선택
       연습문제

## 15.1 행동경제학 소개

경제학은 현상을 이해하고 설명하고자 하는 노력이다. 현상은 개인의 선택의 결과이므로 선택이론은 경제학 이론의 핵심이다. 앞에서 배운 소비자 또는 기업의 선택은 합리적 선택 과정을 전제하고 있다. 즉, 각 개인들은 자신에게 어떤 대안이 선택가능한지 이해하고 자신이 추구하는 목적을 명확하게 가지고 있으며 각 대안이 목적을 어느 정도 달성하는지를 파악하여 최선의 대안을 선택한다. 경제학의 표준이론은 이러한 선택 과정을 논리적으로 설명하고자 하는 노력이며, 이를 이용하여 다양한 현상을 분석하고 이해하는데 큰 성과를 이루어왔다.

하지만 표준이론은 오래 전부터 현실성이 부족하다는 비판을 받아왔다. 즉, 현실의 우리들은 표준이론의 주인공만큼 똑똑하지도 않고 많은 경우 꼼꼼하게 따지지도 않는다. 경제학 내에서 부상하고 있는 하나의 영역으로서 행동경제학은 이 점에 주목한다. 표준이론의 주인공이 복잡한 최적화의 문제를 푸는 합리적 인간이라는 점에서 호모 에코노미쿠스(Homo Economicus)라면, 우리 호모 사피엔스(Homo Sapiens)는 분석과 계산 능력이 부족하고, 종종 실수하여 후회하기 일쑤이며, 마음먹은 대로 행동하지 못하는 경우도 많다. 남의 말에 쉽게 현혹되어 중요한 결정을 망치기도 하며, 그때그때의 감정 상태의 영향을 받는다.

행동경제학은 이러한 불완전한 인간을 논의의 주인공을 하여 기존의 표준이론으로는 설명하기 어려웠던 현상들을 이해하고자 한다. 행동경제학자들은 우리가 무언가를 선택하는 과정이 표준이론과는 다르다고 본다. 난해한 최적화의 문제를 푸는 것이 아니라, 나름 편리하고 쉽게 결정하는 소위 '엄지의 법칙(rule of thumb)'을 이용한다. 이것은 흔히 어림하기, 경험법칙 등으로 해석할 수 있다. 엄지의 법칙은 쉽고 빠르게 의사결정에 이르게 하는 일종의 지름길이라 할 수 있으며, 이런 나름의 방법을 휴리스틱(heuristic)이라 부른다. 예를 들어 신발을 사려고 백화점에 간다고 하자. 사람들마다 구매를 결정하는 방식이 다르다. 어떤 사람은 한 시간 이상 다양한 매장에서 여러 신발을 신어보고 결정하는 반면, 어떤 사람은 가격과 품질에서 어느 정도 만족수준을 충족하기만 하면 10

분 만에 결정한다. 음식점이 많은 식당가에서 창문 안에 사람들이 제일 많은 곳을 들어간다. 야구에서 어떤 타자는 다음 공이 직구일지 커브일지를 치밀하게 예상하여 날아오는 공을 칠 것인지를 결정하는 반면, 어떤 타자는 그런 예상을 하지 않고 날아오는 공을 보고 반응하는 순간의 직감에 의존한다.

휴리스틱은 정보를 분석하고 최적화 문제를 푸는데 소요되는 시간과 노력을 절약해 준다. 하지만 이렇게 결정하는 것이 항상 최선의 답을 선택하게 해주는 것이 아니며 종종 오류를 유발한다. 반면에, 표준이론은 최적화 문제의 결과로서 선택이 이루어지므로 오류는 발생하지 않으며 나중에 후회할 이유도 없다. 행동경제학자들은 많은 사람들이 이용하는 다양한 휴리스틱을 발굴하고 그것이 어떠한 행동의 오류를 유발하는지를 연구한다. 그것을 이용하여 표준이론으로는 설명하기 어려운 현실의 다양한 현상들을 설명하려고 한다.

표준이론이 최적화를 의사결정의 방법으로 채택하고 있지만, 그렇다고 표준이론이 현실의 인간이 항상 난해한 최적화 문제를 풀면서 살아가고 있다고 주장하는 것은 아니다. 사람들은 정보를 잘못 이용하거나 오류를 범할 수 있다. 그래서 이론이 제시하는 바와 달리 행동할 수 있다. 하지만 그러한 오류는 최적화의 결과와 다르더라도 어떤 특정한 방향으로 치우칠 이유가 없기 때문에, 평균적으로 보면 최적화 과정을 통해 얻어지는 합리적 선택이 실현될 것으로 본다. 그렇다면 완벽한 것은 아니더라도 합리적 선택 이론이 현실을 설명하고 예측하는데 유용하다고 할 수 있다. 행동경제학은 이러한 입장에 반대한다. 사람들이 특정한 휴리스틱을 이용하면서 합리적 선택과는 다른 특정한 유형의 오류를 범할 가능성이 높다. 따라서 평균적으로도 사람들의 선택은 합리적 선택과 다르다. 달리 표현하면 체계적 오류를 범하는 것이며 이를 편향(bias)이라 한다.

이러한 차이에도 불구하고 행동경제학이 기존의 표준이론을 반박하거나 부정하는 것은 아니다. 표준이론과 행동경제학 모두 인간과 사회 현상을 설명하고 예측하려는 공통된 목적을 추구한다. 행동경제학이 표준이론을 부정한다기보다는 표준이론의 불완전함을 보완하고, 현실적이고 심리적 요소를 가미하여 학문의 지평을 넓히고 발전시키면서 경제학을 더욱 풍부하게 만든다고 보는 것이 타당하다.

방법론의 면에서 행동경제학은 심리학의 영향을 많이 받았다. 기존 경제학에서는 수리적 분석 외에 데이터를 수집하고 회귀분석과 같은 계량경제학의 도구들을 많이 활용하지만, 행동경제학에서는 실험, 시뮬레이션, 뇌스캔 등의 심리학 도구들도 활용한다. 실험의 경우 어떤 행동에 미치는 특정 요인의 효과만을 추출하는데 유용하다는 장점이 있지만, 실험실에서 얻어진 결과를 과연 얼마나 일반화할 수 있는지에 대해 의문이 제기될 수 있다.

본 장에서 행동경제학의 주요 논의를 소개하면서, 표준이론에 비교해서 어떻게 현상에 대한 설명력을 넓히는지를 설명할 것이다. 다음 절에서 비합리적인 인간 본성으로 인하여 발생하는 주요 오류와 편향을 살펴보고 이를 설명하려는 행동경제학의 이론을 소개한다. 3절에서는 불확실성이 개입된 선택에서, 그리고 4절에서는 시점간 선택의 문제에서 표준이론의 지평을 넓히는 행동경제학의 기여를 설명한다.

## 15.2 선택의 오류와 편향

소비자선택이론에서는, 선택의 대안에 대한 선호를 효용함수로 표현하고, 선택 가능한 대안들 중 효용을 극대화하는 대안을 선택하는 과정을 제시하였다. 이러한 과정은 어느 정도 설득력을 갖지만, 현실의 우리 자신은 종종 이러한 합리적 선택 모형으로는 설명하기 어려운 방식으로 행동한다. 여기서는 주목받는 몇 가지 오류와 편향을 소개하고, 그것을 이론적으로 설명하려는 전망이론 (prospect theory)을 설명한다.

### 1 비용의 오류

경제학의 주된 교훈 중 하나는 합리적 선택이 기회비용에 근거한다는 것이다. 어떤 한 대안의 기회비용은 다른 대안들 중에서 가장 좋은 대안을 선택했을 때의 이득을 의미한다. 어떤 대안으로 기회비용을 초과하는 이득을 얻을 수 있다면 효용극대화를 위해서는 그 대안을 선택해야 한다. 하지만 종종 우리는 이 사실에 반하는 방식으로 선택을 하는 경우가 있다. 몇 가지 이러한 기회비용의 오류의 사례를 소개한다.

우리는 노력해서 번 것이 아니라 예상치 못하게 얻은 돈에 대해서는 아낌없이 쉽게 쓰는 경향이 있다. 이를 횡재효과(windfall effect)라 한다. 표준 모형에 의하면, 이미 가진 돈을 저축할지 당장의 유흥비로 쓸지의 선택에는 그 돈이 어떻게 얻어진 것인지의 여부가 영향을 주지 않는다. 유흥비로 쓰는 기회비용, 즉, 저축을 하거나 책을 사는 등의 다른 소비 대안의 이득만을 고려하는 것이 타당하다.

어떤 상점에서 15만원 짜리 재킷과 2만원짜리 계산기를 구입하려는 상황을 상상해보자. 판매원이 20분 떨어진 할인점에서 같은 재킷을 만원 할인한다는 사실을 알려주었다. 그 말을 듣고 할인점으로 가서 사겠는가? 이번에는 동일한 계산기를 20분 떨어진 곳에서 만원 할인한다고 알려주었다고 하자. 그러면 할인점으로 가겠는가? 한 연구에 의하면[29] 월등히 많은 사람들이 계산기의 경우에는 할인점에 가서 사겠지만 재킷의 경우에는 가지 않겠다고 답했다고 한다. 합리적 소비자라면, 두 경우 모두 만원을 절약하는 것과 20분 이동하는 불편함을 비교해서 결정해야 하며 그 판단이 그 만원이 어떤 물건에서 할인되었느냐에 의해 영향을 받을 이유가 없다. 하지만 사람들은 종종 할인율이 높으면 더 큰 혜택을 얻는다는 착각을 한다.

저녁 한 끼가 3만원이라면 대부분의 사람들에게 결코 싼 것은 아니다. 통상의 경우에는 그런 음식점에는 잘 가려하지 않는다. 하지만 하루 밤에 30만원하는 호텔에 투숙했을 때 그 호텔에서 3만원하는 식사는 기꺼이 한다. 이미 30만원이나 내는데 3만원 쯤 더 내는 것은 별거 아니라고 생각하기 때문이다.

뉴욕의 택시기사 대상의 한 연구에 의하면,[30] 기사들은 통상 하루 일당을 미리 설정해 두고 그것을 달성하면 그 시점에 하루의 영업을 중단한다고 한다. 그 결과 수익이 높은 날 (가령, 비오는 날)에는 더 짧은 시간을 운행하고 수익이 낮은 날에는 더 오래 운행하게 된다. 하지만 그 반대로 행동해야 마땅하다. 즉, 운행을 중단하는 대안의 기회비용은 수익이 높은 날에 더 높으므로 더 오래 운행해야 한다.

합리적 선택이 기회비용에 근거해야 하는 한편, 매몰비용(sunk cost)은 선택

**29** Tversky, A. and D. Kahneman (1981) "The Framing of Decisions and the Rationality of Choice." *Science*, 211: 453-58.

**30** Camerer, C. F., G. Lowenstein, and R. H. Thaler (1997), "Labor supply of new york city cabdrivers: One day at a time," *The Quarterly Journal of Economics*, 112(2), 407-41.

에 반영되지 않아야 한다. 즉, 합리적 선택에는 매몰비용이 영향을 주지 않아야 한다. 그것은 이미 지불이 된 것이고 회수될 수 없는 것이기 때문이다. 하지만 우리는 많은 경우 매몰비용에 의해 영향을 받는다.

토요일 저녁에 1시간 운전해서 프로야구 구경을 가려고 2만원짜리 표를 구입했다고 하자. 그런데 막상 토요일 경기시간이 다가오자 비가 오기 시작했다. 표는 환불되지 않는다. 야구 관람을 가겠는가? 만일 그 표가 누군가가 나에게 선물로 준 것이라면 어떠한가? 어떤 사람이 자신이 표를 구입한 경우에는 가지만 공짜로 얻은 것이라면 가지 않는다고 한다면, 충분히 그럴 수 있을 같다. 자기가 표를 구입한 경우 관람을 포기한다면 2만원을 버리는 것이지만 공짜로 얻은 경우에는 버리는 것이 없다고 생각한다. 하지만 합리적 선택에 의하면 2만원은 매몰비용이므로 관람 결정에 영향을 주지 않아야 한다.

이러한 현상을 매몰비용 오류라고 한다. 우리의 일상에서 이러한 현상이 많이 발생한다. 사람들은 실패한 투자에 지나치게 오래 매달리는 경향이 있고 이로 인하여 회피할 수 있었을 손해를 키우기도 한다. 주식투자의 경우에 그렇고, 인간관계에 있어서도 오랫동안 교류하던 사람과는 관계를 끊지 못한다. 그동안 쌓은 정 때문이라고 한다. 이 오류는 콘코드(Concorde) 오류라고도 하는데, 영국과 프랑스 합작의 초음속 여객기 운영이 재무적으로 지속가능하지 않음에도 불구하고 엄청난 돈이 투자된 사업이기 때문에 포기가 어려웠고 결과적으로 손해가 눈덩이처럼 커졌다. 재래시장에 가면 대게 특별히 인기가 좋은 상점이 있다. 속초 시장에는 술빵을 사려고 길게 줄서있는 사람들을 볼 수 있고 이들은 기꺼이 두 시간을 기다린다. 이들은 막상 자신의 차례가 되어 빵을 구입할 때에는 원래 계획했던 것보다 더 많은 양을 구입할 것 같다. 들인 시간을 생각하면 적은 양으로는 억울한 느낌이 들 것이다.

## 2 맥락효과

어떤 신문사가 다음과 같은 구독료의 옵션을 제시했다.

옵션 1: 인터넷 구독, 월 1만원
옵션 2: 종이신문 구독, 월 2만원
옵션 3: 종이신문과 인터넷 구독, 월 2만원

옵션 2와 옵션 3의 가격이 같으므로 누구도 옵션 2를 선택할 이유가 없다. 어떤 사람은 옵션 1을, 다른 사람은 옵션 3을 선택할 것이다. 그렇다면 옵션 2는 왜 제시했는가? 어떤 실험에서 일부 사람들에게는 옵션 1과 옵션 3만 제시하고 둘 중 하나를 선택하라고 물었고, 다른 사람들에게는 세 옵션을 모두 제시하고 하나를 선택하라고 물었다. 후자의 경우 물론 옵션 2를 선택한 사람은 없었지만 두 경우 옵션 1과 옵션 3을 선택한 사람들의 비율이 달랐다. 옵션 2를 함께 제시한 경우에 옵션 3을 선택한 사람들이 월등히 많았다.

표준이론의 합리적 소비자의 경우에는 이런 현상이 발생할 수가 없다. 즉, 절대로 선택하지 않을 옵션 2가 함께 제시되었다는 사실에 의해서 다른 두 옵션 간의 선호가 달라질 이유가 없다. 하지만 행동경제학자들이 연구한 많은 사례들에서 이러한 현상이 발생한다. 이것은 선택문제가 어떻게 제시되느냐에 의해서 선호와 선택이 영향을 받는 현상이며 이를 맥락효과(context effect)라 한다.

한 실험에서[31] 사람들에게 세 종류의 오디오기기에 대한 선택에 관해서 물었다. 세 오디오는 각각 $A$, $B$, $C$ 브랜드의 상품이며, $A$는 품질이 가장 낮은 대신 가장 싸다. $C$는 가장 품질이 높으면서 가장 비싸다. $B$는 품질과 가격 모두에서 중간에 있다. 다음과 같은 세 상황에서 중간급인 $B$를 선택하는 사람들의 비중을 조사한 결과가 아래의 그림과 같다. 가장 왼쪽의 $A$는 $A$와 $B$ 중에 하나를 선택하라고 했을 때 $B$를 선택한 사람의 비중이다. 중간의 $C$는 $B$와 $C$ 중에 하나를 선택하라고 했을 때 $B$를 선택한 사람의 비중이고, 가장 오른쪽의 $A$와 $C$는 $A$, $B$, $C$ 셋 중에 하나를 선택하라고 했을 때 $B$를 선택한 사람의 비중이다. 그림이 보여주듯이 세 옵션 모두를 제시했을 때 $B$를 선택한 사람의 비중이 다른 두 경우 비중의 사이에 있다. 표준이론의 합리적 소비자의 경우 이러한 현상은 발생할 수 없다. $B$를 $A$와 $C$ 모두보다 더 선호하는 사람의 숫자가 $B$를 $C$보다 더 선호하는 사람의 숫자보다 더 클 수 없기 때문이다. 효용함수는 상품의 함수이며 대안들 간의 선호가 질문에 따라 달라질 이유가 없다. 그럼에도 이러한 현상이 발생한 것은 여러 대안이 제시되었을 때 극단에 있는 옵션을 회피하려는 성향(extremeness aversion)이 반영되기 때문이라 해석할 수 있다.

또 다른 실험에서[32] 사람들에게 어떤 와인을 보여주고는 두 개의 질문을 차례

**31** Simonson, I. and Tversky, A. (1992), "Choice in context: Tradeoff contrast and extremeness aversion," *Journal of Marketing Research*, 29: 281-95.

**32** Ariely, D., Loewenstein, G. and Prelec, D. (2003), "Coherent arbitrariness: Stable

**그림 15-1** 맥락효과의 사례

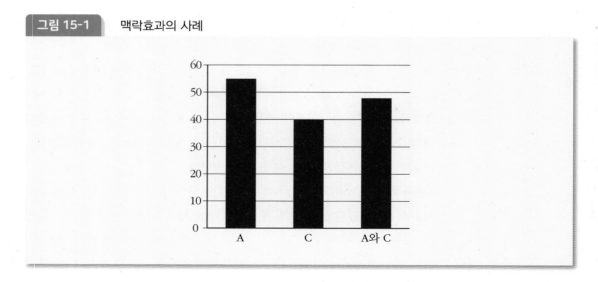

로 물었다. 첫 번째 질문은, 각자 자신의 사회보장번호(우리의 주민등록번호와 같다.)의 끝의 두 자리 수와 같은 금액의 달러를 내고 와인을 구입할 의향이 있느냐는 것이다. 가령, 끝의 두 자리가 42이면 42달러에 그 와인을 살 의향이 있느냐는 질문이다. 이 질문을 한 이후에 두 번째로 첫 번째 질문의 답과 무관하게 그 와인에 대해서 얼마까지 지불할 의향이 있는지를 물었다. 실험의 결과 사회보장번호의 끝의 두 자리 수가 큰 사람일수록 두 번째 질문에서 더 높은 가격을 제시하였다. 사회보장번호는 무작위이므로 와인의 가치 평가와 관련이 있을 하등의 이유가 없다. 역시 표준이론으로는 이러한 현상을 설명할 수 없다. 첫 번째 질문에서 제기된 두 숫자가 두 번째 질문에 전혀 관련성이 없음에도 불구하고 답을 도출하는 과정에 하나의 단서로서 영향을 미친다는 사실을 보여주며, 이런 점에서 이를 앵커링 효과(anchoring effect)라 한다.

### ③ 부존 효과

사람들이 어떤 물건의 가치를 평가할 때에 그 물건을 자신이 소유하고 있는지 아닌지에 따라 다를 수 있다는 것이 여러 실험을 통해서 확인되었다. 일단의 사람들에게 머그컵을 하나씩 선물로 나누어주고 나서, 얼마 이상 받으면 기꺼이 그 머그컵을 팔겠냐고 물었다. 다른 사람들에게는 머그컵을 주지 않고서 가격

---

demand curves without stable preferences," *Quarterly Journal of Economics*, 118: 73-105.

이 얼마보다 낮으면 그 머그컵을 사겠냐고 물었다. 전자를 수용의향(willingness to accept, WTA), 후자를 지불의향(willingness to pay, WTP)이라 한다. 실험의 결과 수용의향은 지불의향보다 현저하게 높았다. 이 현상도 표준이론으로는 설명하기 어렵다. 표준이론에 따르면 효용은 머그컵을 갖고 있는지 여부에 따라 다르지 않다. 머그컵을 가지고 있는 상황에는 그것을 포기해서 효용이 낮아지는 정도만큼은 돈을 받아야 컵을 팔 것이다. 머그컵을 가지고 있지 않은 상황에는 머그컵을 가짐으로서 효용이 증가하는 정도만큼을 기꺼이 지불하고 구입할 것이다. 따라서 두 경우 모두 컵을 하나 가졌을 때의 효용과 머그컵을 갖지 않았을 때의 효용의 차이에 해당하는 금액이 답이어야 한다.

수용의향이 지불의향보다 크다는 것은 자기가 소유하는 것을 포기해야 하는 상황에는, 없던 것을 새롭게 소유하게 되는 상황보다 그 물건에 대해 더 높은 가치를 부여한다는 것이다. 즉, 머그컵을 가진 상태인지 아닌지에 의해서 가치 평가가 영향을 받는다. 이 현상을 부존효과(endowment effect)라 부른다. 이 효과는 일종의 프레이밍 효과(framing effect)라고도 할 수 있다. 수용의향을 묻는 것은 가진 것을 포기하는 손실(loss)의 프레임이고, 지불의향을 묻는 것은 새롭게 얻는 이득(gain)의 프레임이라 할 수 있다. 부존효과는 두 프레임에서 사람들의 평가가 달라진다는 것이다.

위 실험의 결과가 돈이 개입되기 때문에 나타난 현상이 아니라는 것을 다음의 또 다른 실험이[33] 보여준다. 프로야구 경기장에 입장하는 사람들에게 야구에 관련한 간단한 설문조사를 실시하였다. 감사의 표시로 선물을 주는데 세 그룹으로 나누어서 첫 번째 그룹의 사람들에게는 초콜렛을 주고, 두 번째 그룹에게는 아무 것도 주지 않으며, 세 번째 그룹에게는 머그컵을 주었다. 설문조사를 마치고 난 다음에는 이미 받은 선물을 교환할 수 있는 기회를 주었다. 즉, 초콜렛을 받은 사람은 머그컵과 바꿀 수 있고 머그컵을 받은 사람은 초콜렛과 바꿀 수 있다. 아무 것도 받지 않은 사람들은 둘 중 하나를 선택해서 받을 수 있다. 이 실험의 결과, 처음에 아무 것도 받지 않은 두 번째 그룹의 경우 대략 반은 초콜렛을 나머지 반은 머그컵을 선택했다. 반면에 첫 번째와 세 번째 그룹의 경우에는 선물을 다른 것과 바꾼 사람의 비중이 20% 정도에 그쳤다.

부존효과는 손실회피(loss aversion)의 성향으로 설명될 수 있다. 같은 정도

**33** List, J. (2004), "Neoclassical theory versus prospect theory: Evidence from the marketplace," *Econometrica*, 72: 615-25.

의 이득보다는 손실을 더 크게 느낀다는 것이다. 가령 10만원을 얻었을 때 행복이 증가하는 정도보다 10만원을 잃었을 때 불행해지는 정도가 더 크다는 것이고, 마찬가지로 위의 머그컵의 예에서 WTA가 WTP보다 크다는 것을 설명한다.

## 15.3  전망이론(prospect theory)

### 1  기준의존성과 가치함수

행동경제학의 대표적인 이론인 전망이론이 위의 여러 사례들을 효과적으로 설명한다. 이 이론에 따르면 사람들은 어떤 기준(reference)을 설정하고 그것과 비교하여 자신의 이득과 손실을 평가한다. 가령 머그컵 사례에서 컵을 소유하고 있거나 또는 소유하고 있지 않은 상태가 기준이 되며, 그 상태에서 변화가 일어날 때 자신이 상대적으로 얼마나 행복 또는 불행해지는지를 판단한다는 것이다. 이를 기준의존성(reference dependence)이라 한다.

김 부장은 자신이 구입한 주식의 가격 하락으로 재산이 400만원에서 300만원으로 감소한 반면, 최 부장의 주식은 성과가 좋아서 그의 재산은 100만원에서 120만원으로 상승하였다. 누가 더 행복할까? 김 부장이 더 큰 재산을 가지고 있지만 최 부장이 더 행복해 할 것 같기도 하다. 그렇다면 행복은 재산의 크기에 의존하기 보다는 그것이 어떻게 변동했느냐, 즉, 기준에 비해서 어떤 방향으로 변했느냐에 의해서 영향을 받는다고 할 수 있다. 주가 변동 이전의 재산이 각자의 기준이 되며 김 부장의 경우에는 기준에 비해서 손실을 본 것이고 최 부장은 이득을 얻은 것이다. 종종 올림픽 게임에서 은메달을 받은 선수보다 동메달이 더 좋아하는 광경을 본다. 은메달을 딴 선수는 금메달이 아님을 아쉬워하지만 동메달을 딴 선수는 메달을 받았다는 사실에 기뻐한다. 행복에 관한 연구에 의하면 '당신은 행복한가?'라는 질문에 대해 예라고 답하는 사람의 비율이 50년 전과 다르지 않다고 한다. 지난 50년 간 대부분의 국가에서 생활수준과 물질적 풍요는 엄청나게 높아졌다. 그럼에도 행복이 증가하지 않는 것은 물질적 풍요와 더불어 기준도 상승하였기 때문이라 할 수 있다.

맥락효과도 기준의존성으로 설명될 수 있다. 심리학자들은 어떤 문제에 직면하여 뇌가 작동하는 과정을 시스템 1과 시스템 2로 나눈다. 시스템 1은 인상, 직관, 감정적 요인에 의해서 영향을 받으며, 그것으로 충분하지 못한 경우 시스템 2로 문제를 넘기게 된다. 시스템 2는 이성적, 합리적 판단과정이다. 시스템 1에서 형성된 인상이나 느낌이 기준을 형성하며 그것이 시스템 2의 합리적 분석과정의 시작점이 된다. 하지만 기준으로부터의 조정과정이 완벽하지 못하기 때문에 최종적인 판단과 선택이 시스템 1에서의 인상이나 느낌에 의해 영향을 받는다. 한편, 손실회피성향은 기준의존성과 더불어 손실을 이득보다 더 크게 느낀다는 점이 같이 작용한 결과이다.

표준이론의 효용함수는 재산이나 상품의 절대값의 함수이다. 가령, 재산이 $x$일 때 $u(x)$의 효용을 갖는 사람의 경우 100만원을 가졌을 때의 효용은 $u(100$만원$)$이다. 과거 200백만원에서 현재 100백만원이 된 경우나 50만원에서 100만원이 된 경우나 효용은 같아야 한다. 이러한 효용함수로는 기준의존성을 설명할 수 없다. 전망이론은 효용함수를 가치함수(value function)로 대체한다. 가치함수 $v(x)$에서 $x$는 현재의 재산이 아니라 자신이 가지고 있는 기준과의 차이를 의미한다. 즉, 상대적인 값이다. 현재 자신의 재산이 $w$이고 기준이 $r$이라면 $x=w-r$이 된다. $w>r$이라면 기준에 비해서 이득을 얻는 것이고, 반대의 경우라면 손실을 입는 것이다.

위의 주식투자의 사례에서 김 부장의 경우 400만원이 기준이고 최 부장의 경우 100만원이 기준이다. 두 사람이 동일한 가치함수를 가졌다면 김 부장의 가치는 $v(300-400)=v(-100)$이고, 최 부장의 가치는 $v(120-100)=v(20)$이다. 이득이 클수록, 그리고 손실이 작을수록 행복할 것이므로 $v(x)$는 $x$의 증가함수이며, 따라서 최 부장의 가치함수 값이 김 부장의 값보다 크다. $v(x)$는 $x>0$인 경우(즉, 이득의 경우)와 $x<0$인 경우(즉, 손실의 경우)에 서로 다른 모양의 함수일 수 있다. 손실회피성향은 다음의 예제에서 보듯이 이득의 경우보다 손실의 경우에 더 가파른 함수로 설명될 수 있다.

**예제 15-1**  $x \geq 0$일 때 $v(x)=\dfrac{x}{2}$이고, $x<0$일 때 $v(x)=2x$이다. 현재 10만원을 가지고 있었다.

　　a. 만원을 벌었을 때의 가치는?

　　b. 만원을 잃었을 때의 가치는?

## 2 심리적 회계(mental accounting)

다음과 같은 두 질문을 받았다고 하자.

첫 번째 질문: 토요일 저녁 관람료 3만원인 오페라 관람을 위해 오페라 극장에 가려고 한다. 티켓은 현장에서 구입할 예정이다. 극장에 도착하는 순간 3만원의 현금을 잃어버렸다는 것을 알게 되었다. 3만원을 내고 오페라 관람을 하겠는가, 아니면 포기하고 집으로 돌아가겠는가?

두 번째 질문: 토요일 저녁 오페라 관람을 위해서 월요일에 3만원 짜리 티켓을 구입하였다. 토요일 저녁 오페라 극장에 입장하려는데 티켓을 잃어버린 것을 알게 되었다. 현장에서 3만원을 지불하여 새로운 티켓을 구입할 수 있다. 새로운 티켓을 구입하여 오페라 관람을 하겠는가?

많은 사람들이 첫 번째 질문에 대해 관람하겠다고 답한 반면, 두 번째 질문에 대해서 관람하겠다고 답한 사람은 그보다 훨씬 적었다고 한다. 두 경우 모두 3만원을 잃어버린 셈이다. 표준이론에 따르면 그것을 어떻게 잃었느냐가 티켓을 구입할 것인지에 영향을 미칠 이유는 없다.

행동경제학에서는 이러한 현상이 사람들이 심리적 회계(mental accounting)를 만들고 관리한다는 사실에 기인한다고 설명한다. 마치 회사에서 여러 활동 또는 비용 요소를 생산, 관리, 마케팅 등으로 분류해서 입력하고 관리하는 것과 마찬가지이다. 위의 예에서 사람들은 문화계정과 예비용돈 계정을 구분한다. 문화계정은 오페라, 영화 등 문화활동에 소요되는 비용을 입력하고 관리한다. 예비용돈 계정은 특정한 목적을 부여한 것은 아니지만 예상하지 못한 지출에 대비하기 위한 계정이다. 자신의 지갑에서 현금 3만원을 잃어버린 것은 문화활동과 무관하며 예비용돈 계정에서 비용이 발생한 것이다. 예비용돈 계정에 설정된 기준에 비해서 손실이 발생했으므로 그 계정의 다른 현금 지출을 줄이려고 마음먹는다. 반면에 3만원짜리 티켓을 잃어버린 것은 문화계정에서 발생한 비용으로 간주한다. 이미 오페라 관람을 위해서 3만원을 지불한 것이므로 새로 티켓을 사는 것은 6만원을 주고 오페라 관람을 하는 것으로 여기며, 그러기에는 오페라가 너무 비싸다고 느껴서 관람을 포기하는 것이다.

이와 같이 사람들은 유사한 여러 활동이나 지출 항목을 몇 개의 그룹으로 묶는다. 사실 모든 지출 항목은 지갑 안에서 서로 경쟁하는 관계를 가진다. 하지만 심리적 회계 이론에 따르면, 한 그룹 내에 있는 항목 간에만 경쟁 또는 대체되는 관계를 가지며 그룹 간에는 그렇지 않거나 그 정도가 약하다. 가령, 마트에서 어떤 과자를 살 것인가를 고민할 때에는 군것질에 얼마를 쓸 것인가를 생각하게 된다. 그래서 과자를 산다면 아이스크림을 포기한다. 하지만 과자는 구입할 것인지의 여부가 책을 몇 권 살 것인지에 영향을 주지는 않는다. 이번 달에 영화를 보면 야구 관람을 생략한다. 하지만 이번 달 헬스클럽에 등록할지의 여부에는 영향을 주지 않는다.

이러한 현상은 '돈은 대체 가능하다(money is fungible)'는 명제를 부정한다. 이 말은 돈에는 꼬리표가 없다는 표현과 같다. 즉, 어디서 어떤 경로로 얻은 돈이건 돈은 다 마찬가지라는 표현이다. 위의 오페라 티켓의 사례에서, 현금 3만원을 잃어버린 것이건 3만원짜리 티켓을 잃어버린 것이건 사실상 같은 일이 벌어진 것이고 따라서 새 티켓을 구입할지의 여부에 영향을 줄 이유가 없다. 하지만 심리적 회계를 통하여 지출관리하는 경우에는 그렇지 않다.

계정을 어떻게 구성할지, 즉, 넓게 설정할지 좁게 설정할지, 몇 개의 그룹을 만들지 등의 의문들이 제기된다. 그것은 사람마다 다를 것이고, 의식적이고 엄밀한 계획에 따라 그 방식이 선택된다고 보기도 어려울 것이다. 하지만 사람들은 어느 정도 자신의 회계를 통제할 수 있을 것이다. 행동경제학에서는 자신의 행복을 증진할 수 있는 방향으로 계정을 구성하고 관리하는 현상을 쾌락적 편집(hedonic editing)이라 부른다. 가령, 두 개의 상황이 벌어졌을 때 그것을 하나로 묶어서 인식할 것인지 또는 별개의 사건으로 인식할 것인지를 결정한다. 여러 실험이 보여주는 것은 사람들은 일반적으로 이득이 되는 두 개의 사건은 별개의 두 사건으로 인식하는 반면, 두 개의 손실이 되는 사건을 하나의 사건으로 묶는 경향이 있다는 것이다. 예를 들면 주부가 장을 보러 마트에 갔을 때 과일이 20% 세일하고 고기는 30% 세일한다면 두 개의 이득은 별개의 이득으로 인식한다. 이런 경향은, 사랑하는 사람에게 여러 물건을 선물할 때에는 하나의 상자에 모두 넣는 것보다 하나하나 별개의 상자에 넣는 것이 더 좋다는 것을 시사한다. 반면에, 어떤 사람이 퇴근길에 5만원을 길에서 잃었다는 사실을 알게 되었는데 집에 오니 수도가 끊겨서 다음날까지 씻을 수가 없다면, 그냥 오늘은 운이 없는 날이구나 하고 두 사건이 마치 하나의 사건인 것처럼 여기는 경향이 있다.

이와 같이 별 개의 상황을 하나로 묶는 것이 나은지 아닌지는 가치 함수의 모양을 이용하여 설명할 수 있다. $a$와 $b$ 두 개의 이득을 묶지 않는 것이 더 낫다는 것은 $v(a)+v(b)>v(a+b)$을 의미한다. $a$와 $b$ 만큼의 두 손실은 묶는 것이 더 낮다는 것은 $v(-a)+v(-b)<v(-a-b)$이다. 가치함수가 선형이라면 이러한 부등식은 성립하지 않는다. 이득의 경우, 즉 $x>0$인 영역에서 가치함수는 오목 (concave)임을 의미한다. 반면에 손실의 경우, 즉 $x<0$인 영역에서 가치함수는 볼록(convex)임을 의미한다. 따라서 쾌락적 편집은 위험에 대한 태도와 관련성이 있다는 것을 알 수 있다. 즉, 이득에 대해서는 위험기피적이고 손실에 대해서는 위험선호적 성향을 사람들이 가지고 있음을 의미한다.

## 15.4 불확실성하의 판단과 선택

### 1 판단의 오류

내일 비가 올지, 내가 산 주식 가격이 오를지, 선거에서 누가 당선될 것인지 등 수많은 불확실성에 우리는 직면해 있다. 가능한 한 많은 정보를 얻고 그것을 현명하게 이용하면 더 올바른 선택을 할 수 있다. 표준이론은 최선의 예측과 판단을 위해서 획득된 정보를 어떻게 이용해야 하는지, 그리고 선택이 어떻게 이루어져야 하는지를 설명한다. 하지만 현실의 우리가 과연 이론에서처럼 판단하고 행동할 것으로 단언하기는 어렵다. 불확실성과 위험이 개입된 문제에 직면하여 어떤 정보를 어떻게 이용해야 하는지, 여러 선택의 대안을 어떻게 비교해야 하는지 난감한 경우가 많다. 판단의 문제와 선택의 문제를 구분할 수 있는데, 표준이론에서는 새로운 정보를 어떻게 이용하느냐 하는 판단의 문제에 있어서 베이즈 룰(Bayes' Rule)을 이용하여 설명하고 있으며, 불확실성하의 선택은 기대효용 극대화로 설명한다. 아래에서는 현실은 이러한 설정으로는 충분하지 못하다는 행동경제학의 주장을 설명한다.

우선 표준이론에서 이용하는 베이즈 업데이팅(Bayesian updating)을 보자. 내일 비가 올 확률이 60%라고 생각하고 있었는데 TV뉴스에서 내일 확실히 비가 온다고 예보했다고 하자. 그러면 나도 확실히 비가 온다고 믿어야 하나? TV의 일기예보가 항상 맞지는 않으며 따라서 그 예보가 얼마나 정확하냐는 점이 나의 판단에 반영되어야 한다. TV 예보가 날씨를 정확하게 맞출 확률이 80%이고 잘못 예측할 확률이 20%라 하자. 그렇다면 이러한 정보를 어떻게 이용해야 하는가? 베이즈 업데이팅에 의하면 비가 온다는 예보가 주어졌다는 전제하에 비가 올 조건부 확률을 다음과 구한다.

$$\Pr(R|A) = \frac{\Pr(A|R)\Pr(R)}{\Pr(A|R)\Pr(R) + \Pr(A|\sim R)\Pr(\sim R)}$$

$$= \frac{0.8 \times 0.6}{0.8 \times 0.6 + 0.2 \times 0.4} \approx 0.86$$

$R$은 비가 오는 것을, $\sim R$은 비가 안 오는 사건을 의미한다. $A$는 비가 온다고 예보한 것을 의미한다. $\Pr(R|A)$는 비예보가 있을 때 비가 올 조건부 확률이다. 내일 비가 오는 경우와 비가 안 오는 경우로 나눌 수 있다. 비가 온다고 예보한 것은 내일 비가 오는 것이 맞고 예보가 제대로 예측한 것일 수도 있고, 내일 비가 안 오는 것이 맞는데 예보가 잘못 예측한 것일 수 있다. $\Pr(R|A)$는 두 경우 중에서 전자의 확률이 얼마의 비중을 갖느냐는 것이고 그것이 등호의 오른쪽에 표현된 것이다. 분자는 비가 오는 것이 맞으면서 예보가 맞을 확률이고 분모는 비가 오는 것이 맞으면서 비 예보가 있을 확률과 비가 오지 않는 것이 맞음에도 비 예보가 있을 확률의 합이다. 수치 대입을 하면, 처음에 60%의 비가 올 확률을 가지고 있던 사람은 예보를 들은 다음에 비가 올 확률이 약 86%가 된다고 판단하게 된다. 이것을 아침 출근길에 우산을 가지고 갈 것인지와 같은 선택의 문제에 이용한다.

하지만 행동경제학자들은 사람들이 이런 방식으로 판단하는지에 의문을 제기한다. 표준이론의 관점에서 보면 합리적 근거가 없는 방식으로 판단이 이루어지는 경우들이 있다. 대표적으로 많이 언급되는 두 가지 현상을 설명한다.

## (1) 도박사의 오류와 뜨거운 손의 오류

동전 하나를 연속해서 던지는 도박게임이 있다고 하자. 7번 연속해서 앞면이 나왔다면, 많은 사람들이 다음에는 뒷면이 나올 것이라 예상한다. 이를 도박사의 오류(gambler's fallacy)라 한다. 한번 던졌을 때 앞면이 나올 확률과 뒷면이 나올 확률이 0.5인데 7번이나 앞면이 나왔다면 아주 드문 현상이 벌어진 것이고 8번 나온다면 더욱 드문 현상일 것이니 이번에는 뒷면일 것이라 생각하는 것이다. 사실, 동전을 던지는 시행은 서로 확률적으로 독립이므로 7번 앞면이 나왔다고 해도 다음에 뒷면이 나올 확률은 여전히 0.5이다. 따라서 앞면이 나올 가능성이 더 크다고 믿을 근거가 없다.

이 현상은 대표성 휴리스틱(representativeness heuristic)으로 설명될 수 있다. 앞면이 나올 확률이 0.5이고 확률적으로 독립이므로 사람들은 8번 던졌을 때 앞면과 뒷면이 무작위로 섞여 나오는 것이 대표적인 결과라고 생각한다. 앞면이 8번 나오는 것은 극히 예외적인 현상이고 앞면이 7번 나오고 8번째 뒷면이 나오는 것이 조금은 더 대표성을 띤다고 생각한다. 그 경우보다 '앞뒤뒤앞앞앞뒤'의 결과는 더 대표적이라 본다. 하지만 세 경우의 확률은 모두 같다.

도박사 오류는 소수(small numbers)의 법칙으로도 설명된다. 사람들은 샘플의 수를 충분히 제대로 감안하지 않는 경향이 있다. 어떤 주식의 가격변동에 대해서 75%의 전문가가 상승할 것이라고 예측하고 나머지 25%는 하락할 것이라고 예측했다면 상승할 것이라고 믿을 만한가? 개별 전문가의 예측능력도 중요하지만, 몇 명의 전문가가 예측한 것이냐도 중요하다. 4명 중 3명인 경우보다 20명 중 15명이 상승할 것이라고 했다면 더 설득력이 있다. 하지만 사람들은 샘플 크기를 제대로 감안하지 않는 오류를 범하는 경향이 있다. 즉, 작은 샘플들만으로도 모분포와 유사한 결과가 나타날 것이라 생각하는 경향이 있다는 것이다. 대수의 법칙에 의하면 동전을 엄청나게 많이 던지면 앞면의 비율이 0.5에 근접한다. 소수의 법칙은 적은 횟수의 시도의 경우에도 반반과 유사한 결과가 나올 것이라고 과도하게 믿는다는 것이다.

뜨거운 손의 오류(Hot hand fallacy)는 도박사의 오류와 반대의 성격을 가진다. 프로농구 경기에서 어떤 선수가 연속해서 5번의 슛을 모두 성공한다면 다음번 시도에서도 성공할 가능성이 높다고 생각한다. 오늘 그 선수는 컨디션이 아주 좋은 날이고 뜨거운 손을 가진 날이다. 하지만 프로농구 리그의 방대한 데이터를 분석한 연구에 의하면 그러한 뜨거운 손은 없다고 한다. 즉, 5번을 연속으로 성공한 다음에 성공할 확률이 높아지는 것이 아니다. 단지 우리가 그럴 것으로 착각하고 있는 것이다.

도박사의 오류와 뜨거운 손의 오류 상반된 성격을 가진 것 같다. 하지만 둘 다 소수의 법칙으로부터 나온다. 그 차이는 확률을 알고 있느냐 아니면 모르고 있느냐는 것이다. 도박사 오류는 동전 던지기와 같이 확률을 아는 경우이다. 적은 샘플이 이미 자신이 알고 있는 확률에 유사할 것이라는 생각을 가지고 다음 동전의 결과를 예측한다. 5번 앞면이 나왔다면 그 다음에는 뒷면이 나와야 확률

0.5에 가까워진다. 그래서 뒷면이라고 생각한다. 뜨거운 손의 오류는 확률을 잘 모르는 경우에 일어난다. 다음 시도의 성공 확률을 예측하려고 할 때 바로 전의 적은 샘플이 예측에 있어서 크게 도움이 될 것이라고 생각한다.

## (2) 기저율 무시 오류

다음과 상황을 상상해 보자. 한 사람이 폐암에 걸릴 확률은 1%이고, 폐암 진단 키트는 90%의 정확성을 가진다. 즉, 진단 결과 암에 걸린 사람의 90%는 양성이고 10%는 음성이다. 암에 걸리지 않은 사람의 경우에는 90%가 음성이고 10%가 양성이다. 어떤 사람의 경우 검사결과 양성으로 나왔다. 그 사람이 암에 걸렸을 확률은 얼마인가? 이러한 질문에 많은 사람들이 90%에 가까운 답을 제시한다고 한다. 90%는 검사의 정확성이지 암에 걸릴 확률이 아니다. 이런 추측은 모분포의 확률, 즉, 전체 인구의 1%만이 암에 걸린다는 사실을 무시하고 있다. 베이즈 룰에 의하면, 양성 결과가 나왔을 때 암에 걸렸을 조건부확률은 다음과 같다. $Pos$는 검사결과 양성인 사건, $C$는 암에 걸리는 사건을 $\sim C$는 암에 걸리지 않는 사건을 의미한다.

$$\Pr(C \mid Pos) = \frac{\Pr(Pos \mid C)\Pr(C)}{\Pr(Pos \mid C)\Pr(C) + \Pr(Pos \mid \sim C)\Pr(\sim C)}$$

$$= \frac{0.9 \times 0.01}{0.9 \times 0.01 + 0.1 \times 0.99} \approx 0.08$$

암환자일 확률은 8%이다. 어떤 사람이 90%에 가까운 답을 제시했다면 그는 왜 이런 오류를 범하였는가? 검사가 90% 정도로 비교적 정확도가 높지만, 다른 한편 암에 걸린 사람들이 극히 적다는 사실을 간과하고 있다. 모집단에서 폐암에 걸릴 확률이 1%이고 이것을 기저율(base rate)이라 한다. 이것을 무시하는 경향이 기저율 무시 오류(base rate neglect, 또는 base rate fallacy)이다. 우리말에 '귀가 얇다'는 표현이 이러한 현상을 의미한다.

## ② 불확실성이 있는 프레이밍 효과

표준이론은 불확실성하의 선택 과정을 기대효용 극대화의 문제로 설명한다. 대안들을 비교 평가할 때 평균적인 이득뿐 아니라 그 대안이 가지고 있는 위험성도 함께 고려하는 과정을 이 모형이 잘 보여주며, 현실의 많은 현상을 설명하는데 효과적으로 활용된다. 하지만 행동경제학은 기대효용가설로는 설명할 수 없는 현상을 찾아내고 있다.

다음의 질문을 생각해보자.

**질문 1:** 어떤 감염병이 발생하였다. 아무 조치를 하지 않으면 600명이 죽을 것으로 예상된다. 병의 확산을 막는 조치들이 있는데 다음과 같은 효과가 있다.

조치 $A$: 200명을 구한다.

조치 $B$: 1/3의 확률로 600명을 구하고 2/3의 확률로 아무도 구하지 못한다.

두 조치 중 하나만 선택할 수 있다면 무엇을 선택할 것인가?

**질문 2:** 어떤 감염병이 발생하였다. 아무 조치를 하지 않으면 600명이 죽을 것으로 예상된다. 병의 확산을 막는 조치들이 있는데 다음과 같은 효과가 있다.

조치 $C$: 400명이 죽는다.

조치 $D$: 1/3의 확률로 아무도 죽지 않으며, 2/3의 확률로 600이 죽는다.

두 조치 중 하나만 선택할 수 있다면 무엇을 선택할 것인가?

이러한 실험의 결과[34] $A$와 $B$ 중에서는 많은 사람들이 A를 선택했고, $C$와 $D$ 중에는 $D$를 선택하였다고 한다. 그런데 $A$와 $C$는 같은 것이고 $B$와 $D$도 같다. 그러니 $A$와 $B$에 대한 선택은 $C$와 $D$에 대한 선택과 같아야 한다. 이와 달리 왜 위와 같은 현상이 발생했을까? 같은 것을 어떻게 묘사하느냐에 따라 사람들의 선택이 영향을 받는다는 것을 시사한다. 즉, 일종의 프레이밍(framing) 효과이다. 질문 1은 사람을 구하는 방향으로 묘사하고 있고 질문 2는 구하지 못하는 방향으로 묘사하고 있다.

---

**34** Tversky, A., and Kahneman, D. (1981), "The framing of decisions and the psychology of choice," *Science*, 211, 453-58.

## 3 알레의 역설

다음과 같은 선택문제가 주어졌다고 하자. 우선 $A$와 $B$ 중에 하나를 선택해야 하는데, $A$는 0.33의 확률로 250만원을 받고 0.66의 확률로 240만원을 받으며 나머지 0.01의 확률로 아무것도 받지 못한다. $B$는 확실하게 240만원을 받는다. 이번에는 다음과 같은 선택문제를 보자. $C$와 $D$ 중에 하나를 선택하는데, $C$는 0.33의 확률로 250만원을 받고 나머지 0.67의 확률로 아무것도 받지 못한다. $D$는 0.34의 확률로 240만원을 받고 나머지의 확률로 아무것도 받지 못한다.

$A$는 $B$에 대해 위험을 포함한 것으로 볼 수 있다. 즉, 240만원에 주어진 1의 확률에서 0.34만큼을 줄여서, 그것 중에서 0.33은 250만원에 주고 0.01은 0에 주었다. $C$와 $D$도 마찬가지이다. $D$에서 240만원에 준 확률 0.34 중에서 0.33을 250만원에 주고 0.01을 0에 주었다.

이러한 선택문제를 사람들에게 제시한 결과 $A$와 $B$ 중에는 $B$를 선택한 사람들이 많았고, $C$와 $D$ 중에는 $C$를 선택한 사람이 많았다고 한다.

**표 15-1**
알레의 역설

|  | 250만원 | 240만원 | 0원 |
|---|---|---|---|
| $A$ | 0.33 | 0.66 | 0.01 |
| $B$ |  | 1 |  |
| $C$ | 0.33 |  | 0.67 |
| $D$ |  | 0.34 | 0.66 |

하지만 불확실성하의 선택을 기대효용 극대화로 표현할 수 있다는 기대효용가설에 따른다면 이러한 결과는 나올 수 없다. $A$와 $B$ 중에서 $B$를 선호한다면 다음과 같은 부등식이 성립한다.

$$u(240) > 0.33u(250) + 0.66u(240) + 0.01u(0)$$
$$0.34u(240) > 0.33u(250) + 0.01u(0)$$
$$0.34u(240) + 0.66u(0) > 0.33u(250) + 0.67u(0)$$

부등호의 양변에서 $0.66u(240)$을 빼서 두 번째 부등식이 얻어졌고, 양 변에 $0.66u(0)$을 양변에 더해서 마지막 부등식이 얻어졌다. 마지막 부등식은 $B$를 선호하는 사람은 $C$와 $D$ 중에서 $D$를 선호한다는 것을 의미한다. 따라서 기대효용을 극대화하는 사람의 경우에는 $A$보다 $B$를 선호하면서 $D$보다 $C$를 선호할 수 없다. 이러한 현상을 알레의 역설(Allai's paradox)이라 부른다.

직관적으로, 위의 결과는 사람들이 작은 확률의 위험을 기대효용이 시사하는 정도보다 더 크게 느끼기 때문이라 해석할 수 있다. $D$는 실패할 확률(즉, 0원을 받을 확률)이 이미 높은 상태이고 $B$는 실패할 확률이 없다. 위험이 이미 있는 상태에서 위험이 약간 증가하는 것보다 위험이 없는 상태에서 위험이 약간 증가하는 것(즉, $B$에서 $A$로)을 더 꺼리는 성향이 있다.

## 4 불확실성하의 전망이론

전망이론은 가치함수를 이용하여 위의 현상들을 설명한다. 표준 모형의 효용함수를 가치함수로 대체한다. 가치함수가 다음과 같은 형태를 가진다고 하자.

$$v(x) = x^\alpha, \ x \geq 0일 때$$
$$= -\lambda(-x)^\beta, \ x < 0일 때 \tag{15-1}$$

$\alpha$와 $\beta$ 모두 0보다 크고 1보다 작으면, 이득에 대해서 위험기피적이고, 손실에 대해서는 위험선호적 태도를 의미한다. $\lambda > 1$이면 손실회피를 의미한다. 이러한 가치함수는 [그림 15-2]와 같은 형태를 갖는다.

그림 15-2    가치함수의 예

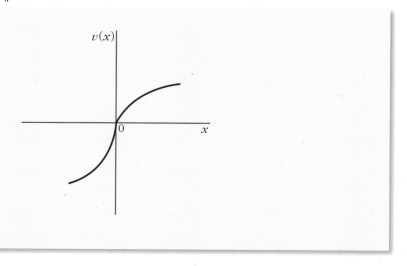

위의 감염병 사례에서 질문 1의 경우 $A$와 $B$에서 구하는 사람의 평균이 동일하므로, $A$를 선호한다는 것은 위험기피 성향을 의미한다. 질문 2에서도 $C$와 $D$의 평균은 같다. 따라서 $D$를 선호한다는 것은 위험선호적 성향을 의미한다. 따라서 (15-1)과 같은 가치함수로 그 사례를 설명할 수 있다.

**예제 15-2** 가치함수가 (1)과 같으면서 $\lambda = 2$, $\alpha = \beta = 0.5$이다. 이때 감염병 사례에서 $B$보다 $A$를 선호하고 $C$보다 $D$를 선호함을 보이시오.

알레의 역설도 전망이론으로 설명될 수 있다. 불확실성이 있을 때 표준모형은 선택의 대안에 대한 기대효용을 이용한다. 기대효용은 확률을 가중치로 이용하여 각 결과의 효용의 가중평균이 된다. 마찬가지로 가치함수의 기댓값을 이용할 수 있다. 다만 확률을 어떻게 느끼는지에 대해서 좀 더 다양한 가능성을 포착할 수 있도록 일반화한다. 즉, 가중치로 확률을 그대로 사용하는 것이 아니라 확률의 함수로 표현하는 것이다.

불확실성 하의 가치 $V$는 다음과 같다.

$$V = \sum_i w_i v(x_i)$$

여기서 $w_i = f(p_1, \cdots, p_n)$로서 확률분포의 함수이다. 이 함수를 통해서 앞의 알레의 역설에서 작은 확률의 사건을 크게 느끼는 성향을 포착할 수 있다. 실패를 의미하는 작은 확률의 사건이 일어날 가능성을 실제 확률보다 더 크게 느낀다면 확률을 그 확률보다 더 높은 값으로 대체하는 것이다.

알레의 역설의 사례에서, $w_i = 0.06 + 0.8 p_i$이고, $v(x) = x$라 하자. 따라서 아주 작은 확률에 대해서는 가중치가 확률보다 높다. 이 경우, 아래의 표를 통하여 $A$보다 $B$를 선호하면서 $D$보다 $C$를 선호함을 알 수 있다.

**표 5-2**
알레의 역설에
대한 설명

| | 확률 | | | 가중치 | | | 기대가치 |
|---|---|---|---|---|---|---|---|
| | 250만원 | 240만원 | 0원 | 250만원 | 240만원 | 0원 | |
| A | 0.33 | 0.66 | 0.01 | 0.324 | 0.588 | 0.068 | 222.1 |
| B | | 1 | | | 0.86 | | 240.0 |
| C | 0.33 | | 0.67 | 0.324 | | 0.596 | 81.0 |
| D | | 0.34 | 0.66 | | 0.332 | 0.588 | 79.7 |

## 15.5 시점간 선택

많은 선택은 시간과 관련된다. 우리는 미래를 위해서 현재의 충동을 참는다. 미래에 좋은 직장을 위해 현재 고통을 참고 열심히 공부한다. 건강 유지를 위해서 헬스클럽에 등록한다. 이러한 시점간 선택(inter-temporal choice) 문제에서도 표준이론의 현상 설명력에 한계가 있음을 행동경제학이 제기해 왔다. 하나의 사례로서 시점간 선택의 시간불일치 현상을 소개하고 그것을 설명하는 쌍곡선 할인 모형을 소개한다.

### 1 쌍곡선 할인

시점간 선택에서 표준 모형은 지수할인을 이용한다. 이것은 소비자의 소비-저축 문제, 기업의 투자 결정 등을 설명하는 데에 효과적이다. 지수할인은 미래를 할인함에 있어서 매 기간 동일한 비율로 할인하는 것을 의미한다. 할인율은 미래의 행복을 현재보다는 작게 느낀다는 특성을 반영한다. 두 개의 대안 중에서 하나를 선택하는 상황에서 각 대안이 특정한 효용의 시간적 흐름을 낳는다고 하자. 그렇다면 두 대안의 비교는 두 효용의 흐름을 비교할 수 있어야 가능하다. 할인율을 이용하면 미래의 효용을 현재의 시점으로 전환하여 두 흐름의 비교가 가능해진다. 가령, 0 부터 $T$ 시점까지의 효용의 흐름이 $\{u_0, u_1, \cdots, u_T\}$라고 하자. 이러한 흐름의 현재가치 합을 도출함에 있어서 지수할인 방식은 다음과 같다.

$$U(u_0, \cdots, u_n) = u_0 + \delta u_1 + \delta^2 u_2 + \cdots + \delta^T u_T$$

다음 시점의 효용을 현재 시점에서 평가할 때에는 $\delta$를 곱해야 하고, $\delta < 1$이면 같은 크기의 효용인 경우 미래보다는 현재를 선호한다는 의미이다. 여기서 $\delta$는 할인인자(discounting factor)라 한다. $\delta$가 작을수록 미래의 효용을 더 크게 할 인하는 것이다. $\delta = \frac{1}{1+r}$이 되는 $r$을 할인율(discounting rate)이라 한다. 따라서 미래를 크게 할인한다는 것은 할인율이 높다는 것을 의미하고 할인인자가 작다는 것이다.

지수할인의 특징은 가까운 미래나 먼 미래에 얻는 효용을 한 기간 할인할 때 동일한 할인율을 적용한다는 것이다. 가령 현재 시점 0에 볼 때, 시점 1의 효용 $u$는 시점 0의 $\delta u$와 무차별하다고 여기며, 시점 10의 효용 $u$는 시점 9의 $\delta u$와 역시 무차별하다고 여긴다. 가까운 미래이건 먼 미래이건 한 기간을 더 기다림에 따라 효용의 크기가 감소하는 정도가 동일하다고 할 수 있다.

행동경제학자들은 이러한 지수할인이 현실의 우리를 충분히 설명하지 못한다고 한다. 가령 다음과 같은 질문을 보자.

(A) 오늘 10만원과 내일 11만원 중 어느 것을 더 원하는가?
(B) 30일 후의 10만원과 31일 후의 11만원 중 어느 것을 더 원하는가?

위의 질문에 대해 많은 사람들이 A에서는 오늘의 10만원을 선택하고, B에서는 31일 후의 11만원을 선택했다. 동일한 두 대안에 대해서 어떤 시점에서 평가하느냐에 따라 선호가 바뀌는 것이다. 어떤 사람이 위의 실험 결과와 같은 선호를 가졌다고 하자. 그리고 오늘이 1월 1일 이라고 하자. 1월 30일에 10만원을 받는 것과 1월 31일에 11만원을 받는 것 중에 이 사람은 1월 31일 받는 것을 더 원한다. 그런데 시간이 흘러 1월 30일이 되었다고 하자. 두 옵션 중에 이 사람은 1월 31일에 11만원 받는 것보다 오늘인 1월 30일에 10만원 받는 것을 더 원하게 되어 두 대안 간에 선호가 바뀌는 것이다. 이와 같이 두 대안에 대한 선호가 현재의 시간이 언제인지에 따라 달라지는 현상을 시간 불일치성(time inconsistency)이라 한다. 두 대안 간의 선호가 일정하게 유지되지 않는다는 것이다.

이런 현상은 지수할인으로는 설명할 수 없다. 오늘의 10만원과 내일의 11만 원 중의 선택은 $u(10)$과 $\delta u(11)$ 중에 어느 것이 크냐는 것이며, 30일 후와 31 후의 선택은 $\delta^{30}u(10)$과 $\delta^{31}u(11)$의 비교이다. 후자의 문제에서 두 값을 $\delta^{30}$으로 나누면 전자의 문제와 동일하게 된다. 즉, 두 질문에 대한 답이 같아야 한다.

왜 이러한 선호의 변화가 발생하는가? 오늘 시점에서 볼 때, 30일 후에 하루 더 기다리는 것에 대해서는 별로 다르지 않다고 여기지만, 오늘 받는 것에 비교해서 내일까지 기다린다는 것은 상당한 손실이라고 여기는 것이다. 즉, 현재에 더 가까운 시점에 대해서는 한 기간 사이에 더 크게 할인하는 것이다.

이러한 현상은 지수할인보다 더 일반적인 할인 방식으로 설명될 수 있다. 지수할인은 직관적으로 그럴듯하다. 한 기간 후의 효용을 할인할 때에 $\delta$를 곱했다면, 두 기간 후의 효용은 $\delta$를 한번 더 곱하는 것이다. 할인이 두 번 일어났으니 그렇게 하는 것이 타당해 보인다. 하지만 반드시 그래야 하는 것은 아니다. 사람들은 다양한 할인 방식으로 설명할 수 있는 시간선호를 가질 수 있다.

한 가지 방법은 다음과 같은 쌍곡선 할인(hyperbolic discounting) 방식이다.

$$U= \sum_{t=0}^{T} \frac{1}{1+at}u_t, \ a>0 \tag{15-2}$$

**그림 15-3**　지수할인과 쌍곡선할인의 비교

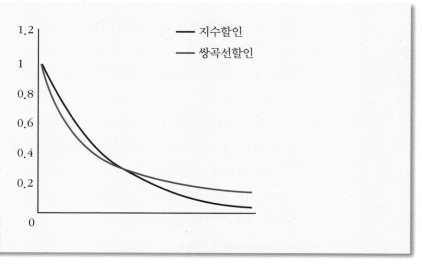

[그림 15-3]은 지수할인과 쌍곡선할인을 비교한다. 그림은 $\delta=0.9$인 지수할인과 $a=0.2$인 쌍곡선 할인을 따라 미래 시점의 효용에 적용하는 계수의 값을 보여준다. 그림에서 보듯이 쌍곡선 할인으로 지수할인보다 가까운 미래는 더 크게 할인하고 먼 미래는 더 작게 할인하는 것이 가능하다.

 **예제 15-3** 쌍곡선할인의 경우, $a>0.1$이면 내일의 11만원보다 오늘의 10만원을, 30일 후의 10만원보다 31일 후의 11만원을 선호한다는 것을 보이시오.

지수할인보다 가까운 미래는 상대적으로 더 크게 할인하고 먼 미래는 작게 할인하는 것이 반드시 (2)의 형태를 띠는 경우에만 가능한 것은 아니다. 간단한 하나의 예로서 다음과 같은 할인 방식을 생각해 볼 수 있다.

$$U(u_0, \cdots, u_n)=u_0+\beta\delta u_1+\beta\delta^2 u_2+\cdots+\beta\delta^T u_T$$
$$=u_0+\beta\{\delta u_1+\delta^2 u_2+\cdots+\delta^T u_T\}$$

모든 미래에는 현재에 비해서 동일하게 $\beta<1$의 할인인자를 먼저 적용한다. 그리고 미래 시점 간에는 지수할인의 방식을 적용한다. 이러한 할인방식을 준쌍곡선 할인(quasi-hyperbolic discounting) 또는 $\beta-\delta$ 할인($\beta-\delta$ discounting)이라 부른다. $\beta<1$, $\delta=1$이라면, 모든 미래의 효용은 동일하게 $\beta$ 만큼을 할인한다. 즉, 가까운 미래이건 먼 미래이건 동일하게 여기지만 현재와 미래 사이에는 할인이 적용된다. $\delta<1$인 경우에도 $\beta<1$이면 그러한 성격은 유지된다. 현재 시점이 미래의 다른 시점과 달리 취급된다. 즉, 모든 미래에 대해서 공통되는 할인을 추가한다는 것은 특별히 현재를 선호하는 경향이 강하다는 것을 의미하며, 이런 의미에서 현재편향선호(present biased preference)라 한다. 현재 편향이라 부르는 이유는 가까운 미래는 먼 미래보다 상대적으로 더 크게 할인하기 때문에 현재를 더욱 중요하게 생각한다는 것이다. 위의 $\beta-\delta$할인에서 $\beta$가 현재편향의 크기를 의미한다. 그것이 작을수록 미래보다 현재에 더 큰 가중치를 주는 것이다.

**예제 15-4**    $\beta$가 0.9이고 $\delta$가 0.95일 때, 오늘의 10만원과 내일의 11만원에 대한 선택과 30일 후의 10만원과 31일 후의 11만원의 선택을 구하시오.

이와 같이 현재 편향이 시간불일치(time inconsistency) 현상을 설명한다. 우리는 일상에서 시간불일치성을 많이 경험한다. 새해부터 담배를 끊겠다고 결심하고는 막상 새해가 되면 그런 결심을 지키지 못한다. 작심삼일이 바로 그 현상이다. 다이어트를 위해서 앞으로 군것질을 안 하기로 결심한다. 하지만 막상 눈앞에 맛있어 보이는 케이크가 있으면 손이 간다. 숙제를 미리미리 하겠다고 결심하지만, 계속 미루다가 결국 제출일 바로 전날 밤에 몰아서 해치운다.

귀찮은 일은 지금보다 나중에 하는 것이 더 좋고, 지금의 행복이 나중의 행복보다 낫다는 것은 참을성이 없는 인간의 심리를 의미한다. 이런 성향은 미래를 할인하는 것으로 충분히 표현된다. 즉, 지수할인에서 할인인자가 참을성을 의미한다. 그것이 작을수록 참을성이 없는 것이다. 하지만 이것이 시간불일치를 의미하지는 않는다. 지수할인인 사람도 오늘보다 제출일 전날 숙제하는 것을 선호한다. 여기서 주목하는 것은 오늘은 숙제를 뒤로 미루기를 원하지 않지만 결국은 시간이 흐름에 따라 뒤로 미루게 된다는 것이다.

## ② 자기 통제의 문제

시간불일치성의 문제는 '현재의 나'와 '미래의 나'가 서로 다른 선호를 가진다는 데 있다. 현재의 나는 미래의 내가 어떤 행위를 선택하기를 원하지만 미래의 시점이 되었을 때 결정의 주체는 그 시점의 나, 즉, '미래의 나'이고 그는 '현재의 나'가 원하는 대로 선택하지 않을 수 있다. 이런 상황에서 행위의 선택은 어떻게 이루어지는가? 그것은 선택의 주체가 얼마나 현명하냐에 따라 다르다. 사람들을 순진하거나 세련된 경우로 나누어 볼 수 있다. 순진한(naive)한 사람은 미래 시점에 나의 선호가 달라질 것을 인식하지 못한다. 반면에 세련된(sophisticated) 사람은 선호가 바뀔 수 있다는 것을 알며 그것을 감안하여 행동한다.

아래의 동태적 선택 문제를 하나의 사례로 들어보자. 어떤 대학생이 다음 주 월요일에 제출해야 하는 과제를 수행해야 한다. 현재는 금요일 오전인데 과제는 금요일, 토요일, 일요일 중 어느 하루에 수행할 수 있다. 과제를 수행하는 날에는 효용이 −5가 된다. 금요일에 수행한다면 주중이라 다른 일로 바빠서 과제가 부실해져 좋은 점수를 기대하기 어렵다. 이 경우 월요일 과제 평가에 의해서 결정되는 효용은 4가 된다. 반면에 주말에 과제를 수행하면 월요일에 얻는 효용은 10이다. 금요일에 과제를 완수하면 토요일과 일요일을 즐겁게 보낼 수 있다. 아래의 표는 이러한 상황을 보여준다. 행은 숙제를 수행하는 요일을 나타내며 열은 각 요일의 시점에 얻는 효용을 의미한다.

| 표 15-3 | 현재 시점 | 금요일 | 토요일 | 일요일 | 월요일 |
|---|---|---|---|---|---|
| 과제 수행의 사례 | 숙제 옵션 | | | | |
| | 금요일에 하기 | −5 | 5 | 10 | 4 |
| | 토요일에 하기 | 0 | -5 | 10 | 10 |
| | 일요일에 하기 | 0 | 5 | -5 | 10 |

우선 학생이 지수할인을 한다고 해보자. $\beta-\delta$할인에서 $\beta=1$인 경우이다. $\delta=0.9$라면 각 옵션을 선택할 때의 현재가치 합은 〈표 15−4〉와 같다. 금요일에 과제를 수행하면 효용의 흐름이 (−5, 5, 10, 4)이므로 현재가치 합은 10.5가 된다. 토요일에 수행하면 10.9, 일요일에 수행하면 7.7이다. 따라서 금요일에 학생은 토요일에 수행하는 것을 선택한다. 시간이 흘러 토요일이 되었다. 금요일에 수행하는 옵션은 불가능해졌으므로 이제 선택의 대안은 토요일과 일요일이다. 이 시점의 현재가치 합을 계산하면 토요일은 12.2, 일요일은 8.6이다. 따라서 토요일에 과제를 수행한다. 금요일에 선택한대로 행동하므로 시간불일치성이 없다.

| 표 15-4 | 현재 시점 | 금요일 | 토요일 | 일요일 |
|---|---|---|---|---|
| 지수할인의 경우 | 숙제 옵션 | | | |
| | 금요일에 하기 | 10.5 | | |
| | 토요일에 하기 | 10.9 | 12.1 | |
| | 일요일에 하기 | 7.7 | 8.6 | 4 |

이제는 준쌍곡선할인을 한다고 하자. $\beta=0.7$, $\delta=0.9$인 경우 각 옵션의 현재

가치 합은 〈표 15-5〉와 같다. 금요일 시점에, 토요일의 값이 가장 높으므로 토요일에 수행하는 것을 선호한다. 하지만, 금요일에 과제를 수행하지 않고서 토요일이 되었다면 상황은 달라진다. 막상 토요일이 되었을 때에는 아래의 표가 보여주듯이 일요일에 수행하는 것이 더 낫다. 토요일과 일요일의 두 옵션에 대한 선호가 달라진 것이다.

**표 15-5**
쌍곡선할인의
경우

| 현재 시점<br>숙제 옵션 | 금요일 | 토요일 | 일요일 |
|---|---|---|---|
| 금요일에 하기 | 5.9 | | |
| 토요일에 하기 | 7.6 | 7.0 | |
| 일요일에 하기 | 5.4 | 7.5 | 1.3 |

  학생이 어떤 요일에 과제를 수행하게 될지는 학생이 순진한 타입인지 세련된 타입인지에 따라 다르다. 우선 순진한 타입이라고 하자. 그는 토요일이 되면 선호가 바뀐다는 사실을 예상하지 못한다. 따라서 금요일 시점에는 토요일에 과제를 하기로 한다. 그리고 막상 토요일이 되었을 때는 일요일로 미루게 되므로 결국 일요일에 과제를 수행한다. 금요일의 시점에서 본다면 세 옵션 중에 가장 나쁜 대안을 선택하는 셈이다.

  이번에는 세련된 타입이라 하자. 그는 토요일이 되면 결국은 일요일에 과제를 수행하게 된다는 것을 금요일에 인지한다. 즉, 금요일 시점에 토요일은 선택가능하지 못한 옵션인 것이다. 따라서 금요일과 일요일을 비교해서 금요일의 현재 가치 합이 더 크므로 금요일에 과제를 수행한다.

  시간이 흐름에 따라 선호가 변하여 '현재의 나'가 '미래의 나'의 선택을 통제하려는 유인이 생긴다. 이러한 문제를 자기통제의 문제(self-control problem)이라 한다. '미래의 나'는 과거의 자신의 선호를 고려할 이유가 없으므로 자기통제는 쉽지 않다. 위의 학생은 토요일에 반드시 과제를 하겠다고 금요일에 굳게 마음을 먹는다. 하지만 막상 토요일이 되면 일요일로 미루려는 유혹을 받게 된다. 강력한 의지력을 가진 사람의 경우에는 그러한 유혹을 뿌리칠 수도 있겠지만 쉽지 않다. 이러한 문제를 인지해서 우리는 나름의 방안을 모색한다. 가령, 다음 달부터 담배를 끊기로 마음먹은 경우 스스로의 약속을 지키는 것이 어렵다는 것을 알고는 그 약속을 지킬 수 있도록 담배를 끊지 못하면 돈을 주기로 가족이나 친구와 약속한다. 위의 사례에서 학생은 토요일에 과제를 수행하지 않으면 친구에게 벌금을 지불하기로 금요일 시점에 약속한다. 벌금이 충분히 크면 토요일이 되었을 때 일요일로 미루는 것이 사실상 불가능해지므로 토요일에 과제를 수행한다.

 이와 관련하여 많이 인용되는 것은 호머의 서사시 오디세이이다. 주인공인 오디세우스가 사이렌의 아름다운 음악을 들으면 배를 절벽으로 몰아서 침몰하게 될 것을 알기 때문에 부하에게 자신을 단단히 묶으라고 명령한다. 스스로는 음악의 유혹을 뿌리칠 수 없다는 것을 알기 때문에 자신이 미래에 선택할 수 있는 대안을 제거하는 것이다. 표준이론의 호모 이코노미쿠스에게는 이런 현상이 있을 수 없다. 할인점에 가서 와인을 박스로 구입하면 병당 더 저렴한 가격에 구입할 수 있다는 것을 알면서도 근처 와인샵에서 비싼 와인을 한 병씩 산다. 집에 와인이 많으면 결국 와인을 너무 많이 마시게 될 것을 우려하는 것이다. 앞에서 설명한 매몰비용 오류를 이용하기도 한다. 비싼 헬스클럽에 가입하면 지불한 돈이 아까워서 열심히 클럽에 갈 것이라고 생각하여 싼 헬스클럽은 포기하고 비싼 클럽에 가입한다.

## 연습문제

**15-1** 김 과장의 가치함수는 이득의 경우(즉, $x \geq 0$), $v(x) = \sqrt{\dfrac{x}{3}}$이고, 손실의 경우 $(x < 0)$, $v(x) = -3\sqrt{-x}$이다.

(a) 김 과장은 회사에서 48만원의 보너스를 받고, 오랜 친구가 27만원 빌려 간 돈을 갚았다. 둘 다 예상하지 못한 것이었다. 두 이득을 합한다면 총 가치는 얼마인가? 두 이득을 분리한다면 총 가치는 얼마인가? 둘 중 무엇이 더 나은 가?

(b) 김 과장은 집에 오는 길에 48만원의 현금을 잃어버렸다는 것을 알았다. 또 수도가 고장이 나서 수리하는데 27만원이 들었다. 두 손실은 합하는 것이 나은가, 나누는 것이 나은가?

**15-2** 아래와 같은 도박에서, $E$와 $F$ 중에서 $F$를 선택하고, $G$와 $H$ 중에 $G$를 선택하는 사람의 경우에는 기대효용가설이 성립하지 않음을 보이시오.

|  | 상금과 확률 | |
|:---:|:---:|:---:|
| $E$ | 6백만원, 0.45 | 0원, 0.55 |
| $F$ | 3백만원, 0.9 | 0원, 0.1 |
| $G$ | 6백만원, 0.001 | 0원, 0.999 |
| $H$ | 3백만원, 0.002 | 0원, 0.998 |

**15-3** 영희는 가치함수가 이득의 경우에는 $v(x) = \sqrt{\dfrac{x}{2}}$이고, 손실의 경우에는 $v(x) = -2\sqrt{-x}$이다.

(a) 우선 100만원이 받는다. A 옵션은 50%의 확률로 100만원을 더 벌 수 있다. B 옵션은 50만원을 확실히 더 번다. 영희는 A와 B 중 어느 것을 선택하겠는가?

(b) 이번에는 200만원을 받는다. C 옵션은 50% 확률로 100만원을 잃는다. D 옵션은 확실히 50만원 잃는다. 영희는 C와 D 중에서 어느 것을 선택하겠는가?

**15-4** 박 사장이 암검사를 받을지를 고민하고 있다. 현재는 시점 0이고, 시점 1에 검사를 받을지 안 받을지를 선택한다.

옵션 a: 시점 1에 검사를 받고(효용은 0), 시점 2에 건강하다. (효용은 18)

옵션 b: 시점 1에 검사를 안받고(효용은 6), 시점 2에 건강하지 못하다. (효용은 0)

(a) 박 사장의 시간선호는 지수할인을 따르며 할인인자 $\delta = \frac{2}{3}$이다. 시점 0에 두 옵션 중에 어느 것을 선호하는가? 시점 1에는 어느 것을 선호하는가?

(b) 이번에는 박 사장이 준쌍곡선할인을 따르며, $\beta = \frac{1}{6}$이고 $\delta = 1$이다. 시점 0에 어느 옵션을 선호하는가? 시점 1에는 어떠한가?

**15-5** 동네 극장에서 앞으로 4주 동안 매주 서로 다른 영화를 상영한다. 4개의 영화는 평론가들의 평가에 따르면 각각 등급 0에서 3까지 받았다. 등급이 높을수록 수준이 높다. 재석이는 영화를 좋아해서 4개의 영화를 모두 보고 싶은데 가진 돈이 여유가 없어서 4개 중에 3개만 볼 수 있다. 4개 중에 어느 것을 포기할지를 선택해야 한다. 이번 주(시점 0)에는 등급 0의 영화를 상영하며 이 영화를 관람하면 재석이의 효용은 $u_0 = 3$을 얻는다. 다음 주(시점 1)에는 등급 1의 영화를 상영하며 효용은 $u_1 = 5$이다. 그 다음 주(시점 2)에는 등급 2의 영화를 상영하며 효용은 $u_2 = 8$이고 그 다음 주에는 등급 3의 영화를 상영하고 효용은 $u_3 = 13$이다. 재석이는 $\beta - \delta$ 할인을 따른다.

(a) $\delta = 1$, $\beta = 1$이라 하자. 즉, 재석이는 지수할인을 따른다. 시점 0에 어느 영화를 포기하는 것이 가장 좋은가?

(b) $\delta = 1$, $\beta = 0.5$이라 하자. 즉, 현재편향을 가진다. 재석이는 순진한(naive) 타입이라 하자. 시점 0에 어느 영화를 포기하겠는가? 시점 0에 영화를 관람했다면 시점 1에는 어느 영화를 포기하는가? 시점 0과 1에 영화 관람했다면 시점 2에는 어느 영화를 포기하는가? 결국은 어느 영화를 포기하게 되는가?

(c) $\delta = 1$, $\beta = 0.5$이고, 재석이가 세련된(sophisticated) 타입이라 하자. 재석이는 어느 시점의 영화를 포기하겠는가?

# 예제 해답

# 2  소비집합과 예산집합

**예제 2-1**  2부요금제의 경우 [그림 1]의 검은 선 $\overline{ABC}$이며, 3부요금제의 경우 예산선은 빨간 선 $\overline{ABDE}$이다. (그림에서 상품 1의 단위는 분, 상품 2의 단위는 천원)

**그림 1**  기본료, 사용료가 있는 경우 예산집합

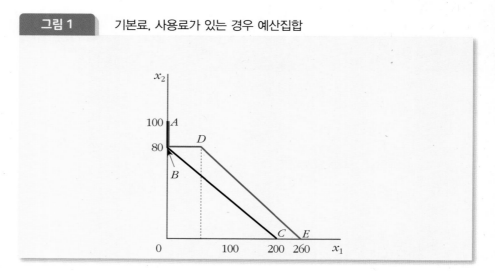

**예제 2-2**  여가의 가격은 기회비용으로 산정한다. 소비자가 1시간을 여가 시간으로 선택하면 그 시간만큼 일하는 것을 포기하는 것이므로 기회비용은 10,000원이 된다. 따라서 여가 1

**그림 2**  여가와 소비의 경우 예산집합

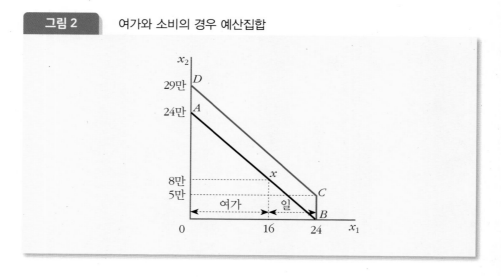

시간의 가격은 10,000원이 된다. 그러므로 예산선은 [그림 2]의 검은 선 $\overline{AB}$와 같다. 정부가 기본소득 5만원을 지급하면 예산선은 빨간 선 $\overline{BCD}$가 된다.

| **3** | **선호와 효용함수** |
|---|---|

**예제 3-1**

무차별곡선은 동일한 효용을 주는 상품묶음들의 집합이므로, 예를 들어 효용수준을 10으로 잡아보자. 그럼 효용수준이 10이 되는 상품묶음은 $x_1 x_2 = 10$을 만족하는 $(x_1, x_2)$들의 집합이 된다. 따라서 무차별곡선은 $x_2 = 10/x_1$의 그래프가 된다. 효용수준을 20, 30으로 바꾸면 무차별곡선은 각각 $x_2 = 20/x_1$, $x_2 = 30/x_1$의 그래프가 된다. 따라서 무차별지도는 [그림 3-9]와 같다.

**예제 3-2**

상품 1의 한계효용은 식 (3-9)를 활용하여 구할 수 있다. 사실 식 (3-9)는 2변수 함수를 변수 $x_1$에 대하여 편미분하여 편도함수를 구하는 공식이다. 따라서 상품 1의 한계효용은 함수 $u(x_1, x_2) = x_1^2 x_2^2$를 $x_1$에 대해 편미분하여 구할 수 있다. 이는 $x_2$를 상수로 간주하고 $x_1$에 대해 미분하는 것과 동일하므로 $MU_1(x) = 2x_1 x_2^2$가 된다. 마찬가지 방법으로 상품 2의 한계효용은 함수 $u(x_1, x_2) = x_1^2 x_2^2$를 $x_2$에 대해 편미분하여 구할 수 있다. 이는 $x_1$을 상수로 간주하고 $x_2$에 대해 미분하면 되므로 $MU_2(x) = 2x_1^2 x_2$가 된다. 그러므로 상품묶음 $x = (1, 3)$에서 상품 1과 2의 한계효용을 각각 18과 6이 된다.

**예제 3-3**

예제 3-2에서와 같이 $MU_1(x) = 2x_1 x_2^2$, $MU_2(x) = 2x_1^2 x_2$이므로 $MRS_{12}(x)$는 다음과 같다.

$$MRS_{12}(x) = -\frac{\Delta x_2}{\Delta x_1} = \frac{MU_1(x)}{MU_2(x)} = \frac{2x_1 x_2^2}{2x_1^2 x_2} = \frac{18}{6} = 3$$

따라서 상품묶음 $x = (1, 3)$에서 상품 1의 소비를 1단위 증가(감소)시키면 상품 2의 소비를 3단위 감소(증가)시켜야 만족도가 이전과 동일해진다.

## 4 — 소비자의 최적 선택과 수요

**예제 4-1**

콥-더글라스 효용함수의 각 상품의 최적 수요량은 다음과 같다.

$$x_1^* = 5,\ x_2^* = 10,\ x_1' = 2.5,\ x_2' = 10$$

따라서 상품묶음 $x^*$를 소비할 때 누리는 효용은 $u^* = 50$, $x'$을 소비할 때 누리는 효용은 $u' = 25$가 된다.

힉스 보상은 $p^*$에서 누리는 효용 수준인 $u^* = 50$을 변한 가격 $p'$ 하에서도 누릴 수 있도록 최소한의 소득을 보상해 주어야 하므로 필요한 소득 수준을 $I_H$라고 하면 다음과 같이 계산할 수 있다.

$$\left(\frac{1}{2}\frac{I_H}{4}\right)\left(\frac{1}{2}\frac{I_H}{1}\right) = u^* = 50$$

이 식을 풀면 $I_H = 20\sqrt{2} \approx 28.3$이 된다. 따라서 힉스 보상을 위해서는 소득을 $28.3 - 20 = 8.3$만큼 증가시켜 주어야 한다.

한편 슬루츠키 보상은 $p^*$에서 소비하였던 $x^*$를 변한 가격 $p'$ 하에서도 소비할 수 있도록 최소한의 소득을 보상해 주어야 하므로 필요한 소득 수준을 $I_S$라고 하면 다음과 같이 계산할 수 있다.

$$I_S = p'x^* = 4 \times 5 + 1 \times 10 = 30$$

따라서 슬루츠키 보상을 위해서는 소득을 $30 - 20 = 10$만큼 증가시켜 주어야 한다.

**예제 4-2**

콥-더글라스 효용함수의 경우, 각 상품의 수요함수는 $x_1 = \dfrac{I}{2p_1}$, $x_2 = \dfrac{I}{2p_2}$이므로 가격이 $p$에서 $p'$으로 바뀌면 수요가 $x = (50, 50)$에서 $x' = (25, 50)$으로 바뀐다.

### ① 보상변화의 계산

변한 가격에서 변하기 전과 동일한 효용수준을 누릴 수 있는 소득(즉, $e(p_1', p_2', u)$)을 구하면 다음과 같다.

$$\left(\frac{I}{4}\right)^{\frac{1}{2}}\left(\frac{I}{2}\right)^{\frac{1}{2}} = 50^{\frac{1}{2}}50^{\frac{1}{2}}$$

따라서 $I = 100\sqrt{2} \approx 141$. 그러므로 보상변화는 $100 - 141 = -41$이 된다. 즉 가격상승으로 인한 후생의 감소를 화폐 금액으로 환산하면 약 $-41$ 정도에 해당한다는 것이다.

### ② 동등변화 계산

변하기 이전 가격에서 변화 후와 동일한 효용수준을 누릴 수 있기 위한 최소

소득, 즉 $e(p_1^*, p_2^*, u')$를 구하면 다음과 같다.

$$\left(\frac{I}{2}\right)^{\frac{1}{2}}\left(\frac{I}{2}\right)^{\frac{1}{2}} = 25^{\frac{1}{2}}50^{\frac{1}{2}}$$

따라서 $I = 50\sqrt{2} \approx 70$. 그러므로 동등변화는 $70 - 100 = -30$이 된다. 즉 가격변화 이전에는 화폐 금액 70으로 누릴 수 있었던 효용 수준을 가격상승 이후에는 100이 필요하므로 후생의 감소를 화폐 금액으로 환산하면 약 $-30$ 정도에 해당한다는 것이다.

예제 4-3

라그랑즈 함수는 $\mathcal{L}(\lambda, x_1, x_2) = x_1^2 x_2^2 + \lambda(I - x_1 - x_2)$이며, 1계 필요조건은 다음과 같다.

$$\frac{\partial \mathcal{L}}{\partial \lambda} = 10 - x_1 - x_2 = 0 \cdots\cdots\cdots\cdots\cdots ①$$

$$\frac{\partial \mathcal{L}}{\partial x_1} = 2x_1 x_2^2 - \lambda = 0 \cdots\cdots\cdots\cdots\cdots ②$$

$$\frac{\partial \mathcal{L}}{\partial x_2} = 2x_1^2 x_2 - \lambda = 0 \cdots\cdots\cdots\cdots\cdots ③$$

식 ②와 ③으로부터 다음의 조건식을 도출할 수 있다.

$$\frac{x_2}{x_1} = 1$$

따라서 $x_1 = x_2$가 성립하며, 이를 식 ①에 대입하면 $x_1^* = 5$, $x_2^* = 5$이 된다.

마지막으로 이 상품묶음이 2계 충분조건을 만족하는지를 확인해 보면 다음과 같다.

$$\begin{vmatrix} 0 & -p_1 & -p_2 \\ -p_1 & u_{11} & u_{12} \\ -p_2 & u_{21} & u_{22} \end{vmatrix} = \begin{vmatrix} 0 & -1 & -1 \\ -1 & 2x_2^2 & 4x_1 x_2 \\ -1 & 4x_1 x_2 & 2x_1^2 \end{vmatrix} = \begin{vmatrix} 0 & -1 & -1 \\ -1 & 50 & 100 \\ -1 & 100 & 50 \end{vmatrix} = 100 > 0$$

따라서 $x^* = (5, 5)$는 효용을 극대화하는 최적 상품묶음이다.

## 6 ── 생산과 비용

$q = l^2$의 경우, $MP = 2l$, $AP = 1$. $q = \sqrt{l}$의 경우, $MP = \dfrac{1}{2\sqrt{l}}$, $AP = \dfrac{1}{\sqrt{l}} \cdot q = 5l$의 경우, $MP = 5$, $AP = 5$.

$MP_L = k$, $MP_K = l$이므로, $MRPS = \dfrac{MP_L}{MP_K} = \dfrac{k}{l} = \dfrac{20}{10} = 2$.

예제 6-3

$MP_L = al^{\alpha-1}k^{\beta-1}$, $MPK = \beta l^\alpha k^{\beta-1}$이므로, $MRTS = \dfrac{MP_L}{MP_K} = \dfrac{al^{\alpha-1}k^\beta}{\beta l^\alpha k^{\beta-1}} = \dfrac{\alpha}{\beta}\dfrac{k}{l}$이다. 등량곡선을 따라 오른쪽 하래로 이동하면 $\dfrac{k}{l}$가 감소하므로 $MRTS$도 감소한다. $\dfrac{dMP_L}{dl} = \alpha(\alpha-1)l^{\alpha-2}k^\beta$이고, $\dfrac{dMP_K}{dk} = \beta(\beta-1)l^\alpha k^{\beta-2}$이므로, 노동의 한계생산은 $\alpha < 1$일 때 체감하고 $\alpha > 1$일 때 체증한다. 마찬가지로 자본의 한계생산은 $\beta < 1$일 때 체감하고 $\beta > 1$일 때 체증한다.

예제 6-4

$f(l,\ k) = l^\alpha k^\beta$이라 두자. 임의의 $t > 1$에 대하여, $f(tl,\ tk) = (tl)^\alpha(tk)^\beta = t^{\alpha+\beta}l^\alpha k^\beta = t^{\alpha+\beta}f(l,\ k)$이므로 규모수익이 체감할 조건은 $\alpha+\beta < 1$이고, 체증할 조건은 $\alpha+\beta > 1$이다. $\alpha < 1$일 때 노동의 한계생산이 체감하고, $\beta < 1$일 때 자본의 한계생산이 체감하므로, 가령, $\alpha = 0.7$, $\beta = 0.7$이면 요소의 한계생산은 체감하지만 규모수익이 체증한다.

예제 6-5

$LC = 2\sqrt{wrq}$, $LMC = LAC = 2\sqrt{wr}$

## 7 생산물 공급과 요소 수요

예제 7-1

$MR = \dfrac{1}{8\sqrt{q}}$, $MC = q$, 이윤을 극대화하는 생산량은 $q^* = \dfrac{1}{4}$.

예제 7-2

$MC = 2q + 1{,}000$, $AVC = q + 1{,}000$, $PS = \dfrac{1}{2} \times 1{,}000 \times 500 = 250{,}000$.

# 8 전략적 선택

**예제 8-1**

운전자 1과 2가 순수전략 '핸들 돌리기'에 부여하는 확률을 각각 $p_1$과 $p_2$라 하자. 그러면, 운전자 1과 2의 혼합전략은 각각 $(p_1, (1-p_1))$과 $(p_2, (1-p_2))$로 표현된다. 그리고 혼합전략에 따른 운전자 1과 2의 기대보수를 $E_1$과 $E_2$라 하자. 그러면 $E_1 = p_1[0 \cdot p_2 - 8(1-p_2)] + (1-p_1)[8p_2 - 800(1-p_2)]$가 된다. $p_2 = \frac{99}{100}$이면 운전자 1이 $p_1$에 어떠한 확률을 부여하더라도 $E_1 = -\frac{8}{100}$로 일정하다. 왜냐하면, $p_2 = \frac{99}{100}$일 때, $[0 \cdot p_2 - 8(1-p_2)]$ $= [8p_2 - 800(1-p_2)]$가 성립하기 때문이다. 그러므로 운전자 2가 '핸들 돌리기'에 $p_2 = \frac{99}{100}$의 확률을 부여하면, 운전자 1이 '핸들 돌리기'에 0에서 1사이 어떠한 확률을 부여하더라도 최적 대응전략이 된다. 그런데 운전자 2가 '핸들 돌리기'에 $p_2 = \frac{99}{100}$보다 큰 확률을 부여하면, 즉, $p_2 > \frac{99}{100}$, $[0 \cdot p_2 - 8(1-p_2)] < [8p_2 - 800(1-p_2)]$가 성립하여, 운전자 1은 '핸들 돌리기'에 0의 확률을 부여하는 것이 최적 대응전략이 된다. 이와 반대로, 운전자 2가 '핸들 돌리기'에 $p_2 = \frac{99}{100}$보다 작은 확률을 부여하면, 즉, $p_2 < \frac{99}{100}$, $[0 \cdot p_2 - 8(1-p_2)] > [8p_2 - 800(1-p_2)]$가 성립하여, 운전자 1은 '핸들 돌리기'에 1의 확률을 부여하는 것이 최적 대응전략이 된다. 운전자 2의 '핸들 돌리기'에 부여하는 확률 $p_2$에 대한 운전자 1이 '핸들 돌리기'에 부여하는 최적 대응전략 $p_1$의 관계를 $(p_1, p_2)$ 평면에 그림으로 나타내면, 점선으로 표현된 곡선이다.

이와 유사한 방법으로 운전자 1의 '핸들 돌리기'에 부여하는 확률 $p_1$에 대한 운전자 2가 '핸들 돌리기'에 부여하는 최적 대응전략 $p_2$의 관계를 $(p_1, p_2)$ 평면에 그림으로 나타내면, 직선으로 표현된 곡선이다. $E_2 = p_2[0 \cdot p_1 - 8(1-p_1)] + (1-p_2)[8p_1 - 800(1-p_1)]$가 됨을 확인하자. 내쉬균형을 찾는 방법 2에 의하면, 모든 경기자의 최적 대응전략이 동시에 성립하는 전략프로파일이 내쉬균형이므로, 그림에서 운전자 1의 최적 대응전략을 나타내는 점선으로 표현된 곡선과 운전자 2의 최적 대응전략을 나타내는 직선

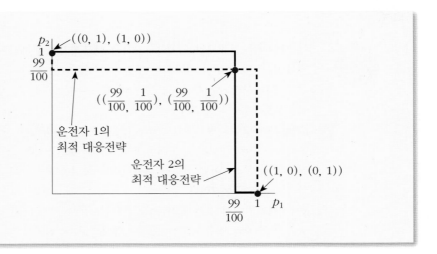

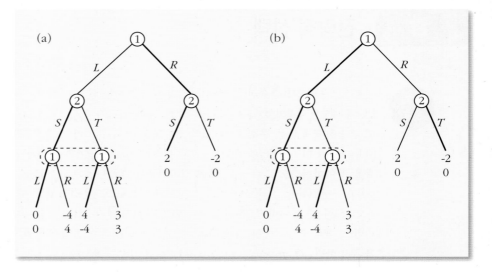

으로 표현된 곡선이 만나는 점이 내쉬균형이 된다. 이 치킨 게임에서는 그림에 의하면 교점이 세 군데에서 발생된다. 따라서 내쉬균형을 표현하면 다음과 같다. $((0, 1), (1, 0)), ((\frac{99}{100}, \frac{1}{100}), (\frac{99}{100}, \frac{1}{100})), ((1, 0), (0, 1))$. 혼합전략에 의한 내쉬균형 $((0, 1), (1, 0))$과 $((1, 0), (0, 1))$는 각각 순수전략 사용시 얻은 내쉬균형 (직진하기, 핸들 돌리기)과 (핸들 돌리기, 직진하기)에 해당한다. 또 다른 내쉬균형 $((\frac{99}{100}, \frac{1}{100}), ((\frac{99}{100}, \frac{1}{100}))$은 운전자 1과 2가 각각 순수전략 '핸들 돌리기'에 $\frac{99}{100}$의 확률을 부여하는 것을 나타낸다.

마디 $a$, $d$, $e$에서 각각 시작하는 부분게임과 전체게임 등 네 가지의 부분게임이 존재한다.

이 게임에는 전체게임 외에 두 가지의 부분게임이 존재한다. 하나는 경기자 1이 $L$을 선택한 후 마디 ②부터 시작되는 부분게임이고 다른 하나는 경기자 1이 $R$을 선택한 후 마디 ②부터 시작되는 부분게임이다. 전자의 부분게임을 $L$-부분게임, 후자의 부분게임을 $R$-부분게임이라 부르자.

$L$-부분게임에서 경기자 1의 $L$ 전략은 우월한 전략이다. 이에 대한 경기자 2의 최적 대응전략은 $S$이므로, $L$-부분게임에서 유일한 내쉬균형은 $(S, L)$이다. 한편, $R$-부분게임에서 경기자 2는 어떤 전략을 취하더라도 동일한 보수를 얻으므로, 경기자 2의 보수극대화 전략은 $S$ 또는 $T$이다.

$R$-부분게임에서 경기자 2가 $S$를 선택할 것이 예상된다면, 최초의 시점에서 경기자 1은 $L$ 선택 시 0의 보수를 얻을 것으로 예상하고, $R$ 선택시 2의 보수를 얻을 것으로 예상

하므로, 경기자 1은 $R$을 선택한다. 따라서 부분게임완전균형은 그림의 게임 트리 (a)에서 진한 선으로 표시된다. 그런데 부분게임완전균형이 하나 더 있다. $R$-부분게임에서 경기자 2가 $T$를 선택할 것이 예상된다면, 최초의 시점에서 경기자 1은 $L$ 선택시 0의 보수를 얻을 것으로 예상하고, $R$ 선택시 $-2$의 보수를 얻을 것으로 예상하므로, 경기자 1은 $L$을 선택한다. 따라서 다른 하나의 부분게임완전균형은 그림의 게임 트리 (b)에서 진한 선으로 표시된다.

## 9 완전경쟁시장

**예제 9-1**

개별 기업의 한계비용함수는 $MC=q_i$이다. 개별 기업은 이윤극대화 조건 $p=MC$에 따라 생산량을 결정하므로, 개별 기업의 공급함수는 $q_i=p$이다. 주어진 $p$에서 100개 기업의 생산량의 합이 시장공급량이므로, 시장공급량을 $q^S$로 표현하면 $q^S=100q_i$이다. 그런데 $q_i=p$이므로, 시장공급함수는 $q^S=100p$이다.

**예제 9-2**

장기균형에서 각 기업은 장기평균비용이 최소가 되는 $q=10$을 생산하며, 시장균형가격은 장기평균비용의 최솟값인 100이다. 따라서 장기균형에서 시장거래량은 시장수요함수를 통해 900임을 알 수 있다. 각 기업이 10을 생산하므로, 시장에는 90개의 기업이 존재한다.

## 10 독점시장

**예제 10-1**

역시장수요함수는 $p=1-q$이므로 $MR=1-2q$이고, $MC=\frac{1}{2}$이다.
(a) $q=\frac{1}{2}$에서 $MR=0<MC=\frac{1}{2}$이므로, 생산량을 줄여야 한다.
(b) $MR=1-2q=MC=\frac{1}{2}$를 만족하는 생산량은 $q^M=\frac{1}{4}$이다. 이를 수요함수에 대입하면, 균형가격은 $p^M=\frac{3}{4}$이다.
(c) 사회후생은 소비자잉여와 생산자잉여의 합이고, 생산자잉여는 기업의 이윤 중 생산

량 변화에 영향을 받는 부분이다. 독점기업의 비용함수계 고정비용이 없으므로 독점기업의 이윤이 곧 생산자잉여가 된다. 균형에서 독점기업의 이윤은 $\frac{1}{16}$, 수요곡선을 이용하여 소비자잉여 $\frac{1}{32}$으로 계산되므로, 사회후생은 $\frac{3}{32}$이다.

**예제 10-2**

독점균형생산량에서 시장가격은 $\frac{3}{4}$이며, 시장수요함수의 기울기는 $-1$이다. 따라서 독점균형에서 수요의 가격탄력성은 3이다. 식 (10-6)에 의해, $MC=\frac{1}{2}$로 계산된다. 시장가격은 한계비용보다 1.5배 높다.

**예제 10-3**

1급 가격차별로 소비자잉여는 0이 된다. 독점기업은 이윤극대화를 추구하므로, 단위가격은 한계수입과 한계비용이 일치하도록 생산량을 설정한다. 1급 가격차별이 가능한 경우 한계수입곡선은 수요곡선과 동일하다. 따라서 한계비용이 20이므로 $p_A=p_B=20$으로 설정한다. 기본료가 없다면 발생할 소비자잉여만큼 기본료를 설정하여 소비자잉여를 0으로 만든다. 따라서 $F_A=3200$, $F_B=16200$으로 설정한다.

**예제 10-4**

식 (10-7)을 적용하면, $MR_A=100-2q_A=MC=2q+40$에 의해 ($i$) $2q_A+q_B=30$이 얻어지고, $MR_B=120-4q_B=MC=2q+40$에 의해 ($ii$) $q_A+3q_B=40$이 얻어진다. ($i$)과 ($ii$)를 연립하여 풀면 $q_A=q_B=10$을 구할 수 있다. 이를 수요함수에 대응시키면 $p_A=90$, $p_B=100$을 얻는다. 수요의 가격탄력성은 $\epsilon=-\frac{dq}{dp}\cdot\frac{q}{p}$로 정의되며, $\frac{dq_A}{dp_A}=-1$, $\frac{dq_B}{dp_B}=-\frac{1}{2}$이므로, $\epsilon_A=9$, $\epsilon_B=5$이다. 따라서 탄력성이 높은 소비자 그룹 $A$에 부과되는 가격이 더 낮다.

**예제 10-5**

대식가가 한 봉지만 산다면 소비자잉여는 $15-10=5$이다. 다섯 봉지 묶음 가격을 $p$라 하면 대식가가 다섯 봉지 묶음을 구매할 때의 소비자잉여는 $50-p$이다. 따라서 $50-p\geq 5$, 즉 $p\leq 45$로 설정되어야 대식가는 다섯 봉지 묶음을 구매한다. 독점기업은 최대 45의 가격을 설정할 수 있다. 가격이 45인 다섯 봉지 묶음을 소식가는 구매할 수 없다. 그 이유는 소식가가 한 봉지만 구매할 때의 소비자잉여는 0인 반면, 다섯 봉지 묶음을 구매하여 얻는 소비자잉여는 $30-45=-15$이기 때문이다. 그리고 대식가 라면 봉지당 지불하는 가격은 $45/5=9$가 되어, 다량할인이 적용된다.

**예제 10-6**

기업 A의 생산물시장에서 수입은 $R=p\cdot q=1000q=1000\cdot 2L$로 바꿔 쓸 수 있다. 따라서 노동의 한계수입생산은 $MRP_L=\frac{dR}{dL}=2000$이다. 노동시장의 공급함수 $L=\frac{1}{3}(w-$

---

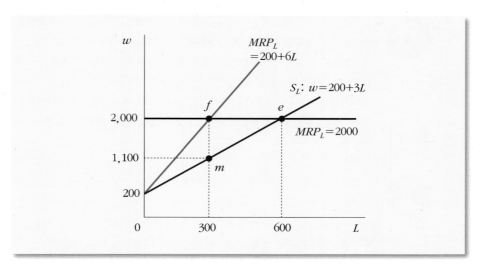

$200$)에 의해, $w(L) \cdot L = 200 + 3L$이므로, 노동의 총요소비용은 $TFC(L) = w(L) \cdot L = (200 + 3L) \cdot L$가 된다. 이로부터 노동의 한계요소비용은 $MFC_L = \dfrac{dTFC}{dL} = 200 + 6L$로 얻어진다. 따라서 기업 A의 이윤극대화 고용량은 $2000 = 200 + 6L$을 통해 $L^M = 300$이 얻어진다. 기업 A는 노동공급곡선에 대응하여 임금을 1,100으로 책정한다.

효율적 노동시장에서는 노동의 한계수입생산곡선과 노동의 공급곡선이 일치한다. 즉, $2000 = 200 + 3L$이다. 따라서 효율적 노동시장에서 고용량은 600이며 임금수준은 2,000이다. 수요독점 노동시장에서 300만큼 고용이 부족하며 임금도 900만큼 낮다. 따라서 경제적 손실의 크기는 $300 \times 900 \times \dfrac{1}{2} = 135,000$이다.

## 11 과점시장

예제 11-1

기업 $A$의 수입 $RA = (1 - q_A - q_B) \cdot q_A$로부터 기업 A의 한계수입은 $MR_A = \dfrac{dR_A}{dq_A} = 1 - q_B - 2q_A$이다. 기업 A의 한계비용은 $MC_A = c_A$이다. 이윤극대화 조건에 의해 $1 - q_B - 2q_A = c_A$이므로, 이를 $q_A$에 대해 정리하면 기업 A의 최적대응함수를 얻는다. $q_A = \dfrac{1}{2}(1 - q_B - c_A)$. 이와 동일한 방법으로 기업 B의 최적대응함수를 얻는다. $q_B = \dfrac{1}{2}(1 - q_A - c_B)$. 쿠르노균형은 각 기업의 최적대응함수가 동시에 만족하는 것이므로 이들을 연립하여 풀면 쿠르노균형을 얻는다. $q_A^C = \dfrac{1}{3}(1 - 2_A^c + c_B)$, $q_B^C = \dfrac{1}{3}(1 + c_A - 2_B^c)$. $c_A < c_B$이므로, $q_A^C > q_B^C$가 성립한다. 즉, 한계생산비용이 낮은 기업이 균형에서 더 많이 생산한다.

본문 11.3에서 설명한 바와 같이 가격경쟁에서 각 기업의 최적대응은 경쟁대상기업보다 낮지만 최대한 높게 가격을 제시하는 것이다. 기업 B는 자신의 한계비용인 30보다 낮게 설정하지 않는다. 이를 아는 기업 A는 가격을 자신의 한계비용인 10으로 낮출 필요 없이 30보다 약간만 낮게 설정하는 것이 최적대응이다. 수렴된 값으로 표현하면 균형가격은 30이고, 시장거래량은 70이다. 기업 A의 마진율은 66.7%가 된다. 한계비용이 서로 다른 기업들이 가격경쟁을 하는 경우에는 버트란드 역설이 발생하지 않는다.

담합은 담합에 참여하는 기업들의 이윤의 합인 결합이윤 극대화가 목적이므로, 담합 주체는 결합이윤이 극대화되도록 생산량 $q_A$와 $q_B$를 동시에 정한다. 기업 A의 이윤은 $(120-q_A-q_B) \cdot q_A - q_A^2$이고, 기업 B의 이윤은 $(120-q_A-q_B) \cdot q_B - q_B^2$이다. 따라서 결합이윤은 $(120-q_A-q_B) \cdot q_A + (120-q_A-q_B) \cdot q_B - q_A^2 - q_B^2$이다. 생산량 $q_A$를 한 단위 증가시킬 때 결합이윤에서 한계수입은 $120-2q_A-2q_B$이고, 한계비용은 $2q_A$이므로, 기업 A에 의한 결합이윤극대화 생산량은 $q_A = 30 - \frac{1}{2}q_B$가 된다. 동일한 방법을 적용하여 생산량 $q_B$를 한 단위 증가시킬 때 결합이윤에서 한계수입은 $120-2q_A-2q_B$이고, 한계비용은 $2q_B$이므로, 기업 B에 의한 결합이윤극대화 생산량은 $q_B = 30 - \frac{1}{2}q_A$이다. 각 기업에 의한 결합이윤극대화 생산량이 동시에 만족되어야 하고, 각 기업의 생산량이 동일하므로, 이들을 연립하여 풀면 $q_A^{CO} = q_B^{CO} = 20$이 된다. 이에 따라 시장생산량은 $q^{CO} = 40$, 시장수요함수를 통한 시장가격은 $p^{CO} = 80$이며, 각 기업의 이윤은 $\pi_A^{CO} = \pi_B^{CO} = 80 \cdot 20 - 20^2 = 1,200$이다.

## 12 일반균형과 후생

소비자 1과 2의 최적소비묶음은 다음과 같다.

$$x_1^* = (x_{11}^*, \sim x_{21}^*) = (\frac{1}{2} \frac{2p_1 + p_2}{p_1}, \frac{1}{2} \frac{2p_1 + p_2}{p_2})$$

$$x_2^* = (x_{12}^*, \sim x_{22}^*) = (\frac{1}{2} \frac{p_1 + 2p_2}{p_1}, \frac{1}{2} \frac{p_1 + 2p_2}{p_2})$$

상품 1의 총수요량과 경제 전체의 부존량이 일치하여 시장이 청산되어야 하므로 다음 조건이 충족되어야 한다.

$$x_{11}^* + x_{12}^* = (\frac{1}{2} \frac{2p_1 + p_2}{p_1} + \frac{1}{2} \frac{p_1 + 2p_2}{p_1} = \frac{3}{2} \frac{p_1 + p_2}{p_1} = 3$$

따라서 균형가격에서 $p1^*=p2^*$가 성립하여야 한다. 만약 $p1^*=p2^*=1$이라 하면 일반경쟁균형은 $(x^*1,\ x^*2,\ p^*)=((\frac{3}{2},\ \frac{3}{3}),\ (\frac{3}{2},\ \frac{3}{3}),\ (1,\ 1))$이 된다.

**예제 12-2**

배분 $x$를 지나는 소비자 1과 소비자 2의 무차별곡선을 그리면 다음 그림과 같다.

만약 배분 $x$를 배분 $y$로 바꾸면 소비자 1의 만족도는 이전과 동일하지만 소비자 2의 만족도는 증가한다. 따라서 파레토 개선이 가능하므로 배분 $x$는 파레토 비효율적이다.

**예제 12-3**

(b) $x_{11}+x_{21}=\frac{9}{4}$, $x_{11}=x_{21}$이므로 $(x_{11}=\frac{3}{2}=x_{21})$

$x_{12}+x_{22}=\frac{21}{4}$, $x_{12}=x_{22}$이므로 $(x_{12}=\frac{\sqrt{21}}{2}=x_{22})$

(c) $x_{11}=\frac{\frac{9}{4}p_1+p_2}{2p_1}$, $x_{21}=\frac{\frac{9}{4}p_1+p_2}{2p_2}$

$x_{12}=\frac{\frac{7}{4}p_1+3p_2}{2p_1}$, $x_{22}=\frac{\frac{7}{4}p_1+3p_2}{2p_2}$

$x_{11}+x_{12}=4$와 $x_{21}+x_{22}=4$로 부터 $(p_1=p_2)$

$p_1=p_2=1$이라고 하자

그러면 $x=((\frac{13}{8},\ \frac{13}{8}),\ (\frac{19}{8},\ \frac{19}{8}))$

(e) $p_1=p_2=1$

$T_1=4-(\frac{9}{4}+1)=\frac{3}{4}$

$T_2=4-(\frac{7}{4}+3)=-\frac{3}{4}$

## 14 비대칭 정보

**예제 14-1**

각각 $0.4$와 $0.2$이다.

A와 B를 잇는 직선의 기울기는 0.25이며, 이것은 $I^L$의 기울기(0.4)보다 작고 $I^H$의 기울기(0.2)보다 크다. 따라서 그림과 같이 B는 $I^L$와 $I^H$의 사이에 있다.

## 15 행동경제학

$x \geq 0$일 때 $v(x) = \dfrac{x}{2}$이고, $x < 0$일 때 $v(x) = 2x$이다. 현재 10만원을 가지고 있었다.
a. 만원을 벌었을 때의 가치는?
b. 만원을 잃었을 때의 가치는?

**답** 10만원이 기준이 되며 만원을 벌었을 때의 가치함수 값은 $v(1) = 0.5$가 되며, 만원을 잃었을 때의 값은 $v(-1) = -2$가 된다.

가치함수가 (1)과 같으면서 $\lambda = 2$, $\alpha = \beta = 0.5$이다. 이 때 감염병 사례에서 B보다 A를 선호하고 C보다 D를 선호함을 보이시오.

**답** A: $\sqrt{200} \approx 14.1$, B: $\dfrac{1}{3}\sqrt{600} + \dfrac{2}{3}\sqrt{0} \approx 8.2$, C: $-2\sqrt{400} = -40$, D: $-\dfrac{1}{3}\sqrt{0} - \dfrac{2}{3}\sqrt{600} \approx -16.3$

쌍곡선할인의 경우, $a > 0.1$이면 내일의 11만원보다 오늘의 10만원을, 30일 후의 10만원보다 31일 후의 11만원을 선호한다는 것을 보이시오.

**답** 오늘의 10만원을 내일의 11만원보다 선호한다면 $10 > \dfrac{11}{1+a}$이다. 이 부등식은 $a > 0.1$과 같다. 한편 $a > 0$이면, $\dfrac{10}{1+30a} < \dfrac{11}{1+31a}$이다.

$\beta$가 0.9이고 $\delta$가 0.95 일 때, 오늘의 10만원과 내일의 11만원에 대한 선택과 30일 후의 10만원과 31일 후의 11만원의 선택을 구하시오.

**답** 오늘 10만원인 경우 효용은 10, 내일 11만원인 경우 9.41, 30일 후 10만원인 경우 효용은 1.93, 31일 후 11만원인 경우 2.02.

# 사항 색인

## ㄱ

가격-소비곡선　77
가격수용자(price taker)　229
가격차별(price discrimination)　279
가격책정자(price setter)　264
가격효과　89
가변비용　158
가변요소　143
가치함수　469
강단조성　38
강볼록성　39
강선호 관계　34
강증가변환　49
객관적 교환비율　22
객관적 기회비용　62
게임이론　198
경제적 이윤　176
계약곡선　373
고정비용　158
고정요소　143
공공재　421
공급의 법칙　186
과점시장(oligopoly market)　314
규모 수익 불변　149
규모 수익 체감　149
규모 수익 체증　149
규모의 경제성　167
규모의 불경제성　167
기간별 선택　114
기대효용이론　126
기저율 무시 오류　475
기준의존성　468

기펜재　78
기회비용　23, 28

## ㄴ

내쉬균형(Nash equilibrium)　202

## ㄷ

단기공급곡선　183
단기총비용　158
단위탄력적　86
단조성　38
대체재　81, 88
대체효과　90
도덕적 해이　448
도박사의 오류　473
독립성　126
독점시장(monopoly)　264
동등변환　99, 101
등량곡선　147
등비용선　160
뜨거운 손의 오류　474

## ㄹ

라그랑즈 함수　102
러너지수(Lerner Index)　271
레온티에프 효용함수　56

## ㅁ

마샬 수요함수　94

마진율   271
매몰비용   187
매몰비용 오류   464
맥락효과   465
맥시민(maximin) 원칙   367
무임승차 문제(free-riding problem)   422
무차별곡선   41, 52
무차별 관계   34
무차별지도   52
무차별집합   41

ㅂ

반복게임(repeated game)   215
반응함수(reaction function)   318
배분   348
버트란드균형   328
버트란드 역설(Bertrand paradox)   329
보상변환   99, 100
보상수요함수   95
보수함수   199
보완재   81, 88
보험   131
부분게임완전균형(subgame perfect
    equilibrium)   211
부분균형이론   346
부존효과   467
분산투자   134
불가능성정리   390
비탄력적   86

ㅅ

사전식 선호관계   40
사회후생 극대화   243
사회후생 손실(deadweight loss)   272
사회후생함수   384
생산가능곡선   374
생산경제   357
생산물시장   253

생산요소시장   253
생산자잉여   187, 241
생산집합   143
생산함수   142
서수적 효용함수   49
선별   442
선점효과(first mover advantage)   322
선형 효용함수   55
선호관계   34
소득-소비곡선   82
소득효과   90
소비자잉여   96, 97, 240
소비집합   19
소수(small numbers)의 법칙   474
손실회피   467
수량규제   411
수요곡선   77
수요독점시장(monopsony market)   296
수요의 가격탄력성   84
수요의 교차탄력성   87
수요의 소득탄력성   88
수입   176
순수교환경제   351
순차적 게임   200
슬루츠키 방정식   90
슬루츠키 보상   91
시간 불일치성   481
시기 부존재   367
시장공급곡선   231
시장력(market power)   271
시장수요곡선   230
시장실패(market failure)   273, 402
신호   436
심리적 회계   470
쌍곡선 할인   482

ㅇ

알레의 역설   478
앵커링 효과   466

약단조성 38
약볼록성 39
약선호 관계 34
엄지의 법칙 460
에지워스 상자 351
엥겔곡선 82
역선택 433
역진귀납법(backward induction) 214
연속성 41, 126
열등요소 165
열등재 88
예산집합 21
오퍼곡선 356
완비성 35
완전가분성 18
완전경쟁시장(perfectly competitive market) 228
완전대체재 152
완전대체적 효용함수 54, 73
완전보완재 153
완전보완적 효용함수 55, 74
완전 비탄력적 86
완전 탄력적 86
왈라스 균형 348
외부효과의 내부화(internalization of
    externalities) 416
외부효과(externality 402
요소 수요 189
용의자의 딜레마(prisoner's dilemma) 게임 200
위험기피 128
위험분담 447
위험애호 128
위험에 대한 태도 127
위험중립 128
위험 프리미엄 131
이부요금(two-part tariff) 283
이행성 36
일반경쟁균형 348
일반균형이론 346

ㅈ

자기통제의 문제 486
자연독점(natural monopoly) 277
장기공급곡선 184
장기평균비용 166
장기한계비용 166
재산권(property) 417
전략적 대체(strategic substitutes) 318
전략적 보완 게임(strategic complements
    game) 333
전략프로파일(strategy profile) 199
정규형 게임 200
정보의 비대칭성(informational asymmetry) 293
정보 집합(information set) 211
정부실패(government failure) 275
정상재 88
제로섬(zero-sum) 게임 205
제품차별화 304
조건부 요소수요 157
조세의 귀착 246
주관적 기회비용 62
주인-대리인 문제 450
준선형 효용함수 56
지수할인 480
지출함수 99, 100

ㅊ

총소비자잉여 97
총요소비용(Total Factor Cost; TFC) 298
최고가격(price ceiling) 273
최소효율규모 166
최저임금규제 302
최적대응함수(best response function) 318
치킨 게임(chicken game) 200

ㅋ

코어 365

콥-더글라스 효용함수　57, 75
콥-더글러스(Cobb-Douglas) 생산함수　153
쾌락적 편집　471
쿠르노균형(Cournot equilibrium)　318

**ㅌ**

탄력성　84
탄력적　86
통상수요함수　94
투입요소　142

**ㅍ**

파레토 개선　363
편향　461
평균가변비용　159
평균고정비용　160
평균생산　146
평균총비용　159
포락선　170

**ㅎ**

한계기술대체율　147
한계대체율　60
한계대체율 체감의 법칙　62
한계변환율　375
한계비용　159

한계생산　144
한계생산 체감의 법칙　146
한계수입　178
한계수입생산　190
한계수입(marginal revenue; MR)　265
한계효용　64
할인　116
혼합전략(mixed strategy)　206
확실성등가　131
확장경로　165
효용가능경계　377
효용가능곡선　371
효용함수　47
효율성　243
효율성 임금　455
후생경제학의 제1정리　379
후생경제학의 제2정리　380
휴리스틱　460
힉스 보상　90
힉스 수요함수　95

**기타**

$\beta$-$\delta$ 할인　483
1계 필요조건　102
2계 충분조건　103
CES 생산함수　155
CES 효용함수　58

## 저자 약력

### ■ 이경원

서울대학교 경제학과
University of Wisconsin-Madison 경제학 박사
정보통신정책연구 편집위원장
정보통신정책연구원 연구위원
산업조직연구 편집위원장
정보통신정책학회 부회장
공정거래위원회 경쟁정책 자문위원
현, 동국대학교 경제학과 교수

[주요 저서와 논문]
– "Handset Subsidy Regulation, Replacement of Handsets, and Quality Investments," *Korean Economic Review*, 30, 2014 외 논문 다수.

### ■ 이상규

서울대학교 경제학과
University of Rochester 경제학 박사
정보통신정책연구원 연구위원
방송통신융합추진위원회 전문위원
공정거래위원회 경쟁정책 자문위원
한국산업조직학회, 정보통신정책학회, 한국방송학회의 이사, 편집위원 등
정보통신정책연구 올해의 논문상 수상(2011)
정보통신부 장관상 수상
현, 중앙대학교 경제학부 교수

[주요 저서와 논문]
– 「정보통신정책핸드북제1권」, 법영사, 2005. (공저)
– 「법경제학-이론과응용II」, 도서출판해남, 2013. (공저)
– "Allocation Problem among Sharing Groups," *Games and Economic Behavior* 54, 2006 외 논문 다수.

### ■ 정인석

서울대학교 경제학과
Princeton University 경제학 박사
한국산업조직학회 회장(2016)
한국바이오경제학회 회장(2017~2021)
공정거래위원회 공정거래정책자문단 자문위원(2023)
홍조근정훈장 수상(2023)
현, 한국외국어대학교 경제학부 교수

[주요 저서와 논문]
– "Costly Information Disclosure in Oligopoly," *The Journal of Industrial Economics*, 2004 (with J. Kim) 외 논문 다수.

미시경제학

2023년 8월 20일 초판 인쇄
2023년 8월 31일 초판 발행

편 저  이경원 · 이상규 · 정인석

발 행 인  배      효      선

발행처  도서
출판  **法 文 社**

주 소  10881  경기도 파주시 회동길 37-29
등 록  1957년 12월 12일 / 제2-76호(윤)
TEL  (031) 955-6500~6 FAX (031) 955-6525
e-mail (영업) bms@bobmunsa.co.kr
      (편집) edit66@bobmunsa.co.kr

홈페이지  http://www.bobmunsa.co.kr

조  판  (주) 성 지 이 디 피

정가 33,000원    ISBN 978-89-18-91437-4